Kohl / Bastian / Neizel

Baufachkunde

Grundlagen

Bearbeitet von
Studiendirektor a. D. Josef Forster, Saarbrücken
Studiendirektor Helmut Meyer, Saarbrücken
Oberstudienrat Artur Wanner, Lübeck
Oberstudienrat Wolfgang Wettengel, Saarbrücken

20., neubearbeitete und erweiterte Auflage
Mit 560 Bildern, 123 Tabellen, 85 Versuchen,
66 Beispielen und 803 Aufgaben

B. G. Teubner Stuttgart 1995

Die Deutsche Bibliothek – CIP-Einheitsaufnahme

Kohl, Anton:
Baufachkunde / Kohl ; Bastian ; Neizel. Bearb. von Josef
Forster ... – Stuttgart : Teubner.
Frühere Aufl. u. d. T.: Kohl, Anton: Fachkunde für Maurer
Ab Bd. 3 u. d. T.: Richter, Dietrich: Baufachkunde
NE: Bastian, Kurt:; Neizel, Ernst:; Forster, Josef [Bearb.]
Grundlagen. Mit 23 Tabellen, 85 Versuchen, 66 Beispielen und
803 Aufgaben. – 20., neubearb. und erw. Aufl. – 1995
ISBN 3-519-45601-X

Printed in Germany
Gesamtherstellung: Passavia Druckerei GmbH Passau
Umschlaggestaltung: Peter Pfitz, Stuttgart

Vorwort

Die Verordnung über die Berufsausbildung in der Bauwirtschaft (BauAusbV), zuletzt geändert durch die fünfte Verordnung zur Änderung der BauAusbV vom 17. Dezember 1984, sieht für 14 Berufe des Berufsfelds Bautechnik eine berufsfeldbreite Grundbildung im 1. Ausbildungsjahr vor. Im 2. Ausbildungsjahr bauen darauf 3 Hochbau-, 6 Ausbau- und 5 Tiefbauberufe auf.

Der Grundlagenband orientiert sich am abgestimmten Rahmenlehrplan mit Ausbildungsinhalten des 1. Ausbildungsjahrs (Grundstufe) für die Berufe des BauAusbV und die übrigen Berufe des Berufsfelds. Darüber hinaus werden Ausbildungsinhalte des 2. Ausbildungsjahrs (Fachstufe 1) für Maurer, Beton- und Stahlbetonbauer bereits so behandelt, daß ein sinnvoller Übergang zur Baufachkunde „Hochbau" erfolgen kann.

Das neue Format und der zweispaltige Satz sowie weitere typographische Verbesserungen geben der Neuauflage ein großzügiges und schülergerechtes Erscheinungsbild. Eine Vielzahl von Tabellen, Übersichten, Zeichnungen und Fotos unterstützt den Schüler beim Erarbeiten des Fachwissens. Einfache Versuche veranschaulichen die physikalischen, chemischen und technischen Grundlagen. Beispiele und zusammenfassende Merksätze dienen der Festigung, Aufgaben am Schluß der Abschnitte erleichtern die Wiederholung.

Die 20. Auflage berücksichtigt den neuesten Stand der Normung.

Der Band Baufachkunde „Hochbau" bringt den übrigen Stoff des 2. Ausbildungsjahrs (Fachstufe 1) für den Hochbaufacharbeiter, Schwerpunkt Maurerarbeiten und Schwerpunkt Beton- und Stahlbetonarbeiten sowie den Stoff des 3. Ausbildungsjahrs (Fachstufe 2) für den Maurer, den Beton- und Stahlbetonbauer.

Folgende Bände bauen auf dem Grundlagenband auf

- Richter, Straßen- und Tiefbau
- Kruse, Fachkunde für Fliesenleger
- Galla, u. a., Fachkunde für Bauzeichner

Bearbeiter und Verlag hoffen, daß die Neuauflage wie alle vorhergehenden Verständnis und Anerkennung finden werden. Sie sind für jede Anregung und Kritik dankbar.

Saarbrücken/Lübeck, im Frühjahr 1995
J. Forster, H. Meyer, A. Wanner, W. Wettengel

Inhaltsverzeichnis

Hinweise auf DIN-Normen in diesem Werk entsprechen dem Stand der Normung bei Abschluß des Manuskripts. Maßgebend sind die jeweils neuesten Ausgaben der Normblätter des DIN Deutsches Institut für Normung e.V. im Format A4, die durch die Beuth Verlag GmbH, Berlin Wien Zürich, zu beziehen sind. – Sinngemäß gilt das gleiche für alle in diesem Buch angezogenen amtlichen Richtlinien, Bestimmungen, Verordnungen usw.

1 Bauen einst und jetzt

1.1 Geschichtliches vom Bauen

Das Bauhandwerk hat eine alte und stolze Geschichte. Die Arbeitsverfahren, die wir heute anwenden, sind das Ergebnis einer jahrtausendealten Erfahrung, die der Mensch beim Bau seiner Wohnstätten machte. Wenn auch die Leistungen der Bautechnik in der Gegenwart groß sind, können sich doch die Werke unserer Vorfahren daneben sehen lassen. Jeder Bauhandwerker hat, wenigstens im Bild (**1**.1), schon einmal ein Hünengrab gesehen. Er wird aber wohl keine Vorstellung davon haben, welche Mühe die Beförderung der riesigen Decksteine gemacht hat, die oft meilenweit herangeholt werden mußten. Krane und

1.1 Hünengrab

Schienenwege hatte man damals nicht; man mußte alles auf Holzwalzen mit Hebebäumen befördern.

Römerzeit. Die alten Völker haben gewöhnlich ihre Bauten aus dem Baustoff hergestellt, der ihnen am leichtesten zur Hand war. Da Mitteleuropa in ältester Zeit dicht bewaldet war, haben unsere Vorfahren ihre Häuser aus Holz gebaut. Steinbauten lernten sie von den römischen Legionären kennen, die einige Jahrhunderte am Rhein waren und dort ihre Lager mit Kasernen, Toren, Palästen, aber auch Wasserleitungen und Bädern aus Mauerwerk in Natursteinen und Ziegeln errichteten. Geraume Zeit verging, bis auch die deutschen Stämme anfingen, feste Burgen, Klöster, Kirchen und Stadtmauern in Stein aufzurichten. Wohnhäuser wurden meist auch weiterhin in Holzfachwerk hergestellt.

Romanik (etwa 1000 bis 1300). Ein Baustil, der besonders durch Rundbogen gekennzeichnet ist, entwickelte sich bei uns um das Jahr 1000, und

1.2 Dom in Maria Laach (Romanik)

zwar am Rhein, an der Donau und in Mitteldeutschland unter den Einflüssen der einstigen römischen Steinbautechnik. Die mächtigen Dome in Speyer, Worms, Hildesheim und Limburg, die Reste alter Kaiserpfalzen und Burgen sind Zeugen dieser Epoche, die in der Bau- und Kunstgeschichte den Namen „Romantik" erhalten hat (**1**.2).

Gotik (etwa 1250 bis 1500). Die mächtigen romanischen Steinpfeiler wurden feingliedriger und schlanker, das ursprünglich römische Kreuzgewölbe über quadratischem Grundriß wurde zum

1.3 Inneres des Kölner Doms (Gotik)

1.4 Marienkirche in Lübeck (Backsteingotik)

Netzgewölbe, der Rundbogen zum Spitzbogen, und unter den Einflüssen nordfranzösischer Bauhütten entstanden so am Rhein die ersten Bauten deutscher Gotik (**1**.3). Himmelanstrebende Pfeiler und Gewölbe, kühne Türme und herrliches Maßwerk fügten sich zu einem wundervollen Ganzen. Im Westen und Süden Deutschlands wurden diese Bauten von den mittelalterlichen Bauhütten in Natursteinen ausgeführt. Dagegen legen die heute in Nord- und Ostdeutschland noch erhaltenen Bauwerke der „Backsteingotik" Zeugnis vom Können der Maurer damaliger Zeit ab (**1**.4). Unter den strengen Regeln und Bräuchen der Zünfte, die den Werdegang des Lehrlings zum Gesellen und Meister bestimmten und nicht nur Können und Kunst, sondern auch Ehre und Brauchtum des alten Handwerks überwachten und förderten, entwickelte sich das deutsche Bauhandwerk zu höchster Blüte.

1.5 Rattenfängerhaus in Hameln, Bürgerhaus 1602 (Renaissance)

In der Renaissance (etwa 1500 bis 1650), einem Baustil, der die Gotik ablöste und der durch die Verwendung klassischer Stilelemente wie Säulen und Giebeldreiecke gekennzeichnet ist (**1**.5), arbeiteten schon oft Steinmetzen und Maurer am gleichen Bauwerk.

Barock (etwa 1600 bis 1800). Auch der aus der Renaissance entstehende Barock kennt Bauten aus Natursteinen und Mauerziegeln oder die Verarbeitung beider Baustoffe an einem Bauwerk (**1**.6). Hier verbindet sich das Können der Steinmetzen und Maurer zu höchsten Leistungen, die wir heute noch an stolzen Rathäusern und Schlössern sowie an mancher schönen Kirche bewundern können.

1.6 Würzburger Residenz (Barock)

Mit dem Zerfall der Zünfte und dem Aufkommen einer neuen Wirtschaftsgesinnung schien einige Zeit Geschäftstüchtigkeit des Meisters mehr zu gelten als handwerkliches Können. Aber bald zeigten sich die Folgen einer schrankenlosen Gewerbefreiheit. Die handwerklichen Leistungen gingen zurück; die mit der Zunahme der Bevölkerung in den Großstädten entstehenden Mietskasernen zeigten nur noch wenig vom Können der Bauleute. Hinter Fassaden in manchen Stilen der Vergangenheit verbargen sich ungesunde Wohnungen und kahle Hinterhöfe, in denen die Masse der arbeitenden Bevölkerung zusammengedrängt leben mußte.

Mit Beginn des 20. Jahrhunderts besann man sich auf die gute deutsche Bautradition. Unter Führung maßgebender Baukünstler entstanden Gartenstädte und Siedlungen als Wohnstätten für die Bevölkerung der Großstädte. Industrie- und Verwaltungsbauten zeigten nicht mehr Wiederholungen der Baustile vergangener Zeiten, sondern erhielten ihre eigene Prägung (**1**.7). Für den Bauhandwerker entstanden neue Aufgaben, für die er durch eine bessere Ausbildung auf den Baustellen und in der Schule vorbereitet wurde. Die Maschine hat nun auch im Baugewerbe ihren Einzug gehalten. Sie preßt Ziegel, hebt Lasten, mischt Mörtel und Beton und nimmt dem Bauhandwerker manche mühselige Arbeit ab. Aber der wesentliche Teil des Schaffens – der verantwortliche Aufbau, das vorbedachte Anlegen, die werkgerechte Ausführung und die moderne Ausgestaltung – ist Sache des erfahrenen Facharbeiters geblieben.

1.7 Verwaltungsgebäude unserer Zeit

Die Entwicklung des Bauens hing von den vorhandenen Baustoffen und dem allgemeinen Stand der Technik und Künste ab. In unserem Kulturraum wurde durch Jahrtausende vorwiegend mit Holz gebaut. Bedeutende Bauwerke (Burgen, Kirchen, Klöster, Rathäuser und Stadtmauern) wurden später ganz in Steinbauweisen hergestellt.

Vorbilder aus dem alten Rom beeinflußten die Entwicklung der Baustile, die in der Reihe Romanik, Gotik, Renaissance und Barock einander folgten. Nach einer Zerfallsperiode ohne wesentliche Stilmerkmale im 19. Jahrhundert entsteht heute eine zeitgemäße und materialgerechte Baukunst mit bemerkenswerten Beispielen.

1.2 Bauhandwerk und Bauindustrie

Bauwirtschaft und Volkswirtschaft. Die Bauwirtschaft – Bauhandwerk und Bauindustrie – nimmt heute eine wichtige Stellung innerhalb der Volkswirtschaft ein (**1**.8). Lebhafte Bautätigkeit fördert

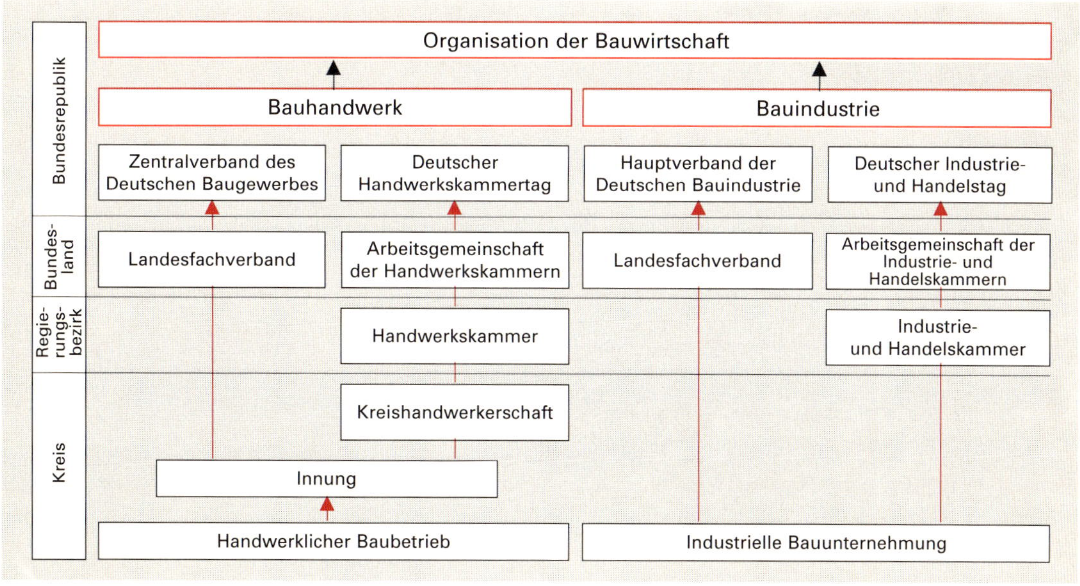

1.8 Der berufsständische Aufbau des Bauhandwerks

nicht nur alle im Bausektor Beschäftigten, sondern regt über viele Zulieferbetriebe auch in benachbarten Wirtschaftszweigen die Bildung von Einkommen an. Einkommen regen wiederum die Nachfrage nach Gütern und Dienstleistungen an, unter anderem auch nach Wohnungen, und schaffen so neue Aufträge für die Bauwirtschaft. Von steigenden Einkommen erhält der Staat höhere Steuereinnahmen, die ihm die Vergabe von Aufträgen für den Bau von Straßen, Brücken, Schulen, Kläranlagen und Verwaltungsgebäuden ermöglicht. Die allgemeine Bautätigkeit – das Bauvolumen und die Beschäftigungslage in der Bauwirtschaft – geben Auskunft über den Wohlstand und die Leistungsfähigkeit der Volkswirtschaft.

Zum Bauhandwerk gehören die kleinen und mittleren Betriebe. Darunter sind reine Maurer- und reine Holzbaubetriebe sowie Betriebe, die sowohl Maurer- als auch Zimmerarbeiten ausführen. Für die Ausbauarbeiten (Fliesen-, Stuck- und Estricharbeiten), die Herstellung von Betonwaren und Transportbeton, und für Straßenbauarbeiten gibt es spezialisierte, eigenständige Betriebe.

Durch verbesserte Arbeitsmethoden, vor allem durch Einsatz von Baumaschinen und durch Rationalisierung, hat das Bauhandwerk seinen Platz in der Bauwirtschaft, auch gegenüber der Bauindustrie, behauptet und vergrößert.

Zur Bauindustrie gehören die größeren Betriebe. Ihre Schwerpunkte sind Hochbau, Tiefbau und Ingenieurbau. Sie haben meist einen großen Maschinenpark und können umfangreiche Bauvorhaben im Hochhaus-, Straßen- und Wasserbau abwickeln.

1987 zählte die Bauindustrie ca. 3000 Betriebe mit rund 400 000 Beschäftigten, also etwa 130 Beschäftigte je Betrieb. Die Unternehmungen der Bauindustrie sind zusammengeschlossen im Hauptverband der Deutschen Bauindustrie e.V. (Wiesbaden) und jeweils Mitglieder der Industrie- und Handelskammern.

Bauindustrie und Bauhandwerk sind im Kreis, im Regierungsbezirk, im Bundesland und auf Bundesebene in Fachverbänden und berufsständischen Gremien zusammengeschlossen. Die Fachverbände beraten die Unternehmen in den Fragen des jeweiligen Berufes (Hochbau, Tiefbau, Zimmerer, Dachdecker). In den berufsständischen Zusammenschlüssen sind die Unternehmen Zwangsmitglied (Mitglied durch Gesetz). Diese Organisationen regeln Fragen der Betriebsführung und der Berufsausbildung.

Die Arbeitnehmer in der Bauwirtschaft sind vorwiegend in der IG (Industriegewerkschaft) Bau, Steine, Erden des DGB (Deutscher Gewerkschaftsbund) organisiert. Die IG Bau, Steine, Erden ist die viertgrößte der 16 Industriegewerkschaften. Die Mehrzahl der Beschäftigten in der Bauwirtschaft sind Gewerkschaftsmitglied.

Die Bauwirtschaft ist ein wichtiger Bereich der Volkswirtschaft. Gute Beschäftigungslage in der Bauwirtschaft spiegelt in der Regel eine allgemein gute Wirtschaftslage wieder.

Das Bauhandwerk umfaßt die kleinen und mittleren Betriebe, die vorwiegend Ausbauarbeiten durchführen. Zur Bauindustrie gehören die größeren Betriebe, die mit ihren Maschinen umfangreiche Bauvorhaben in allen Bereichen des Ingenieurbaus abwickeln.

1.3 Berufsausbildung in der Bauwirtschaft

Die Verordnung über die Berufsausbildung in der Bauwirtschaft vom 8. Mai 1974 in der Fassung vom 17. Dezember 1984 regelt die Berufsausbildung der 17 wichtigsten Bauberufe.

Ausbildungsverträge in der Bauindustrie für die Berufe Hochbau-, Ausbau- und Tiefbaufacharbeiter werden über 2 Jahre geschlossen. Nach dem 1. Ausbildungsjahr legen die Auszubildenden eine Zwischenprüfung ab. Werden die Ausbildungsverträge in den aufbauenden Ausbildungsberufen über 3 Jahre abgeschlossen, wird die Zwischenprüfung am Ende des 2. Jahres abgelegt. Auszubildende im Handwerk schließen Ausbildungsverträge über 3 Jahre ab. Sie legen ebenfalls eine Zwischenprüfung am Ende des 2. Jahres ab.

Hochbau-, Ausbau- und Tiefbaufacharbeiter können nach Bestehen der Abschlußprüfung ein Arbeitsverhältnis aufnehmen oder ihre Berufsausbildung in den aufbauenden Ausbildungsberufen der Bauindustrie oder den Ausbildungsberufen nach der Handwerksordnung fortsetzen. Ihre Abschlußprüfung als Baufacharbeiter gilt dann als 2. Zwischenprüfung.

Stufenausbildung. Die Tabelle **1.9** zeigt die gestufte Ausbildung.

Stufe I besteht aus der beruflichen Grundbildung (12 Monate) und der allgemeinen beruflichen Fachbildung (12 Monate), wobei Schwerpunkte im Hinblick auf Stufe II gesetzt werden.

Stufe II vermittelt die besondere berufliche Fachbildung, d.h. die Vertiefung und Spezialisierung in einem der 14 Berufe.

Tabelle **1.9** **Gliederung der Berufsausbildung**

Stufe I							Stufe II		
Berufsfeldbreite Grundbildung			Berufliche Fachbildung				Besondere berufliche Fachbildung		
Monate → 12						→ 24			→ 36
Unterricht in der Berufsschule (20 Wochen)	Grundbildung in überbetrieblichen Ausbildungsstätten (20 Wochen)	Grundbildung in der betrieblichen Ausbildungsstätte (12 Wochen)	Hochbau-facharbeiter Schwerpunkt	Maurerarbeiten	Betriebliche Ausbildung (39 Wochen)	Überbetriebliche Ausbildung (13 Wochen)	Maurer	Betriebliche Ausbildung (11 Monate)	Überbetriebliche Ausbildung (1 Monat)
				Beton- und Stahlbetonarbeiten			Beton- und Stahlbetonbauer		
				Feuerungs- und Schornsteinbauarbeiten			Feuerungs- und Schornsteinbauer		
			Ausbaufacharbeiter Schwerpunkt	Zimmerarbeiten			Zimmerer		
				Stuckarbeiten			Stukkateur		
				Fliesen-, Platten- und Mosaikarbeiten			Fliesen-, Platten- und Mosaikleger		
				Estricharbeiten			Estrichleger		
				Isolierarbeiten			Isoliermonteur/Wärme-, Kälte- und Schallschutzisolierer		
				Trockenbauarbeiten			Trockenbaumonteur		
			Tiefbau-facharbeiter Schwerpunkt	Straßenbauarbeiten			Straßenbauer		
				Rohrleitungsarbeiten			Rohrleitungsbauer		
				Kanalbauarbeiten			Kanalbauer		
				Brunnenbauarbeiten			Brunnenbauer		
				Gleisbauarbeiten			Gleisbauer		
Grundstufe			Fachstufe I				Fachstufe 2		
Blockunterricht			Block- oder Teilzeitunterricht						
Berufsschule									

Der Berufsschulunterricht wird nach den Lehrplänen der Kulturministerien erteilt. Neben den 17 Berufen der Ausbildungsordnung Bau gibt es weitere Bauberufe mit eigenen Ausbildungsordnungen, z. B.

- Bauzeichner
- Dachdecker
- Baustoffprüfer
- Baugeräteführer
- Gerüstbauer
- Straßenwärter

Die Ausbildungsabschlußprüfung wird vor einem Prüfungsausschuß abgelegt. Diesen richten die Industrie- und Handelskammern, die Handwerkskammern oder beide gemeinsam ein. Besetzt sind die Ausschüsse mit Vertretern der Arbeitgeber, Arbeitnehmer und Berufsschulen.

Die Fortbildung tüchtiger Fachkräfte der Bauindustrie zu *Polieren* und *Schachtmeistern* geschieht in Zusammenarbeit mit der IG Bau-Steine-Erden und schließt mit einer Prüfung ab. Der Bauhandwerker kann nach fünfjähriger Gesellentätigkeit und Besuch von Lehrgängen oder einer Meisterschule vor dem Prüfungsausschuß der Handwerkskammer die *Meisterprüfung* ablegen.

Bautechniker werden in 6- bis 7semestrigen Abendlehrgängen oder 3- bis 5semestrigem Vollzeitunterricht der Technikerschulen ausgebildet. Den Abschluß bildet die staatliche Technikerprüfung. Der Weg zum Fachhochschulingenieur führt über das Abitur oder die Fachhochschulereife (Gymnasium, Berufsaufbauschule oder Abendrealschule – Fachoberschule). Fachhochschulingenieure können an einer Technischen Hochschule oder Universität den Grad eines Dr.-Ing. erwerben.

Die Berufsausbildung in der Bauwirtschaft ist für die meisten Auszubildenden in der „Verordnung über die Berufsausbildung in der Bauwirtschaft – Bau AusbV" geregelt. Sie legt Ausbildungsinhalte, Gliederung und Prüfungsanforderungen für 17 Bauberufe fest.

Für tüchtige Facharbeiter und Gesellen bestehen Weiterbildungsmöglichkeiten zum Polier, Schachtmeister bzw. Meister sowie zum Bautechniker und Ingenieur.

1.4 Bauplanung und Bauablauf, Bauordnung, Normung

Bauplanung und Bauablauf. In der Bautechnik sind die Vorarbeiten vor Beginn der eigentlichen Bautätigkeit besonders wichtig, denn die Bauwerke müssen technisch sorgfältig geplant und wirtschaftlich (d.h. mit möglichst niedrigen Kosten) hergestellt werden. Bauherren, Architekten, Ingenieure, Baufirmen und staatliche Bauaufsicht müssen zum Gelingen eines Bauwerks zusammenarbeiten. Dabei spielt es keine Rolle, ob es sich um den Bau eines Wohnhauses, einer Brücke, einer Straße oder eines Fabrikgebäudes handelt. Tabelle **1**.10 zeigt den Ablauf eines Bauvorhabens von der Planung bis zur Bezugsfertigkeit.

Tabelle **1**.10 **Ablauf eines Bauvorhabens**

Schwerpunkte
- zweckmäßige Baustelleneinrichtung (**1**.12)
- Absperren und Sichern der Baustelle
- Einrichten vorschriftsmäßiger Unterkünfte und Sanitäranlagen
- Einsatzplanung der Arbeitskolonnen
- Planung und Überwachung des Maschineneinsatzes
- rechtzeitige Lieferung und richtige Lagerung der Baustoffe
- Einhalten des Bauzeitenplans (**1**.13)
- Vorkehrungen für Schlechtwetterperioden
- fachgerechte Installation aller Elektroanlagen

Richtfest. Eine fröhliche Unterbrechung der oft harten Arbeit am Bau bildet das Richtfest. Wenn ein Haus durch den Zimmerer „gerichtet" ist (d.h. sich mit dem Sparrenwerk in der künftigen Form abzeichnet), wird daran ein „Richtbaum" oder eine „Richtkrone" befestigt (**1**.11). Meist läßt es sich der Bauherr etwas kosten, um diesen bedeutungsvollen Tag zu feiern. Vom hohen Gebälk spricht ein Zimmerer die Taufrede, in der sich alte

1.11 Richtkrone auf dem Dach eines neuen Hauses

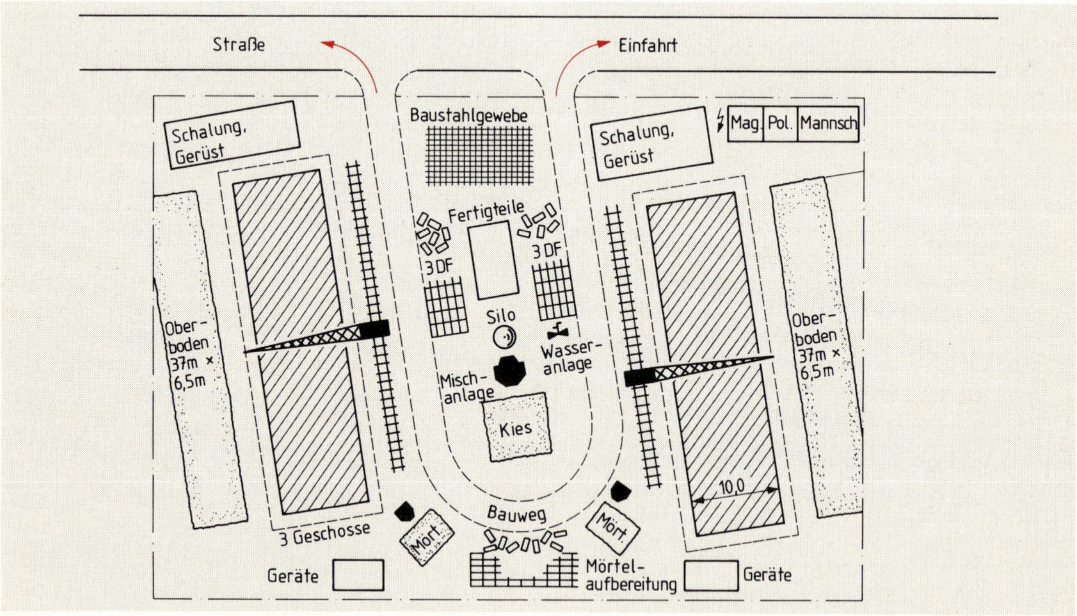

1.12 Beispiel für einen Baustelleneinrichtungsplan

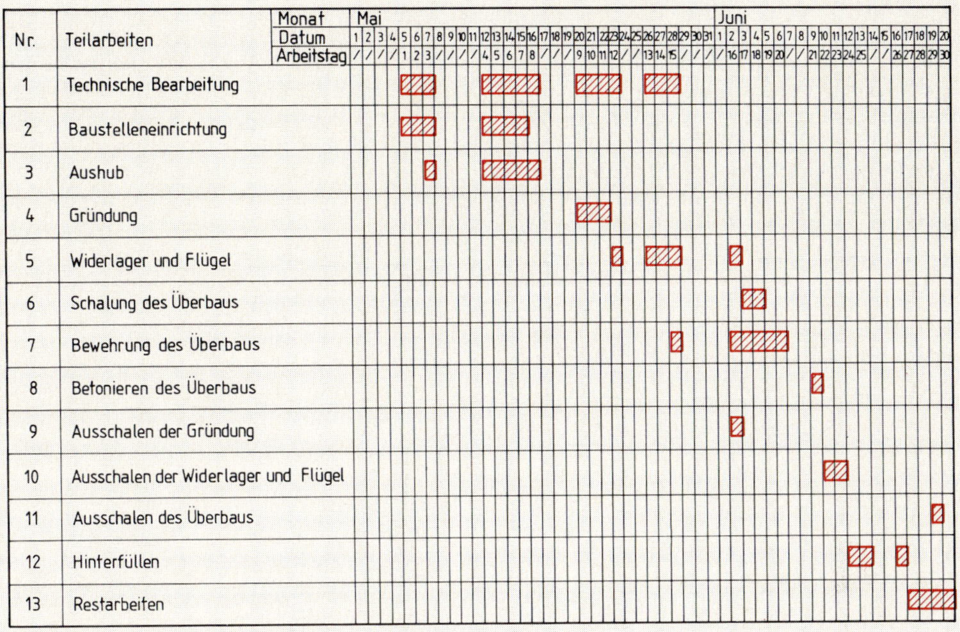

1.13 Beispiel für einen Bauzeitenplan

Handwerkssprüche mit Wünschen für das Haus und seine Bewohner verbinden. Ein „Richtschmaus" vereint alle am Bau Schaffenden vom Architekten und Meister bis zum jüngsten Lehrling mit dem Bauherrn in froher Runde.

Die Bauordnung umfaßt alle gesetzlichen und verwaltungsrechtlichen Maßgaben des Bundes, der Länder und der Gemeinden zur Gewährleistung einer geordneten Baudurchführung. Dabei geben die *Baugesetze* des Bundes und der Länder die Grundlagen, die *Rechtsverordnungen* passen die Gesetze an den Stand der Bautechnik an. Die örtlichen *Bauvorschriften* (Satzungen) berücksichtigen besondere Probleme der Gemeinden, die *Verwaltungsvorschriften* regeln den Vollzug (Durchführung).

Die Bauaufsicht (früher auch „Baupolizei") überwacht die Einhaltung der Baugesetze. Ihre Aufgaben:

- **Gefahrenabwehr.** Prüfen der Baustoffe und Bauteile, der Standsicherheit, des Brand-, Gesundheits-, Schall- und Wärmeschutzes sowie der Verkehrssicherheit;
- **Sozial- und Wohlfahrtsaufgaben.** Beachtung sozialer Gesichtspunkte und Anforderungen an Wohnungen, Arbeitsstätten, Gemeinschaftsanlagen (Größe, Hygiene, Funktionssicherheit);
- **Baugestaltung.** Durchsetzen der Planung, Festlegen der baulichen Nutzung, Einhaltung der vorgebenen Bebauungspläne, Beachten von Straßen- und Wassergesetzen, Überwachen von Änderungen und Abbruchmaßnahmen.

Die Normung – d.h. die einheitliche Festlegung der Abmessungen und Güte von Baustoffen und

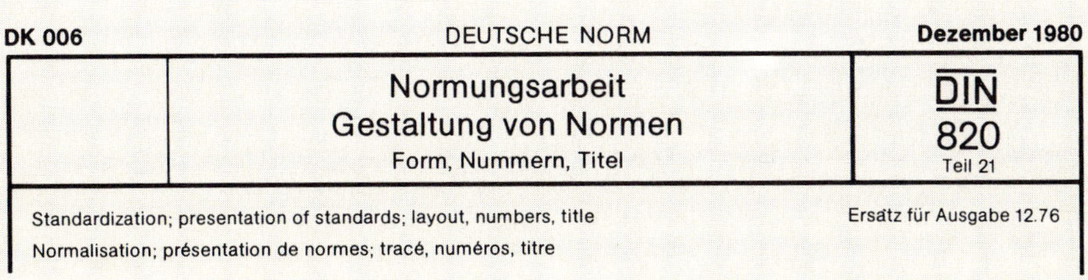
DK 006 DEUTSCHE NORM Dezember 1980

Normungsarbeit
Gestaltung von Normen
Form, Nummern, Titel

DIN 820 Teil 21

Standardization; presentation of standards; layout, numbers, title
Normalisation; présentation de normes; tracé, numéros, titre

Ersatz für Ausgabe 12.76

1.14 Titel (Kopf) eines DIN-Normblatts

Bauteilen sowie die Vereinheitlichung von Entwurfsgrundlagen und Arbeitsverfahren – gewinnt immer mehr Bedeutung. Sie ist zwar keine Errungenschaft unserer Zeit (schon die alten Ägypter verarbeiteten beim Bau der Pyramiden Steine mit einheitlichen Abmessungen, und das von 1872 bis 1952 gültige Ziegelmaß des Reichsformats war eine Norm), bildet aber die Grundlage wirtschaftlichen Bauens. Die Normblätter gibt das DIN Deutsche Institut für Normung e.V. heraus (**1**.14).

Für die Bautechnik gibt es eine Vielzahl von DIN-Normen. Erarbeitet wurden sie vom Normenausschuß Bauwesen (NABau). Er ist einer der Fachausschüsse des DIN mit Arbeitsausschüssen und ehrenamtlichen Mitarbeitern aus Wirtschaft, Wissenschaft und Verwaltung.

Ein großer Teil dieser DIN-Normen sind Pflichtnormen – die Baugesetze verlangen ihre Einhaltung. Die Anwendung der übrigen DIN-Normen wird empfohlen.

Bauherren, Architekten, Ingenieure, Betriebe der Bauindustrie und des Bauhandwerks und die staatliche Bauaufsicht arbeiten zum Gelingen eines Bauvorhabens zusammen. Ein Bauwerk muß dem heutigen Stand der Bautechnik und -kunst entsprechen und wirtschaftlich, d.h. mit geringen Kosten erstellt werden. Dazu müssen Bauwerk und -ablauf sorgfältig geplant werden. Entwurfs- und Ausführungszeichnungen, Kostenermittlung, Berechnung, Arbeitsdurchführung, Bauleitung und -aufsicht sind einige Schwerpunkte.

Mit der Bauordnung, den Baugesetzen und den damit zusammenhängenden Verordnungen und Vorschriften beeinflussen Bund, Länder und Gemeinden maßgeblich das Bauwesen.

Die Regeln der Bautechnik sind im Normenwerk des Normenausschusses Bau im DIN zusammengestellt. Die Pflichtnormen müssen, die übrigen Normen sollten eingehalten werden.

1.5 Bauwerkzeuge

Bauwerkzeuge besitzt der Auszubildende, erhält sie vom Betrieb, oder der Betrieb zahlt ein Werkzeuggeld, mit dem sich der Auszubildende die Grundausstattung kauft. Die Grundausstattung umfaßt die Werkzeuge zum Mauern, Putzen und zum Verlegen von Fliesen und Platten. Größere, darüber hinausgehende Spezialwerkzeuge stellt stets der Betrieb.

Werkzeuge zum Mauern

Die dreieckige Kelle (**1**.15) ermöglicht durch ihre Blattform und die Griffstellung das Aufbringen, Verteilen und Abstreichen des Mörtels bei geringer Beanspruchung des Handgelenks. Eine einwandfreie Kelle erfüllt folgende Bedingungen (**1**.16):

Das Blatt besteht aus hochwertigem, glattem Stahl und läuft zur Mitte dünn aus. Es ist elastisch und federt deshalb nach wiederholtem Aufdrücken der Kellenspitze in seine Ausgangslage zurück. Beim Anschlagen auf Metall entsteht ein hoher, klarer Ton. Die Griffachse zeigt zur Kellenspitze, und die obere Schleife der Angel ist so groß, daß beim schnellen Drehen die Fingerknöchel nicht anschlagen. Hängt man die Kelle an der Angel auf, liegt das Blatt am Rücken waagerecht und steigt zur Spitze 3 bis 4 cm an.

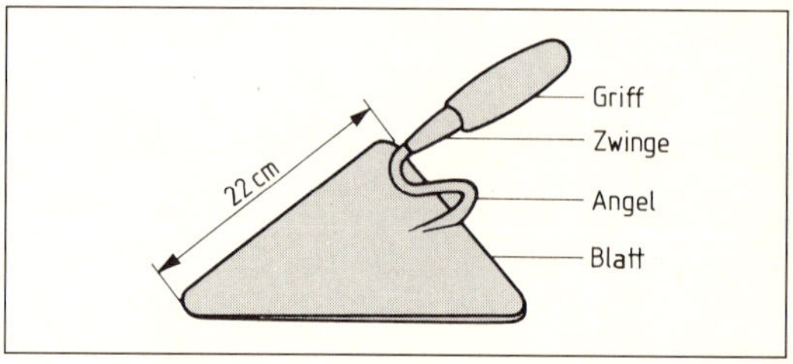

1.15 Dreieckige Maurerkelle mit geschwungener Angel

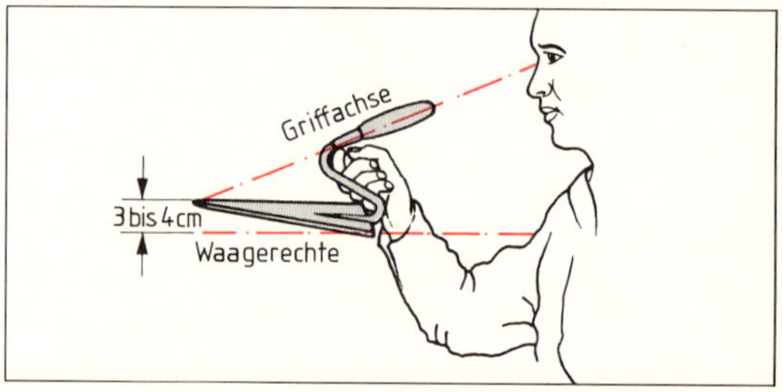

1.16 Prüfen der dreieckigen Kelle

Die viereckige Kelle (**1**.17) benutzt man in einigen Gebieten Deutschlands zum Putzen, teils auch zum Mauern. Ihre Blattlänge beträgt 18 oder

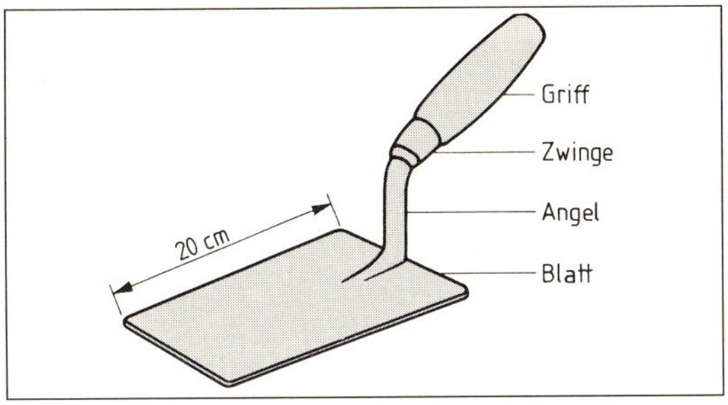

1.17 Viereckige Maurerkelle mit gerader Angel

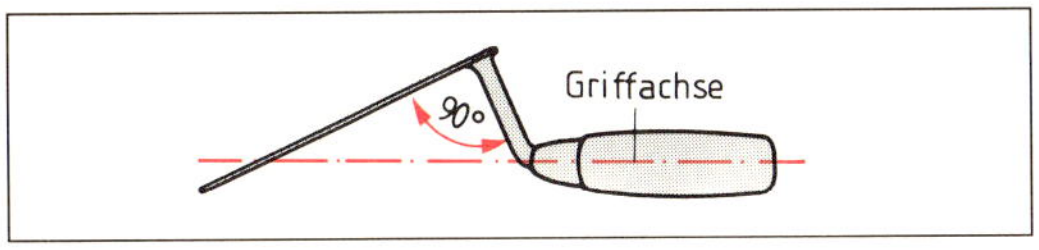

1.18 Prüfen der viereckigen Kelle

20 cm. Die Griffachse (**1**.18) soll parallel zur Unterlage verlaufen, wenn Griff und Spritze aufliegen.

Maurerkellen sind bald nach Gebrauch gründlich zu säubern. Kellenblätter, die mit erhärteten Mörtelresten überzogen sind, beeinträchtigen Arbeitsleistung und Arbeitsfreude. Soll die Kelle längere Zeit nicht benutzt werden, empfiehlt es sich, sie durch Einölen bzw. Einfetten vor Rost zu schützen.

Der Maurerhammer (**1**.19 und **1**.20) ist besonders zum Schlagen von Teilsteinen geeignet. Dabei wird er zügig und bogenförmig aus dem Armgelenk heraus geführt. Hammerschneide und Hammerbahn sollen dabei so im Schlagbogen liegen, daß die Schneide rechtwinklig auf den Stein trifft.

Ein gut gebrauchsfähiger Hammer hat eine scharfe Schneide mit einem Schneidewinkel von 60°. Die Masse des Maurerhammers soll für das Bearbeiten künstlicher Steine 600 bis 750 g, für die Herstellung von Bruchsteinmauerwerk 750 bis 1000 g betragen. Wichtig ist vor allem ein rissefreier, gut eingepaßter und feststehender Stiel, der die sichere Handhabung des Hammers gewährleistet.

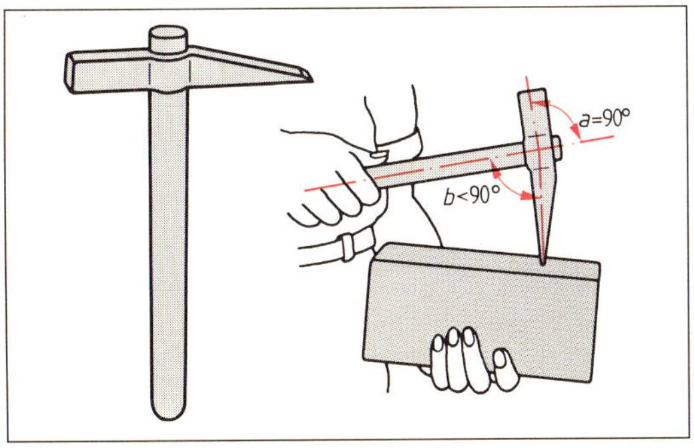

1.19 Rheinischer Maurerhammer

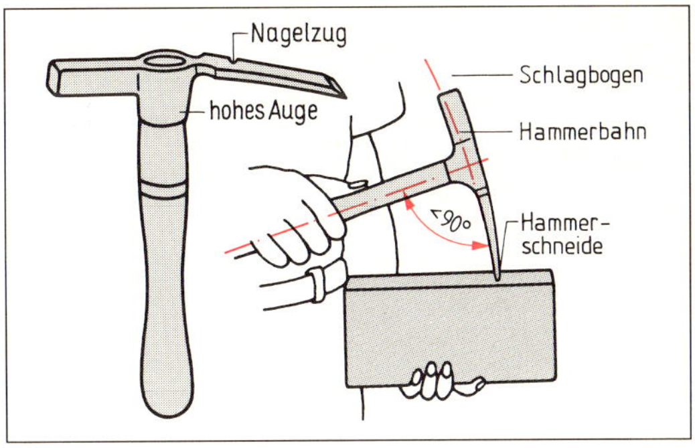

1.20 Berliner Maurerhammer

Der Maurerfäustel (**1**.21) wiegt 1000 bis 1500 g und wird zum Ausstemmen von Löchern, Schlitzen und Aussparungen benutzt. Die dabei verwendeten *Steinmeißel* (**1**.22) bestehen aus hochwertigem Werkzeugstahl (Spezial-Meißelstahl, Chrom-Vanadium-Stahl) mit unterschiedlichen Schneidenformen.

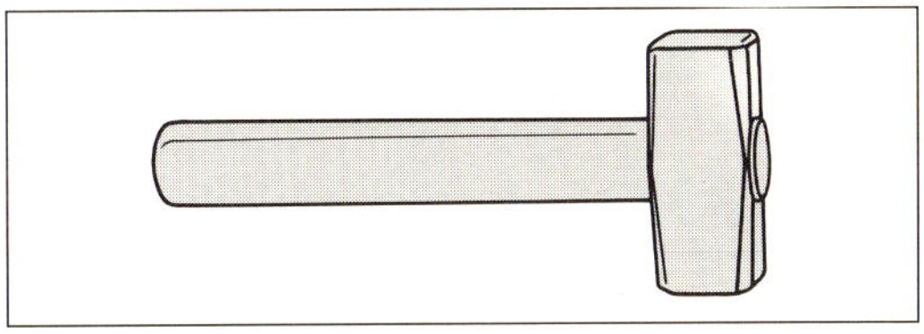

1.21 Maurerfäustel

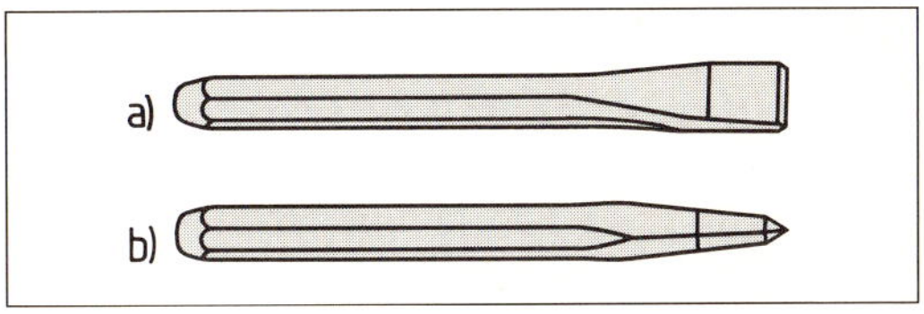

1.22 Steinmeißel, a) Flachmeißel, b) Spitzmeißel

Werkzeuge zum Putzen

Die Ausführung von Putzarbeiten und die gebräuchlichen Bezeichnungen der Werkzeuge sind gebietsweise verschieden.

Drei- und viereckige Maurerkelle (**1**.15 und **1**.16) werden zum Anwerfen des Putzmörtels benutzt. Um möglichst rasch und rationell zu arbeiten, wählt man für Putzarbeiten Kellen mit größerem Blatt. Bei umfangreichen Bauvorhaben werden zum Aufbringen von Wand- und Deckenputz auch Putzmaschinen mit verschiedenen Arbeitsweisen benutzt.

Aufziehplatten (Aufziehbretter) in Holz und Stahl (**1**.23) in den Größen 23×40 cm bis 30×55 cm nehmen mehrere Kellen Mörtel auf, die dann in einem Arbeitsgang angeworfen werden. Beim Auftragen der zweiten Lage wird der Mörtel mit den Platten aufgezogen.

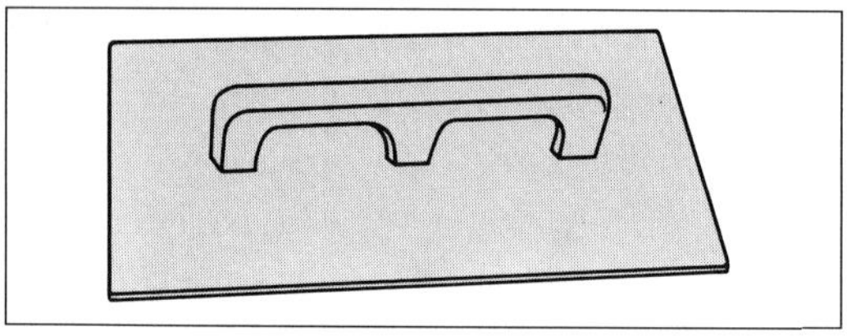

1.23 Aufziehplatte aus Metall

Kartätschen (**1**.24) dienen zum Verteilen und Begradigen (Abziehen) des angeworfenen Mörtels. Sie sind 1,20 bis 1,50 m lang und bestehen aus astfreiem, langfaserigem Kiefern- oder Gabunholz oder aus Aluminium.

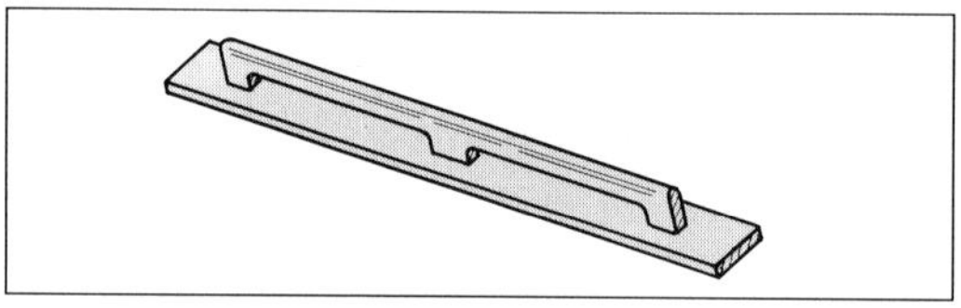

1.24 Kartätsche aus Holz

Glättkellen in unterschiedlichen Formen (**1**.25) gibt es mit Blattlängen von 28 bis 70 cm, Blattbreiten von 9 bis 12 cm bei Blattdicken von 0,8 bis 1,3 mm. Mit ihrem federnden Blatt dienen sie zum abschließenden Glätten (Oberflächenabschluß) für Wand- und Deckenputze sowie Estriche.

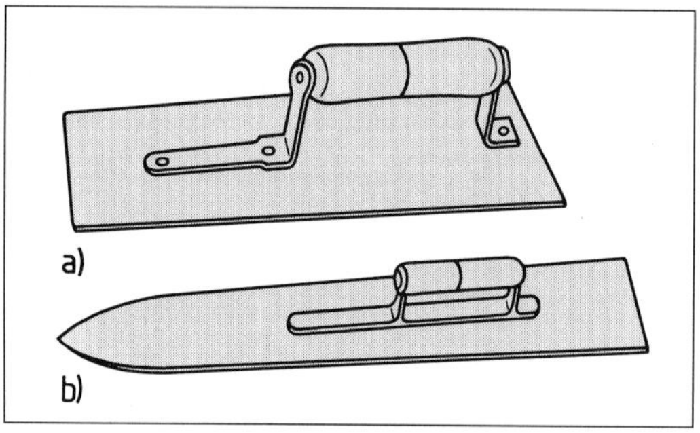

1.25 Glättkellen
a) rheinische, b) belgische Form, vorn käntig

Reibebretter (**1**.26), 20 bis 30 cm lang, dienen zum Glattreiben der aufgetragenen und begradigten Mörtelfläche. *Filzbretter* (Filzscheiben, Filzhobel) sind Reibebretter mit dicker Filzauflage (**1**.27) zum Glattreiben des Oberputzes.

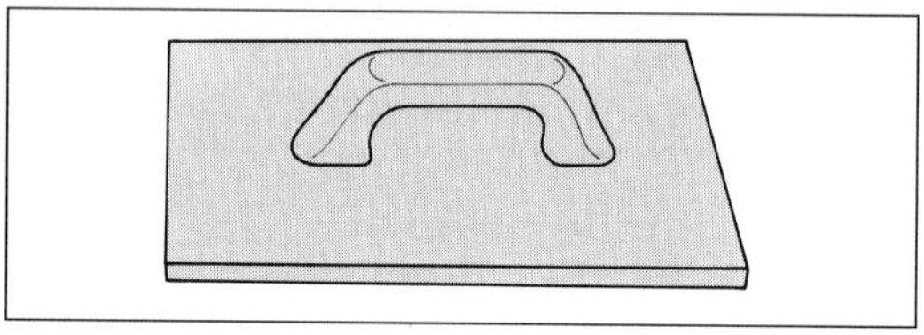

1.26 Reibebrett

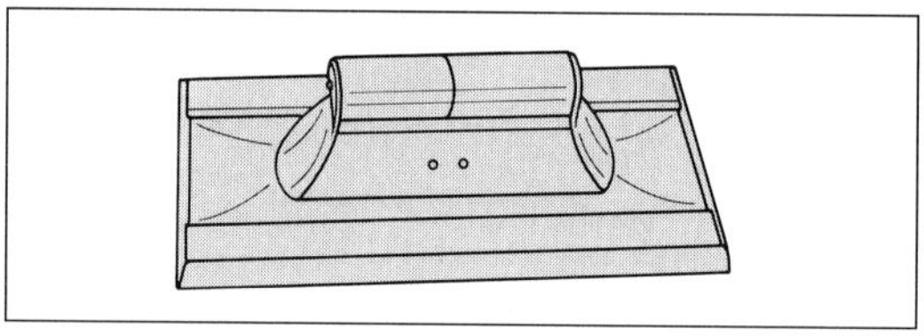

1.27 Filzscheibe

Profilkellen in unterschiedlichen Formen (**1**.28) werden zum Herstellen (Ziehen, Ausrunden, Abkanten) von vor- und zurückspringenden Ecken verwendet.

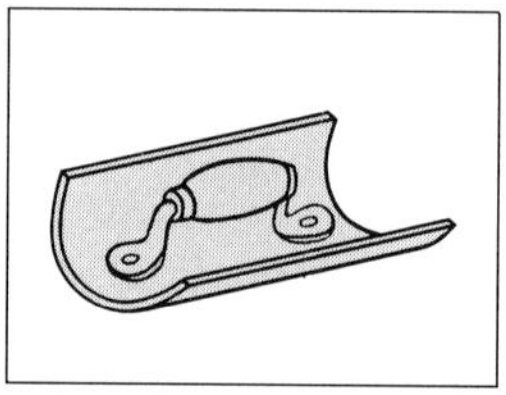

1.28 Profilkelle

1.29 Spitzkelle

Spitzkellen (Zuputzkellen, Schmiermännchen) werden mit ihren kleinen, spitzen Blättern zum Ausputzen von Ecken usw. benutzt (**1**.29). Ähnliche Verwendung finden Zungenkellen, Simskellen, Ausstecher u. a.

Gipserbeile (**1**.30) wiegen etwa 700 g und werden wie Hammer und Beil benutzt, außerdem zum Ausziehen von Nägeln.

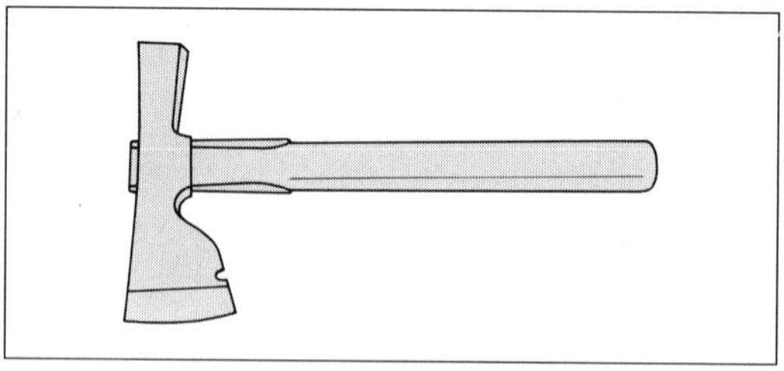

1.30 Gipserbeil

Werkzeuge zum Verlegen von Fliesen und Platten

Einige Werkzeuge zum Mauern und Putzen braucht man auch für Vor-, Neben- und Nacharbeiten beim Verlegen von Fliesen und Platten: Maurerkellen, Putzerkellen, Maurerhämmer, Reibebretter und Glättkellen. Für die eigentlichen Verlegearbeiten sind aber noch weitere Werkzeuge nötig.

Herzkellen (**1**.31) gebraucht der Fliesenleger zum Aufbringen des Mörtels auf die Fliese. Mit dem Holzgriff klopft er die Fliese an. Im Vergleich zu Maurerkellen haben Herzkellen kleinere herzförmige Blätter und längere Griffe (≈ 25 cm), die annähernd rechtwinklig auf der Angel stehen.

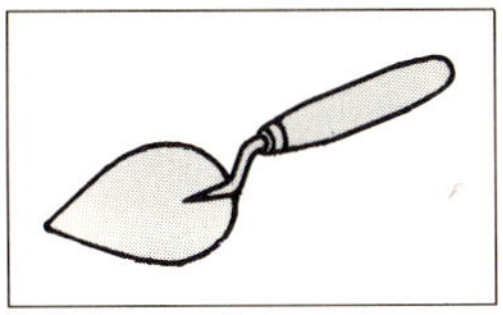

1.31 Herzkelle

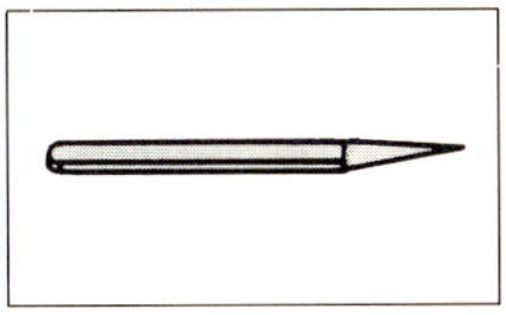

1.32 Schnurstift

Schnurstifte (Schnurdorne, **1**.32) aus Metall mit ≈ 15 cm Länge dienen zum Befestigen der Fluchtschnur.

Fliesenhämmer (**1**.33) sind klein, leicht und haben lange Stiele, die eine gute Führung erlauben. Es gibt spitz und keilförmig auslaufende Hämmer. Beide benutzt man zum Behauen von Fliesen oder als Schlagwerkzeug bei der Verwendung des Meißels.

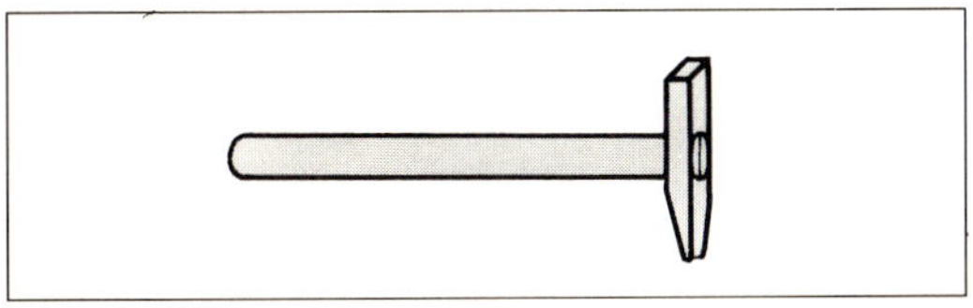

1.33 Fliesenhammer

Fliesenkneifzangen (**1**.34) mit Hartmetall-Schneidbacken werden zum Abzwicken kleiner Fliesenteilstücke benutzt.

Fliesenlochzangen (Habichtschnabelzangen, **1**.35), eignen sich besonders für das Erweitern runder Ausschnitte.

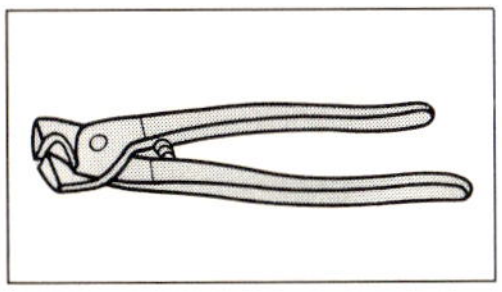

1.34 Fliesenkneifzange

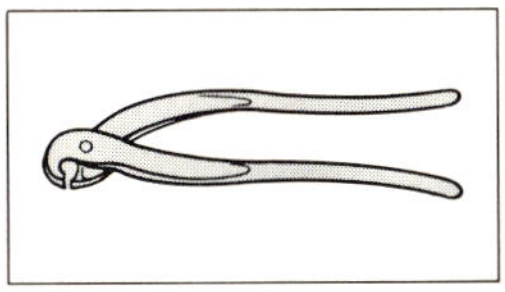

1.35 Fliesenlochzange

Anschlagwinkel (**1**.36) erleichtern das Anreißen rechtwinkliger Fliesenabschnitte. Dazu benutzt der Fliesenleger Glasschneider oder Stifte mit Widia- oder Aluminiumspitzen.

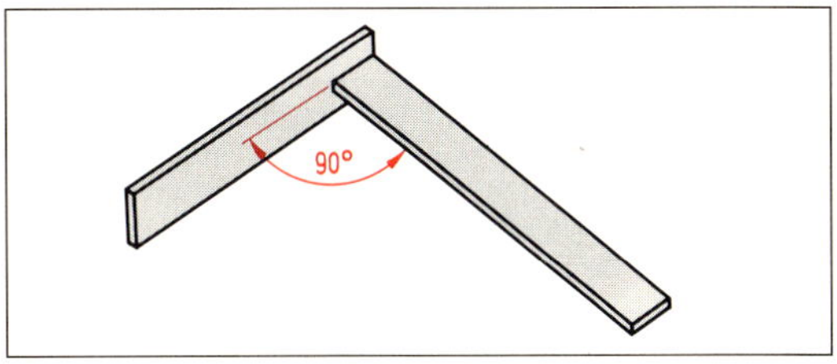

1.36 Anschlagwinkel

Hauschienen (**1**.37) dienen ebenfalls zum Anreißen von Teilstrichen. Das Einstellen der erforderlichen Abstände wird durch die vorhandene Längenskala erleichtert.

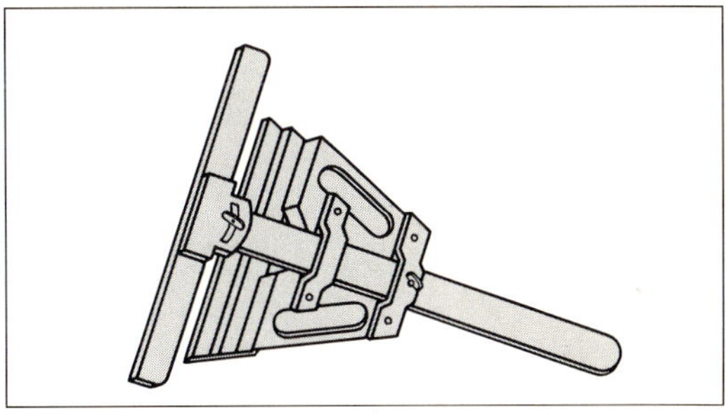

1.37 Hauschiene

Fliesenschneidapparate erfordern den geringsten Arbeitsaufwand zum Anreißen und Teilen der

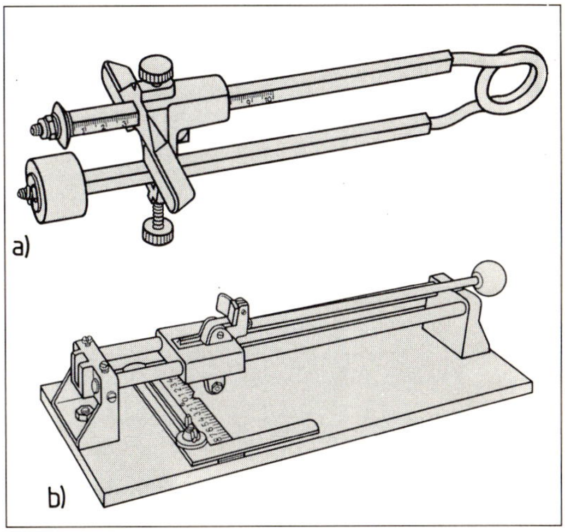

1.38 Fliesenschneidapparat
a) leichte Ausführung, b) schwere Ausführung

Platten. Sie sind in einfachen und schweren Ausführungen im Handel (**1**.38).

Werkzeuge für die Holzbearbeitung werden in Abschn. 10, für die Metallbearbeitung in Abschn. 14 und für die Bearbeitung von Kunststoffen in Abschn. 15 behandelt. Andere Spezialwerkzeuge werden jeweils an der Stelle erwähnt, wo ihr Einsatz behandelt wird. Die Vielzahl von Geräten und Maschinen, über die ein Baubetrieb verfügt, ist weitgehend von Art, Größe und Aufgabengebiet des Betriebs und der jeweiligen Baustelle abhängig. Ihr Einsatz wird hauptsächlich in der Fachstufe, dem 2. und 3. Jahr der Ausbildung behandelt.

In der Grundstufe, dem 1. Jahr der Ausbildung, arbeitet der Auszubildende mit Maurer-, Putzer- und Fliesenleger-Werkzeugen. Die wichtigsten Werkzeuge zum Mauern sind Maurerkelle und Maurerhammer, zum Putzen Putzerkelle, Aufziehbrett, Kartätsche und Reibebrett, zum Fliesenlegen Herzkelle, Fliesenhammer, Fliesenzangen und Hauschiene. Besondere und größere Werkzeuge stellt immer der Betrieb.

Werkzeuge müssen sorgfältig gehandhabt, gesäubert, gepflegt und aufbewahrt werden. Kellen und Zangen sind gelegentlich einzufetten, um sie vor Rost zu schützen.

1.6 Messen in der Bautechnik

Messen von Längen

Die international anerkannte Längeneinheit ist das Meter (m). 1 m ist ein Vielfaches der Wellenlänge der vom Edelgas Krypton ausgesendeten orange-roten Lichtstrahlung. Weitere Längeneinheiten leitet man von dieser Einheit für die nächstgrößeren und nächstkleineren Einheiten ab, indem man sie mit 10 multipliziert bzw. durch 10 dividiert. Flächen- und Raumeinheiten entstehen unter Verwendung der Längeneinheiten (Tabelle **1**.39).

Das Metermaß ist ein Gliedermaßstab mit gefederten Gelenken. Beide Seiten haben Zentimeter- und Milimetereinteilung. Baumaßstäbe verfügen auch über Achtelmeter- und Schichtenteilung und erleichtern damit die Einhaltung normgerechter Baumaße. Auf dem Bau wird vorzugsweise der Zweimeterstab benutzt.

Schwer bewegbare Federgelenke sind oft die Ursache dafür, daß der Meterstab beim Öffnen oder Zusammenklappen abbricht. Rechtzeitiges Einölen der Gelenke erhält seine Lebensdauer. Bereits abgebrochene Meterstäbe sollten nicht mehr weiterbenutzt werden, weil dabei zu leicht Meßfehler entstehen.

Das Bandmaß (**1**.40) besteht aus Stahl- oder Leinenband. Es ist 20 bis 50 m lang und eignet sich besonders für das Messen größerer Längen. Meßungenauigkeiten entstehen, wenn das Bandmaß durchhängt oder sich (besonders das Leinenmaßband) beim Straffziehen ausdehnt.

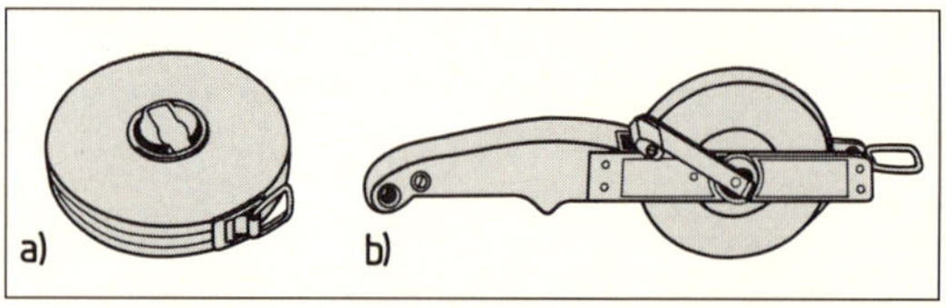

1.40 Bandmaße, a) Leinenbandmaß, b) Stahlbandmaß

Feststellen waagerechter und lotrechter Richtungen

Das Lot (Senkel, Senkblei) benutzt man zum Prüfen der lotrechten Richtung. Es besteht aus einem zylindrischen Stahlkörper mit kegelförmiger Spitze und wiegt $\approx$ 500 g. Beim Messen hängt das Lot an einer gekordelten Schnur, die nach dem Einpendeln senkrecht hängt (**1**.41).

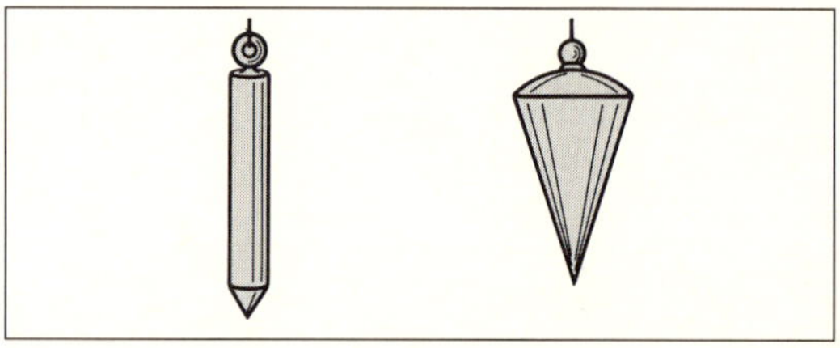

1.41 Lote, lange und birnenförmige Form

Tabelle **1**.39 **Einheiten**

Einheit		Teile der Einheit (Teilmaße)					
für Längen 1 m	=	10 dm	=	100 cm	=	1000 mm
für Flächen 1 m²	=	100 dm²	=	10 000 cm²	=	1 000 000 mm²
für Körper 1 m³	=	1000 dm³	=	1 000 000 cm³	=	1 000 000 000 mm³

Die Wasserwaage dient dem Bauhandwerker zum Prüfen der lot- und der waagerechten Richtung. Sie besteht aus Teakholz oder Leichtmetall (1.42). Die bevorzugte Länge beträgt 1 m.

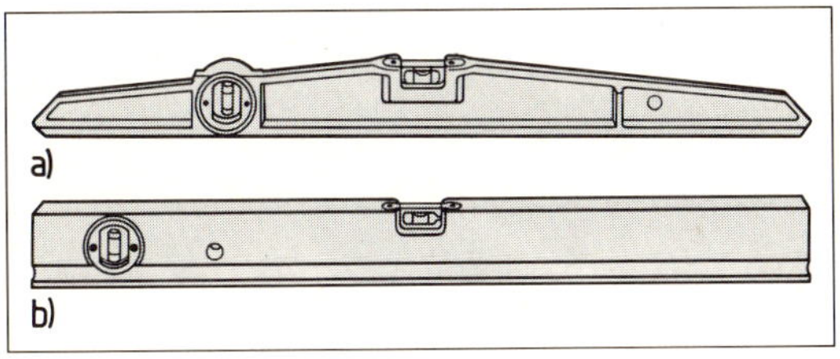

1.42 Wasserwaagen, a) aus Metall, b) aus Holz

Um die Lot- und Waagelibelle einwandfrei prüfen zu können, sind die Schaugläser stets sauber zu halten. Häufiges Einreiben des Schaftes mit Firnisöl schützt diesen vor Verformung und frühzeitiger Abnutzung. Wasserwaagen sollen sowohl beim Einkauf als auch von Zeit zu Zeit während der Arbeit auf ihre Genauigkeit hin geprüft werden.

Zur Prüfung der Lotlibelle (1.43) zieht man mit Hilfe der Wasserwaage einen Lotriß an einer senkrechten Wand. Hält man die Wasserwaage umgeklappt an den Riß, muß die Luftblase wieder genau mittig stehen.

Zur Prüfung der Waagelibelle richtet man die Wasserwaage auf einer ebenen Unterlage genau auf Waage ein und markiert darauf ihre Lage mit dem Bleistift. Nach dem Umschlagen (Drehen des Schaftes um 180°) setzt man sie wieder auf die gleiche Stelle. Die Waagelibelle ist einwandfrei, wenn ihre Luftblase wieder mittig zwischen den Kennstrichen liegt.

Weitere Geräte sind im Besitz der Baubetriebe und werden auf der Baustelle bereitgestellt.

Mauerschnüre (Fluchtschnüre) aus Textilfaser oder Kunststoff sind besonders fest und widerstandsfähig. Sie ermöglichen die Herstellung fluchtrechter Mauerschichten.

Richtscheite (Setzlatten, Waagscheite) aus langfaserigem Holz oder Aluminium-Speziallegierungen dienen zusammen mit der Wasserwaage zum Überprüfen der Waagerechten, wenn die Meßpunkte weiter als die Wasserwaagenlänge auseinanderliegen (1.44).

Bauwinkel aus Metall oder Holz erleichtern das Anlegen rechter Winkel.

Schichtmaßlatten erhalten eine Einteilung der Mauerschichten, so daß der Maurer die Höhen für Mauern und Maueröffnungen genau einhalten kann.

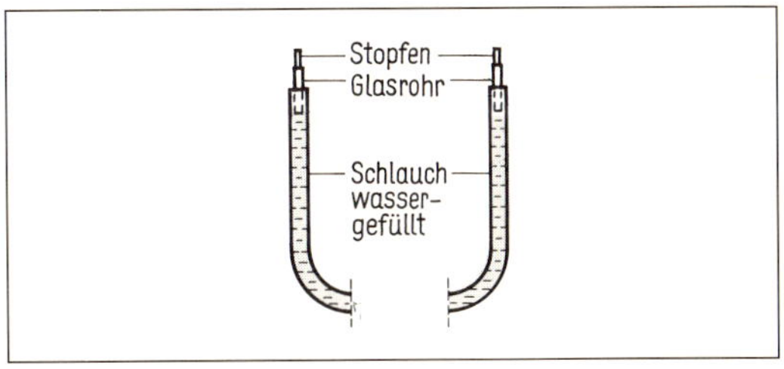

1.45 Schlauchwaage

Schlauchwaagen (1.45) liegt das physikalische Prinzip zugrunde, wonach in miteinander verbundenen Gefäßen die Höhe des Flüssigkeitsspiegels gleich ist. Diese Geräte eignen sich besonders gut zum Festlegen von Höhenpunkten über größere Entfernungen hinweg. Sie bestehen aus ≈ 10 m langen Gummi- oder Plastikschläuchen. An jedem Ende befindet sich ein durchsichtiges Röhrchen aus Glas oder Kunststoff, das sich mit einem Stopfen verschließen läßt.

Fluchtstäbe sind 2 m lange Stäbe mit rundem oder dreieckigem Querschnitt, die durch einen abwechselnden Farbanstrich rot-weiß oder schwarz-weiß in 4 Halbmeterabschnitte unterteilt sind. Eine Stahlspitze am unteren Ende erleichtert das Einstecken in den Boden. Eine Gerade zwischen zwei gegebenen Punkten wird mit Hilfe von Fluchtstäben eingefluchtet, indem ein „Einweisender" den „Eingewiesenen" durch Handzeichen in die Flucht weist (1.46).

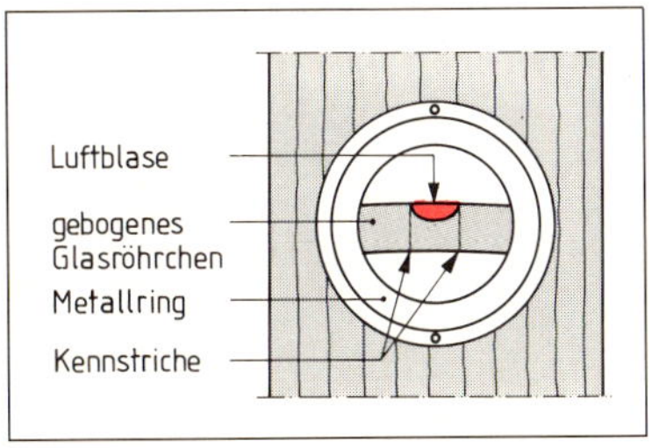

1.43 Lotlibelle der Wasserwaage

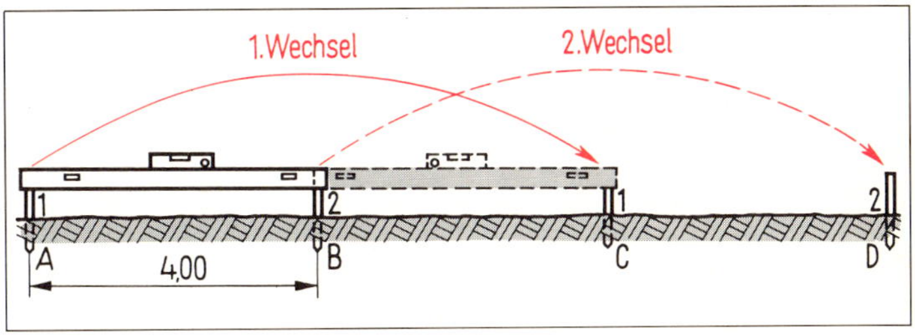

1.44 Einwiegen einer Waagerechten

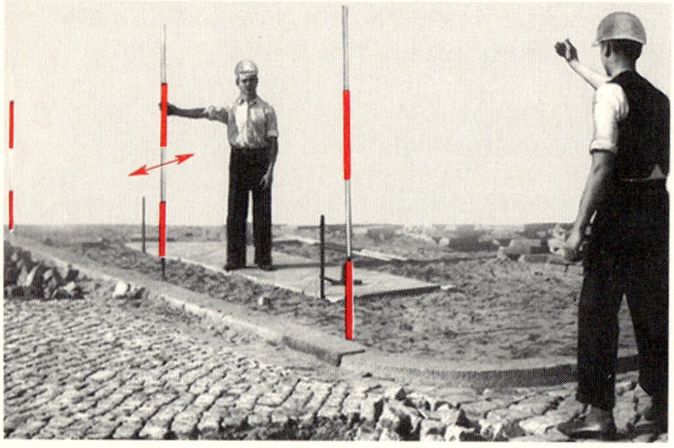

1.46 Der „Einweisende“ winkt den „Eingewiesenen“ in die Flucht

a) b)

1.49 Nivellier
a) waagerechte Einstellung, b) Höhenmessung

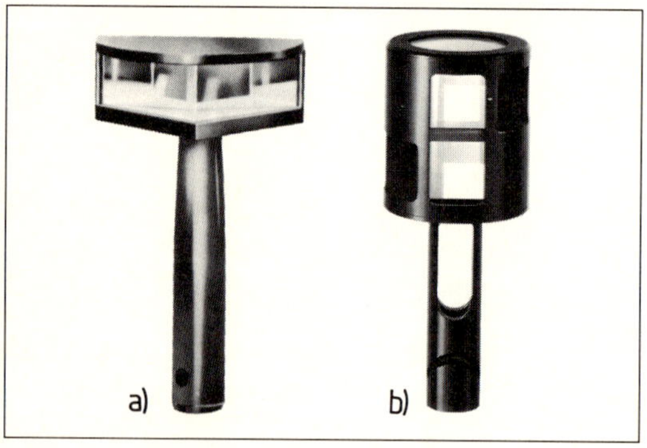

1.47 a) Winkelprisma
b) Doppelpentagonprisma

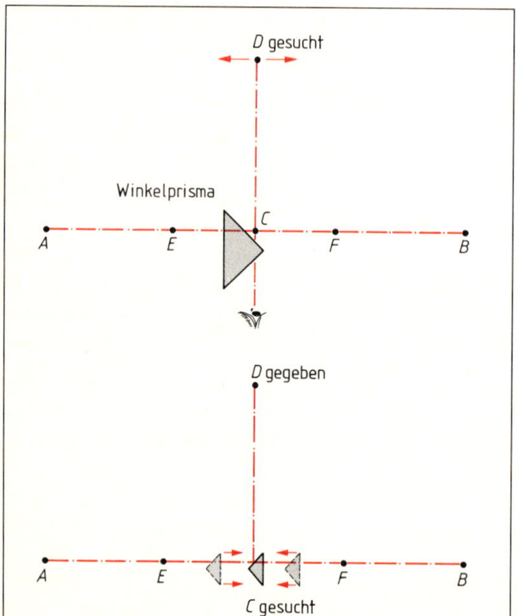

1.48 Einrichten des Lots *CD* auf der Flucht *AB* mit dem Winkelprisma und Fluchtstäben

Mit Winkelprisma oder Doppelpentagonprisma (1.47) werden auf einer Flucht (Geraden) mit Hilfe von Fluchtstäben rechtwinklige Lote errichtet. Auch hier arbeiten 2 Mann zusammen. Der Einweisende weist den Eingewiesenen durch Handzeichen oder Zuruf so ein, daß sich dessen Fluchtstab im Winkelprisma mit den Fluchtstäben an den Endpunkten der gegebenen Flucht deckt (1.48).

Das Nivellierinstrument (Nivellier oder Bau-Nivellier, 1.49) dient zur genauen Höhenmessung, besonders zum Übertragen von Höhen über weite Entfernungen. Man justiert das Fernrohr mit Libellen genau horizontal drehbar auf der senkrechten Geräteachse. Auf dem Meßpunkt steht eine Meßlatte, worauf man im Fadenkreuz des Fernrohrs den senkrechten Abstand von der Ziellinie des Nivelliers = horizontale Fernrohrachse auf den Meßpunkt ablesen kann (1.50).

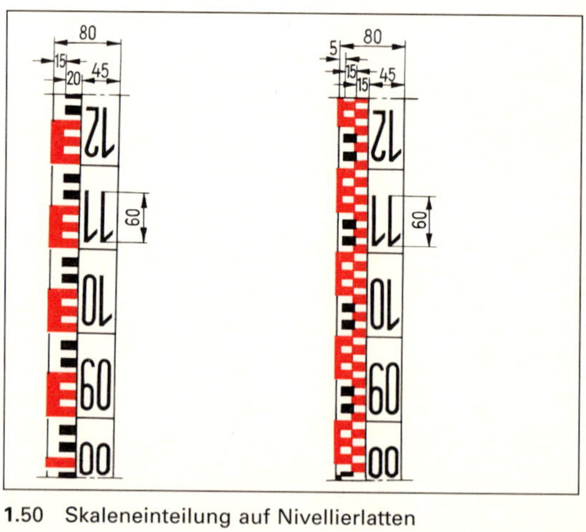

1.50 Skaleneinteilung auf Nivellierlatten

Wenn die Messung an einem amtlichen Höhenfestpunkt angeschlossen wird, kann man alle gemessenen Höhen über NN angeben. (**1**.51, NN heißt „Normal-Null" und ist die mittlere Wasserstandshöhe der Nordsee. Sie wird gemessen an einem Pegel in Amsterdam und von dort in ein Netz von amtlichen Höhenfestpunkten im gesamten Bundesgebiet übertragen.) Manche Nivellierinstrumente haben eine horizontale Gradeinteilung (360 Grad oder 400 Gon); mit ihnen kann man horizontale Winkel in der Ebene der Ziellinie messen.

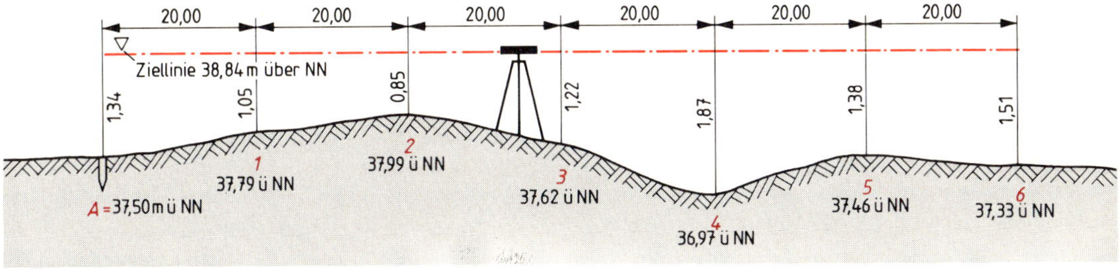

1.51 Höhenbestimmung mit dem Nivellier

Längen werden auf der Baustelle mit dem Metermaß, dem Bandmaß und mit Meßlatten gemessen. Jeder Auszubildende besitzt ein Metermaß, meist einen Gliederstab von 2 m Länge. Für größere Längen und Genauigkeiten benutzt man das Stahlbandmaß.

Die waagerechte Richtung wird mit der Wasserwaage, die senkrechte mit der Wasserwaage und dem Lot überprüft. Reicht die Länge der Wasserwaage nicht aus, nimmt man das Richtscheit zu Hilfe.

Zwischenpunkte auf langen Geraden werden mit Fluchtstäben abgesteckt, rechte Winkel (Lote) errichtet man auf solchen Geraden mit Winkelspiegel, Winkelprisma oder Doppelpentagonprisma und mit Fluchtstäben.

Genaue Höhenmessungen, vor allem über lange Strecken, müssen mit dem Nivellierinstrument durchgeführt werden. Das Nivellier ist ein teures Gerät und darf deshalb erst nach sorgfältiger Einweisung benutzt werden.

1.7 Unfallverhütung

Berufsgefahren durch Unfälle und Berufskrankheiten sind am Bau im Vergleich zu anderen Wirtschaftszweigen verhältnismäßig groß, weil im Gegensatz zu ortsfesten Betrieben auf der Baustelle die Betriebseinrichtungen (Lager, Wege, Unterkünfte, Werkstätten, Arbeitsplätze, Gerüste, Aufzüge u. ä.) kurzfristig und aus Kostengründen nur behelfsmäßig erstellt werden können. Die Vielzahl der Werkzeuge, Geräte und Maschinen und auch der Baustoffe, Bauteile und Arbeitsverfahren schafft Unfallgefahren (**1**.52 u. **1**.53). Arbeitskräfte unterschiedlicher Ausbildung und

TISCHKREISSÄGE

- **Spaltkeil: Schwächer als Schnittfuge – stärker als Sägeblatt; höchstens 1 cm vom Zahnkranz sicher befestigen**
- **Schutzhaube als obere Zahnkranzverdeckung benutzen**
- **Schiebestock benutzen**
- **Auf sichere Handhaltung achten**
- **Splitter nicht mit der Hand entfernen**
- **Standplatz von Abfällen freihalten**
- **Keine gerissenen Sägeblätter benutzen**

1.52 Aufkleber der Gewerblichen Berufsgenossenschaft

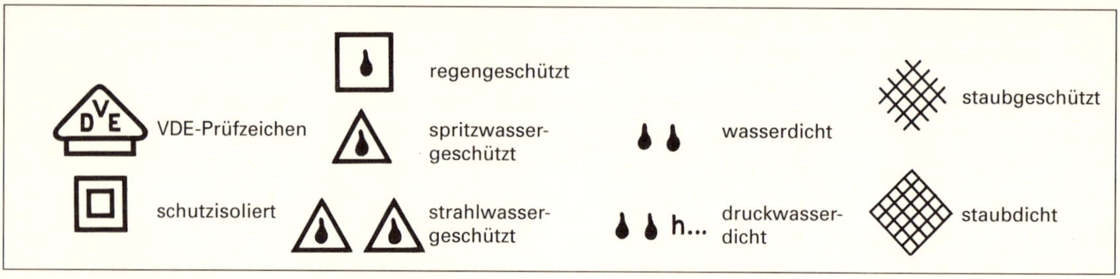

1.53 Wichtige Sinnbilder an elektrischen Geräten

Herkunft, Verständigungsschwierigkeiten (Baumaschinenlärm und Sprachprobleme), Hitze, Kälte, Wind und Regen machen Bauarbeit trotz aller Mechanisierung und Rationalisierung auch heute noch zu einer schweren und gefahrvollen Berufstätigkeit. Arbeitsunfälle und Berufskrankheiten verursachen hohe Kosten und bringen Kummer und Leid für die Betroffenen und ihre Familien. Deshalb sollen Schutz der eigenen Arbeitskraft und Rücksichtnahme auf die Arbeitskollegen oberste Gebote am Bau sein. Verantwortliche Zusammenarbeit der Beteiligten ist unerläßlich.

Die Unfallversicherung – ein Zweig der Sozialversicherung – schützt den Arbeitnehmer bei Arbeitsunfällen und Berufskrankheiten. Der Versicherungsschutz erfolgt über den Betrieb, der auch die Beiträge zahlt.

In der Unfallversicherung sind etwa 20 Mio. Berufstätige versichert. Der Versicherungsschutz gilt für die Arbeitszeit im Betrieb und den Hin- und Rückweg. Bei einem Arbeitsunfall oder einer Berufskrankheit leistet die Unfallversicherung

- **Heilbehandlung:** ärztliche Behandlung, Arznei, Hilfsmittel, Pflege;
- **Berufshilfe:** Heilverfahren, Rehabilitation, Umschulung;
- **Rente:** Teil- oder Vollrente je nach Minderung der Erwerbsfähigkeit;
- **Sterbegeld;**
- **Hinterbliebenenrente.**

Die Berufsgenossenschaften sind Selbstverwaltungskörperschaften des öffentlichen Rechts und unterstehen der Staatsaufsicht. Jeder Betrieb (Unternehmer) ist kraft Gesetzes Mitglied für seinen Gewerbezweig zuständigen Berufsgenossenschaft. In der Bundesrepublik gibt es 36 Gewerbliche Berufsgenossenschaften, darunter 8 Bau- und 2 Holz-Berufsgenossenschaften, die jeweils regional ein bestimmtes Gebiet betreuen.

Schwerpunkte der berufsgenossenschaftlichen Tätigkeit

- **Unfallverhütungsvorschriften** werden in Fachausschüssen in Zusammenarbeit zwischen Herstellern und Benutzern von Geräten und Maschinen, Arbeitgebern und Arbeitnehmern, staatlicher Gewerbeaufsicht und Wissenschaftlern erarbeitet. Sie regeln Einrichtungen, Anordnungen und Maßnahmen, die der Betrieb zu treffen hat, sowie das Verhalten der Beschäftigten, um Arbeitsunfälle und Gesundheitsgefährdungen zu verhüten.
- **Einhaltung des Gesetzes über technische Arbeitsmittel.** Kraft dieses Gesetzes werden Werkzeuge, Arbeitsgeräte, Maschinen und Beförderungsmittel bei der Herstellung und Einfuhr überwacht. Sie müssen den Regeln der Technik und den Unfallverhütungsvorschriften entsprechen.
- **Der Technische Aufsichtsbeamte** der Berufsgenossenschaft ist ein Fachmann, der die Betriebe bei der Einhaltung der Unfallverhütungsvorschriften berät und kontrolliert.
- **Der Sicherheitsbeauftragte** wird in jedem Betrieb mit mehr als 20 Beschäftigten bestellt und von der Berufsgenossenschaft ausgebildet. Er unterstützt, berät und hilft in Fragen der Unfallverhütung und arbeitet eng mit dem Betriebsrat zusammen.
- **Ausbildung** von Unternehmern, Betriebsleitern, Sicherheitsingenieuren, Meistern und Sicherheitsbeauftragten in eigenen Schulungsheimen und Lehrwerkstätten.
- **Aufklärung** durch Zeitschriften, Merkblätter, Plakate (**1**.54), Aufkleber, Tonbildschauen, Filme, Fernsehspots und Kalender.

Die Gewerblichen Berufsgenossenschaften haben zwei Hauptaufgaben: sie sind Träger der Gesetzlichen Unfallversicherung und umfassend tätig, Arbeitsunfällen und Berufskrankheiten vorzubeugen und somit überhaupt zu verhindern oder einzuschränken.

Die für die jeweilige Baustelle wichtigsten Unfallverhütungsvorschriften, Richtlinien und Merkblätter werden gut sichtbar und geschützt (Klarsichtfolie) in den Unterkünften und/oder an den Geräten und Maschinen ausgehängt. Besondere Vorschriften bewahrt die Bauleitung auf, so daß sie bei Bedarf sofort zugänglich sind. Bei Zuwiderhandlungen gegen Unfallverhütungsvorschriften drohen empfindliche Strafen (Geldbußen und Gefängnis).

1.54 Plakate der Bau-Berufsgenossenschaft

Auf Baustellen ereignen sich im Vergleich zu anderen Arbeitsplätzen verhältnismäßig viele Unfälle. Das ist eine Folge der schwierigen Bauarbeit mti vielfältigem Gerät in Wind und Wetter, in der tiefen Baugrube und auf hohem Gerüst.

Arbeitsunfälle und Berufskrankheiten verursachen große Kosten für die Allgemeinheit und für den Betroffenen persönliches Leid. Schutz der eigenen Arbeitskraft, Rücksicht auf das Wohl der Arbeitskollegen, sicherheitsbewußte Bauplanung, -durchführung und -überwachung durch die verantwortlich Tätigen verringern die Unfallgefahren.

Bei Arbeitsunfällen und Berufskrankheiten hilft die Unfallversicherung. Jeder Beschäftigte ist durch seinen Arbeitgeber, der auch den Versicherungsbeitrag bezahlt, während der Arbeitszeit im Betrieb und auf dem Hin- und Rückweg versichert.

Die Gewerblichen Berufsgenossenschaften sind Träger der Unfallversicherung. Durch Unfallverhütungsvorschriften, Aufsichtsbeamte und vorbeugende Aufklärung versuchen die Gewerblichen Berufsgenossenschaften, die Unfallgefahren einzudämmen.

Die wichtigsten Unfallverhütungsvorschriften müssen gut sichtbar und geschützt ausgehängt werden. Die Einhaltung von Unfallverhütungsvorschriften kann durch Bußgelder und Strafen erzwungen werden.

Aufgaben zu Abschnitt 1

1. Welches Material war in Mitteleuropa bis in die neuere Zeit bevorzugter Baustoff?
2. Wer hat die grundlegenden Verfahren des Steinbaus in Deutschland bekanntgemacht?
3. Was versteht man unter Holzfachwerkbau?
4. Welche Gebäude wurden früher bevorzugt in Steinbauweisen erstellt?
5. Was verstehen Sie unter einem Baustil, und welche Baustile kennen Sie?
6. Welchen Baustilen ordnen Sie die Stilelemente Rundbogen, Spitzbogen, Netzgewölbe und Maßwerk zu?
7. Unterscheiden Sie Bauhandwerk und Bauindustrie.
8. Erläutern Sie die Bedeutung der Bauwirtschaft für die gesamte Volkswirtschaft.
9. Welche Rolle spielt der Staat (die öffentliche Hand) als Auftraggeber für die Bauwirtschaft?
10. Wie heißen die Spitzenverbände des Bauhandwerks und der Bauindustrie?
11. Was verstehen Sie unter der berufsständischen Gliederung des Bauhandwerks?
12. Wie heißt die Rechtsgrundlage Ihres Ausbildungsverhältnisses?
13. Beschreiben Sie das System der Stufung in der Berufsausbildung in der Bauwirtschaft.
14. Welche Möglichkeiten der beruflichen Weiterbildung kennen Sie?
15. Erläutern Sie den Unterschied zwischen der Planung der Bauwerke und der Planung des Bauablaufs.
16. Wozu ist ein Baustelleneinrichtungsplan wichtig?
17. Welche Aufgaben hat der Bauzeitenplan?
18. Welche Aufgaben hat ein Baugesetz?
19. Beschreiben Sie die Aufgabe der Bauaufsicht.
20. Was heißt DIN, und welche Aufgaben hat es zu erfüllen?
21. Worin liegen die wichtigsten Vorteile der Normung?
22. Welche Werkzeuge braucht man zum Mauern?
23. Auf welche Punkte achten Sie beim Prüfen der dreieckigen Maurerkelle?
24. Welche Unterschiede kennen Sie bei Maurerhämmern?
25. Nennen Sie die wichtigsten Werkzeuge zum Putzen.
26. Für welche Arbeiten werden Profilkellen benutzt?
27. Welche besonderen Werkzeuge werden zum Verlegen von Fliesen und Platten verwendet?
28. Unterscheiden Sie Fliesenkneifzange und Fliesenlochzange.
29. Erläutern Sie den Zusammenhang zwischen Längen-, Flächen- und Rauminhaltsmaßen.
30. Beurteilen Sie den Gebrauch von Leinen- und Stahlbandmaß.
31. Wie prüft man die Genauigkeit einer Wasserwaage?
32. Wann muß man eine Setzlatte verwenden?
33. Beschreiben Sie das Einfluchten von Zwischenpunkten auf einer Geraden.
34. Wozu dienen Winkelspiegel und Winkelprisma?
35. Beschreiben Sie die Verwendungsmöglichkeiten des Nivellierinstruments.
36. Was verstehen Sie unter NN?
37. Warum ist gerade auf Baustellen die Unfallgefahr groß?
38. Was sind Unfallverhütungsvorschriften?
39. Welche Aufgaben haben der Technische Sicherheitsbeamte und der Sicherheitsbeauftragte?
40. Beschreiben Sie einige Maßnahmen der Gewerblichen Berufsgenossenschaften zur Bekämpfung der Unfallgefahren.

2 Bauphysik

2.1 Physikalische Grundkenntnisse

2.1.1 Körper und Stoff

Als Körper bezeichnen wir nicht nur den menschlichen Körper, sondern alle Dinge um uns her. Steine, Bauteile, Häuser, aber auch Luft und Wasser sind Körper. Verschieden und veränderlich sind Form, Zustand und Lage eines Körpers. Er kann z.B. rund oder eckig sein, sich in der Kälte zusammenziehen, zu Boden fallen. Bei allen diesen Veränderungen bleibt der Stoff, aus dem der Körper besteht, unverändert. Wenn wir einen Mauerziegel zerschlagen, bleibt der Stoff selbst in den kleinsten Bruchstücken immer derselbe.

Die uns umgebenden Gegenstände nennen wir Körper. Sie bestehen aus in der Masse begrenzten Stoffen. Mit den Körpern und ihren Eigenschaften befaßt sich die Physik; mit den Stoffen und ihren Eigenschaften beschäftigt sich die Chemie.

Hinweise für die Bauarbeit. Bekannte Stoffe sind z.B. Ton, Holz, Stahl, Beton. Soweit sie für Bauzwecke gebraucht werden, nennt man sie auch Baustoffe oder Baumaterial. Die aus Baustoffen bestehenden Körper heißen deshalb auch Baukörper oder Bauteile.

2.1.2 Körper und ihre Zustandsformen (Aggregatzustände)

■ **Versuch 1** Eis wird in einer Schale erwärmt.

Ergebnis Es schmilzt zu Wasser, das bei weiterem Erhitzen verdampft. Der Körper hat durch die Wärmezufuhr seine Zustandsform verändert.

Körper treten in festem, flüssigem oder gasförmigem Zustand auf: als Festkörper, Flüssigkeiten oder Gase. Die Zustandsformen nennt man auch Aggregatzustände.

Hinweise für die Bauarbeit. Lehmmörtel erhärtet durch Verdunsten des Wassers, wird fest und rissig. Heißflüssige Bitumenanstriche auf Mauerwerk werden nach dem Erkalten fest.

2.1.3 Masse und Dichte

Masse m. Um einen stehenden Muldenkipper in Fahrt zu bringen oder einen rollenden Wagen anzuhalten, brauchen wir Kraft. Ein Körper verharrt in seinem Zustand der Ruhe oder gleichförmigen Bewegung, wenn nicht eine Kraft auf ihn wirkt. Dieses Beharrungsvermögen eines Körpers nennen wir *Masse.* Sie ist unabhängig von dem Ort, an dem sich der Körper befindet, ist also auf der Erde ebenso groß wie im Weltraum. Abhängig ist die Masse von der Stoffmenge (Volumen) des Körpers und der Art des Stoffes.

Wir bestimmen die Masse durch Vergleich mit Körpern bekannter Masse – mit geeichten Wägestücken. Dazu brauchen wir eine Balkenwaage (**2**.1). Wenn die Schalen der Waage im Gleichgewicht stehen, haben Körper und Wägestück darauf die gleiche Masse.

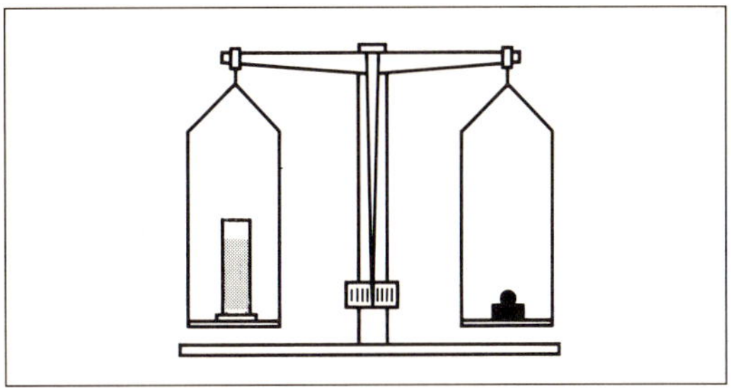

2.1 Balkenwaage

Masse ist die Eigenschaft eines Körpers, sich Veränderungen seines Bewegungszustands zu widersetzen. Masse ist unabhängig vom Ort, aber abhängig von Volumen und Stoffart des Körpers.

Einheiten sind Kilogramm (kg) bzw. Gramm (g) und Tonne (t).

1 kg = 1000 g 1 t = 1000 kg**

Dichte ϱ (sprich: rho)

■ **Versuch 2** Auf einer Balkenwaage wird ein Meßzylinder mit einem Wägestück ins Gleichgewicht gebracht. Man füllt ihn zunächst mit 250 cm³ Zement, dann mit 500 cm³ und stellt jedes Mal durch Wägung die Masse der Füllung fest.

Ergebnis

Masse des Zements in kg	0,3	0,6
Volumen des Zements in dm³	0,25	0,5
$\frac{\text{Masse}}{\text{Volumen}} = \frac{m}{V}$	$\frac{0{,}3\text{ kg}}{0{,}25\text{ dm}^3} = 1{,}2\text{ kg/dm}^3$	$\frac{0{,}6\text{ kg}}{0{,}5\text{ dm}^3} = 1{,}2\text{ kg/dm}^3$

Bei verdoppeltem Volumen ergibt sich auch die doppelte Zementmasse. Der Quotient aus Masse und Volumen ergibt jedoch bei beiden Messungen den gleichen Wert von 1,2 kg/dm³. Der ermittelte Wert ist die *Dichte* des Zements in kg/dm³. Hierbei handelt es sich um die Schüttdichte.

Die Dichte eines Stoffes erhält man, wenn seine Masse durch sein Volumen dividiert wird. Sie ist eine vom Ort unabhängige Werkstoffkennzahl, die für jeden Stoff verschieden ist.

$$\text{Dichte} = \frac{\text{Masse}}{\text{Volumen}} \qquad \varrho = \frac{m}{V}$$

Einheiten der Dichte sind kg/dm³, kg/l, g/cm³ und t/m³.

Beispiel 1 Die Dichte eines Kalksand-Vollsteins im Normalformat soll bestimmt werden.

$m = 3{,}53$ kg;
$V = 2{,}4\text{ dm} \cdot 1{,}15\text{ dm} \cdot 0{,}71\text{ dm} = 1{,}96\text{ dm}^3$

$$\frac{m}{V} = \frac{3{,}53\text{ kg}}{1{,}96\text{ dm}^3} = \mathbf{1{,}8\ kg/dm^3}$$

Rohdichte. Künstliche Bausteine, Leichtbeton und andere Baustoffe schließen gewöhnlich Poren ein. Dann spricht man von *Rohdichte.*

Rohdichte ist die Dichte eines Körpers einschließlich der Poren und Hohlräume.

Die Dichte einiger Baustoffe in kg/dm³: Fichte 0,50; Zement (lose) 1,2; Vollziegel 1,8; Granit 3,0.

2.1.4 Eigenlast (Gewichtskraft)

■ **Versuch 3** Ein Kalksand-Vollstein im Normalformat wird an einer Schnur mit der Hand freischwebend gehalten und danach auf die andere, nicht unterstützte Hand gelegt (**2**.2).

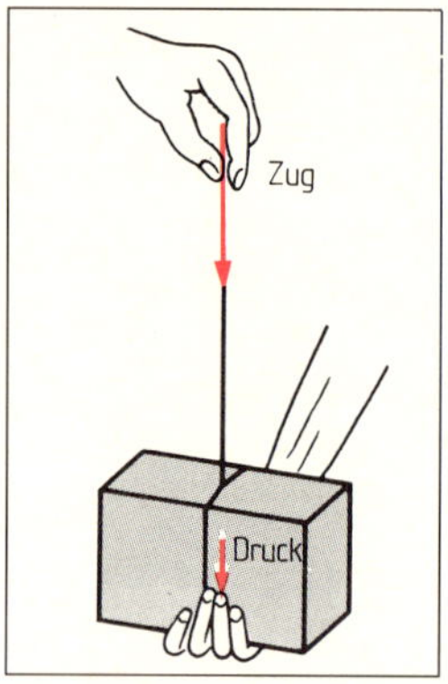

2.2 Der Mauerstein übt auf Schnur und Hand eine Gewichtskraft aus

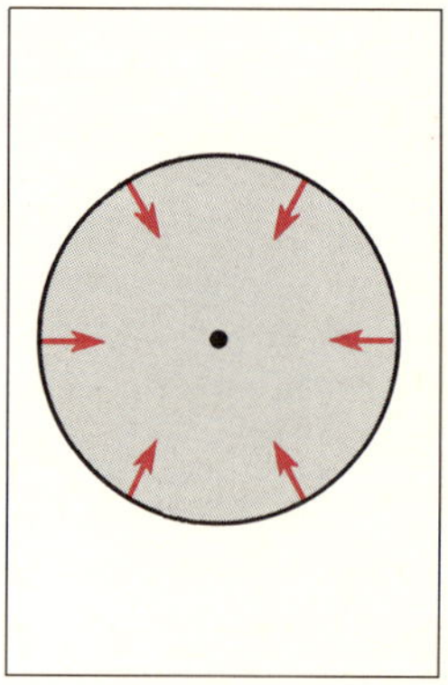

2.3 Die Eigenlast eines Körpers ist zum Erdmittelpunkt gerichtet und in gleicher Entfernung davon gleich groß

Ergebnis Der Stein übt mit seiner Masse in der Schnur eine Zugkraft lotrecht nach unten aus und auf die den Stein tragende Hand von oben eine ebenso große Druckkraft. Dies beruht darauf, daß jeder Körper von der Erde angezogen wird, und zwar in Richtung zum Erdmittelpunkt hin (**2**.3).

In jedem Fall spürt man in den Händen beim Halten des Steins die Wirkung einer Kraft, die als Eigenlast bezeichnet wird.

Die Gravitation ist die Ursache dafür, daß ein frei fallender Körper immer schneller fällt; er wird beschleunigt. Diese Fallbeschleunigung g ist jedoch nicht an allen Orten gleich groß, sie nimmt mit der Entfernung vom Erdmittelpunkt ab. Das zeigen uns sehr deutlich die Bilder von Astronauten in der Raumkapsel auf dem Weg zum Mond. Eine völlige „Schwerelosigkeit" gibt es nur dort, wo sich zwei Anziehungskräfte, etwa die von Erde und Mond, gegenseitig aufheben.

Die Eigenlast oder Gewichtskraft G ist die Kraft, mit der ein Körper vom Erdmittelpunkt angezogen wird (Gravitationskraft, Schwerkraft). Sie ist abhängig vom Ort.

Bei nicht zu großen Fallstrecken kann die Fallbeschleunigung als gleichbleibend angenommen werden. Als Normwert gilt $g_n = 9{,}80665\text{ m/s}^2$. Verwendet werden in der Regel die Annäherungswerte $g_n \approx 9{,}81\text{ m/s}^2$ oder $g_n \approx 10\text{ m/s}^2$.

Zum Messen der Eigenlast verwendet man die Federwaage (**2**.4). In ihrem Inneren befindet sich eine Schraubenfeder, die am Deckel der äußeren und am Boden der inneren Hülse befestigt ist.

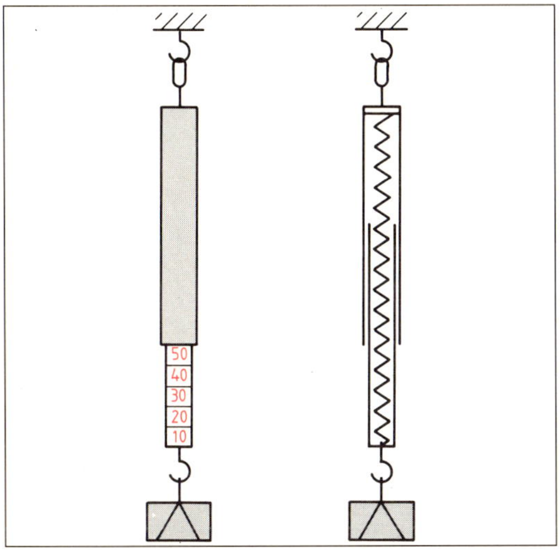

2.4 Federwaage

Die Einheit der Kraft ist das Newton (N, sprich njutn). Davon abzuleiten sind die im Baugewerbe üblichen Einheiten Kilonewton (kN) und Meganewton (MN).

1 kN = 1000 N **1 MN = 1 000 000 N**

Beispiel 2 Die Größe der Gewichtskraft *G*, die auf einen Körper mit der Masse m = 1 kg einwirkt, ist – bei dem angenäherten Normwert der Fallbeschleunigung g_n = 10 m/s² – nach der Formel

Kraft = Masse · Beschleunigung

$G = m \cdot g_n$

$G = 1\ \text{kg} \cdot 10\ \text{m/s}^2 = 10\ \text{N}$.

Die Wichte γ (sprich: gamma) ist die Gewichtskraft eines Stoffes je Raumeinheit. Sie ist ebenfalls ortsabhängig und eine stofftypische Kennzahl.

$$\text{Wichte} = \frac{\text{Gewichtskraft}}{\text{Volumen}} \qquad \gamma = \frac{G}{V}$$

Einheiten der Wichte sind daN/dm³, kN/m³.

2.1.5 Kohäsion und Adhäsion

■ **Versuch 4** Einige dünne Holzleisten in die Hobelbank oder den Schraubstock einspannen und bis zum Bruch abknicken. Einen auf ein Stück Stahl und ein Stück Holz quer zur Faserrichtung gesetzten Meißel mit einem Hammerschlag eintreiben.

Ergebnis Die Körper setzen einer äußeren Formveränderung einen verschieden großen Widerstand entgegen.

Alle Stoffe bestehen aus unvorstellbar kleinen Teilchen, den Molekülen, die bei festen Körpern durch eine Kraft – die Zusammenhangskraft oder Kohäsion – zusammengehalten werden. Von der Größe dieser Kraft sind wesentlich die mechanischen Eigenschaften – das Verhalten gegenüber äußeren Einwirkungen, z.B. durch Werkzeuge – abhängig.

Kohäsion oder Zusammenhangskraft nennen wir die zwischen den Molekülen eines Körpers wirkenden Anziehungskräfte. Sie setzen dem Eindringen anderer Körper oder Formveränderungen einen Widerstand entgegen.

Bei Festkörpern ist die Kohäsion sehr groß, bei Flüssigkeiten gering. Gase haben nur eine sehr geringe Zusammenhangskraft.

■ **Versuch 5** Stricheziehen auf Zeichenkarton mit Bleistift, an der Tafel mit Kreide, Bitumenanstrich auf einen künstlichen Stein auftragen.

Ergebnis Moleküle von Graphit und Kreide (feste Stoffe) haften auf dem Papier bzw. der Tafel, besonders gut haftet der Anstrich (flüssig) auf dem Stein.

Wie zwischen den Molekülen *eines Körpers*, so wirken auch zwischen den Molekülen *verschiedener Körper* Kräfte. Sie bewirken das Zusammenhaften von Körpern.

Adhäsion oder Anhangskraft ist die Anziehungskraft der Moleküle zweier verschiedener Körper.

Die Adhäsion tritt bei Festkörpern nur bei dichtem Zusammenfügen der Körper auf und wird zum Teil durch die Luftverdrängung zwischen den Berührungsflächen wirksam, begünstigt durch Anfeuchten oder Aufbringen von flüssigen bzw. breiigen Bindestoffen.

Hinweise für die Bauarbeit. Die Größe der Adhäsion ist bei den Baustoffen verschieden. Putz- und Fugenmörtel haften auf rauhen, porigen Steinoberflächen (Mauerziegel) besser als auf glatten, dichten Flächen (Klinker). Dasselbe gilt für Dichtungsanstriche (Bitumen) auf Mauerwerk.

Klebemörtel kann man u.a. zum Verbinden von Porenbetonplansteinen zu Mauern an Stelle von Fugenmörtel verwenden. Er dient ferner zum Ankleben von Keramik- und Kunststoff-Fliesen.

2.1.6 Kapillarität (Haarröhrchenwirkung)

■ **Versuch 6** Wir stellen 3 Glasröhrchen mit größerem, kleinem und kleinstem Durchmesser (die letzten nennt man Kapillaren oder Haarröhrchen) in eine mit gefärbtem Wasser gefüllte Glaswanne (**2.5**).

Ergebnis Das Wasser steigt in den Röhrchen verschieden hoch, es steht in der engsten Röhre am höchsten, in der weitesten am niedrigsten.

■ **Versuch 7** Taucht man einen Glasstab in Wasser, bleibt nach dem Hochheben ein Tropfen daran hängen.

■ **Versuch 8** Gießt man Wasser in ein Reagenzglas, so zeigt sich, daß das Wasser an der Glaswand etwas höher steht als im mittleren Teil (**2.6**).

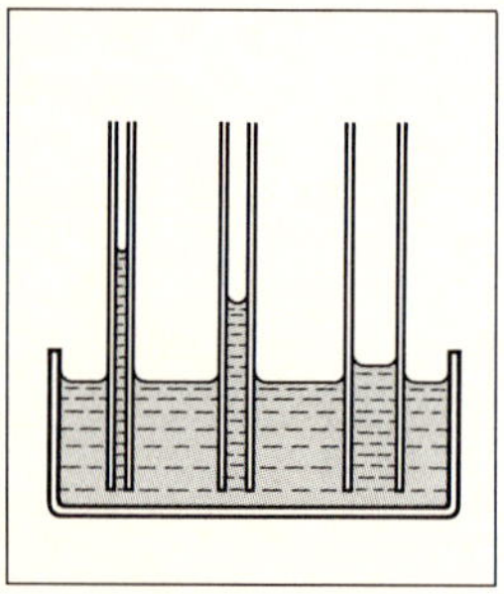

2.5 Wasser steigt in den Glasröhren hoch. Es steigt um so höher, je enger die Röhren sind

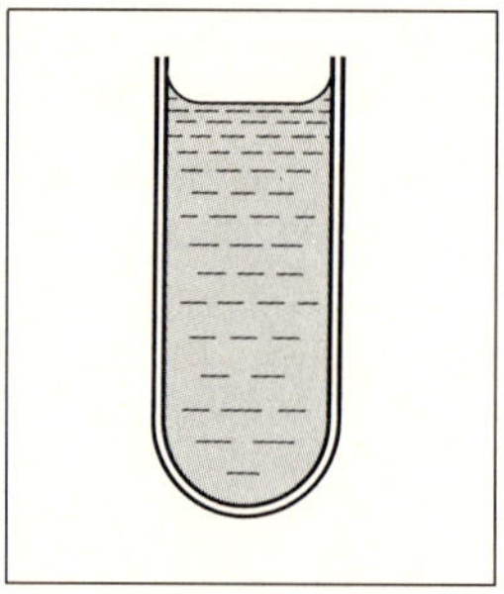

2.6 Das Wasser steht an der Glaswand etwas höher als im Inneren des Glases. Hier ist die Adhäsion größer als die Kohäsion

Ursache dieser Erscheinungen ist die Adhäsion zwischen dem Glas und den Wassermolekülen (s. Abschn. 2.1.5).

Diese Kräfte sind größer als die nach innen gerichtete Kohäsion, also steigt das Wasser in der Kapillare nach oben, hängt am Glasstab oder wird an der Reagenzglaswand nach oben gezogen.

Hinweise für die Bauarbeit

■ **Versuch 9** Einstellen eines trockenen Mauerziegels und eines Klinkers in eine mit Wasser (etwa 3 cm hoch) gefüllte Glaswanne für die Dauer von 6 bis 8 Stunden.

Ergebnis Im Mauerziegel steigt das Wasser verhältnismäßig schnell hoch, im Klinker nicht. Ein Mauerziegel hat sichtbare Kapillaren mit kleinstem Querschnitt. In ihnen steigt das Wasser hoch.

Ähnliches gilt für Natursteine, Beton, Mörtel und Holz, aber auch für Dämmstoffe. Die Kapillarität verändert in der Regel auch die Eigenschaften der Baustoffe.

Günstig ist die Saugfähigkeit von künstlichen Steinen für die Verbindung mit Fugen- und Putzmörtel, weil Mörtelwasser und Bindemittel von Mörtelträger angesaugt werden. Eine vorübergehende Neubaufeuchtigkeit ist deshalb nicht zu vermeiden.

Ungünstig werden dagegen Dämmstoffe von der Kapillarität beeinflußt; sie werden naß und sind dann nicht mehr voll wirksam.

Aufgaben zu Abschnitt 2.1

1. Welche Zustandsformen haben die Körper, und welches andere Wort wird dafür auch gebraucht?
2. Wodurch kann man die Zustandsform eines Körpers ändern?
3. Wie wird die Masse eines Körpers festgestellt?
4. Nennen Sie die Einheiten der Masse.
5. Was versteht man unter der Dichte eines Körpers?
6. Nennen Sie die Einheit der Dichte.
7. Wie wird die Dichte rechnerisch ermittelt?
8. Berechnen Sie die Masse eines Leichtbeton-Vollsteines 30 cm × 24 cm × 11,5 cm mit Betonrohdichte 0,8 kg/dm³.
9. Ein Balken aus Fichtenholz hat einen Querschnitt von 12 cm · 24 cm, ist 4,20 m lang und hat die Masse 58 kg (lufttrocken). Wie groß ist seine Dichte?
10. Was versteht man unter Eigenlast?
11. Nennen Sie die Einheiten der Eigenlast.
12. Ein Mauerpfeiler ist in der Grundfläche 0,625 m × 0,49 m groß und 3,25 m hoch. Wie hoch ist die Eigenlast, die er auf sein Fundament überträgt, wenn die Dichte des Mauerwerks 1,7 kg/dm³ ist?
13. Womit wird die Eigenlast gemessen?
14. Woran erkennt man bei festen Körpern die Wirkung der Kohäsion?
15. Nennen Sie Baustoffe mit großer Kohäsion?
16. Woran ist zu erkennen, daß die Kohäsion bei Flüssigkeiten gering ist?
17. Was versteht man unter Adhäsion?
18. Warum beeinflussen unsaubere und staubige Berührungsflächen zweier Körper die Anhangskraft?
19. Welchen Einfluß hat die Oberfläche der Bausteine auf die Haftung des Mörtels?
20. Welchen Zweck hat Klebemörtel? Nennen Sie Beispiele für die Anwendung.
21. Was ist unter Kapillarität zu verstehen?
22. Worauf beruht das Ansteigen des Wassers in engen Röhren?
23. Worauf beruht die Eigenschaft der Wasseraufnahme verschiedener künstlicher Steine, und wie nennt man diese Eigenschaft?
24. Welche Vorzüge haben Kapillaren bei künstlichen Steinen?

2.2 Kräfte an Baukörpern

2.2.1 Kräfte und Gegenkräfte

Eine Kraft ist nur erkennbar an ihrer Wirkung, die sich in der Bewegungsänderung oder Verformung eines Körpers äußert. Zum Anstoß eines Fußballs, zu einer Beschleunigung oder Richtungsänderung des Balles ist jeweils eine Kraft erforderlich. Die Verformung einer Feder wird zur Kraftmessung genutzt (**2**.4).

> Kraft ist die Ursache für Änderungen im Bewegungszustand eines Körpers.
>
> Einheit der Kraft ist das Newton (s. Abschn. 2.1.4).

■ **Versuch 10** Wir hängen einen Mauerziegel an eine Federwaage, greifen die unbelastete Feder und ziehen sie in verschiedene Richtungen.

Ergebnis Die Gewichtskraft des Ziegels wirkt nur in eine Richtung, nämlich lotrecht. Menschliche und maschinelle Kräfte dagegen können in alle Richtungen wirken.

> Eine Kraft wird bestimmt durch ihre Größe, ihre Richtung und ihren Angriffspunkt.

■ **Versuch 11** Zwei Schüler mit gleichen Massen stehen sich auf Rollschuhen gegenüber. Nun zieht der erste an einem Seil, das dem anderen um den Leib gebunden ist.

Ergebnis Beide werden gleich stark beschleunigt und treffen sich in der Mitte. Jede Kraft hat also eine Gegenkraft von gleicher Größe.

> Im Gleichgewichtszustand hat jede Kraft eine gleich große Gegenkraft.

2.2.2 Zusammensetzen und Zerlegen von Kräften

Eine Kraft wird durch eine Strecke dargestellt, an der ein Pfeil die Kraftrichtung angibt. Die Länge der in einem Kräftemaßstab gezeichneten Strecke gibt die Kraftgröße an (**2**.7).

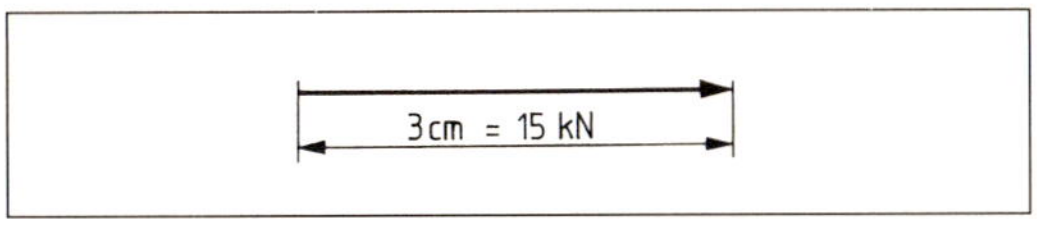

2.7 Zeichnerische Darstellung einer Kraft in einem Kräftemaßstab

Zusammensetzen. Beim Zusammenwirken mehrerer Kräfte in derselben Richtung ergibt sich die Gesamtgröße der Kräfte (die Resultierende) durch einfache Addition, bei Gegenkräften entsprechend durch Subtraktion (**2**.8).

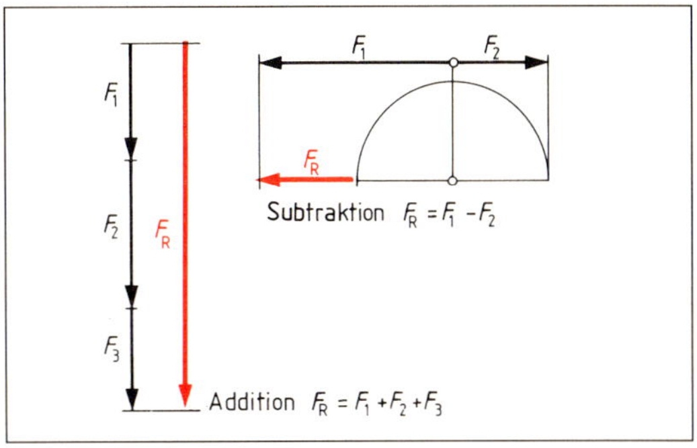

2.8 Zusammensetzen von Kräften gleicher Wirkungsrichtung

Wenn zwei Kräfte aus verschiedenen Richtungen auf einen Baukörper wirken, setzen sie sich zu einer einzigen – der resultierenden – Kraft zusammen. Dies ermitteln wir zeichnerisch, indem wir die Kräfte zu einem Parallelogramm ergänzen. Die Diagonale dieses Kräfteparallelogramms ergibt die resultierende Kraft (**2**.9).

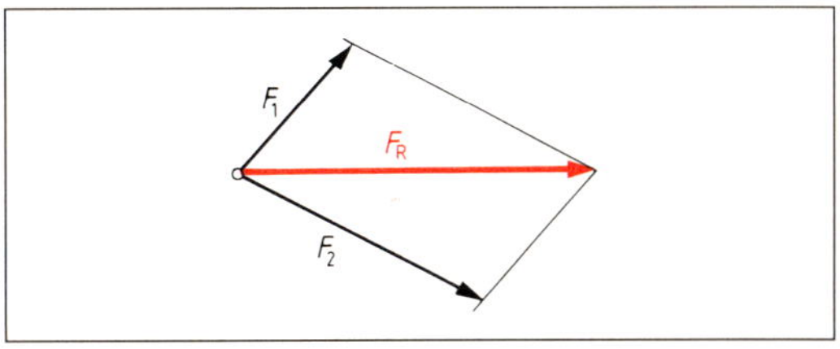

2.9 Zusammensetzung von zwei Kräften verschiedener Wirkungsrichtung

Bei drei und mehr Kräften aus verschiedenen Richtungen werden nacheinander entsprechend mehr Parallelogramme gezeichnet (**2**.10).

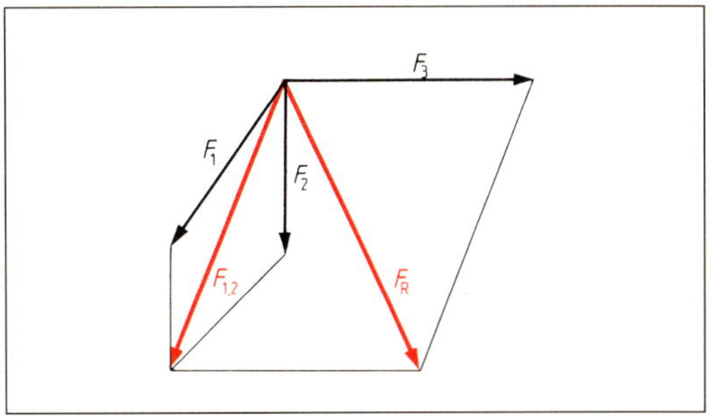

2.10 Zusammensetzen von drei Kräften verschiedener Wirkungsrichtung

Zum Zerlegen einer Kraft in zwei Einzelkräfte mit gegebener Wirkungsrichtung gehen wir von der Gesamtkraft aus, tragen die beiden Einzelkräfte mit Hilfe der bekannten Winkel ein und ergänzen sie über der Gesamtkraft = Diagonale zum Parallelogramm (**2**.11).

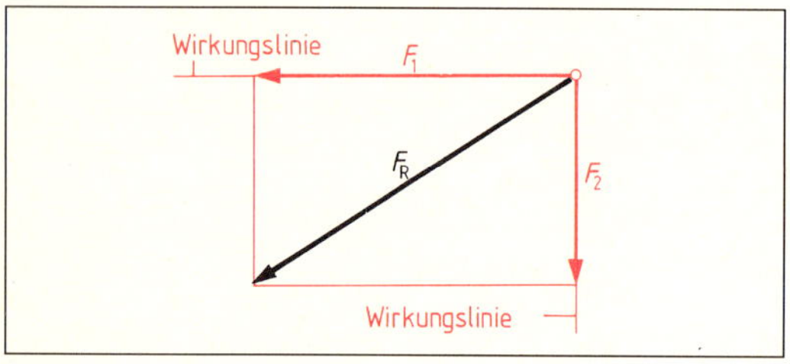

2.11 Zerlegen von Kräften

2.2.3 Hebel und Drehmoment

Der Hebel ist ein Körper, an dem eine Kraft eine Drehwirkung erzielt. Außer dem uns allen geläufigen „Hebel" sind auch Zangen, Schraubenschlüssel und Kurbelwellen Hebel.

Mit einem Hebel kann man große Lasten unter wenig Kraftaufwand bewegen, besonders wenn der Drehpunkt nahe der Last liegt. Der Drehpunkt liegt beim zweiseitigen Hebel zwischen den Kräften (**2**.12), beim einseitigen Hebel auf einer Seite der Kräfte (**2**.13). Der Hebelarm ist die Strecke vom Drehpunkt bis zum Angriffspunkt der Kraft (Strecken *a* und *b*).

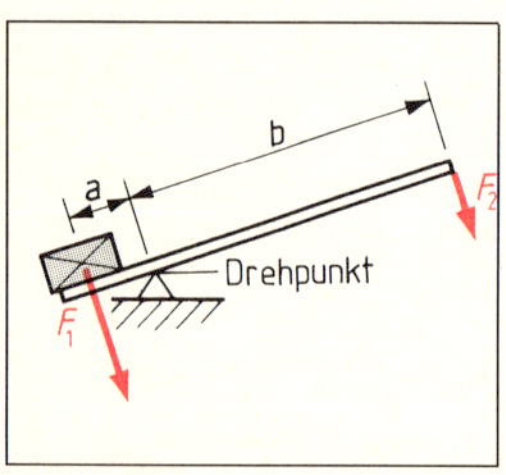

2.12 Zweiseitiger Hebel

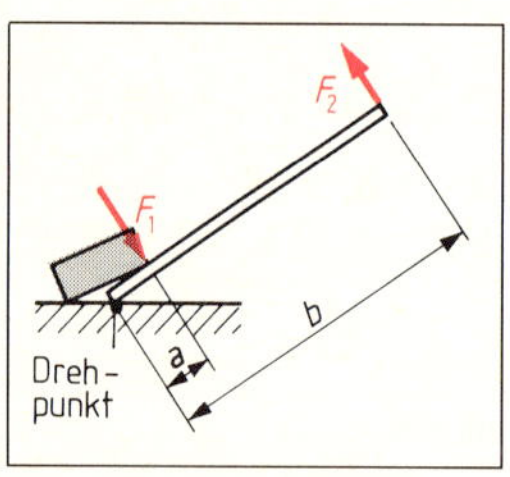

2.13 Einseitiger Hebel

Das Drehmoment *M* ist ein Maß für die Drehwirkung des Hebels. Diese wächst mit zunehmender Kraft *F* und der Länge des Hebelarms *l* (**2**.14).

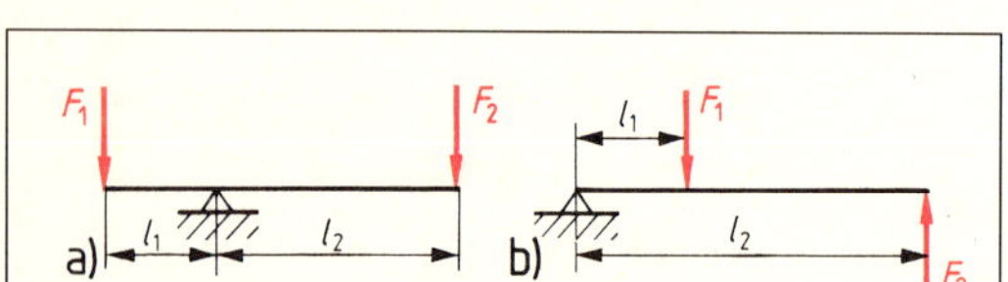

2.14 Gleichgewicht am Hebel: $F_1 \cdot l_1 = F_2 \cdot l_2$
a) am zweiseitigen Hebel
b) am einseitigen Hebel

Drehmoment = Kraft · Hebelarm
$M = F \cdot l$ (wenn $F \perp l$)

Das Hebelgesetz gilt für beliebig viele am Hebel wirkende Kräfte.

Ein Hebel ist im Gleichgewicht, wenn die Summe der linksdrehenden Momente gleich der Summe der rechtsdrehenden Momente ist.

Beispiel 3 Wie groß muß die Gleichgewichtskraft F_1 in **2**.15 sein?

Lösung

$$F_1 \cdot l_1 = F_2 \cdot l_2 + F_3 \cdot l_3$$

$$F_1 = \frac{F_2 \cdot l_2 + F_3 \cdot l_3}{l_1}$$

$$= \frac{16\text{ kN} \cdot 1{,}40\text{ m} + 6{,}64\text{ kN} \cdot 2{,}50\text{ m}}{1{,}30\text{ m}} = \mathbf{30\ kN}$$

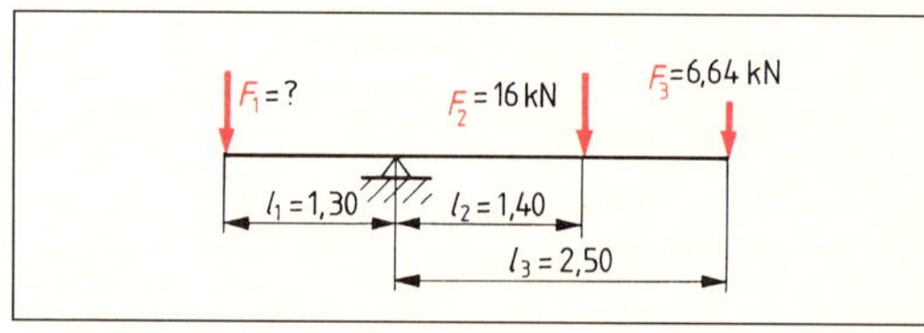

2.15 Ermittlung von F_1

2.2.4 Auflagerkräfte

Jeder Balken oder Träger übt auf seine Auflage eine Druckkraft aus. Um das Gleichgewicht zu erhalten, müssen diesen Druckkräften gleich große Kräfte entgegenwirken, die Auflagerkräfte genannt werden.

Die nach oben gerichteten Auflagerkräfte *A* und *B* eines Balkens werden mit Hilfe des Hebelgesetzes (einseitiger Hebel) berechnet. Zur Ermittlung von *A* nimmt man den Drehpunkt des Hebels in *B* an, während die Auflagerkraft *A* als Gleichgewichtskraft des Hebels gilt (**2**.16). *B* wiederum ergibt sich bei Annahme des Drehpunktes in *A*, wobei Auflagerkraft *B* als Gleichgewichtskraft des Hebels eingesetzt wird.

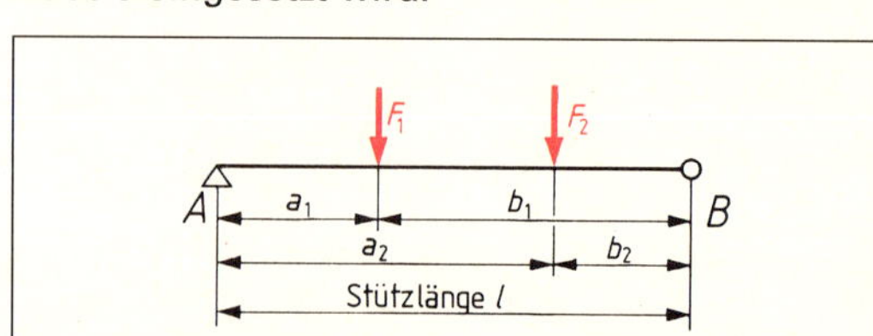

2.16 Auflagerkräfte

Die Abstände der Kräfte von A werden a_1 und a_2, von B dagegen b_1 und b_2 benannt. Damit ergibt sich bei Annahme des Drehpunktes

in A: $B \cdot l = F_1 \cdot a_1 + F_2 \cdot a_2$;

dann ist $B = \frac{F_1 \cdot a_1 + F_2 \cdot a_2}{l}$

in B: $A \cdot l = F_1 \cdot b_1 + F_2 \cdot b_2$;

dann ist $A = \frac{F_1 \cdot b_1 + F_2 \cdot b_2}{l}$

Beispiel 4 Zu berechnen sind die Auflagerkräfte A und B für den Träger in Bild **2**.17.

Lösung

$$A = \frac{F_1 \cdot b_1 + F_2 \cdot b_2}{l}$$

$$A = \frac{8{,}6\ \text{kN} \cdot 3{,}00\ \text{m} + 12{,}4\ \text{kN} \cdot 1{,}50\ \text{m}}{4{,}20\ \text{m}} = \mathbf{10{,}57\ kN}$$

$$B = \frac{F_1 \cdot a_1 + F_2 \cdot a_2}{l}$$

$$B = \frac{8{,}6\ \text{kN} \cdot 1{,}20\ \text{m} + 12{,}4\ \text{kN} \cdot 2{,}70\ \text{m}}{4{,}20\ \text{m}} = \mathbf{10{,}43\ kN}$$

Probe

$A + B = F_1 + F_2$

$10{,}57\ \text{kN} + 10{,}43\ \text{kN} = 8{,}6\ \text{kN} + 12{,}4\ \text{kN}$

21 kN = 21 kN

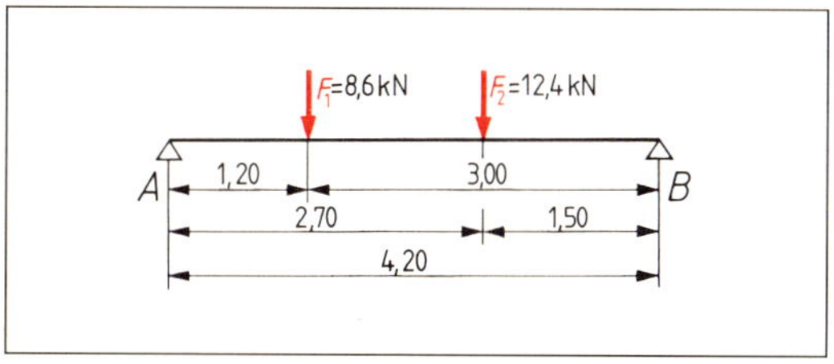

2.17 Ermittlung von A und B

2.2.5 Reibung

Wenn ein Körper durch eine Kraft F gleichmäßig auf einer Unterlage bewegt wird, entsteht an der Berührungsfläche die Reibungskraft F_R. Sie ist bei einer waagerechten Unterlage ebenso groß wie F, wirkt aber entgegengesetzt.

> Reibung ist die Widerstandskraft eines Körpers gegen sein Verschieben auf einer Unterlage. Reibungskraft = Reibungszahl × Normalkraft; $F_R = \mu$ (sprich: mü) $\cdot F_N$

Reibungsarten. Wir unterscheiden die Haftreibung beim ruhenden Körper, die Gleitreibung bei einem bewegten Körper und die Rollreibung des bewegten runden Körpers (Räder).

2.2.6 Spannung und Festigkeit

Statik. Alte Bauwerke, die viele Jahrhunderte überdauert haben, bezeugen das Gefühl ihrer Erbauer für die nötige Standsicherheit. Und die Tatsache, daß man früher verschwenderischer mit Baustoffen umging als heute, verringert nicht unsere Bewunderung dafür, daß diese Bauten ohne Festigkeitsberechnungen erstellt wurden. Solche Berechnungen sind uns heute schon aus Gründen der Materialersparnis und damit der Wirtschaftlichkeit selbstverständlich. Ihre Erkenntnisse, Regeln und Gesetze vermittelt uns die Statik und die Festigkeitslehre.

Viele Lasten übertragen Kräfte auf einen Baukörper. Wir wissen bereits, daß diese Kräfte durch Ermitteln ihrer Gegenkräfte im Gleichgewicht gehalten werden müssen, wenn der Bau bestehen soll.

> Die Lehre vom Gleichgewicht der auf einen Baukörper wirkenden Kräfte heißt Baustatik.

Wir unterscheiden ständige und Verkehrslasten; sie erzeugen auf ihre Unterlage eine lotrecht wirkende Beanspruchung (Gewichtskraft).

Ständige Lasten sind alle tragenden und stützenden Bauteile (Pfeiler, Stahlträger, Balken u. a.), deren Eigenlast unverändert bleibt. Dazu gehören außerdem die von diesen Bauteilen aufzunehmenden Lasten, also Decken und deren Zwischenteile, Fußbodenbeläge, Auffüllungen, Putz u. a.

Verkehrslasten sind veränderliche oder bewegliche, durch Personen, Einrichtungsstücke, Lagerstoffe, Fahrzeuge und durch Schnee verursachte Lasten.

Spannung σ (sprich: sigma). Die von außen auf einen Baukörper wirkenden Kräfte – z. B. Balkenlast auf einer Mauer – rufen in dem beanspruch-

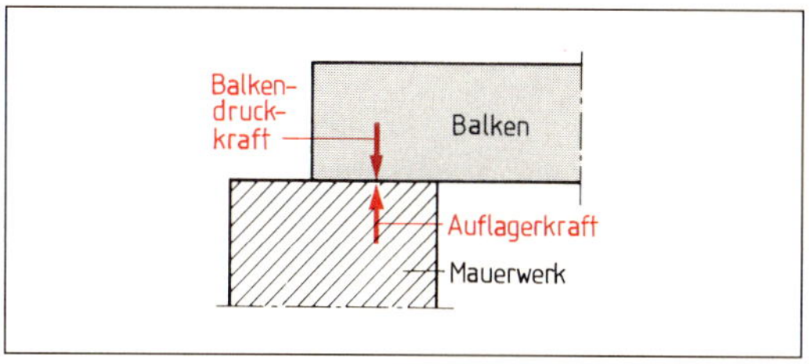

2.18 Der vom Balken auf das Mauerwerk übertragenen Druckkraft wirkt die Widerstandskraft im Mauerwerk entgegen

ten Bauteil innere, ihnen widerstehende Kräfte hervor (**2.18**). Diese inneren Kräfte werden auf die Flächeneinheit von 1 m^2 oder 1 mm^2 bezogen und heißen Spannung. Ihre Größe hängt ab von der Kraft F und der Fläche A, auf die die Kraft wirkt.

$$\text{Spannung} = \frac{\text{Kraft}}{\text{Fläche}} \qquad \sigma = \frac{F}{A}$$

Einheiten der Spannung sind $\frac{N}{mm^2}$, $\frac{MN}{m^2}$

Festigkeit. Bei zunehmender Spannung kommen wir zu einem Größtwert, bei dem Bruch oder Zerstörung eintreten. Dieser Größtwert heißt Bruchspannung oder Festigkeit.

Um die Sicherheit des Gebäudes nicht zu gefährden, müssen die Abmessungen der Bauteile so gewählt werden, daß die vorhandenen bzw. zu erwartenden Spannungen (vorh σ) die zulässigen Werte (zul σ) nicht überschreiten. Die zulässige Spannung muß stets erheblich kleiner sein als die Bruchspannung (Festigkeit) des Baukörpers.

Alle Bauteile müssen zur Aufnahme der auf sie wirkenden Kräfte eine entsprechende Festigkeit haben. Festigkeit ist die Gegenkraft eines Körpers gegen Verformung und Zerstörung von außen.

Die zur Aufnahme einer Kraft nötige

$$\text{Fläche} = \frac{\text{Kraft}}{\text{zulässige Spannung}} \qquad A = \frac{F}{\text{zul}\,\sigma}$$

2.2.7 Festigkeitsarten

Kräfte können auf verschiedene Art auf einen Baukörper wirken und Formänderungen oder Bruch verursachen.

Druckfestigkeit ist der Widerstand eines Körpers gegen Zerdrücken.

■ **Versuch 12** Zusammenpressen eines Schwamms, eines Kreidestücks und Pressen eines Mauerziegels.

Ergebnis Der Schwamm wird mit geringem Kraftaufwand zusammengedrückt, die Kreide geht schnell zu Bruch, der Mauerziegel jedoch nur bei großer Druckkraft.

Hinweise für die Bauarbeit. Die Mindestdruckfestigkeit vieler Baustoffe ist genormt. Das gilt für alle künstlichen Mauersteine, für Beton, Zement u.a. Beispiele s. Abschn. 4, 5 und 6. Für ausreichende Druckfestigkeit ist bei allen druckbeanspruchten, tragenden Bauteilen zu sorgen, z.B. bei Fundamenten, Mauern, Säulen und Trägerauflagen. Dies gilt auch für den Baugrund. Die Fundamentfläche ist so zu bemessen, daß die Bodenpressung in den zulässigen Grenzen bleibt.

Zugfestigkeit ist der Widerstand eines Körpers gegen Zerreißen.

■ **Versuch 13** Ziehen an kräftiger Gummischnur, Zerreißprobe eines dünnen Stahls mit der Zerreißmaschine.

Ergebnis Der Widerstand gegen Strecken und Zerreißen ist bei der Gummischnur gering, beim Stahl sehr groß. Beide werden vor dem Zerreißen an einer Stelle gestreckt, der Querschnitt an dieser Stelle wird also verringert.

Elastizität und Verformung. Wenn ein Stahlstab einer Zugkraft ausgesetzt wird, dehnt er sich und nimmt, wenn die Beanspruchung nicht zu groß ist, bei Entspannung wieder seine ursprüngliche Form an. Er ist also bis zu einem gewissen Grad elastisch.

Ein Stoff ist elastisch, wenn er nach der Entspannung seine ursprüngliche Gestalt und Länge wieder einnimmt.

Bei zu großer Beanspruchung treten bleibende Formänderungen auf, die man *Verformung* nennt.

Hinweise für die Bauarbeit. Vergleiche der für verschiedene Baustoffe genormten Zugfestigkeit lassen erkennen, daß Stahl mit an erster Stelle steht (s. Abschn. 14). Eine hohe Zugfestigkeit hat aber auch Bauholz (s. Abschn. 9). Gering ist sie dagegen bei allen mineralischen Baustoffen (Steine, Beton). Diese sind für Bauteile ungeeignet, die größere Zugspannungen aufzunehmen haben.

Biegefestigkeit ist der Widerstand eines Körpers gegen die Biegebeanspruchung durch äußere Kräfte.

■ **Versuch 14** Belasten verschiedener, an beiden Enden aufliegender Leisten mit rechteckigem Querschnitt, von denen eine z.T. eingeschnitten ist. Die anderen Leisten werden hochkant oder flach liegend belastet (**2.19**).

Ergebnis Durchbiegung und schließlich Bruch. Die im unteren Teil der Leiste erweiterten und im oberen Teil verengten Einschnitte zeigen, daß die Holzfasern unten gezogen und oben gedrückt werden. Unten treten also Zugspannungen, oben Druckspannungen auf. In der spannungslosen Schicht dazwischen gibt es keine Längenänderungen. Es ist die neutrale Faser oder *Spannungsnullinie.*

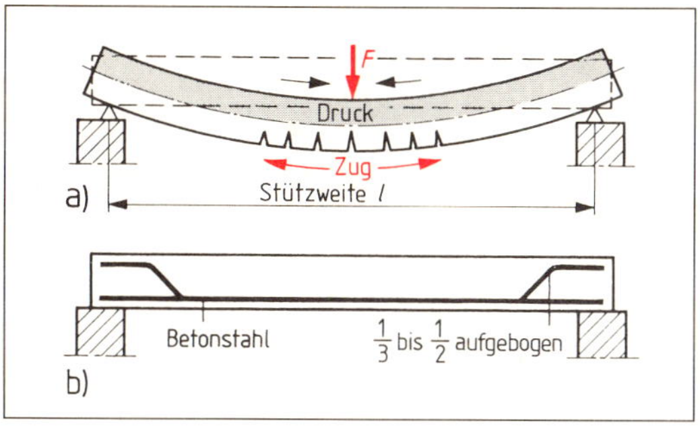

2.19 a) Durch Krafteinwirkung von oben treten im Balken unten Zug- und Druckspannungen auf
b) Der Stahlbetonbalken – hier im Längsschnitt – erhält seine große Biegefestigkeit durch die Betonstähle unten in Verbindung mit dem Beton

Hinweise für die Bauarbeit. Wegen ihrer großen Zugfestigkeit werden Stahl und Holz für die auf Biegung beanspruchten Bauteile gewählt. Bei Stahlträgern wird die Biegefestigkeit noch durch ihre Formgebung erhöht (z.B. I-Form). Stahlbetonbalken erhalten durch die unten eingelegten Tragstäbe eine große Zugfestigkeit und durch den Beton große Druckfestigkeit.

Holzbalken und Dachsparren haben stets einen rechteckigen Querschnitt und werden hochkant verlegt. Wellenförmig geformte Platten sind biegefester als ebene.

Knickfestigkeit ist der Widerstand eines Körpers gegen Ausknicken. Sie hängt ab von dem Werkstoff, seiner Querschnittsform und seinem Schlankheitsgrad. Unter Schlankheitsgrad versteht man bei einem senkrechten Baukörper (Pfeiler, Säule) das Verhältnis seiner Höhe zur Dicke. Dabei ist für Rechteckquerschnitte die kleinste Seitenabmessung zugrundezulegen.

■ **Versuch 15** Holzleisten mit rechteckigem, quadratischem und rundem Querschnitt werden senkrecht aufgestellt und in Richtung Stabachse von oben belastet.

Ergebnis Die Leisten knicken seitlich aus, am meisten die mit rechteckigem Querschnitt.

Hinweise für die Bauarbeit. Für besonders schlanke Säulen, die große Druckkräfte aufnehmen sollen, eignen sich Formstähle am besten. Bei Stahlbetonsäulen wird durch die Anordnung der Betonstähle eine schlanke Ausführung ermöglicht. Geeignet sind auch schlanke Holzstützen mit quadratischem oder rundem Querschnitt, wenn ihre Knickfestigkeit nicht durch Querschnittschwächungen (z.B. Zapfenlöcher) verringert wird. Weil die Knickgefahr im mittleren Drittel einer Stütze am größten ist, sind hier Querschnittschwächungen besonders unwirtschaftlich. Stützen für Schalungen dürfen nur im oberen Drittel gestoßen werden; die Stöße sind gut zu verlaschen.

Gemauerte Pfeiler sind in der Schlankheit begrenzt, weil bei sehr schlanker Ausführung die durch Druckkräfte von oben verursachte Knickgefahr größer ist als die Zerdrückungsgefahr.

Schub- und Scherfestigkeit ist der Widerstand eines Körpers gegen Trennung durch Abscheren.

■ **Versuch 16** Zwischen zwei waagerecht aufgehängten dünnen Leisten wird eine dritte Leiste in senkrechter Richtung mit beiden durch einen Drahtstift verbunden. Die mittlere Leiste wird einer Zugkraft ausgesetzt (**2.20**). Schneiden eines Rundstahls mit dem Bolzenschneider (**2.21**).

Ergebnis Durch die Zugkraft wird der Drahtstift zwischen den Leisten umgebogen, benachbarte Flächen verschieben sich, und so wird die Verbindung durch Abscheren gelöst. Der Rundstahl wird durch gegenseitig wirkende Druckkräfte abgeschert. Während Druck- und Zugkräfte rechtwinklig oder schräg zu dem belasteten Querschnitt wirken, verlaufen die Scherkräfte parallel dazu.

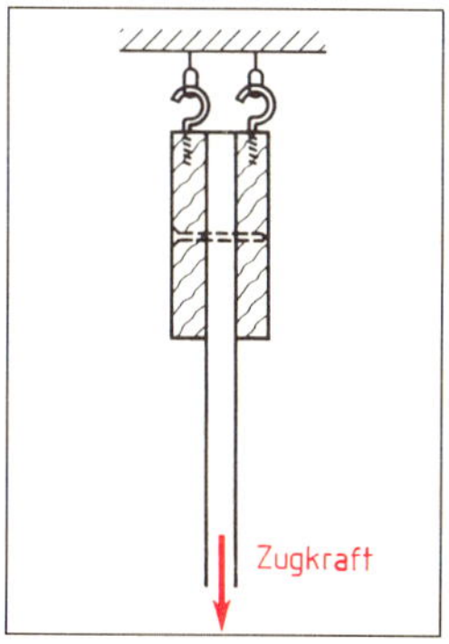

2.20 Die Nagelverbindung der Leisten wird bei Einwirkung der Zugkraft durch Abscheren gelöst

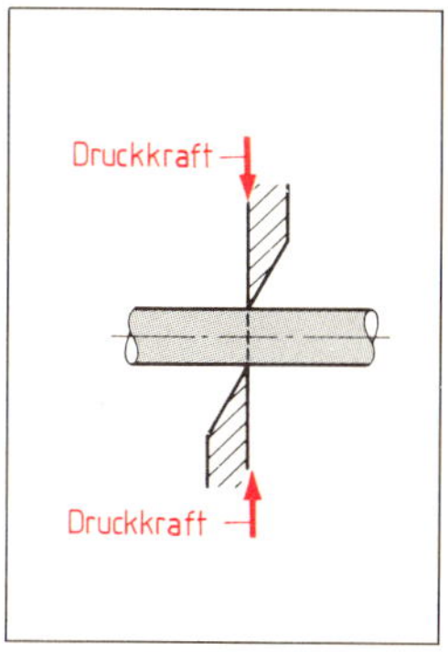

2.21 Trennen eines Rundstahls durch Abscheren

Hinweise für die Bauarbeit. Scherspannungen treten bei Holz- und Stahlblechverbindungen mit Nägeln, Schrauben, Nieten, Bolzen und Dübeln auf. Ein Beispiel für Scherspannungen durch Druckkräfte zeigt die Darstellung eines Balkenendes mit Strebenfuß (**2.22**).

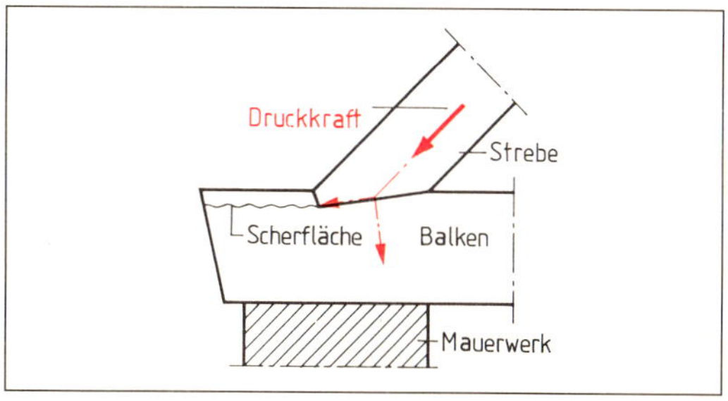

2.22 Die Kraft in der Strebe ruft im Balken vor dem Strebenfuß waagerechte Scherspannungen hervor

Aufgaben zu Abschnitt 2.2

1. Woran erkennt man Kraft, und wie heißt ihre Einheit?
2. Was versteht man unter Gleichgewicht?
3. Setzen Sie zeichnerisch folgende Kräfte zusammen:
   a) F_1 = 9,6 kN, F_2 = 5,4 kN, F_3 = 6,7 kN, Richtung gleich.
   b) F_1 = 4,5 kN, F_2 = 6,3 kN, Richtungsunterschied 40°.
   c) F_1 = 10 kN, F_2 = 8,3 kN, Richtungsunterschied 115°.
4. Zerlegen Sie mit Hilfe der Zeichnung **2**.11 die Kraft F in zwei Einzelkräfte F_1 und F_2. F = 10,5 kN, Richtungswinkel $F_1 F_R$ = 25°, Richtungswinkel $F_2 F_R$ = 105°.
5. Wodurch unterscheiden sich zweiseitige von einseitigen Hebeln?
6. Was ist ein Drehmoment?
7. Wann ist ein Hebel im Gleichgewicht? Wie nennt man dieses Gesetz?
8. Wie wendet man das Hebelgesetz zur Ermittlung der Auflagerkräfte bei Balken an?
9. Wie groß ist die Gleichgewichtskraft F_1, wenn folgende Werte gegeben sind:
   F_2 = 11 kN, F_3 = 4,8 kN, l_1 = 1,70 m, l_2 = 1,20 m, l_3 = 2,60 m. Verwenden Sie die Zeichnung **2**.15.
10. Berechnen Sie die Auflagerkräfte A und B unter Verwendung der Zeichnung **2**.17. Gegeben sind:
    F_1 = 9,5 kN, F_2 = 7,8 kN, a_1 = 1,60 m, a_2 = 2,80 m, l = 5,30 m. Machen Sie die Probe dazu.
11. Was ist Reibung? Welche Reibungsarten unterscheiden wir?
12. Was ist Spannung? Wovon hängt ihre Größe ab?
13. Welche Lasten wirken auf einen Baukörper?
14. Was ist Bruchspannung? Wie nennt man Bruchspannung noch?
15. Warum darf die vorhandene Spannung nicht größer sein als die zulässige?
16. Für welche Baustoffe und Bauteile wird eine hohe Druckfestigkeit gefordert?
17. Ein quadratisches Pfeilerfundament aus Beton mit 1,20 m Seitenabmessung überträgt auf den Baugrund eine Kraft von 0,04 MN. Mit wieviel MN wird 1 m² des Baugrunds beansprucht (Bodenpressung?
18. Ein I-Träger beansprucht eine Mauer mit 30000 N. Wie groß muß seine Auflagefläche auf einer Mauer mit einer zulässigen Druckfestigkeit zul σ = 1,2 MN/m² sein?
19. Was versteht man unter Zugfestigkeit? Nennen Sie Baustoffe mit großer und geringer Zugfestigkeit.
20. Was bewirkt das Durchbiegen eines waagerechten Balkens im oberen und unteren Teil seines Querschnittes?
21. Welcher Querschnitt ist für einen von oben beanspruchten Balken am günstigsten, und wie ist der Balken zu verlegen?
22. Warum dürfen Bauteile aus mineralischen Baustoffen (Steine, unbewehrter Beton) nicht auf Biegung beansprucht werden?
23. Wie bezeichnet man den in senkrechten Bauteilen (Pfeiler, Stützen) wirksamen inneren Widerstand gegen äußere Druckkräfte von oben?
24. Was bedeuten Abscheren und Scherfestigkeit?
25. Nennen Sie Verbindungen von Bauteilen, bei denen Scherkräfte auftreten.

2.3 Wärme und Wärmeschutz

2.3.1 Wärmequellen und Wärmezustand (Temperatur)

Wärmequellen. Wir alle empfinden in unserer Umwelt Eindrücke von Wärme und Kälte und wissen von dem für das Leben auf der Erde entscheidenden Wärmespender Sonne (natürliche Wärmequelle). In der Wohnung verschaffen wir uns auf chemischem Wege durch Verbrennen von Brennstoffen oder durch Heizstrahler (elektrisch) wohltuende Wärme. Bekannt ist uns auch, daß durch Reiben unter Verrichtung von mechanischer Arbeit Wärme erzeugt wird. Wärme ist eine Energieform. Sie entsteht durch die Bewegung der Moleküle.

Wärme ist eine Energieform. Wir unterscheiden natürliche und künstliche Wärmequellen.

Temperatur. Den Wärmezustand eines Körpers nennt man Temperatur.

■ **Versuch 17** Halten Sie eine Zeitlang eine Hand in heißes, die andere in kaltes Wasser. Tauchen Sie anschließend beide Hände in ein Gefäß mit lauwarmem Wasser.

Ergebnis Der Wärmegrad des lauwarmen Wassers wird von der einen Hand als „kalt", von der anderen als „warm" empfunden.

Der Versuch zeigt, daß die Beschreibung des Wärmezustandes oder der Temperatur durch unsere Empfindung subjektiv ist. Zum objektiven Messen der Temperatur dient das Thermometer. Seine Wirkung beruht auf der Wärmeausdehnung der Körper.

Thermometer. Bevorzugt werden Flüssigkeitsthermometer verwendet, und zwar entweder Quecksilberthermometer (Skala zwischen –30 °C und +300 °C) oder Alkoholthermometer (Skala zwischen –100 °C und +50 °C). Das Vorratsgefäß und ein Teil des Röhrchens sind mit der Flüssigkeit gefüllt, der Raum darüber ist luftleer. Halten wir das Quecksilberthermometer in Eiswasser, steht die Flüssigkeitssäule stets in gleicher Höhe; dieser Stand ist der *Eispunkt* der Skala. Wird das Thermometer in siedendes Wasser gehalten, zeigt es bei Normalluftdruck den *Siedepunkt* an (**2**.23). Die Celsius-Skala gibt den Eispunkt mit 0° und den Siedepunkt mit 100° an.

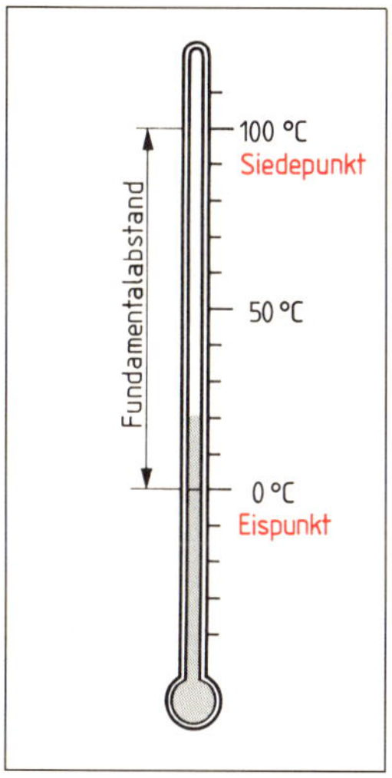

2.23 Thermometerskala

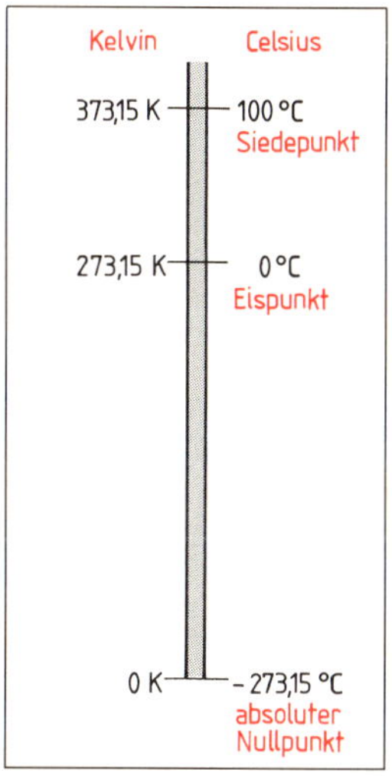

2.24 Thermometerskalen von Kelvin und Celsius

Der Abstand zwischen diesen beiden *Fixpunkten*, der Fundamentalabstand, ist in 100 gleiche Teile geteilt. Die Skala geht über die beiden Fixpunkte hinaus, nach oben praktisch unbegrenzt, nach unten bis zum absoluten Nullpunkt (–273,15 °C). Tiefere Temperaturen gibt es nicht.

Temperaturen mißt man im internationalen Einheitensystem (SI) in der Einheit Kelvin. Die bisher gebräuchliche Einheit Celsius ist weiterhin zugelassen. Bei der Celsius-Skala entsprechen Null Grad Celsius dem Eispunkt des Wassers. Es gibt einen Minus- und einen Plusbereich. Die Kelvin-Skala beginnt beim absoluten Nullpunkt, der im Vergleich zur Celsius-Skala bei –273,15 °C liegt (**2**.24). Die Kelvin-Skala hat keinen Minusbereich.

2.3.2 Luftfeuchte

Wasser verdampft beim Erhitzen. Unsere Luft enthält stets eine gewisse Menge Wasserdampf, je nach Temperatur verschieden viel. Bei einem bestimmten Gehalt ist die Luft mit Wasserdampf gesättigt. Bei Sättigung oder Abkühlung fällt der Dampf in Form von Tau oder Regen nieder.

Das Verhältnis der tatsächlich in der Luft enthaltenen Masse Wasserdampf zur maximal möglichen heißt *relative Luftfeuchte.* Die *absolute Luftfeuchte* bezeichnet dagegen das Verhältnis der in der Luft enthaltenen Wasserdampfmasse zum Volumen der feuchten Luft.

Bei Abkühlung der Luft kondensiert bei einer bestimmten Temperatur der Wasserdampf zu Tau. Diese Temperatur heißt *Taupunkt.*

Zwischen Luftfeuchte und Lufttemperatur besteht also eine Wechselbeziehung: Die Luft nimmt das durch Wärme zu Dampf verdunstete Wasser auf, bis sie gesättigt ist. Dann kondensiert der Wasserdampf zu Tau. Sichtbar für uns sind diese Erscheinungen in der Wolkenbildung und im Tau bzw. Regen.

2.3.3 Wärmeausdehnung

■ **Versuch 18** a) Erwärmen einer Kugel, die im kalten Zustand gerade noch durch einen Ring geht (**2**.25).
b) Gefärbtes und durch Auskochen luftfrei gemachtes Wasser in eine Kochflasche bis an den Rand füllen, mit einem Glasrohrstopfen verschließen, erwärmen und wieder abkühlen (**2**.26).
c) Das Glasrohr einer mit Luft gefüllten Kochflasche ins Wasser eines Becherglases tauchen, durch Umfassen mit beiden Händen erwärmen und dann abkühlen lassen (**2**.27).

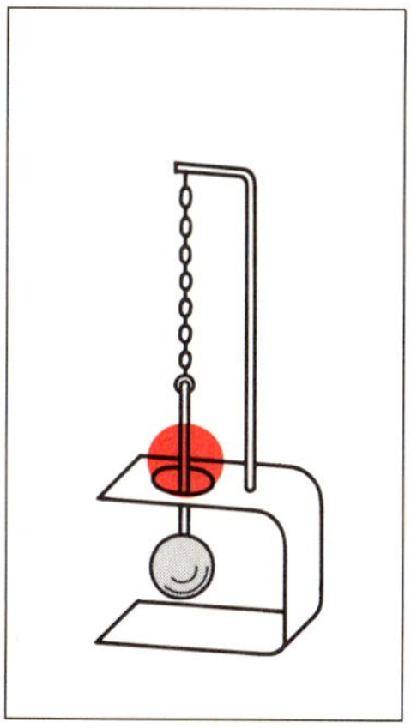

2.25 Ausdehnung von Festkörpern durch Erwärmen

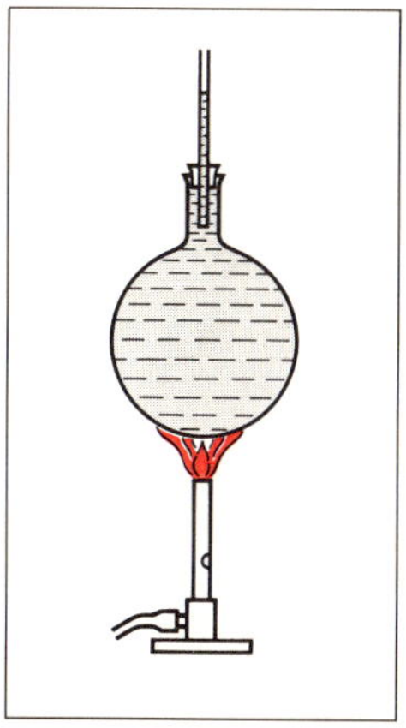

2.26 Ausdehnung von Flüssigkeiten durch Erwärmen

Ergebnis a) Die erwärmte Kugel fällt erst durch den Ring hindurch, wenn sie wieder abgekühlt ist.
b) Das erwärmte Wasser steigt im Glasrohr hoch und sinkt bei Abkühlung wieder.
c) Erwärmte Luft tritt in Blasen durch das Wasser aus.

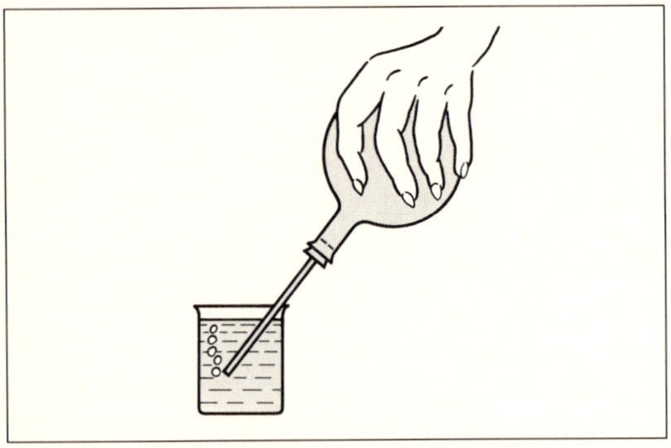

2.27 Ausdehnung von Gasen durch Erwärmen

Feste, flüssige und gasförmige Körper dehnen sich bis auf einige Ausnahmen beim Erwärmen aus und ziehen sich beim Abkühlen zusammen.

Ausdehnungszahl α (sprich: alpha)

Durch genaue Messungen hat man festgestellt, um wieviel sich die verschiedenen Stoffe bei 1 °C ≙ 1 K Temperaturerhöhung ausdehnen. Den auf 1 m Länge bezogenen Wert bezeichnet man als Ausdehnungszahl.

Die Ausdehnungszahl α gibt an, um wieviel m sich ein Körper von 1 m Länge bei einer Temperaturerhöhung von 1 °C ≙ 1 K ausdehnt. Die Einheit ist $\frac{m}{mK} = \frac{1}{K}$.

Flüssigkeiten dehnen sich meist mehr aus als Festkörper, Gase wiederum viel mehr als Flüssigkeiten. Im Baugewerbe interessieren uns vor allem die Längenänderungen bei Festkörpern.

Ausdehnungszahlen einiger Baustoffe

Holz	0,000003	Beton	0,000011
Ziegelmauerwerk	0,000005	Stahl	0,000012

Beispiel 5 Eine 65 m lange, freistehende Betonmauer ist bei 22 °C Außentemperatur hergestellt worden und wird später durch Frost auf –15 °C abgekühlt. Mit welcher Längenveränderung ist zu rechnen?

Lösung Längenänderung = Ausdehnungszahl · Anfangslänge · Temperaturunterschied = 0,0000111/K · 65 m · 37 K = 0,0265 m oder **2,65 cm**

Anomalie des Wassers. Wasser zieht sich bei Abkühlung bis +4 °C zusammen, dehnt sich jedoch bei weiterer Abkühlung auf 0 °C wieder aus. Es hat also seine größte Dichte bei +4 °C. Deshalb schwimmt Eis, deshalb platzen gefrierende Wasserleitungen, deshalb sprengt in Fugen eingesikkertes und gefrorenes Wasser Steine auseinander.

Hinweise für die Bauarbeit. Die meisten Baustoffe dehnen sich bei Erwärmung aus und ziehen sich beim Abkühlen zusammen. Verkürzungen können auch im Mauerwerk auftreten, wo sie sich besonders in den Fugen bemerkbar machen. In Mauern, mehr noch in Massivdächern und Betonfahrbahnen, sind deshalb Dehnungsfugen anzuordnen.

Brücken werden nur an einem Endauflager fest verankert, an weiteren Auflagern auf Rollen beweglich gelagert (s. **2**.28).

Stahl und Beton können nur deshalb in einem Baukörper verarbeitet werden, weil die Ausdehnung bei beiden annähernd gleich und damit die Haftfestigkeit gut ist.

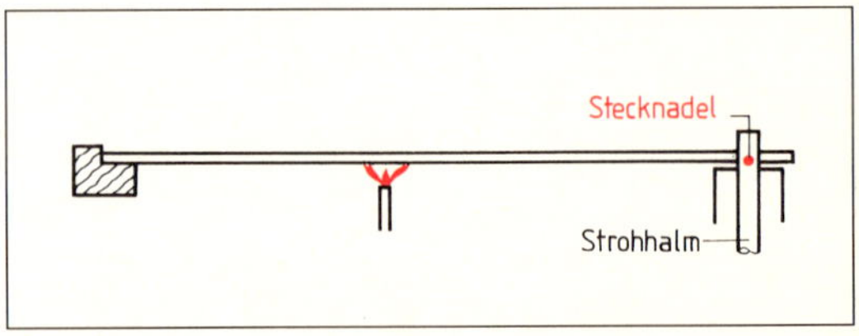

2.28 Längenänderung eines Kupferstabes durch Erhitzen. Bei Ausdehnung dreht der Stab die auf dem freien Auflager liegende Stecknadel, damit den aufgesteckten Strohhalm

Im Holzbau fallen die Längenänderungen durch Temperaturunterschiede nicht ins Gewicht.

2.3.4 Wärmemenge

Beim Erwärmen von Wasser, z.B. mit einem Tauchsieder, steigt die Wassertemperatur. Diese Temperaturerhöhung wird durch Übertragung der vom Tauchsieder gelieferten Wärme bewirkt. Die vom wärmeren zum kälteren Körper übergehende Wärme bezeichnen wir als Wärmemenge oder (besser) als Wärmeenergie.

Einheit der Wärmemenge war bisher die Kilokalorie (kcal). 1 kcal ist die Wärmemenge, die 1 kg Wasser um 1 °C erwärmt. Diese Einheit galt nur bis zum 31. 12. 1977. Die neue gesetzliche Einheit berücksichtigt, daß die Wärmeenergie eine Form der Energie ist.

Einheit der Wärmemenge Q ist das Joule (J; sprich: dschul).

Für die Umrechnung gilt: 1 kcal = 4186,8 J ≈ 4,19 kJ. Will man also 1 kg Wasser um 1 °C ≙ 1 K erwärmen, muß man eine Wärmeenergie von 4,19 kJ zuführen.

Wärmemenge, Arbeit und Energie sind Größen gleicher Art und haben daher die gleiche Einheit. 1 J ist eine abgeleitete Einheit.

Die Einheit der mechanischen Arbeit ist das Newtonmeter (Nm), die der elektrischen Arbeit die Wattsekunde (Ws).

1 Joule = 1 Newtonmeter = 1 Wattsekunde
1 J = 1 Nm = 1 Ws

2.3.5 Ausbreitung der Wärme

Wärmeleitung

■ **Versuch 19** Ein Kupferdraht und ein Eisendraht von gleicher Länge und gleichem Querschnitt werden mit einem Ende in eine Flamme gehalten. Der Versuch wird mit einem Glas- und einem Holzstab wiederholt.

Ergebnis Die Wärme wird von einem Ende der Drähte und Stäbe zum anderen geleitet, aber bei allen verschieden schnell: bei Kupfer und Eisen sehr rasch, bei Glas langsam, bei Holz praktisch nicht. Es gibt also gute und schlechte Wärmeleiter.

Die Wärmeübertragung von Teilen eines Körpers auf unmittelbar benacharte weniger warme Teile bezeichnet man als Wärmeleitung. Sie ist für verschiedene Stoffe unterschiedlich. Gute Wärmeleiter leiten die Wärme schnell weiter, schlechte dagegen langsam.

Zu den schlechten Wärmeleitern gehören ruhende Gase, die deshalb zur Wärmedämmung benutzt werden (Doppelfenster). Keine Wärmeleitung gibt es im Vakuum, eine sehr schlechte Wärmeleitung im annäherndern Vakuum der Thermosflasche.

Wärmeleitfähigkeit verschiedener Baustoffe

sehr gering	leichte, porige Baustoffe aus Kunststoff, mineralischen und pflanzlichen Faserstoffen (Dämmstoffe)
mäßig	künstliche Steine, z. B. Voll- und Lochziegel, Leichtbeton-, Gasbeton- und Kalksand-Lochsteine
groß	dichter Beton, Klinker
sehr groß	Metalle

Wärmeleitfähigkeit λ (sprich: lambda). Die Wärmeleitfähigkeit der Baustoffe ist durch Messungen ermittelt und als Rechenwerte der Wärmeleitfähigkeit λ_R in Tabellen niedergelegt.

Die Wärmeleitfähigkeit λ gibt an, welche Wärmemenge in Joule (= Wattsekunden) je Sekunde durch 1 m² eines Körpers geleitet wird, wenn das Temperaturgefälle in Richtung des Wärmestroms 1 K (1 °C) je m Dicke beträgt. Ihre Einheit ist

$$\frac{\mathrm{W \cdot s}}{\mathrm{m^2 \cdot s \cdot \frac{K}{m}}} = \frac{\mathrm{W}}{\mathrm{mK}}.$$

Hinweise für die Bauarbeit. Weil bei Gasen die Wärmeleitfähigkeit am geringsten ist, ist die bei Baustoffen in Poren eingeschlossene Luftmenge von großem Einfluß auf ihre Wärmeleitfähigkeit.

Bei festen Baustoffen hängt die Wärmeleitfähigkeit ab vom Anteil der eingeschlossenen Luft (je niedriger die Rohdichte, desto geringer i. allg. die Wärmeleitfähigkeit), von der Größe und Verteilung der Luftporen, von der Wärmeleitfähigkeit der Grundstoffe und vom Feuchtigkeitsgehalt.

Im Wohnungsbau sind Baustoffe mit geringer Wärmeleitfähigkeit vorteilhaft, weil sie die Raumwärme nur langsam nach außen übertragen (Wärmeschutz und Kälteschutz).

Wärmeströmung

■ **Versuch 20** Eine leichte Papierserviette wird zu einem Hohlzylinder mit etwa 5 cm Durchmesser zusammengerollt, senkrecht aufgestellt und oben am Rand angezündet.

Ergebnis Oben verbrannte Teile und das untere unverbrannte Papier steigen nach oben. Es entsteht eine Luftströmung.

Versuch 21 Ein Zirkulationsrohr wird mit Wasser gefüllt, dem man etwas Korkmehl oder Sägespäne zusetzt, und an einer Ecke erhitzt (**2**.29).

Ergebnis Das Wasser steigt an der erhitzten Ecke hoch. Es entsteht eine Strömung, erkennbar am Korkmehl bzw. an den Sägespänen.

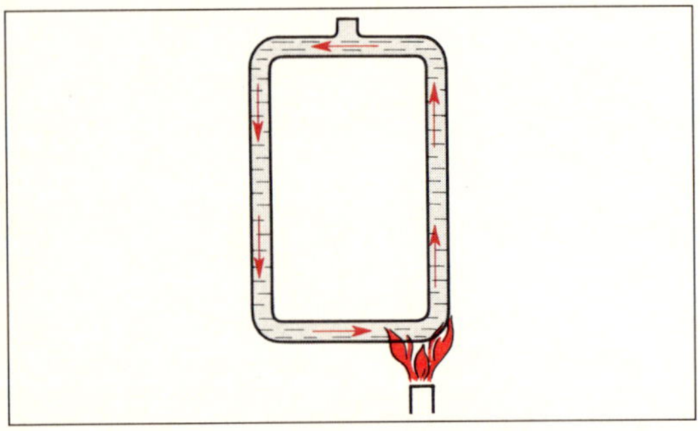

2.29 Im Zirkulationsrohr entsteht durch Erhitzen des eingefüllten Wassers eine Wärmeströmung

Die erwärmten Teile dehnen sich aus, sind deshalb leichter als ihre Umgebung und steigen nach oben, während die kälteren, schwereren Teile nach unten sinken. Nicht die Wärme selbst strömt, sondern die Moleküle der Luft bzw. des Wassers strömen.

Wärmeströmung tritt bei Gasen und Flüssigkeiten auf, wenn sie ungleich erwärmt werden. Bei der Strömung verlagern sich die Moleküle (im Unterschied zur Wärmeleitung, wo die Wärme von einem Molekül zum anderen weitergegeben wird, ohne daß sich die Moleküle verlagern).

Hinweise für die Bauarbeit. Der Schornsteinzug beruht auf Wärmeströmung. Die heißen Rauchgase steigen von der Brennstelle aus im Schornstein hoch. Angewendet wird die Wärmeströmung auch bei der Warmwasserheizung (**2**.30) und bei der Wärmeabgabe eines unterhalb des Fensters aufgestellten Heizkörpers (**2**.31).

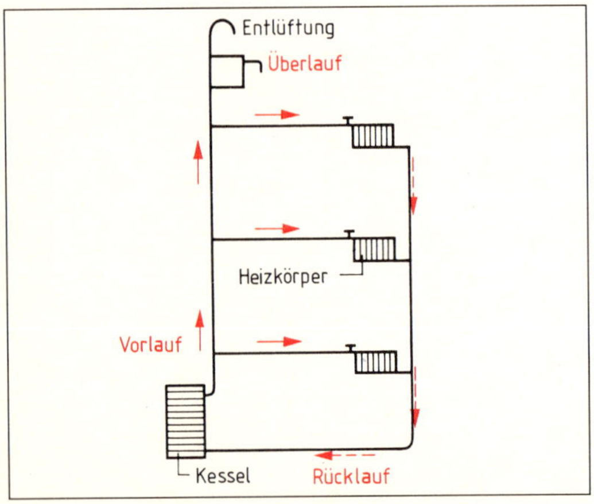

2.30 Wasserkreislauf einer Zentralheizung

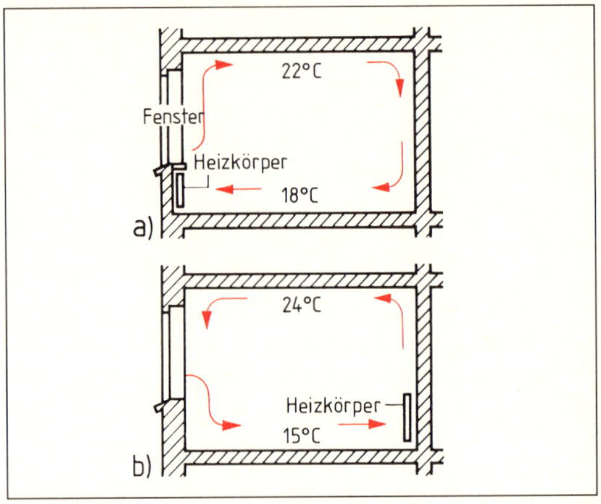

2.31 a) Zweckmäßige Aufstellung
b) unzweckmäßige Aufstellung der Heizkörper einer Zentralheizung im Raum

Wärmeübergang nennt man den Transport von Wärme zwischen zwei Körpern.

Beispiel 6 Kaltes Wasser wird in ein angewärmtes Glas gegossen. Das an der Glaswand anliegende Wasser nimmt Wasser auf (Wärmeleitung) und führt sie durch Strömung auch zu den übrigen Wasserteilen im Glas.

Wärmedurchgang tritt häufig bei technischen Anwendungen der Wärmeübertragung auf als Kombination Wärmeübergang – Wärmeleitung – Wärmeübergang.

Beispiel 7 Wenn Wärme aus einem Innenraum durch die Außenwand ins Freie strömt, wird sie zunächst von der Zimmerluft an die Innenfläche der Wand durch Wärmeübertragung übertragen, dann durch das Mauerwerk fortgeleitet und geht schließlich an die Außenluft über.

Wärmestrahlung

Große Wärmemengen gelangen durch Sonnenstrahlen zur Erde. Durch den luftleeren Weltraum – in dem tiefste Temperaturen herrschen – wird uns Wärme zugeführt, die wir spüren, wenn wir uns der Sonnenstrahlung aussetzen. Wie bei Lichtstrahlen ist die Übertragung der Wärme ohne einen Stoff im Zwischenraum möglich. Höhere Luftschichten bleiben auch bei starker Sonnenstrahlung kalt. Erst beim Auftreffen auf die Erdoberfläche bewirkt die Sonne eine Temperaturerhöhung. Von hier aus wird die Lufthülle durch Wärmeströmung erwärmt – also von unten und nicht durch die Sonne von oben.

Wärmestrahlung ist die Übertragung von Wärme ohne Mitwirkung eines Stoffes.

■ **Versuch 22** Zwei gleiche Quecksilberthermometer werden in die Sonne oder in gleichem Abstand zu einer Heizplatte (Heizsonne) gebracht. Beide zeigen die gleiche Temperatur. Danach berußt man die Kugel des einen Thermometers und setzt beide wieder der Strahlung aus. Nun zeigt das Thermometer mit der geschwärzten Kugel eine höhere Temperatur an.

Ergebnis Dunkle Körper mit matter Oberfläche verschlucken (absorbieren) einen großen Teil der auffallenden Strahlung, während helle, vor allem glänzende Körper sie zurückwerfen (reflektieren).

Hinweise für die Bauarbeit. Die Wärmestrahlen elektrischer Strahlungsöfen erwärmen die bestrahlten Körper nur einseitig. Bei Heizlüftern bläst man Luft mit Hilfe eines Ventilators an elektrisch erhitzten Drähten vorbei, wälzt sie auf diese Weise rasch um und erwärmt sie.

2.3.6 Wärmespeicherung

■ **Versuch 23** Gleiche Massen Wasser und Glyzerin (Tafelwaage!) werden mit gleichen Tauchsiedern (z.B. 1000 W) gleich lange erwärmt. Die Anfangs- und Endtemperaturen werden gemessen, die Temperaturerhöhungen für beide Stoffe berechnet.

Ergebnis Das Glyzerin weist eine größere Temperaturerhöhung auf als das Wasser.

Spezifische Wärmekapazität *c*. Der Versuch zeigt: Die zu einer Temperaturerhöhung nötige Wärmeenergie (Wärmemenge *Q*) ist neben der Stoffmenge (Masse *m*) von der Stoffart abhängig. Eine Masse braucht also eine bestimmte Wärmemenge zur Temperaturerhöhung $\Delta\vartheta = \vartheta_2 - \vartheta_1$. Bezieht man die aufgewandte Wärmeenergie *Q* auf die Einheit der Masse *m* und auf eine Temperaturerhöhung um 1 °C oder 1 K, so erhält man die spezifische Wärmekapazität *c* (früher spezifische Wärme genannt).

Spezifische Wärmekapazität =

$$= \frac{\text{Wärmeenergie}}{\text{Masse} \times \text{Temperaturerhöhung}}$$

$$c = \frac{Q}{m \cdot (\vartheta_2 - \vartheta_1)} \qquad \text{Einheit: } \frac{\text{J}}{\text{kg} \cdot \text{K}}$$

Spezifische Wärmekapazität einiger Stoffe

Luft 1010	Wasser 4187	Ton 920
Aluminium 890	Beton 880	Stahl 503

Wasser hat also eine sehr große spezifische Wärmekapazität; Sand, Erde oder Beton haben nur etwa $^1/_5$ des Wasserwertes. Das Wasser erwärmt sich unter der gleichen Sonneneinstrahlung erheblich langsamer, weil es eine fünfmal größere spezifische Wärmekapazität hat als Sand oder Beton.

Andererseits ist Wasser ein guter *Wärmespeicher.* Bei der Zentralheizung nutzt man diese Eigenschaft des Wassers, um die durch Verbrennung von Öl oder Koks erhaltene Wärme vom Kessel in die Wohnräume zu transportieren. Für die Speicherung von Wärmeenergie in einem Körper (z.B. Wasser oder Bauteil) bei Erwärmung gilt:

Die in einem Körper gespeicherte Wärmeenergie ist um so größer, je höher der Temperaturunterschied zwischen dem Körper und der Umgebung (z.B. Luft) und je größer spezifische Wärmekapazität und Masse des Körpers sind.

Hinweise für die Bauarbeit. Eiserne Öfen sind nur zum schnellen Beheizen von Räumen zu empfehlen; sie werden zwar rasch warm, aber auch ebenso schnell wieder kalt. Mit Kachelöfen erreicht man dagegen auf längere Zeit eine gleichmäßige Erwärmung des Raumes, weil sie mehr Wärme speichern als eiserne Öfen.

Wärmespeichernde Wände und Decken verhindern im Winter eine zu schnelle Auskühlung der Räume, wenn die Heizung nachläßt. Sie vermeiden zugleich eine zu rasche Erwärmung der Räume im Sommer.

2.3.7 Wärmedämmung und Wärmeschutz

Aufgabe der Wärmedämmung ist es, die Wärme lange in Räumen zu erhalten. Für Außenbauteile sind deshalb Baustoffe geeignet, die bei genügender Festigkeit eine mäßige Wärmeleitfähig-

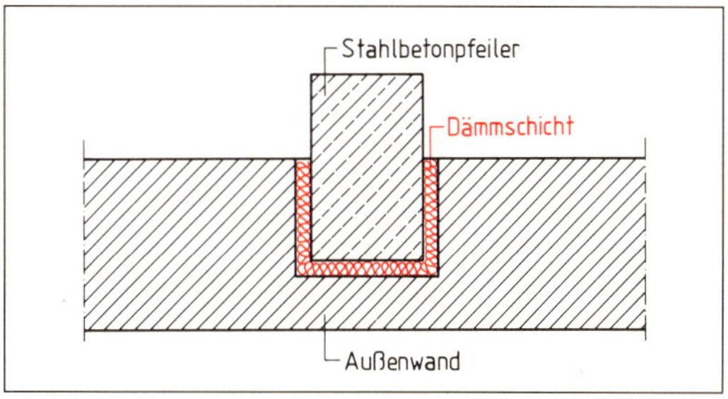

2.32 Ausreichenden Wärmeschutz bewirkt die Dämmschicht zwischen Außenwand und Stahlbetonpfeiler

keit haben, dem Wärmestrom von innen nach außen also einen möglichst großen Widerstand entgegensetzen. Diese Baustoffe sind zugleich gute Wärmespeicher.

Die in der Übersicht auf S. 39 als Dämmstoff mit sehr geringer Wärmeleitfähigkeit genannten Baustoffe werden vorzugsweise als Schichten auf Wänden und Decken benutzt (**2**.32).

Aufgaben zu Abschnitt 2.3

1. Nennen Sie Vorgänge, durch die Wärme erzeugt wird.
2. Was versteht man unter Temperatur?
3. Worauf beruht die Wirkung des Thermometers?
4. Wodurch unterscheiden sich die Thermometerskalen von Celsius und Kelvin? Worin sind sie gleich?
5. Was ist relative Luftfeuchte?
6. Was versteht man unter der Ausdehnungszahl?
7. Ermitteln Sie die Ausdehnung des Trägers einer Stahlbrücke mit 22 m Länge, wenn der Temperaturunterschied zwischen –20 °C und +35 °C beträgt. Legen Sie dabei die Einheit K zugrunde.
8. Was bedeutet die Anomalie des Wassers?
9. Was versteht man unter Wärmemenge, und wie heißt ihre Einheit?
10. Rechnen Sie 3200, 4800 und 5300 kcal in kJ um.
11. Warum lassen Doppelfenster die Zimmerwärme weniger schnell nach außen als einfache Fenster mit doppelter Glasdicke?
12. Warum sind Baustoffe mit Luftporen schlechte Wärmeleiter?
13. Warum sind Stahlkochtöpfe meist mit Holz- oder Kunststoffgriffe versehen?
14. Warum werden Heizungsrohre mit leichten, porigen Baustoffen (z.B. Glaswolle, Schaumkunststoff) ummantelt?
15. Was versteht man unter Wärmeleitfähigkeit?
16. Erklären Sie den Wärmeübergang und den Wärmedurchgang.
17. Wann tritt Wärmeströmung auf?
18. Wodurch unterscheidet sich die Wärmestrahlung von anderen Wärmeübertragungen?
19. Was versteht man unter der spezifischen Wärmekapazität eines Stoffes?
20. Welche Wärmeeigenschaften hat Wasser? Wozu nutzen wir sie am Bau?
21. Betonstraßen geben an heißen Sommertagen Wärme ab. Wie erklären Sie das?
22. Welchen Zweck haben Wärmedämmstoffe?

2.4 Schall und Schallschutz

2.4.1 Entstehung des Schalls

Als Schall bezeichnet man alles, was mit dem Gehör wahrnehmbar ist.

■ **Versuch 24** Schlagen Sie eine Stimmgabel leicht an und berühren Sie die Enden mit dem Fingernagel.

Ergebnis Sie hören einen *reinen Ton,* sehen und fühlen, daß sich die Zinken der Gabel hin und her bewegen – sie schwingen.

■ **Versuch 25** Führen Sie eine Schreibstimmgabel nach dem Anschlagen über eine berußte Glasplatte (**2**.33)

Ergebnis Auf der Glasplatte erscheint eine *regelmäßige Wellenlinie.*

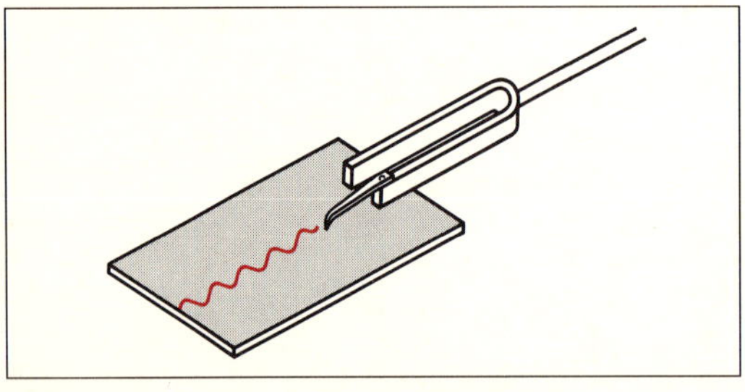

2.33 Die Schreibstimmgabel wird nach dem Anschlagen über eine berußte Glasplatte geführt

■ **Versuch 26** Lassen Sie aus der Wasserleitung einen starken Wasserstrahl auf ein Stück Pappe laufen, knüllen Sie ein Stück Packpapier zusammen.

Ergebnis Sie hören ein ungleichmäßiges, unreines *Geräusch.*

Schall entsteht durch Schwingungen eines Körpers, der als Schallerreger oder Schallquelle bezeichnet wird.

Ein *Ton* entsteht, wenn ein Körper regelmäßig schwingt. Von *Klang* sprechen wir, wenn mehrere Töne gleichzeitig erklingen. Ein *Geräusch* entsteht, wenn der Schallerreger unregelmäßig schwingt; ein *Knall,* wenn der Körper heftig schwingt.

2.4.2 Ausbreitung des Schalls

■ **Versuch 27** Man stellt einen tickenden Wecker auf Schaumgummi unter den Rezipienten einer Vakuumpumpe (**2**.34).

Ergebnis Das anfangs hörbare Ticken des Weckers wird leiser, je mehr Luft aus der Glasglocke gesaugt wird. Schließlich ist es gar nicht mehr warhnehmbar.

2.34 Wecker unter einer evakuierten Glasglocke

Im luftleeren Raum breitet sich, wie dieser Versuch zeigt, Schall nicht aus. Es ist immer ein Stoff als Schallträger erforderlich. Der Schallerreger überträgt seine Schwingungen auf die angrenzenden Luftmoleküle, diese übertragen sie weiter auf die Nachbarteilchen und so fort.

Die vom Schallerreger ausgehende Schwingung breitet sich als Welle (Schallwelle) allseitig im Raum aus.

Auch Flüssigkeiten und Festkörper sind Schalleiter: Unter Wasser hören wir den Schall, der außerhalb des Wasser erregt wird. Das Ticken einer aufs Tischende gelegten Uhr ist am anderen Ende zu hören, wenn wir das Ohr auf die Platte legen. Heizungsrohre übertragen Geräusche über mehrere Stockwerke hinweg.

Schall pflanzt sich in Gasen, Flüssigkeiten und Festkörpern fort.

Schallgeschwindigkeit. Wir sehen aus größerer Entfernung einen Bauhandwerker bei der Arbeit mit Stemm- und Schlagwerkzeugen, hören das dabei entstehende Geräusch aber erst später. Die Ausbreitung des Schalls braucht also Zeit. Diese Zeit läßt sich ermitteln, indem man die Entfernung zwischen Schallquelle und Beobachter mißt und die bei Windstille zwischen Entstehen und Hören vergangene Zeit feststellt. Es ergibt sich:

Die Schallgeschwindigkeit in Luft von 15 °C beträgt 340 m/s.

In festen und flüssigen Stoffen legt der Schall je Sekunde bedeutend größere Strecken zurück: in Stahl bis 5500 m/s, in Holz bis 5000 m/s, in Mauerwerk bis 4000 m/s, in Wasser 1500 m/s.

2.4.3 Tonhöhe, Frequenz und Lautstärke

Tonhöhe und Frequenz

■ **Versuch 28** Eine Stricknadel oder eine Blattfeder aus Stahl wird an einem Ende eingespannt und am anderen, freien Ende durch Zupfen in Schwingungen versetzt (**2**.35).

Ergebnis Ist der freie Teil der Nadel oder Blattfeder lang, sind die Schwingungen sichtbar, weil ihre Anzahl – die Zahl der Hin- und Hergänge – gering ist. Beim Verkürzen des freien Teils schwingt die Nadel schneller, die Anzahl der Schwingungen nimmt zu, der anfangs tiefe Ton wird höher.

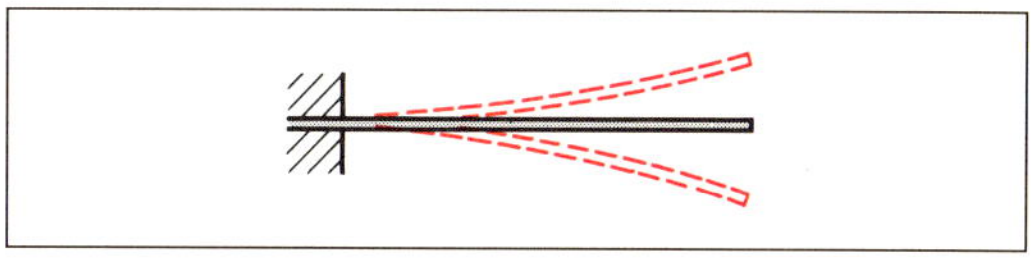

2.35 Schwingung einer eingespannten Nadel (Blattfeder)

Die Anzahl der Schwingungen, die der frei schwingende Körper je Sekunde ausführt, bezeichnen wir als *Frequenz.* Mit zunehmender Frequenz steigt die Tonhöhe.

Die Einheit der Frequenz ist das Hertz (Hz).

1 Hertz = 1 Schwingung/Sekunde;
1000 Hz = 1 kHz (Kilohertz).

Vom menschlichen Ohr werden nur Schwingungen zwischen 16 Hz und 20000 Hz wahrgenommen. Schwingungen mit höherer Frequenz heißen *Ultraschall.* Tiere nehmen weitaus höhere Schwingungen wahr als Menschen.

Lautstärke. Die Hörbarkeit eines Tons ist aber nicht nur von seiner Höhe, sondern auch von seiner Lautstärke abhängig.

Die Einheit der Lautstärke ist das Phon.

Die Lautstärke ist mit dem Phonmeter meßbar. Sie nimmt mit der Entfernung von der Schallquelle ab. Bei 0 phon liegt die *Hörschwelle,* bei 130 phon die *Schmerzschwelle* des Menschen.

10 bis 20 phon: Beginn der Hörempfindung, Blätterrauschen

30 bis 40 phon: Wohngeräusche, leise Unterhaltung, ruhige Wohnstraße

50 bis 60 phon: normale Unterhaltung, üblicher Straßenlärm, Staubsauger

70 bis 80 phon: mechanische Schreibmaschine, sehr verkehrsreiche Straße, Motorrad

90 bis 100 phon: lauter Fabriksaal, Autohorn, Lkw in 7 m Entfernung

110 bis 130 phon: stark lärmende Betriebe, Düsenflugzeuge in geringer Höhe

2.4.4 Schallschutz

Schallarten. Die Zunahme von Störungen durch Verkehrs-, Arbeits- und Wohngeräusche erfordert Maßnahmen zur Lärmbekämpfung. Wichtig ist für das Baugewerbe deshalb die Unterscheidung der Schallarten.

Luftschall breitet sich in der Luft aus.

Körperschall breitet sich in festen Körpern (Wänden, Decken, Rohren) aus und geht von dort aus in die Luft über.

Trittschall entsteht beim Begehen des Fußbodens, breitet sich in der Decke als Körperschall aus und wird teilweise als Luftschall abgestrahlt (**2**.36).

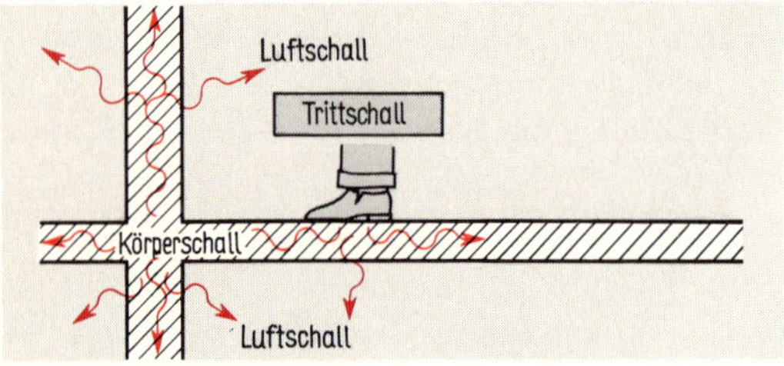

2.36 Ausbreiten des Trittschalls in Bauteile und benachbarte Räume

Schalldämmung. Beim Auftreffen einer Schallwelle z.B. auf eine Wand wird ein Teil der Schallenergie zurückgeworfen (reflektiert). Der andere Teil dringt in die Wand ein und verliert, während er sie durchläuft, an Energie; er wird teilweise absorbiert.

Die Schalldämmung hängt ab von der Art und Dichte eines Stoffes sowie von seiner Dicke.

> Schalldämmung nennen wir Minderung der Schallenergie beim Durchgang des Schalls durch einen Körper. Sie geschieht dadurch, daß ein Teil der Schallwellen beim Auftreffen auf einen Körper reflektiert und ein anderer Teil vom Körper absorbiert wird. Einheit der Schalldämmung ist das Dezibel (dB). Die Mindestanforderungen an Bauteile sind in DIN 4109 festgelegt.

Hinweise für die Bauarbeit. Zur Dämmung des Luftschalls dienen dämmende Wände und Decken. Leichte Bauteile in einschaliger Ausführung übertragen den Schall durch Mitschwingen in benachbarte Räume, ohne ihn wesentlich zu vermindern (**2**.37). Schwere und mehrschichtige Bauteile dämmen dagegen den Luftschall erheblich.

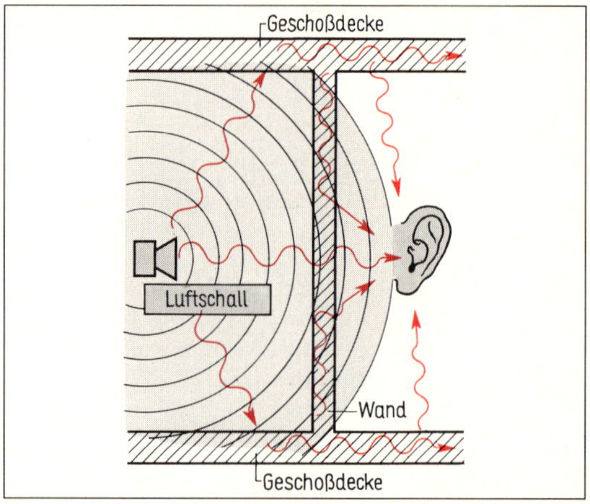

2.37 Ausbreiten des Luftschalls von Raum zu Raum

Trittschall dämmen wir durch federnde Dämmschichten auf der Decke und federnde Beläge auf dem Fußboden.

Schallschluckung. An glatten Oberflächen der Wände, Decken und Fußböden wird ein großer Teil der Schallwellen reflektiert. Dies vermeidet man durch Bauteile, bei denen die der Schallquelle zugewandte Oberfläche porös und mit vielen kleinen Öffnungen versehen, die rückwärtige Oberfläche dagegen geschlossen ist. Die Schallwellen dringen in die Öffnungen ein und werden weitgehend verschluckt, wodurch sich die Schallenergie im Raum mindert.

> Schallschluckung nennt man die Minderung der Schallenergie bei Absorption durch einen porösen Körper.

Aufgaben zu Abschnitt 2.4

1. Wie entsteht Schall, und wie heißt der schallverursachende Körper?
2. Wodurch unterscheiden sich Ton, Klang, Geräusch und Knall?
3. Wie pflanzt sich der Schall fort?
4. Bei einer Sprengung mißt ein Beobachter die Zeit zwischen der Lichterscheinung der Explosion und der Wahrnehmung des Knalls mit 1,2 s. Wie weit ist er von der Sprengstelle entfernt?
5. Was bedeuten Frequenz und Lautstärke?
6. Welche Schallarten unterscheidet man?
7. Wie entsteht Trittschall, und wie breitet er sich aus?
8. Welche Eigenschaften verbessern bei Wänden und Decken die Luftschalldämmung?
9. Wodurch erreicht man bei Decken eine ausreichende Trittschalldämmung?
10. Wovon hängt die Schallschluckfähigkeit der Bauteile ab?
11. Wie unterscheiden sich Schalldämmung und Schallschluckung?
12. Warum breitet sich Schall nicht im Vakuum aus?

3 Bauchemie

3.1 Chemische Grundbegriffe

3.1.1 Chemische Reaktionen

■ **Versuch 1** Calciumcarbidstückchen werden in einen mit Wasser gefüllten Erlenmeyerkolben gegeben (**3**.1).

Ergebnis Carbid reagiert mit Wasser unter Geruch- und Gasbildung bei gleichzeitiger Wärmeabgabe, wie wir beim Berühren der Kolbenwand spüren. Das aufgefangene Acetylengas brennt mit leuchtender, stark rußender Flamme. (Gemische aus Acetylen und Luft sind hochexplosiv!) Der im Kolben entstandene Kalkschlamm kann durch Mischen mit Sand – das Ergebnis ist Kalkmörtel – nachgewiesen werden.

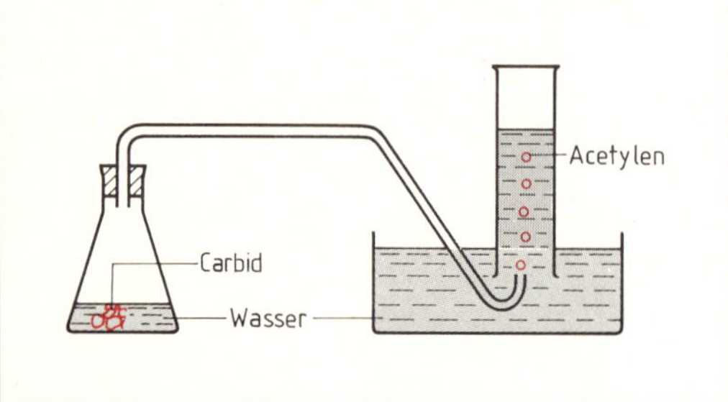

3.1 Chemische Reaktion

Der Versuch zeigt, daß sich die Ausgangsstoffe verändert, in andere Stoffe mit ganz anderen Eigenschaften umgewandelt haben. Diesen Vorgang, bei dem entweder Wärme (Energie) frei wird (Versuch 1) oder zugeführt werden muß (Versuch 3), nennt man *chemische Reaktion.*

Eine chemische Reaktion, bei der Wärme frei wird, ist eine *exotherme Reaktion.* Muß Wärme zugeführt werden, handelt es sich um eine *endotherme* Reaktion.

> Bei einer chemischen Reaktion verwandeln sich die Ausgangsstoffe in andere Stoffe mit völlig anderen Eigenschaften. Bei einem physikalischen Vorgang dagegen verändern sich die Stoffe nicht (s. Abschn. 2.1).
>
> Die Chemie beschäftigt sich mit den Stoffen und ihren Umwandlungen.

■ **Versuch 2** Eisen- und Schwefelpulver werden in einer Schale gut vermischt (vermengt). Dieses Gemenge berühren wir mit einem Magneten.

Ergebnis Der Magnet zieht das Eisenpulver an und trennt es vom Schwefel.

■ **Versuch 3** Wir vermengen 7 g Eisen- und 4 g Schwefelpulver und erhitzen sie in einem Reagenzglas.

Ergebnis Das Gemenge glüht auf, im Glas bleibt eine graublaue, spröde Substanz, die weder die Eigenschaften des Eisens noch des Schwefels hat und kaum magnetisch ist. Eisen und Schwefel haben sich durch Wärmezufuhr zu einem neuen Stoff verbunden.

> *Gemenge* sind Mischungen verschiedener Stoffe, die durch physikalische Methoden wieder voneinander getrennt werden können. Die Stoffe bleiben unverändert.
>
> Die Vereinigung verschiedener Stoffe durch chemische Reaktion zu einem neuen Stoff, einer Verbindung, nennt man *Synthese.* Sie sind nur chemisch wieder zu trennen (*Analyse*).

3.1.2 Element

Bei der Analyse stoßen wir schließlich auf Stoffe, die auf chemischem Wege nicht weiter zu trennen sind: auf die Grundstoffe oder Elemente.

> Elemente sind Stoffe, die sich chemisch nicht weiter zerlegen lassen. Ein Element besteht aus kleinsten Teilchen, den Atomen.

Wir kennen heute 111 Elemente. Die Grundstoffe haben Kurzbezeichnungen (Symbole), die von ihren Namen abgeleitet sind, z.B. Fe (Ferrum) für Eisen, O (Oxygenium) für Sauerstoff, H (Hydrogenium) für Wasserstoff.

3.1.3 Atom und Atommasse, Molekül und Molekülmasse

Moleküle nennen wir die kleinsten Teilchen einer chemischen Verbindung, die noch die Eigenschaften dieser Verbindung haben.

Das Atom ist das kleinste Teilchen eines Elements und für jedes Element verschieden. Jeder

Grundstoff hat sein eigenes Atom, das durch das chemische Symbol gekennzeichnet wird. H bedeutet also nicht nur Wasserstoff, sondern auch 1 Atom Wasserstoff.

Das Atom ist das kleinste Teil eines Elements, das Molekül ist das kleinste Teil einer chemischen Verbindung.

Die Atommasse ist unvorstellbar klein. Ihre Einheit ist der 12. Teil der Masse des Kohlenstoffatoms und wird mit *u* bezeichnet. Kohlenstoff hat also die Atommasse 12, Wasserstoff 1, Sauerstoff 16. Die Masse des Wasserstoffatoms, des kleinsten und leichtesten Atoms, ist mithin 12mal kleiner als die des Kohlenstoffatoms. Das Sauerstoffatom dagegen hat eine 16mal größere Masse als das Wasserstoffatom.

Die Molekülmasse wird ebenfalls auf die Atommasseneinheit bezogen.

Die Atommasse *u* eines Elements gibt an, wievielmal größer die Masse eines Atoms des Elements ist als $^1/_{12}$ der Masse des Kohlenstoffatoms.

Die Molekülmasse einer Verbindung gibt an, wievielmal größer die Masse eines Moleküls der Verbindung ist als $^1/_{12}$ der Masse des Kohlenstoffatoms.

Die Molekülmasse des Wassers (H_2O) ist also $2 \cdot 1 + 1 \cdot 16 = 18$.

Mol. Die Atommasse ist, wie wir gesehen haben, keine absolute, sondern nur eine vergleichende, relative Zahl. Wird von einem Stoff eine Menge in Gramm abgewogen, die zahlenmäßig mit der relativen Molekülmasse übereinstimmt, so bezeichnet man die Menge als Grammolekül (mol).

1 mol Wasser = 18 g Wasser, 1 mol Kupfer = 64 g Kupfer, 1 mol Wasserstoff = 2 g Wasserstoff.

3.1.4 Bau des Atoms, Periodensystem

Bau des Atoms. Das Atom besteht aus drei verschiedenen Bauteilen: aus dem elektrisch positiv geladenen *Proton* (p^+), dem elektrisch negativ geladenen *Elektron* (e^-) und dem neutralen *Neutron* (n). Protonen und Neutronen bilden den *Atomkern* und werden zusammen auch als *Nukleonen* bezeichnet. Die Elektronen umkreisen den Atomkern auf Bahnen oder *Schalen* in festen Abständen zum Atomkern. Sie werden Atom-, besser *Elektronenhülle* genannt (**3.2**).

Bohrsches Atommodell. Zur Veranschaulichung des Atombaus benutzt man das Atommodell des dänischen Atomphysikers Niels Bohr (*1885, † 1962). Es entspricht nicht mehr den neuesten Erkenntnissen der Forschung, erleichtert aber die Veranschaulichung und ermöglicht das Verständnis chemischer Vorgänge mit ausreichender Genauigkeit.

Jedes Atom hat *immer* die gleiche Anzahl von Protonen (+) und Elektronen (-) und ist deshalb elektrisch neutral. Der Atomkern enthält in der Regel so viele Neutronen wie Protonen. Bei einigen Elementen gibt es jedoch Abweichungen: Der Atomkern enthält weniger oder mehr Neutronen als Protonen. Der Atomkern des Wasserstoffs z. B. enthält nur 1 Proton und kein Neutron.

Periodensystem der Elemente. Die 111 bekannten Elemente sind nach der Ähnlichkeit ihrer Eigenschaften im Periodensystem geordnet. Die Gesetzmäßigkeiten dieses Systems beruhen auf der von Element zu Element zunehmenden Zahl von Protonen und damit auch Elektronen. Jedes Element hat 1 Proton im Atomkern und 1 Elektron in der Elektronenhülle mehr als das vor ihm stehende. Die Protonenzahl des Elements ist seine Ordnungszahl im Periodensystem. Nur bis zur Ordnungszahl 92 (Uran) kommen die Elemente in der Natur vor. Die dann folgenden Elemente bis 111 werden für wissenschaftliche Forschungen mit hohem technischen und finanziellen Aufwand hergestellt. Sie zerfallen wieder nach sehr kurzer Zeit.

Tabelle **3.2** **Bauwichtige Elemente**

Ordnungszahl	Symbol	Name	Atommasse *u* (gerundet)	Wertigkeit	Ordnungszahl	Symbol	Name	Atommasse *u* (gerundet)	Wertigkeit
1	H	Wasserstoff	1	1	17	Cl	Chlor	35	1; 3; 4; 5; 7
6	C	Kohlenstoff	12	4					
7	N	Stickstoff	14	3; 5	20	Ca	Calcium	40	2
8	O	Sauerstoff	16	2	26	Fe	Eisen	56	2; 3
11	Na	Natrium	23	1	29	Cu	Kupfer	64	1; 2
12	Mg	Magnesium	25	2	30	Zn	Zink	65	2
13	Al	Aluminium	27	3	50	Sn	Zinn	119	2; 4
14	Si	Silicium	28	4	80	Hg	Quecksilber	201	1; 2
16	S	Schwefel	32	2; 4; 6	82	Pb	Blei	207	2; 4

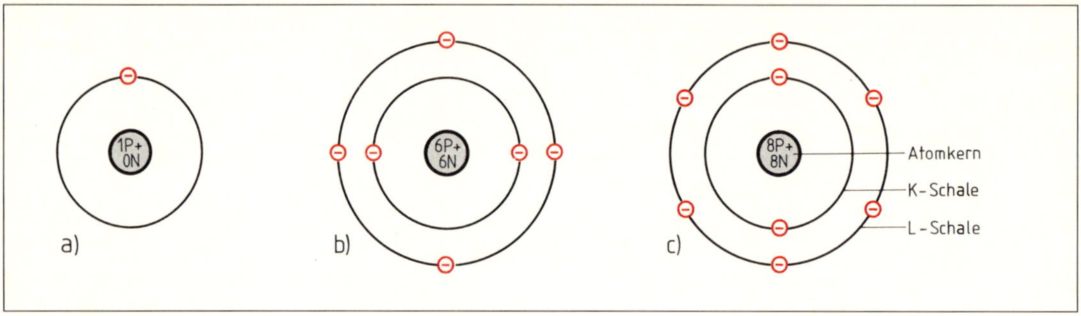

3.3 Atomaufbau nach dem Bohrschen Modell (Schalenmodell)

a) Wasserstoff H	b) Kohlenstoff C	c) Sauerstoff O
1 Proton + 1 Elektron	6 Protonen + 6 Elektronen	8 Protonen + 8 Elektronen
0 Neutronen	6 Neutronen	8 Neutronen
1 Nukleon	12 Nukleonen	16 Nukleonen
Ordnungszahl 1	Ordnungszahl 6	Ordnungszahl 8

Die Ordnungszahlen gehen von 1 für Wasserstoff H bis zum Beispiel 105 für Hahnium Ha. Die Elektronen umkreisen den Atomkern auf den Schalen 1 bis 7.

Die Schalen werden mit den Buchstaben K (1. oder innere Schale) bis Q (7. oder Außenschale) bezeichnet. Das Wasserstoffatom hat nur 1 Schale, auf der 1 Elektron kreist. Sauerstoff hat 2 Schalen, auf denen 2 (K-Schale) + 6 (L-Schale) = 8 Elektronen kreisen.

Für die chemischen Reaktionen sind nur die Elektronen der äußeren Schale von Bedeutung: Sie bestimmen die Wertigkeit des Elements (**3**.3).

Bausteine des Atoms sind das positive Proton, das negative Elektron und das neutrale Neutron. Protonen und Neutronen bilden den Atomkern, Elektronen auf ihren Schalen die Elektronenhülle. Das Atom ist elektrisch neutral. Die Elektronen der Außenschale bestimmen die Wertigkeit. Die 111 bekannten Elemente sind im Periodensystem geordnet.

3.1.5 Erhaltung der Masse, Wertigkeit

Gesetz von der Erhaltung der Masse

■ **Versuch 4** Etwas Blattkupfer (Kupferpulver) wird in ein Reagenzglas gegeben, das anschließend zugeschmolzen und gewogen wird. Dann wird das Kupfer mit dem Bunsenbrenner vorsichtig von außen erhitzt. Nach dem Erkalten wird das Reagenzglas erneut gewogen, eine Gewichtsveränderung aber nicht festgestellt.

Ergebnis Das Kupfer reagiert mit der eingeschlossenen Luft, es hat sich mit dem Luftsauerstoff teilweise zu schwarzem Kupferoxid umgewandelt. Die Gesamtmasse der an der Reaktion beteiligten Stoffe hat sich dabei nicht geändert.

Bei einer chemischen Reaktion ist die Masse der Ausgangsstoffe gleich der Masse der Endstoffe.

Wertigkeit. Elemente verbinden sich stets in bestimmten Mengenverhältnissen miteinander. Die übrige Menge eines Stoffes bleibt unverbunden. Manche Atome können nur ein, andere können mehrere Atome an sich binden. Sie sind ein-, zwei- oder dreiwertig, seltener vier- bis siebenwertig.

Beispiel 1 Die chemische Formel für Wasser (H_2O) zeigt, daß Sauerstoff zweiwertig ist, also 2 Atome Wasserstoff bindet. Die Wertigkeit drückt sich stets in der Formel der Verbindungen aus. Man kann die chemische Formel für Wasser als Summenformel H_2O oder als Strukturformel H–O–H schreiben. Für chemische Gleichungen ist die Schreibweise als Summenformel üblich.

Mit Hilfe der chemischen Formeln und dem Gesetz der Erhaltung der Masse können wir chemische Reaktionen in Gleichungen darstellen:

$$Si + O_2 \longrightarrow SiO_2$$
$$Fe + S \longrightarrow FeS$$
$$Ca(OH)_2 + CO_2 \longrightarrow CaCO_3 + H_2O\uparrow$$

Stöchiometrische Berechnungen. Aus der Gleichung können die Mengen der an einer Reaktion beteiligten Stoffe berechnet werden.

Beispiel 2 Wieviel g Wasser gewinnen wir bei der Verbrennung von 5 g Wasserstoff?
Nach der Gleichung $2\,H_2 + O_2 \longrightarrow 2\,H_2O$ verbinden sich $4\text{ g } H_2 + 35\text{ g } O_2 \longrightarrow 36\text{ g } H_2O$

Aus 5 g Wasserstoff entstehen daher $\frac{36 \cdot 5}{4} =$ 45 g Wasser.

Aufgaben zu Abschnitt 3.1

1. Wodurch unterscheiden sich chemische und physikalische Vorgänge?
2. Was versteht man unter Gemenge und unter Verbindung?
3. Wie heißt die Vereinigung von Stoffen und wie die Zerlegung?
4. Was sind Elemente, und wie viele kennen wir?
5. Erklären Sie den Unterschied von Atom und Molekül.
6. Welche doppelte Bedeutung hat das chemische Symbol O?
7. Was versteht man unter Atommasse?
8. Nennen Sie 10 wichtige Elemente mit ihren chemischen Symbolen.
9. Berechnen Sie die Molekülmasse der Schwefelsäure H_2SO_4.
10. Berechnen Sie 1 mol Fe_2O_3 (Rotes Eisenoxid), $CuSO_4$ (Kupfersulfat) und SO_2 (Schwefeldioxid).
11. Was drückt die Wertigkeit der Atome aus?
12. Wie lautet das Gesetz der Erhaltung der Masse?

3.2 Luft und Wasser

3.2.1 Luft

■ **Versuch 5** In das nach Bild **3.4** aufgebaute luftdichte Gerät wird ein Schiffchen mit einer abgewogenen Masse Kupferpulver gestellt. Dann messen wir in einem der beiden Glaskolben 100 cm^3 Luft ab und drükken sie mehrmals über das erhitzte Kupfer.

Ergebnis Das Kupfer verbrennt unter Aufnahme von Sauerstoff zu Kupferoxid. Das Schiffchen ist um die aufgenommene Menge Sauerstoff schwerer geworden. Zugleich hat das Volumen der Luft um $^1/_5$ abgenommen. Der nicht verbrauchte Teil der Luft ist Stickstoff.

Luft ist ein Gemisch und besteht in trockenem Zustand aus rund 21% Sauerstoff, 78% Stickstoff und 1% Edelgasen sowie Kohlendioxid.

Ohne Luft würde alles Leben ersticken, ohne Luft könnte nichts verbrennen und sich kein Schall ausbreiten. Luft ist auch für die Technik von besonderer Bedeutung. Sie nimmt wie jedes Gas bzw. Gasgemisch einen Raum ein, läßt sich verdichten (Fahrradpumpe) und zu Antrieben nutzen (Kompressor). Die Gewichtskraft unserer Lufthülle erzeugt den Luftdruck. Luft ist, wie wir aus der Physik wissen, ein schlechter Wärmeleiter und deshalb gut wärmedämmend.

Sauerstoff ist das häufigste und eines der wichtigsten Elemente. Er kommt in freiem Zustand in der Atmosphäre vor, gebunden in zahlreichen Verbindungen. Sauerstoff hat weder Farbe noch Geruch oder Geschmack. Er ist ein Gas, etwas schwerer als Luft, nicht brennbar, unterhält aber die Verbrennung und verbindet sich leicht mit fast allen Grundstoffen.

■ **Versuch 6** Wir halten einen glimmenden Holzspan in einen mit Sauerstoff gefüllten Zylinder.
Ergebnis Der Span flammt sofort hell auf.

Sauerstoff ist ein farb-, geruch- und geschmackloses Gas, das selbst nicht brennt, aber die Verbrennung ermöglicht.

Stickstoff, ein ebenfalls in der Luft frei vorkommendes Gas, ist farb-, geruch- und geschmacklos. Stickstoff tritt gebunden in vielen Verbindungen auf und reagiert nur bei höheren Temperaturen.

Wasserstoff haben wir schon als leichtestes Element kennengelernt.

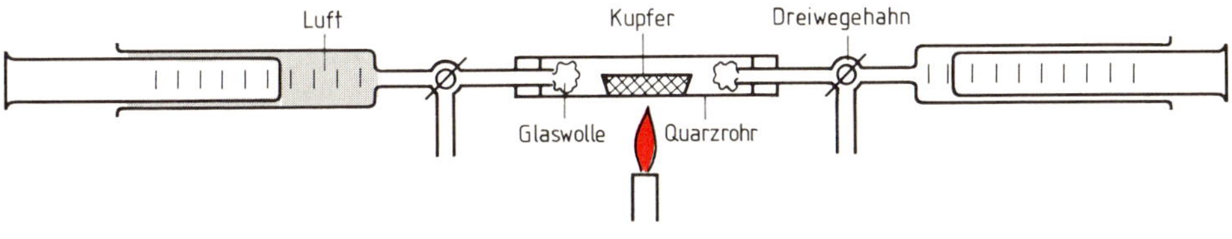

3.4 Quantitative Analyse der Luft

- **Versuch 7** Von einem mit Wasserstoff gefüllten Zylinder wird die Glasplatte entfernt und sofort eine Flamme an die Mündung gebracht.

  Ergebnis Zündungsknall (keine Explosion) und Abbrennen des Gases mit schwach erkennbarer, gelblicher Flamme, Niederschlag von Wasser an der Gefäßwand.

- **Versuch 8** Von einem zweiten mit Wasserstoff gefüllten Zylinder wird das Deckglas abgenommen, aber erst nach einiger Zeit eine Flamme an die Öffnung gehalten.

  Ergebnis Wasserstoff ist nicht mehr nachzuweisen. Dagegen entweicht der Wasserstoff nicht, wenn man das Gefäß nach unten hält, wie der Versuch mit der Flamme zeigt.

- **Versuch 9** In einem Zylinder mit Wasserstoff wird von unten eine brennende Kerze eingeführt (**3**.5).

  Ergebnis Das Gas entzündet sich und brennt an der Öffnung. Schiebt man die Kerze weiter hinein, verlöscht sie; zieht man sie wieder vor, entzündet sie sich am brennenden Wasserstoff.

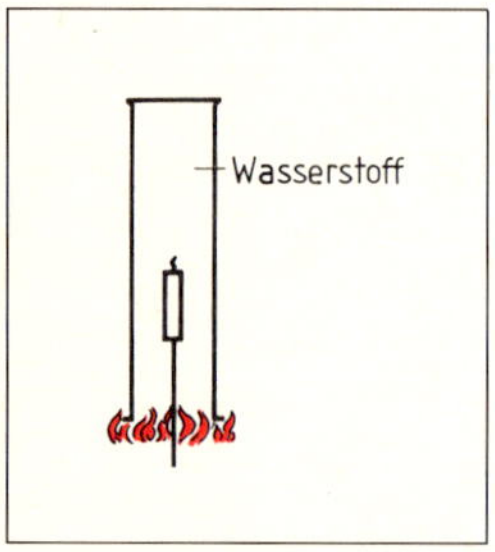

3.5 Wasserstoff unterhält die Verbrennung nicht

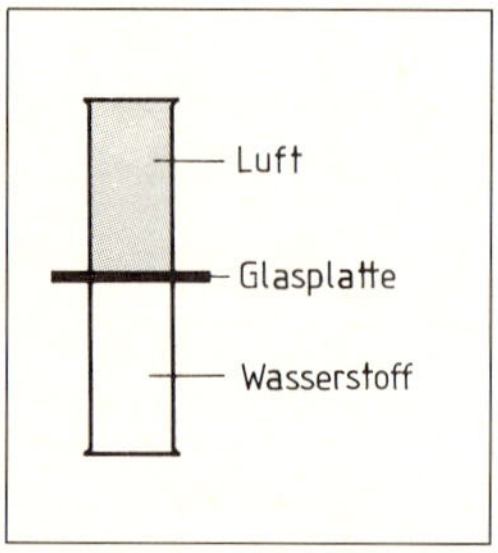

3.6 Zum Versuch: Explosion von Knallgas

- **Versuch 10** Ein mit Wasserstoff gefüllter Zylinder wird unter einen mit Luft gefüllten gestellt und die Deckplatte abgezogen (**3**.6). Nach kurzer Mischungszeit wird der obere Zylinder mit der Öffnung an die Flamme gehalten.

  Ergebnis Explosion.

Wasserstoff ist farb-, geruch- und geschmacklos, leichter als Luft (Versuch 8). Das Gas ist brennbar, unterhält die Verbrennung jedoch nicht (Versuch 9); es verhält sich also genau umgekehrt wie Sauerstoff. Mit Sauerstoff (Luft) reagiert Wasserstoff beim Entzünden explosionsartig (Versuch 10).

Knallgas nennt man ein Wasserstoff-Sauerstoff-Gemisch. Es ist hochexplosiv und explodiert bei einem Wasserstoffgehalt zwischen 4 und 74%. (Bei größerem Wasserstoffgehalt brennt es ruhig unter Wasserbildung ab, wie Versuch 7 gezeigt hat.) Besonders heftig explodiert Knallgas bei einer Mischung von 2 Raumteilen Wasserstoff und 1 Raumteil Sauerstoff. Bei der Reaktion zwischen Sauerstoff und Wasserstoff entsteht Wasser.

Hinweis für die Bauarbeit. Vor Arbeiten mit Wasserstoff überzeuge man sich stets durch die Knallgasprobe, daß keine Explosionsgefahr besteht. Dasselbe gilt für Acetylen.

Edelgase – dazu gehören u. a. Helium, Neon und Argon – sind sehr reaktionsträge und wurden deshalb erst spät von den Chemikern entdeckt. Sie sind in geringen Mengen in der Luft enthalten.

3.2.2 Wasser

Rund 71% der Erdoberfläche – das sind 360 Mio. km² – sind Meere, Seen und Flüsse (**3**.7). Außer flüssigen Wassern enthält die Erdrinde in kristalliner Form gebundenes Wasser, z. B. im Gipsstein (s. Abschn. 6.3). Die uns umgebende Luft enthält ebenfalls ständig Wasser in Form von Wasserdampf. Seine Menge ist abhängig vom Klima und der Temperatur. Wir bezeichnen diesen Wasserdampf als Luftfeuchte (s. Abschn. 2.3.2).

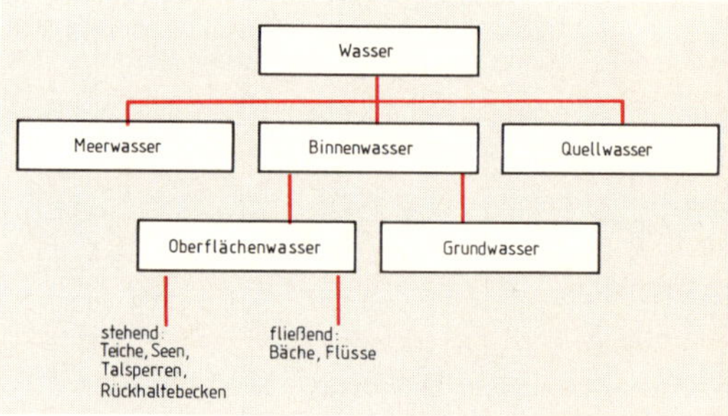

3.7 Wasserarten nach dem Vorkommen in der Natur

Bedeutung des Wassers. Ohne Wasser gibt es kein Leben. Wasser ist Hauptbestandteil aller lebenden Organismen: Pflanzen, Tiere und Menschen. Die Versorgung einer Volkswirtschaft mit Wasser ist ein Maßstab für deren technischen, wirtschaftlichen und zivilisatorischen Standard. In den Industriestaaten ist Wasser ein wertvoller Rohstoff, mit dem sparsam gewirtschaftet werden sollte. Da in der Bundesrepublik Deutschland die natürlichen Wasservorkommen (Quellen, Brunnen, Flüsse) den gestiegenen Wasserbedarf nicht decken können, muß zunehmend Abwasser gesammelt, gereinigt und wieder aufbereitet werden. Der Wasserpreis ist in den letzten Jahren ständig gestiegen.

> Sorgfältiger Umgang mit Wasser ist wirksamer Umweltschutz.

Chemischer Aufbau. Wasser entsteht aus den Gasen Wasserstoff H und Sauerstoff O und hat die chemische Formel H_2O. Die Reaktionsgleichung zeigt, daß sich 1 Molekül des zweiwertigen Sauerstoffs mit 2 Molekülen des einwertigen Wasserstoffs zu 2 Molekülen Wasser verbindet.

$$2\,H_2 + O_2 \longrightarrow 2\,H_2O$$

Dabei wird Wärme frei; die Bildung von Wasser ist also ein exothermer Prozeß.

Im Bohrschen Atommodell stellt man sich vor, daß die 2 Elektronen der beiden Wasserstoffatome auf der äußeren (L-)Schale des Sauerstoffatoms die Plätze 7 und 8 besetzen. 2 Elektronen des Sauerstoffatoms nehmen die Plätze 2 auf der K-Schale des Wasserstoffatoms ein. Diese 4 Elektronen gehören dann sowohl zum Sauerstoffatom als auch zu je einem Wasserstoffatom (**3**.8). Die Wertigkeit des Sauerstoffs (2) und des Wasserstoffs (1) sind abgesättigt, und das Wasserstoffmolekül ist stabil.

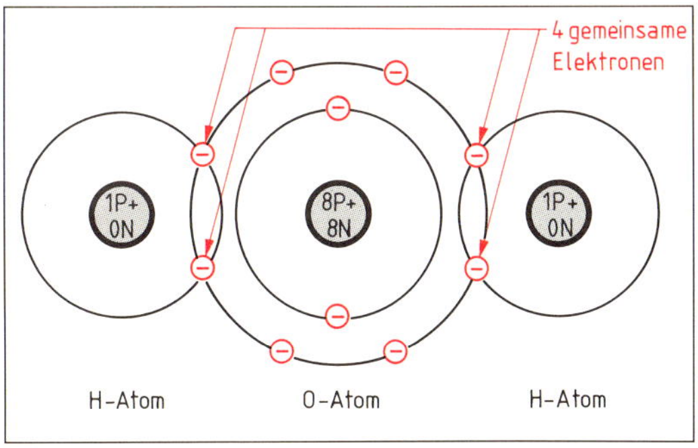

3.8 Schalenmodell des Wassermoleküls

Aggressives Wasser (aggressiv = angreifend) greift Steine, Mörtel, Beton und Metalle an. Man unterscheidet *schwach, stark* und *sehr stark angreifendes* Wasser. Die schädigende Wirkung aggressiven Wassers auf Baustoffe und Bauteile wird durch seine Härte und die sonstigen in ihm gelösten Stoffe verursacht: Säuren, Laugen, Fette, Öle, Humus- und Fäkalstoffe. Aggressives Wasser greift vor allem Mauerwerk aus natürlichen und künstlichen Bausteinen, Beton, Putz und Stahl an.

Beispiel 3 Schwefeldioxid, Rückstand bei der Verbrennung von Kohle, Öl und Benzin, oxidiert mit Luftsauerstoff zu Schwefeltrioxid, das sich mit Wasser zu Schwefelsäure verbindet. In Regenwasser gelöst wandelt sie Kalkstein in Gips um.

$$2SO_2 + O_2 \longrightarrow 2SO_3$$
$$SO_3 + H_2O \longrightarrow H_2SO_4$$
$$H_2SO_4 + CaCO_3 \longrightarrow CaSO_4\ \text{(Gips)} + H_2CO_3$$

Gips ist aber wasserlöslich. So zerstört Regenwasser in Industriegebieten (= aggressives Wasser) Bauteile und Bauwerke aus Kalkstein.

Bautechnische Hinweise. Rohrleitungen, Schächte, Fundamente und Mauerwerk im Industrie- und Straßenbau und im landwirtschaftlichen Bauwesen kommen manchmal unvermeidbar mit aggressivem Wasser in Berührung. Sie müssen dann mit besonderer Sorgfalt, aus widerstandsfähigen Baustoffen und mit dichten Oberflächen hergestellt werden. Bei stark und sehr stark angreifendem Wasser werden zusätzliche Schutzschichten angeordnet: Anstriche, Kunststoffbeschichtungen, säurefeste Putze, Verkleidungen mit säurefesten Klinkern oder Fliesen.

Auch weiches Wasser, in dem nur wenig Calcium- und Magnesiumsalz gelöst sind, und Wasser mit freier Kohlensäure CO_2 kann aggressiv sein: Wasser mit weniger als 3° dH Gesamthärte kann aus Beton, vorwiegend aus der Betonoberfläche, Calciumhydroxid $Ca(OH)_2$ herauslösen.

Als Werkstoff geht Wasser im Verlauf chemischer Reaktionen in neue Verbindungen und Stoffe ein. Es reagiert mit den mineralischen Bindemitteln Zement, Kalk und Gips bei der Herstellung von Mörtel und Beton.

Aggregatzustände. Wasser kann als einziger Stoff in der Natur *gleichzeitig* in den drei Aggregatzuständen fest, flüssig und gasförmig vorkommen. Die Änderungen seiner Aggregatzustände kann man als einen Kreislauf betrachten (**3**.9, s. Abschn. 2.1.2 und 2.3.2).

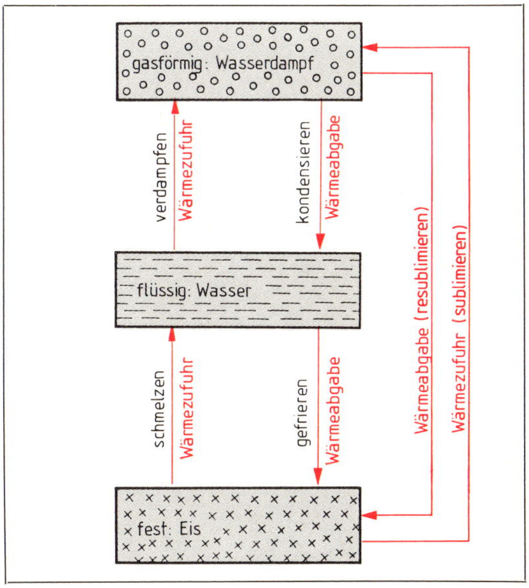

3.9 Kreislauf des Wassers

Der direkte Übergang vom festen in den gasförmigen Aggregatzustand und umgekehrt heißt *Sublimation* und *Resublimation.* Der flüssige Aggregatzustand wird dabei übersprungen. Beispiele für eine Sublimation sind die Bildung von Wasserdampf direkt aus Eis und von Hagelkörnern direkt aus Wasserdampf. Die Übergangspunkte der Aggregatzustände werden bei steigender und sinkender Temperatur unterschiedlich bezeichnet (**3**.10, s. Abschn. 2.3.1).

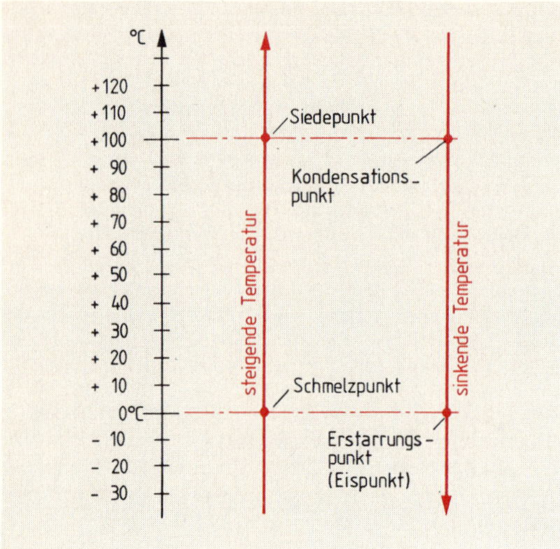

3.10 Übergangspunkte der Aggregatzustände

Anomalie des Wassers (Anomalie = Regelwidrigkeit). *Regel:* Fast alle Stoffe in der Natur vergrößern bei steigender Temperatur ihr Volumen, dabei sinkt ihre Dichte. Umgekehrt verringern sie ihr Volumen bei sinkender Temperatur, und ihre Dichte steigt. Der feste Aggregatzustand eines Stoffes ist dichter als sein flüssiger Aggregatzustand. Der Feststoff versinkt in seiner Schmelze. *Regelwidrigkeit des Wassers:* Bei sinkender Temperatur (bis auf +4 °C) verringert Wasser sein Volumen. Bei +4 °C hat es sein kleinstes Volumen und damit seine größte Dichte erreicht. Sinkt die Temperatur weiter, *vergrößert* Wasser sein Volumen wieder, und seine Dichte sinkt (s. Abschn. 2.3.3).

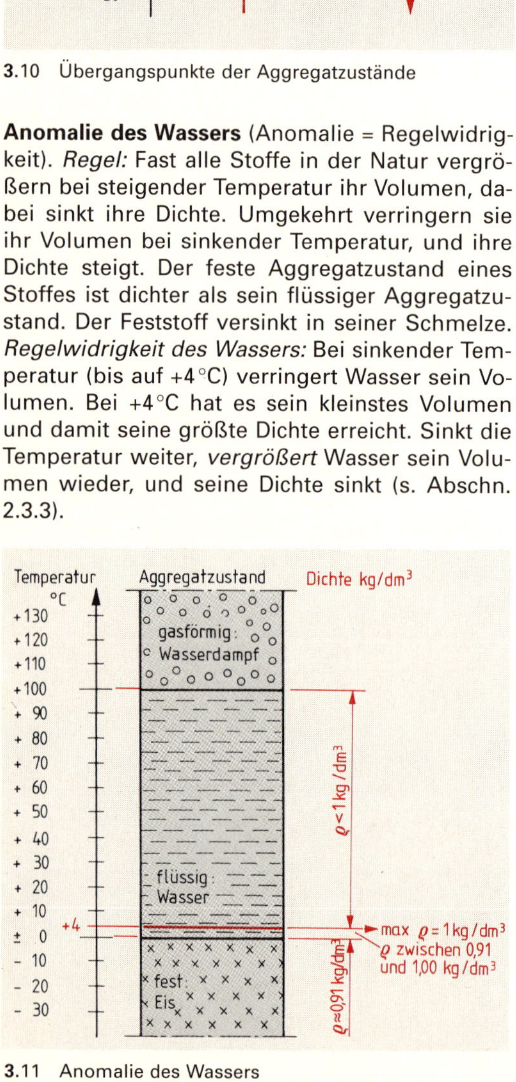

3.11 Anomalie des Wassers

Bei 0 °C erstarrt Wasser zu Eis, dessen Volumen um rund 10% wächst. Dadurch sinkt seine Dichte von 1 kg/dm³ auf etwa 0,91 kg/dm³. Der Feststoff Eis ist leichter als die Flüssigkeit Wasser: Eis schwimmt auf seiner Schmelze Wasser (**3**.11). Als Ursache dieser Anomalie nimmt man an, daß sich unter +4 °C Großmoleküle aus bis zu 8 normalen Wassermolekülen bilden. Das Volumen eines Großmoleküls ist größer als die Summe der Volumen der Einzelmoleküle.

Bautechnische Hinweise. Alle Baustoffe, Bauteile und Bauwerke, die dem Eindringen von Wasser ausgesetzt sind (besonders Mauerwerk, Außenputz, Plattenbelag, Estrich und Straßendecken), sollen möglichst dicht, wasserabweisend oder wasserableitend sein, damit kein Wasser in Hohlräume, Fugen, Risse und Poren eindringen kann. Eingedrungenes Wasser gefriert, dehnt sich aus und zerstört das Gefüge der Baustoffe und Bauteile:

- Putz, Beton, Fugenmörtel und Steine zerbröckeln und platzen ab,
- Estriche und Bodenbeläge aus Platten wölben sich auf,
- in Kapillaren des Bodens aufsteigendes Wasser gefriert unter der Straßendecke und führt zu Frosthebungen (s. Abschn. 13.1.2),
- in Risse der Straßendecke eindringendes Wasser zerstört beim Gefrieren die Deckschicht und verursacht Schlaglöcher,
- Wasser in Versorgungs- und Entsorgungsleitungen gefriert, die Leitungen platzen.

Weiches und hartes Wasser. Viele Salze lösen sich gut im Wasser. Wasser mit wenig gelösten Salzen nennen wir weich; es schmeckt fade. Hartes Wasser enthält mehr gelöste Salze und schmeckt besser. Die wichtigsten gelösten Salze sind Calciumhydrogencarbonat $Ca(HCO_3)_2$ und Magnesiumhydrogencarbonat $Mg(HCO_3)_2$, dazu kommen kleinere Mengen Calciumsulfat $CaSO_4$, Magnesiumsulfat $MgSO_4$, Calciumchlorid $CaCl_2$ und Magnesiumchlorid $MgCl_2$. Die Wasserhärte wird in „Grad deutscher Härte" = 1° dH angegeben.

1° dH entspricht 10 mg Calciumoxid CaO oder 7,19 mg Magnesiumoxid MgO je dm³ Wasser.

Die Gesamthärte GH eines Wassers setzt sich aus der Carbonathärte KH und der Nichtcarbonathärte NKH zusammen. Die Carbonathärte wird durch $Ca(HCO_3)_2$ und $Mg(HCO_3)_2$ verursacht, die Nichtcarbonathärte durch die übrigen gelösten Salze. Bei der Wasseraufbereitung wird mit verschiedenen chemisch-technischen Verfahren die gewünschte Wasserhärte eingestellt. Wasser mit einer GH über 11° dH bildet beim Verdampfen in Leitungen, Kesseln und Gefäßen störenden Kesselstein ($CaCO_3$, **3**.12). Beim Ermitteln der Gesamthärte werden CaO und MgO aus allen gelösten Salzen zusammengefaßt.

Tabelle 3.12 **Deutsche Härtegrade**

Eigenschaft	Deutsche Härte °dH
sehr weich	0 bis < 4
weich	4 bis < 8
mittelhart	8 bis < 12
ziemlich hart	12 bis < 18
hart	18 bis 30
sehr hart	> 30

Als Hilfsstoff wird Wasser vielseitig verwendet:

- **als Lösungsmittel:** Säuren, Laugen, Farben, Schutzanstriche, Holzschutzmittel, Schalöle, Bitumen und Kunststoffe werden in Wasser gelöst verarbeitet.
- **als Reinigungsmittel:** Steine, Kies, Sand, Werkzeuge, Geräte, Maschinen, sonstige Baustoffe und Bauteile werden mit Wasser gereinigt.
- **zur Plastifizierung:** Einstellen der richtigen Konsistenz von Mörtel und Beton, Herstellung von Ziegeleierzeugnissen.
- **als Transportmittel:** Beseitigung von Abfall, Unrat und Fäkalien durch Rinnen und Rohrleitungen.
- **als Kühl- und Heizmittel:** Warmwasserheizung, Erwärmen der Zuschläge durch Heißwasserleitungen, Kühlwasserleitungen in massigen Betonbauteilen, Nachbehandlung von Beton (Nässen).

Wasser im Boden wird je nach Lage unterschiedlich bezeichnet (**3**.13):

- Niederschläge sind Regen, Schnee und Hagel,
- Schmelzwasser entsteht beim Schmelzen von Schnee und Hagel,
- Oberflächenwasser ist Niederschlag plus Schmelzwasser,
- Sickerwasser befindet sich in den Hohlräumen wasserdurchlässiger, nichtbindiger und grobporiger Böden und sickert durch seine Schwerkraft abwärts,
- Stauwasser bewegt sich auf wasserundurchlässigen Bodenschichten horizontal,
- Grundwasser füllt die Hohlräume bindiger und engporiger Böden und bildet einen Grundwasserhorizont,
- Bodenfeuchtigkeit befindet sich infolge von Abhädions- und Kapillarkräften fast überall im Boden. (Wegen seiner engen Kapillaren ist bindiger Boden feuchter als nichtbindiger, s. Abschn. 13.1.2).

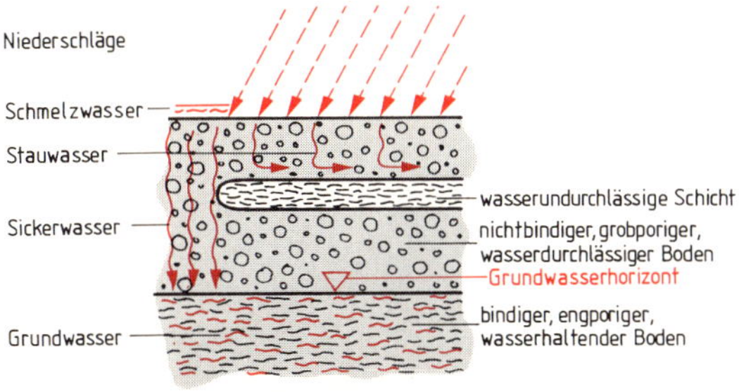

3.13 Entstehung und Bezeichnung des Wassers im Boden

Der Schutz des Bauwerks vor dem Angriff des Wassers geschieht durch geeignete Konstruktionen und bauliche Maßnahmen sowie durch sorgfältige fach- und handwerksgerechte Ausführung der Bauarbeiten (**3**.14):

- Die Dachhaut ist wasserdicht und wasserableitend.
- Mauerwerk, Innenputz und Verkleidungen sind wasserdampfdurchlässig und können Wasserdampf speichern.
- Wandbeläge aus Fliesen schützen vor Spritzwasser und verhindern die Durchfeuchtung des Mauerwerks.
- Außenputz schützt vor Niederschlägen.
- Horizontale Abdichtungsschichten schützen vor kapillar aufsteigendem Wasser im Mauerwerk.
- Dränageleitungen leiten Sicker- und Stauwasser in Entsorgungsleitungen.
- Estriche verhindern das Eindringen von Wasser in die Kellersohle.
- Filterschichten aus Kies unter der Kellersohle schützen vor kapillar aufsteigendem Wasser.

Die fachgerechte Ausführung dieser Arbeiten wird in den einzelnen Abschnitten behandelt.

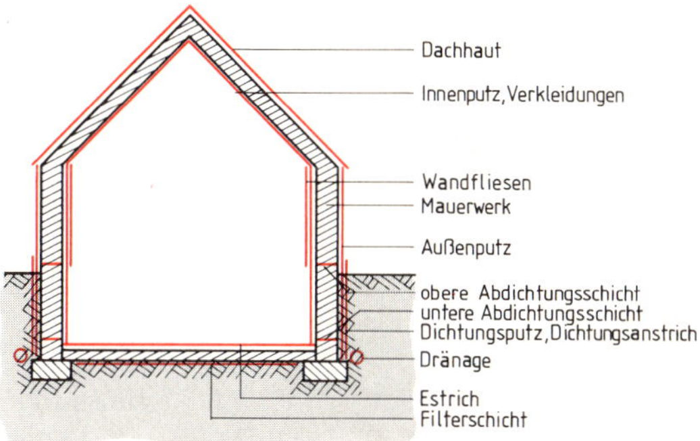

3.14 Schutz des Gebäudes gegen Wasser (Schema)

Wasser

- ist Grundlage allen Lebens und ein wertvoller Rohstoff in einem Industriestaat,
- entsteht aus Wasserstoff und Sauerstoff und hat die chemische Formel H_2O,
- kommt in der Natur in den drei Aggregatzuständen vor: fest (Eis), flüssig (Wasser) und gasförmig (Wasserdampf),
- hat seine größte Dichte von 1 kg/dm^3 bei +4 °C,
- dehnt sich beim Gefrieren zu Eis um rund 10% aus und kann dabei Bauteile und Bauwerke zerstören,
- kann gelöste Salze, Säuren und Laugen enthalten und greift dann Steine, Mörtel, Beton und Stahl an,
- kommt im Boden als Sicker-, Stau- und Grundwasser vor.

Bauteile und Bauwerke werden durch geeignete und fachgerecht ausgeführte Konstruktionen vor dem Angriff und dem Eindringen von Wasser geschützt.

Aufgaben zu Abschnitt 3.2

1. Woraus setzt sich Luft zusammen?
2. Welche Bedeutung hat Luft für den Menschen?
3. Welche Funktion hat die Luft bei der Schall- und Wärmedämmung?
4. Warum ist Luft für alle Verbrennungsvorgänge nötig?
5. Was versteht man unter Knallgas?
6. In welcher Form kommt Wasser in der Natur vor?
7. Erläutern Sie den chemischen Aufbau des Wassers.
8. Erläutern Sie die Aggregatzustände des Wassers.
9. Was bedeutet die Anomalie des Wassers?
10. Welche bautechnischen Auswirkungen hat die Anomalie des Wassers?
11. Was versteht man unter weichem und hartem Wasser?
12. Worauf beruht die schädigende Wirkung von aggressivem Wasser?
13. Nennen Sie Beispiele für die Verwendung von Wasser als Werk- und Hilfsstoff.
14. In welcher Form kommt Wasser im Boden vor?
15. Wie wird ein Gebäude vor dem Eindringen und dem Angriff von Wasser geschützt?

3.3 Oxidation und Reduktion

3.3.1 Oxidation

In dem Versuch 5 haben wir gesehen, wie sich Kupfer und Sauerstoff zu Kupferoxid verbinden.

Oxidation ist die Vereinigung eines Stoffes mit Sauerstoff. Dabei wird Energie frei. Die neu entstandene Verbindung heißt Oxid.

In unserem Versuch verbrannte das Kupfer durch Aufnahme von Sauerstoff. Verbrennungen sind nichts anderes als schnelle Oxidationsvorgänge. Davon unterscheiden wir die langsamen Oxidationen, wie etwa die Reaktion von Eisen mit Sauerstoff und Wasser zu Rost = Eisenoxid. In beiden Fällen wird Wärme frei, bei der schnellen Oxidation in kurzer Zeit eine sehr große Energiemenge, bei der langsamen dagegen ist die Erwärmung nicht spürbar.

3.3.2 Reduktion

■ **Versuch 11** Nach Bild **3**.15 wird Wasserstoff über erhitztes Kupferoxid geleitet (Knallgasprobe).

Ergebnis Das schwarze Kupferoxid färbt sich rot, zugleich bilden sich Wassertropfen. Wasserstoff reduziert Kupferoxid zu Kupfer. Gleichzeitig oxidiert der Wasserstoff zu Wasser.

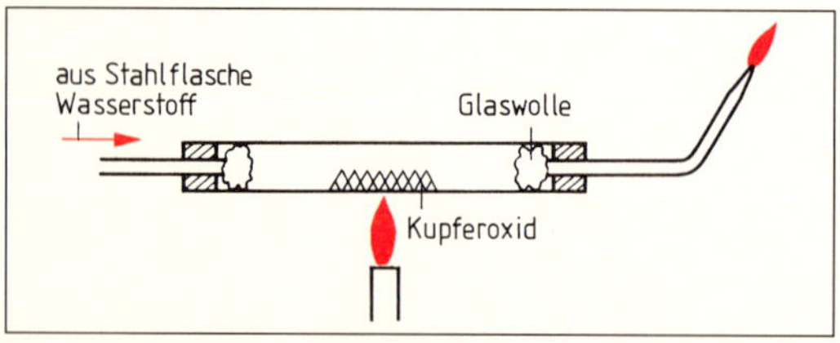

3.15 Reduktion von Kupferoxid

Reduktion ist der Vorgang, bei dem einem Stoff der Sauerstoff entzogen wird. Dabei wird Energie verbraucht. Jede Reduktion ist mit einer Oxidation des Reduktionsmittels verbunden.

3.3.3 Metallgewinnung aus Erz

Oxidation und Reduktion spielen bei der Metallgewinnung aus Erz eine wichtige Rolle, denn Erze sind Oxide, Sulfide (Schwefelverbindungen) und Carbonate (Salze der Kohlensäure). Durch Rösten (Brennen) werden zunächst Sulfide und Carbonate in entsprechende Oxide überführt:

$$2\,ZnS + 3\,O_2 \longrightarrow 2\,ZnO + 2\,SO_2$$
$$4\,FeCO_3 + O_2 \longrightarrow 2\,Fe_2O_3 + 4\,CO_2$$

Dann reduziert man die Oxide durch Kohle (Koks) oder Kohlenmonoxid zu Metallen. Beim „Abstich" des Hochofens fließt das flüssige Roheisen aus.

3.3.4 Korrosion

Eisen rostet bekanntlich bei Feuchtigkeit, Säuren greifen Metalle an, Kupfer bildet an der Luft mit Kohlensäure oberflächlich basisches Kupfercarbonat, grüne Patina. Alle diese Zerstörungen an Metallen nennen wir Korrosion. Sie entsteht durch chemische Einwirkung von Luft und Wasser und ist für das Bauwesen besonders zu beachten. Der von Korrosion verursachte Schaden wird in den USA allein jährlich auf rund 10 Mrd. Dollar geschätzt!

Bei einigen Metallen – z.B. Kupfer, Magnesium und Aluminium – sind die Oxidationsschichten nicht porös. Sie fördern daher nicht die weitere Korrosion, sondern hemmen sie und bilden damit einen natürlichen Schutz (Patina).

Korrosion nennen wir die chemische Einwirkung von Luft und Wasser auf Metalle.

Zum Schutz vor Korrosion dienen Überzüge mit Farben und edleren Metallen oder Spezialverfahren (Kunststoffbeschichtungen, s. Abschn. 14.6).

3.3.5 Elektrolyse

■ **Versuch 12** In einen Glastrog hängt man 2 Kohleelektroden und verbindet sie über eine Glühlampe oder einen Ampermeter mit einer Gleichspannungsquelle (**3**.16).

a) Befindet sich destilliertes Wasser im Trog, so leuchtet die Glühbirne nicht auf, ein Strommeßgerät zeigt keinen Strom an. Destilliertes Wasser ist ein Nichtleiter.

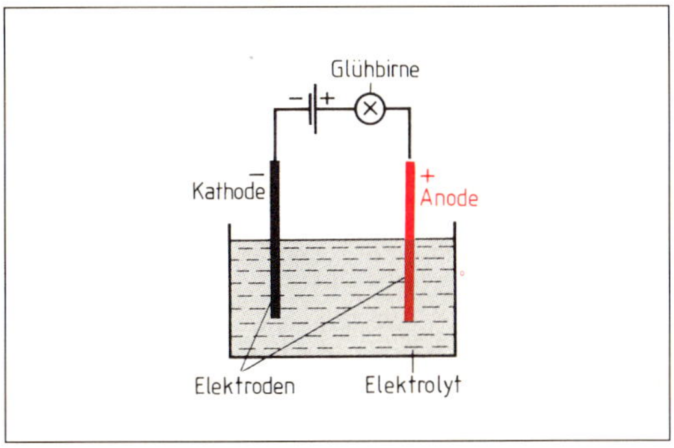

3.16 Elektrolyse

b) Gibt man in das destillierte Wasser einige Tropfen Schwefelsäure und rührt um, so zeigt das Leuchten der Glühbirne, daß jetzt ein Strom fließt; die Flüssigkeit ist leitend geworden. An beiden Elektroden beobachtet man eine Gasentwicklung: an der Kathode Wasserstoff, an der Anode Sauerstoff. Die entstehenden Gase kann man auffangen und ihr Volumen bestimmen, wenn der Versuch im *Hofmann*schen Zersetzungsapparat (**3**.17) durchgeführt wird. Immer wird doppelt so viel Wasserstoff wie Sauerstoff abgeschieden.

c) Wird der *Hofmann*sche Zersetzungsapparat mit Salzsäure beschickt und an eine Gleichspannungsquelle angeschlossen, zeigt sich, daß auch Salzsäure den elektrischen Strom leitet, allerdings unter Abscheidung von Wasserstoff und Chlor.

d) Wird in Versuch a) Kupferchlorid statt Wasser verwendet, wird an der Kathode die Abscheidung von Kupfer, an der Anode die Abscheidung von Chlor beobachtet.

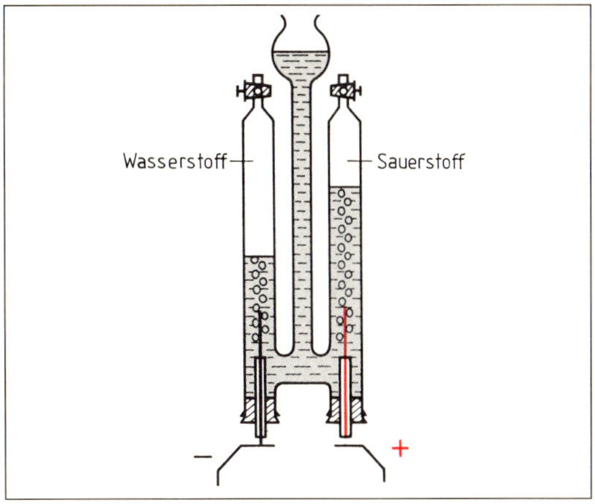

3.17 Elektrolyse von Wasser

Im Gegensatz zu metallischen Leitern werden die flüssigen Leiter beim Stromdurchgang zersetzt.

Flüssigkeiten, die den elektrischen Strom leiten, heißen *Elektrolyte.* Dazu gehören wäßrige Lösungen der Säuren, Basen, Salze. Die Zersetzung der Elektrolyte durch den elektrischen Strom bezeichnet man als *Elektrolyse.*

3.3.6 Elektrochemische Spannungserzeugung

■ **Versuch 13** Eine Kupfer- und Zinkplatte werden in einen Trog mit verdünnter Schwefelsäure gehängt und mit einem Spannungsmesser verbunden (**3**.18). Das Meßgerät zeigt eine Spannung von ≈ 1 V an. Verbindet man die Platten über eine Glühbirne, fließt ein Strom.

Ergebnis Auf Grund der unterschiedlich starken Reaktion der Metalle mit Schwefelsäure entsteht zwischen den Platten eine elektrische Spannung, die z.B. zum Betreiben einer Glühbirne dient. Das unedlere Zink reagiert mit der Säure erheblich stärker als Kupfer, es wird gegenüber Kupfer negativ aufgeladen.

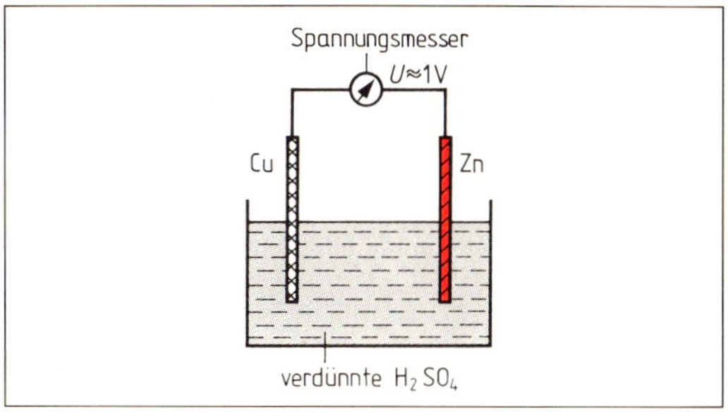

3.18 Galvanisches Element

Werden eine Blei- und Zinkplatte in verdünnte Schwefelsäure getaucht, mißt man eine Spannung von ≈ 0,6 V, bei Kohle-Zink ≈ 1,7 V. Die Erzeugung von Spannung durch chemische Reaktionen findet technische Anwendung in den Batterien.

Die Spannung ist Null, wenn gleiche Platten in die Säure gebracht werden, da sie gleich mit H_2SO_4 reagieren.

Hängt man zwei verschiedene Metalle in destilliertes Wasser, erfolgt keine Reaktion; die Spannung ist Null. Hingegen tritt bei Benutzung von Salzwasser eine Spannung auf.

Hinweise für die Bauarbeit. Beim Bau kommt es häufig zu Kontaktkorrosionen, z.B. bei mit Stahlschrauben befestigten Zinkblechen. Berühren sich zwei verschiedene Metalle und kommen z.B. mit salzhaltigem Wasser in Berührung, entsteht ein kurzgeschlossenes galvanisches Element, das durch Elektrolyse zur schnelleren Auflösung des unedleren Metalls führt. Es dürfen deshalb nur solche Metalle in Kontakt gebracht werden, deren galvanische Spannung gering ist.

Aufgaben zu Abschnitt 3.3

1. Was versteht man unter Oxidation?
2. Was versteht man unter Reduktion?
3. Beschreiben Sie die Metallgewinnung aus Erzen.
4. Was ist Korrosion?
5. Was ist Patina?
6. Beschreiben Sie die Elektrolyse.
7. Was ist ein Elektrolyt?
8. Worauf beruht die elektrochemische Spannungserzeugung?
9. Was ist ein galvanisches Element?
10. Was versteht man unter Kontaktkorrosion?

3.4 Säuren, Basen, Salze

3.4.1 Säuren

■ **Versuch 14** Schwefelpulver wird in einem mit Sauerstoff gefüllten Zylinder verbrannt. Es entsteht ein stechend riechendes Gas. Dann wird etwas destilliertes Wasser in den Zylinder gefüllt und durchgeschüttelt.

Ergebnis Schwefel verbrennt in Sauerstoff zu Schwefeldioxid ($S + O_2 \longrightarrow SO_2$), das mit Wasser *schweflige Säure* bildet ($SO_2 + H_2O \longrightarrow H_2SO_3$). Lackmus färbt sich darin rot.

Säuren entstehen hauptsächlich aus Nichtmetalloxiden mit Wasser, ferner aus Nichtmetallen mit Wasserstoff (Salzsäure: $H_2 + Cl_2 \longrightarrow 2\,HCl$). Säuren färben Lackmus rot.

Starke Säuren sind Salzsäure (HCl), Schwefelsäure (H_2SO_4) und Salpetersäure (HNO_3). Zu den schwachen Säuren gehört Kohlensäure (H_2CO_3), die wir im Mineralwasser finden. Sie entsteht, wenn Holzkohle in Sauerstoff verbrennt. Zunächst ergibt sich ein farbloses, nicht brennbares Gas, das Kohlendioxid ($C + O_2 \longrightarrow CO_2$). Kohlendioxid verbindet sich mit Wasser zu Kohlensäure ($CO_2 + H_2O \longrightarrow H_2CO_3$). Schwache Säuren weisen wir mit pH-Papier nach.

Bei Arbeiten mit starken Säuren ist größte Vorsicht geboten (Schutzbrille)!

Zum Verdünnen wird konzentrierte („rauchende") Säure vorsichtig unter Umrühren in Wasser gegeben – niemals das Wasser in die Säure!

Säuren dürfen nie in Getränkeflaschen aufbewahrt werden, sondern stets in Säureflaschen und immer mit dem Giftetikett versehen!

■ **Versuch 15** Wir geben einen Tropfen konzentrierte Schwefelsäure auf ein Stück Holz und ein Stück Leinwand sowie verdünnte Salzsäure auf Zink.

Ergebnis Schwefelsäure zersetzt Holz und Stoff; sie entzieht ihnen das Wasser und verkohlt sie. Zink wird unter starker Gasentwicklung von der Säure aufgelöst; das Gas ist, wie die Knallgasprobe zeigt, Wasserstoff.

Säuren zersetzen organische Stoffe (z.B. Kleidung, Holz, Leder) und Metalle.

Hinweise für die Bauarbeit. Kohlensäurehaltiges Wasser („aggressives Wasser") löst das Bindemittel Kalk in Mörtel und Beton auf. Der ausgewaschene Kalk bildet an der Außenfläche der Bauteile feste weiße Kristalle (Kalkausblühungen). Über den Einfluß von Kohlendioxid auf Baukalke s. Abschn. 6.1. Alle Säurelösungen greifen Bauteile an.

3.4.2 Basen

- **Versuch 16** Gebrannter Kalk (Calciumoxid, CaO) wird in ein mit Wasser gefülltes Reagenzglas gegeben und geschwenkt.

  Ergebnis Es entsteht eine trübe Lösung (Kalkmilch), die Lackmus blau färbt. Das Calciumoxid hat sich mit Wasser zu Calciumhydroxid verbunden: $CaO + H_2O \longrightarrow Ca(OH)_2$.

  In der Baupraxis wird gebrannter Kalk mit Wasser „gelöscht" (s. Abschn. 6.1.1).

> Hydroxide entstehen durch Reaktion von Metalloxiden mit Wasser. Alle enthalten die Hydroxidgruppe OH. Die wäßrigen Lösungen der Hydroxide heißen *Laugen* oder *Basen* und färben Lackmus blau.

Festes Natriumhydroxid (NaOH) wird auch Ätznatron genannt. Wenn wir es in Wasser lösen, entsteht Natronlauge. Laugen fühlen sich glitschig an und wirken ätzend auf die Haut (*Vorsicht, nachspülen!*). Sie lösen Fette, greifen Baustahl nicht an, zersetzen aber Aluminium und andere Leichtmetalle.

Hinweis für die Bauarbeit. Leichtmetalle dürfen nicht mit Kalk- und Zementmörtel in Berührung kommen.

3.4.3 Salze

- **Versuch 17** In Reagenzglas wird Zink mit Schwefelsäure versetzt.

  Ergebnis Es entsteht Wasserstoff. Nach Verdampfen der Lösung bleiben Salzkristalle zurück: $Zn + H_2SO_4 \longrightarrow ZnSO_4 + H_2\uparrow$.

- **Versuch 18** Kupferoxidpulver wird im Reagenzglas mit verdünnter Schwefelsäure versetzt und erwärmt.

  Ergebnis Es entsteht eine blaue Kupfersulfatlösung, aus der nach Eindampfen Kupfersulfat auskristallisiert: $CuO + H_2SO_4 \longrightarrow CuSO_4 + H_2O$.

- **Versuch 19** In einem Reagenzglas wird verdünnte Natronlauge durch Lackmus blau gefärbt und so lange verdünnte Salzsäure zugefügt, bis die Blaufärbung gerade verschwunden und noch keine Rotfärbung eingetreten ist.

  Ergebnis Entstanden ist eine neutrale Salzlösung, aus der sich beim Eindampfen Kochsalzkristalle ausscheiden: $NaOH + HCl \longrightarrow NaCl + H_2O$.

> Salze sind Verbindungen aus einem Metall und einem Säurerest. Salze entstehen bei der Reaktion einer Säure mit Metall, Metalloxid oder Metallhydroxid (Neutralisation).

Ein Salz erhält seinen Namen nach dem Metall und der Bezeichnung des Säurerestes (**3**.19).

Hinweise für die Bauarbeit. Durch aufsteigende Feuchtigkeit und die darin gelösten Salze entstehen nach Verdunsten des Wassers an den Wänden Ausblühungen. Am häufigsten sind die weißen Sulfatausblühungen, für das Mauerwerk am gefährlichsten sind Nitratausblühungen.

Über Calciumcarbonat und Calciumsulfat s. Abschn. 6.1 und 6.3.

Tabelle **3**.19 **Säuren und Salzen**

Säure		Salz		
Name	Formel	Gruppenname	Vertreter	Formel
Salzsäure	HCl	Chlorid	Natriumchlorid (Kochsalz) Eisenchlorid	$NaCl$ $FeCl_3$
Schwefelsäure	H_2SO_4	Sulfat	Kupfersulfat Calciumsulfat (Gips) Ammoniumsulfat (Düngesalz)	$CuSO_4$ $CaSO_4$ $(NH_4)_2SO_4$
Salpetersäure	HNO_3	Nitrat	Natriumnitrat (Natronsalpeter)	$NaNO_3$
Kohlensäure	H_2CO_3	Carbonat	Calciumcarbonat (kohlensaurer Kalk) Natriumcarbonat (Soda)	$CaCO_3$ Na_2CO_3
Phosphorsäure	H_3PO_4	Phosphat	Calciumphosphat	$Ca_3(PO_4)_2$
Essigsäure	CH_3COOH	Acetat	Natriumacetat	CH_3COONa
Kieselsäure	H_4SiO_4	Silikat	Aluminiumsilikat (im Ton)	$Al_2O_3 \cdot SiO_2$

Aufgaben zu Abschnitt 3.4

1. Was versteht man unter Säuren, und welche Eigenschaften haben sie?
2. Nennen Sie starke Säuren und ihre Formeln.
3. Was ist bei Arbeiten mit starken Säuren zu beachten?
4. Welche Folgen hat die Einwirkung von Kohlensäure auf Mörtel und Beton?
5. Wie reagiert Branntkalk mit Wasser? Stellen Sie die Gleichung auf.
6. Welche Erkennungsmittel gibt es für Säuren und Laugen?
7. Was versteht man unter Basen?
8. Was sind Salze, und wie entstehen sie?
9. Was bedeutet Neutralisation?
10. Was bedeuten die Formeln HCl, H_2SO_4, H_2CO_3, NaCl, $CaSO_4$, $CaCO_3$?

4 Bausteine

4.1 Natürliche Bausteine

4.1.1 Geologische Grundlagen

Natürliche Bausteine sind im Laufe der Erdgeschichte im Bereich der erstarrten Erdrinne entstanden. In der Nähe ihrer Fundorte sind sie schon sehr früh von Menschen als Baumaterial benutzt worden und teilweise noch heute als die Zeugen frühester Kultur erhalten (z.B. in Ägypten, Griechenland, Rom).

Trotz Entwicklung und steigender Verbreitung der künstlichen Bausteine und des Betons sind den natürlichen Bausteinen vielfältige Aufgabengebiete verblieben, wie etwa Mauerwerk, Treppenbeläge und Bodenbeläge, Gehwege und Terrassen. Dachdeckung und Fassadenbekleidung (**4**.1).

4.1 Schichtmauerwerk aus rotem Schilfsandstein (Grundschule Maulbronn)

Mineralien bilden die Grundbestandteile der natürlichen Gesteine. Es sind Elemente, Verbindungen oder Gemische, die sich in vielfältigen, meist kristallisierten Formen innerhalb der Erdrinde gebildet haben (**4**.2). Manche Kristalle sind mit den bloßen Augen erkennbar (z.B. bei Granit), andere erst unter dem Mikroskop (z.B. bei Gips). Mineralien aus Verbindungen von Silicium mit Sauerstoff bilden über 90% der Gesteinsmassen. Die anderen bestehen aus Verbindungen von Sauerstoff mit Aluminium, Eisen, Calcium u.a.

Außer der chemischen Zusammensetzung beeinflussen Härte, Glanz, Dichte und Form die Gesteinseigenschaften.

Die Entstehung der natürlichen Gesteine bestimmt weitgehend deren Struktur und Gefüge.

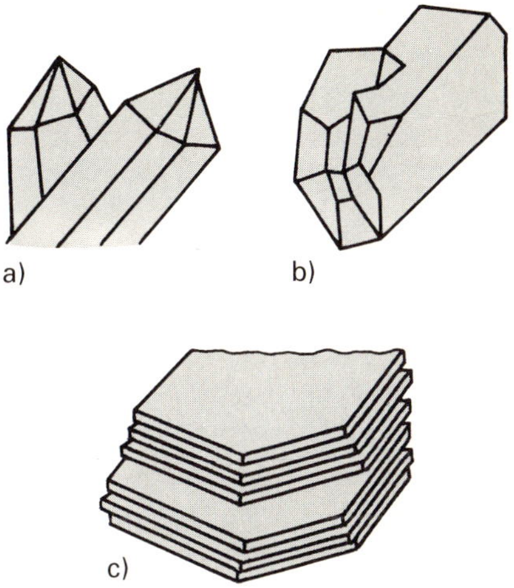

4.2 Typische Kristallformen
a) Quarz, säulige Kristalle
b) Feldspat, unregelmäßige körnige Kristalle
c) Glimmer, tafelig, blättrig, schuppig

Danach unterscheidet man Erstarrungs-, Ablagerungs- und Umwandlungsgesteine.

Gesteinsmerkmale dienen der Beschreibung und Unterscheidung natürlicher Gesteine. Für Fügung und Anordnung der Mineralien merken wir uns die Begriffe in Tabelle **4**.3.

Tabelle **4**.3 **Gesteinsmerkmale**

dicht	Mineralien mit bloßem Auge nicht erkennbar
glasig	Mineralien auch mit Mikroskop nicht erkennbar
porphyrisch	dichte Grundmasse mit Einschluß größerer (fremder) Kristalle und Einsprenglinge
schiefrig	Mineralien sind in einer Richtung angeordnet
geschichtet	Gestein aus plattenförmigen Lagen zusammengesetzt
trümmerartig	mindestens haselnußgroße Gesteinstrümmer von sehr feinkörnigem Gestein
(klastisch)	verkittet (ähnlich Beton)
sandsteinartig	Gefüge aus sandkorngroßen Gesteinstrümmern
schlammartig	Gefüge aus staubfreien Gesteinsresten

Erstarrungsgesteine (Magmagesteine) entstehen durch Erstarren glutflüssiger Gesteinsschmelze (Magma), die aus der Erdrinde hervorbricht. Nach dem Erstarrungsort nennen wir sie Tiefen-, Gang- oder Ergußgesteine (**4**.4).

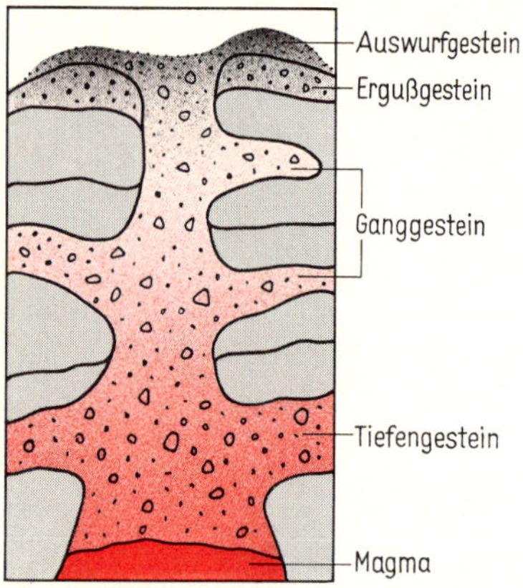

4.4 Erdschicht zur Entstehung und Lagerung der Erstarrungsgesteine

Tiefengesteine erstarren in den unteren Schichten der Erdrinde. Durch die langsame Abkühlung der Schmelze bilden sich reiche Kristalle und ein gleichmäßig gekörntes Gesteinsgefüge. Granit (**4**.5) und seine Abarten Syenit, Diorit und Gabbro sind Tiefengesteine.

4.5 Granit

Ganggesteine bilden sich, wenn die Schmelze in höherliegende Spalten und Risse (Gänge) der Erdrinde eindringt und dort rasch abkühlt. Das nur ungenügend auskristallisierte Material erkennen wir an vereinzelt eingeschlossenen groben Kristallkörnern in der glasig bis dichten Grundmasse. Die Porphyrarten Granit-, Syenit-, Diorit- und Gabbroporphyr gehören dazu (**4**.6).

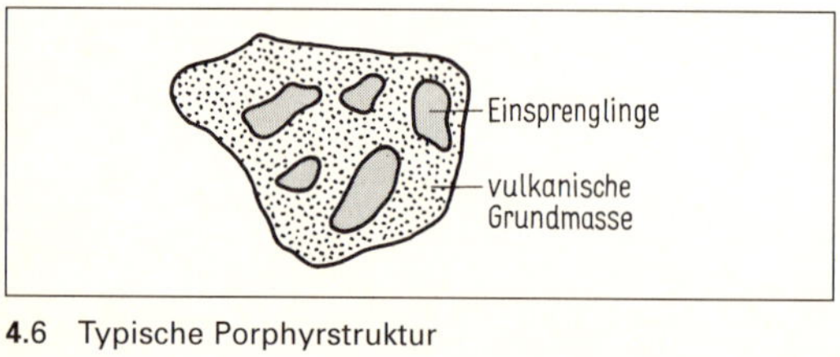

4.6 Typische Porphyrstruktur

Ergußgesteine entstehen, wenn glühende Gesteinsmasse auf die Erdoberfläche gelangt. Sie erstarrt so schnell, daß sich keine Kristalle mehr bilden können. Das Gefüge ist meist dicht bis glasig. Beispiele sind Basalt (**4**.7), Diabas, Trachyt und Liparit. Eingeschlossene Gase erzeugen poriges Gestein (Basaltlava).

Auswurfgesteine bestehen aus erkalteter, von Vulkanen herausgeschleuderter Vulkanasche. Sie sind blasig bis stark porös und von geringer Festigkeit (z. B. Basalt-, Porphyr- und Trachyttuff).

4.7 Basalt

Ablagerungsgesteine (Sedimentgesteine) sind verwitterte Gesteine, oft mit unterschiedlich geschichtetem Gefüge. Wir unterscheiden lose und verkittete Trümmergesteine, organogene Ablagerungsgesteine und Ausscheidungsgesteine.

Lose Trümmergesteine sind Verwitterungsprodukte, die – je nach Größe und Gewicht – von Wasser und Wind unterschiedlich weit zu Tal gebracht werden, wo sie sich absetzen und allmählich aufschichten (z. B. Kies, Sand, Ton, Löß).

Verkittete Trümmergesteine (klastische Gesteine) entstehen dort, wo sich lose Trümmergesteine zusammen mit gelösten Mineralien (z. B. Gips, Kalk) ablagern. Infolge chemischer Reaktionen verfestigen sich die Mineralien und verkitten die Gesteinstrümmer miteinander. Dabei werden z. T. die gelösten Stoffe in unlösliche überführt (= Ausfällung). Als Bindemittel wirken außer Gips und Kalk auch Kieselsäure, Eisen und Ton. Stetig steigender Überlagerungsdruck begünstigt das Verfestigen (**4**.9).

Organogene Ablagerungsgesteine sind chemische Sedimente (Ablagerungen) pflanzlichen und tierischen Ursprungs – z. B. Muschelkalk, Mergel und Kohle.

Ausscheidungsgesteine sind ebenfalls chemische Ablagerungen. Sie bilden sich dort, wo sich vom Wasser gelöste und meist als Ausfällungen mitgeführte Stoffe ohne Trümmergestein absetzen. Bekannt sind Travertin, Anhydrit, Opal und Kalkstein.

Umwandlungsgesteine (metamorphe Gesteine) werden durch äußere Einflüsse aus Erstarrungs- oder Ablagerungsgesteinen umgewandelt, z. B. durch Pressen (Gebirgsdruck) oder Erwärmen (Vulkan) oder durch chemisch wirksame Stoffe. Dabei verändern sich Mineralführung und Ge-

Tabelle **4.8** **Einteilung der natürlichen Gesteine**

Erstarrungsgesteine				Ablagerungs-gesteine	Umwandlungs-gesteine
Tiefengesteine	Ganggesteine	Ergußgesteine			
Granit Syenit Diorit Gabbro	Granitporphyr Syenitporphyr Dioritporphyr Gabbroporphyr	Liparit Trachyt Basalt Andesit	Porphyr Porphyrit Diabas Quarz-porphyr	Sandstein Grauwacke Tonschiefer Gips, Kalk	Gneis Glimmerschiefer Quarzit Marmor Dachschiefer

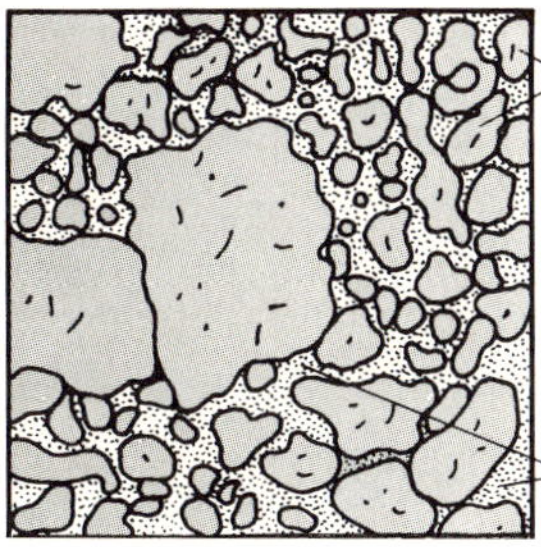

4.9 Verkittetes Trümmergestein. Abgelagerte Verwitterungsreste sind in der Grundmasse aus Ton, Kalk u. a. gebunden

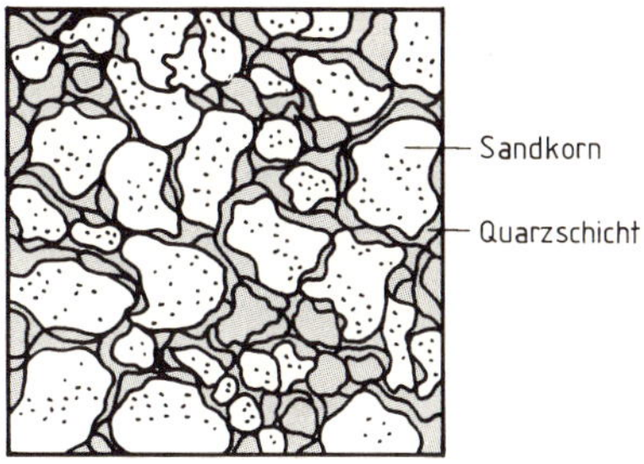

4.10 Quarzitgestein, das durch kieselsäure haltige Bodenlösungen mit Quarz verkittet ist.

füge des Gesteins; es schmilzt und kristallisiert neu. Viele Mineralien werden dabei unbeständig und teilweise in andere umgewandelt.

Unter dem Einfluß hoher Druckspannungen und Temperaturen werden Mineralien in längliche, plattige Formen gepreßt, wodurch sich ihre Widerstandsfähigkeit gegenüber Druck erhöht. Das Gestein erhält damit eine dem Schiefer ähnliche Schichtung – daher auch die Bezeichnung „kristalline Schiefer".

Vorwiegend durch Druck umgeprägte Gesteine sind z. B. Gneis (aus Granit), Chloritschiefer (aus Diabas) und Glimmerschiefer (aus Ton). Zu den durch Hitze und Sintern umgewandelten Gesteinen zählen Hornfelse (aus Ton) und Knoten- oder Fruchtschiefer (aus Tonschiefer).

Durch erneute Kristallisation infolge Hitzeeinwirkung entstehen z. B. Marmor (aus Kalkstein) und Quarzit (aus Sandstein, **4**.10). Langsame Abkühlung und Erstarrung ergeben zum Teil große und deutlich sichtbare Kristallformen.

Die chemische Umwandlung von Gesteinen führt unter anderem zu Dolomit (aus Kalkstein), Bauxit (aus Basalt) und Dachschiefer (aus Tonschiefer).

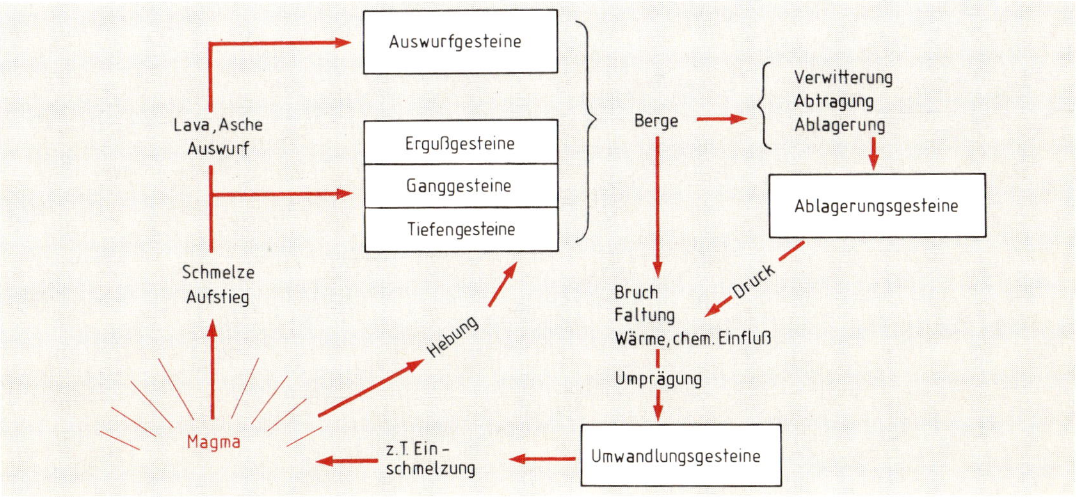

4.11 Kreislauf der natürlichen Gesteine

Durch Verschiebungen innerhalb der Erdrinde gelangt auch bereits erkaltetes Gestein wieder in die Magmazone und wird dort erneut eingeschmolzen, so daß sich ein natürlicher Kreislauf der Gesteine schließt (**4**.11).

Natürliche Gesteine sind Teile der erstarrten Erdrinde. Sie bestehen im wesentlichen aus Mineralien, vor allem aus Verbindungen von Silicium und Sauerstoff. Farbe, Härte und Wetterbeständigkeit der natürlichen Steine hängen hauptsächlich von ihrer Mineralführung ab, Struktur und Gefüge werden vorwiegend von ihrer Entstehung beeinflußt.

Erstarrungsgesteine sind vulkanischen Ursprungs und bilden sich in der Erdrinde als Tiefen-, Gang- oder Ergußgestein. Je nach Abkühlungszeit entstehen Steine mit reicher Kristallbildung, mit glasig-dichtem oder auch porigem Gefüge. Ihre Verwitterungsprodukte schichten sich als lose oder verkittete Ablagerungsgesteine in Tälern und Tiefebenen auf.

Umwandlungsgesteine entstehen aus Erstarrungs- oder Ablagerungsgesteinen, die sich infolge extremer Wärme, Druck oder chemisch wirksamer Lösungen und Schmelzflüsse verändern.

4.1.2 Arten, Eigenschaften und Verwendung

Die Auswahl geeigneter natürlicher Steine für Baukonstruktionen hängt weitgehend vom Verwendungszweck ab. So erfordern Pfeiler und Grundmauern Steinmaterial mit hoher Festigkeit, für Treppenstufen und Gehwege wird starker Abnutzungswiderstand, für Außenbauteile besonders Frostbeständigkeit verlangt.

Arten. Nach DIN 18332 eignen sich für Natursteinarbeiten unter anderem Granit, Syenit, Porphyr, Diabas, Basalt, Basaltlava, Tuffstein, Sandstein, Dolomit und die Kalksteinarten Travertin, Marmor, Solnhofer Platten, Jurakalkstein und Muschelkalkstein.

Eigenschaften. Natursteine sollen aus nichtverwitterten Lagen stammen, wetterbeständig sein und frei von Rissen, Brüchen, Blätterungen, schiefrigen Absonderungen und schädlichen Einsprengungen.

Auftragnehmer müssen im Zweifelsfall und bei weniger bekanntem Gestein die Güteeigenschaften nachweisen. Beurteilt werden Dichte, Widerstandsfähigkeit gegen Zertrümmern und Abnutzung, Wassersaugfähigkeit und Frostbeständigkeit. Wichtig für die Bearbeitung sind auch Härte und Spaltbarkeit der Steine. Einige Richtwerte gibt Tabelle **4**.12.

Die Ausführung tragender Bauteile aus natürlichen Steinen regelt DIN 1053 T1. Für die 5 zugelassenen Gesteinsgruppen sind diese Mindestfestigkeiten festgelegt (s. Tab. **4**.13).

Tabelle **4**.12 **Richtzahlen für Natursteine**

Gesteinsart	Rohdichte in kg/dm³	Wasseraufnahme in *m*-%	Druckfestigkeit in N/mm²	Biegezugfestigkeit in N/mm²	Schlagfestigkeit Zahl der Schläge bis z. Zerstörung –	Abnutzung durch Schleifen in cm³/50 cm³
Granit, Syenit, Diorit, Gabbro	2,6 bis 3,0	0,2 bis 0,5	160 bis 300	10 bis 22	10 bis 15	5 bis 8
Basaltlava	2,2 bis 2,35	4 bis 10	80 bis 150	8 bis 12	4 bis 5	12 bis 15
Quarzit, Grauwacke	2,6 bis 2,65	0,2 bis 0,5	150 bis 300	13 bis 25	10 bis 15	7 bis 8
Vulkanische Tuffe	1,8 bis 2,0	6 bis 15	20 bis 30	2 bis 6	–	–
Dichte Kalke, Dolomit	2,65 bis 2,85	0,2 bis 0,6	80 bis 180	6 bis 15	8 bis 10	15 bis 40
Gneise	2,65 bis 3,0	0,1 bis 0,6	160 bis 280	–	6 bis 12	4 bis 10

Tabelle **4.13** **Mindestdruckfestigkeit natürlicher Bausteine nach DIN 1053**

Gruppe	Gesteinsart	Druckfestigkeit in N/mm^2
A	Kalksteine, Travertin, Vulkanische Tuffsteine	20
B	weiche Sandsteine (z.B. mit tonigen Bindemitteln)	30
C	dichte (feste) Kalksteine, Dolomit, Basaltlava u.ä.	50
D	quarzitische Sandsteine, Grauwacke u.ä.	80
E	Granit, Syenit, Diorit, Quarzporphyr, Diabas u.ä.	120

Eine Übersicht über die wichtigen natürlichen Bausteine gibt Tabelle **4.14**.

DIN 18332 enthält die für Bauzwecke geeigneten Natursteine und stellt bestimmte Anforderungen an Herkunft, Gefüge und Verwitterungszustand.

DIN 1053 enthält die Mindestdruckfestigkeit natürlicher Bausteine für tragende Bauteile.

Technisch bedeutsame Eigenschaften der Natursteine sind Rohdichte, Wasseraufnahmefähigkeit, Druck-, Biegezug- und Schlagfestigkeit sowie Widerstandsfähigkeit gegen Abnutzung (Abrieb). Verwendet werden Natursteine u.a. für Wandverkleidungen, Haussockel, Einfriedungen, Bodenbeläge, Stufen, Bordsteine und Uferbefestigungen.

Tabelle **4.14** **Wichtige natürliche Bausteine**

Name	Farbe und Gefüge	Eigenschaften	Anforderungen für Bauzwecke	Verwendung im Bauwesen	Fundorte
A Erstarrungsgesteine					
Granit	Grundfarbe weißlich-grau (Quarz), gelb bis rötlich (Feldspat) oder grünlich mit schwarzen Glimmerschüppchen gesprenkelt, körniges Gefüge	schwer, dicht, hart, druckfest, polierfähig, zerspringt bei Brandlöschung mit Wasser	gleichmäßige Körnung; frei von verwitterten Gesteinsresten, rostfähigem Eisen, groben Glimmerteilchen und Schwefelkies	hochbeanspruchte Bauteile wie Pfeiler, Auflager, Fundamente. Sockelmauern, Stufen, Bordsteine, Steinpflaster, Sinkstücke im Wasserbau, Schotter	Schwarzwald, Bayerischer Wald, Fichtelgebirge, Harz, Odenwald, Spessart
Syenit	dunkelgrau bis schwarz, von Hornblendeanteilen abhängig (bis 70% Feldspat); körniges Gefüge	wie Granit, jedoch nicht so spröde, weicher, leichter bearbeitbar	möglichst viele Hornblende- und Augitanteile, gleichmäßiges Klein- bis Mittelkorn; frei von angewitterten Feldspatteilen Glimmer, Schwefelkies und Serpentin	wie Granit	Bayerischer Wald, Fichtelgebirge, Pfalz
Diorit und Diabas (Grünstein)	grünlich (infolge Augitanteile), körnig, Diabas meist heller als Diorit	wie Syenit, jedoch sehr zähe; Diabas schäumt mit Salzsäure leicht auf	wie Syenit	wie Granit	Odenwald, Fichtelgebirge, Harz, Siegerland, Frankenwald
Gabbro	dunkelgrau bis schwarz, meist grün und weiß gefleckt, körniges Gefüge	wie Syenit, jedoch weniger wasserbeständig, schwerer zu bearbeiten	frei von schiefrigen Schichtungen, sonst wie bei Syenit	wie Granit	Harz, Odenwald Schwarzwald

Fortsetzung s. nächste Seiten

Tabelle **4**.14, Fortsetzung

Name	Farbe und Gefüge	Eigenschaften	Anforderungen für Bauzwecke	Verwendung im Bauwesen	Fundorte
Porphyr (ähnlich sind Porphyrit und Melaphyr)	dichte, meist rötliche Grundmasse mit hellen Einsprenglingen (porphyrisches Gefüge)	dicht, druckfest, hart, polierfähig, zäh, wetterbeständig	frei von Verwitterungsresten, Tongeruch (beim Anhauchen), nicht mit Messerspitze einritzbar	wie Granit, Bruchstein für aufgehendes Mauerwerk	Fichtelgebirge, Frankenwald, Saarland, Odenwald, Schwarzwald
Trachyt	hellgrau bis bräunlich dicht bis feinkörnig, grobsplittrige Bruchflächen, porig-rauhe Grundmasse, oft porphyrisch (Sadinineinsprenglinge)	mittelfest, leicht bearbeitbar, gut mörtelbindend, nicht polierfähig (Oberfläche bleibt stets rauh), Sadinineinsprenglinge (= Feldspatart) mindern Wetterbeständigkeit (s. Kölner Dom)	dunkle Farbe (wenig Sadinin) für Außenbauteile, geringe Porigkeit, gleichmäßiges Gefüge	Werksteine, Verblendungen, Stufen	Westerwald
Basalt	blaugrau bis schwarz, feinsplittrige Bruchfläche, meist 5- bis 6kantige Säulenform	schwer, hart, spröde, sehr dicht, druckfest, schwer bearbeitbar, hohe Wärmeleitung, i.a. sehr wetterbeständig, säurefest	frei von (grünen) Olivin- und von hellen Feldspat-Gemengteilen (fördern Verwitterungsanfälligkeit)	Zyklopenmauerwerk, Ufermauern, Böschungs- und Buhnenpflaster, Schotter	Eifel, Rhön, Hessen, mittleres Rheintal
Basaltlava	wie Basalt, jedoch blasig-poriges Gefüge meist keine Säulenform	mittelfest, gut bearbeitbar, behält rauhe Oberfläche, wärmedämmend, wetterbeständig	frei von größeren, miteinander verbundenen Hohlräumen, gleichmäßig in Farbe und Gefüge	Stufen, Bodenplatten, Werksteine	Eifel
B Ablagerungsgesteine					
Sandstein	gebundene Quarzkörnchen, Farbe vom Bindemittel abhängig	sehr unterschiedliche Härten und Festigkeiten	gleichmäßige Körnung, hoher Quarzanteil	Werksteine, Sockel, Fundamente, Platten und Stufen, vielfach verwendet für romanische und gotische Kirchen, Schlösser und Burgen (Bruchsteinmauerwerk)	
kieslige Sandsteine	weiß bis graubraun	hart, wetterbeständig, nicht feuerbeständig	kieselige Bindung wenig wassersaugend		Neckartal, Maingau
Grauwacke	meist grau, sandsteinähnlich; durch Bindemittel gehaltene, gemischtkörnige Gesteinstrümmer	vom Bindemittel abhängig, z.T. sehr hart und kaum bearbeitbar	fest, dicht, witterungsbeständig, frei von Tonschiefer, Kalkbrocken, Kohle und Schwefelkies	Kleinpflaster, Schotter, Splitt, Bruchsteinmauerwerk, Bordsteine	Rheinland, Harz

Tabelle **4.14**, Fortsetzung

Name	Farbe und Gefüge	Eigenschaften	Anforderungen für Bauzwecke	Verwendung im Bauwesen	Fundorte
Tuffe	Grundfarbe weißgelb bis grau, porig, Einsprengungen verschiedener Art und Größe	weich, gut bearbeitbar, bruchfeucht, härtet beim Trocknen nach, porig, wärmedämmend, teilweise feuerbeständig (Trachyttuff)	wetterbeständig bei Einbau im Freien	wärmedämmende Ausfachungen im Fachwerkbau, Bruchsteinmauern, Verkleidungen (Travertin)	i.a. wie Porphyr Trachyt, Basalt
Kalksteine	meist weißlichgrau, auch rötlich braun, Gefüge dicht bis feinkörnig	anfällig gegen chemische Angriffe, nicht feuerbeständig (es entweicht CO_2)	frei von größeren Tonbestandteilen, glänzende Bruchflächen, nicht wassersaugend	Bruchstein für aufgehendes Mauerwerk, jedoch nicht in Industriegebieten und im Seewasser, nicht für tragende Pfeiler (feuergefährdet)	
Muschelkalk	einfarbig hell, Abdrücke von Muscheln erkennbar	schwer, hart, wetterbeständig			
Jurakalk (Solnhofener Platten)	hell und sehr dicht und feinkörnig	besonders widerstandsfähig gegen Abnutzung; wetterbeständig		Boden- und Abdeckplatten, Treppenstufen	Schwäbische Alb
C Umwandlungsgesteine					
Dachschiefer	dunkelgrau bis schwarz, mattglänzend, geschichtetes Gefüge	dicht, fest, wetterbeständig, leicht spaltbar	frei von Rissen, Kalk, Schwefelkies, Kohle, Ton und Bitumen; wasserdicht, frost- und hitzebeständig, biegefest und gut lochbar	Dachdeckung und Fassadenbekleidung	Rheinland
Marmor	weiß, auch rot, braun, bläulich u.a.	polierfähig, kantendurchscheinend			Italien
Gneis	körnig	sehr fest und dicht, teilweise polierfähig		Stufen-, Wand- und Bodenplatten, Stützmauern, Randsteine	Bayerischer Wald, Spessart, Schwarzwald, Odenwald

4.2 Künstliche Bausteine

4.2.1 Arten, Maße und Formate

Künstliche Bausteine bestehen aus natürlichen Rohstoffen, die – z.T. mit Zusätzen und Bindemitteln – aufbereitet, geformt und gehärtet werden. In Form, Farbe, Gefüge und Festigkeit sind sie wesentlich gleichmäßiger als die Natursteine.

Arten. Eine Vielzahl von Steinarten ermöglicht im Mauerwerksbau technisch einwandfreie Lösungen hinsichtlich Tragfähigkeit, Frostbeständigkeit, Feuchtigkeits-, Wärme- und Schallschutz. Unterscheidungsmerkmale der künstlichen Mauersteine sind unter anderem Rohdichte, Festigkeit, Ausgangsstoffe, Härteverfahren, Größe (Format) und Gestalt. Die genormten Bausteine zeigt Tabelle **4.**15; andere Arten bedürfen der amtlichen Zulassung. Die Abmessungen der künstlichen Mauersteine sind als Nennmaße aus den Baunormzahlen entwickelt. Sie ergeben sich aus der Differenz von Baunormzahl abzüglich der Fugendicke (vgl. Abschn. 7).

Beispiel 1 Poren-Blockstein 24 cm × 49 cm × 23,8 cm
Länge = Baunormzahl 50 – 1 cm Stoßfuge = 49 cm
Breite = Baunormzahl 25 – 1 cm Stoßfuge = 24 cm
Höhe = Baunormzahl 25 – 1,2 cm Lagerfuge = 23,8 cm

Steinformate bestimmen Steingrößen und -abmessungen (**4.**16). Das Dünnformat (DF) und das Normalformat (NF) sind die kleinsten Mauersteine. Alle anderen Steinformate leiten sich vom DF ab und haben Kurzbezeichnungen, wie z.B. 2 DF, 3 DF oder 5 DF. Die Zahlen vor der Formatbezeichnung geben nicht das Vielfache des Formatvolumens im Nennmaß, sondern im Baurichtmaß an. So hat der 3-DF-Stein nicht das dreifache DF-Volumen, sondern er *ersetzt* 3 Steine des DF-Formats im Mauerwerk.

Tabelle **4.**15 **Übersicht über die genormten künstlichen Bausteine**

gebrannte Bausteine	ungebrannte Bausteine			
Mauerziegel	Kalksandsteine	Hüttensteine	Leichtbetonsteine	Betonsteine
Voll- und Lochziegel	Voll- und Lochsteine	Vollsteine	Vollsteine, -blöcke	Hohlblocksteine
Leicht-Hochlochziegel	Block- und Hohlblocksteine	Lochsteine	Lochsteine	T-Hohlsteine
Hochfeste Ziegel u. Klinker	Planblock- und Planhohlblocksteine	Hohlblocksteine	Hohlblocksteine	
Keramikklinker Leicht-Langlochziegel	Planelemente		Blocksteine Plansteine	

Die Eigenschaften der künstlichen Bausteine hängen weitgehend von Ausgangsstoffen, Härteverfahren und Materialgefüge ab. Steine aus dichtem Material sind in der Regel schwer, sehr druckfest, widerstandsfähig und luftschalldämmend. Sie eignen sich daher besonders für statisch hochbeanspruchte Bauteile.

Mehr Poren und Hohlräume im Materialgefüge mindern gleichzeitig Rohdichte und Festigkeit der Steine, erhöhen aber wesentlich den Wärmeschutz. Weitere Vorteile sind: große Formate, geringerer Arbeitsaufwand und leichte Verarbeitbarkeit. Manche Arten lassen sich nageln, sägen und fräsen (Leicht-Hochlochziegel und Leichtbetonsteine). Man verwendet sie vornehmlich als Hintermauerstein im Außenmauerwerk, aber auch für tragende und aussteifende Innenwände.

Die Normung der Steingrößen war eine der wichtigsten Voraussetzungen für die Rationalisierung des Mauerwerksbaues. Sie begann 1871 mit der Einführung des „Reichsformatsteins" (12 cm × 25 cm × 6,5 cm).

Tabelle **4.**16 **Abmessungen der klein- und mittelformatigen Steine** (in cm)

Formate	Dünnformat DF	Normalformat NF	2 DF	3 DF	5 DF
Länge	24,0	24,0	24,0	24,0	24,0
Breite	11,5	11,5	11,5	17,5	30,0
Höhe	5,2	7,1	11,3	11,3	11,3

Die Großformate (Zweihandsteine mit Steinhöhen von 23,8 cm, zum Teil auch 17,5 cm) entsprechen dem Bemühen nach Leistungssteigerung und Qualitätsverbesserung

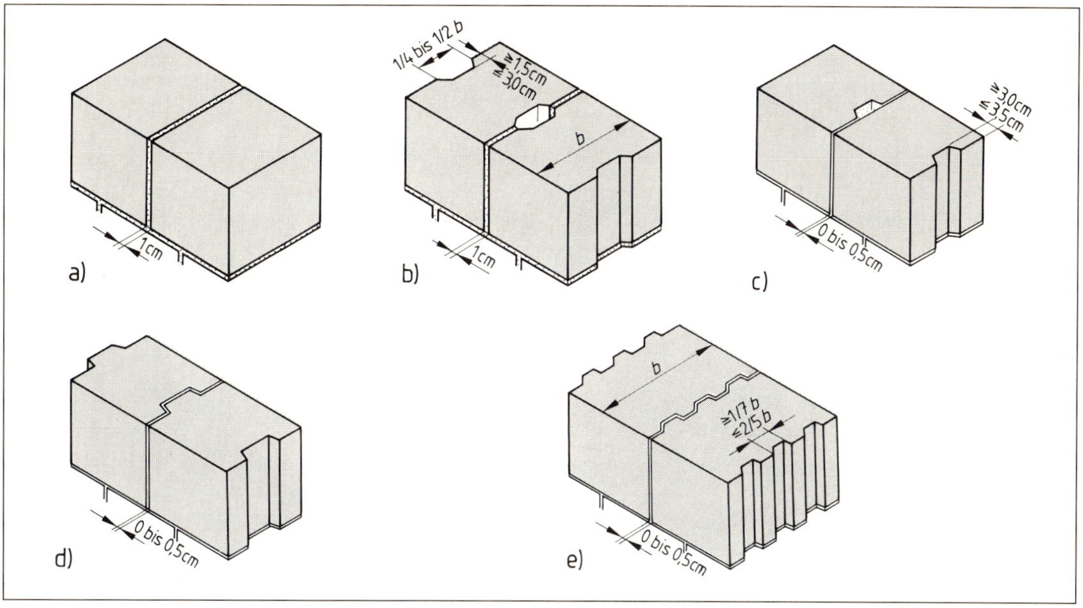

4.17 Mauern mit großformatigen Steinen

a) mit herkömmlich vermörtelter Stoß- und Lagerfuge, b) mit 2 stirnseitigen Nuten und je 2 Mörtelrandstreifen als Stoßfugen, c) mit 1 Stirnseitennut als Mörteltasche und stumpf gestoßenen Kopfseiten, d) mit Dünnbett-Lagerfuge sowie Nut- und Federverbindung als mörtelfreie Stoßfuge, e) mit Dünnbett-Lagerfuge sowie Mehrfach-Nut- und Federverbindung (Labyrinthverzahnung) für die unvermörtelte Stoßfuge

im Mauerwerksbau (Beispiele: vgl. Tabelle **4**.56). Für sie gelten zum Teil besondere Formatbezeichnungen, häufig auch etwas vergrößerte Steinlängen (bis 9 mm) und -höhen. Oft erhalten sie besondere Stirnseitenausbildungen (Mörteltaschen und/oder Nut- und Federprofilierung). Dadurch sind rationelle Arbeitsverfahren möglich (Reihenverlegung: mörtelfreie Stoßfuge oder Stoßfugenverguß in Mörteltaschen, ferner Dünnbett-Lagerfuge, **4**.17).

Planelemente mit Längen von 100 cm und Höhen von 50 cm (auch 62,5 cm) sind neuere Entwicklungen aus Leichtbeton oder Kalksandstein. Dünnbettlagerung, zum Teil auch Stirnseitenprofilierung mit Nut und Feder sowie neuerdings spezielle Zentrierstifte erleichtern den plangerechten Einbau mit mechanischen Versetzgeräten („Minikran"). Paßsteine werden teilweise maßgenau mitgeliefert. Leicht-Hochlochziegel als geschoßhohe Elemente bilden die neueste Entwicklungsstufe bei den Ziegeln.

Es gibt gebrannte und ungebrannte künstliche Mauersteine. Leichte (porige) sind weniger fest als schwere (dichte), bieten aber mehr Wärmeschutz.

Die Steinformate entsprechen der Maßordnung im Hochbau. Sie ermöglichen das fachgerecht verbundene Mauerwerk nach genormten Abmessungen.

4.2.2 Mauerziegel

Mauerziegel gehören zu den ältesten künstlichen Bausteinen. Davon zeugen u.a. babylonische Tempel, die Chinesische Mauer, Befestigungen aus der Römerzeit sowie Kirchen und Kommunalgebäude der Backsteingotik (**4**.18).

Eigenschaften. Gute Ziegel sind druckfest, gut mörtelbindend, wetter-, feuer- und raumbeständig, schlechte Wärmeleiter mit guter Wärmespeicherfähigkeit (vor allem die Leicht-Hochlochziegel), zugleich widerstandsfähig gegen chemische Angriffe sowie luft- und dampfdurchlässig. Ihre vorteilhafte Kapillarstruktur begünstigt die Aufnahme und das Verdunsten von Feuchtigkeit. Deshalb sind Außenwände aus Ziegeln besonders funktionsfähig.

Klinker sind sehr dicht, frostbeständig, wenig oder gar nicht saugend (~ bis 7% Wasseraufnahme), schwer (1,9 bis 2,0 kg/dm^3 Scherbenrohdichte) und deshalb besonders luftschalldämmend. Sie sind sehr druckfest (i.M. $\geqq$ 35 N/mm^2), hart und säurebeständig. Klinker eignen sich darum vorzugsweise für hochbelastetes Mauer-

a)

b)

4.18 Mauerziegelbauten
a) Römisches Mauerwerk in Trier
b) Backsteingotik (Altes Rathaus in Hannover)

werk und Mauerwerk mit hohem Widerstand gegen mechanische und chemische Beanspruchung (z.B. Ziegelpflaster, Mauerwerk im Industriebau). *Hochfeste Ziegel* verwendet man im Hochhausbau, *Keramikklinker* dagegen ausschließlich für Verblendungen.

Herstellung. Ziegel und Klinker werden durch Formen und Brennen eines aufbereiteten Rohmaterials aus Ton und Lehm hergestellt (**4**.19). Ton entsteht durch Ablagerung verwitterter feldspatreicher Gesteinsreste, Lehm ist ein Gemisch aus Ton und Sand.

Aufbereiten. Die in Gruben oder Brüchen gewonnenen Rohstoffe entsprechen nur selten der gewünschten Zusammensetzung. Sie müssen deshalb mechanisch in feinste Teile zerkleinert und unter Zugabe von Wasser gründlich durchgearbeitet werden. Noch fehlende Stoffe werden ergänzt (z.B. Magerungsmittel aus mineralischen Zuschlagstoffen), schädliche Bestandteile mit chemischen Zusätzen neutralisiert. Keramikklinker erfordern besonders hochwertigen, dicht brennenden Ton.

Unerwünscht sind besonders Einschlüsse von Kalkstückchen ab 1 mm Korngröße, weil diese beim Brennen löschfähig werden und Absprengungen an durchfeuchteten Steinen erzeugen. Unerwünscht sind auch bestimmte Salze (z.B. Gips, Chloride), weil daraus häßliche Mauerwerksausblühungen entstehen.

Für Leicht-Hochlochziegel nach DIN 105 T2 vermischt man die Rohmasse mit Styroporperlen oder Sägespänen, die im Tunnelofen vollständig und ohne Rückstände verbrennen. So entstehen Steine mit porigem und feinzelligem Gefüge, geringer Rohdichte (0,6 bis 0,8 kg/dm^3) und besonders guter Wärmedämmfähigkeit. Die Gewölbewirkung der Hohlzellen begünstigt hier die Steinfestigkeit.

Formen. Die fertig aufbereitete Rohmasse passiert zunächst den Doppelwellenmischer des Presseaggregats, wird dann in der Vakuum(strang)presse durch Entlüften verdichtet und durch das Mundstück zum Tonstrang geformt. Davon werden taktweise tischlange Batzen abgetrennt und auf dem Schneidetisch mit Mehrdraht-Schneidbügel (Harfenabschneider) in Rohlinge zerteilt (**4**.19, **4**.20).

Trocknen. Warmluft aus der Brennzone trocknet die Formlinge. Sie schwinden (schrumpfen) da-

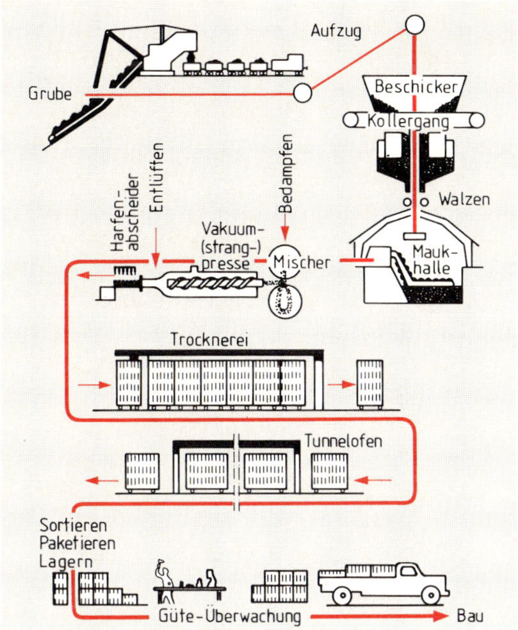

4.19 Werdegang der Mauerziegel

4.20 Der Mehrdraht-Schneidbügel (Harfenabschneider) teilt den abgetrennten Ziegelstrangbatzen in 14 Rohlinge

bei allmählich auf die gewünschte Größe. Zu schnelles Austrocknen führt zu Schwindrissen.

Brennen. Bei Temperaturen von 900 bis 1200 °C werden die Rohlinge im Tunnelofen gebrannt, z. T. auch noch im Ringofen. Für Klinker muß dabei die Sintergrenze erreicht werden.

Im Tunnelofen gleiten die Formlinge auf feuerbeständigen Wagen durch Zonen der Vorwärmung, Feuerung und Kühlung. Der Ringofen ist weniger verbreitet. Dort wird das Feuer an den Rohlingen vorbeigeleitet.

Nach Austritt des Hydratwassers entsteht eine wasserbeständige Verbindung aus Aluminiumoxid und Siliciumoxid ($Al_2O_3 \cdot 2SiO_2$). Ziegeltone mit größerem Eisenoxidgehalt ergeben rote Ziegelscherben und bläuliche Klinker.

Aus dem kalkreichen Tonmergel entstehen gelbe Ziegelscherben. Verzogene und „verschmorte“ Steine sind zu scharf, helle (bleiche) Steine zu schwach gebrannt und deshalb weniger druckfest.

Höhere Brenntemperaturen erhöhen die Dichte des Ziegelscherbens und verringern seine Wassersaug- und -aufnahmefähigkeit (Tabelle **4**.21).

DIN 105 legt u.a. fest: Abmessungen und zulässige Maßabweichungen, Art und Gestalt, Rohdichte, Druckfestigkeit, Frostbeständigkeit, Kennzeichnung und Benennung.

Die Abmessungen der Ziegel entsprechen der Maßordnung im Hochbau (**4**.22 und **4**.23). Für je-

Tabelle **4**.21 **Wasseraufnahme von Ziegeln und Klinkern**

Brenngrad	Weichbrand	Mittelbrand	Hartbrand	Klinker	Keramikklinker
Aufnahme in Masse-%	10 bis 22	8 bis 14	6 bis 8	~7	≦ 6[1])

[1]) genormt nach DIN 105 T 4

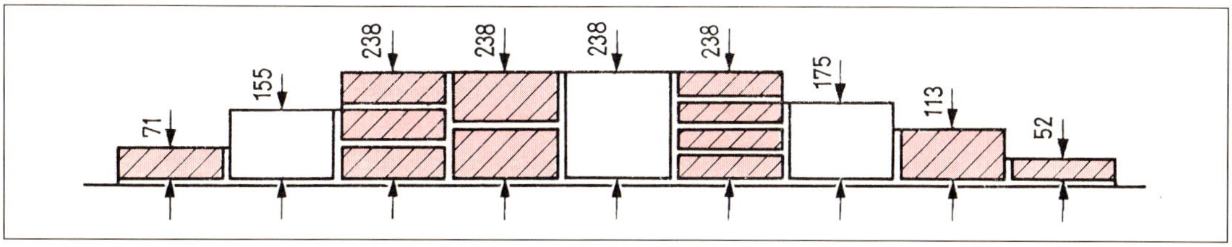

4.22 Zusammenhang der Ziegelhöhenmaße (Vorzugsgrößen schraffiert und rot angelegt)

Tabelle **4**.23 **Formate** (in cm, s. a. Tab. **4**.24)

Format	DF	NF	2 DF	3 DF	4 DF	5 DF	6 DF	10 DF	12 DF	15 DF	16 DF	18 DF	20 DF
Länge[1])	24	24	24	24	24	24	24	24	24	36,5	49	36,5	49
Breite	11,5	11,5	11,5	17,5	24	30	36,5	30	36,5	30,0	24	36,5	30
Höhe	5,2	7,1	11,3	11,3	11,3	11,3	11,3	23,8	23,8	23,8	23,8	23,8	23,8

[1]) Ziegel mit ein- oder beidseitig angeordneten Mörteltaschen für Reihenverlegung sollen das Nennmaß um ≧ 5 mm, jedoch um nicht mehr als 9 mm überschreiten.

des Nennmaß gibt es zulässige Kleinst- und Größtmaße (**4**.24). Die Maßspanne *t* ist der noch zulässige Unterschied zwischen Kleinst- und Größtmaß einer Lieferung.

Nach Art und Gestalt unterscheiden wir Vollziegel bzw. Vollklinker und gelochte Ziegel bzw. Klinker, außerdem Handform- und Formziegel. Zur besseren Mörtelhaftung sind an den Stoßflächen Rillen erlaubt.

Beispiel 2 Berechnen Sie die Maßabweichungen in % für das Ziegel-Nennmaß 24 cm nach Tab. **4**.24

Lösung Maßabweichung zum Größtmaß =
24,5 cm − 24 cm = + 0,5 cm
Maßabweichung zum Kleinstmaß =
23 cm − 24 cm = − 1 cm
Abweichung in %

$$= \frac{1 \cdot 100}{24} = 4\% \text{ bzw. für 0,5 cm sind es } 2\%$$

$$\text{Abweichung für Maßspanne } t = \frac{1 \cdot 100}{24} = 4\%$$

Tabelle **4**.24 **Nennmaße, Maßabweichungen und Vorzugsformate der Ziegel und Klinker nach DIN 105** in cm (K = Kleinstmaß, G = Größtmaß, *t* = Maßspanne)

Abmessung	Nennmaß	Voll- und Lochziegel DIN 105			Leicht-Hochlochziegel DIN 105 T2			Hochfeste Ziegel und Klinker DIN 105 T3			Keramikklinker DIN 105 T4		
	N	K	G	*t*	K	G	*t*	K	G	*t*	K	G	*t*
Länge bzw. Breite	49	48	49,8	1,2	48	49,8	1,2						
	36,5	35,5	37,3	1,2	35,5	37,3	1,2						
	30	29	30,8	1,2	29	30,8	1,2	29,3	30,8	1,2			
	24	23	24,5	1	23	24,5	1	23,3	24,5	1	23,5	24,5	0,8
	17,5	16,8	17,8	0,8	16,8	17,8	0,8	17	17,8	0,7			
	14,5	13,9	14,8	0,7	13,9	14,8	0,7	14,1	14,8	0,6			
	11,5	11	12	0,6	11	12	0,6	11,2	11,8	0,5	11,2	11,8	0,4
Höhe	23,8	23,3	24,3	0,6	23,3	24,3	0,6	23,3	24,3	0,6			
	11,3	10,8	11,8	0,4	10,8	11,8	0,4	11	11,6	0,4	11	11,6	0,4
	7,1	6,8	7,4	0,4				6,9	7,3	0,3	6,9	7,3	0,3
	5,2	5	5,4	0,3				5	5,4	0,3	5	5,4	0,2
Vorzugsformate (s. a. **4**.23)		DF, NF, 2DF, 3 DF, ferner 4–, 5–, 6–, 8–, 10–, 12–, 15–, 16–, 18–, 20 DF			2–, 3–, 4–, 5–, 6–, 8–, 10–, 12–, 15–, 16–, 18–, 20 DF			DF, NF, 2–, 3–, 4–, 5 DF			DF, NF, 2 DF Sparverblender 5,2 cm breit		

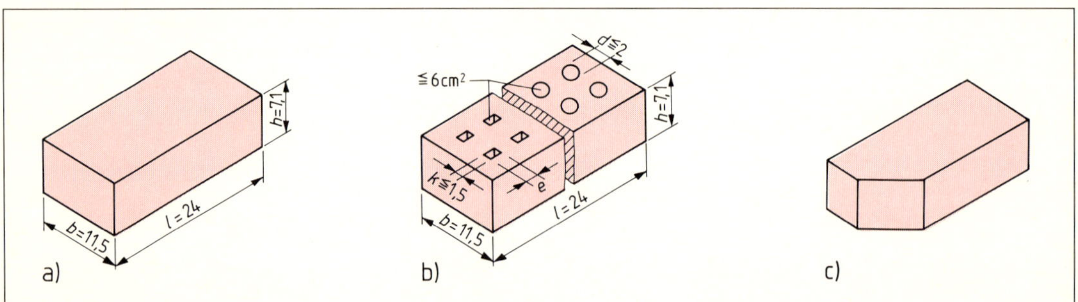

4.25 Vollziegel (Normalformat, Maße in cm) a) ungelocht, b) gelocht, c) Formstein (Beispiel); *k* in b) ≙ kürzere Seitenlänge rechteckiger Lochungen

Vollziegel und -klinker dürfen einen Lochanteil < 15% ihrer Lagerfläche aufweisen. Lochmaße und -querschnittsgrößen müssen **4**.25 entsprechen. Auch andere Querschnitte sind möglich (z. B. elliptische oder rhombische).

Hochlochziegel und -klinker werden mit Lochung A oder B, z. T. auch C hergestellt (**4**.26). Der Lochanteil muß ≧ 15% ≦ 50%, bei Grifflochziegeln ≦ 55% der Lagerfläche betragen. Die Form der Lochquerschnitte ist freigestellt (z. B. rund, vier- oder sechskantig), ihre Einzelgröße auf ≦ 2,5 cm^2 (A), ≦ 6 cm^2 (B) bzw. ≦ 16 cm^2 (C) begrenzt. Steine mit Lochung A und B sind vierseitig geschlossen, Steine mit Lochung C dagegen fünfseitig. Ihre geschlossene Deckfläche vermindert unnötige Mörtelverluste infolge der großen Einzellochquerschnitte. Hochlochziegel gibt es in allen Formaten, vor allem im Mittel- und Großformat. Für Breiten > 11,5 cm sind zur besseren Handhabung ein oder zwei Griffhilfen(-löcher) nach **4**.27 a vorzusehen.

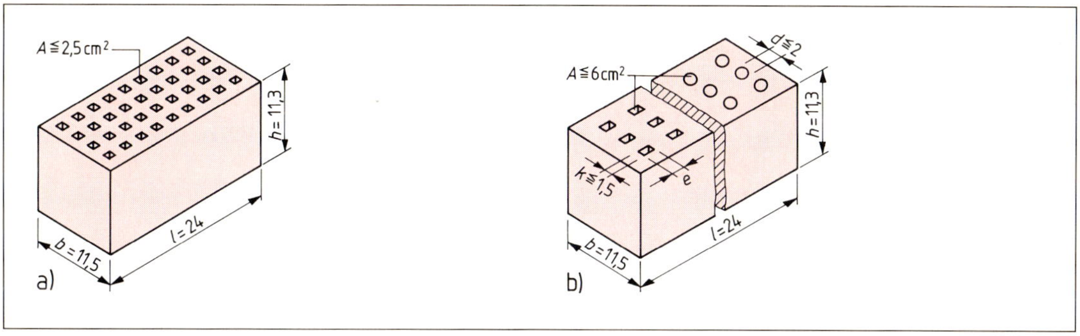

4.26 a) Hochlochziegel A (Beispiel), b) Hochlochziegel B (Beispiel)

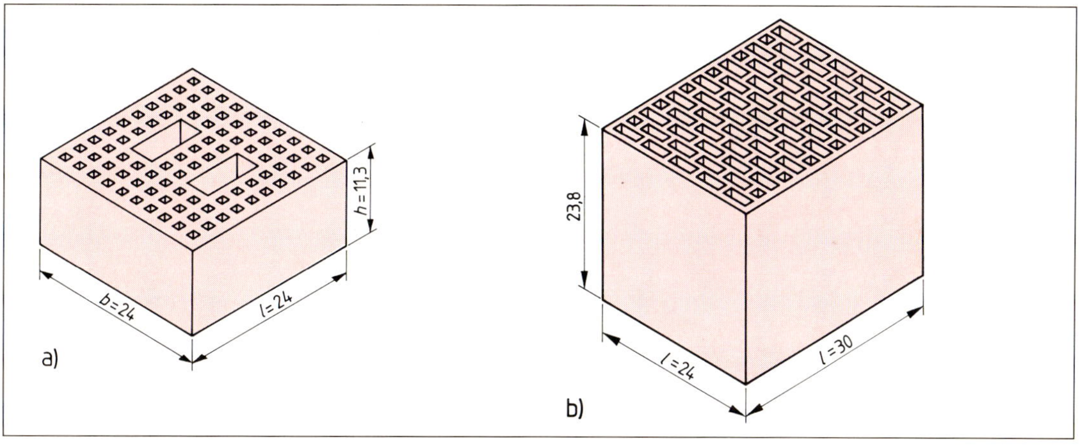

4.27 a) Beispiel für die Anordnung von Griffschlitzen bei Ziegeln 4 DF (≙ Wanddicke)
b) Leicht-Hochlochziegel W haben bestimmte Mindest-Lochreihenzahlen in Richtung der Wanddicke (Lochung B) oder begrenzte Scherbenrohdichte

Leicht-Hochlochziegel W erreichen besonders günstige Wärmedämmwerte durch eine Mindestzahl von Lochreihen in Richtung der Wanddicke (bei 30 cm breiten Steinen z. B. 13 bis 15, s. **4**.27 b) oder durch begrenzte Scherbenrohdichte.

Übertroffen werden sie noch von den seit einiger Zeit zugelassenen gelochten *Planblockziegeln* für Dünnbettlagerung mit (labyrinth-)verzahnten Stirnseiten für mörtelfreie Stoßfugen. Der Lagerfugenmörtel wird durch Eintauchen der Lagerfläche in die flüssige Mörtelmasse aufgetragen.

Formziegel weichen aus anwendungstechnischen Gründen von der üblichen Quaderform ab. Wir verwenden Formsteine für schiefwinklige Mauerecken, gemauerte Sohlbänke, Mauerabdeckungen und Zierschichten (**4**.25 c).

Handformziegel haben unregelmäßige (rustikale) Oberflächen.

Leicht-Langlochziegel LLz nach DIN 105 Teil 5 eignen sich für tragende und nichttragende

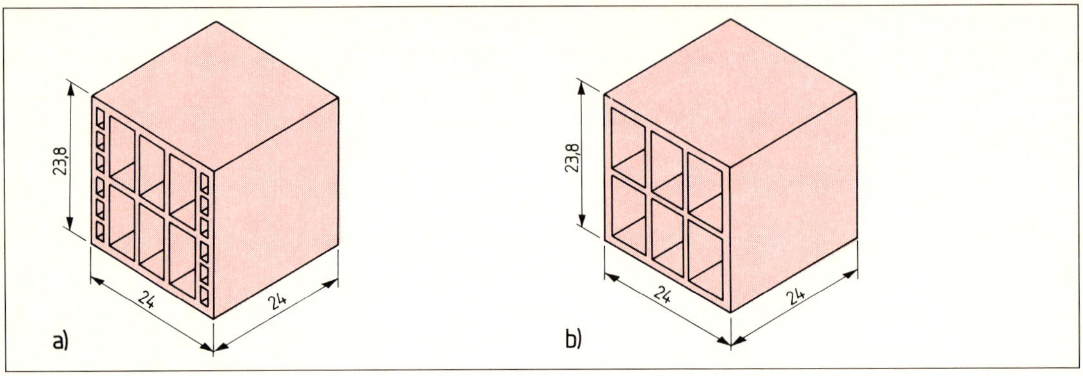

4.28 Leicht-Langlochziegel 8 DF
a) für teilvermörtelte Stoßfugen (1 oder 2 Lochreihen), b) für unvermörtelte Stoßfugen

Wände, vorzugsweise für Innenwände. Steine für Mauerwerk mit Stoßfugenmörtel zeigt Bild **4**.28a, ohne Stoßfugenmörtel Bild **4**.28b. Rohdichteklassen s. Tab. **4**.30, Festigkeitsklassen s. Tab. **4**.32. Längen 24, 36,5, 49 cm: Breiten 11,5, 17,5, 24 und 30 cm; Höhen 7,1, 11,3 und 23,8 cm.

Ziegelrohdichte ϱ_z (s. Abschn. 2.1.3). Die Ziegelrohdichte ϱ_z errechnet man aus der Masse *m* des

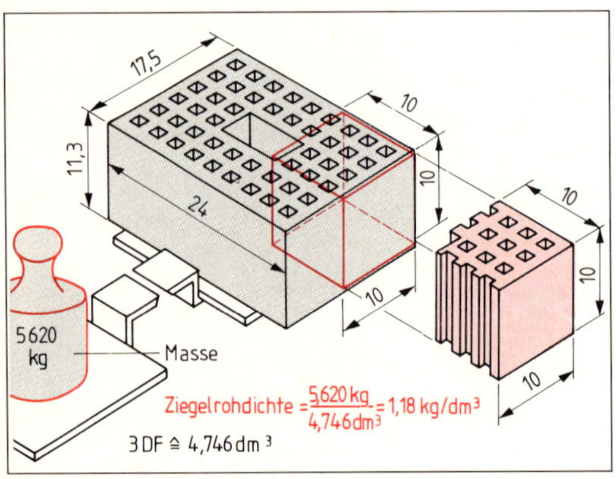

4.29 Ermitteln der Ziegelrohdichte

trockenen Ziegels; der Luftraum der Lochungen und Griffhilfen zählt dabei zum Volumen (**4**.29). Für die Berechnung der *Scherbenrohdichte* ϱ_{sch} gilt das Volumen der Rohdichte ohne Lochraum. bei normgerechter Prüfung gilt der Mittelwert der Rohdichte aus 10 Steinproben. Die Rohdichtegruppen nach DIN 105 zeigt Tabelle **4**.30.

Beispiel 3 Wie groß ist die Rohdichte eines Hochlochziegels 3 DF, der getrocknet mit 4,746 dm³ Inhalt 5,620 kg wiegt?

Lösung Ziegelrohdichte $\varrho_z = \frac{m_d}{V_z} = \frac{\text{Masse (trocken)}}{\text{Volumen}}$

$$= \frac{5{,}620\ \text{kg}}{4{,}746\ \text{dm}^3} = \mathbf{1{,}18\ kg/dm^3}$$

Druckfestigkeit und Wärmedämmfähigkeit der Steine werden weitgehend von ihrer Rohdichte beeinflußt. Höhere Rohdichte ergibt im allgemeinen höhere Druckfestigkeiten, geringere Rohdichte dagegen eine verbesserte Wärmedämmung.

Die Druckfestigkeit β_{PR} eines Mauersteins gibt die Höchstkraft in N an, die er auf einer Lagerfläche

Tabelle **4**.30 **Rohdichteklassen für Ziegel und Klinker nach DIN 105**

Ziegelart	Rohdichte in kg/dm³ (höchstzulässige Mittelwerte)											
Leicht-Hochlochziegel		0,6	0,7	0,8	0,9	1,0						
Voll- und Lochziegel							1,2	1,4	1,6	1,8	2,0	2,2
Hochfeste Ziegel und Klinker							1,2	1,4	1,6	1,8	2,0	2,2
Keramikklinker								1,4	1,6	1,8	2,0	2,2
Leicht-Langlochziegel	0,5	0,6	0,7	0,8	0,9	1,0						

Die kleinsten zulässigen Mittelwerte sind jeweils 0,09 kg/dm³ kleiner. Klinker haben eine mittlere *Scherbenrohdichte* von ≧ 1,9 kg/dm³ (Einzelwert ≧ 1,8), Keramikklinker von 2,0 kg/dm³ (≧ 1,9).

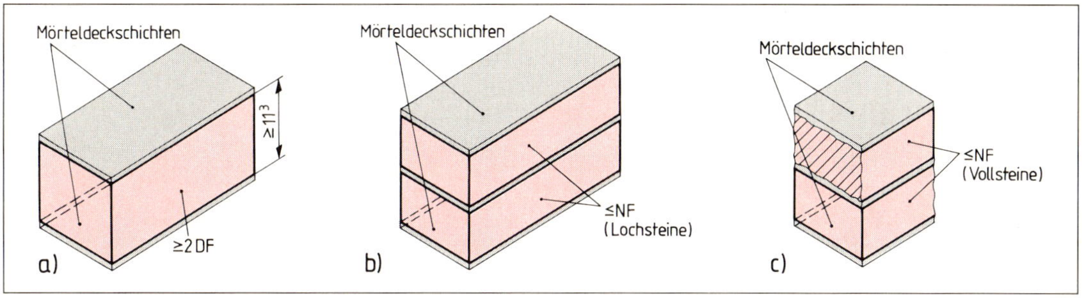

4.31 Prüfkörper zur Ermittlung der Ziegelfestigkeit
a) für Steine ≥ 2 DF, b) für Vollsteine DF und NF, c) für Lochsteine DF und NF

von 1 mm² bis zum Bruch aufnehmen kann. Bei gelochten Ziegeln gehören die Löcher mit zur gedrückten Fläche. Die Prüfkörper erhalten mittels Glas- oder Stahlplatten abgeglichene Grund- und Deckflächen aus Mörtel (1 RT Zement + 1 RT Sand 0 bis 1 mm). Formate ≧ 2 DF werden am ganzen Stein geprüft (**4.**31 a), gelochte NF- und DF-Formate an zwei übereinander gemauerten ganzen Steinen (**4.**31 b), NF- und DF-Vollsteine dagegen an je zwei übereinander gemauerten Steinhälften mit versetzt angeordneten Schnittflächen (**4.**31 c).

Die Ziegelfestigkeit β_{ST} ist die maßgebende Größe zur Bestimmung der Festigkeitsklasse. Sie berechnet sich aus der mit dem Formfaktor *f* multiplizierten Druckfestigkeit β_{PR} (s. Beispiel). Der von der Steinhöhe abhängige Formfaktor *f* beträgt für 23,8 cm hohe Steine 1,2, für ≧ 17,5 cm hohe Steine 1,1, für alle anderen Steinhöhen 1,0.

Beispiel 4 Wie hoch ist die Druckfestigkeit β_{PR} eines Hochlochziegels 2 DF, der bei einer Druckbeanspruchung von 295 kN zu Bruch geht?

Lösung

$$\beta_{PR} = \frac{\text{Höchstkraft}}{\text{Druckfläche}} = \frac{F_{max}}{A_0}$$

$$= \frac{295\,000\ \text{N}}{240\ \text{mm} \cdot 115\ \text{mm}} = \mathbf{10{,}7\ N/mm^2}$$

$$\beta_{ST} = \beta_{PR} \cdot f = 10{,}7\ \text{N/mm}^2 \cdot 1{,}0 = \mathbf{10{,}7\ N/mm^2}$$

≙ Festigkeitsklasse 8 (**4.**32)

Bei normgerechter Prüfung gilt der geforderte Mittelwert (s. Klammerwerte Tabelle **4.**32) aus 10 Druckversuchen.

Bei Hochlochziegeln B und C sind vorher die Löcher, bei mittel- und großformatigen Steinen auch die Grifflöcher mit Papier zu verstopfen. Fuge und Ausgleichsschichten sollen ≦ 0,5 cm dick sein. Vor der Festigkeitsprüfung sollen die Probekörper 2 Tage feucht und 5 bis 7 Tage an der Luft lagern.

Auf der Baustelle kann man die Druckfestigkeit mit Hilfe der Klangprobe grob einschätzen. Dichte und feste Steine klingen beim Anschlagen hell, Steine von geringerer Festigkeit klingen dumpf.

Frostbeständigkeit wird für alle Vormauerziegel, -leicht-Hochlochziegel und Klinker sowie für Keramikklinker verlangt. Ihr Gehalt an ausblühfähigen Salzen ist begrenzt.

Keramikklinker erfüllen zusätzliche Anforderungen an Oberflächen-Ritzhärte, Farb- und Lichtbeständigkeit, Säure- und Laugenbeständigkeit, Wasseraufnahme (≦ 6%) und Aussehen (eine Läufer- und eine Kopfseite müssen rissefrei sein).

Kennzeichnung. Mit Ausnahme der Vormauerziegel und Klinker sind alle Ziegel mit einem Werk-

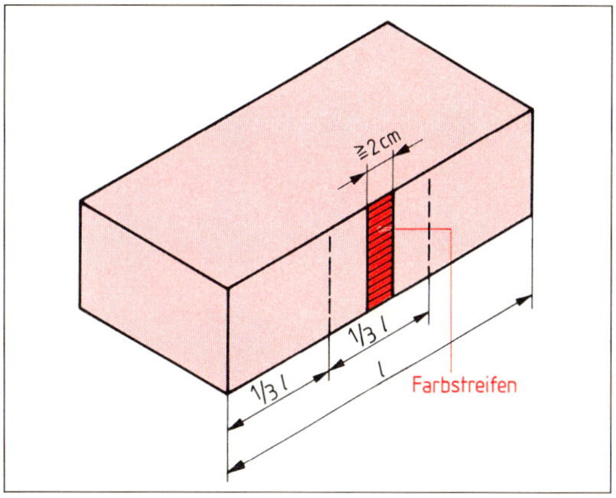

4.33 Bereich der Farbkennzeichnung

Tabelle **4.**32 **Druckfestigkeitsgruppen für Ziegel und Klinker** in N/mm²

	Ziegel und Klinker					Leicht-Hochlochziegel Leicht-Langlochziegel[1]						Hochfeste Ziegel und Klinker			Keramikklinker
Druckfestigkeitsgruppen	4 (5)	8 (10)	12 (15)	20 (25)	28 (35)	2 (2,5)	4 (5)	6 (7,5)	12 (15)	20 (25)	28 (35)	39 (45)	52 (60)	66 (75)	66 (75)

[1]) Es gelten nur die Werte bis 12.

zeichen zu versehen. Zur Unterscheidung der Druckfestigkeit wird etwa jeder 200. Stein nach **4**.33 und **4**.34 mit einem Farbstreifen markiert.

Tabelle **4**.34 **Farbkennzeichnung der Druckfestigkeitsgruppen**

Farbstreifen	Druckfestigkeitsgruppen	
	Mauerziegel und Klinker	Leicht-Hochlochziegel
1 × grün		2
1 × blau	4	4
1 × rot	8	6
1 × ohne	12	12
1 × weiß	20	20
1 × braun	28	28
1 × violett	39	
2 × schwarz	52	
3 × schwarz	66	

Die normgemäße Benennung der Ziegel ist festgelegt, um Mißverständnissen in statischer, gestalterischer, konstruktiver und vertraglicher Hinsicht vorzubeugen. Bezeichnung in dieser Reihenfolge: Name, DIN, Ziegelart (Kurzzeichen), Druckfestigkeitsklasse, Rohdichteklasse, Formatkurzzeichen. Bei Hochlochziegeln folgt die Lochungsart nach dem Kurzzeichen, bei wärmedämmenden Leicht-Hochlochziegeln der Buchstabe W. Für großformatige Steine ist noch die Steinbreite in mm hinter das Formatkurzzeichen zu setzen.

Beispiel 5 a) Vollziegel (Mz) mit der Ziegelrohdichte 1,8 kg/dm³, der Druckfestigkeit ≧ 12 N/mm² (= kleinster Einzelwert. Der Mittelwert muß 15 N/mm² betragen), den Abmessungen 240×115×71 (in mm für Länge × Breite × Höhe ≙ NF)

Ziegel DIN 105 Mz 12–1,8–NF

b) Hochlochziegel mit Lochung A, Ziegelrohdichte 1,2, Druckfestigkeit 15 N/mm², Abmessungen 24 cm × 11,5 cm × 11,3 cm (2 DF)

Ziegel DIN 105 HLz A 12-1,2-2 DF

c) Leicht-Hochlochziegel mit günstigem Wärmedämmwert, Format 15 DF, 30 cm Steinbreite, Rohdichte 0,7 kg/dm³, Druckfestigkeitsklasse 6

Ziegel DIN 105 – HLz W 6–0,7–15 DF (300)

Tabelle **4**.35 **Kurzzeichen für Ziegel und Klinker**

Mz	Vollziegel
HLz	Hochlochziegel
LLz	Leicht-Langlochziegel
KMz	Vollklinker
KHLz	Hochlochklinker
KK	Keramik-Vollklinker
KHK	Keramik-Hochlochklinker
L ...	= Leichtziegel, z. B. LHLz = Leicht-Hochlochziegel
V ...	= Vormauerziegel z. B. VMz, VHLz, VLHLz

Ziegel und Klinker werden aus aufbereitetem Ton geformt und gebrannt. DIN 105 unterscheidet Mauer- und Leicht-Hochlochziegel, hochfeste Ziegel und Klinker sowie Keramikklinker und Leicht-Langlochziegel. Vormauerziegel, -Leicht-Hochlochziegel, Klinker sowie Keramikklinker sind frostbeständig, Hintermauerziegel nicht. Klinker sind besonders dicht, sehr fest und widerstandsfähig.

Ziegel gibt es in verschiedenen Formaten, Rohdichte- und Druckfestigkeitsklassen, als Voll- und Lochsteine. Leicht-Hochlochziegel bieten besonders guten Wärmeschutz.

4.2.3 Kalksandsteine (KS-Steine)

Kalksandsteine zeichnen sich durch winkelrechte, scharfkantige und planebene Oberflächen sowie besondere Maßtreue aus. Hintermauersteine eignen sich vorzugsweise für tragende Innen- und Außenwände, Vormauersteine und Verblender für frost- und schlagregenbeanspruchtes Sicht- und Verblendmauerwerk. (Herstellung seit 1880.)

Herstellen. Ausgangsstoffe sind gemahlener Feinkalk (ungelöscht!) und Quarzsand mit hohem

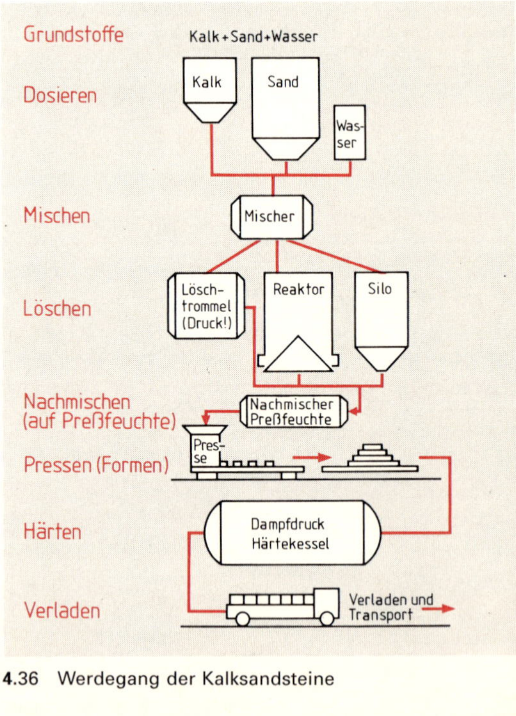

4.36 Werdegang der Kalksandsteine

Tabelle **4.37** **Kalksandstein-Arten nach DIN 106**

KS-Vollsteine (KS)	sind ≤ 11,3 cm hoch und dürfen einen Lochanteil von 15% der Lagerfläche haben. Formate 2 DF dürfen, Formate ≥ 3 DF müssen Griffhilfen nach Bild **4.**38a erhalten.
KS-Lochsteine (KSL)	sind, abgesehen von durchgehenden Grifflöchern, fünfseitig geschlossen und ≤ 11,3 cm hoch. Gesamt-Lochquerschnitt > 15% der Lagerfläche (**4.**38b).
KS-Blocksteine (KS)	sind, abgesehen von durchgehenden Grifflöchern, fünfseitig geschlossen und > 11,5 cm hoch. Der Lochanteil darf im Querschnitt ≤ 15% der Lagerfläche betragen.
KS-Hohlblocksteine (KSL)	gleichen den Blocksteinen, haben jedoch einen Gesamt-Lochquerschnitt > 15% der Lagerfläche (**4.**38c).
KS-Vormauersteine (KS Vm)	sind frostbeständig und gehören zur Festigkeitsklasse ≥ 12.
KS-Verblender (KS Vb)	sind frostbeständig und mindestens der Festigkeitsklasse 20 zugeordnet. Sie erfüllen höhere Ansprüche an Frostbeständigkeit, Farb- und Maßtreue sowie Begrenzung von Ausblühungen.

Kieselsäuregehalt im Mischungsverhältnis nach Masseteilen 1:12 bis 1:15 (**4.**36) Wirk- und Farbstoffe sind zulässig.

Löschen. In Mischmaschinen werden Löschwasser, Sand und Kalk intensiv gemischt. Der Kalk löscht dann in Silos, Reaktoren oder Löschtrommeln unter Hitzeentwicklung (80 bis 90 °C) in 2 bis 4 Stunden zu Kalkhydrat ab. Erneute Wasserzugabe im Nachmischer bringt das Mischgut auf Preßfeuchte.

Formen. Drehtisch- oder Schubpressen verdichten die Rohmasse unter Preßdrücken von 10 bis 25 N/mm^2 und formen sie in den gewünschten Formaten.

Härten. In röhrenförmigen Kesseln (∅ ca. 2 m) härten die Rohlinge unter Dampfdruck (0,8 bis 1,6 N/mm^2) bei 160 bis 220 °C nach 8 bis 16 Stunden aus. Die frei werdende Kieselsäure des Sandes bildet mit Kalk und Wasser eine dichte, feste Masse (Calcium-Hydrosilikat), die die Zuschlagkörner fest miteinander verbindet.

DIN 106 legt die Anforderungen fest und unterscheidet Voll-, Loch-, Block- und Hohlblocksteine (**4.**37).

Griffhilfen (-löcher oder -taschen) sind für Formate ab 2 DF vorgesehen.

Mörteltaschen (ein- oder beidseitig) sind erlaubt. Die bis 8 mm über das Nennmaß vergrößerte Steinlänge ermöglicht Reihenverlegung mit mörtelvergossenen Stoßfugen.

Abmessungen und Formate entsprechen der Maßordnung im Hochbau (**4.**41). Maßtoleranzen

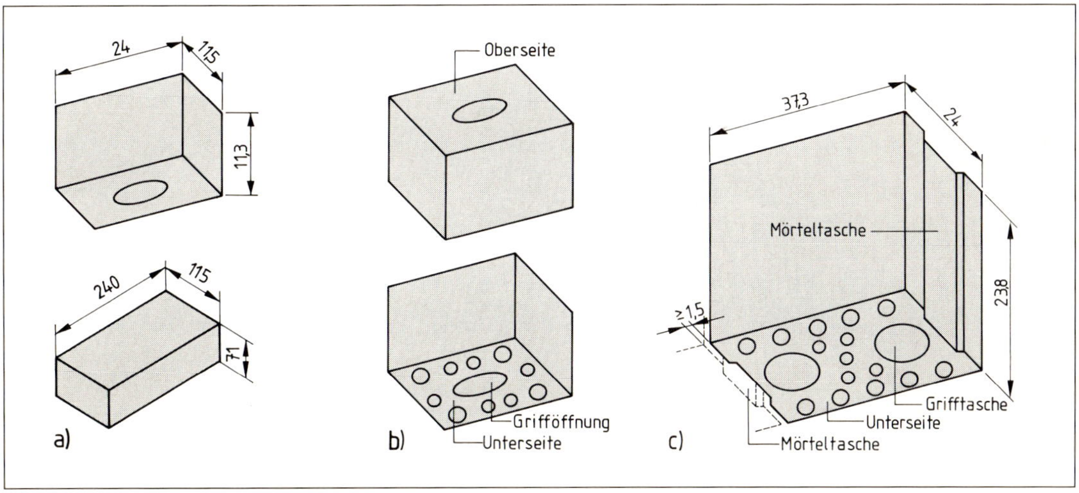

4.38 a) KS-Vollstein NF und 2 DF, b) KS-Lochstein 3 DF, c) KS-Hohlblockstein 12 DF mit Mörtel- und Grifftaschen

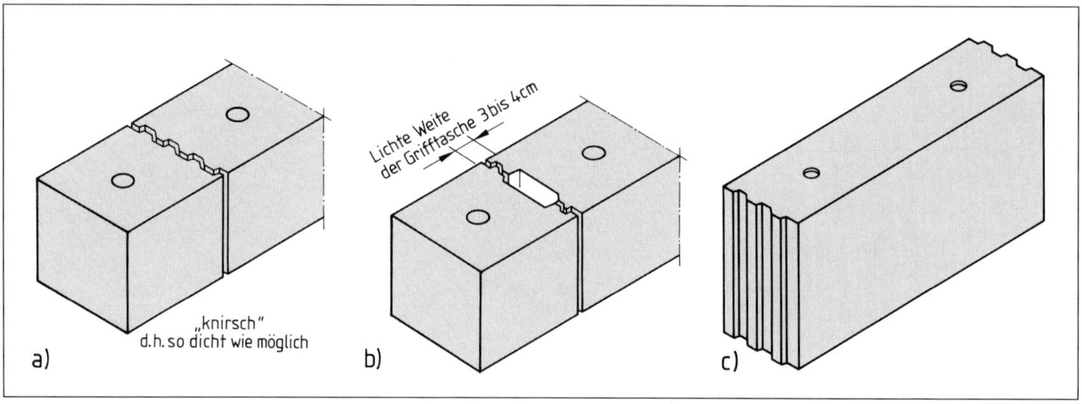

4.39 KS-Ratio-Blöcke und KS-Planelemente
a) mit durchgehender Verzahnung, b) mit Verzahnung und Grifftasche, c) KS-Planelement mit Lochungen für das Versetzgerät

dürfen für den Einzelwert ±3 mm, für den Mittelwert ±2 mm nicht überschreiten. Ferner sind Einzelabweichungen von ±4 mm und mittlere von ±3 mm erlaubt für Höhen der Formate ≥ 2 DF.

Für Vormauersteine und Verblender sind Höhenabweichungen unzulässig.

Ratio-Blöcke (R-Blöcke) sind zugelassene Neuentwicklungen mit stirnseitiger Nut- und Feder-Verzahnung für rationelles Mauern ohne Stoßfugenmörtel.

KS-R-Blöcke sind Vollblöcke für Mauerwerk mit Lagerfugen aus Normalmörtel (**4**.39 a).

KS-R(P)-Planblöcke sind Vollblöcke für Mauerwerk mit Lagerfugen aus Dünnbettmörtel (**4**.39 a).

KSL-R-Blöcke sind 5seitig geschlossene Hohlblöcke mit Lochungen senkrecht zur Lagerfläche und daher wesentlich leichter als die R-Blöcke. Sie können deshalb auch noch von Hand vermauert werden. Dafür erhalten sie zusätzlich ergonomisch (kraftsparend) ausgeformte Grifftaschen (**4**.39 b, **4**.40 a).

KSL-R(P)-Blöcke gleichen den KSL-R-Blöcken, erhalten jedoch Lagerfugen aus Normalmörtel (**4**.39 b, **4**.40 a).

Je 2 durchgehende senkrechte zylindrische Lochungen an jedem Ratio-Block dienen der Aufnahme der Blöcke durch Versetzgeräte beim Baustellentransport mit Kleinkränen (Versetzgeräten, **4**.39, **4**.40 c)

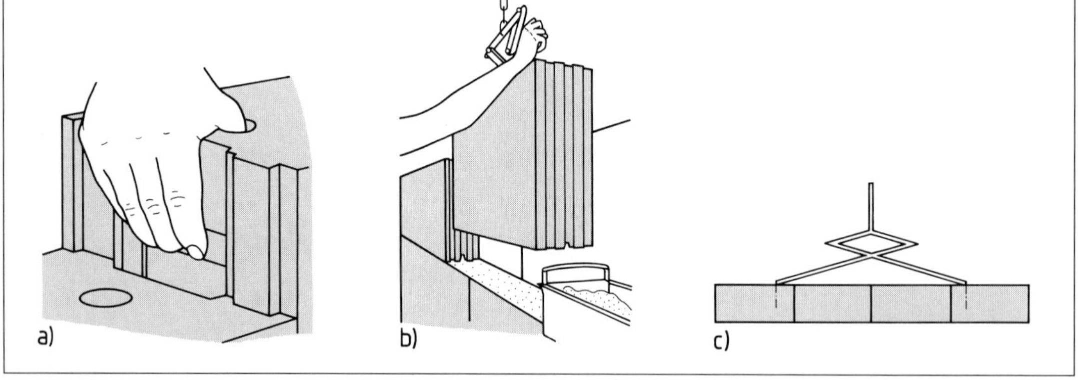

4.40 Verarbeitungserleichterungen neu entwickelter KS-Steine
a) Praktische Grifftaschen und -löcher bei den Ratio-Blöcken
b) Kleinkräne, auf der Decke verfahrbar, dienen dem Maurer als Verlegehilfe für die großformatigen KS-Elemente
c) Mit der Greifzange des Krans lassen sich auch mehrere Planblöcke in einem Verlegevorgang einbauen

Steinbreiten in cm: 11,5 17,5 24 30 und 36,5.

Steinlängen in cm: 49,8 37,3 und 24,8.

Steinhöhen in cm: 23,8 und 24,8 (bei Dünnbett-Lagerfugen).

KS-Plan-Elemente (KS-PE) gleichen in der Form den oben beschriebenen Ratio-Blöcken (Nut- und Federausbildung an den Stirnseiten, 2 zylindrische Löcher als Transporthilfe, **4.**39c, **4.**40b). Ihre erheblich größeren Abmessungen (Länge 99,8 cm, Höhe 49,8 cm) nutzen die Tragkraft der Versetzgeräte (Kleinkräne) voll aus und vermindern den Arbeitsaufwand.

Paß- und Ergänzungselemente werden von Computern errechnet, in Verlegeplänen dargestellt und paßfertig vom Werk auf gesonderten Paletten mitgeliefert. KS-Planelemente gibt es für Wanddicken von 11,5 cm, 15 cm, 17,5 cm, 20 cm, 24 cm und 30 cm. Die Formathöhe von 49,8 cm stellt ausschließlich auf das Verarbeiten mit Dünnbett-Lagerfugen ab. Planelemente sind nur regional lieferbar.

Tabelle **4.**41 **Formate der Kalksandsteine nach DIN 106**

Art	Formate[1])	Maße in cm		
		l	b	h
KSVoll-steine (KS)	DF	24	11,5	5,2
	NF	24	11,5	7,1
	2 DF	24	11,5	11,3
	3 DF	24	17,5	11,3
KS-Loch-steine (KSL)	2 DF	24	11,5	11,3
	3 DF	24	17,5	11,3
	5 DF	24	30	11,3
KS-Hohlblock-steine (KLS)	8 DF	24	24	23,8
	10 DF	30	24	17,5
	12 DF	36,5[1])	24	23,8
	15 DF	36,5[1])	30	23,8
	16 DF	49[1])	30	23,8
	20 DF	49	30	23,8

[1]) Blöcke mit ein- oder zweiseitigen Mörteltaschen sind bis zu 8 mm länger. Bei Steinen mit Nut - und Federsystem gilt das Außenmaß als Abstand zwischen der Außenfläche der einen Stirnseite und der Nutgrundfläche der anderen Stirnseite. Für Plansteine gelten z. T. außerhalb der Maßordnung liegende Längen, Breiten und Höhen.

Als Steinrohdichte sind festgelegt 0,6, 0,7, 0,8, 0,9, 1,0, 1,2, 1,4, 1,6, 1,8, 2,0 und 2,2 kg/dm³. Mittelwerte dürfen bis zu 0,09 kg/dm³ tiefer liegen. Für KS Vm und KS Vbl gelten die Werte ab 1,0.

Die Druckfestigkeitsklassen werden durch Farbmarkierungen an Kopf- oder Läuferflächen mindestens jedes 200. Steins (außer Vormauersteinen) gekennzeichnet (**4.**42). Häufig werden Druckfestigkeits- und Rohdichteklasse aufgedruckt (z.B. 6/1,2).

Tabelle **4.**42 **Druckfestigkeitsklassen für Kalksandsteine**[1])

Gruppe	N/mm²	Farbstreifen
4	**4** (5)	blau
6	**6** (7,5)	rot
12	**12** (15)	ohne
20	**20** (25)	gelb
28	**28** (35)	braun
36	**36** (45)	violett
48	**48** (60)	2 × schwarz
60	**60** (75)	3 × schwarz

[1]) Mittelwerte stehen in Klammern.

Bei normgerechter Druckfestigkeitsprüfung gilt der Mittelwert von 6 Prüfkörpern aus trockenen Steinen. Die erzielten *Bruchspannungen* β_{PR} bei 17,5 cm hohen Prüfkörpern sind mit dem Formfaktor $f = 1{,}1$ zu multiplizieren, bei 23,8 cm hohen mit dem Formfaktor 1,2. Bei Prüfkörperhöhen ≤ 11,3 cm entspricht die maßgebende *Steinfestigkeit* β_{ST} der Bruchspannung β_{PR}. Prüfkörper von Vollsteinen NF und DF bestehen aus zwei übereinandergelegten Steinhälften (Prüfkörperhöhe = 14,2 bzw. 10,4 cm), solche von Lochsteinen NF und DF aus zwei übereinandergelegten ganzen Steinen. Alle anderen Formate sind am ganzen Stein zu prüfen.

Die normgerechte Bezeichnung der Kalksandsteine enthält: Steinart, DIN-Nr, Kurzzeichen (vgl. **4.**43), Druckfestigkeitsgruppe, Rohdichteklasse und Format.

Bei Block- und Hohlblocksteinen wird hinter dem Formatkurzzeichen die geplante Wanddicke in mm angegeben, z.B. 12 DF (240). Für Vormauersteine wird das Kurzzeichen um Vm ergänzt, für Verblender um Vb.

Beispiele 6 Kalksandstein DIN 106 KS Vm L12-1,2-2 DF
Kalksandstein DIN 106 KSL 12-1,0-12 DF (240)

Tabelle 4.43 **Kurzzeichen für Kalksandsteine**

KS	Voll- und Blocksteine
KSL	Loch- und Hohlblocksteine
KS Vm	Vormauersteine
KS Vb	Verblender
R	Ratio
P	Plan

Verarbeitungshinweis. Das helle Verblendmauerwerk aus KS-Steinen ist empfindlich gegen Verschmutzungen. Niemals darf Salzsäure zur Beseitigung von Mörtelverfleckungen (wie z. B. bei Ziegelmauerwerk) verwendet werden. Die glatten Kalksandsteinmauerflächen erfordern besonders gut haftenden Spritzbewurf aus Zementmörtel als Putzgrund.

Kalksandsteine werden aus einem Gemisch von Kalk, Sand und Wasser unter Preßdruck geformt und bei vorgespanntem Dampf ausgehärtet.

Es gibt Voll- und Lochsteine als Klein- und Mittelformate sowie großformatige Block- und -Hohlblocksteine.

Vormauersteine und Verblender sind frostbeständig.

Vorzüge sind Maßtreue, planebene Steinflächen, gute Wärmespeicherung, Schutz gegen Luftschall.

Unterschiedliche Rohdichtegruppen sowie Nennfestigkeiten bis zu 60 N/mm² genügen vielfältigen Anforderungen im Mauerwerksbau.

4.2.4 Hüttensteine

Herstellung. Hüttensteine nach DIN 398 werden als Voll-, Loch- und Hohlblocksteine hergestellt. Sie bestehen überwiegend aus Hüttensand, gemischt mit Kalk, Schlackenmehl, Zement oder anderen hydraulischen Bindemitteln. Die in Formen gepreßten Rohlinge erhärten überwiegend unter Dampf und/oder an der Luft.

Hüttensteine gleichen in Anwendung und Eigenschaften den vergleichbaren KS-Steinen (**4**.44).

Tabelle 4.44 **Hüttensteinarten**

Hüttenvollsteine (HSV)	dürfen Lochungen bis 25% der Lagerfläche aufweisen. Formate 2 DF dürfen, größere Steine müssen Grifföffnungen haben.
Hüttenlochsteine (HSL)	sind fünfseitig geschlossen und mit ≥ 3 achsenversetzten Lochreihen versehen. Formate ≥ 2 DF haben Grifföffnungen.
Hütten-Hohlblocksteine (HHbl)	sind 17,5 oder 23,8 cm hohe, fünfseitig geschlossene Großformate. Griff- und Mörteltaschen an den Stirnflächen sind erlaubt. Die um 5 mm längeren Steine können stumpf gestoßen und nachträglich durch Verguß der Mörteltaschen verbunden werden (Reihenverlegung).
Vormauerhüttensteine (VHSL, VHSV)	sind frostbeständig. Ihre Festigkeit beträgt ≥ 15 N/mm².

Die Druckfestigkeit der Hüttensteine kennzeichnet noch den erforderlichen Mittelwert der Steine bei der Druckfestigkeitsprüfung (entgegen der neueren Steinnormung, die den zulässigen kleinsten Prüfwert der Druckfestigkeit als Kennwert vorsieht – s. Ziegel und KS-Steine).

Tabelle **4**.45 enthält die genormten Werte und die Farbzeichen.

Tabelle 4.45 **Druckfestigkeiten und Farbzeichen für Hüttensteine**

Druckfestigkeit in N/mm²	7,5 (6)	15 (12)	25 (20)	35 (28)
Farbzeichen	rot	schwarz oder ohne	weiß	braun

Klammerwerte sind i. M. zu erreichen = zulässige Einzelwerte

Die Rohdichteklassen sind 1,0, 1,2, 1,4, 1,6, 1,8 und 2,0 in kg/dm³.

Die Formate der Voll- und Lochsteine benennen wir in der üblichen Form. Bei den Hohlblocksteinen stehen die Steinbreite für das Format und die Kleinbuchstaben a und b für die Steinhöhe (a für 23,8 cm, b für 17,5 cm, s. Tab. **4**.46).

Die Normbezeichnung ist noch nicht auf die neue einheitliche Form umgestellt. Diese steht hier in Klammern.

Tabelle **4.46** **Formate der Hüttensteine nach DIN 398**

Formate	Vollsteine	DF	NF	2 DF	3 DF	5 DF	–	–	–	–	–
	Lochsteine	–	–	2 DF	3 DF	5 DF	–	–	–	–	–
	Hohlblocksteine	–	–	–	–	–	30 a	30 b	24 a	24 b	17,5
Maße (cm)	Länge	24					24		36,5 (mit Mörteltaschen 37)		
	Breite	11,5			17,5	30	30		24		17,5
	Höhe	5,2	7,1	11,3			23,8	17,5	23,8	17,5	23,8

Beispiel 7 Hüttenvollstein VHSV 1,6–15–DF DIN 398 (Hüttenstein DIN 398 – VHSV 20–1,6–DF)

Hüttensteine bestehen aus gekörnter Hochofenschlacke und einem hydraulischen Bindemittel. Sie sind besonders maßhaltig und eben, lieferbar als Voll-, Loch- und Hohlblocksteine. In Verwendung und Eigenschaften entsprechen sie weitgehend den Kalksandsteinen.

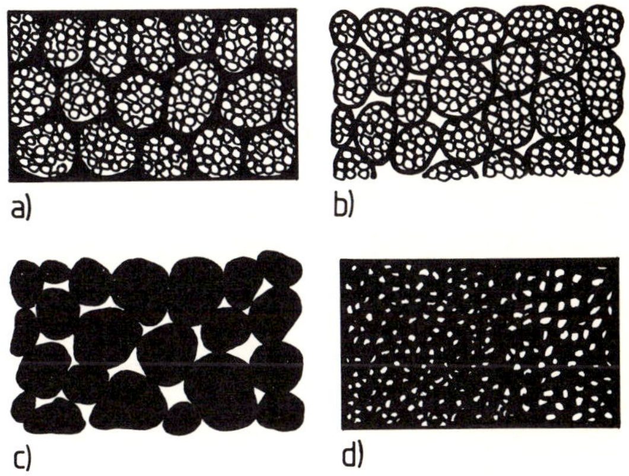

4.47 Leichtbetonarten
a) gefügedichter Leichtbeton mit porigen Zuschlägen, b) haufwerkporiger Leichtbeton mit porigen Zuschlägen, c) haufwerkporiger Leichtbeton mit dichten Zuschlägen, d) Porenbeton (Gas- oder Schaumbeton)

4.2.5 Leichtbetonsteine

Mauersteine aus Leichtbeton werden wegen ihrer günstigen Wärmedämmeigenschaften für Außenwände bevorzugt, vielfach aber auch für Innenmauerwerk benutzt. Die vergleichsweise geringen Mindestfestigkeiten zwischen 2 und 12 N/mm² reichen für aufgehende Wände. An hochbelasteten Auflagerpunkten sind stattdessen oft festere Steine erforderlich.

Leichtbetonarten unterscheidet man nach Material und Gefüge (**4.47**):

a) Leichtbeton aus gemischtkörnigen, porigen (leichten) Zuschlägen und dichtem Gefüge;

b) Haufwerkporiger Leichtbeton mit porigen Zuschlägen. Die Zuschlagkörner sind meist nur punktweise oder teilflächig miteinander verkittet. Dadurch entsteht ein „offenes Gefüge" mit reichem Hohlraumanteil (Haufwerksporigkeit).

c) wie b), jedoch aus dichten Zuschlägen;

d) Porenbeton (Gas- oder Schaumbeton) mit feinkörnigem und durch zahlreiche kleine Raumzellen durchsetztem Gefüge.

Leichtbetonsteine mit grobporigen Zuschlägen (z.B. Blähton) und „offenem Gefüge" nach Bild **4.47** b sind infolge der vielfach unterbrochenen Kapillarwege fast ganz vor Durchfeuchtung geschützt.

Vollsteine und Vollblöcke aus Leichtbeton sind Mauersteine aus porigen, mineralischen Zuschlägen und hydraulischen Bindemitteln (z.B. Zement). Als Zuschläge eignen sich

- Naturbims,
- Hüttenbims (geschäumte Hochofenschlacke),
- Steinkohlenschlacke (Kesselschlacke),
- Ziegelsplit,
- Sinterbims,
- Tuff,
- gebrochene porige Lavaschlacke,
- Blähton,
- Blähschiefer.

Vollsteine haben Abmessungen nach Tabelle **4.49**. Vollblöcke entsprechen Tabelle **4.50**. Schlitze können, je nach Stein- (Wand-) breite in 3 bis 7 Reihen parallel zur Wanddicke angeordnet werden. Sie vermindern das Gewicht (die Masse) und tragen wesentlich zum verbesserten Wärmeschutz der Vollblöcke bei.

Kurzzeichen für Steinarten:

V ≙ Vollstein aus Leichtbeton
Vbl ≙ Vollblock aus Leichtbeton
VblS ≙ Vollblock aus Leichtbeton mit Schlitzen (vgl. Bild in Tab. **4.50**)
VblS-W ≙ Vollblock aus Leichtbeton mit Schlitzen und besonderen Wärmedämmeigenschaften

Kurzzeichen für verwendete Zuschläge:

NB ≙ Naturbims
BT ≙ Blähton
BT/NB ≙ Blähton und Naturbims
Q ≙ Quarzsandzusatz

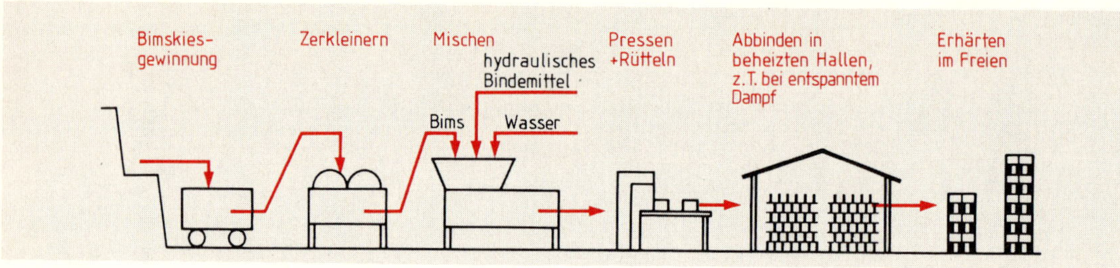

4.48 Werdegang der Naturbims-Vollsteine

Die Herstellung richtet sich nach den Rohstoffen und den gewünschten Eigenschaften der Steine, die überwiegend in den Gebieten ihrer Zuschlagvorkommen verbreitet sind (z.B. Naturbims im Rheinland, Hüttenbims im Ruhrgebiet). Als Beispiel, das im wesentlichen für alle Steine gilt, zeigt Bild **4**.48 den Werdegang von Naturbimssteinen. Höhere Druckfestigkeiten sind in der Regel nur durch Zusatz von Quarzsand möglich. Rüttelvorrichtungen sorgen für ausreichende Verdichtung des Frischbetons und sichern ein gleichmäßig festes Gefüge.

Tabelle **4**.49 **Vollsteine (V) aus Leichtbeton nach DIN 18152**

Zeile	Format-Kurzzeichen	Maße bzw.		
		Länge *l* ±3	Breite *b* ±3	Höhe *h* ±3
1	DF (Dünnformat)			52
2	NF (Normalformat)	240	115	71
3	1,7 DF			95[1])
4	2 DF			
5	3 DF		175	113
6	3,1 DF	300	145	
7	4 DF	240		
8	5 DF	300		115
9	6 DF	365	240	
10	6,8 DF			95[1])
11	8 DF	490[2])		
12	10 DF		300	115

[1]) Regional bedingt
[2]) Auch 495 mm, wenn der Vollstein mit Stirnseitennuten ausgestattet ist.

Tabelle **4**.50 **Vollblöcke (Vbl) aus Leichtbeton nach DIN 18152**

Zeile	Format-Kurzzeichen	Maße		
		Länge *l* ±3	Breite *b* ±3	Höhe *h* ±4
1	6 DF		175	
2	8 DF		240	
3	10 DF	245	300	
4	12 DF		365	
5	16 DF		490	
6	10 DF	305	240	
7	9 DF		175	
8	12 DF		240	
9	15 DF	370	300	238
10	18 DF		365	
11	24 DF		490	
12	8 DF		115	
13	12 DF		175	
14	16 DF		240	
15	20 DF	495	300	
16	24 DF		365	

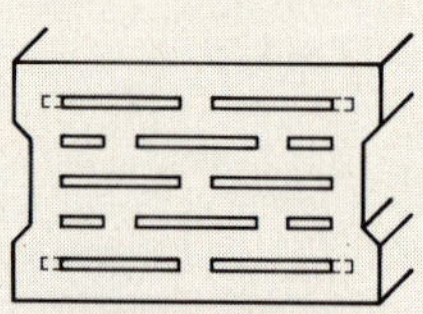

Vollblock mit versetzten Schlitzen und Stirnseitennut (Beispiel für eine Draufsicht)

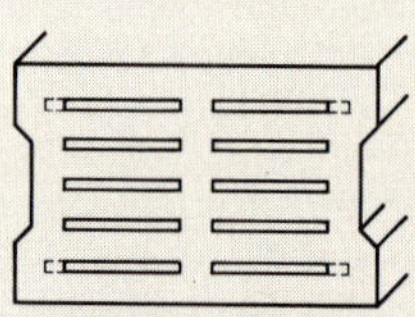

Geschlitzter Vollblock mit Stirnseitennut (Beispiel einer Draufsicht)

[1]) Die angegebenen Längen gelten im Regelfall für knirsch gestoßene Vermauerung. Bei Vollblöcken mit Nut- und Federausbildung an den Stirnseiten dürfen die Längen 247, 307, 372 bzw. 497 mm betragen. Längen von 240, 300, 365 bzw. 490 mm sind zulässig, bei Vollblöcken mit zwei ebenflächigen Stirnseiten verbindlich.

Tabelle **4.51** **Steindruckfestigkeiten und -rohdichte der Vollsteine und Vollblöcke nach DIN 18152**

Steinfestigkeitsklasse V, Vbl	Zahl der Nuten	Farbzeichen	Druckfestigkeit in N/mm² ≧	i.M.	Steinrohdichte (Höchstwerte) in kg/dm³
2	–	grün	2	2,5	
4	1	blau	4	5	0,5 0,6 0,7 0,8 0,9 1,0
6	2	rot	6	7,5	1,2 1,4 1,6 1,8 2,0
8	–	keine	8	10	
12	3	schwarz	12	15	

Die Abmessungen der zugelassenen Steinformate (**4.**49 und **4.**50) dürfen bis ± 3 mm abweichen, bei der Steinhöhe der Vollblöcke sogar bis ± 4 mm.

Griffschlitze für Vollsteine 3 DF, für Vollblöcke 2 bis 6 Schlitzreihen parallel zur Längsseite (Tab. **4.**50) sind erlaubt.

Die seitlichen Stirnnuten (Mörteltaschen) der Vollblöcke lassen die rationelle Reihenverlegung mit nachträglichem Verguß der Stoßfugen zu.

Festigkeits- und Rohdichteklassen enthält Tabelle **4.**51. Die Rohdichte der Bimsvollsteine ist auf ≤ 1,2, die der Bimsvollblöcke und der geschlitzten Vollblöcke auf 0,8 begrenzt. Sie ermöglichen günstige Wärmedämmwerte und kraftsparende Verarbeitung.

Die normgerechte Benennung zeigen unsere Beispiele für den Vollstein. Steinrohdichte 1,2 kg/dm³, Steinfestigkeit 6 N/mm², Format 2 DF und den Vollblock aus Naturbims der Festigkeit 2 N/mm², Rohdichte 0,5 kg/dm³ und dem Format 20 DF bei 300 mm Steinbreite mit Schlitzen und besondere Wärmedämmeigenschaften.

Beispiele Vollstein DIN 18152 – V 6–1,2–2 DF, Vollblock DIN 18152 – Vbl S-W 2–0,5–20 DF – 300-NB

Großblockelemente zur Verarbeitung mit mechanischen Trenn- und Versetzgeräten sind 1 m lang und 0,5 m hoch. Sie werden auf der Grundlage von Zulassungen gefertigt.

Porenbeton-Blocksteine und Porenbeton-Plansteine

Eigenschaft. Porenbeton-Blocksteine und Porenbeton-Plansteine sind großformatige Vollsteine aus dampfgehärtetem Porenbeton. Die Blocksteine werden in Normal- oder Leichtmauermörtel versetzt, die Plansteine, in Dünnbettmörtel. Das porige Materialgefüge mindert die Rohdichte (≤ 1,0 kg/dm³) und begrenzt die Festigkeit (≤ 8 N/mm²), steigert jedoch das Wärmedämmvermögen und die Diffusionsfähigkeit. Bekannt sind u.a. Ytong, Hebel und Siporex. Ähnlich wie die Leicht-Hochlochziegel lassen sie sich leicht sägen, fräsen und bohren. Ihre Wassersaugkraft und -aufnahmefähigkeit ist ähnlich groß wie bei den Ziegeln, jedoch erfordern sie längere Austrocknungszeiten. Dafür sind sie ausgesprochen ebenflächig und besonders maßhaltig und winkelgerecht.

Zur Herstellung von Porenbeton-Block- und -Plansteinen benutzt man feinkörnig gemahlenen Quarzsand, Zement und/oder Kalk, ferner Wasser, z.T. auch Zusatzmittel. Durch porenbildende Zusätze wird das Gemisch mit unzähligen Poren durchsetzt. Wasserstofftreibgas entwickelt sich aus Zugaben von Aluminiumoxid oder Kaliumcarbonat, Sauerstoff-Treibgas aus Chlorkalk oder Wasserstoffperoxid. Die standfest abgebundene Rohmasse wird maschinell in maßgenaue Blöcke getrennt, die in Härtekesseln unter Dampfdruck fest werden. Der gespannte Dampf verkürzt den Schwindvorgang des Materials. Die Steine sind dann weitgehend raumbeständig.

Die Stirnseiten können ein- oder beidseitigen Mörteltaschen oder mit Nut und Feder ausgebildet werden. Steine mit Mörteltaschen können, Steine mit Nut und Feder müssen die Längenmaße der Tabelle **4.**53a um 9 mm überschreiten. Die Steine können dann beim Vermauern trocken (stumpf) gestoßen werden (Material- und Ar-

Tabelle **4.**52 **Festigkeits- und Rohdichteklassen der Porenbeton-Block- und Plansteine nach DIN 4165**

Festigkeitsklassen	Farbkennzeichen	Mindestdruckfestigkeit in N/mm²		Rohdichteklassen (Höchstwerte in kg/dm³)	
		Einzelwert	Mittelwert	zulässige Mittelwerte	Mittelwerte
2	grün	≥2	≥ 2,5	0,35; 0,4; 0,45; 0,5	dürfen bis
4	blau	≥4	≥ 5,0	0,55; 0,60; 0,65; 0,70; 0,75; 0,80	0,04 bzw. 0,09 kg/dm³
6	rot	≥6	≥ 7,5	0,65; 0,70; 0,8	kleiner sein
8	–	≥8	≥10	0,8; 0,9; 1,0	

Tabelle **4**.53 a) **Maße der Porenbeton-Blocksteine in cm**

Länge[1]) ±3 mm	24	30	**32,3**	36,5	39	**49**	59	61,5	74		
Breite ±3 mm	11,5	12	12,5	15	**17,5**	**20**	**24**	**30**	**36,5**	37,5	Breite und Höhe beliebig wählbar
Höhe ±3 mm	11,5	15	17,5	19	**24**						

b) **Maße der Porenbeton-Plansteine in cm**

Länge ±3 mm	24,9	29,9	31,2	**33,2**[2])	37,4	39,9	**49,9**	59,9	62,4	74,9	
Breite ±3 mm	11,5	12	12,5	15	**17,5**	**20**	**25**	**30**	**36,5**	**37,5**	Breite und Höhe beliebig wählbar
Höhe ±3 mm	12,4	14,9	16,4	17,4	18,6	19,9	**24,9**				

[1]) Für Steine mit Mörteltaschen *darf*, für Steine mit Nut und Feder *muß* die Steinlänge um 9 mm größer sein.
[2]) Bei größeren Steinbreiten und ab Rohdichteklasse 6 zwecks Gewichtseinsparung als maximale Steinlänge bevorzugt.

beitsersparnis!). Steine mit einseitigen Mörteltaschen sind vorteilhafter beim Mauern von Ecken und Stößen (**4**.54).

Normung. Die wichtigsten Anforderungen für Maße, Festigkeit und Rohdichte enthalten die Tabellen **4**.52 und **4**.53. Längen und Höhen der Plansteine sind mit Rücksicht auf die Dünnbettfuge größer gewählt. Abmessungen außerhalb der Maßordnung wurden fertigungstechnischer Belange wegen aufgenommen.

Kennzeichnung. Steinart, Festigkeits- und Rohdichteklasse sind an jedem 10. Stein anzugeben, ferner das Herstellerkennzeichen entweder

- durch Stempelung (schwarz) oder Prägung oder durch
- Farbstempelung (nur bei den Festigkeitsklassen 2, 4, und 6 möglich).

Steine mit besonders guten Wärmedämmeigenschaften (*W-Qualität*) erhalten das Kürzel *W* (z.B. PBW oder PPW).

Beispiel PB 2–0,5 oder PP 2–0,5

Benennung. Es gibt diese Reihenfolge:

- Benennung,
- DIN-Haupt-Nr.,
- Steinart (PB für Blocksteine, PP für Plansteine),
- Festigkeitsklasse,
- Rohdichteklasse,
- Länge (mm),
- Breite (mm),
- Höhe (mm).

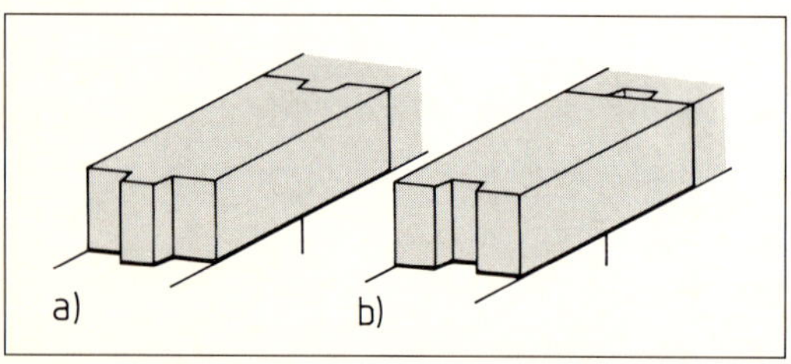

4.54 a) Porenbeton-Plansteine N + F ohne Stoßfugenvermörtelung
b) Porenbeton-Blocksteine mit Mörteltaschen

Beispiel Porenbeton-Blockstein
DIN 4165-PB 2–0,5–490 × 300 × 240
Porenbeton-Planstein
DIN 4165-PP 2–0,5–499 × 300 × 249

Die Rohdichte prüft man an 3 Prüfstücken (10 cm × 10 cm) aus der Steinmitte von 3 Steinen, die Druckfestigkeit an 6 Steinen. Maßgebend ist jeweils der Mittelwert, bei der Festigkeitsklasse auch der kleinste Einzelwert.

Porenbeton-Planelemente („Jumbo"-Format, noch nicht genormt) sind 99 cm lang, 62,3 cm hoch und 12,5 bis 37,5 cm dick. Sie werden mit Minikränen in Dünnbettmörtel versetzt.

Hohlblöcke aus Leichtbeton – Herstellung und Eigenschaften. Hohlblöcke nach DIN 18151 sind fünfseitig geschlossene, großformatige Mauersteine (Zweihandsteine) aus Leichtbeton. Dieser Leichtbeton besteht aus Normzement und porigen Zuschlägen nach DIN 4226. Zumischungen aus dichten Zuschlägen (z.B. Quarzsand) sind bis zu 15% des verdichteten Betonvolumens erlaubt. Ebenso Zusatzstoffe aus Steinkohlenflugasche, Gesteinsmehl oder Kalk sowie Zusatzmittel nach DIN 1045. Herstellung und Eigenschaften ähneln den Leichtbeton-Vollblöcken (DIN 18152). Luftkammern, zur Unterseite hin geöffnet und symmetrisch in 1 bis 6 Lochreihen verteilt, dienen der Gewichtseinsparung und Wärmedämmung. Es gibt 1-, 2-, 3-, 4-, 5- und 6-Kammer-Hohlblöcke (**4**.55). Im Regelfall sind Mörteltaschen an beiden Stirnseiten vorgesehen. Auch Nut- und Federausbildungen für Reihenverlegung ohne Stoßfugenmörtel sind zulässig. Die Steinlängen liegen daher bis 0,7 cm über dem Nennmaß (außer bei Steinen mit glatten Seitenflächen). Ist nur eine Stirnfläche ebenflächig, muß die gegenüberliegende Mörteltasche Stirnseiten (mit der doppelten der üblichen Nuttiefe) aufweisen. Das umständliche Schlagen von Teilsteinen läßt sich durch Mitverwenden von Leichtbeton-Vollsteinen (2 DF bis 5 DF) nach DIN 18152 vermeiden.

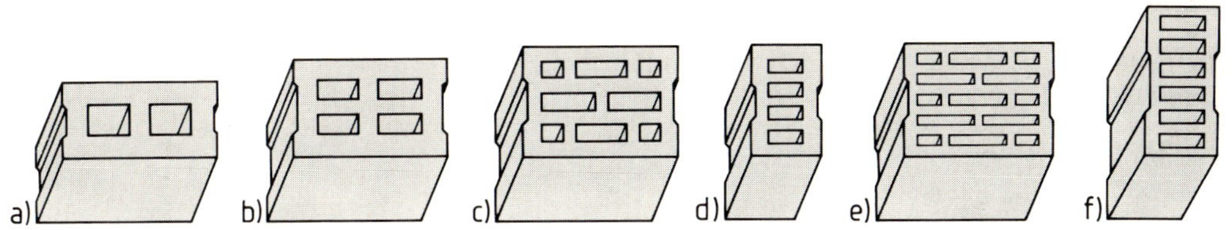

4.55 Leichtbeton-Hohlblöcke mit Blick auf die Unterseite (Beispiele)
a) Einkammer-Hbl, b) Zweikammer-Hbl, c) Dreikammer-Hbl, d) Vierkammer-Hbl, e) Fünfkammer-Hbl, f) Sechskammer-Hbl

Die genormten Festigkeitsklassen 2, 4, 6 und 8 kennzeichnet man durch Farbzeichen oder Nuten an der Längsseite (~ 1×0,5×4 cm nach Tabelle **4**.57).

Die Steinrohdichte (früher Betonrohdichte = Steinvolumen ohne Hohlklammern) berücksichtigt das Steinvolumen einschließlich der Hohlkammern (Tab. **4**.58).

Die normgemäße Benennung (Kurzbezeichnung) enthält Angaben über Steinart, DIN-Nr., Zahl der Hohlklammern je Steinbreite, Festigkeitsklasse, Rohdichte – Steinformat und -breite (= Wanddicke) innen. Buchstabe *Q* steht für Quarzzusatz.

Tabelle **4**.56 **Formen, Formate und Abmessungen der Leichtbeton-Hohlblöcke**

Form	Formatkurzzeichen	Maße in mm		
		Länge[1] *l* ±3	Breite *b* ±3	Höhe *h* ±4
1 K Hbl 2 K Hbl	12 DF	495	175	238[2]
	9 DF	370		
2 K Hbl 3 K Hbl 4 K Hbl	16 DF	495	240	
	12 DF	370		
	8 DF	245		
2 K Hbl 3 K Hbl 4 K Hbl 5 K Hbl	20 DF	495	300	
	15 DF	370		
	10 DF	245		
3 K Hbl 4 K Hbl 5 K Hbl 6 K Hbl	24 DF	495	365	
	18 DF	370		
	12 DF	245		
5 K Hbl 6 K Hbl	16 DF	245	490	

[1] Die angegebenen Längen gelten im Regelfall für knirsch gestoßene Vermauerung. Bei Hohlblöcken mit Nut- und Federausbildung an den Stirnseiten dürfen die Längen 247 mm, 372 mm bzw. 497 mm betragen. Längen von 240 mm, 365 mm bzw. 490 mm sind zulässig, bei Hohlblöcken mit ebenflächigen Stirnseiten verbindlich.
[2] Regional auch 175 mm.

Beispiel 8 Hohlblock DIN 18151 – 2 K Hbl 2–0,7–16 DF–240

Leichtbetonsteine dürfen auch nach einem bestimmten Zuschlag benannt werden (z. B. Bimsbeton-Hohlblockstein), wenn davon ≧ 85 Vol.-% im verdichteten Beton enthalten sind.

Lieferscheine sind grundsätzlich jeder Steinlieferung beizufügen (Normforderung!). Sie geben an: Hersteller und Werk, Herstellerzeichen, Anzahl und normgemäße Bezeichnung der gelieferten Steine, fremdüberwachende Stelle und Empfänger, Tag der Lieferung.

Güteschutzplaketten – eine Selbstverpflichtung der rheinischen Bimsindustrie – sind an jedem 50. Bimbsbeton-Hbl-Stein bzw. jedem Steinpaket angebracht. Sie enthalten auch das Farbzeichen der Festigkeitsgruppe, die Rohdichteklasse und den verwendeten Zuschlag.

Tabelle **4**.57 **Festigkeitsklassen und Farbzeichen der Hohlblöcke**

Festigkeitsklasse	Druckfestigkeit in N/mm^2		Farbzeichen	Anzahl der Nutzen
	≧	i. M. ≧		
2	2,0	2,5	grün	–
4	4,0	5	blau	1
6	6,0	7,5	rot	2
8	8,0	10,0	stempel	–

Tabelle **4**.58 **Steinrohdichte der Hohlblöcke**

Rohdichteklasse	Mittelwert der Steinrohdichte in kg/dm^3
0,5	0,41 bis 0,50
0,6	0,51 bis 0,70
0,7	0,51 bis 0,60
0,8	0,71 bis 0,80
0,9	0,81 bis 0,90
1,0	0,91 bis 1,00
1,2	1,01 bis 1,20
1,4	1,21 bis 1,40

Lochsteine aus Leichtbeton

Ausgangsstoffe, Herstellung, Eigenschaften und Verwendung der Leichtbeton-Lochsteine nach DIN 18149 gleichen den Leichtbeton-Hohlblocksteinen. Lochungen von ≧ 25% der Lagerfläche und Grifflöcher (**4**.59 und **4**.60) sowie die Begrenzung der Steingröße bis zum Format 6 DF erlauben die Verarbeitung als Einhandstein.

Zur Prüfung der Steinrohdichte errechnet man den Mittelwert aus 6 Steinproben in kg/dm³. Die Betonrohdichte darf 2 kg/dm³ nicht überschreiten.

Die Druckfestigkeitsklasse (**4**.61) wird durch Nuten oder Farbe an mindestens jedem 50. Stein vermerkt. Im Zweifelsfall gilt das Farbzeichen. Prüfung der Druckfestigkeit nach dem Mittelwert aus 6 Druckversuchen. Zuvor müssen die Druckflächen jedes Steins mit Zementmörtel (MV 1:1) oder Gips planeben abgeglichen und die Lochungen mit Papier o. ä. verstopft werden.

Tabelle **4**.61 **Festigkeitsklassen der Leichtbeton-Lochsteine nach DIN 18149**

Festigkeitsklasse	Druckfestigkeit in N/mm²		Zahl der Nuten	Farbzeichen
	≧	i. M.		
LLB 4	4	5	1	blau
LLB 6	6	7,5	2	rot
LLB 12	12	15	3	schwarz

Normgerechte Benennung zeigt das folgende Beispiel für einen Leichtbeton-Lochstein der Rohdichteklasse 1,4, Festigkeitsklasse 6 und des Formats 3 DF.

Beispiel 9 Lochstein DIN 18149 LLB 6–1,4–3 DF

Die Benennung nach den verwendeten Leichtzuschlag (z. B. Lochstein aus Ziegelsplitt) ist erlaubt, wenn dieser ≧ 85 Gew.-% des verdichteten Betons beträgt. Ein Q (z. B. Lochstein aus Ziegelsplitt Q) deutet auf die Mitverwendung dichter Zuschläge (Sand, Kies) hin. Andere Steine nennen wir Lochsteine aus Leichtbeton mit gemischten Zuschlägen.

Tabelle **4**.59 **Lochsteine aus Leichtbeton nach DIN 18149**

Formate	Länge in cm ±3 mm	Breite in cm ±3 mm	Höhe in cm ±4 mm	Mindestlochzahl	Grifflöcher
2 DF	24	11,5	11,3	4	–
3 DF	24	17,5	11,3	7	1
5 DF	24	30,0	11,3	8	2
6 DF	24	36,5	11,3	8	2

Rohdichteklassen Höchstwerte in kg/dm³
0,6 0,7 0,8
0,9 1,0 1,2
1,4 1,6

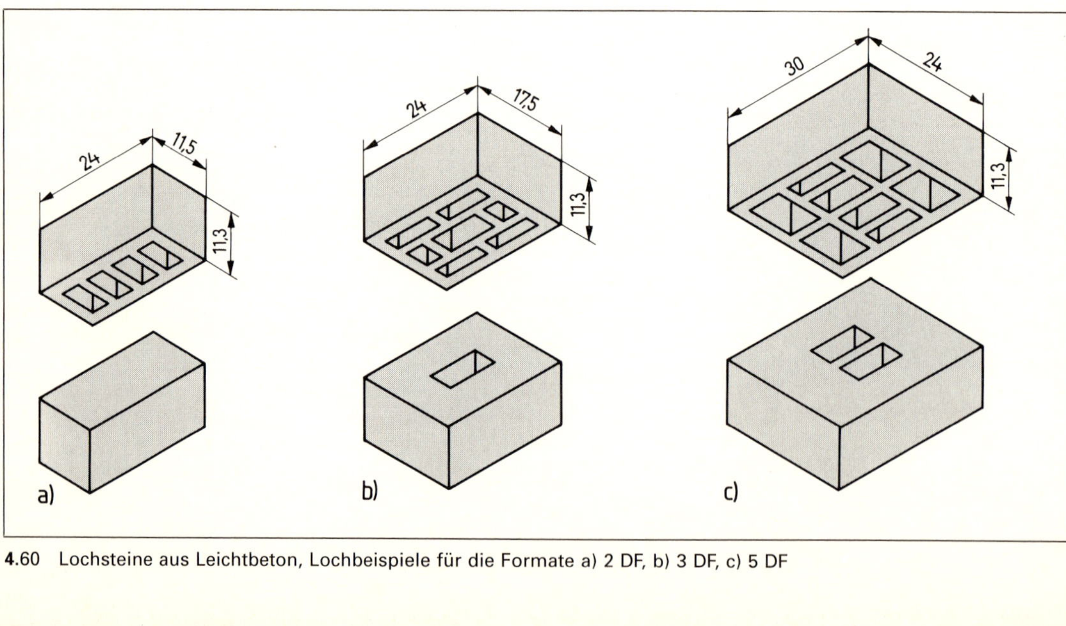

4.60 Lochsteine aus Leichtbeton, Lochbeispiele für die Formate a) 2 DF, b) 3 DF, c) 5 DF

Leichtbetonsteine gibt es als Voll-, Loch-, Block- und Hohlblocksteine, Luftkammern und reicher Porenanteil gewährleisten günstige Wärmedämmeigenschaften, begrenzen jedoch Rohdichte und Festigkeit auf geringe bis mittlere Werte. Verwendung überwiegend im Wandbau, besonders für Außenwände, nicht für schlanke, hochbelastende Pfeiler. Arten:

- Vollsteine und Vollblöcke aus Leichbeton mit porigen Zuschlägen nach DIN 18152.
- Porenbeton-Blocksteine und Porenbeton-Plansteine aus dampfgehärtetem Porenbeton nach DIN 4165.
- Hohlblocksteine aus Leichtbeton mit porigen Zuschlägen nach DIN 18151 (Ein-, Zwei-, Drei- und Vierkammersteine),
- Lochsteine aus Leichtbeton nach DIN 18149 als Einhandsteine.

Mit den großen Formaten lassen sich die Arbeitsbedingungen und die Leistungswerte gleichermaßen verbessern durch:

- handgerechte Griffhilfen,
- mörtelfreie Stoßfugen durch Nut- und Federverbindungen,
- Dünnbett-Lagerfugen oder Mörtelschlitten-Einsatz,
- Steintransport und -verlegung mit Hilfe fahrbarer Kleinkräne,
- mechanische Stein-, Trenn- bzw. Spaltgeräte.

4.2.6 Hohlblocksteine aus Beton

Eigenschaften. Hohlblocksteine nach DIN 18153 bestehen aus mineralischen dichten Zuschlägen nach DIN 4426 T1 (Sand oder Kiessand) und hydraulischen Bindemitteln (z.B. Zement). Zumischungen aus porigem Zuschlag sind möglich. Zur Unterseite hin geöffnete Hohlkammern verringern das Steingewicht. Betonhohlblocksteine eignen sich vorwiegend für Mauerwerk ohne besondere Anforderungen an den Wärmeschutz (z.B. nicht beheizbare Keller) und ähneln in Form und Gestalt den Leichtbeton-Hohlblocksteinen nach DIN 18151.

Arten. Nach Anzahl der in Steinbreite nebeneinander angeordneten Hohlkammern unterscheidet man 1-, 2-, 3- und 4-Kammer-Hohlblocksteine (KHbn). Abmessungen und Größen zeigt Tabelle **4**.62, die Anordnung der Hohlkammern Bild **4**.63.

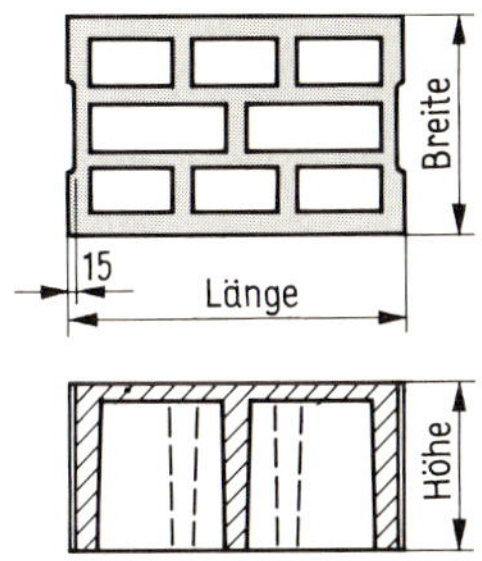

4.63 Dreikammer-Betonhohlblockstein (3 K Hbn, Beispiel)

Für Stege und Stirnseitennuten sind Mindestmaße vorgeschrieben. Jeder 50. Stein erhält außer dem Werkzeichen und der Rohdichteklasse Nuten oder Farbstriche zur Kennzeichnung der Festigkeitsgruppe (**4**.64).

Die normgemäße Bezeichnung verdeutlicht das folgende Beispiel für einen Dreikammer-Hohlblockstein aus Beton mit der Druckfestigkeitsklasse 6, der Steinrohdichte 1,6 m und den Abmessungen 36,5 cm Länge, 30 cm Breite, 23,8 cm Höhe.

Tabelle **4**.62 **Hohlblocksteine aus Beton nach DIN 10053**

Form	Format-Kurzzeichen (Zahl = Steinbreite in cm)					
1-, 2-K Hbn	17,5	17,5 x	17,5 m	17,5 mx	–	–
2-, 3-, 4 K Hbn	24 –	24 x 30 x	24 m 30 m	24 mx 30 mx	24 k 30 k	24 kx 30 kx
3-, 4 K Hbn	–	–	–	36 mx	36 k	36 kx
Steinhöhe in cm	23,8	17,5	23,8	17,5	23,8	17,5
Steinlänge[1]) in cm	49		36,5		24	

[1]) Steine mit Stirnseitennuten auch je 0,5 cm länger;
m ≙ mittlere Länge = 36,5 cm, k ≙ kurze Länge = 24 cm, x ≙ Steinhöhe = 17,5 cm

Tabelle **4.64** **Druckfestigkeit (nach 28 Tagen) und Kennzeichnung**

Druckfestigkeitsgruppe	Druckfestigkeit in N/mm² Einzelwert/Mittelwert		Kennzeichnung Nuten	Farbe	Rohdichteklassen Größtwerte in kg/dm³
Hbn 4	≧ 4	≧ 5	1	blau	1,2 1,4
Hbn 6	≧ 6	≧ 7,5	2	rot	1,6 und 1,8
Hbn 12	≧ 12	≧ 15	3	schwarz	

Als Festigkeit gilt der Mittelwert aus 6 Druckversuchen. Die Masse des Einzelsteins darf 30 kg, die mittlere Steinrohdichte 1,6 kg/dm³ nicht überschreiten (Prüfung an 6 Steinen).

Beispiel 10 Hohlblockstein DIN 18153 – 3 K
Hbn 6–1,6–30 m

Die neu entwickelten Vormauersteine (Vm) und -blöcke (Vmb) mit naturnaher, bruchrauher oder besonders gestalteter (Sichtbeton-)Oberfläche werden zunehmend für Sichtmauerwerk (innen, außen, freistehende Wände in Außenanlagen) sowie für die Außenschale mehrschaliger Außenwände mit Luftschicht und ggf. Wärmedämmung verwendet.

Die neue DIN 18153 wird die Normalbeton-Mauersteine in 3 Gruppen einteilen (**4**.65).

Hohlblocksteine aus Beton nach DIN 18153 aus Sand oder Kiessand und Zement sind großformatige, fünfseitig geschlossene Mauersteine für Mauerwerk mit untergeordneten Ansprüchen an Wärmeschutz und Tragfähigkeit.

Es gibt Ein-, Zwei-, Drei- und Vierkammersteine in den Druckfestigkeitsklassen 4, 6 und 12 (N/mm²).

Tabelle **4.65** **Normalbeton-Mauersteine nach DIN 18153 (geplant)**

Bezeichnung	Kurzzeichen	Längen in cm	Breiten in cm	Höhen in cm	Rohdichteklassen in kg/dm³	Festigkeitsklassen in N/mm²
Hohlblöcke	Hbn	s. Tab. **4**.62			1,6 1,8 2,0 2,2 2,4	6 12 20 28 36 48
Vollblöcke Vollsteine	Vbn Vn	s. Tab. **4**.62				
Vormauersteine Vormauerblöcke	Vm Vmb	24 49 19 24 29 49	9 10 11,5 14	5,2 7 9,5 11,5 17,5 23,8 17,5 19 23,5		

Aufgaben zu Abschnitt 4

1. Erläutern Sie den Begriff Mineralien.
2. Nennen sie wichtige Mineralien innerhalb der natürlichen Gesteine.
3. Welche Eigenschaften natürlicher Gesteine hängen überwiegend von deren Mineralführung ab?
4. Beschreiben Sie folgende Gesteinseigenschaften: dicht, glasig, porphyrisch, schiefrig, geschichtet, trümmerartig, sandsteinartig, klastisch.
5. Vergleichen Sie die Entstehung von Erstarrungs-, Ablagerungs- und Umwandlungsgesteinen.
6. Nennen Sie die 4 wichtigsten Tiefengesteine sowie die dazugehörigen Gang- und Ergußgesteine.
7. Wodurch unterscheiden sich Tiefen-, Gang- und Ergußgesteine?
8. Welche natürlichen Gesteine eignen sich nach DIN 18332 für Bauzwecke?
9. Welche schädlichen Merkmale an natürlichen Bausteinen sind nach DIN 18332 nicht gestattet?
10. Welche Festigkeitsgruppen und Mindestfestigkeiten unterscheidet DIN 1053 für natürliche Bausteine?
11. Beschreiben Sie den Kreislauf der natürlichen Gesteine.
12. Nennen Sie Verwendungsmöglichkeiten natürlicher Gesteine im Bauwesen.
13. Nennen Sie die wichtigsten Formate der Mauersteine und deren Abmessungen.
14. Was bedeuten die Zahlenangaben zur Steinrohdichte und zur Steinfestigkeit?
15. Wodurch unterscheiden sich Ziegel und Kalksandsteine nach Ausgangsstoffen und Härteverfahren?
16. Welche Anforderungen müssen Vormauersteine erfüllen?
17. Wodurch unterscheiden sich Mauerziegel und Leicht-Hochlochziegel?
18. Worin bestehen die Unterschiede zwischen Ziegel und Klinker hinsichtlich Herstellung, Festigkeit, Rohdichte und Wasseraufnahme?
19. Welche Kennfarben gelten für die verschiedenen Druckfestigkeitsklassen der Mauerziegel?
20. Was besagen die Angaben A, B und C bei gelochten Ziegeln?

21. Berechnen Sie die Steinrohdichte ϱ eines Hochlochziegels mit den Abmessungen 11,3 cm × 11,5 cm × 24 cm und der Masse $m = 4{,}366$ kg.
22. Vergleichen Sie den Erhärtungsvorgang des Kalkmörtels mit dem Härtevorgang der Kalksandsteine.
23. Beschreiben Sie Kalksandvoll-, Kalksandloch-, Kalksandblock- und Kalksand-Hohlblock-Steine.
24. Welche Anforderungen erfüllen KS-Vormauersteine und -Verblender?
25. Ein KSL-Stein Format 3 DF entspricht der Festigkeitsklasse 6. Wieviel kN müssen beim Druckfestigkeitsversuch erreicht werden?
26. a) Welche Vorteile bietet die Reihenverlegung großformatiger Steine gegenüber der Einzelverlegung?
b) Wodurch unterscheiden sich die dafür verwendeten Steine (Länge, Höhe, Ausbildung der Stirnseiten)?
27. Gliedern Sie Leichtbetonarten nach Ausgangsstoff und Materialgefüge.
28. Nennen Sie die genormten Arten der Leichtbetonsteine, deren DIN-Nr. und die genormten Druckfestigkeitsklassen.
29. Woran erkennt man die Güteklassen V 4 und V 6 der Leichtbeton-Vollsteine und Leichtbetonblöcke?
30. Warum werden Leichtbetonsteine (bes. die Porenbetonsteine) unter Dampfdruck gehärtet?
31. Wodurch unterscheiden sich Porenbeton-Block- von Porenbeton-Plansteinen?
32. Für welche Mauerwerksteile eignen sich die Leichtbetonsteine besonders gut, für welche weniger? Warum?
33. Hbl-Steine aus Leichtbeton dürfen nicht ohne Lieferschein auf die Baustelle kommen. Welche Angaben sind darin gefordert?
34. Welche Formate gelten für Leichtbeton-Lochsteine?
35. Ein Leichtbeton-Lochstein wurde gekennzeichnet mit 2 Nuten und blauem Farbzeichen. Zu welcher Festigkeitsklasse gehört er?
36. Worin bestehen die Material- und Anwendungsunterschiede der Leichtbeton- und der Beton-Hohlblocksteine?
37. Was bedeuten die Kurzzeichen Mz, VHlz, KMz, KS Vm, KS Vb, HlzB, KHK B, HLz W, HSL, VHSV, V6, LLB 4, PB2, PP 2, Hbn 6?
38. Erläutern Sie folgende Kurzbezeichnungen künstlicher Mauersteine:
a) Mauerziegel DIN 105 VMz 12–1,6–NF
b) Kalksandstein DIN 106 KS Vbl 20–1,8–2 DF
c) Vollstein DIN 18 152 – V6–1,0–2 DF
d) Porenbeton-Blockstein PB4–0,8–490 × 240 × 240
e) Hohlblock DIN 18 151 – 2 K Hbl 2–0,7–24

5 Fliesen und Platten, Dachdeckung und Wandbekleidung

5.1 Fliesen und Platten

Für keramische Fliesen und Platten gelten neuerdings einheitliche europäische Normen (Euro-Normen EN). DIN EN 87 unterscheidet stranggepreßte Platten (Gruppe A) und trockengepreßte Fliesen und Platten (Gruppe B). Beide gliedern sich nach der Wasseraufnahmefähigkeit in I, II a, II b und III. Wir behandeln hier die für uns bedeutsamen Platten und Fliesen nach Tab. **5.1**.

Tabelle **5.1** **Fliesen und Platten nach DIN EN 87, EN 176 und EN 159**

Glasierte Fliesen Gruppe B III, EN 159 Wasseraufnahme E > 10%
Fliesen Gruppe BI, EN 176 Wasseraufnahme E ≤ 3%

Die Normforderungen beziehen sich allein auf Fliesen der 1. Sortierung und nur auf rechtwinklige Formen. Mindersortierungen („M-Sorten") sind brauchbar.

Herstellung. Die Rohstoffe bestehen überwiegend aus Ton und Quarz. Steingutfliesen (STG) erhalten noch Zusätze aus Kaolin und Kreide, Steinzeugfliesen (STZ) solche aus Feldspat. Feldspat schmilzt schon bei 1000 °C, füllt dabei die Hohlräume des Korngerüsts und macht den Scherben dicht, fest und frostbeständig. Das aufbereitete Rohmaterial wird mit Wasser aufgeschlämmt, getrocknet und gemahlen. Unter hohem Druck (bis 40 N/mm^2) werden daraus Rohlinge gepreßt.

Die Brenntemperaturen betragen für Steinzeugfliesen bis 1350 °C (Sintergrenze!), für Steingutfliesen bis 1200 °C und für Irdengutliesen (IG) bis 1000 °C. Bei Steingut- und Irdengutfliesen brennt man in der Regel erst den Scherben, dann die Glasur. Steinzeugfliesen sind nach dem ersten Brand fertig.

Glasierte Fliesen der Gruppe B III, DIN EN 159 haben infolge ihres porigen Scherbens (Wasseraufnahme > 10 Masse-%) eine gute Mörtelhaftung. Sie eignen sich vorzugsweise für Wandbeläge und ergeben hygienische, feuchtigkeitsbeständige, pflegeleichte und desinfizierbare Beläge mit ausreichendem Widerstand gegen Haushalts-Chemikalien. Irdengutfliesen haben farbige, Steingutfliesen helle Scherben.

Fliesen und Platten der Gruppe B I, DIN EN 176 (Steinzeugfliesen) haben dichtgesinterte, kristalline Scherben (Wasseraufnahme ≤ 3 Masse-%). Sie sind frost- und witterungsbeständig, hart, fest und von hohem Widerstand gegen mechanische, thermische und chemische Beanspruchung (z. B. Säuren, Laugen, Haushaltsreinigungsmittel – aber nicht gegen Flußsäure!), ferner wasserabweisend, pflegeleicht und desinfizierbar. Sie eignen sich deshalb besonders für Bodenbeläge (innen und außen) sowie für frostbeständige Wandbeläge. Fliesen mit verbesserter Trittsicherheit haben genockte, geriffelte, gekuppte, gekörnte oder pyramidenförmig ausgebildete Sichtflächen.

Die 4 Gleitsicherheitsgruppen 0 bis 3 genügen unterschiedlichen Anforderungen.

Unglasierte Fliesen sind einfarbig, porphyriert oder geflammt und extrem strapazierfähig.

Glasierte Fliesen gibt es mit unterschiedlichem Verschleißwiderstand (Abriebgruppen I bis IV: „sehr leicht", „leicht", „mittel" und „stärker").

Bei den unglasierten Steinzeugfliesen gibt es infolge des homogenen Scherbens auch bei Abrieb keine Farbänderungen. Ihre strukturbedingte Empfindlichkeit gegen Fleckenbildner (z. B. Tinte, Fruchtsäfte, Fette) erfordert jedoch vorbeugende Oberflächenbehandlungen.

Mosaikfliesen (meist in Fliesentafeln) haben Einzelzellen von < 90 cm^2 mit Seitenlängen < 5 cm, Riemchen ein Seitenverhältnis von ≧ 3 : 1.

Die Maße der Fliesen und Platten kennzeichnen wir als Koordinierungsmaße *C* oder Nennmaße *N*. Sie sind um eine Fugenbreite größer als das (tatsächliche!) Werkmaß *W* (**5.2**).

Die Koordinierungsmaße passen zum Maßsystem der Modulordnung im Hochbau (vgl. Baufachkunde 2), die Nennmaße weichen davon ab.

Kennzeichnungspflicht besteht für die 1. Sorte mit folgenden Angaben: Herstellerzeichen, Erzeugerland, Zeichen der 1. Sorte, Art der Fliesen und Platten, Normzeichen und -nummer, Koordinierungsmaße (bzw. Nennmaße) und Werkmaße.

Tabelle **5.2** **Modulare Vorzugsmaße für trockengepreßte keramische Fliesen und Platten der Gruppen B III und B I**

Werkstoffgruppe	Gruppe B III hohe Wasseraufnahme $E > 10$ Masse-%	Gruppe B I niedrige Wasseraufnahme $E \leq 3$ Masse-%
Koordinierungsmaß *C* in cm	M 20 × 30 M 30 × 15 M 25 × 25 M 20 × 20 M 20 × 15 M 20 × 10 M 15 × 7,5 M 10 × 10	M 30 × 30 M 20 × 20 M 20 × 15 M 20 × 10 M 15 × 15 M 10 × 10
Werkmaß *W* in mm	Fugenbreite 1,5 bis 5 mm	Fugenbreite 2 bis 5 mm
	W = Koordinierungs- bzw. Nennmaß minus Fugenbreite. Die Fugenbreite legt der Hersteller fest.	
Plattendicke *d* in mm	üblicherweise 5 bis 18 mm	

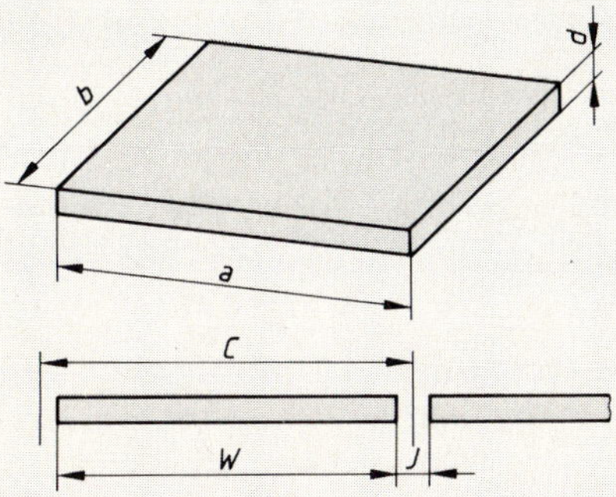

Keramische Fliesen und Platten bestehen überwiegend aus gebranntem Ton. Genormt sind Fliesen und Platten der 1. Sortierung mit rechtwinkligen Flächen. Saugfähige Steingut- und Irdengutfliesen verwendet man für Wandbeläge, die dicht gesinterten Steinzeugfliesen besonders für Bodenbeläge.

Bodenklinkerplatten nach DIN 18158

Sie eignen sich für Bodenbeläge in gewerblichen Bereichen, ferner für Terrassen und Gehwege. Sie werden aus aufbereitetem Ton im Trockenpreßverfahren geformt und ohne Glasur bei über 1000 °C gebrannt.

Genormte Eigenschaften: druckfest (≧ 150 N/mm²), dicht, abriebfest, frost- und witterungsbeständig, widerstandsfähig gegen bestimmte chemische Einflüsse.

Genormte Maße gelten nur für rechtwinklige Formen, nicht für polygonale. Tab. **5**.3 enthält die Vorzugsmaße. Andere können vereinbart werden.

Tabelle **5.3** **Vorzugsmaße der Bodenklinkerplatten nach DIN 18158**

Koordinierungsmaße *C*	Werkmaße *W* Breite *b*	Länge *a*	Dicke *s*
300 × 300	290	290	
250 × 250	240	240	10, 15,
125 × 250	115	240	20, 25,
200 × 200	194	194	30, 35
100 × 200	94	194	oder 40

Werkmaße W entsprechen den Fertigungsmaßen der Platten in mm (z. B. Breite/Länge = 240/240). *Koordinierungsmaße C* (= Nennmaße) entsprechen der Summe aus Werkmaß *W* + 1 Stoßfugendicke *J* (**5**.3, **5**.4).

Beispiel 1 Für Platten mit *W* = 240/240 gilt *C* = 250/250.

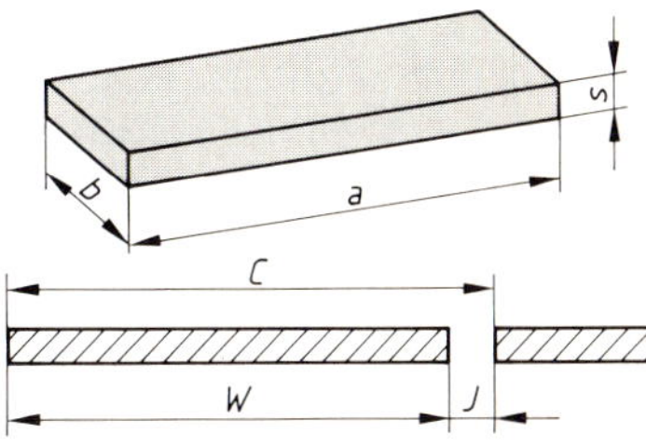

5.4 Koordinierungsmaß *C* = Werkmaß *W* + Fuge *J*
Werkmaß *W* = Maße *a*, *b* und *s*

Normbezeichnung. Es gelten für die Längen- und Breitenangaben die Koordinierungsmaße *C*, für die Plattendicke dagegen das Werkmaß *W*.

Beispiel 2 Bodenklinkerplatte DIN 18158-125 × 250 × 20

5.2 Natur- und Betonwerkstein-Platten

Naturstein- und Naturwerksteinplatten. Geeignete Natursteine für Plattenbeläge behandelt Abschn. 4.1

Die Plattengrößen reichen für Bodenbeläge bis 80×80 (cm), für Wandbeläge bis 100×150 (cm). Die Dicke der Platten bis 1 m² beträgt für Hartgestein mindestens 3 cm, bei weichem Gestein wenigstens 4 bis 5 cm. Kleinere Platten von 25 bis 30 cm Seitenlänge haben Mindestdicken von 2 cm.

DIN 18332 und 18365 fordern Natursteinplatten aus nicht verwitterten Lagen und ohne schädliche Einsprengungen. Sie werden durch Lösen mit Spitzhacke, Brechstange und Stahlkeil oder durch Sprengungen abgebaut.

Naturwerksteinplatten erhalten unterschiedlich behandelte Oberflächen. Granit, Diorit und Basaltlava sind geschliffen oder auch sauber gestockt. Marmorplatten werden meist poliert, Kalksteinplatten (z.B. Solnhofener) fein geschliffen, Sandsteine naturglatt, halb oder ganz geschliffen angeliefert.

Betonwerkstein-Platten (Kunststein) nach DIN 18500 gibt es als Wand- und Fußbodenplatten. Sie bestehen aus Zement und Zuschlägen, die unter Zugabe von Wasser (evtl. auch Farbstoffen) intensiv gemischt und verdichtet werden. Nach dem Erhärten folgt die werksteinmäßige Behandlung, z.B. Schleifen, Scharrieren, Stocken, Kröneln, Spitzen, Sandstrahlen oder Auswaschen.

Betonwerksteinplatten mit Flächenmaßen > 20×20 (cm) werden meist zweischichtig hergestellt, die unter 20 cm Kantenlänge dagegen einschichtig. Zweischichtige Platten haben eine Kernbetonschicht aus Kiesbeton und eine Vorsatzbetonschicht von ≧ 1 cm Dicke, deren Zuschlag nach Größe, Form, Gesteinsart und -farbe verschieden sein kann, z.B. Marmor, Travertin, Muschelkalk (**5**.5). Kern- und Vorsatzbetonschicht müssen fest miteinander verbunden sein.

Allgemein stellt man folgende Anforderungen: gleichmäßig dichtes Gefüge, scharfe, saubere, nicht bröckelnde Kanten und gleichmäßige Dicke. Die Plattenabmessungen betragen (in cm) 15/15/2, 20/20/2, 25/25/2, 30/30/3, 40/40/5 und 50/50/5.

Gehwegplatten aus Beton nach DIN 485 bestehen aus Normzement und Zuschlag (Hartgestein). Sie werden ein- oder zweischichtig aus Unter- und Vorsatzbeton hergestellt. Die Abmessungen der überwiegend quadratischen Platten betragen 30/30/4, 35/35/5, 40/40/5 und 50/50/6 (cm). Für Diagonalverlegung eignen sich die Formen B und C (**5**.6).

Die Platten können hell, dunkel und farbig gestaltet sein. Genormte Mindestanforderungen beziehen sich auf Maßtoleranzen, Biegefestigkeit (≧ 6 N/mm²), Verschleißfestigkeit und Frostbeständigkeit. Ferner müssen alle Flächen frei von Rissen sein. Bezeichnung einer Friesplatte (B) der Größe 400 einschichtig: Gehwegplatte B 400 DIN 485 – einschichtig.

Waschbeton-, Asphalt-, Asphaltterrazzo- und Steinholzplatten sind weitere Beispiele nichtkeramischer (ungebrannter) Platten.

Natursteinplatten für Bodenbeläge und Wandbekleidungen gibt es in verschiedener Größe, Gesteinsart und Oberflächenbeschaffenheit.

Betonwerkstein-Platten aus Zement und mineralischen Zuschlägen sind ein- oder zweischichtig, Gehwegplatten aus Beton sind meist quadratisch.

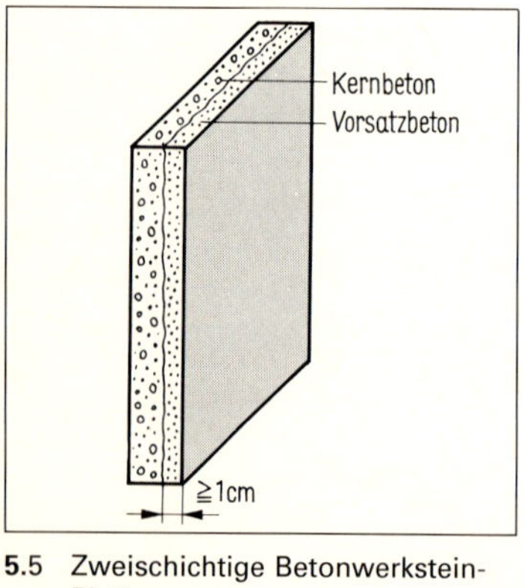

5.5 Zweischichtige Betonwerkstein-Platte

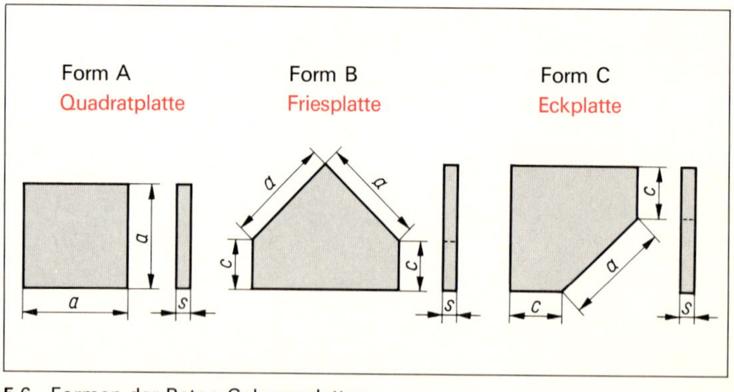

5.6 Formen der Beton-Gehwegplatten

5.3 Dachdeckungen

Dachdeckungen bilden die regensichere und wasserableitende Dachhaut für Dächer ab 5° Dachneigung. Dachabdichtungen sind fugenlose wasserdichte Beläge. Sie sind für Flachdächer bis 5° Dachneigung vorgeschrieben und hier nicht näher behandelt (s. Abschn. 10.5 und 15.2.3).

Deckmaterial und Decktechnik richten sich nach der Dachneigung sowie nach wirtschaftlichen, klimatischen und gestalterischen Gesichtspunkten. Eine Vielzahl von Deckmaterialien in unterschiedlichen Formen und Formaten, Farben und Eigenschaften steht zur Auswahl. Wir unterscheiden natürliche und künstliche Deckstoffe.

Natürliche Deckstoffe. Schiefer, Holzschindeln, Rohr und Stroh.

Künstliche Deckstoffe. Dachsteine (-pfannen und -platten) aus Ziegel und Beton; Platten, Schindeln, Wellplatten und -tafeln aus Faserzement, bituminöse Stoffe oder Kunststoffe; Bleche aus Kupfer, Zink, Blei, Aluminium oder Stahl.

Deckunterlagen bieten Auflagerflächen und Befestigungsmöglichkeiten für das Deckmaterial. Dazu gehören Dachlatten, Dachschalung, Holz-, Beton- und Stahlpfetten. Die Querschnitte dürfen nicht zu klein sein, sonst biegt sich die Dachhaut durch. Dachlatten nageln wir stets so auf, daß die baumkantige Seite nach unten zeigt (**5**.7).

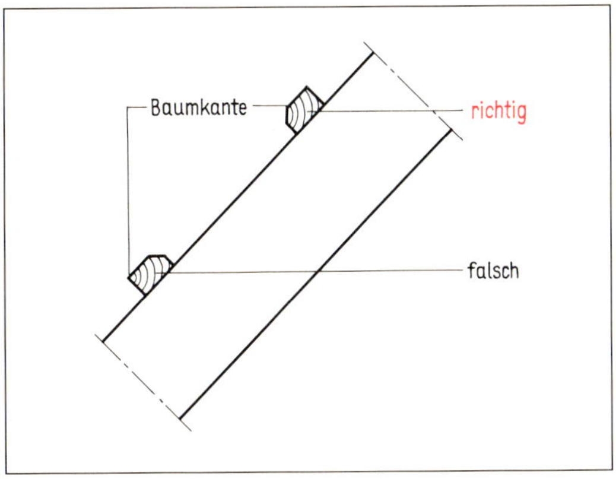

5.7 Dachlatten mit der Baumkante nach unten aufnageln

Die Dachbelüftung verhindert Dauerfeuchte an hölzernen Dachteilen durch Flugschnee oder kondensierten Wasserdampf aus dem bewohnten Dachgeschoß. Die an der Traufe einströmende Außenluft erwärmt sich unterhalb der Dachhaut. Dadurch kann sie zusätzlich Wasserdampf aufnehmen und durch Abluftöffnungen nach außen

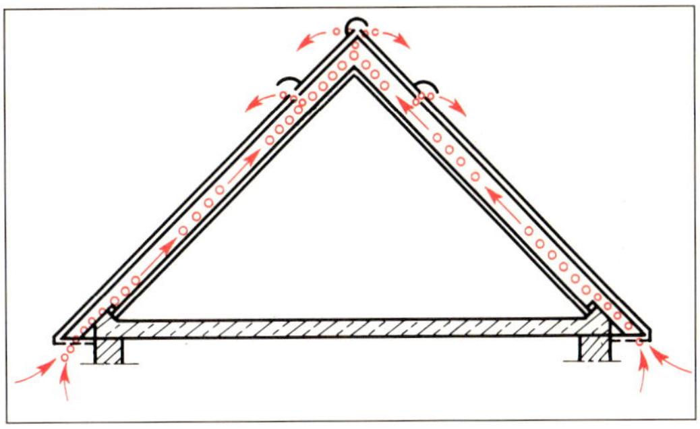

5.8 Belüftete Sparrenfelder leiten Luftfeuchtigkeit nach außen ab, bei Windstille durch Lüfterfirste und -pfannen, bei Windströmung von Traufe zu Traufe

abführen (**5**.8). Bei Windströmung tritt der Luftstrom nicht im First, sondern an der entgegengesetzten Traufe ins Freie.

Konterlatten (Strecklatten) sorgen für störungsfreie Durchlüftung der Sparrenfelder. Konterklötze ermöglichen zusätzliche Querlüftung (**5**.9). Für Konstruktionen mit Unterdach aus Holzschalung + Dachbahnlage, Platten oder Unterspannbahnen sind sie unerläßlich (**5**.10).

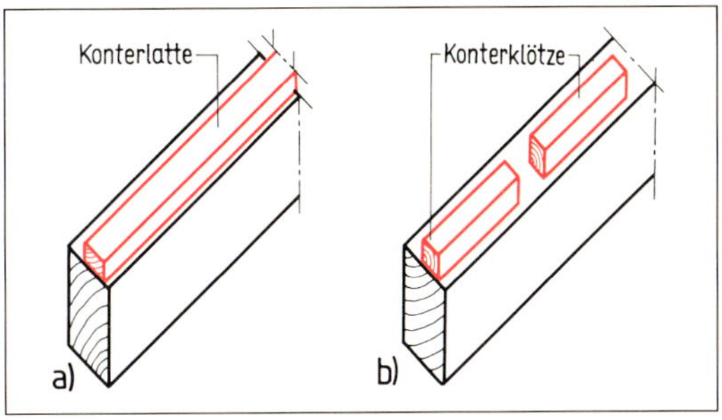

5.9 Konterlatte (a) und Konterklötze (b)

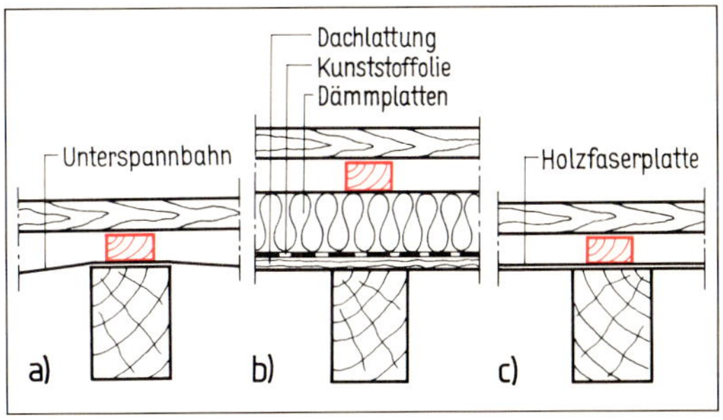

5.10 Konterlatte a) über Unterspannbahn, b) über Dämmplatte und Sichtschalung, c) über Holzfaserplatte

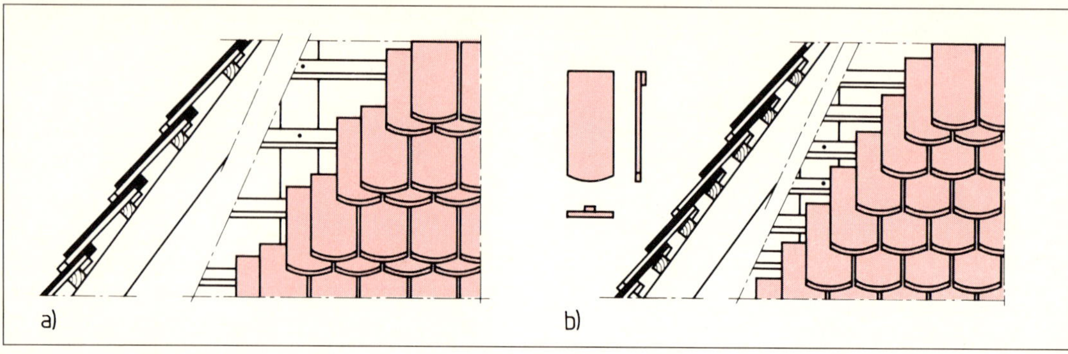

5.11 Biberschwanzdeckung auf a) Kronendach, b) Doppeldach

Latten- und Pfettenabstände richten sich nach der Dachneigung und Deckmaterial. Genaues Einhalten der Abstände ist Voraussetzung für paßgerechte, gleichmäßige und regensichere Deckung. Die Lattenweite entspricht dem Abstand der Lattenoberkanten. Für Dachpfannen mit Kopf- und Seitenfalzen gelten maßbedingte feststehende Lattenweiten. Die Lattenweite anderer Pfannen, Platten und Tafeln hängt von der Mindest-Höhenüberdeckung ab. Flachgeneigte Dächer erfordern größere, steilere Dächer dagegen geringere Höhenüberdeckungen bzw. Lattenweiten. (Warum?)

Dachziegel werden aus aufbereitetem Ton und Lehm geformt und gebrannt. Sie müssen frostbeständig, wasserundurchlässig und maßhaltig sein. Nur Dachziegel der 1. Wahl erfüllen die Anforderungen der DIN 456.

Strangdachziegel. Biberschwanzziegel, Strangfalzziegel, Hohlpfannen. Sie werden mit dem Mundstück der Schnekkenpresse gefertigt (ähnlich wie Mauerziegel).

Preßdachziegel. Falzziegel und Reformpfannen, Falz- und Flachdachpfannen, Krempziegel. Die Einzelfertigung in speziellen Formpressen ermöglicht das Ausformen der feingliedrigen Längs- und Querfalze.

Biberschwänze verwenden wir vorwiegend für das Doppel- und das Kronendach (**5**.11). Die Reihen liegen stets um eine halbe Ziegelbreite gegeneinander versetzt. Beim Doppeldach überdeckt jede dritte Ziegelreihe die erste noch um die erforderliche Höhenüberdeckung. Beim Kronendach hängen zwei seitlich versetzte Ziegelreihen als Lager- und Deckschicht auf einer Dachlatte. Biberschwänze verlegt man trocken, bei hohem Windanfall auch in Kalkmörtel und mit Sturmklammern. Die Dachneigung beträgt $\geq 30°$, beim Verlegen in Pappdecken $\geqq 20°$.

S-Pfannen (Hohlpfannen) gibt es nur noch als Rechtspfannen, ferner mit Kurz- und Langschnitt. Ortgänge erhalten Doppelkremper (Doppelwulstziegel, **5**.12). Für die Vorschnittdeckung eignen sich Pfannen mit Langschnitt (40/75). Hier sind die Eckschnitte gestoßen und einfach überdeckt. Die Aufschnittdeckung mit Kurzschnittpfannen (40/40) hat vielfach überdeckte Ecken und ist daher sicherer als die Vorschnittdeckung mit Langschnittpfannen (**5**.13).

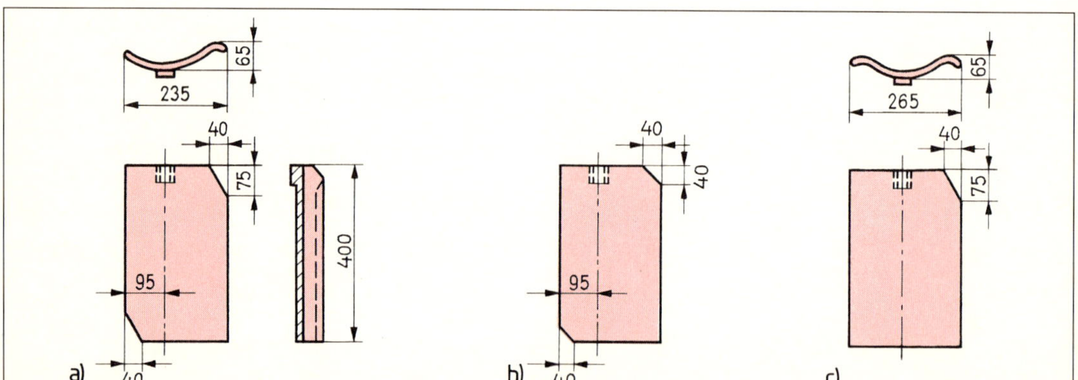

5.12 S-Pfannen (Hohlpfannen) a) mit Langschnitt, b) mit Kurzschnitt, c) Doppelkremper

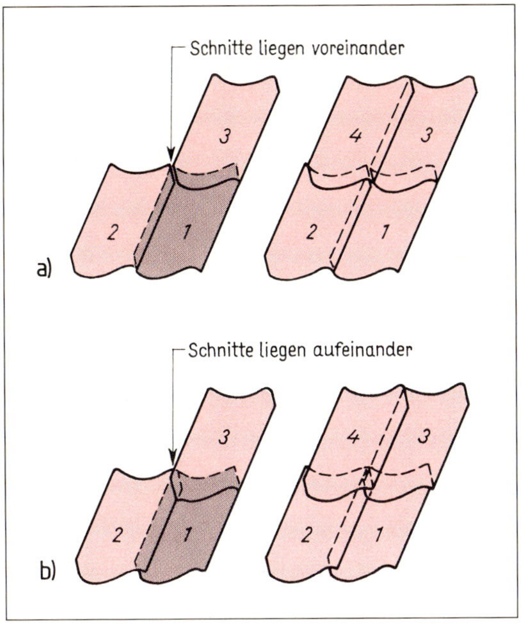

5.13 S-Pfannendeckung als
a) Vorschnittdeckung, b) Aufschnittdeckung

Falzziegel haben einfache oder doppelte Kopf- und Seitenfalze (**5.**14). Sie sind regensicher ab 30° Dachneigung bei trockener Verlegung, sparsam im Verbrauch (15 St./m^2) und deshalb geringer in der Flächenlast.

Falzziegel in Reihendeckung leiten eingedrungenes Regenwasser innerhalb der Falze zur Dachrinne. Vorteilhafter ist die Verbandsdeckung mit versetzten Stoßfugen, wo eingedrungenes Wasser unmittelbar vom Falz auf die Oberfläche der nächsten Pfannenreihe gelangt.

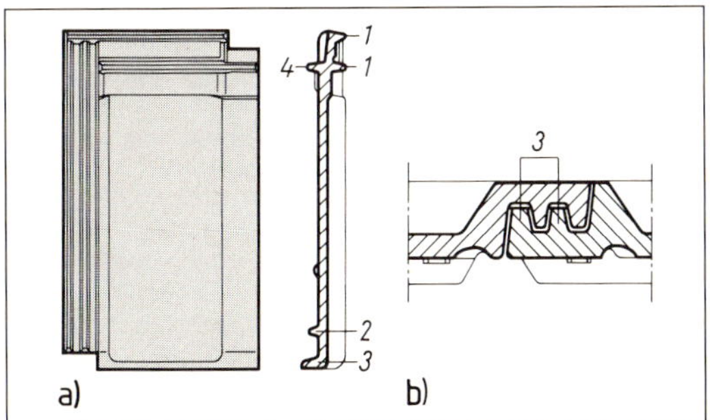

5.14 Doppelfalzziegel (Beispiel)
a) Draufsicht und Längsschnitt
b) ineinadergreifende Seitenfalze
1 Kopffalze *3* Seitenfalze
2 Fußfalze *4* Aufhängenase

Die schmalen Falze erlauben nur geringe Abweichungen der Deckmaße. Seitenabstände und Dachüberstände sowie Sparrenlängen und Dachbreiten müssen daher genau geplant werden.

Bekannt sind Doppelmuldenziegel, Reformpfanne (mit 1 Mulde), Kronenkremper, Flachkremper, Romano-Kremper und Flachdachpfanne.

Flachdachpfannen sind aufgrund ihrer hochgelegten äußeren Falze schon ab 15° Dachneigung regensicher. Trotz Reihendeckung leiten sie eingedrungenes Regenwasser in geschickt geführten Falzen sicher auf den unteren Teil der eigenen Oberfläche ab (**5.**15). Wegen herstellungsbedingter Maßabweichungen legt man die Deckmaße durch Kontrolle fest.

Strangfalzziegel haben Längsfalze. Sie ähneln den Biberschwänzen, werden in Reihendeckung verlegt und eignen sich nur für steile Dächer.

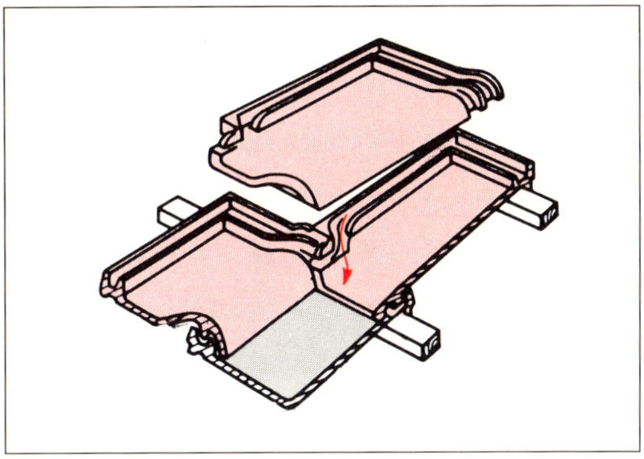

5.15 Flachdachpfannen leiten Feuchtigkeit auf die eigene Oberfläche ab

Betondachsteine nach DIN 1115 werden aus einem Gemisch von Quarzsand und hochwertigem Zementleim geformt, gepreßt und dampfgehärtet. Sie erhalten einheitliche Längen und Formen.

Für Reihendeckung verwendet man Dachsteine mit hochliegendem Falz (**5.**16a bis e), die ebenen Dachsteine mit tiefliegendem Falz sind mit versetzten Stoßfugen zu verlegen (Verbandsdekkung, **5.**16f). Das falzlose Kopfende der Betondachsteine erlaubt unterschiedliche Höhenüberdeckungen.

Formziegel(-dachsteine und -teile) erleichtern Speziallösungen, z.B. Ortgangpfanne für Ortgangabschlüsse (**5.**17), Firstpfannen (-kappen), Lüfterpfannen, Pultsteine.

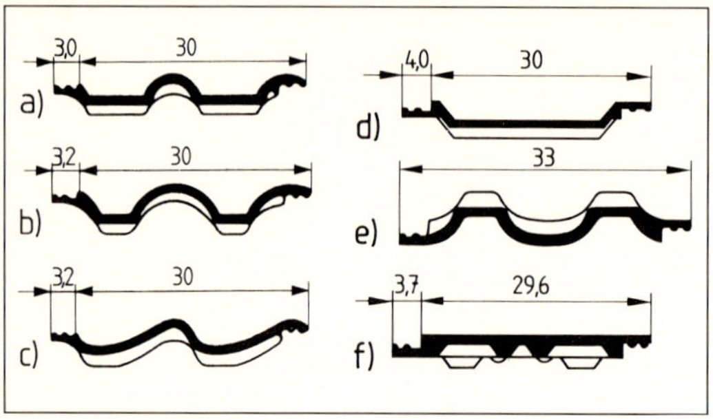

5.16 Betondachsteine im Querschnitt
a) Frankfurter Pfanne, b) Römerpfanne, c) S-Pfanne
d) Markantpfanne, e) Taunuspfanne, f) Tegalitpfanne

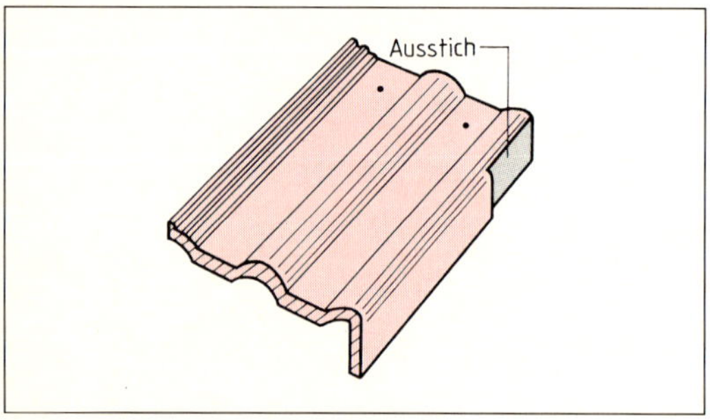

5.17 Ortgangpfanne für 32er Lattung

Dachschiefer entstand vor etwa 400 Millionen Jahren durch Ablagern überwiegend toniger Schlammassen. Erdbewegungen mit hohem Überlagerungsdruck gaben dem Gestein die typische lagenweise Schichtung. Es wird in großen Blöcken über und unter Tage abgebaut, in Spalthütten mit Diamantsägen zerteilt und dann in etwa 5 mm dicke Platten gespalten. Normgerechter Schiefer ist frei von schädlichen Bestandteilen (z. B. Kalkstein), hat glatte, ebene Oberflächen mit gleichmäßigem Korn, ergibt beim Anschlagen einen hellen Klang und zeigt beim Anritzen eine helle Spur. Das Altdeutsche Schieferdach (**5**.18) ist die meistverbreitete Deckart bei Dachschiefer.

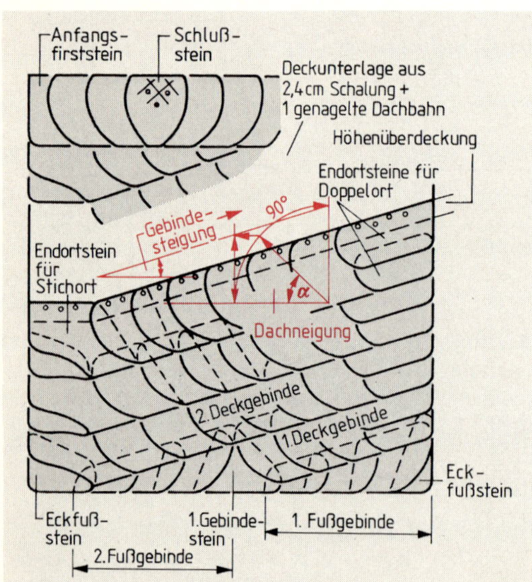

5.18 Altdeutsches Schieferdach

Faserzementplatten und -welltafeln haben die vor wenigen Jahren noch verbreiteten Asbestzementplatten und -tafeln fast völlig vom Markt verdrängt. Die gesundheitsschädigenden Asbestfasern sind hier durch Kunstfasern ersetzt. Faserzementplatten ähneln nach Form, Größe und Verlegetechnik dem Dachschiefer.

Tabelle **5**.19 zeigt die Formate, Bild **5**.20 die verbreiteten Deckarten. Welltafeln sind schon ab 7°

Tabelle **5**.19 **Faserzementdachplatten**

A	40/40 30/30 Quadrat, vollkantig (vk) für waagerechte und Doppeldeckung
B	40/40 30/30 20/20 Quadrat mit Bogenschnitt links/rechts (bgl/bgr) für Deutsche Deckung
C nur für Wandbekleidungen	20/20 Quadrat mit einer gestützten Ecke (ge) nur für waagerechte oder Wabendeckung bei Wandbekleidungen
D	60/30 40/20 40/13 30/20 30/15 Rechtecker, vollkantig (vk) waagerechte und Doppeldeckung, als Kehl- und Unterlegsteine
E	40/20 30/15 20/10 Rechtecker mit gestützten Ecken (ge) als Rand- und Firststeine
F	30/60 20/40 Rechtecker, Rechtecker mit gestützten Ecken (ge) für Doppeldeckung

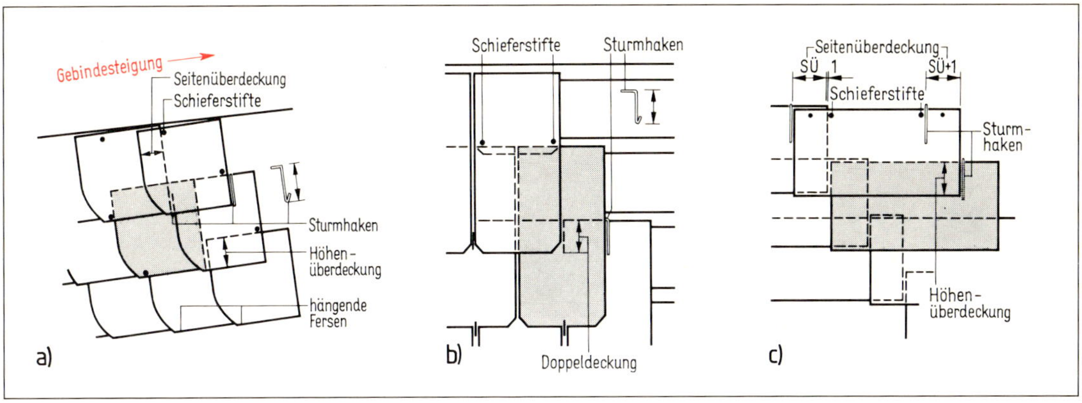

5.20 Verlegearten von Faserzementplatten
a) deutsche Deckung, b) Doppeldeckung, c) waagerechte Deckung

Dachneigung verwendbar. Ihre Vorteile: geringe Eigenlast, hohes Tragvermögen durch die statisch günstigere Wellform, größere Latten- oder Pfettenabstände, weniger Dachfugen, zeitsparendes und einfaches Verlegen.

Die üblichen Profile zeigt Bild **5**.21.

Sie unterscheiden sich durch die Anzahl und Größe der Wellen und durch die Tafelbreite. Standardlängen sind 125, 160, 210 und 250 cm. Besondere Formstücke erleichtern das Ausführen fachgerechter Detailpunkte (z.B. Traufe, Ortgang, First). Jede Tafel erhält mindestens 4 Bohrungen (∅ 11) auf der 2. und 5., bei Profil 130/30 auf der 6. Welle. Sie nehmen die verzinkten Holz- oder Gewindeschrauben mit Dichtungs- und Schutzhut auf (**5**.22).

Kurzwellplatten sind 62,5 cm lang. Im Gegensatz zu Welltafeln werden sie schon mit werkseitig hergestellten Lochungen und Eckschnitten angeliefert (**5**.23 a). Durch Eckschnitte verringert man die Anzahl der übereinanderliegenden Platten (Tafeln) im Eckstoßbereich von 4 auf 3, so daß sie

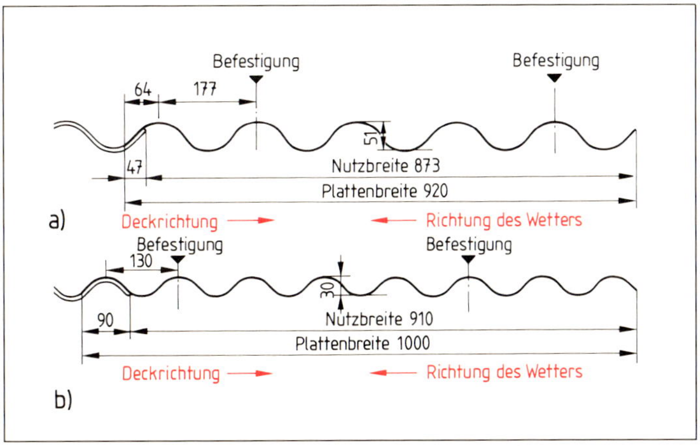

5.21 Welltafel-Profile im Querschnitt mit Seitenüberdeckung (Maße in mm)
a) Profil 177/51 (Profil 5), b) Profil 130/30 (Profil 8)

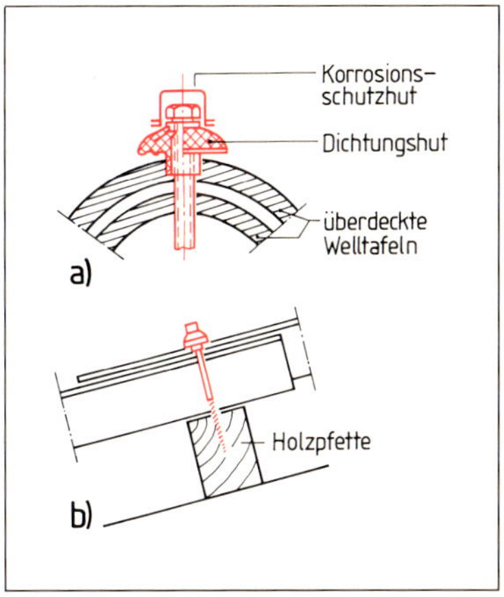

5.22 Welltafelbefestigung
a) mit Dichtungs- und Korrosionsschutzhut
b) mit Holzschraube an Holzpfette

hier dicht und paßgerecht aufeinanderliegen und nicht mehr sperren können.

Mit den Nagellöchern ist eine Höhenüberdeckung von 12,5 cm vorgegeben, zugleich ein Lattenabstand von 62,5 cm−12,5 cm = 50 cm.

Dächer mit weniger als 25° Dachneigung erhalten im Bereich der Höhenüberdeckung vorsorglich eine dichtende, dauerplastische Dichtungsschnur von 10 mm Durchmesser, die an den Eckschnitten hochzuführen ist (**5**.23 a).

Gedeckt wird stets von der wetterabgewandten Gebäudekante aus (also gegen die Wetterrichtung!). Für die verschiedenen Dachseiten sind daher jeweils „rechte" bzw. „linke" Kurzwellplatten zu verwenden. Glockennägel mit Dichtungsscheiben dienen zum Befestigen der Platten und dichten zugleich die Nagellöcher (**5**.23 b).

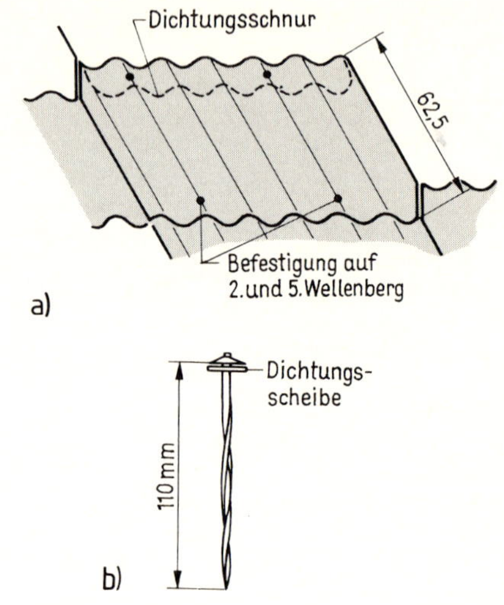

5.23 Kurzwellplatte (a) und Glockennagel (b)

5.4 Wandbekleidungen

Die hinterlüftete Fassade (Vorhangfassade) bietet beste Voraussetzungen für bauphysikalisch funktionsfähige Außenwände. Sie ist regensicher, diffusionsoffen, wärmedämmend, wirtschaftlich, wartungs- und rissefrei. Die außen liegende Dämmschicht liefert den nötigen Wärmeschutz und verhindert stärkere, rissegefährdende Temperaturschwankungen im Wandquerschnitt. Die durchgehende Luftschicht mit Be- und Entlüftungsöffnungen führt den ausdiffundierenden Wasserdampf gefahrlos nach außen ab. Die äußere Bekleidung schirmt die Wand gegen starke Sonneneinstrahlung, besonders aber gegen Schlagregen ab und verhindert damit Wärmedämmverluste wegen Durchfeuchtung (**5**.24).

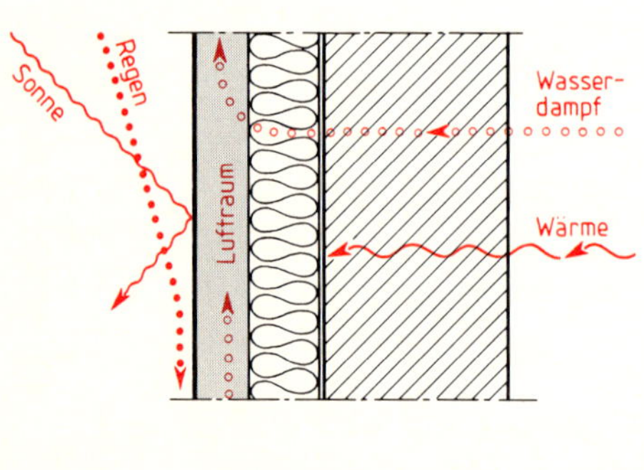

5.24 Hinterlüftete Fassade (Querschnitt)

Die Unterkonstruktion der Wandbekleidungen besteht meist aus imprägnierten Holzlatten. Für größere und hohe Gebäude empfehlen sich fertige Systeme aus Leichtmetall oder Stahl. Ihre Verankerung mit Dübeln und Schrauben ist erheblichen Windsogkräften ausgesetzt und daher besonders sorgfältig auszuführen.

Be- und Entlüftung der Fassade müssen auch im Bereich von Fensterbrüstungen und -stürzen sowie an Vor- und Rücksprüngen gesichert sein.

Als Deckmaterial für Wände eignen sich alle auch für die Dachdeckung üblichen nagel- und schraubbaren Platten und Tafeln aus Schiefer, Faserzement, Metall und Holz. Die Verlegeregeln gelten entsprechend. Verbreitet sind spezielle Fassadenplatten und -tafeln aus Faserzement in verschiedenen Formen, Farben und Formaten. Einige Verlegemuster zeigt Bild **5**.25. Im Gegensatz zur Dachdeckung muß die Wandbekleidung nicht regendicht sein.

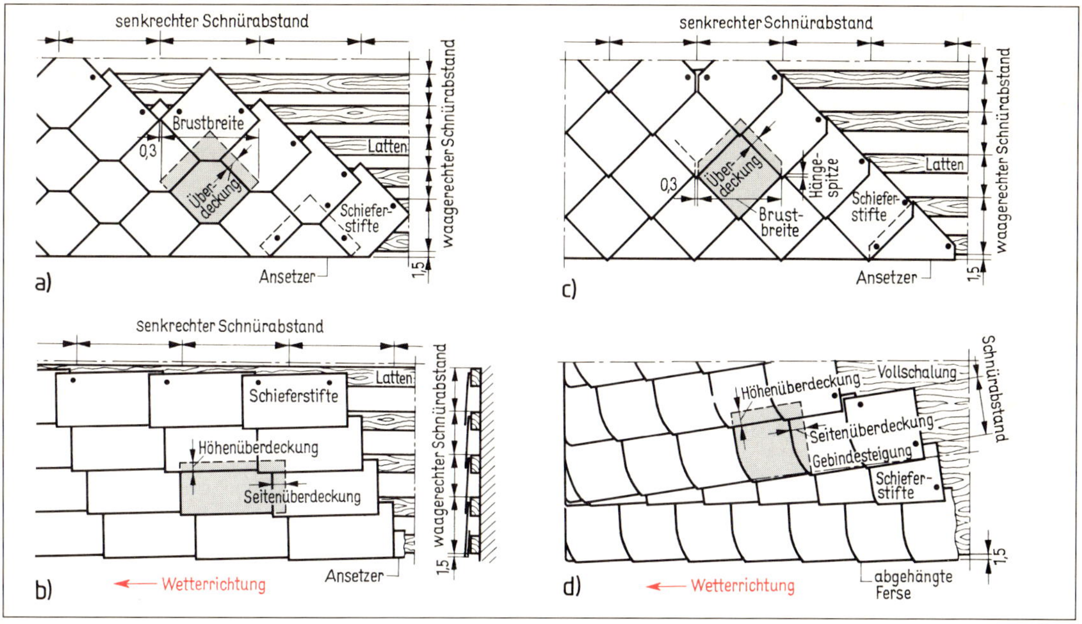

5.25 Wandbekleidungen mit kleinformatigen Platten
a) Wabendeckung mit einer gestutzten Ecke, b) Schablonendeckung mit 2 gestutzten Ecken,
c) Waagerechte Deckung, d) Deutsche Deckung mit eingespritztem Fuß

Aufgaben zu Abschnitt 5

1. Beschreiben sie die Herstellung feinkeramischer Fliesen.
2. Wodurch unterscheiden sich die keramischen Fliesen und Platten der Gruppe A und B?
3. Wodurch unterscheiden sich Steinzeugfliesen von Steingut- und Irdengutfliesen?
4. Erklären Sie die Abriebgruppen I bis IV.
5. Für welche Fliesensortierung gelten die Normanforderungen?
6. Welche Vorzüge bieten Bodenbeläge aus Steinzeug?
7. Welchen Zweck haben Oberflächenstrukturen der Steinzeugfliesen?
8. Erklären Sie bei den Fliesenmaßen den Unterschied zwischen dem Werkmaß W und dem Koordinierungsmaß C.
9. Wieviele Gleitsicherheitsgruppen unterscheiden wir bei den Steinzeugfliesen?
10. Welche Grenzwerte gelten für die Abmessungen der Natursteinplatten?
11. Welche Gestaltungsmöglichkeiten gibt es für die Oberflächen von Natur- und Naturwerksteinplatten?
12. Woraus bestehen die Beton-Werksteinplatten?
13. Unterscheiden Sie ein- und zweischichtige Betonwerkstein-Platten.
14. Welche Anforderungen stellt man an Betonwerkstein-Platten?
15. Nennen Sie Abmessungen und Formen der Beton-Gehwegplatten.
16. Benennen Sie normgerecht eine quadratische Gehwegplatte (A) der Größe 300, zweischichtig.
17. Nennen Sie Deckunterlagen für Dachdeckungen.
18. Welche Aufgaben hat die Dachbelüftung?
19. Wonach richten sich die Latten- und Pfettenabstände für Dachdeckungen?
20. Nennen Sie Deckarten für Biberschwänze.
21. Woran erkennen wir S-Pfannen, Falzziegel und Flachdachpfannen?
22. Die Höhenüberdeckung der Betondachsteine erlaubt größere Abweichungen als bei den Falzziegeln. Warum?
23. Welche Mindestdachneigung erfordert die Flachdachpfanne?
24. Bei den Hohlpfannen (S-Pfannen) unterscheiden wir Kurz- und Langschnittpfannen. Welche davon verwenden wir für die Vorschnitt-, welche für die Langschnittdeckung?
25. Nennen Sie einige Formziegel (-dachsteine) und deren Anwendung.
26. Welche Deckart bevorzugt man für Schieferdächer? Skizzieren Sie das 1. und 2. Fußgebinde.
27. Welche Vorzüge haben Faserzementplatten und -welltafeln?
28. Vergleichen Sie die Profile 177/51 und 130/30 bei den Welltafeln.
29. Wodurch unterscheiden sich Kurzwellplatten von den in Aufgabe 28 beschriebenen?
30. Was versteht man unter einer hinterlüfteten Fassade? Nenne Sie die Vorzüge.
31. Woraus besteht die Unterkonstruktion der hinterlüfteten Fassade?

6 Bindemittel und Mörtel

Aus Bindemitteln, Zuschlag und Wasser wird Mörtel hergestellt. Bindemittel sind mineralische Stoffe, die mit anderen Stoffen infolge chemischer und physikalischer Vorgänge erhärten. Rohstoffe und Herstellungsverfahren bestimmen die Eigenschaften der Bindemittel.

Der Bindemittelleim (Gemenge aus Bindemittel und Wasser) umhüllt die Zuschlagkörner. Bindemittel und Zuschlag bilden nach dem Erhärten des Bindemittels eine feste, zusammenhängende Masse – einen künstlichen Stein (**6**.1).

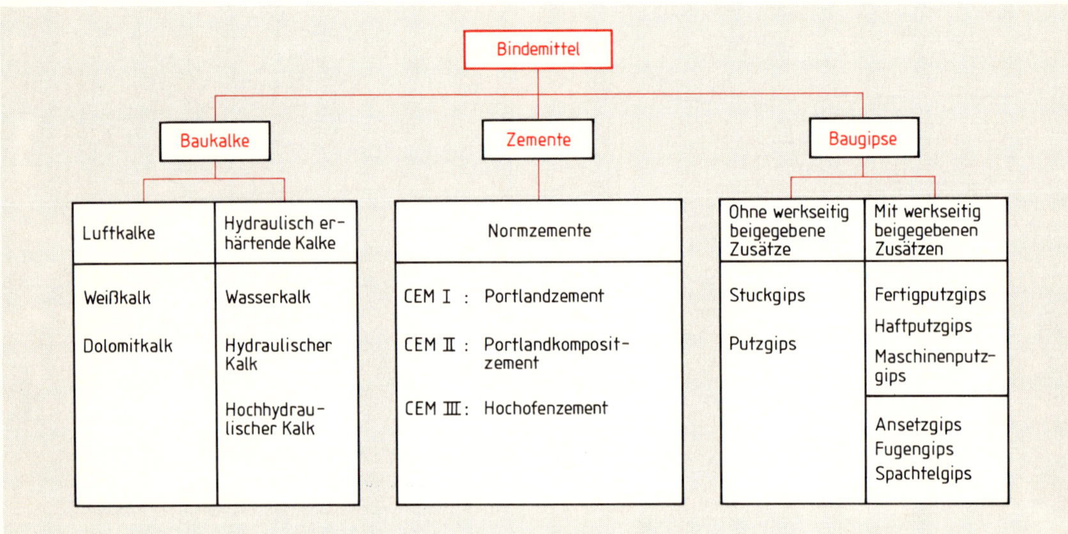

6.1 Bindemittel für Mauer- und Putzmörtel

6.1 Baukalk

Baukalke sind Bindemittel, die der DIN 1060 entsprechen. Nach den Rohstoffen, der Art der Erhärtung und der Beständigkeit unterscheidet man Luftkalke und hydraulisch erhärtende Kalke.

6.1.1 Luftkalke

Rohstoff für die Herstellung von Luftkalk sind möglichst reiner Kalkstein (kohlensaurer Kalk, Calciumcarbonat $CaCO_3$) oder Dolomitstein, ein Calcium-Magnesiumcarbonat ($CaCO_3 \cdot MgCO_3$).

Brennen. Der von Verunreinigungen befreite Kalkstein wird gebrochen und in einem Schachtofen erhitzt (gebrannt). Die Brenntemperatur liegt mit ca. 900 °C unterhalb der Sintergrenze, d.h. das Gestein glüht durch, wird aber nicht angeschmolzen.

- **Versuch 1** Ein flaches, trockenes Kalksteinstückchen wird gewogen, über einer Gasflamme etwa eine Viertelstunde glühend gebrannt und nach dem Abkühlen erneut gewogen.

  Ergebnis Der Kalkstein wird heiß, verliert an Masse und zerbröckelt leicht.

- **Versuch 2** In eine Porzellanschale legen wir ein Stückchen Kalkstein, in eine andere gebrannten Kalk und betropfen beide mit Wasser.

  Ergebnis Der Kalkstein saugt kaum, der gebrannte Kalk dagegen begierig Wasser auf, erhitzt sich und zerfällt, wobei Wasser verdampft.

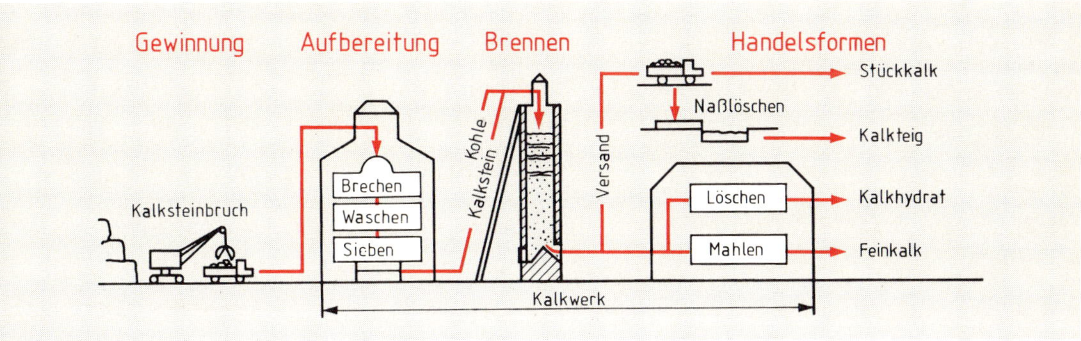

6.2 Werdegang der Baukalke

■ **Versuch 3** Versuchsanordnung wie in Versuch 2. Beide Proben werden jedoch nicht mit Wasser, sondern mit verdünnter Salzsäure übergossen.

Ergebnis Der Kalkstein braust auf; es entwickelt sich Gas, das einen brennenden Holzspan zum Erlöschen bringt. Aus dem gebrannten Kalk wird dagegen kein Gas freigesetzt.

Die unterschiedlichen Eigenschaften von Kalkstein und gebranntem Kalk zeigen, daß sich der Kalkstein durch Erhitzen chemisch verändert. Beim Durchglühen des Gesteins entweicht Kohlendioxid, als Brennprodukt bleibt *Branntkalk* zurück:

$CaCO_3 \longrightarrow$	CaO	+ CO_2
Calcium-carbonat (Kalkstein)	Calcium-oxid (Branntkalk)	Kohlendioxid

Die Reaktion läuft nur ab, wenn Wärme zugeführt wird (endothermer Vorgang). Der Branntkalk verliert durch die Abspaltung des Kohlendioxids 44% an Masse.

Löschen. Durch Zugabe von Wasser wird aus Branntkalk das Bindemittel Kalk gewonnen.

■ **Versuch 4** Auf einige Branntkalkstückchen in einem Reagenzglas gießen wir Wasser und tauchen rotes Lackmuspapier in die milchige Flüssigkeit.

Ergebnis Das Lackmuspapier färbt sich blau.

■ **Versuch 5** Frischer Branntkalk in Faustgröße wird in einer Porzellanschale langsam mit so viel Wasser übergossen, wie die Poren des Kalks aufsaugen können.

Ergebnis Der Branntkalk zeigt unter Hitze- und Dampfentwicklung Formveränderungen. Er platzt und zerfällt zu Pulver. Bei weiterem Wasserzusatz entsteht unter Umrühren Kalkmilch. Allmählich bildet sich am Boden Kalkteig, dessen Volumen größer ist als das des Branntkalks.

Branntkalk verbindet sich mit Wasser zu Kalklauge (*Löschkalk*):

CaO	+ $H_2O \longrightarrow$	$Ca(OH)_2$
Calciumoxid (Branntkalk)	Wasser	Calcium-hydroxid (Löschkalk)

Ergiebigkeit. Bei der chemischen Verbindung von Branntkalk mit Wasser wird Wärme frei (exothermer Vorgang). Beim Löschen nimmt das Volumen des Kalks etwa um das 2,5fache zu; er „gedeiht". Diese Volumenzunahme nennt man Ergiebigkeit. Sie ist ein Qualitätsmerkmal des Löschkalks. Eine möglichst große Volumenzunahme läßt erwarten, daß alle Branntkalkteilchen mit Wasser chemisch reagiert haben. Das ist wichtig, denn nicht gelöschte Branntkalkteile löschen später im Mörtel nach, vergrößern ihr Volumen und beeinträchtigen dadurch die Festigkeit des Mörtels. Richtiges Löschen ist deshalb Voraussetzung für die Qualität des Löschkalks.

■ **Versuch 6** In vier weite, hitzebeständige Bechergläser füllen wir je eine flache Schicht Branntkalkstückchen. In drei Gläser wird nun kaltes Wasser gegossen, und zwar in das erste Glas ebensoviel Wasser wie Kalk, in das zweite das Vierfache, in das dritte nur ein Drittel der Kalkmenge. In das vierte Glas gießen wir die vierfache Menge heißen Wassers auf den Branntkalk.

Ergebnis Sehr unterschiedliche Löschvorgänge und Löschergebnisse.

„Ersaufen" und „Verbrennen". Die Menge des Löschwassers muß auf die Menge des Branntkalks abgestimmt sein. Zu viel oder zu wenig Löschwasser mindert die Qualität des Löschkalks. Im ersten Fall „ersäuft" der Kalk, weil das Wasser nicht die nötige Löschtemperatur erreicht; der Kalk löscht nur unvollständig, wird körnig und gedeiht unzureichend. Im zweiten Fall „verbrennt" der Kalk, weil die übermäßige Hitzeentwicklung das Wasser verdampfen läßt; es entsteht eine pulvertrockene Masse mit vielen ungelöschten Teilchen. Die Masse ist kurzfristig nicht mehr löschfähig, nachträglich zugegebenes Wasser kann sich nicht mehr genügend erwärmen.

Erhärten. Löschkalk wird mit Sand und Wasser zu Mörtel verarbeitet (s. Abschn. 6.4.3).

■ **Versuch 7** In ein Reagenzglas wird erhärteter Kalkmörtel (alter Kalkputz), in ein anderes Kalkmörtel aus frisch gelöschtem Kalk gegeben und mit verdünnter Salzsäure übergossen.

Ergebnis Der erhärtete Kalkmörtel braust auf; das sich entwickelnde Gas hat dieselben Eigenschaften wie das Gas, das wir aus Kalkstein freigesetzt haben (s. Versuch 3). Der erhärtete Kalkmörtel enthält wieder CO_2.

Luftkalk erhärtet durch Aufnahme von Kohlendioxid unter gleichzeitiger Abgabe des chemisch gebundenen Löschwassers:

$Ca(OH)_2$	$+ CO_2 \longrightarrow$	$CaCO_3$	$+ H_2O$
Calcium-hydroxid (Löschkalk)	Kohlen-dioxid	Calcium-carbonat (Kalkstein)	Wasser

Nach Abschluß des Erhärtungsvorgangs hat sich der Löschkalk wieder zu Kalkstein zurückverwandelt – zum Ausgangsstoff der Kalkgewinnung. Die Erhärtungsreaktion, bei der Kohlendioxid gebunden wird, nennt man Carbonaterhärtung oder Carbonatisierung.

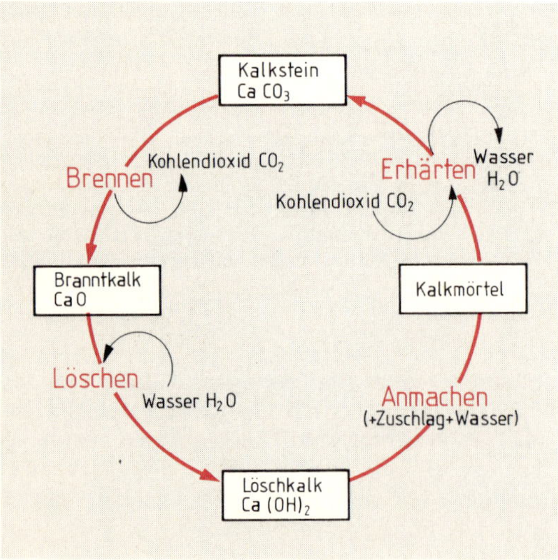

6.3 Kreislauf des Luftkalks

Das zum Erhärten nötige Kohlendioxid liefert die Luft. Erhärten unter Luftabschluß ist nicht möglich. Weil die Luft nur etwa 0,03% Kohlendioxid enthält, dauert das Erhärten sehr lange (einige Monate). Nur erhöhte Zufuhr von Kohlendioxid beschleunigt das Erhärten. Deshalb werden Innenräume dauernd gelüftet. Zugluft muß allerdings vermieden werden, weil der Mörtel sonst austrocknet und reißt. Durch Aufstellen von Öfen, die viel Kohlendioxid entwickeln, läßt sich das Erhärten beschleunigen. Wegen der Wärmeentwicklung ist jedoch die Gefahr des Austrocknens besonders groß.

Branntkalk (CaO)
- entsteht durch Brennen von Kalkstein bei ca. 900 °C. Dabei entweicht Kohlendioxid.
- verbindet sich mit Wasser zu Löschkalk ($Ca(OH)_2$), der durch Aufnahme von Kohlendioxid erhärtet (**6.3**).

6.1.2 Hydraulisch erhärtende Kalke

Diese Baukalke erhärten nach dem Anmachen mit Wasser an der Luft (Carbonatisierung) und unter Luftabschluß weiter. Hydraulisch erhärtende Kalke können auf zwei Wegen gewonnen werden.

Hydraulische Stoffe (z. B. Traß, Hüttensand) werden dem Luftkalk beigemischt. Sie enthalten reaktionsfähige saure Bestandteile, vor allem Kieselsäure, die mit dem Kalkhydrat ($Ca(OH)_2$), auch unter Luftabschluß, aber bei Anwesenheit von Wasser, wasserunlösliches Kalksilikat $CaSiO_3$ bilden. Diese Zuschläge gehören nicht zu den Bindemitteln; sie haben ein latentes (verborgenes) Erhärtungsvermögen, das durch geeignete Anreger (z. B. Kalkhydrat, Zement) wirksam wird.

Schon die Römer hatten dem Luftkalk Vulkanerde beigemischt und ihn auf diese Weise im Wasser erhärtbar gemacht. In Anlehnung an den Namen der Stadt Pozzuoli bei Neapel, wo die Römer Vulkanerde abbauten, heißen die hydraulischen Zuschläge auch *Puzzolane.*

Tonhaltiger Kalkstein wird ohne besondere Aufbereitung unterhalb der Sintergrenze (ca. 1200 °C) gebrannt. Dabei verbinden sich die Bestandteile des Tons (SiO_2, Fe_2O_3, Al_2O_3), *Hydraulefaktoren* genannt, mit einem Teil des entstandenen Branntkalks. Das Brennprodukt enthält noch viel Branntkalk; es wird im Trockenverfahren zu feinem Pulver abgelöscht. Reicht der Anteil an löschfähigem Branntkalk nicht für eine ausreichende Feinheit, muß das Produkt gemahlen werden.

Mit steigendem Anteil an Hydraulikfaktoren sinken Löschfähigkeit und Ergiebigkeit, die Festigkeit nimmt zu. Weil ein Teil des Bindemittels nur durch Aufnahme von Kohlendioxid erhärtet, ist eine bestimmte Luftlagerungszeit vorgeschrieben, bevor es unter Luftabschluß weiter erhärten kann. Mit Zunahme der Hydraulefaktoren verkürzt sich dieser Zeitraum.

Die hydraulische Erhärtung verlangt ausreichende Feuchtigkeit. Notfalls müssen Maßnahmen für die Zufuhr oder Erhaltung der Feuchtigkeit getroffen werden.

Hydraulisch erhärtende Kalke enthalten
- Kalkhydrat, das durch Aufnahme von Kohlendioxid erhärtet,
- hydraulische Bestandteile, die mit Wasser auch unter Luftabschluß erhärten.

6.1.3 Arten, Eigenschaften, Verwendung

Baukalke werden zur Herstellung von Mauer- und Putzmörtel verwendet. Sie ergeben sehr geschmeidigen Mörtel, der sich gut verarbeiten läßt (besonders die Luftkalke). Baukalke bleiben auch nach dem Erhärten verhältnismäßig elastisch und neigen deshalb weniger zu Rissebildungen. Die Verwendung des Mörtels wird von der unterschiedlichen Erhärtungsreaktion der Baukalke bestimmt. Luftkalkmörtel kann man nur für Bauteile nehmen, die dauernd der Luft ausgesetzt sind (**6.4**).

Handelsformen. Baukalke kommen als ungelöschte und gelöschte Erzeugnisse in den Handel. Dabei sind zu unterscheiden:

Stückkalk = Branntkalk in stückiger (ungemahlener) Form
Feinkalk = Branntkalk, der zu Pulver gemahlen ist
Kalkteig = Löschkalk, im Naßverfahren hergestellt und eingesumpft
Kalkhydrat = Löschkalk, im Trockenverfahren hergestellt, pulverförmig

Tabelle **6.4** **Übersicht über die Baukalke**

Kalkart	Rohstoffe/Zusammensetzung	Eigenschaften	Verwendung
Luftkalke			
Weißkalk	möglichst reiner Kalkstein, $CaCO_3$; nach dem Brennen mindestens 80% freies, reaktionsfähiges Calcium- und Magnesiumoxid, höchstens 10% Magnesiumoxid und 7% Kohlendioxid	löscht kräftig ab, sehr ergiebig (mind. 2,4fach); geschmeidig; mäßige Festigkeit (nicht genormt); weiße Farbe; Schüttdichte $\leqq$ 0,5 kg/l	aufgehendes Mauerwerk; nicht für dichte Steine; Innenputz, Anstriche; Zusatz zu Zementmörtel
Dolomitkalk	dolomitischer (magnesiumhaltiger) Kalk, $CaCO_3 \cdot MgCO_3$; außer mindestens 10% Magnesiumoxid wie Weißkalk	unterschiedlich kräftiges Löschen; weiße bis leicht graue Farbe; sonst wie Weißkalk	wie Weißkalk
hydraulisch erhärtende Kalke			
Wasserkalk	mergeliger (toniger) Kalkstein; mindestens 70% freies, reaktionsfähiges Calciumoxid, höchstens 7% Kohlendioxid; Brennen unterhalb der Sintergrenze	löscht träger als Luftkalke, zerfällt aber zu Pulver; Ergiebigkeit mindestens 1,8fach; schwach hydraulisch; nach 7 Tagen Lufterhärtung wasserlagerungsfähig; Schüttdichte $\leqq$ 0,7 kg/l	Mauerwerk aus Kalksandsteinen und Leichtbetonsteinen, Kellermauern, Innen- und Außenputz
Hydraulischer Kalk	Kalksteinmergel, kein Mindestwert für Calcium- und Magnesiumoxid verlangt; höchstens 12% Kohlendioxid; Brennen unterhalb der Sintergrenze	zerfällt beim Löschen nicht vollständig, deshalb im Kalkwerk nach Löschen gemahlen; Ergiebigkeit ist nicht mehr festgelegt; nach 5 Tagen wasserlagerungsfähig; Schüttdichte $\leqq$ 0,8 kg/l; Druckfestigkeit $\geqq$ 2 N/mm^2	wie Wasserkalk; Grundmauern, Natursteinmauern, Putz in Ställen und Waschküchen, Außenputz
Hochhydraulischer Kalk	a) Kalksteinmergel, Brennen unterhalb der Sintergrenze b) Luft- bzw. Wasserkalk und hydraulische Stoffe mischen	vorwiegend hydraulische Erhärtung; nach 3 Tagen wasserlagerungsfähig; Schüttdichte $\leqq$ 1,0 kg/l; Druckfestigkeit 5 N/mm^2 bis 15 N/mm^2	Grundmauern, Pfeiler, Bögen, Schornsteine, Außenputz

Tabelle **6.5** **Handelsformen der Baukalke**

	gelöscht (pulverförmig)	ungelöscht (pulverförmig)	Kennzeichnung	
Luftkalk	Weißkalkhydrat	Weißfeinkalk	keine	
	Dolomitkalkhydrat	Dolomitfeinkalk	keine	
Hydraulisch erhärtende Kalke	Wasserkalkhydrat	Wasserfeinkalk	Querstreifen seitlich im Sackaufdruck	— —
	Hydraulischer Kalk	–		= =
	Hochhydraulischer Kalk	–		≡ ≡

Stückkalk und Kalkteig haben nur noch untergeordnete Bedeutung und sind deshalb in unserer Übersicht (**6.5**) nicht berücksichtigt. Feinkalk setzt man vorwiegend bei der Herstellung von Kalksandsteinen ein. Ungelöschte Kalke kommen nur noch selten auf die Baustelle.

Außer Stückkalk und Kalkteig werden alle Kalkarten in Papiersäcken oder Silofahrzeugen angeliefert. Die Säcke bzw. Lieferscheine enthalten folgende Angaben: Handelsform, Gewicht (Masse), Normüberwachung, Gütezeichen, Verarbeitungsvorschrift, Markenbezeichnung, Herstellwerk, Ort (**6.6**).

Die Mörtelliegezeit ist bei hydraulisch erhärtenden Kalken zu beachten. Diese Kalke müssen verarbeitet sein, bevor die chemische Reaktion der hydraulischen Bestandteile mit Wasser einsetzt.

Güteanforderungen. Die Hersteller und eine anerkannte Güteschutzgemeinschaft überwachen ständig die Qualität des Baukalks. Baukalke, die der DIN 1060 entsprechen, tragen auf der Verpackung oder dem Lieferschein den Überwachungsvermerk „Normüberwacht nach DIN 1060“ und das Gütezeichen (**6.7**).

6.7 Gütezeichen für Baukalk

Geprüft werden chemische Zusammensetzung, Kornfeinheit, Schüttdichte, Ergiebigkeit, Verarbeitbarkeit, Raumbeständigkeit und Festigkeit.

Baukalke
- ergeben geschmeidige, gut verarbeitbare Mörtel. Erhärteter Kalkmörtel ist verhältnismäßig elastisch.
- kommen vorwiegend gelöscht und pulverförmig auf die Baustelle.
- mit dem Gütezeichen entsprechen den Anforderungen der DIN 1060.

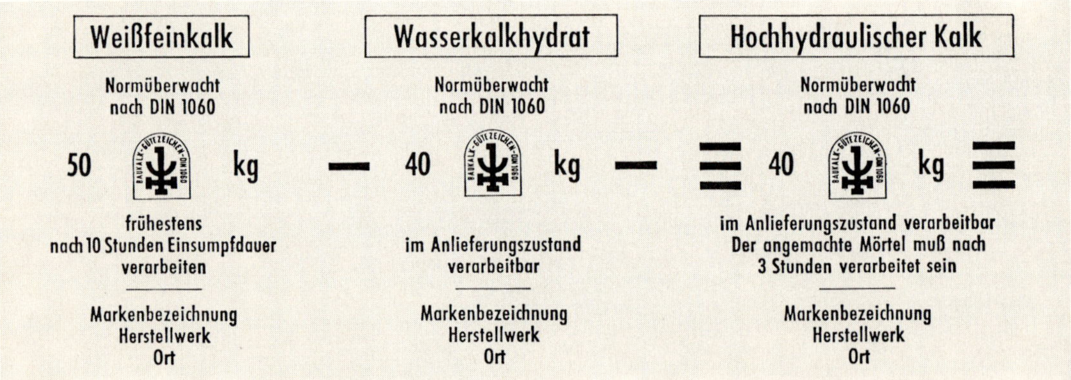

6.6 Kennzeichnung der Kalke durch Sackaufdruck

6.2 Zement

Zement ist ein feingemahlenes hydraulisches Bindemittel für Mörtel und Beton, das im wesentlichen aus Verbindungen von Calciumoxid mit Siliciumoxid, Aluminiumoxid und Eisenoxid besteht. Zement erhärtet, mit Wasser angemacht, sowohl an der Luft als auch unter Wasser und bleibt unter Wasser fest; er muß raumbeständig sein und nach 28 Tagen ein festgelegtes Festigkeitsniveau erreichen.

6.2.1 Herstellung

Rohstoffe für die Herstellung des Portlandzements sind im wesentlichen Kalkstein und Ton. Beim Brennen der Rohstoffe entstehen Verbindungen aus Kalk (CaO) und den Tonbestandteilen SiO_2, Al_2O_3, Fe_2O_3, den Hydraulefaktoren (**6**.8).

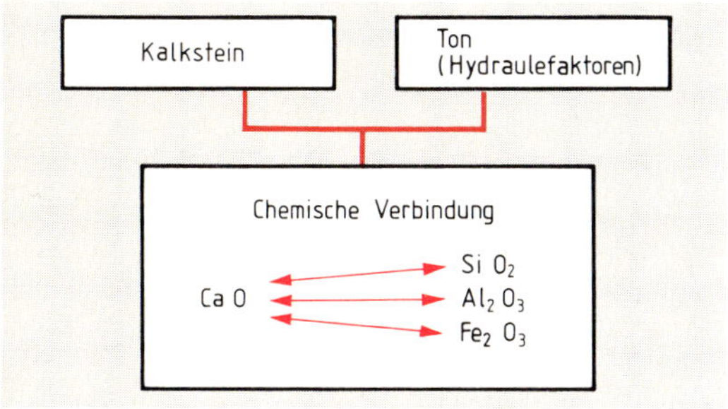

6.8 Rohstoffe des Portlandzementklinkers

Das Mischungsverhältnis von Kalkstein zu Ton muß so abgestimmt sein, daß alle Kalkteilchen an die Hydraulefaktoren gebunden werden. Enthält die Rohmischung zu viel Kalk, vergrößert sich das Zementvolumen bei Wasserzugabe, weil Branntkalkteile löschen. Enthält sie zu wenig Kalk, sinkt das Erhärtungsvermögen.

Aufbereitung. Die Rohstoffe werden fein gemahlen und innig miteinander gemischt.

Brennen. Im Drehrohrofen (Durchmesser 3 bis 6 m, Länge 50 bis 200 m) wird das zu Granalien (kleine Kugeln) geformte Rohmehl bis zur Sintergrenze, d.h. bis zum Anschmelzen der Kugeloberflächen (ca. 1450 °C) gebrannt. In dieser teigigen Zustandsform verbinden sich Kalk und Hydraulefaktoren zu neuen Stoffen. Das Brennprodukt heißt *Portlandzementklinker.*

Die Bezeichnung *Klinker* ist in Anlehnung an die klingend hart gebrannten Mauerziegel zu verstehen; das Wort *Portlandzement* stammt aus der Patentschrift des Erfinders John Aspdin aus dem Jahr 1824. Aspdin drückte damit aus, daß sein „Zement" im erhärteten Zustand dem bei Portland (England) gefundenen graustichigweißen Naturstein in der Haltbarkeit gleichwertig sei.

Aus dem Drehrohrofen fällt der Portlandzementklinker in einen luftdurchströmten Kühler, wo er auf ca. 100 °C abgekühlt wird.

Mahlen. Portlandzementklinker wird anschließend in Rohrmühlen feingemahlen. Dabei setzt man zur Regelung des Erstarrungsbeginns bis zu 5% Gips in Form von Gipsstein oder Anhydrit zu. Ohne Gipszusatz ist der Zement ein Schnellerstarrer. Bei zu hohem Gipsanteil vergrößert sich das Volumen des Zements, wenn er mit Wasser angemacht wird. Zement darf deshalb auf der Baustelle nicht mehr mit Gips vermischt werden (**6**.9). Zur Herstellung weiterer Zementarten werden vorgeschriebene Mengen bestimmter Stoffe zugemahlen (s. Abschn. 6.2.3).

Portlandzement entsteht durch Brennen von Kalkstein und Ton bis zur Sintergrenze (ca. 1450 °C) und anschließendes Feinmahlen. Die Rohstoffmengen müssen im richtigen Verhältnis zueinander gemischt werden.

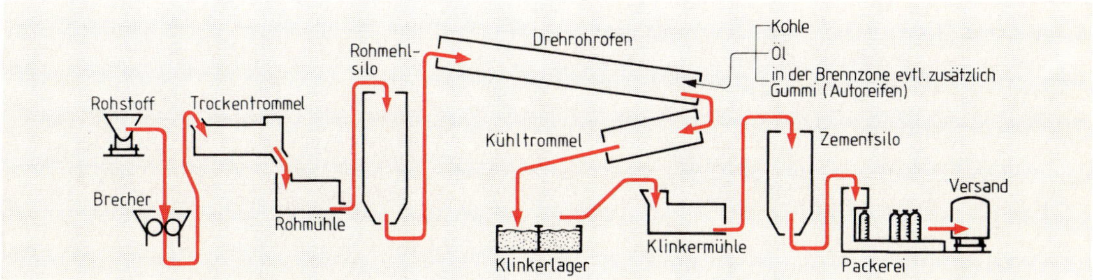

6.9 Werdegang des Portlandzements

6.2.2 Erhärten

Zement erhärtet durch chemische Verbindung seiner Bestandteile mit Wasser, auch unter Luftabschluß. Der chemische Vorgang der Wasserbindung heißt *Hydratation.* Dabei entsteht Wärme, die die Hydratation weitertreibt.

■ **Versuch 8** Wir legen je einen Kuchen aus Weißkalkteig und Zement sofort nach Beginn des Erstarrens in ein flach mit Wasser gefülltes Gefäß und betasten beide von Zeit zu Zeit.

Ergebnis Weißkalk bleibt unter Wasser weich, Zement erhärtet.

Das Gemenge von Zement und Wasser nennt man *Zementleim*, erhärteter Zementleim heißt *Zementstein.* Das durch die Hydratation gebundene Wasser bleibt als fester Bestandteil im Zementstein und ist weder durch Verdunsten noch durch Verdampfen zu entfernen.

Die Hydratation beginnt an der Zementkornoberfläche und dringt bei genügender Feuchtigkeitszufuhr bis in den Kern vor. Bei gleichzeitigem Abbau des Zementkorns bildet sich eine immer dichtere gelartige Masse, die allmählich zu einem festen Kristallgefüge zusammenwächst. Jeder vorzeitige Feuchtigkeitsentzug unterbricht den Erhärtungsvorgang und muß deshalb verhindert werden (s. auch Abschn. 11.4).

Sehr fein gemahlene Zemente bieten besonders gute Voraussetzungen für schnelle Erhärtung und hohe Festigkeiten. Sie enthalten bei gleicher Masse eine größere Zahl von Zementkörnchen als grob gemahlene Zemente. Neben einer feineren Verteilung im Mörtel bieten sie für die Benetzung mit Wasser eine größere Gesamtoberfläche. Der intensivere Erhärtungsvorgang führt zu höheren Anfangs- und Normfestigkeiten. Die besonders feine Mahlung ermöglicht ferner eine schnelle und vollständige Aufschließung des einzelnen Zementkorns zu Zementgel.

In grob gemahlenen Zementen bleibt im Korn meist ein trockener, unhydratisierter Kern (s. Bild **11**.26).

Temperatur. Der Erhärtungsablauf wird auch von der Temperatur beeinflußt. Höhere Temperaturen beschleunigen den Prozeß; dabei besteht jedoch die Gefahr des Verdunstens von Wasser, das zur Hydratation gebraucht wird (Verdursten).

■ **Versuch 9** Je ein Zementkuchen wird auf die Heizung, in die Sonnenhitze oder Zugluft und in feuchte Luft gelegt (**6**.10).

Ergebnis Hitze oder Zugluft verursachen Schwindrisse, während die Kuchen in feuchter Luft rißfrei bleiben.

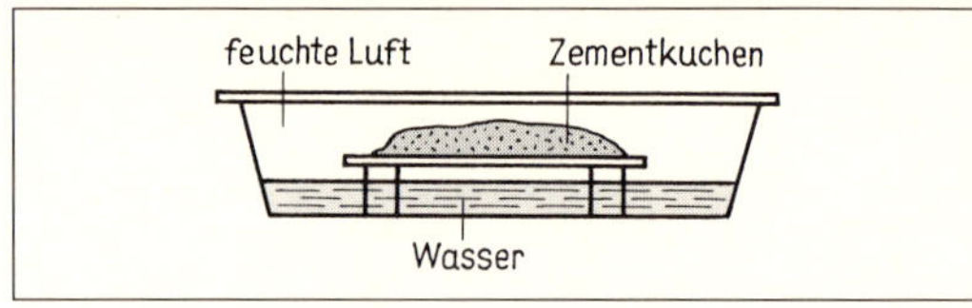

6.10 Feuchtlagerung eines Zementkuchens

Niedrige Temperaturen verlangsamen den Erhärtungsvorgang. Bei Temperaturen unter +5 °C kommt die hydraulische Erhärtung praktisch zum Stillstand.

Zement ist ein hydraulisches Bindemittel. Er erhärtet durch chemische Verbindung mit Wasser sowohl an der Luft als auch unter Wasser zu wasserbeständigem Zementstein.

6.2.3 Arten, Festigkeitsklassen, Verwendung

Zementarten nach DIN 1164 unterscheidet man nach ihrer Zusammensetzung aus den Hauptbestandteilen (**6**.11).

Die Kennbuchstaben A oder B bezeichen einen hohen (A) oder niedrigen (B) Anteil von Portlandzementklinker einer Zementart.

Hüttensand erhält man durch Abschrecken der glutflüssigen Schlacke mit Wasser, die bei der Herstellung von Roheisen anfällt.

Natürliches Puzzolan entsteht durch Feinmahlen von vulkanischem Gestein, z.B. Traß.

Flugasche ist feinkörniger Verbrennungsrückstand von Kohlestaub, der sich in den Gasreinigungsanlagen von Kohlekraftwerken ansammelt. Sie alle sind latent hydraulische Stoffe, die zum Erhärten eines Anregers bedürfen. Anreger hier ist Kalkhydrat ($Ca(OH)_2$), das sich bei der Hydratation des Portlandzementes als Nebenprodukt bildet.

Ölschiefer, ein Naturstein, ist ein selbständig hydraulisch erhärtender Stoff, wenn er bei 800 °C gebrannt ist.

Kalkhydrat als Bestandteil des erhärteten Portlandzements löst sich in fließendem oder säurehaltigem Wasser auf. Da Kalkhydrat mit den latent hydraulischen Hauptbestandteilen der Zementarten bei der Hydratation wasserunlösliche Verbindungen eingeht, ergeben sich wichtige Hinweise für die Verwendung der Zementarten: Zemente mit hohem Anteil an Portlandzement-

Tabelle **6.11** **Zementarten und Zusammensetzung nach DIN 1164**

Zementart	Benennung	Kurzzeichen	Hauptbestandteile in Masseprozent[1]) Portlandzementklinker K	Hüttensand S	natürliches Puzzolan P	Kieselsäurereiche Flugasche V	Gebrannter Ölschiefer T	Kalkstein L	Nebenbestandteile[2]) in M.-%
CEM I	Portlandzement	CEM I	95 bis 100	–	–	–	–	–	0 bis 5
CEM II	Portlandhüttenzement	CEM II/A-S	80 bis 94	6 bis 20	–	–	–	–	0 bis 5
		CEM II/B-S	65 bis 79	21 bis 35	–	–	–	–	0 bis 5
	Portlandpuzzolanzement	CEM II/A-P	80 bis 94	–	6 bis 20	–	–	–	0 bis 5
		CEM II/B-P	65 bis 79	–	21 bis 35	–	–	–	0 bis 5
	Portlandflugaschezement	CEM II/A-V	80 bis 94	–	–	6 bis 20	–	–	0 bis 5
	Portlandölschieferzement	CEM II/A-T	80 bis 94	–	–	–	6 bis 20	–	0 bis 5
		CEM II/B-T	65 bis 79	–	–	–	21 bis 35	–	0 bis 5
	Portlandkalksteinzement	CEM II/A-L	80 bis 94	–	–	–	–	6 bis 20	0 bis 5
	Portlandflugaschehüttenzement	CEM II/B-SV	65 bis 79	10 bis 20	–	10 bis 20	–	–	0 bis 5
CEM III	Hochofenzement	CEM III/A	35 bis 64	36 bis 65	–	–	–	–	0 bis 5
		CEM III/B	20 bis 34	66 bis 80	–	–	–	–	0 bis 5

[1]) Die in der Tabelle angegebenen Werte beziehen sich auf die aufgeführten Haupt- und Nebenbestandteile des Zements ohne Calciumsulfat und Zementzusatzmittel.

[2]) Nebenbestandteile können Füller sein oder ein oder mehrere Hauptbestandteile, soweit sie nicht Hauptbestandteile des Zements sind.

klinker eignen sich nicht für Bauteile in fließendem Wasser oder in chemisch aggressiver Umgebung. Wegen ihrer höheren Hydratationswärme setzt man sie bei niedrigen Außenlufttemperaturen ein oder wenn höhere Anfangsfestigkeiten gefordert sind. Der höhere Anteil an Kalkhydrat bietet einen guten Korrosionsschutz der Bewehrung im Beton, so lange sich das Kalkhydrat nicht zu Kalkstein ($CaCO_3$) umgesetzt hat. Wegen der größeren Wärmeentwicklung eignen sie sich jedoch nicht für Massenbeton. Hierfür z.B. sieht DIN 1164 Zemente mit besonderen Eigenschaften vor, deren Kennbuchstaben wie folgt erläutert sind:

- NW Zement mit niedriger Hydratationswärme
- HS Zement mit hohem Sulfatwiderstand
- NA Zement mit niedrigem wirksamen Alkaligehalt (Verwendung im norddeutschen Raum, wo es Zuschläge gibt, die mit alkalireichen Zementen betonzerstörend wirken)

NW-Zemente haben eine langsame Anfangserhärtung. Sie erhärten jedoch über 28 Tage besser nach. Der Anteil an Portlandzementklinker ist in der Regel niedriger. Alle Hochofenzemente CEM III B sind HS-Zemente.

> Zementarten unterscheidet man nach ihrer Zusammensetzung aus den Hauptbestandteilen: CEM I (Portlandzement), CEM II (Portlandkompositzemente), CEM III (Hochofenzement). Kennbuchstaben NW, HS, NA sind Vorgaben für den besonderen Einsatz.

Zementfestigkeitsklassen unterscheidet DIN 1164 nach der Normdruckfestigkeit in N/mm² nach 28 Tagen (**6**.12).

Jede der drei Festigkeitsklassen ist nach ihrer Anfangsfestigkeit nach 2 bzw. 7 Tagen unterteilt in üblich erhärtende Zemente (ohne Kennbuchstabe) und Zemente mit höherer Anfangsfestigkeit (= Schnellerhärter, Kennbuchstabe R = rapid = schnell). Zemente der Festigkeitsklassen 32,5 und 42,5 dürfen mit einer Spannweite von 20 N/mm² die vorgeschriebene Höchstfestigkeit nicht überschreiten.

Alle Zemente erhärten nach 28 Tagen (Zeitpunkt der Feststellung der Normfestigkeit) weiter. Der Festigkeitszuwachs ist bei den Zementen der unteren Festigkeitsklassen größer, so daß sich die

Festigkeiten nach längerer Zeit angeglichen haben. Deshalb ist die Auswahl einer höheren Festigkeitsklasse bestimmt durch die Frühfestigkeit, weniger durch die Normfestigkeit.

R-Zemente und Zemente mit hoher Normfestigkeit erhält man durch feineres Mahlen und noch bessere Abstimmung der Rohmehlbestandteile.

Kennfarben für Zementsäcke und deren Aufdruck sowie für Lieferscheine und Silo-Anheftblatt bei losem Zement ermöglichen die optische Unterscheidung der Festigkeitsklassen und ihrer zwei Gruppen (**6**.12).

Tabelle **6**.12 **Festigkeitsklassen und Kennfarben von Zement nach DIN 1164**

Festigkeitsklasse	Druckfestigkeit in N/mm²				Kennfarbe	Farbe des Aufdrucks
	Anfangsfestigkeit		Normfestigkeit			
	2 Tage	7 Tage	28 Tage			
32,5	–	≥ 16	$\geq 32{,}5$	$\leq 52{,}5$	hellbraun	schwarz
32,5 R	≥ 10	–				rot
42,5	≥ 10	–	$\geq 42{,}5$	$\leq 62{,}5$	grün	schwarz
42,5 R	≥ 20	–				rot
52,5	≥ 20	–	$\geq 52{,}5$	–	rot	schwarz
52,5 R	≥ 30	–				weiß

Typische Anwendungsbereiche für Zemente zeigt Tab. **6**.13.

Tabelle **6**.13 **Anwendungsbeispiele der Zemente**

Zement	Anwendung
CEM III 32,5	massige Bauteile, Betonieren bei warmer Witterung; als CEM III 32,5-NW für Massenbeton
CEM I 32,5 R	alle üblichen Bauteile bei normalen Anforderungen im Hoch- und Tiefbau
CEM II 42,5	Bauteile mit höheren 28-Tage-Festigkeiten
CEM I 42,5 R	Bauteile mit kurzen Ausschalfristen; Fertigteile; Betonieren bei niedrigen Temperaturen; schlanke Bauteile
CEM I 52,5	Bauteile mit sehr kurzen Ausschalfristen; Spannbeton-Fertigteile
CEM I 52,5 R	Bauteile mit extrem kurzen Ausschalfristen bei Fertigteilen

Normbezeichnungen

- Portlandzement (CEM I) der Festigkeitsklasse 42,5 mit hoher Anfangsfestigkeit (R): Portlandzement DIN 1164–CEM I 42,5 R
- Portlandhüttenzement mit 6 bis 20 Masse-% Hüttensand (CEM II/A-S) der Festigkeitsklasse 32,5 mit üblicher Anfangsfestigkeit: Portlandhüttenzement DIN 1164–CEM II/A-S 32,5
- Hochofenzement mit 66 bis 80 Masse-% Hüttensand (CEM III/B) der Festigkeitsklasse 32,5 mit üblicher Anfangsfestigkeit, niedriger Hydratationswärme (NW) und hohem Sulfatwiderstand (HS): Hochofenzement DIN 1164–CEM III/B 32,5 – NW/HS

DIN 1164 teilt Normzemente in drei Festigkeitsklassen nach ihrer Normdruckfestigkeit in N/mm² nach 28 Tagen ein. Jeweils zwei Untergruppen kennzeichnen die unterschiedliche Festigkeitsentwicklung nach 2 bzw. 7 Tagen.

6.2.4 Anforderungen und Prüfungen

Die Zementwerke stellen durch Prüfung in Eigen- und Fremdüberwachung sicher, daß ihre Zementprodukte die in DIN 1164 geforderten Zusammensetzungen und Eigenschaften gewährleistet sind. Baustellenprüfungen sind deshalb nicht erforderlich. Für mögliche Gewährleistungsansprüche sind jedoch „Rückstellproben" in luftdicht verschlossenen Behältern mit Beschriftung vorzuhalten.

Folgende Eigenschaften der Normzemente werden geprüft: Mahlfeinheit, Erstarrungsbeginn und -ende, Raumbeständigkeit, Druckfestigkeit, Hydratationswärme.

Die Mahlfeinheit wird durch Bestimmen der spezifischen Oberfläche mit dem Luftdurchlässigkeitsgerät und durch Sieben ermittelt. Der Rückstand auf dem Drahtsiebboden 0,2 mm (DIN 4188) darf höchstens 3 Masse-%, die spezifische Oberfläche muß mindestens 2200 cm²/g betragen.

Das Erstarren von Normzementen darf frühestens eine Stunde, bei CEM 52,5 frühestens nach 45 Minuten nach dem Anmachen mit Wasser beginnen, damit für die Verarbeitung von Mörtel oder Beton genügend Zeit bleibt. Danach dürfen Mörtel und Beton nicht mehr verarbeitet werden, weil sonst die bereits entstandenen chemischen Verbindungen zerstört werden. Das Erstarrungsende muß nach 12 Stunden eingetreten sein (**6**.14). Geprüft wird das Erstarren mit dem Nadelgerät (**6**.15 und **6**.16).

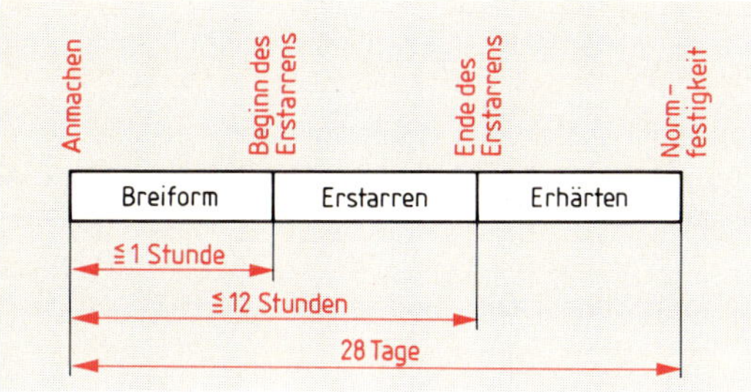

6.13 Erstarren und Erhärten von Zement

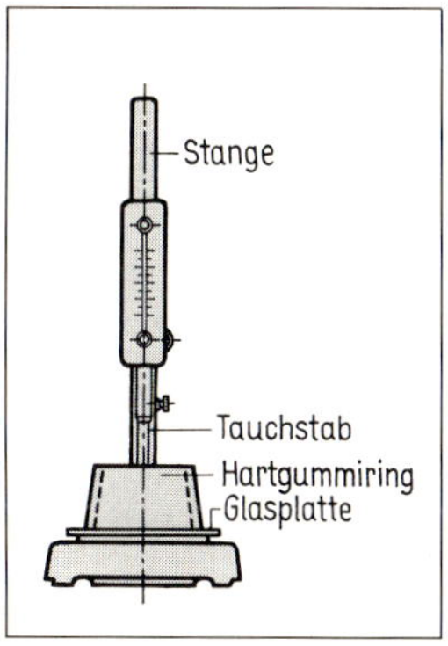

6.15 Nadelgerät mit Nadel

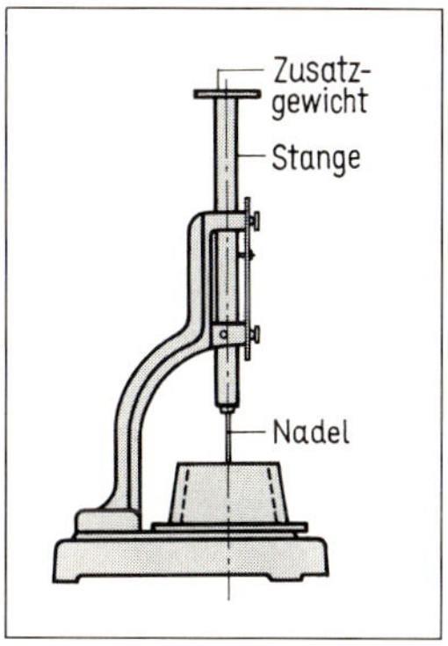

6.16 Nadelgerät mit Tauchstab

■ **Versuch 10** Zementleim (Wasserzusatz ca. 23 bis 30%) wird in den kegelstumpfförmigen Hartgummiring gefüllt. Zunächst prüfen wir die Steife des Zementleims mit dem Tauchstab. Die Normsteife ist erreicht, wenn der Tauchstab 5 bis 7 mm über dem Boden des Ringes (Glasplatte) stehen bleibt.

Ergebnis Das Erstarren beginnt, wenn die mit 300 g belastete Nadel 3 bis 5 mm über der Glasplatte stekken bleibt. Das Erstarrungsende ist eingetreten, wenn die Nadel in den umgedrehten Prüfkörper höchstens 1 mm tief eindringt.

Raumbeständigkeit. Durch Prüfen der Raumbeständigkeit wird untersucht, ob sich das Volumen des Zements während des Erhärtens verändert. Ursache für eine Volumenvergrößerung sind zu hohe Anteile an Branntkalk oder Gips (Kalktreiben bzw. Gipstreiben).

Die Prüfung geschieht mit dem Le-Chatelier-Ring, vergleichbar mit dem Prüfring in Bild **6**.21. Zementleim in Normsteife wird in den Ring eingefüllt und nach 24 Stunden Feuchtlagerung im Wasserbad innerhalb 30 Minuten auf Kochtemperatur erhitzt. Der Zement gilt als raumbeständig, wenn sich sich die Meßnadeln nach 3stündiger Kochdauer nicht mehr als 10 mm gespreizt haben.

Die Druckfestigkeit des Zements wird an drei Prismen (4 cm×4 cm×16 cm) aus erhärtetem Zementmörtel (Mischungsverhältnis: 1 Masseteil Zement, 3 Masseteile Normsand, 0,5 Masseteile Wasser) geprüft. Die Prismen prüft man zuerst auf Biegezugfestigkeit. Die Probekörperhälften werden dann zur Bestimmung der Druckfestigkeit in einer Prüfmaschine abgedrückt. Der Mittelwert aus 6 Prüfungen gilt als Normdruckfestigkeit.

Normzemente entsprechen den Anforderungen der DIN 1164 hinsichtlich Zusammensetzung, Mahlfeinheit, Erstarren, Raumbeständigkeit und Druckfestigkeit.

6.3 Baugips

6.3.1 Kreislauf des Baugipses

Rohstoff für die Herstellung des Baugipses ist vorwiegend Gipsstein. Dieser dichte, helle Naturstein (Sedimentgestein) ist eine Verbindung aus einem Molekül Calciumsulfat mit zwei Molekülen Kristallwasser (Formel: $CaSO_4 \cdot 2H_2O$). Der Kristallwassergehalt beträgt ca. 20%. Neben Naturgips setzt man auch synthetischen Gips ein. Er fällt u.a. als Nebenprodukt bei der Düngemittelherstellung an.

Das Brennen von Gipsstein und das Anmachen und Erhärten des gebrannten Gipses bilden, ähnlich wie bei Baukalk, einen Kreislauf. Die Zusammenhänge sind hier für Stuckgips und Putzgips dargestellt.

Brennen. Gemahlener Gipsstein wird im Drehofen oder auf dem Rostband gebrannt.

■ **Versuch 11** Zerkleinerte Gipssteinstücke werden gewogen und in einem Reagenzglas über einer Gasflamme erhitzt.

Ergebnis An der Wandung des Reagenzglases schlägt sich Wasserdampf nieder. Nach dem Abkühlen werden die Gipsstückchen erneut gewogen. Das Gewicht hat sich verringert.

Durch Erhitzen des Gipssteins entweicht Kristallwasser. Die Menge des ausgetriebenen Kristallwassers (Entwässerung des Gipssteins) hängt von der Brenntemperatur ab. Sie liegt zwischen 120 °C und 700 °C und bestimmt die Zwischenstufen (Gipsphasen) der Entwässerung vom Dihydrat bis zum wasserfreien Gips $CaSO_4$, Anhydrit genannt. Die Brenntemperatur bzw. die Gipsphase hat entscheidenden Einfluß auf die späteren Eigenschaften des Baugipses.

Stuckgips. Bei Temperaturen bis etwa 180 °C werden ca. $^3/_4$ des Kristallwassers ausgetrieben. Es entsteht Stuckgips (Halbhydrat-Gips = $CaSO_4 \cdot {}^1/_2H_2O$) mit einem Kristallwassergehalt von rund 5%.

Putzgips entsteht bei Temperaturen über 300 °C aus mehreren Gipsphasen, nämlich dem Halbhydrat-Gips und dem wasserfreien Gips. Der Kristallwassergehalt liegt unter 2% bis nahe 0%.

Längere Brenndauer bei Temperaturen über 300 °C entwässert den Gips völlig. Es entsteht „totgebrannter" Gips (Anhydrit), der ohne Anreger (Kalk, Zement) nicht mehr bindefähig ist (s. Anhydritbinder, Abschn. 6.3.2).

Anmachen. Der gebrannte, gemahlene Gips wird mit 30 bis 55% Wasser zu Gipsbrei vermischt. Wichtig ist, daß der Gips in das Anmachwasser eingestreut wird – nicht umgekehrt, weil sich sonst Gipsknollen bilden, die die Verarbeitbarkeit des Gipses beeinträchtigen.

Das richtige Verhältnis zwischen Wasser und Gips kann man durch die Einstreumenge genau feststellen (s. Abschn. 6.3.3). Beim Einstreuen bringt man das Gipspulver so gleichmäßig verteilt auf die Wasseroberfläche, daß das Gipspulver vollständig durchfeuchtet wird und kleine Inseln an der Wasseroberfläche erscheinen, die etwa $^3/_4$ der Fläche einnehmen (**6.**17).

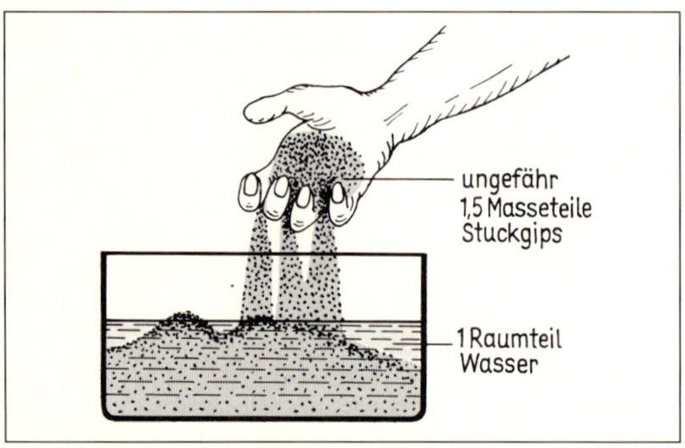

6.17 Anmachen von Stuckgips

6.18 Abgebundener Gips im Wasser-Gips-Verhältnis ca. 0,55 (Vergrößerung ca. 6000fach)

Erhärten. Mit Einsetzen des Versteifens beginnt der Gips, das ausgetriebene Kristallwasser wieder aufzunehmen. Aus dem Halbhydrat Stuckgips entsteht unter Wärmeentwicklung das Doppelhydrat Gipsstein. Dabei dehnt sich der Gips um 1 bis 2% seines Volumens aus.

Die physikalischen Vorgänge der Gipsverfestigung lassen sich schon unter einem Mikroskop mit 500facher Vergrößerung erkennen. Deutlich werden dabei die nadelförmig entstehenden Kristalle sichtbar, die sich ständig vermehren und zu einem filzartigen Gefüge miteinander verkrallen (**6.**18). Gips erhärtet durch Auskristallisieren einer übersättigten Lösung. Das überschüssige Anmachwasser verdunstet und hinterläßt im Kristallgefüge des Festgipses

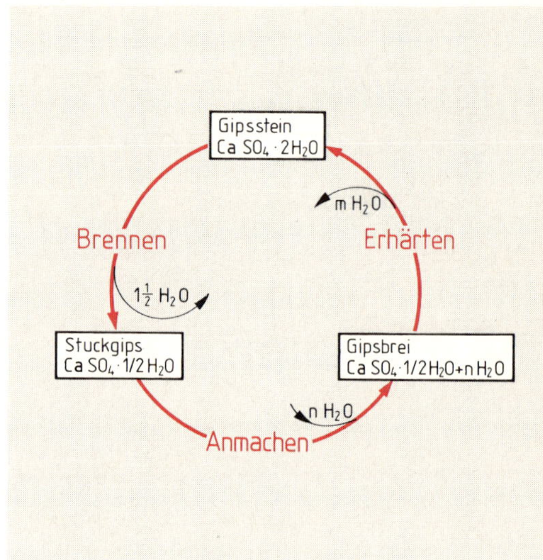

6.19 Kreislauf des Stuckgipses

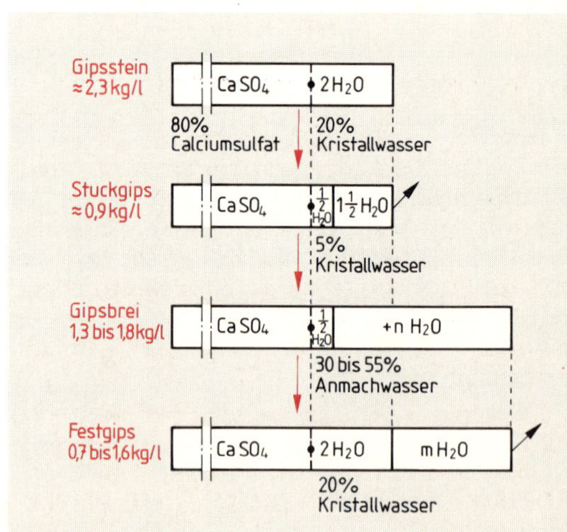

6.20 Dichte und Wassergehalt von Gipsstein, Stuckgips, Gipsbrei und Festgips

feinste Hohlräume. Die Erhärtungszeit hängt vom Austrocknen des Überschußwassers ab und kann zwischen einer und mehreren Wochen betragen. Bei Gipskalkmörteln ist die Karbonaterhärtung des Kalkanteils zu berücksichtigen.

Stuckgips und Putzgips entstehen durch Brennen von Gipsstein, dem dabei ein Teil des Kristallwassers entzogen wird. Nach dem Anmachen mit Wasser, lagert der Gips wieder Kristallwasser an und verfestigt sich (**6**.19 und **6**.20).

6.3.2 Eigenschaften, Arten und Verwendung

Gips speichert Wasserdampf. Festgips kann bei steigender Luftfeuchtigkeit eine verhältnismäßig große Wassermenge aufnehmen, die er bei sinkender Umgebungsfeuchte wieder abgibt. Ursache hierfür sind die Mikroporen im filzartigen Kristallgefüge.

■ **Versuch 12** Festgipskuchen und Holzstücke lagern wir längere Zeit (1 bis 6 Wochen) in einem Feuchtluftkasten.

Ergebnis Der Festgips bleibt klingend fest. Eine Vergleichswägung zeigt, daß Gips wenig, Holz hingegen viel Feuchtigkeit aufgenommen hat.

Gips kann deshalb auch in einer Umgebung mit vorübergehend höherem Wasserdampfgehalt als in Wohnräumen (z.B. Küchen, Bäder) verwendet werden.

Gips ist nicht wasserbeständig, wie der folgende Versuch zeigt.

■ **Versuch 13** Wir lagern ein Stück Festgips längere Zeit unter Wasser, das wir täglich erneuern.

Ergebnis Der Festgips wird weich, sein Volumen verringert sich, von der Oberfläche läßt sich Gipsschleim abreiben.

Gips löst sich in Wasser auf. Er eignet sich deshalb nicht für Bauteile, die ständiger Wassereinwirkung ausgesetzt sind.

Gips schwindet nicht beim Erhärten, braucht also im Gegensatz zu Kalk und Zement nicht mit Sand gemagert zu werden. Darum lassen sich besonders glatte Putze aus Gips herstellen, die bei Auswahl geeigneter Gipsarten sehr fest und hart werden können (bis $\cong 30$ N/mm^2).

■ **Versuch 14** In einem Prüfring aus Messingblech (**6**.21), an dessen offenen Enden sich Zeiger befinden, füllen wir Gipsbrei.

Ergebnis Der Abstand der Zeigerenden ist nach Versteifungsende des Gipses größer.

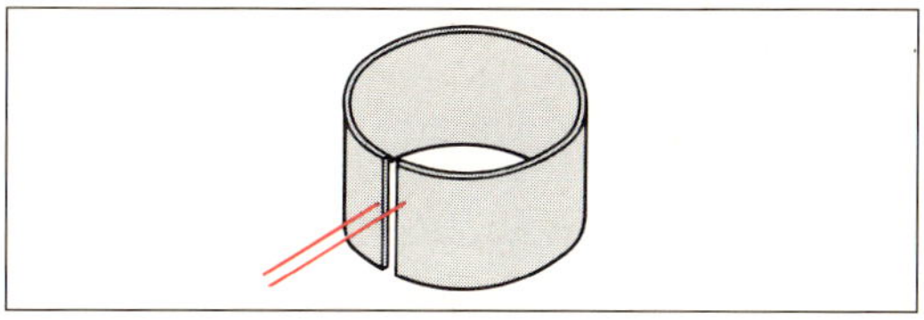

6.21 Prüfring aus Messingblech

Bei der Versteifung und Verfestigung des Gipses ist vielmehr eine geringe Volumenzunahme festzustellen. Sie bewirkt, daß Hohlräume (z.B. Dübellöcher) und Aussparungen durch Gipsmörtel fest ausgepreßt werden. Haken, Anker und Dübel erhalten so einen festen Sitz.

Gips fördert die Rostbildung. Gips begünstigt wegen seines Schwefelgehalts in Verbindung mit Wasser das Rosten von Eisen und Stahl. Eisenteile unter oder in Gips (Rabitzgewebe, Nägel, Haken, Anker) müssen durch Lackschichten oder Verzinken geschützt werden.

■ **Versuch 15** Saubere Nägel werden in frisch angemachten Zementkuchen und Gipskuchen gesteckt. Die Kuchen bewahren wir mehrere Wochen in sehr feuchter Luft oder in Wasser auf.

Ergebnis Beim Zerbrechen der Kuchen stellen wir fest, daß die Nägel im Innern der Zementkuchen blank geblieben sind, die Gipskuchen dagegen Rostflecken zeigen und ihre Nägel angerostet sind.

Gips ist haftfähig. Im Vergleich zu den bisher behandelten Bindemitteln zeichnen sich Gipse durch besonders gute Haftfähigkeit aus. Dies ist bei Putzarbeiten auf glattem, schlecht saugendem Untergrund von Vorteil.

Gips ist feuerhemmend und daher ein bevorzugter Baustoff für feuerhemmende Bauteile. Er eignet sich auch als Baustoff in feuerbeständigen Konstruktionen.

■ **Versuch 16** Ein Stück Festgips wird in die Flamme eines Bunsenbrenners gehalten.

Ergebnis Der Gips entflammt nicht.

Ohne besonderen Nachweis gilt 1,5 cm dicker Gipsputz als feuerhemmend. Ausschlaggebend dafür sind sein gutes Wärmedämmvermögen (Kristallstruktur) und das bei Hitzeeinwirkung austretende Kristallwasser, das einen schützenden Wasserdampfschleier bildet.

Baugipse
- können vorübergehend Wasserdampf speichern,
- schwinden nicht, haften gut am Untergrund und sind feuerbeständig,
- sind nicht wasserbeständig und bieten keinen Rostschutz.

Handelsformen. Baugipse sind von weißlich-grauer, gelblich-weißer oder rötlich-weißer Farbe. Sie werden als Gipspulver in Papiersäcken zu 50 oder 40 kg verpackt oder lose in Behältern geliefert. Gipse müssen trocken gelagert werden.

Verarbeitung. Gips ist grundsätzlich nach den Anweisungen der Herstellfirmen zu verarbeiten. Bei Baugipsen mit werkseitig beigegebenen Zusätzen müssen die Verarbeitungshinweise auf der Rückseite des Sackes aufgedruckt sein. Die Vorderseite des Sackes enthält Baugipssorte, Name und Ort des Herstellers, Bruttogewicht (Masse) und Hinweis „nach DIN 1168".

Bereits erstarrte Gipsmörtelreste beschleunigen das Versteifen von frisch angemachtem Gips. Mörtelgefäße müssen deshalb sauber sein. Baugips darf man auf keinen Fall mit Zement oder hydraulisch erhärtenden Kalken mischen (Treiberscheinungen). Frisch gebrannter Gips (evtl. noch warm) versteift schneller. Beschleunigend wirken auch höhere Außentemperaturen und bestimmte Zusätze.

Außer den in Tabelle **6**.22 aufgeführten Gipsen werden auf den Baustelle folgende, nicht in der DIN 1168 berücksichtigte Gipsarten verwendet:

Estrichgips. Er ist fast wasserfrei, versteift langsam (6 bis 20 Stunden) und erreicht eine hohe Festigkeit. Verwendung vorwiegend für Estrichböden.

Marmorgips. Er entsteht durch Brennen von Gipsstein unter Zusatz von Alaunlösung, versteift ebenfalls langsam und wird sehr fest. Seine Farbe ist weiß. Man braucht ihn beim Herstellen von Kunstmarmor.

Anhydritbinder, nahe Verwandte der Baugipse, sind nach DIN 4208 genormt. Sie werden aus Naturanhydrit (Steinbrüche) oder synthetisch (chemische Verfahren) gewonnen. Beide Arten enthalten kein Kristallwasser. Die Bindekraft entsteht durch Zugabe eines Anregers (z.B. Baukalk, Portlandzement) im Herstellwerk. Anhydritbinder werden in 3 Güteklassen geliefert: AB 5, AB 12, AB 20 (Kennzeichnung durch 1,2 bzw. 3 Reihen schwarzer Punkte auf den Säcken). Man verwendet Anhydritbinder für Mauermörtel, Putzmörtel und zur Herstellung schwimmender Estriche.

Stuckgips und Putzgips sind „Grundstoffe" der genormten Gipsarten. Stellmittel und Füllstoffe erweitern den Anwendungsbereich der Gipse.

Tabelle **6**.22 **Übersicht über die genormten Baugipse nach DIN 1168**

		Bezeichnung	Herstellung	Eigenschaften	Verwendung
Baugipse ohne werkseitig beigegebene Zusätze		Stuckgips	Brennen im Drehofen bei 120 bis 190 °C; $^3/_4$ des Kristallwassers werden entzogen (Halbhydrat)	Versteifungsbeginn nach 8 bis 25 Minuten; Versteifungsende nach ≈ 20 bis 60 Minuten	Innenputz aus Gips und Gipskalkmörtel; Stuck-, Form- und Rabitzarbeiten
		Putzgips	Brennen auf dem Rostband bis 600 °C; Halbhydrat mit löslichem Anhydrit	Versteifungsbeginn frühestens nach 3 Minuten; Anhydritanteil erlaubt; an Putzflächen längere Bearbeitungsdauer als Stuckgips	Innenputz aus Gips-, Gipssand- und Gipskalkmörtel; Rabitzarbeiten
Baugips mit werkseitig beigegebenen Zusätzen	Spezialgipse	Fertigputzgips	Bindefähigen Ausgangsstoffen aus überwiegend Stuckgips und/oder Putzgips werden Zusätze (Stellmittel, Füllstoffe) beigemischt. Stellmittel beeinflussen Konsistenz, Haftung, Versteifungszeit, Wasserrückhaltevermögen. Füllstoffe sind Perlite und Sand. Außer Wasser dürfen auf der Baustelle keine weiteren Stoffe zugegeben werden.	langsame Versteifung (frühestens nach 25 Minuten)	Innenputze
		Haftputzgips		besonders gute Haftfähigkeit	einlagige Innenputze auf schwierigem Putzgrund
		Maschinenputzgips		besonders gut für stetige Verarbeitung mit Maschinen geeignet	Innenputzarbeiten mit Putzmaschinen
	Putzgipse	Ansetzgips		langsame Versteifung; erhöhtes Wasserrückhaltevermögen; haftet gut auf Gipskartonplatten	Ansetzmörtel für Gipskartonplatten (Trockenputz)
		Fugengips		langsame Versteifung, höheres Wasserrückhaltevermögen	Verbindung von Gipsbauplatten
		Spachtelgips		gutes Wasserrückhaltevermögen; versteift etwas rascher als Fugengips	Verspachteln von Wänden aus Gipsbauplatten und ebenen Flächen aus z.B. Gas- oder Schwerbeton

6.3.3 Prüfungen

Geprüft werden nach DIN 1168 Kornfeinheit, Wassergipswert, Versteifungsbeginn, Biegezugfestigkeit und Druckfestigkeit bzw. Härte.

Diese Eigenschaften sind vom Hersteller in Eigenüberwachung zu prüfen; die Aufzeichnungen werden durch eine fremdüberwachende Prüfstelle (z.B. amtlich anerkannte Güteüberwachungsgemeinschaft) alle 6 Monate kontrolliert (**6**.23).

6.23 Gütezeichen für Gips und Gipsbauelemente

Der Wassergipswert beeinflußt Festigkeit und Verarbeitbarkeit des Gipses. Wenn das angemachte Gips-Wasser-Gemisch zu flüssig ist (hoher Wassergipswert), sinken Festigkeit bzw. Härte und Dichte; der Versteifungsbeginn wird verzögert. Zu viel Gips führt zum Treiben (Volumenvergrößerung).

Geprüft wird der Wassergipswert bei Stuck- und Putzgips durch Bestimmen der Einstreumenge, bei Baugipsen mit Zusätzen durch den Ausbreitversuch.

Die *Einstreumenge* ist die Gipsmenge in g, die beim Einstreuen in 100 cm³ Wasser durchfeuchtet wird.

■ **Versuch 17** In ein Becherglas von 66 mm lichter Weite und 66 mm lichter Höhe mit den Höhenmarken 16 mm und 32 mm über der inneren Bodenfläche füllen wir 100 cm³ Wasser. Dann streuen wir Gips gleichmäßig so ein, daß die Gipsbreioberfläche nach $^1/_2$ Minute die erste, nach 1 Minute die zweite Höhenmarke erreicht und nach $1^1/_2$ Minuten etwa 2 mm unter dem Wasserspiegel steht. In der folgenden halben Minute streuen wir so viel Gips auf die Wasseroberfläche, bis der ganze Wasserspiegel verschwunden ist. Die dabei entstandenen Gipsinseln sollen nach 3 bis 5 Sekunden durchfeuchtet sein.

Ergebnis Wir stellen die Einstreumenge fest. Die mittlere Einstreumenge *E* wird aus 3 Versuchen errechnet, die sich um höchstens 5 g unterscheiden dürfen.

Der Wassergipswert *w* wird nach dieser Gleichung berechnet:

$$\text{Wassergipswert} = \frac{\text{Wassermenge (100 g)}}{\text{Einstreumenge in g}}$$

$$w = \frac{100}{E}$$

Beispiel 1 Aus 3 Versuchen wurden folgende Einstreumengen ermittelt: 124,5 g, 127,0 g, 123,5 g. Wie groß ist der Wassergipswert

Lösung Mittelwert der Einstreumenge

$$= \frac{124{,}5\text{ g} + 127{,}0\text{ g} + 123{,}5\text{ g}}{3} = 125\text{ g}$$

$$w = \frac{100\text{ g}}{125\text{ g}} = \mathbf{0{,}8}$$

Das *Ausbreitmaß* ist der Durchmesser eines Kuchens aus einem Wasser-Gips-Gemisch oder Wasser-Gips-Sand-Gemisch, der nach Entfernen der Form und Rütteln des Gemisches gemessen wird. Das Verhältnis von Gips bzw. Gips-Sand zu Wasser ist richtig gewählt, wenn der Durchmesser des Kuchens 165 mm beträgt. Die Berechnungsformel lautet:

$$\text{Wassergipswert} = \frac{\text{Anmachwasser in g}}{\text{Gipsmenge in g}}$$

$$w = \frac{A}{G}$$

Der Versteifungsbeginn wird bei Stuck- und Putzgips durch Prüfen des Gipskuchens mit dem Messer, bei Baugipsen mit Zusätzen durch Prüfen mit dem Tauchkonus ermittelt.

■ **Versuch 18** Unter Beachtung der richtigen Einstreumenge wird Gipsbrei hergestellt, $^1/_2$ Minute eingesumpft und 1 Minute mit einem Löffel durchgerührt. Den Gipsbrei gießen wir in Kuchenform (10 bis 12 cm, Dicke etwa 0,5 cm) auf Glasplatten. Die Kuchen schneiden wir in Abständen von $^1/_2$ Minute mit einem Messer ein.

Ergebnis Die Versteifung beginnt, wenn die Schnittränder auch am Kuchenrand nicht mehr zusammenfließen. Der Versteifungsbeginn rechnet vom Beginn des Einstreuens an.

Die Prüfung des Versteifungsbeginns mit dem Tauchkonus verläuft ähnlich wie die Prüfung der Normsteife von Zementleim.

■ **Versuch 19** Gipsbrei mit richtigem Wassergipswert (Ausbreitversuch) wird in einen kegelstumpfförmigen Hartgummiring gefüllt. In das Nadelgerät (s. Abschn. 6.2.4, Versuch 10) wird der Tauchkonus eingesetzt und vorsichtig auf die Oberfläche des Gipsbreis aufgesetzt.

Ergebnis Der Versteifungsbeginn ist erreicht, wenn der Tauchkonus in der Probe 18±2 mm über der Glasplatte steckenbleibt.

Versteifender Gips darf nicht mehr verarbeitet, bearbeitet oder durch Wasser weich gemacht werden. Sonst zerstört man das sich bildende Kristallgefüge (Totrühren bzw. Totreiben des Gipses) und setzt „Atmungsfähgigkeit" und Festigkeit des Gipses herab.

Wassergipswert und Versteifungsbeginn sind beim Verarbeiten der Baugipse unbedingt zu beachten. Für Stuck- und Putzgips sind hierbei andere Prüfverfahren vorgeschrieben als für Baugipse mit Zusätzen.

6.4 Mörtel

Angemachter Mörtel (Frischmörtel) ist ein Gemenge aus Bindemittel, Zuschlag und Wasser, gegebenenfalls auch Zusatzmittel und Zusatzstoff. Bei Gipsmörtel kann der Zuschlag entfallen. Je nach Verwendungszweck sind Art des Bindemittels und der Zuschläge und ihr Mischungsverhältnis verschieden.

Zusatzmittel sind Zusätze, die Mörteleigenschaften durch chemische oder physikalische Wirkung ändern (z. B. Luftporenbildner, Verflüssiger, Dichtungsmittel, Erstarrungsbeschleuniger, Verzögerer und Haftmittel). Sie werden in nur geringer Menge zugegeben und dürfen nicht zu Schäden am Mörtel oder am Mauerwerk führen. Vor Verwendung eines Zusatzmittels ist stets eine Eignungsprüfung durchzuführen, da ein Zusatzmittel andere Mörteleigenschaften möglicherweise beeinträchtigen kann.

Zusatzstoffe wie Baukalke, Gesteinsmehle, Traß, Pigmente (= Farbzusätze) dürfen das Erhärten des Bindemittels, die Festigkeit und die Beständigkeit des Mörtels nicht beeinträchtigen. Im Gegensatz zu den Zusatzmitteln kann man sie in größerer Menge zugeben. Sie dürfen nicht auf den Bindemittelgehalt angerechnet werden, wenn die Mörtelzusammensetzung nach Tab. **6**.31 festgelegt wird. Für diese Mörtel beträgt ihr Volumenanteil höchstens 15% vom Sandanteil.

Das tragende Gerüst des Mörtels bilden die Zuschlagkörner. Der in Verbindung mit Wasser entstandene Bindemittelleim umschließt die einzelnen Körner und füllt die noch verbleibenden Hohlräume im Zuschlag. Durch chemische und physikalische Vorgänge verfestigt sich das Bindemittel und verbindet die Zuschlagkörner zu einem festen Gefüge (*Festmörtel*).

6.4.1 Mörtelzuschlag (Sand)

Aufgaben. Der Zuschlag bildet das feste und dauerhafte Gerüst des Mörtels. Seine Festigkeit ist meist größer als die der erhärteten Bindemittel. Kalk und Zement ohne Zuschläge schwinden während des Erhärtens; die Folge sind Risse. Zuschlag dagegen schwindet wegen des höheren Anteils an gröberen Körnern nicht, gewährleistet dadurch die Raumbeständigkeit des Mörtels und ist deshalb als Magerungsmittel bei der Mörtelherstellung unentbehrlich (**6**.24).

Tabelle **6**.24 **Zuschläge nach DIN 4226**

	Zuschlag aus natürlichem Gestein (ungebrochen und gebrochen)	Künstlich hergestellter Zuschlag (ungebrochen und gebrochen)
dicht	Zuschläge aus Gruben, Flüssen, Seen und Steinbrüchen (Natursand)	z. B. kristalline Hochofenstückschlacke, ungemahlener Hüttensand, Schmelzkammergranulat
porig	Zuschläge aus Gruben und Steinbrüchen wie Naturbims, Lavaschlacke, Tuff	z. B. Blähton, Blähschiefer, Hüttenbims, Ziegelsplit, gesinterte Steinkohlenflugasche

Natursande sind Verwitterungsprodukte der Gebirge. Sie gelangen durch Abschwemmen in Flußläufe und Täler.

Brechsande sind künstlich zerkleinerte schwere Zuschläge aus Natursteinen (z. B. Granit, Basalt, Kalkstein, Sandstein). Wir erkennen sie an ihrer scharfkantigen Konform. Sie sind in der Regel gewaschen und deshalb frei von Feinstkorn.

Schlackensande sind ebenfalls scharfkörnig und dienen zur Verbesserung der Kornzusammensetzung in feinkörnigen Natursanden.

Porige, leichte Zuschläge erhöhen wesentlich die Wärmedämmfähigkeit des Mörtels.

Die Eigenschaften des Sandes sind für die Qualität des Mörtels ebenso wichtig wie die der Bindemittel. Die *Eigenfestigkeit* des Sandes muß mindestens der Bindemittelfestigkeit entsprechen. DIN 4226 unterscheidet nach der Korngröße Feinst-, Fein- und Grobsand (**6**.25).

Tabelle **6.25** **Korngrößen des Mörtelsands**

Größtkorn in mm	0 – 0,25	0,25 – 1	1 – 4
ungebrochene Zuschläge	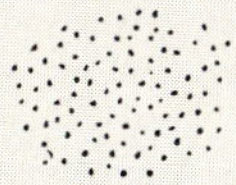 Feinstsand	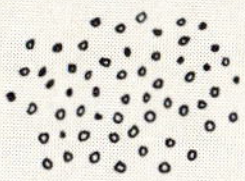	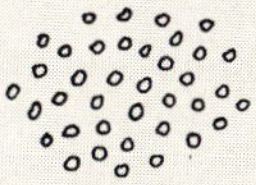
	Feinsand		Grobsand
gebrochene Zuschläge	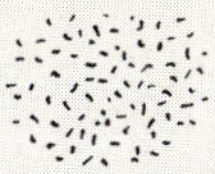 Feinstbrechsand	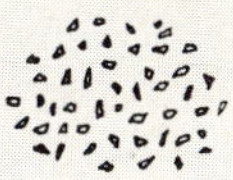	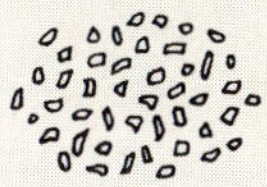
	Feinbrechsand		Grobbrechsand

Die *Kornzusammensetzung* soll gemischtkörnig sein, denn gemischtkörnige Mörtelsande weisen den geringsten Hohlraumgehalt auf (25 bis 35%). Sande, die zu viel feines oder zu viel grobes Korn enthalten, verbrauchen mehr Bindemittel und begünstigen Schwindrisse (**6**.26).

gleich große grobe Körner
kleine Oberfläche
viel Hohlraum

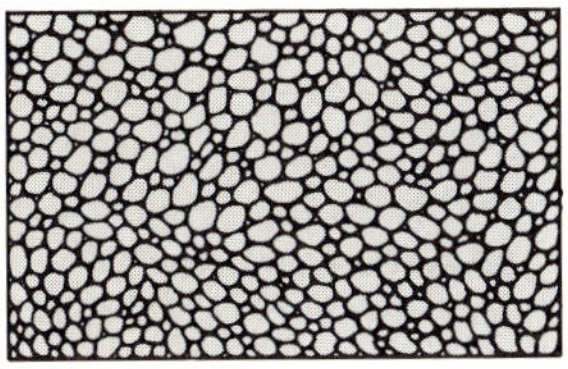

gleich große feine Körner
große Oberfläche
Summe der Hohlräume wie bei grobem Korn

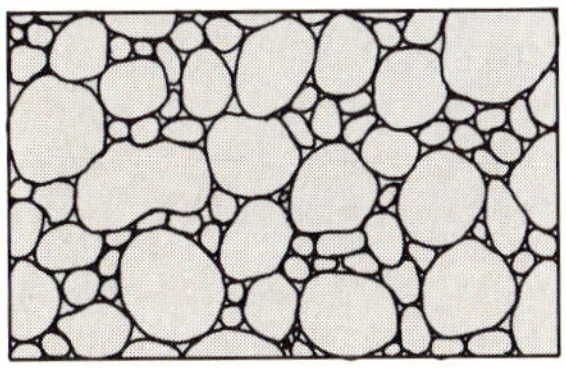

gemischte Körnung
mittlere Oberfläche
weniger Hohlraum
(optimal, nicht ideal)

6.26 Kornzusammensetzung des Mörtelsands

■ **Versuch 20** In ein weites Standglas mit eingesetztem Glasrohr füllen wir 500 cm³ Sand und gießen aus einem Meßzylinder Wasser, bis es die Oberfläche des Sandes erreicht (**6**.27). Notfalls rütteln oder stochern wir mit einem dünnen Stab, bis der Sand gleichmäßig durchfeuchtet ist.

Ergebnis Die zugeführte Wassermenge (in cm³ oder in g) gibt den Hohlraumgehalt an. Er beträgt z.B. bei 160 cm³ Wasserverbrauch

$$\frac{160\ \text{cm}^3 \cdot 100\%}{500\ \text{cm}^3} = \mathbf{32\%}.$$

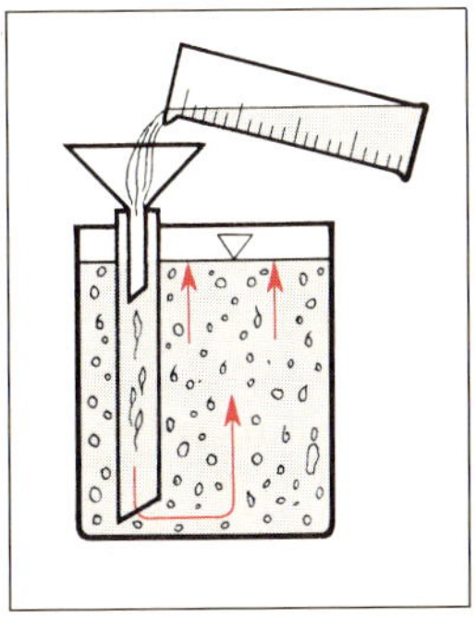

6.27
Bestimmung des Hohlraumgehalts

Ein Feinstsandanteil (< 0,25 mm) von 10 bis 25 Masse-% verbessert die Verarbeitbarkeit (Geschmeidigkeit) des Mörtels. Der Anteil des Größtkorns 2/4 soll mindestens 10 Masse-% betragen. Richtwerte für eine günstige Kornzusammensetzung gibt Tabelle **6**.28.

Tabelle **6**.28 **Richtwerte einer günstigen Kornzusammensetzung**

Korngruppen	0/1	1/2	2/4
Masse-%	50	20	30

■ **Versuch 21** Wir reiben eine Probe Mauersand zwischen den Fingern.

Ergebnis Der Sand fühlt sich weich oder scharf an. Ton oder Lehm haftet als gelbliche Verschmutzung an den Fingern.

Sand aus scharfkantigem Korn gibt dem Mörtel ein festeres Gefüge als weicher (schlapper, stumpfer) Sand.

Verunreinigungen des Zuschlags können später zu Bauschäden führen. Abschlämmbare Bestandteile wie Ton oder Lehm sind besonders schädlich, wenn sie als Kruste an der Oberfläche der Sandkörner haften und eine innige Verbindung mit dem Bindemittel verhindern. Außerdem vermehren sie den Wasserverbrauch und fördern so das Schwinden des Mörtels. Als abschlämmbare Bestandteile bezeichnet man Kornanteile unter 0,063 mm Korngröße. Ist ihr Masseanteil $> 8\%$, muß die Brauchbarkeit des Zuschlags durch eine Eignungsprüfung nachgewiesen werden.

Tonknollen und Kohleteilchen quellen bei Wasseraufnahme und können dadurch kraterförmige Aussprengungen verursachen. Salzhaltige Zuschläge führen zu Ausblühungen.

Organische Verunreinigungen (z.B. Mutterboden) beeinträchtigen den Erhärtungsprozeß des Bindemittels, besonders bei hydraulischer Erhärtung.

■ **Versuch 22** (Absetzversuch) In ein Meßglas von 1000 cm^3 Inhalt füllen wir 500 g Sand, dann bis zur Meßmarke von $\approx$ 750 cm^3 Wasser und schütteln den Inhalt kräftig durch (**6**.29). Nach 20 und nach 40 Minuten wird nochmals durchgeschüttelt. Dann stellen wir das Glas für 1 Stunde an einem erschütterungsfreien Ort ab und lesen danach die Schichtdicke der abgeschlämmten Bestandteile ab (Schlamm-Menge I in cm^3).

Ergebnis Die abschlämmbaren Anteile berechnet man nach der Formel

$$\frac{0{,}6 \cdot I \cdot 100}{500} = 0{,}12 \cdot I \text{ in Masse-\%}$$

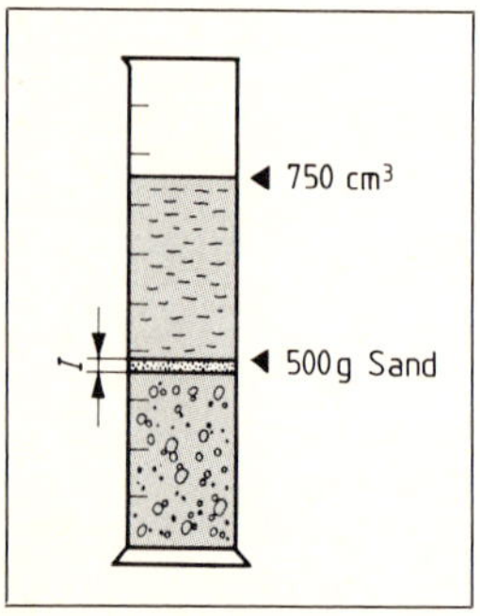

Die Zahl 0,6 bezeichnet die Dichte der trockenen Schlammenge.

Je Absetzversuch sind zwei Meßzylinder anzusetzen. Maßgebend ist das Mittel aus beiden Versuchen. Die Einzelwerte sind anzugeben.

6.29 Absetzversuch

Beispiel 2 Nach Versuch 22 wurde die Schlammschicht I mit 20 cm^3 ermittelt. Berechnen Sie die abschlämmbaren Bestandteile in Maße-%.

Lösung $$s = \frac{0{,}6\,\text{g/cm}^3 \cdot 20\,\text{cm}^3 \cdot 100}{500\,\text{g}} = \mathbf{2{,}4\ Masse\text{-}\%}$$

■ **Versuch 23** (Natronlaugeversuch) In eine weithalsige Klarglasflasche (d = 65 bis 70 mm, $V \approx$ 300 cm^3) mit Markierungen für 130 cm^3 und 200 cm^3 wird bis zur ersten Meßmarke Zuschlag gefüllt (bei Betonzuschlag bis 8 mm Größtkorn) und bis zur zweiten Meßmarke mit 3%iger Natronlauge übergossen. Die Flasche verschließen wir mit einem Stopfen (kein Korkstopfen!) und schütteln den Inhalt gründlich durch (**6**.30). Nach 24 Stunden prüfen wir die Färbung der Flüssigkeit.

Ergebnis Bei farbloser bis hellbrauner Flüssigkeit sind mit großer Wahrscheinlichkeit keine wesentlichen Mengen organischer Bestandteile vorhanden.

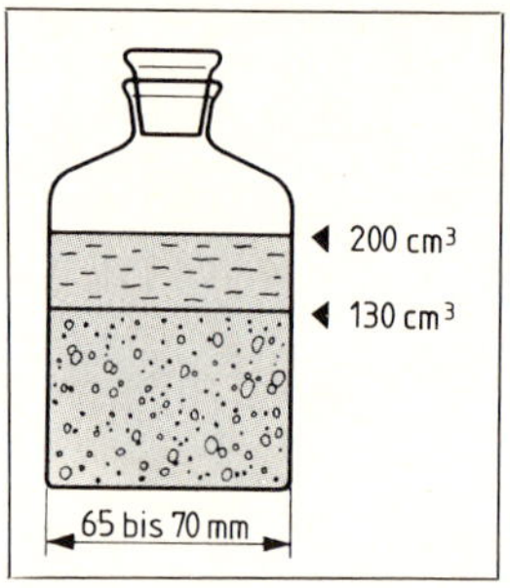

Bei tiefgelber, bräunlicher oder rötlicher Verfärbung ist eine Eignungsprüfung erforderlich.

Auch beim Natronlaugeversuch sind zwei Proben anzusetzen

6.30 Natronlaugeversuch

Entscheidend hierbei ist die Verteilung der organischen Stoffe im Zuschlag. Einige gröbere organische Stoffe bewirken bereits eine dunkle Färbung der Natronlauge, ohne daß die Erhärtungsreaktion des Bindemittels wesentlich beeinflußt wird.

Zuschläge bilden das Mörtelgerüst und magern die Bindemittel Kalk und Zement. Für die Beurteilung der Zuschläge sind Kornformen, Kornzusammensetzung und Sauberkeit besonders wichtig.

6.4.2 Mörtelgruppen und Mischungsverhältnisse

Mauermörtel. Die aus Mörtel hergestellte Mauerfuge verbindet die Mauersteine durch gute Haftung fest miteinander, gleicht Maßabweichungen der Steine aus und verteilt die Belastungen gleichmäßig auf das Mauerwerk. DIN 1053 T 1 unterscheidet Normal-, Leicht-, Dünnbettmörtel.

Normalmörtel sind baustellengefertigte Mörtel oder Werkmörtel (s. Abschn. 6.4.3) mit Zuschlagarten nach Tab. **6**.24. Sie haben eine Trockenrohdichte von $\geqq$ 1,5 kg/dm^3. Man teilt sie in die Mörtelgruppen I, II, IIa, III und IIIa ein (**6**.31).

Leichtmörtel sind Werk-Trocken- oder Werk-Frischmörtel mit einer Trockenrohdichte $<$ 1,5 kg/dm^3, die durch Zugabe von Leichtzuschlägen erreicht wird. Für Leichtmörtel gibt es die Gruppen LM 21 und LM 36. Sie sind nicht zulässig für Gewölbe und der Witterung ausgesetztes Sichtmauerwerk.

Dünnbettmörtel sind Werk-Trockenmörtel aus Zement, Zuschlagarten nach Tab. **6**.24 mit einem Größtkorn von 1 mm und Zusätzen (Zusatzmittel, -stoffe). Dünnbettmörtel wird der Mörtelgruppe III zugeordnet. Sie sind nicht zulässig für Gewölbe und Mauersteine mit Maßabweichungen in der Höhe von mehr als 1 mm (Anforderungen an Plansteine).

Tabelle **6.31** **Normalmörtel: Zusammensetzung und Mischungsverhältnisse in Raumteilen nach DIN 1053 T1**

	1	2	3	4	5	6	7	8	9
	Mörtelgruppe	Luftkalk und Wasserkalk		Hydraulischer Kalk	Hochhydraulischer Kalk, Putz- und Mauerbinder	Zement	Sand aus natürlichem Gestein, lagerfeucht	Mittelwert der Mindestdruckfestigkeit in N/mm² nach 28 Tagen bei	
		Kalkteig	Kalkhydrat					Eignungsprüfung	Güteprüfung
1	I	1					4	keine Festigkeitsanforderungen	
2	I		1				3	keine Festigkeitsanforderungen	
3	I			1			3	keine Festigkeitsanforderungen	
4	I				1		4,5	keine Festigkeitsanforderungen	
5	II	1,5				1	8	3,5	2,5
6	II		2			1	8	3,5	2,5
7	II			2		1	8	3,5	2,5
8	II				1		3	3,5	2,5
9	II a		1			1	6	7	5
10	II a				2	1	8	7	5
11	III					1	4	14	10
12	III a					1	4	25	20

Die in der Tabelle angegebenen Mischungsverhältnisse erfüllen ohne besonderen Nachweis die vorgesehenen Anforderungen. Die Mörtelgruppe III a hat das gleiche Mischungsverhältnis wie die Mörtelgruppe III. Die Festigkeitssteigerung wird durch Auswahl geeigneter Sande mit günstiger Kornverteilung erreicht. Für Mörtel der Gruppen II, II a und III, die in ihrer Zusammensetzung nicht Tab. **6**.31 entsprechen, sowie stets bei Mörtel der Gruppe III a ist die Eignung zu prüfen.

Die Mörtelgruppe I ist für unbelastete Wände uneingeschränkt verwendbar. Tragende Wände bis zu 2 Vollgeschossen dürfen mit diesen Mörteln erstellt werden, wenn die Wanddicke ≧ 24 cm beträgt. Bei zweischaligen Außenwänden ist die Dicke der Innenschale maßgebend. Für Kellermauerwerk, Gewölbe und Außenschalen von zweischaligem Mauerwerk ist Mörtelgruppe I nicht zulässig.

Die Mörtelgruppen II und II a erlauben höhere Beanspruchungen und können (mit Ausnahme von Gewölben) für alle tragenden Bauteile verwendet werden.

Die Mörtelgruppen III und III a eignen sich besonders für sehr hoch belastetes Mauerwerk. Sie sind nicht zulässig für das Vermauern der Außenschale von zweischaligem Mauerwerk.

Für alle baustellengefertigten Normalmörtel sind Zusätze zur Verbesserung der Verarbeitbarkeit und des Wasserrückhaltevermögens erlaubt und zu empfehlen. Dies gilt nicht für Werkmörtel. Zusatzstoffe dürfen nicht auf den Bindemittelgehalt angerechnet werden, wenn die Mörtelzusammensetzung Tab. **6**.31 entspricht. Ihr Volumenanteil darf höchstens 15% vom Sandgehalt betragen. Eine Eignungsprüfung ist in diesem Fall nicht erforderlich. Mörtel unterschiedlicher Art und Gruppe dürfen auf einer Baustelle nur dann gemeinsam verwendet werden, wenn sichergestellt ist, daß es keine Verwechslung gibt.

Putzmörtel werden an Wänden und Decken aufgetragen. DIN 18550 unterscheidet für Putzmörtel fünf Mörtelgruppen (**6**.32).

Mörtel der Gruppe P I lassen sich gut verarbeiten und ergeben stärker saugende, ausreichend feste und sehr elastische Putze. Sie eignen sich als Innen- und Außenputz mit geringer Beanspruchung und von denen kein besonderer Feuchtigkeitsschutz verlangt wird.

Mörtel der Gruppe P II ergeben schwach saugende Putze, die bei günstigem Kornaufbau des Sandes das Eindringen von Feuchtigkeit hemmen. Sie sind nicht so elastisch und durchlässig für Wasserdampf wie Gruppe I, aber widerstandsfähiger gegen mechanische Beanspruchungen. Verwendet werden sie für Innenputze mit erhöhter Abriebfestigkeit und für Außenputze.

Mörtel der Gruppe P III ergeben kaum saugenden Putz. Wasserdampfdurchlässigkeit und Elastizität sind gering. Zementmörtel eignet sich für Putze auf Außensockeln und Kelleraußenwänden.

Mörtel der Gruppe P IV bilden Putze, die wegen der porigen Struktur des Gipses zeitweise Wasserdampf speichern können. Gipsputze haben glatte Oberflächen, sind hart und stoßfest (außer P IV d). Man verwendet sie als Innenputze mit erhöhter Abriebfestigkeit auch in Räumen mit vorübergehend hohem Feuchtigkeitsanfall (Küche, Bad). Als Putz in Räumen mit dauernder Feuchtigkeitseinwirkung sind sie nicht geeignet.

Mörtel der Gruppe P V gleichen in Eigenschaften und Verwendung der Gruppe P IV a, b, a.

Tabelle **6.32** **Putzmörtel: Zusammensetzung und Mischungsverhältnisse in Raumteilen nach DIN 18550**

	1		2	3	4	5	6	7	8	9	10	11	12	13
	Mörtel-gruppe		Mörtelart	Baukalke DIN 1060 Luftkalk Wasserkalk Kalkteig	Kalkhydrat	Hydraulischer Kalk	Hochhydraulischer Kalk-	Putz- und Mauerbinder DIN 4211	Zement DIN 1164	Baugips ohne werkseitig beigegebene Zusätze DIN 1168 Stuckgips	Putzgips	Anhydritbinder DIN 4208	Sand	Mittlere Mindestdruckfestigkeit in N/mm²
			Schüttdichte kg/dm³	1,25¹)	0,5	0,8	1,0	1,0	1,2	0,9	0,9	1,0	1,3²)	
1 2	P I	a	Luftkalkmörtel	1,0	1,0								3,5 bis 4,5 3,0 bis 4,0	keine Anforderungen
3 4	P I	b	Wasserkalkmörtel	1,0	1,0								3,5 bis 4,5 3,0 bis 4,0	
5	P I	c	Mörtel mit hydraulischem Kalk			1,0							3,0 bis 4,0	1,0
6	P II	a	Mörtel mit hochhydraulischem Kalk oder Mörtel mit Putz- u. Mauerbinder				1,0 oder 1,0						3,0 bis 4,0	2,5
7	P II	b	Kalkzementmörtel	1,5 oder 2,0					1,0				9,0 bis 11,0	
8	P III	a	Zementmörtel mit Zusatz von Kalkhydrat		≦ 0,5				2,0				6,0 bis 8,0	10
9	P III	b	Zementmörtel						1,0				3,0 bis 4,0	
10	P IV	a	Gipsmörtel							1,0			–	2,0
11	P IV	b	Gipssandmörtel							1,0 oder 1,0			1,0 bis 3,0	
12	P IV	c	Gipskalkmörtel	1,0 oder 1,0						0,5 bis 1,0 oder 1,0 bis 2,0			3,0 bis 4,0	
13	P IV	d	Kalkgipsmörtel	1,0 oder 1,0						0,1 bis 0,2 oder 0,2 bis 0,5			3,0 bis 4,0	keine Anford.
14	P V	a	Anhydritmörtel									1,0	≦ 2,5	2,0
15	P V	b	Anhydritkalkmörtel	1,0 oder 1,5								3,0	12,0	

¹) Für Kalkteig gilt Rohdichte statt Schüttdichte
²) Gilt bei 2 bis 5 Masse-% Feuchtigkeit

Mörtel, vor allem Mauermörtel, dürfen nicht ausschließlich unter dem Gesichtspunkt „Festigkeit" beurteilt werden. Man muß auch andere bauphysikalische Erfordernisse (z.B. Wärmedämmung) berücksichtigen.

Als Mischungsverhältnis für Mörtel bezeichnet man das Mengenverhältnis Bindemittel zu Sand in Raumteilen. Die Menge des Anmachwassers wird nicht angegeben. In einem Mischungsverhältnis mit zwei Verhältniszahlen (z.B. 1:3) steht die erste für das Bindemittel, die zweite für den Zuschlag. Im Mischungsverhältnis aus drei Verhältniszahlen (z.B. 2:1:9) bezieht sich die Zahl 1 immer auf den Zementgehalt; sie steht in der Mitte der Zahlenreihe. Die erste Zahl gibt den Kalkanteil, die dritte den Sandanteil an.

Fette und magere Mörtel. Die in den Tabellen **6.**31 und **6.**32 angegebenen Mischungsverhältnisse sind so gewählt, daß alle Zuschlagkörner von Bindemittelleim umhüllt werden. Der Bindemittelleim wird so weit gemagert, daß beim Erhärten des Mörtels keine Schwindrisse auftreten.

Zu hohe Bindemittelanteile ergeben „fette" Mörtel: Die Sandkörnchen stoßen nicht mehr zusammen; Schwindrisse und Festigkeitsabfall sind die Folgen.

Bei zu wenig Bindemittelanteilen spricht man von „mageren" Mörteln: Die Sandkörnchen werden nicht genügend miteinander „verkittet"; der Mörtel sandet, ist wenig druckfest und witterungsunbeständig.

■ **Versuch 24** Mischen sie Mörtelproben aus Weißkalkteig und Sand in den Mischungsverhältnissen 1:1, 1:4 und 1:8. Je 100 cm^3 Mörtel werden auf leicht geölten Glasplatten von 15 cm × 15 cm Größe durch mehrmaliges Aufstoßen zu einem Kuchen von etwa 10 cm Durchmesser ausgebreitet und eine Woche an der Luft gelagert.

Ergebnis Unterschiedliche Beschaffenheit der drei Mörtelproben.

Wenn das Mischungsverhältnis bei Putzmörteln nicht gleichmäßig eingehalten wird, weist der Putz später Farbabstufungen auf. Die einzelnen Putzabschnitte zeichnen sich dann deutlich ab.

> Mauermörtel werden in 5 Gruppen, Putzmörtel in 5 Gruppen mit Untergliederung eingeteilt. Die Mörtelgruppen legen die Zusammensetzung, die Festigkeit und die Verwendung des Mörtels fest.
>
> Das Mischungsverhältnis beeinflußt wesentlich die Raumbeständigkeit und Festigkeit des Mörtels.

6.4.3 Mörtelherstellung

Mörtel kann auf der Baustelle hergestellt oder als Werkmörtel an die Baustelle geliefert werden.

Werkmörtel wird zunehmend verwendet, weil Mörtelwerke die besten Voraussetzungen für die Herstellung einwandfreier Mörtel bieten. Selbsttätig arbeitende Dosierungsvorrichtungen gewährleisten hier die genaue Einhaltung des Mischungsverhältnisses. Zwangsmischer sorgen für die intensive Durcharbeitung der Mischungen. Zweckmäßige Lagervorrichtungen schützen Bindemittel und Zuschlag vor Verunreinigungen. Außerdem werden die Mörtelgrundstoffe laufend von Fachleuten geprüft. Fehler sind damit weitgehend ausgeschlossen. Werkgemischte Mörtel zeichnen sich durch Gleichmäßigkeit in der Zusammensetzung, gute Geschmeidigkeit und höhere Festigkeit aus. Werkmörtel kommen auf die Baustelle in den Lieferformen

- **Werk-Trockenmörtel,** dem nur noch Wasser zugesetzt wird,
- **Werk-Vormörtel,** dem außer der erforderlichen Wassermenge noch die erforderliche Zementmenge zugegeben wird, und
- **Werk-Frischmörtel,** der gebrauchsfertig in kellengerechter Konsistenz angeliefert wird.

Werk-Vormörtel und Werk-Trockenmörtel müssen auf der Baustelle in einem Mischer aufbereitet werden.

Werkmörteln dürfen auf der Baustelle weder Zusatzstoffe noch Zusatzmittel beigemischt werden. Die Verarbeitungs- und Verwendungsvorschriften des Herstellers sind unbedingt zu beachten, um Bauschäden zu vermeiden.

Das Mischen von Mörtel auf der Baustelle setzt voraus, daß die Bindemittel trocken und witterungsunabhängig, die Zuschläge sauber gelagert werden. Das genaue Einhalten des Mischungsverhältnisses und die Art des Mischens beeinflussen die Qualität des Mörtels.

Das Abmessen von Bindemitteln und Zuschlag darf nach DIN 1053 nur mit Waagen oder Zumeßbehältern geschehen, nicht mit der Schaufel (unterschiedliche Schaufelfüllungen, Möglichkeit des Verzählens). Für kleinere Mengen mißt man Mörtelstoffe mit Baueimern ab.

Eigenfeuchtigkeit des Sandes. Die Zugabe der Mörtelstoffe nach Raumteilen kann trotz der vorgeschriebenen Mischungsverhältnisse Mörtel minderer Güte ergeben, wenn man den Feuchtigkeitsgehalt des Sandes nicht berücksichtigt. Er erhöht den Hohlraumanteil des Festmörtels.

■ **Versuch 25** Wir füllen zwei Schalen mit je 100 cm³ trockenem Sand gleicher Kornzusammensetzung. Eine Probe benetzen wir mit 5 g, die andere mit 10 g Wasser und durchfeuchten beide durch gleichmäßiges Umrühren. Jede Probe wird wieder in ein Meßglas gefüllt und der Raum der Sandmengen abgelesen.

Ergebnis Die Probe mit 5 g Wasser nimmt einen größeren Raum ein.

Eine Eigenfeuchtigkeit von etwa 3%, die den Mischungsverhältnissen in Tab. **6**.21 zugrunde liegt und baufeuchtem Sand entspricht, bewirkt die größte Hohlraumerweiterung. Trocknet der Sand aus, rutschen die vorher verklumpten, nun wieder losen Feinstsandteile in die Hohlräume – der Sand fällt zusammen. Die gleiche Wirkung tritt ein, wenn sich die verklebten Feinstoffe durch weitere Wasserzugabe auflösen und die Hohlräume füllen. Daraus folgt, daß trockene oder nasse Zuschläge dichter liegen als feuchte. Einheitliche Mischungen erzielt man deshalb nur durch Abmessen der Zuschläge nach Masseteilen.

Zweck des Mischens ist es, das Bindemittel gleichmäßig im Zuschlag zu verteilen und Bindemittel- oder Sandnester zu vermeiden.

Von Hand gemischte Mörtel werden nur noch selten verwendet. Sie erfordern einen großen Aufwand an Zeit (damit an Kosten) und sind nur vertretbar für kleinere Reparaturen.

Bindemittel und Zuschlag mischt man trocken auf einer sauberen Unterlage (niemals auf Erdreich!) so lange, bis das Mischgut eine einheitliche Färbung aufweist. Bei gleichzeitigem Durchharken wird das Mischgut mindestens zweimal umgesetzt und unter Wasserzugabe noch einmal bis zur kellengerechten Steife durchgearbeitet.

Mischmaschinen zwischen 75 und 200 l Trommelinhalt eignen sich für die Mörtelbereitung auf der Baustelle. Sie sind selbst für kleinere Baustellen noch rationell und liefern nach 2 bis 3 Minuten Mischzeit einen gleichmäßig und intensiv durchgemischten, kellengerechten Mörtel. Beschickt wird die Trommel in der Reihenfolge Wasser–Bindemittel–Sand. Manchmal mischt man Bindemittel und Sand zunächst trocken (eine geringe Wassermenge verhindert das Ausstauben des Bindemittels aus der Trommel), bevor man die erforderliche Menge Anmachwasser zugibt.

Das Mischen von hydraulischen Bindemitteln mit Gips oder Anhydrit ist unzulässig, weil chemische Reaktionen zwischen ihnen zum Treiben führen. Mörtel aus hydraulischen Bindemitteln müssen vor dem Erstarrungsbeginn verarbeitet sein. Bereits erstarrter Mörtel darf nicht unter Wasserzugabe wieder weich gemacht werden.

Mörtelausbeute und Einmischungsfaktor ermöglichen die rechnerische Bestimmung von Bindemittel- und Zuschlagmengen.

Beim Mischen von Bindemittel und Zuschlag mit Wasser verringert sich das Volumen der losen Masse (Bindemittel + Zuschlag), weil vom Wasser gleitfähig gewordene Mörtelstoffe zusammenrutschen und Bindemittelleim und feine Kornanteile die Hohlräume ausfüllen.

Beispiel 3 Bei einer Mischprobe MV 1:4 von 4 l Bindemittel und 16 l erdfeuchtem Sand (1+4 = 5 Raumteile lose Masse) wurden 13 l Mörtel gewonnen (**6.33**). Wie groß sind a) die Ausbeute in %, b) die Ausbeute in RT, c) der Einmischungsfaktor, d) das Volumen von Bindemittel (V_B) und Sand (V_S) für 800 l Mörtel?

Lösung a) 20 l lose Masse entsprechen 100%

$$13\ \text{l Mörtel entsprechen } \frac{100\% \cdot 13}{20} = \mathbf{65\%}$$

b) 20 l lose Masse entsprechen 5 RT

$$13\ \text{l Mörtel entsprechen } \frac{5\ \text{RT} \cdot 13}{20} = \mathbf{3{,}25\ RT}$$

c) 13 l Mörtel erfordern 20 l lose Masse

$$1\ \text{l Mörtel erfordert } \frac{20\ \text{l}}{13\ \text{l}} = \mathbf{1{,}54mal\ mehr\ lose\ Masse}$$

d) 800 l Mörtel erfordern 800 l · 1,54 = **1232 l lose Masse**

$$V_B = \frac{1232\ \text{l}}{5} = \mathbf{246{,}4\ l}$$

$$V_S = \frac{1232\ \text{l} \cdot 4}{5} = \mathbf{985{,}6\ l}$$

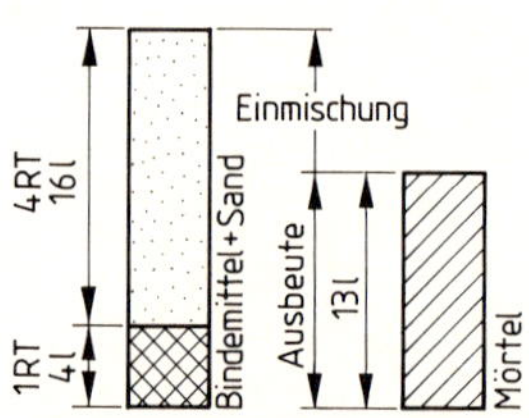

6.33 Mischprobe

Die Mörtelausbeute gibt an, wieviel Mörtel man aus einer bestimmten Menge loser Masse erhält. Die Maßeinheiten sind Raumteile (RT) oder Prozent. Der Einmischungsfaktor gibt an, wievielmal mehr lose Masse für eine bestimmte Mörtelmenge gebraucht wird.

Ausbeute *A* in %

$$A = \frac{\text{Mörtelmenge in l} \cdot 100\%}{\text{lose Masse in l}}$$

Ausbeute *A* in RT

$$A = \frac{\text{Mörtelmenge in l} \cdot \text{Summe des MV}}{\text{lose Masse in l}}$$

Einmischungsfaktor *E*

$$E = \frac{\text{lose Masse in l}}{\text{Mörtelmenge in l}}$$

Tabelle **6.34** **Mörtelstoffe für 1000 l Mörtel**

Zeile	Mörtelart	Mischungsverhältnis	Kalk		Zement		Sand[3]	
			in kg	in l	in kg	in l	in kg	in l
1	Kalkmörtel aus Kalkhydrat	1:3	[1]	400	–	–	1560	1200
2		1:3,5		345	–	–	1575	1210
3		1:4		305	–	–	1585	1220
4	Hydraulische Kalkmörtel	1:3	[1]	390	–	–	1520	1170
5		1:3,5		340	–	–	1545	1190
6		1:4		300	–	–	1560	1200
7	Zementmörtel	1:3	(91)[2]	(76)[2]	455	380	1405	1080
8		1:3,5	(66)	(66)	400	330	1440	1110
9		1:4	(74)	(62)	370	310	1520	1170
10	Kalkzementmörtel aus Zement und aus Kalkhydrat	2:1:9	[1]	280	168	140	1455	1120
11		2:1:9		260	156	130	1520	1170
12		2:1:10		240	144	120	1560	1200

[1]) Zur Berechnung des Kalkanteils in kg wird die Kalkmenge in l mit der Schüttdichte der verwendeten Kalksorte multipliziert.
[2]) Erlaubter Kalkzusatz zur Verbesserung der Geschmeidigkeit.
[3]) 3 Masse-% Feuchtigkeit, Schüttdichte 1,3 kg/l.

Mörtelstoffe können auch mit Hilfe einer Tabelle berechnet werden (**6**.34).

Mörtel werden auf der Baustelle in Mörtelmischern gemischt. Das Mischungsverhältnis muß genau eingehalten werden, die Feuchtigkeit des Sandes ist dabei zu berücksichtigen.

Die Verwendung von Werkmörteln gewährleistet gleichbleibend gute Mörtelqualität. Erstarrender Mörtel darf nicht mehr verarbeitet werden.

Aufgaben zu Abschnitt 6

1. Welchen Zweck erfüllen Bindemittel, Zuschlag und Wasser als Mörtelbestandteile?
2. Unterscheiden Sie Bindemittel nach der Erhärtungsreaktion.
3. Unterscheiden Sie Luftkalke und hydraulisch erhärtende Kalke in Zusammensetzung, Eigenschaften und Erhärtungsverlauf.
4. Nennen Sie Arten und Verwendung von Luftkalken.
5. Nennen Sie Arten und Verwendung von hydraulisch erhärtenden Kalken.
6. Wie können hydraulisch erhärtende Kalke hergestellt werden?
7. Beschreiben Sie die Herstellung von Luftkalken.
8. Warum darf Kalkmörtel keine ungelöschten Kalkteilchen enthalten?
9. Erläutern Sie den Begriff Mörtelliegezeit.
10. Geben Sie die chemischen Reaktionsgleichungen für das Brennen, Löschen und Erhärten von Luftkalk an.
11. Was versteht man unter Stückkalk, Feinkalk, Kalkhydrat, Kalkteig?
12. Unterscheiden Sie Hydraulefaktoren und hydraulische Zuschläge.
13. Was bedeuten zwei schwarze Streifen auf dem Kalksack?
14. Beschreiben Sie die Herstellung von Portlandzement.
15. Unterscheiden Sie Rohstoffe und Herstellungsverfahren bei Luftkalk und Portlandzement.
16. Nennen Sie Voraussetzungen für das Erhärten von Zement.
17. Was versteht man unter Zementleim und -stein?
18. Welche Einflüsse hat die Menge des Anmachwassers auf Eigenschaften des Zementleims und des Zementsteins? Begründung.
19. Nennen Sie Normzemente und deren Kurzzeichen.
20. Welche Festigkeit müssen Zemente mindestens erreichen?
21. Nennen Sie die Festigkeitsklassen der Normzemente.
22. Erläutern Sie die Kennbuchstaben NW, HS, NA und R.
23. Warum können latente hydraulische Stoffe zur Herstellung von Zementarten verwendet werden?
24. Nennen und begründen Sie Verwendungsmöglichkeiten von Normzementen.
25. Welcher Zusammenhang besteht zwischen der Hydratationswärme des Zements und der Zementfestigkeit?

26. Erläutern Sie die Bezeichnung Zement DIN 1164 CEM I 32,5 R–NA.
27. Was versteht man unter Erstarren und Erhärten des Zements?
28. Was besagt der Begriff Normzement?
29. Welche Anforderungen werden an Normzemente gestellt?
30. Beschreiben Sie die Prüfung des Erstarrens, der Raumbeständigkeit und Festigkeit des Zements.
31. Nennen und Begründen Sie Ursachen für das Treiben von Zement.
32. Wodurch unterscheiden sich „Schnellerstarrer" und „Schnellerhärter"?
33. Nennen Sie Rohstoffe für die Baugipsherstellung.
34. Erläutern Sie die chemischen Vorgänge beim Brennen von Gipsstein.
35. Was sind Gipsphasen? Nennen Sie Arten.
36. Geben Sie allgem. Eigenschaften der Baugipse an.
37. Beschreiben Sie das Anmachen von Stuck und Putzgips.
38. Erläutern Sie den Erhärtungsvorgang von Baugips.
39. Was sind Anhydritbinder?
40. Welche Bedeutung hat der Wassergipswert?
41. Weshalb ist es wichtig, die Einstreumenge zu kennen?
42. Wie bestimmt man die Einstreumenge von Gips?
43. Beschreiben Sie die Versuche zur Bestimmung des Versteifungsbeginns.
44. Was versteht man unter totgebranntem, totgerührtem, totgeriebenem Gips?
45. Weshalb dürfen nur gut gereinigte Gefäße und Werkzeuge bei der Verarbeitung von Baugips verwendet werden?
46. Nennen Sie Gipsarten und deren Anwendungsgebiete.
47. Warum hat Festgips eine niedrigere Rohdichte als Gipsstein, obwohl beide Stoffe dieselbe chemische Zusammensetzung aufweisen?
48. Weshalb ist Gips für Außenputze nicht geeignet?
49. Warum darf Gips auf der Baustelle nicht mit Zement gemischt werden?
50. Warum darf Putzgips nicht mit Putzmaschinen verarbeitet werden?
51. Nennen Sie die Arten von Mörtelsand und deren Eigenschaften.
52. Welche Anforderungen werden an Mörtelsand gestellt?
53. Welchen Einfluß hat der Feuchtigkeitsgehalt des Sandes auf seine Dichte? Begründung?
54. Welche Schäden können durch Verwendung verunreinigter Zuschläge auftreten?
55. Beschreiben Sie die Versuche, mit denen Verunreinigungen im Zuschlag nachgewiesen werden.
56. Unterscheiden Sie die Mörtelarten Normal-, Leicht- und Dünnbettmörtel.
57. Nach welchen Gesichtspunkten werden Mörtel zu Mörtelgruppen zusammengefaßt?
58. Nennen Sie Anwendungsbeispiele der Mörtelgruppen.
59. Nennen Sie Zusatzmittel und Zusatzstoffe.
60. Unterscheiden Sie Werkmörtel nach ihrer Zusammensetzung.
61. Welche Angaben enthält das Mischungsverhältnis?
62. Warum darf Mörtel nach Erstarrungsbeginn des Bindemittels nicht mehr verarbeitet werden?
63. Beschreiben und beurteilen Sie Verfahren der Mörtelherstellung.
64. Was versteht man unter Mörtelausbeute und Einmischungsfaktor?

7 Steinbau

Wände. Der Steinbau gehört zu den ältesten Massivbauweisen. Sein wichtigstes Anwendungsgebiet ist der Wandbau. Wände bilden die seitliche Begrenzung umbauter Räume.

Wir unterscheiden Außen- und Innenwände. Wände erfüllen auch statische Aufgaben. Als *tragende Wände* nehmen sie Dach- und Deckenlasten auf, als *aussteifende Wände* dienen sie der Standfestigkeit (**7**.1). Auch Geschoßdecken wirken aussteifend. *Nichttragende Wände* haben statisch keine Funktionen; sie werden nur durch ihre Eigenlast beansprucht.

Wände von Wohn-, Schlaf- und Arbeitsräumen müssen wärme- und schalldämmend sein. Zu bedenken sind auch Feuchtigkeits- und Feuerschutz, Wasserdampfdurchlässigkeit, Aussehen und Kosten.

Baumaterialien für Wände sind Mauerwerk aus künstlichen und natürlichen Steinen, Beton, Stahlbeton, Holz, Glas, Platten aus Holzwerkstoffen, Kunststoffen und Gips.

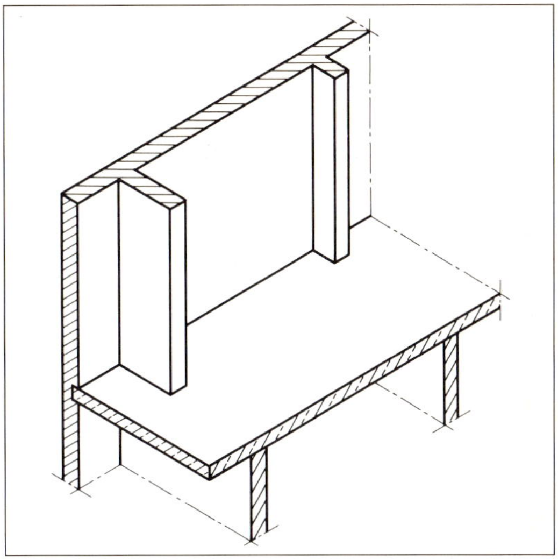

7.1 Tragende und aussteifende Wände

7.1 Mauerwerk aus künstlichen Steinen

7.1.1 Maßordung, Baunormzahl, Baurichtmaß, Nennmaß

Die DIN 4172 (Maßordnung im Hochbau) ist eine wichtige Voraussetzung für kostensparendes Bauen. Sie bildet die Grundlage für die Abmessungen von Gebäuden, Bauteilen und Bausteinen. Bausteine, Ausbauteile und Fertigteile entsprechen in ihren Abmessungen der Maßordnung. Wenn dies bei der Planung und Ausführung beachtet wird, vereinfacht sich das Zusammenfügen der Mauersteine durch Verbandsregeln. Fertige Ausbauteile (z.B. Fenster, Türen, Tore) lassen sich ohne nachträgliche Stemmarbeit in den Baukörper einfügen. Teure Einzelanfertigungen entfallen, man kann Fertigteile in Standardgrößen auf Vorrat produzieren.

Baunormzahlen. Ausgangsmaß für die Baunormzahlen der DIN 4172 ist die Längeneinheit 1 m. Durch die Teiler 4, 8, 12, 16, 40, 20, 10, 5 entstehen 8 Reihen von Baunormzahlen. Jeder Teiler zerlegt die Länge 1 m = 100 cm in gleiche Abschnitte, Maßsprünge genannt (**7**.2).

Die Reihen A bis D gelten vorwiegend für den Rohbau (Mauersteine, Wandmaße, Geschoßhöhen), die Reihen F bis H für den Ausbau (Maße des fertigen Baues nach Einbau von Platten, Putz, Fußboden). Die Reihe E gilt für Einzelheiten des Rohbaus und Ausbaus (Platten-, Putz-, Fußbodendicke).

Baurichtmaß. In Tabelle **7**.3 sind die Baunormzahlen bis 50 cm für die Reihen mit den Maßsprüngen bzw. Ausgangsmaßen 25 cm, $12^1/_2$ cm,

Tabelle **7**.2 **Baunormzahlen nach DIN 4172**

	Ausgangsmaße im Rohbau				Einzelmaße	Ausgangsmaße im Ausbau		
Reihe	A	B	C	D	E	F	G	H
Teiler	4	8	12	16	40	20	10	5
Maßsprung	$\frac{100\text{ cm}}{4}$ = 25 cm	$\frac{100\text{ cm}}{8}$ = $12^1/_2$ cm	$\frac{100\text{ cm}}{12}$ = $8^1/_3$ cm	$\frac{100\text{ cm}}{16}$ = $6^1/_4$ cm	$\frac{100\text{ cm}}{40}$ = $2^1/_2$ cm	$\frac{100\text{ cm}}{20}$ = 5 cm	$\frac{100\text{ cm}}{10}$ = 10 cm	$\frac{100\text{ cm}}{5}$ = 20 cm

Tabelle 7.3 **Baurichtmaße bis 50 cm**

Ausgangsmaße der Baurichtmaße		Vielfache der Baurichtmaße							
25 cm	Faktor				1				2
	cm				25				50
$12^1/_2$ cm	Faktor		1		2		3		4
	cm		$12^1/_2$		25		$37^1/_2$		50
$8^1/_3$ cm	Faktor	1		2	3	4		5	6
	cm	$8^1/_3$		$16^2/_3$	25	$33^1/_3$		$41^2/_3$	50
$6^1/_4$ cm	Faktor	1	2	3	4	5	6	7	8
	cm	$6^1/_4$	$12^1/_2$	$18^3/_4$	25	$31^1/_4$	$37^1/_2$	$43^3/_4$	50

$8^1/_3$ cm und $6^1/_4$ cm zusammengestellt. Durch Multiplikation der Ausgangsmaße mit größeren ganzzahligen Faktoren erhält man weitere Baunormzahlen. Diese für den Rohbau geltenden Baunormzahlen nennt man Baurichtmaße.

Nennmaße. Sie sind die tatsächlichen Maße von Mauersteinen und Bauteilen unter Berücksichtigung des Fugenanteils (s. Abschn. 7.1.2). Jedes Steinmaß plus Fugendicke ergibt stets ein Baurichtmaß. Abmessungen von Mauersteinen sind durch die Kombination aller von den Baurichtmaßen der Tabelle **7**.3 abgeleiteten Nennmaße möglich. Um diese unrationelle Vielzahl zu vermeiden, hat man gebräuchliche Abmessungen für Mauersteine festgelegt (**7**.4; s. a. Abschn. 4.2).

Bei Verwendung verschieden hoher Mauersteine mit Vorzugsmaßen ist im Mauerwerk stets ein Schichtausgleich im Maßsprung von 25 cm möglich (**7**.5). Dies ist eine wichtige Voraussetzung für die bautechnisch einwandfreie Einbindung von Mauern bei Mauerecke, Mauerkreuzung und Mauerstoß.

Die Maßordnung im Hochbau (DIN 4172) ist Grundlage für die Rationalisierung im Bauwesen.

Baunormzahlen legen Abmessungen von Bauteilen und Mauersteinen fest.

Baurichtmaße sind die Baunormzahlen des Rohbaus. Sie sind theoretische Maße, aus denen man die Nennmaße – die tatsächlichen Abmessungen von Bauteilen und Mauersteinen unter Berücksichtigung des Mörtelanteils – errechnet.

Maßzahlen einer Bauzeichnung sind stets Nennmaße.

Tabelle 7.4 **Gebräuchliche Abmessungen von Mauersteinen (Nennmaße)**

Längen		Breiten		Höhen	
BR	Nennmaß	BR	Nennmaß	BR	Nennmaß
25 cm	24 cm	12,5 cm	11,5 cm	6,25 cm	5,2 cm
31,25 cm	30 cm	18,75 cm	17,5 cm	$8^1/_3$ cm	7,1 cm
37,5 cm	36,5 cm	25 cm	24 cm	12,5 cm	11,3 cm
50 cm	49 cm	31,25 cm	30 cm	$16^2/_3$ cm	15,5 cm
		37,5 cm	36,5 cm	18,75 cm	17,5 cm
				25 cm	23,8 cm

Vorzugsmaße (rot umrandet: 5,2 cm; 7,1 cm; 11,3 cm; 23,8 cm)

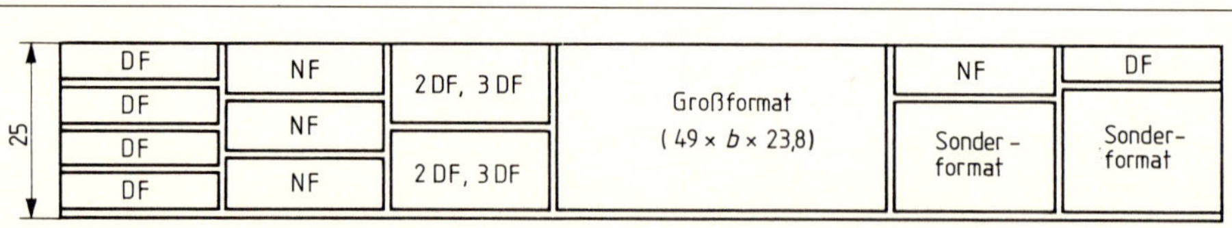

7.5 Genormte Steinhöhen im Baurichtmaß 25 cm

7.1.2 Mauermaße nach der Maßordnung

Mauerlängen, -dicken und -höhen berechnen wir aus dem Baurichtmaß 12,5 cm. Es wird *Achtelmeter* (am), in der Praxis „Kopf", genannt und entspricht dem Greifmaß der Hand, auf das die Breite der Mauersteine im DF, NF, 2 DF (11,5 cm) abgestellt ist.

Berechnen des Nennmaßes. Das Nennmaß, also die wirkliche Länge oder Dicke einer Mauer, erhalten wir aus dem Baurichtmaß, indem wir den Stoßfugenanteil berücksichtigen. Aus der Anzahl der Achtelmeter (Köpfe) ergeben sich für die Ermittlung von Nennmaßen fünf Regeln (**7.6**).

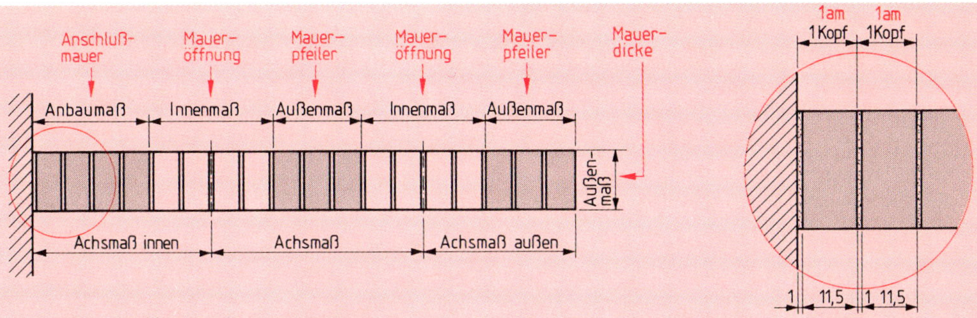

1.	**Außenmaß** (beiderseits frei endende Mauer):	**Nennmaß = Baurichtmaß – 1 cm**
2.1 2.2	**Anbaumaß** (einseitig angebaute Mauer, Mauerhöhe): **Achsmaß** (Maß von Mitte zu Mitte zweier Maueröffnungen):	**Nennmaß = Baurichtmaß**
3.	**Innenmaß** (beiderseits angebaute Mauer, Maueröffnung):	**Nennmaß = Baurichtmaß + 1 cm**
4.	**Achsmaß innen** (Maß von Wandinnenfläche bis Öffnungsmitte):	**Nennmaß = Baurichtmaß + 0,5 cm**
5.	**Achsmaß außen** (Maß von Wandaußenfläche bis Öffnungsmitte):	**Nennmaß = Baurichtmaß – 0,5 cm**

7.6 Berechnen von Nennmaßen aus Baurichtmaßen

Beispiel 1 Berechnen Sie die Nennmaße:
a) Achsmaß innen, n = 18,5 am (Köpfe),
b) Mauerdicke, n = 4 am (Köpfe),
c) Pfeiler, n = 10 am (Köpfe),
d) einseitig angebaute Mauer, n = 42 am (Köpfe),
e) Fensteröffnung, n = 15,5 am (Köpfe),
f) Achsmaß außen, n = 24 am (Köpfe)

Lösung
a) Nennmaß = 18,5 · 12,5 cm + 0,5 cm = 231,75 cm = **2,32 m**
b) Nennmaß = 4 · 12,5 cm – 1 cm = **49 cm**
c) Nennmaß = 10 · 12,5 cm – 1 cm = 124 cm = **1,24 m**
d) Nennmaß = 42 · 12,5 cm = 525 cm = **5,25 m**
e) Nennmaß = 15,5 · 12,5 cm + 1 cm = 194,75 cm = **1,95 m**
f) Nennmaß = 24 · 12,5 cm – 0,5 cm = 299,5 cm = **2,995 m**

Die Nennmaße (nicht die Baurichtmaße!) werden in die Bauzeichnung eingetragen, und zwar mit einer Genauigkeit von 0,5 cm bei der Maßeinheit m, cm. Das genaue Nennmaß 6,25 cm z. B. wird auf 6 cm abgerundet, das Nennmaß 17,75 cm auf 18 cm aufgerundet. Bei fugenloser Bauweise (Beton- und Stahlbetonbau) sind alle Baurichtmaße zugleich Nennmaße.

Berechnen der Achtelmeter. Soll aus einer gegebenen, nach der Maßordnung bemessenen Mauerlänge die Anzahl n der Achtelmeter (Köpfe) errechnet werden, lauten die Gleichungen so:

$$\text{Außenmaß: } n = \frac{\text{Nennmaß} + 1\text{ cm}}{12{,}5\text{ cm}}$$

$$\text{Anbaumaß, Achsmaß: } n = \frac{\text{Nennmaß}}{12{,}5\text{ cm}}$$

$$\text{Innenmaß: } n = \frac{\text{Nennmaß} - 1\text{ cm}}{12{,}5\text{ cm}}$$

$$\text{Achsmaß innen: } n = \frac{\text{Nennmaß} - 0{,}5\text{ cm}}{12{,}5\text{ cm}}$$

$$\text{Achsmaß außen: } n = \frac{\text{Nennmaß} + 0{,}5\text{ cm}}{12{,}5\text{ cm}}$$

Beispiel 2 Ermitteln Sie die Anzahl der Achtelmeter (Köpfe): a) Fensteröffnung, Nennmaß = 2,01 m, b) Mauerpfeiler, Nennmaß = 61,5 cm, c) Achsmaß, Nennmaß = 3,00 m

Lösung

a) $n = \frac{201\text{ cm} - 1\text{ cm}}{12{,}5\text{ cm}} = \mathbf{16\ am}$ (Köpfe)

b) $n = \frac{61{,}5\text{ cm} + 1\text{ cm}}{12{,}5\text{ cm}} = \mathbf{5\ am}$ (Köpfe)

c) $n = \frac{300\text{ cm}}{12{,}5\text{ cm}} = \mathbf{24\ am}$ (Köpfe)

Mauerdicken werden auch nach ganzen und halben Steinlängen (Steinlänge = 24 cm) – kurz „Steinen“ – benannt: Eine halbstein dicke Wand hat das Nennmaß 11,5 cm, eine einstein dicke Wand 24 cm, eine eineinhalbstein dicke 36,5 cm. Die unterschiedlichen Höhen, Breiten und Längen von Mauersteinen (s. Tabelle **7**.4) ermöglichen eine Vielzahl von Mauerdicken (**7**.7). Dabei sind die Wandbauplatten nicht berücksichtigt.

Beispiel 3 Geben Sie die Mauerdicke von 5 am (Köpfen) in „Steinen“ an.

Lösung 1 am (Kopf) ≙ $^1/_2$ Stein
5 am (Köpfe) ≙ $5 \cdot {}^1/_2$ Stein ≙ $\mathbf{2^1/_2}$ **Stein**

Mauerhöhen hängen von den Schichthöhen (Steinhöhe + Dicke der Lagerfuge) ab. Das Nennmaß einer Schichthöhe ist stets ein Baurichtmaß. Bild **7**.8 zeigt die Schichtenzahl für 25 cm und 1 m Mauerhöhe bei Steinformaten mit Vorzugshöhenmaßen. Tabelle **7**.9 enthält in Anlehnung an die Höhenmaße von genormten Bausteinen alle Maßangaben der Schichten.

Beispiel 4 Welche Mauerhöhe ergeben 25 Schichten DF?

Lösung h = Anzahl der Schichten mal Schichthöhe
$h = 25 \cdot 6{,}25\text{ cm} = 156{,}25\text{ cm} = \mathbf{1{,}56\ m}$

Beispiel 5 Wieviel Schichten 2 DF erfordert eine Mauerhöhe von 2,75 m?

Lösung Anzahl der Schichten = $\frac{\text{Mauerhöhe}}{\text{Schichthöhe}}$

$n = \frac{275\text{ cm}}{12{,}5\text{ cm}} = \mathbf{22\ Schichten}$

Ausgangsmaß für die Berechnung von Mauerlängen, -dicken und -höhen ist das Achtelmeter (am) = 12,5 cm (Kopfmaß). Vielfache des Achtelmeters sind Baurichtmaße. Aus den Baurichtmaßen errechnet man unter Berücksichtigung des Fugenanteils die Nennmaße.

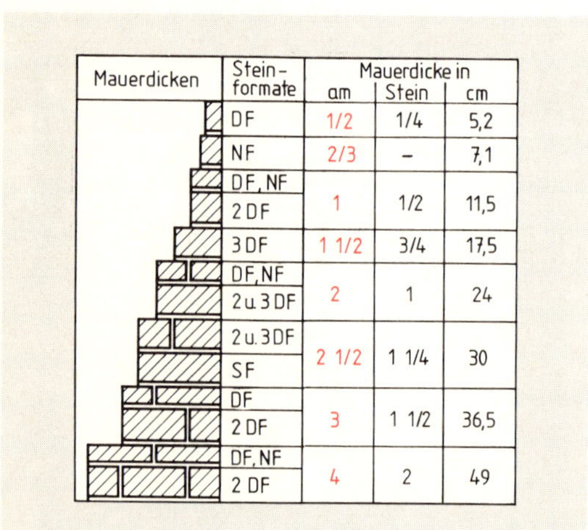

Mauerdicken	Steinformate	Mauerdicke in am	Stein	cm
	DF	1/2	1/4	5,2
	NF	2/3	–	7,1
	DF, NF 2 DF	1	1/2	11,5
	3 DF	1 1/2	3/4	17,5
	DF, NF 2 u. 3 DF	2	1	24
	2 u. 3 DF SF	2 1/2	1 1/4	30
	DF 2 DF	3	1 1/2	36,5
	DF, NF 2 DF	4	2	49

7.7 Mauerdicken und Steinformate

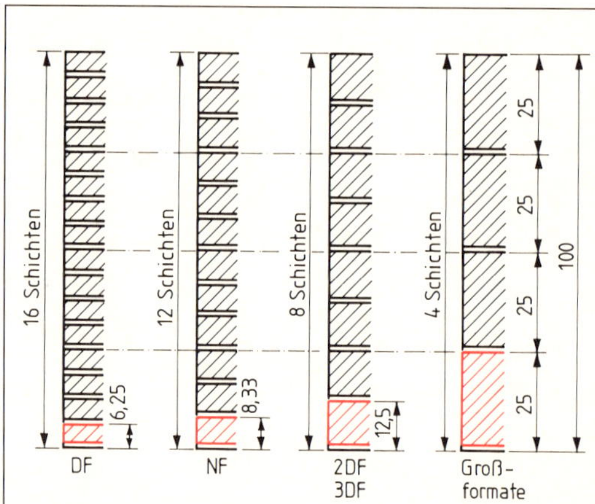

7.8 Anzahl der Schichten für 25 cm und 1 m Mauerhöhe

Tabelle **7**.9 **Schichtenmaße**

Steinformat		DF	NF	2 DF, 3 DF	Sonderformate		Großf.
Schichthöhe (Nennmaß = BR)	cm	6,25	8,$\bar{3}$	12,5	16,$\bar{6}$	18,75	25
Steinhöhe	cm	5,2	7,1	11,3	15,5	17,5	23,8
Dicke der Lagerfuge	cm	1,05	1,2$\bar{3}$	1,2	1,1$\bar{6}$	1,25	1,2
Anzahl der Schichten	je m	16	12	8	6	nicht ganzzahlig	4

7.2 Mauerwerk aus klein- und mittelformatigen Steinen

7.2.1 Steinformate, Mauerschichten, Mörtelfugen

Kleinformatige Mauersteine werden in den Formaten DF und NF hergestellt. Sie sind nur einen Handgriff breit und lassen sich deshalb als Einhandsteine verarbeiten (**7**.10).

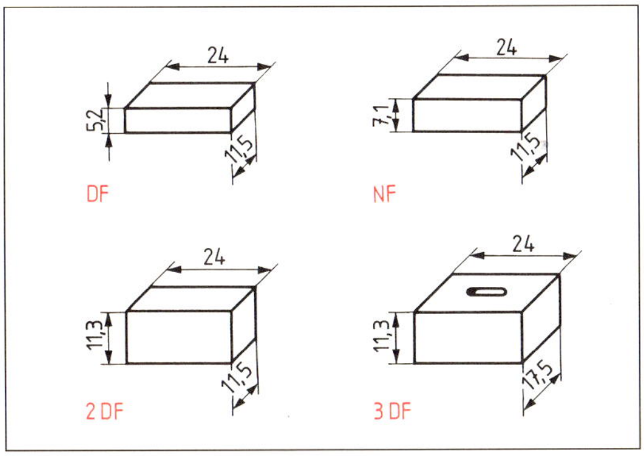

7.10 Steinformate

Mittelformatige Mauersteine. Hier berücksichtigen wir nur die Formate 2 DF und 3 DF. Steine 2 DF können wie die kleinformatigen Steine als Einhandsteine im Spanngriff gefaßt und nach den gleichen Verbandregeln vermauert werden, weil sie die gleiche Grundfläche haben. Steine 3 DF sind ebenfalls Einhandsteine, aber wegen ihrer größeren Breite mit einem Griffschlitz versehen.

Läufer und Binder. Mauern errichtet man durch schichtenweises Verlegen von Steinen in Mauermörtel. Je nach Lage eines Steines zur Mauerflucht unterscheiden wir Läufer (**7**.11) und Binder (**7**.12). Läufer liegen mit der Längsseite, Binder mit der Breitseite (= Kopfseite) in der Mauerflucht. Mauerschichten bestehen aus Läufer- oder Binderreihen allein oder werden durch Nebeneinanderlegen von Läufer- und Binderreihen gebildet (**7**.13).

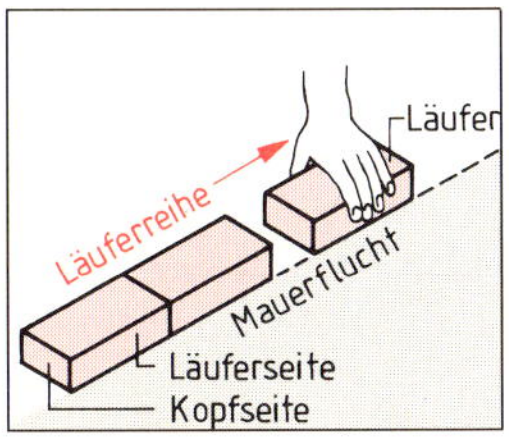

7.11 Legen einer Läuferreihe

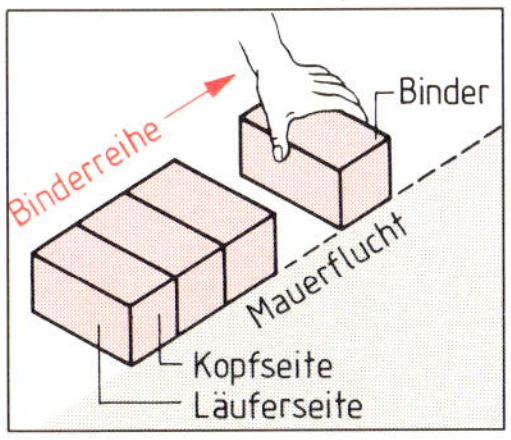

7.12 Legen einer Binderreihe

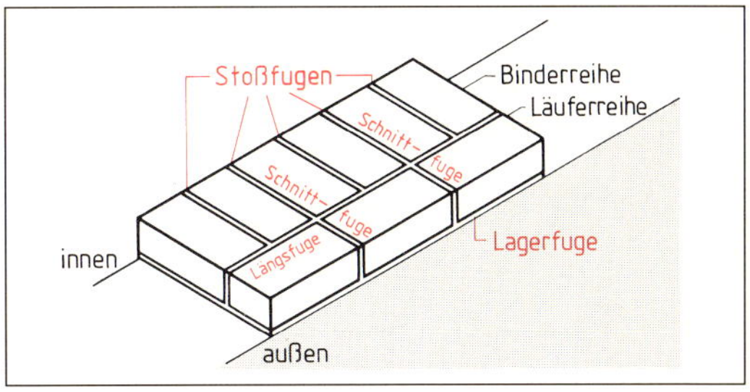

7.13 Läuferschicht, bestehend aus äußerer Läuferreihe und innerer Binderreihe (Wanddicke 36,5 cm)

Lagerfugen (Dicke 1,05 bis 1,25 cm) verbinden die Schichten. Sie verlaufen in der Regel waagerecht, bei Böschungsmauern und Mauerbogen auch geneigt.

Stoßfugen (Dicke 1 cm) verbinden die Steine innerhalb einer Schicht. Die Steine einer Schicht stoßen so zusammen, daß die Stoßfugen im Maßsprung eines Läufers durch die ganze Dicke der Wand geradlinig hindurchgehen. Solche Stoßfugen heißen *Schnittfugen* (**7**.13). Ausnahmen hiervon gibt es bei Schichten aus Läuferreihen verschiedener Formate (2 DF, 3 DF). *Längsfugen* sind parallel zur Mauerflucht im Mauerwerk verlaufende Stoßfugen.

7.2.2 Verbandsarten

Verband bedeutet das Verbundene. Dies bezieht sich nicht auf das Verbinden der Steine mit Mörtel, sondern auf das verzahnende Zusammenfügen der Mauersteine, wodurch schon ohne Mörtel eine beachtliche Stabilität erreicht wird (**7**.14). Die überbindenden Steine verteilen auftretende Kräfte gleichmäßig im Mauerwerk. Der Mörtel verbindet die Steine miteinander, gleicht Unebenheiten und Maßabweichungen der Steine aus.

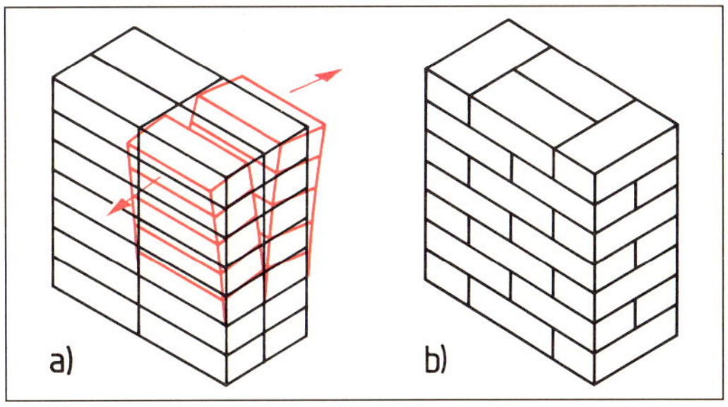

7.14 Steinstapel a) ohne Verband, b) mit Verband

Allgemeine Verbandsregeln

Die Steine in aufeinanderfolgenden Schichten überbinden $^1/_4$ Stein. Das Mindestmaß der Überbindung nach DIN 1053 ist $ü \geqq 0{,}4\ h$ (h = Steinhöhe), mindestens 4,5 cm. Stoßfugendekkungen (Fuge auf Fuge) sind in Wandabschnitten zwischen Mauerenden nicht zulässig. Es sind möglichst viele ganze Seiten zu verwenden.

Läuferverband (**7**.15). Alle Schichten sind Läuferschichten aus je einer Läuferreihe. Die Stoßfugen übereinanderliegender Schichten sind um die halbe Steinlänge gegeneinander versetzt (mittiger Verband). Bei Verblendmauerwerk kann das Überbindemaß auch $^1/_4$ Stein lang sein (schleppender Verband). Abtreppung und Verzahnung betragen regelmäßig eine halbe Steinlänge. Alle Steinformate (auch Großformate und Bauplatten)

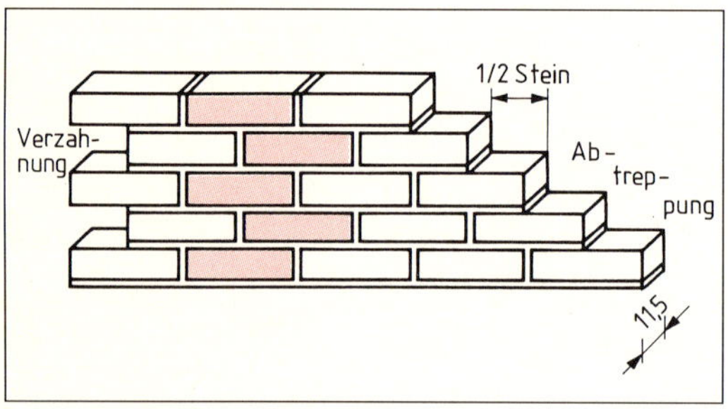

7.15 Läuferverband, Steine NF

können im Läuferverband gemauert werden. Die Wanddicke ist dann jeweils gleich der Steinbreite.

Eine Sonderstellung nehmen die mittelformatigen Steine ein. Zwei und mehr Läuferreihen aus

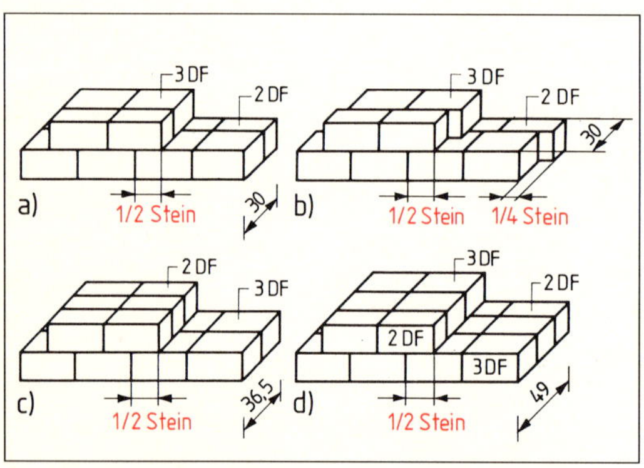

7.16 Läuferverband aus mittelformatigen Steinen
a) Wanddicke 30 cm mit Schnittfuge,
b) Wanddicke 30 cm mit versetzten Stoßfugen,
c) Wanddicke 36,5 cm, d) Wanddicke 49 cm

verschiedenen Mittelformaten liegen nebeneinander und bilden eine Läuferschicht. Die auch hier um $^1/_2$ Stein gegeneinander versetzt aufgemauerten Schichten ergeben einen Läuferverband (**7**.16).

Binderverband (**7**.17). Alle Schichten bestehen aus Binderreihen. Die Stoßfugen übereinanderliegender Schichten sind um die halbe Steinbreite gegeneinander versetzt. Abtreppung und Verzahnung betragen regelmäßig eine halbe Steinbreite. Der Binderverband ist anwendbar für Wanddicken, die gleich der Steinlänge sind. Klein- und Mittelformate ergeben folglich eine Wanddicke von 24 cm. Auch großformatige Steine vermauert man im Binderverband.

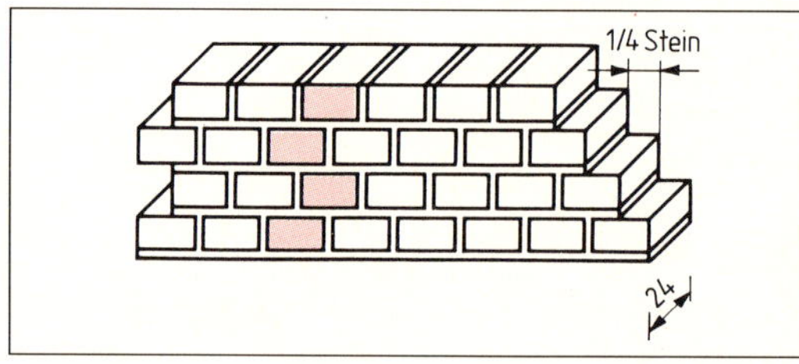

7.17 Binderverband, Steine NF

Blockverband (**7**.18). Läufer- und Binderschichten wechseln regelmäßig ab. Die Stoßfugen aller Läuferschichten liegen übereinander, ebenso die aller Binderschichten (Läufer über Läufer, Binder über Binder). Übereinanderliegende Läufer und Binder bilden Blöcke; sie überbinden in Längsrichtung der Mauer um $^1/_4$ Stein. Die Verzahnung ist regelmäßig $^1/_4$ Stein, die Abtreppung abwechselnd $^1/_4$ und $^3/_4$ Stein breit. Steine in DF, NF oder 2 DF werden im Blockverband gemauert. Er ist ausführbar bei Wanddicken von 24 cm an aufwärts im Maßsprung von 1 Achtelmeter = 1 Kopf (**7**.20).

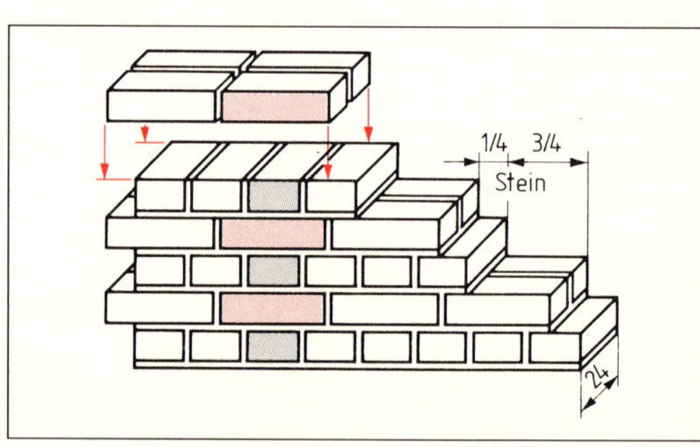

7.18 Blockverband, Steine NF

Kreuzverband (7.19). Läufer- und Binderschichten wechseln wie beim Blockverband regelmäßig ab. Die Läufer aufeinanderfolgender Läuferschichten sind um $^1/_2$ Stein (= 1 Kopf) gegeneinander versetzt. In der Ansicht sind Blöcke aus je einem Läufer und zwei Bindern voneinander abgesetzt und bilden Kreuze. Das Überbindemaß in Längsrichtung der Mauer ist $^1/_4$ Stein lang, die Verzahnung ebenfalls. Die Abtreppung ist regelmäßig $^1/_4$ Stein breit. Für die Anwendung gilt dasselbe wie beim Blockverband.

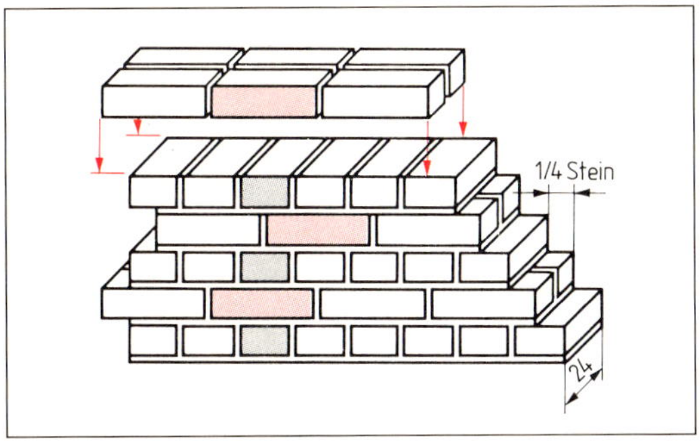

7.19 Kreuzverband, Steine NF

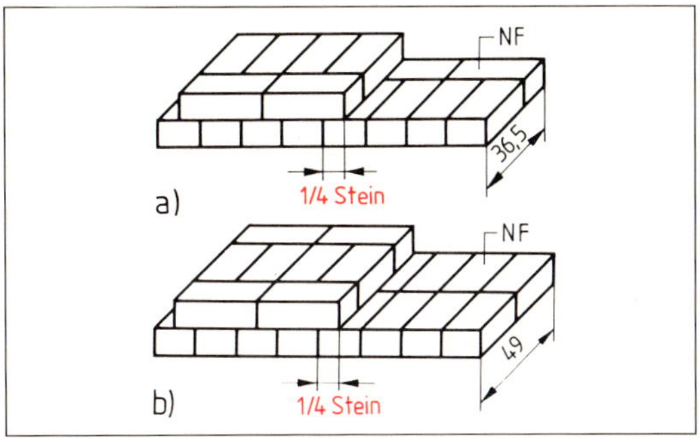

7.20 Binder- und Läuferschichten für Block- oder Kreuzverband
a) Wanddicke 36,5 cm, b) Wanddicke 49 cm

7.2.3 Gerades Mauerende

Als gerades Mauerende bezeichnet man Wandenden, die lotrecht hochzuführen sind (weder Verzahnungen noch Abtreppung). Der Name gilt auch für die Enden einer Schicht. Endverbände müssen meist mit Teilsteinen ausgeführt werden. Abmessungen und Kennzeichnung der Teilsteine in der Draufsicht zeigt Bild 7.21.

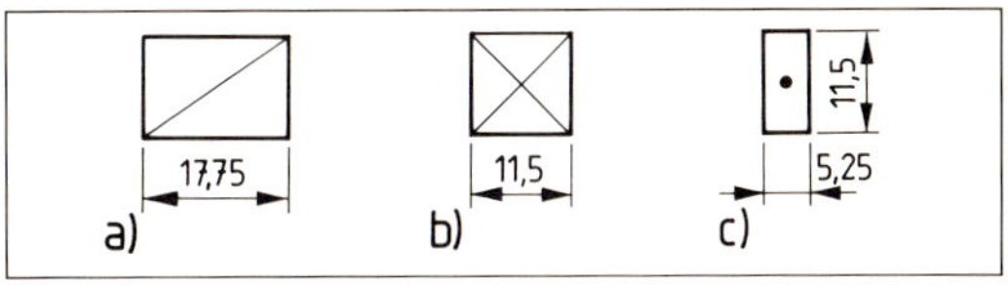

7.21 Kennzeichnung und Maße von Teilsteinen
a) Dreiviertelstein, b) halber Stein, c) Viertelstein

Verbandsregeln

1. Mauerwerk aus Steinen DF, NF oder 2 DF

Mauerende des mittigen Läuferverbands (7.22). Eine Schicht beginnt mit einem ganzen, die folgende mit einem halben Stein.

Mauerende des Binderverbands (7.23). Eine Schicht beginnt mit einem ganzen Binder, die folgende mit zwei Läufer-Dreiviertelsteinen.

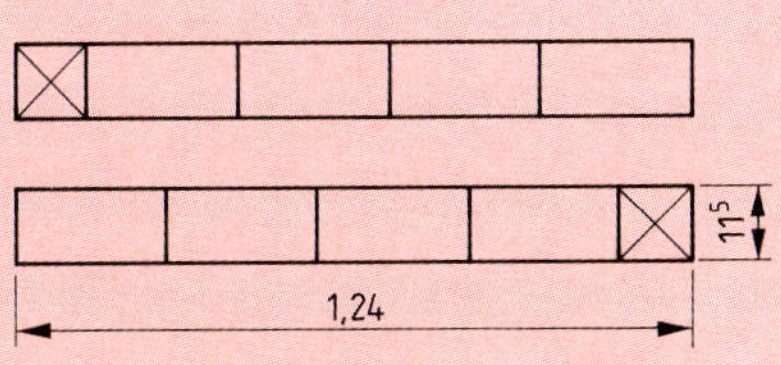

7.22 Mauerende im Läuferverband

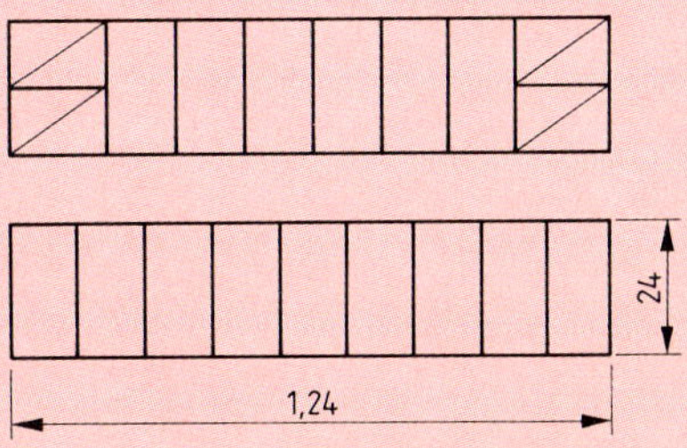

7.23 Mauerende im Binderverband

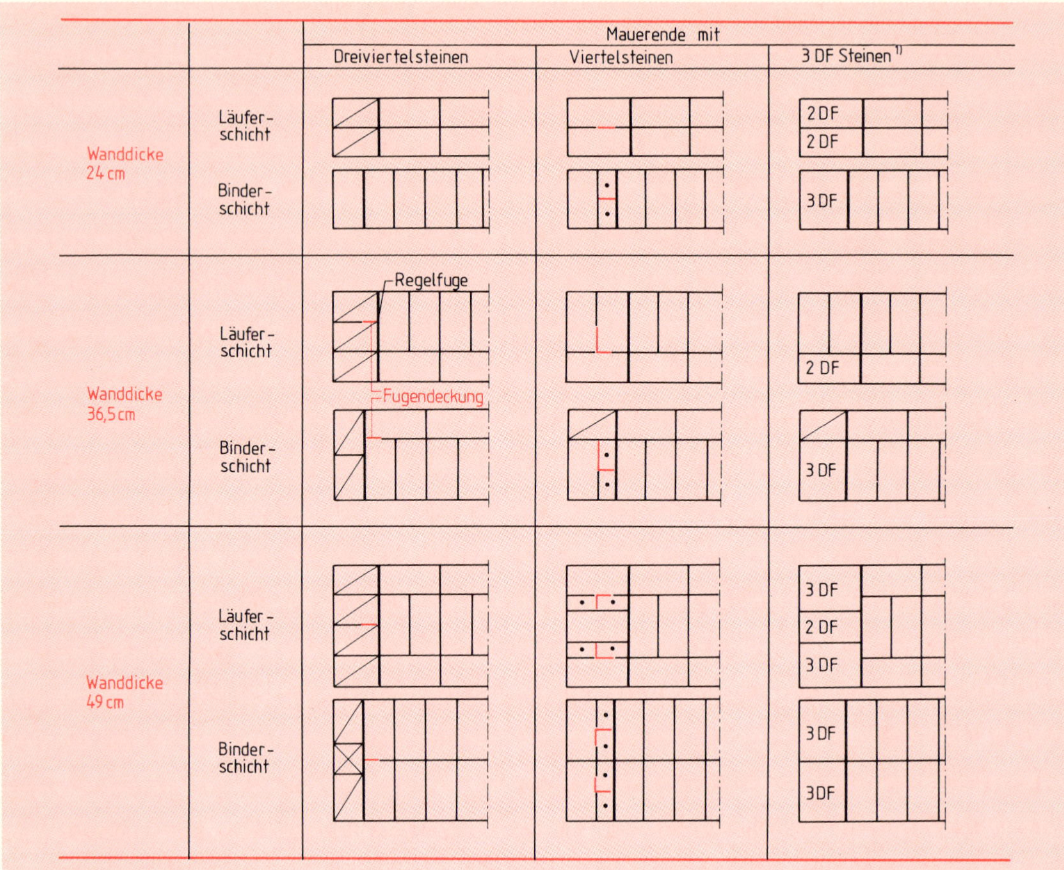

7.24 Regelbilder zum Verband für das gerade Mauerende im Block- und Kreuzverband (DF, NF, 2 DF)

1) nur möglich bei Mauern aus Steinen in 2 DF

Mauerende des Block- und Kreuzverbands (7.24). Die Schichten erfordern viele Dreiviertelsteine, um jegliche Fugendeckung zu vermeiden. Die Anzahl der Dreiviertelsteine kann verringert werden, wenn man Fugendeckungen in geringem Umfang am Schichtende in Kauf nimmt. Auf keinen Fall darf die Fugendeckung an der Maueraußenfläche auftreten. Zulässige Fugendeckungen im Innern von Endverbänden zeigt Bild **7.25**. Größere Fugendeckungen gefährden die Tragfähigkeit des Mauerwerks. Im Bereich zwischen Schichtenden sind Fugendeckungen unzulässig.

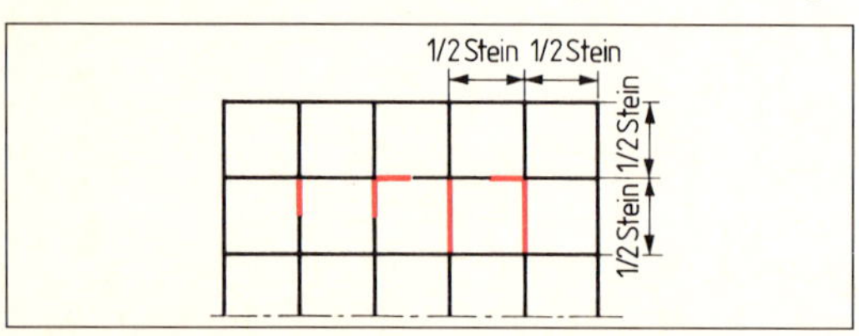

7.25 Zulässige Stoßfugendeckung im Innern von Endverbänden

Verband mit Dreiviertelsteinen: *Die Binderschicht* beginnt mit 2 Binder-Dreiviertelsteinen. Ausnahme: die 24er Wand beginnt mit einem ganzen Binder. *Die Läuferschicht* beginnt mit so vielen Läufer-Dreiviertelsteinen, wie die Wand halbe Steine (am) dick ist. Die Regelfuge der Läuferschicht liegt stets $^3/_4$ Stein, die der Binderschicht $^1/_2$ Stein vom Schichtende entfernt. (Die Regelfuge ist die erste Schnittfuge nach dem Mauerende.)

Verband mit Viertelsteinen: Die Regelfuge der Binderschicht liegt $^3/_4$ Stein, die der Läuferschicht 1 Stein vom Schichtende entfernt.

Der Verband mit 3 DF-Steinen ist nur möglich, wenn die Wand aus 2 DF gemauert ist. Die Regelfugen der Läufer- und Binderschichten liegen vom Schichtende ebenso weit entfernt wie bei den Verbänden mit Viertelsteinen. Fugendeckungen entfallen.

Kreuzverband erhalten wir, wenn wir in jeder zweiten Läuferreihe neben die erste Schnittfuge an beiden Schichtenden abwechselnd einen ganzen oder einen halben Stein legen (**7**.26). Ausnahme: bei 24 cm dicken Wänden legt man statt des halben Steins einen ganzen Binder.

Umgeworfener Verband ist anzuwenden, wenn die Mauerlänge nicht durch ganze, sondern durch halbe Achtelmeter (Köpfe) teilbar ist. Dann hat die Binderschicht an einer Stelle ein Läuferschichtende, die Läuferschicht dagegen ein Binderschichtende (**7**.27).

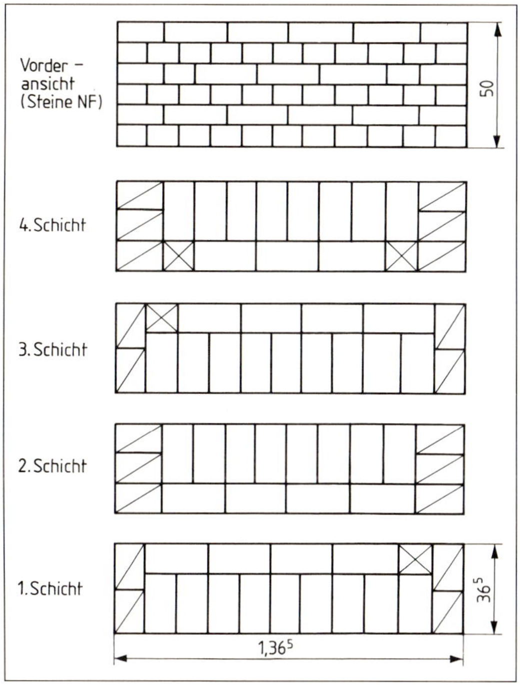

7.26 Mauerstück im Kreuzverband

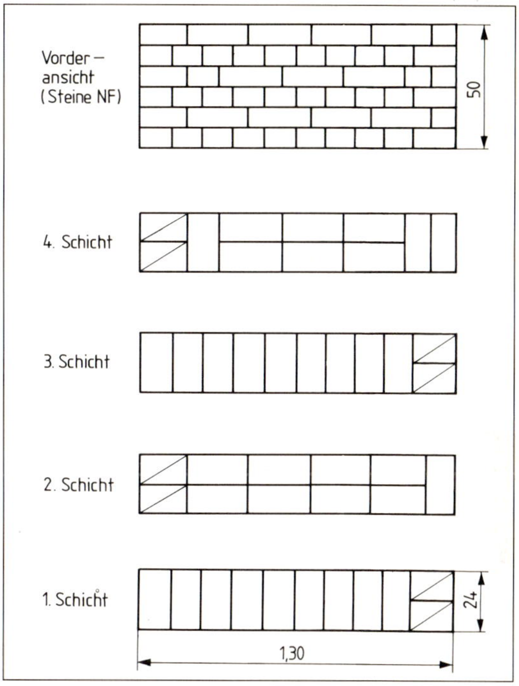

7.27 Mauerstück im umgeworfenen Verband und Kreuzverband

2. Mauerwerk aus mittelformatigen Steinen

Mauerende des Läuferverbands (**7**.28). Die Schichten bestehen aus nebeneinanderliegenden Läuferreihen (s. a. Bild **7**.16). In der ersten Schicht beginnt man mit ganzen Läufersteinen. Beim Überbindemaß von $^1/_2$ Stein muß die zweite Schicht mit Steinen 2 DF in Binderrichtung beginnen.

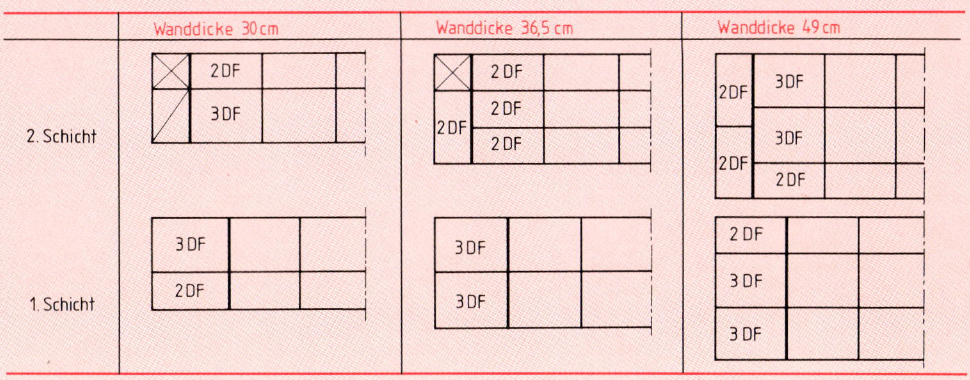

7.28 Gerades Mauerende für den Läuferverband der mittelformatigen Steine

7.2.4 Mauerecke, Mauerstoß, Mauerkreuzung

Zusammentreffende Mauern müssen ineinandergreifen und gut miteinander verbunden werden. Man bindet deshalb die Schichten abwechselnd durch (7.29).

Mauerecken mauern wir zur Mauermitte hin mit Abtreppung (7.57).

Bei Mauerstoß und Mauerkreuzung führt man die auftreffende Mauer nicht oder nur zum Teil gleichzeitig mit der Hauptmauer hoch. Auch hier ist die Abtreppung der beste vorläufige Mauerabschluß, weil wir später beim Weitermauern die Anschlußfugen einwandfrei vermörteln können (7.30a). Allerdings ist bei zunehmender Wandhöhe auch eine entsprechend größere Länge für die Grundfläche der Abtreppung nötig. Die Verzahnung (7.30b und c) eignet sich zum vorläufigen Abschluß nur, wenn die später angeschlossenen Steine mit reichlich Mörtel sorgfältig in die Verzahnung eingebunden werden. Sie ist für tragende und aussteifende Wände nicht zugelassen.

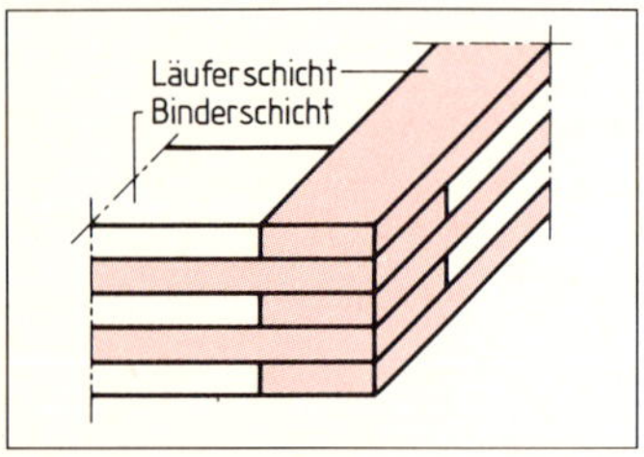

7.29 Abwechselnd durchbindende Mauerschichten (hier: Mauerecke)

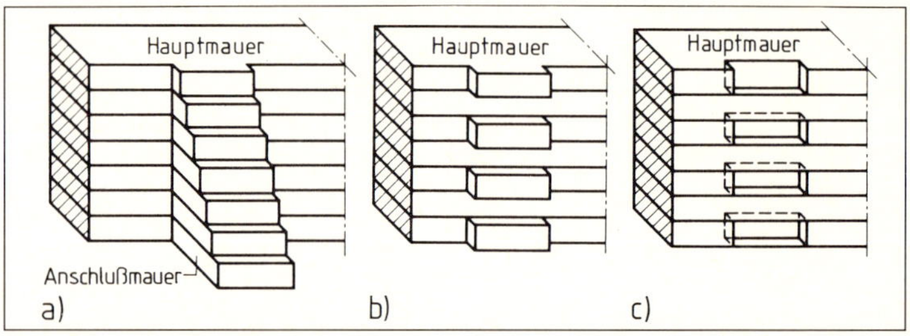

7.30 Mauerausschnitt a) mit Abtreppung, b) mit stehender Verzahnung, c) mit Lochverzahnung

Verbandsregeln für Mauerecke, -stoß und -kreuzung aus Steinen DF, NF oder 2 DF

1. Mittiger Läuferverband (7.31)

a) Die Schichten gehen abwechselnd durch.

b) An der Mauerecke liegen stets ganze Steine. Bei Mauerstoß und Mauerkreuzung liegen in der durchgehenden Schicht zwei Dreiviertelsteine am Maueranschluß.

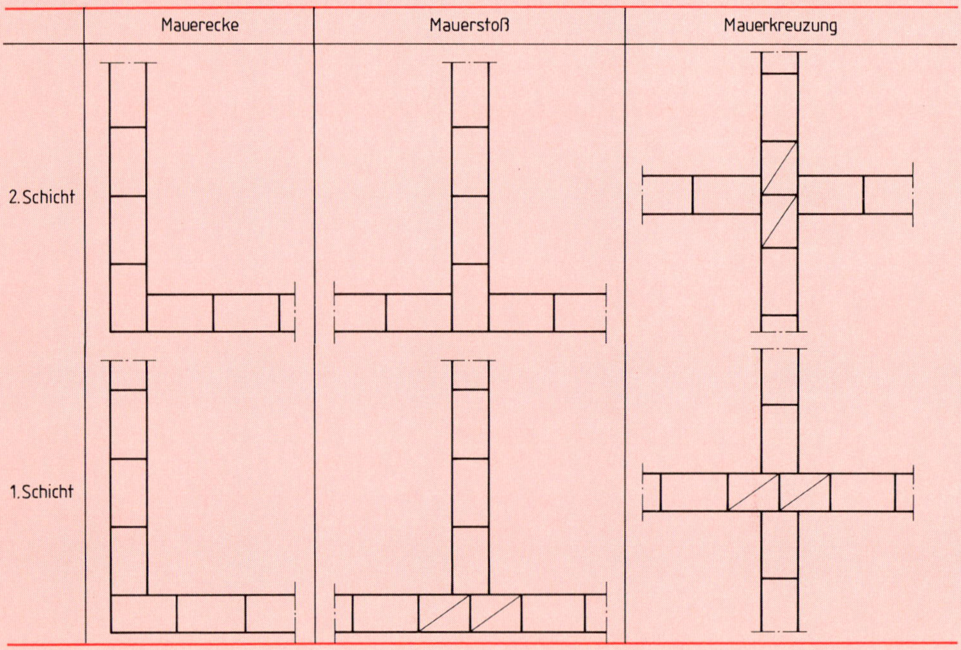

7.31 Regelbilder für Mauerecke, -stoß und -kreuzung im mittigen Läuferverband

2. Block- oder Kreuzverband (**7**.32)

a) Die Schichten gehen abwechselnd durch; die durchgehende Schicht ist die Läuferschicht.

b) Die Binderschicht stößt stumpf an, d.h., das Schichtende wird nicht als gerades Mauerende, also nicht mit Dreiviertelsteinen ausgebildet.

c) Für nicht stumpfe Schichtenden gelten die Regeln für das gerade Mauerende (s. Abschn. 7.2.3).

d) Die Regelfuge der Läuferschicht liegt $^1/_4$ bzw. $^3/_4$ Stein von der Innenecke entfernt.

e) Parallele Wände haben denselben Verband (**7**.34).

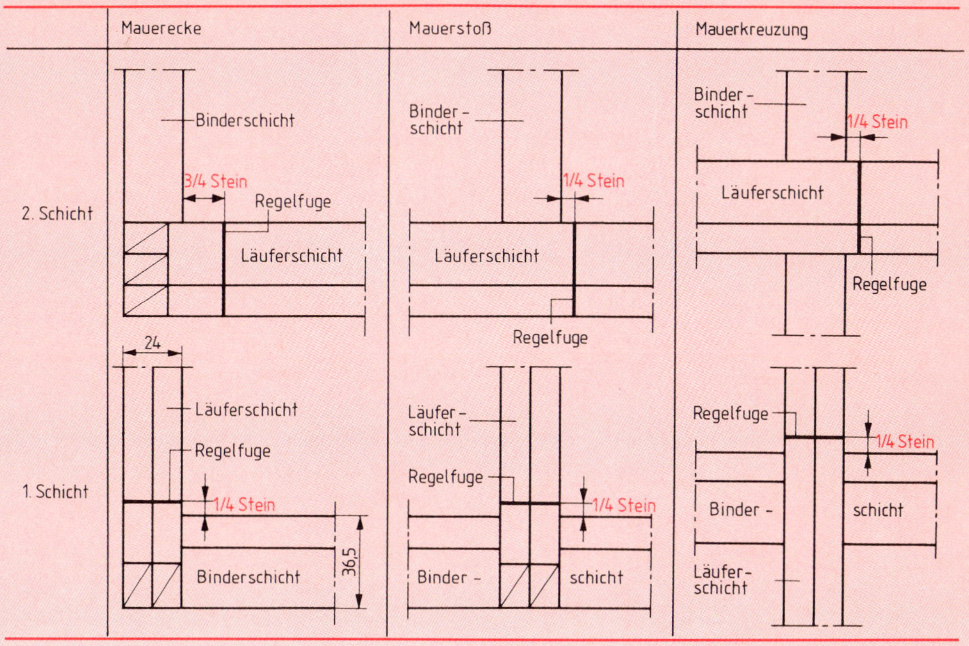

7.32 Regelbilder zum Verband für Mauerecke, -stoß und -kreuzung, Verband mit Dreiviertelsteinen

Kreuzfuge. Grundregel ist, daß die Regelfuge der durchbindenden Schicht den vorgeschriebenen Abstand aus der Mauerecke hat. Das auffallendste Merkmal für einen Verbandsfehler ist die Kreuzfuge: Zwei von einer Innenecke ausgehende Stoßfugen bilden in ihrer Verlängerung ein Kreuz (**7**.33) – die Fugendeckung in der folgenden Schicht ist unvermeidbar!

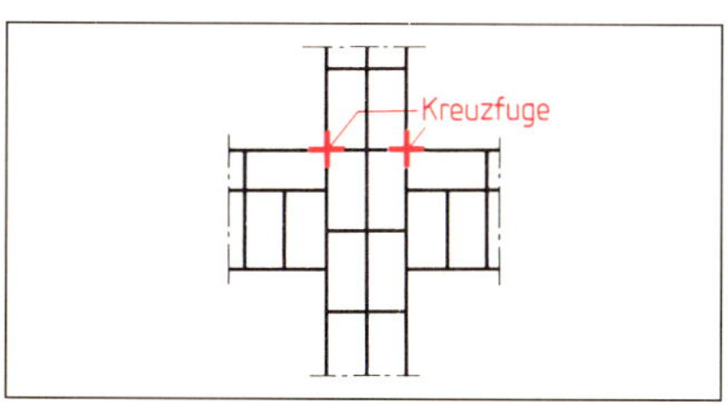

7.33 Kreuzfuge! Fehler bei der Verbandslösung

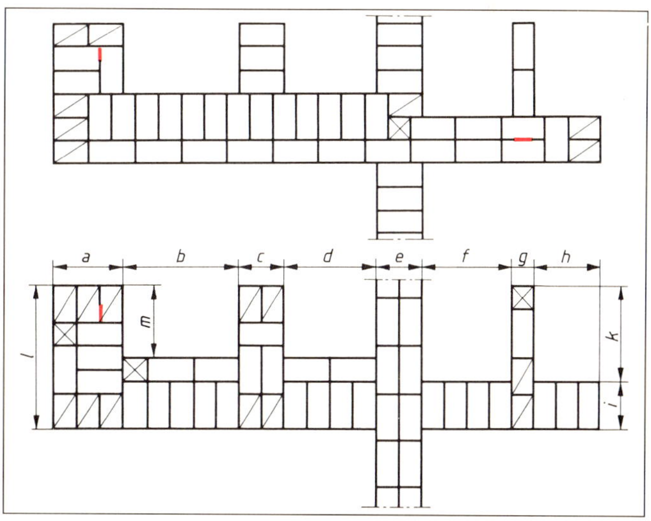

7.34 Verbandslösung für ein Mauerstück mit Mauerecke, -stoß und -kreuzung (Steine DF, NF oder 2 DF)

3. Verband mit mittelformatigen Steinen (7.35 bis 7.38). Die Regelfuge der durchbindenden Schicht liegt je nach Schichtart und Steinformat $^1/_4$ bzw. $^3/_4$ Stein oder $^1/_2$ Stein von der Mauerecke entfernt.

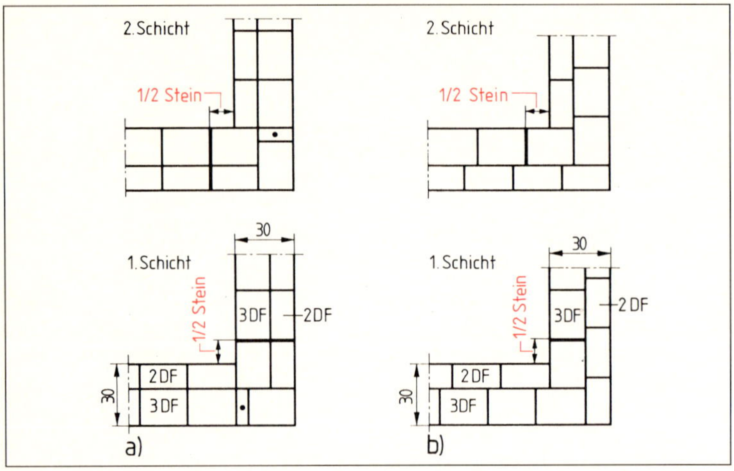

7.35 Rechtwinklige Mauerecke im Läuferverband aus mittelformatigen Steinen a) mit Schnittfugen, b) mit versetzten Stoßfugen

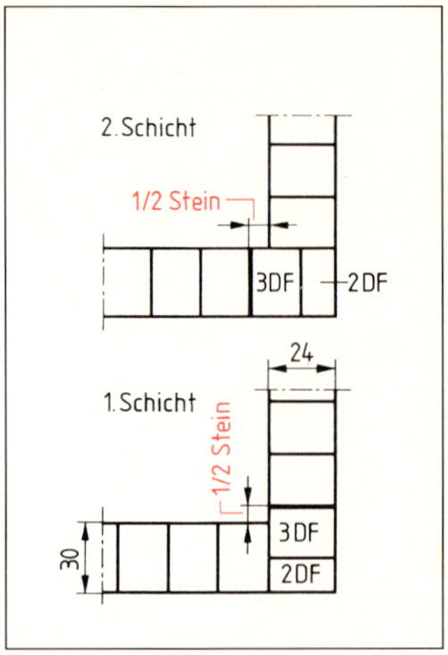

7.36 Rechtwinklige Mauerecke im Binderverband aus mittelformatigen Steinen

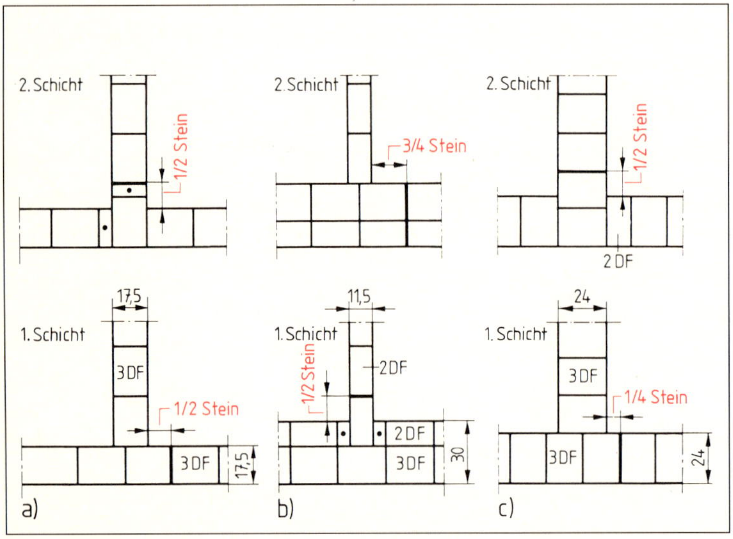

7.37 Rechtwinkliger Mauerstoß aus mittelformatigen Steinen a) und b) Läuferverband, c) Binderverband

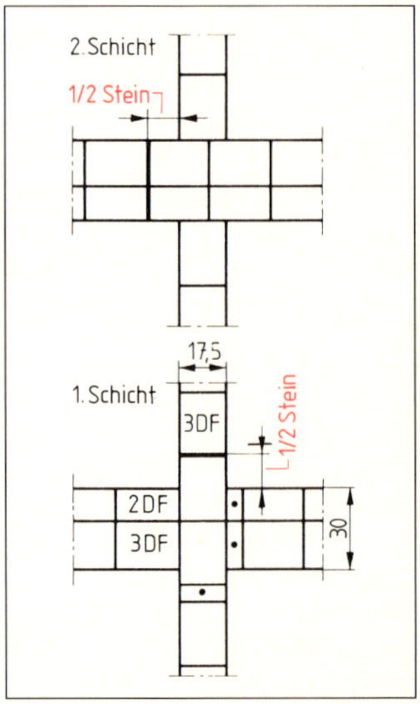

7.38 Rechtwinklige Mauerkreuzung aus mittelformatigen Steinen im Läuferverband

7.2.5 Mauerpfeiler

Mauerpfeiler sind schlanke Bauteile, d.h. ihre Querschnittsabmessungen sind im Verhältnis zur Höhe sehr klein. Nach der Querschnittsform unterscheiden wir quadratische, rechteckige und gegliederte Mauerpfeiler.

Im Verband behandelt man Mauerpfeiler wie zwei dicht zusammengerückte Mauerenden oder kurze Mauerecken oder -stöße. Die Verbandslösung hängt von der Belastung des Pfeilers ab. Bei unbelasteten oder gering belasteten Pfeilern ist Fugendeckung zulässig. Hoch belastete Pfeiler dürfen keine Fugendeckung aufweisen. Das erfordert sehr viele Teilsteine. Bei Mauerpfeilern aus 2 DF vermeidet man Teilsteine weitgehend durch Steine 3 DF (**7**.39 bis **7**.41).

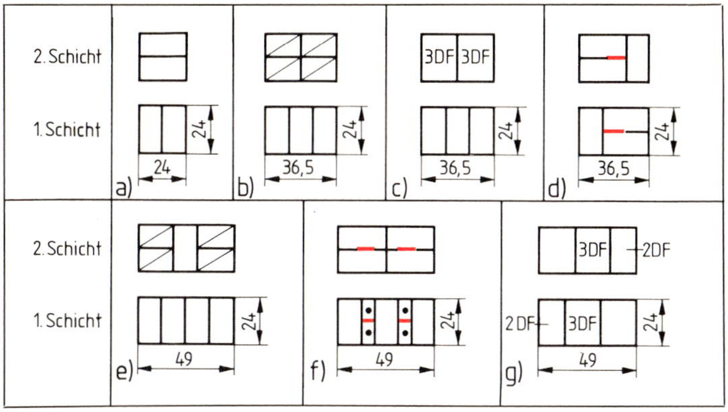

7.39 Mauerpfeiler in 24 cm dicken Wänden
a), b), d) bis f) Verband für Steine im DF, NF oder 2 DF, c) und g) Verband für mittelformatige Steine

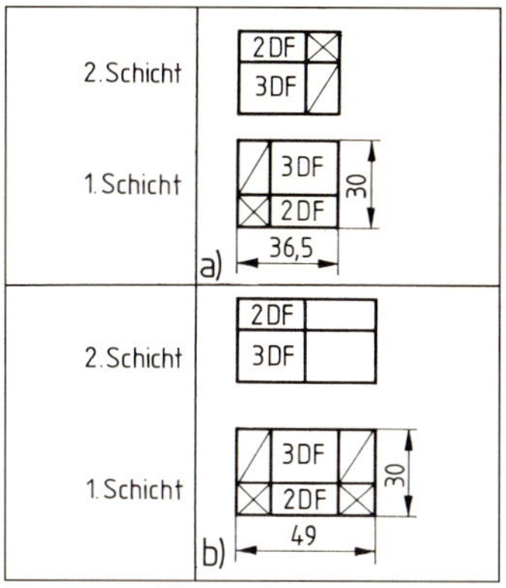

7.40 Mauerpfeiler in 30 cm dicken Wänden: Verband nur für mittelformatige Steine

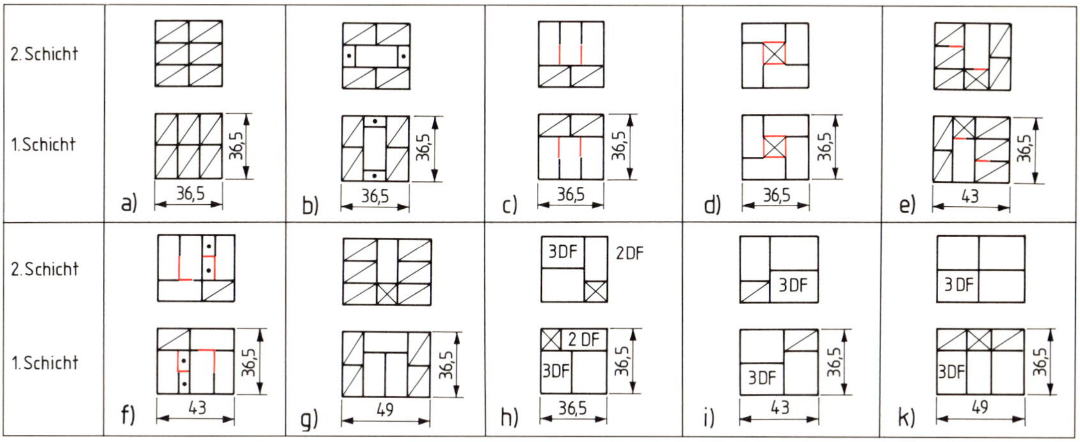

7.41 Mauerpfeiler in 36,5 cm dicken Wänden
a) bis g): Verband für Steine im DF, NF oder 2 DF, h) bis k): Verband für mittelformatige Steine

7.3 Herstellen von Mauerwerk, Baustoffbedarf

Arbeitsplatz. Für jeden Maurer wird ein Mörtelkasten so aufgestellt, daß er bei der Arbeit nicht hinderlich ist, aber leicht erreicht werden kann. Die Mauersteine werden für Rechtshänder links vom Kasten abgesetzt, damit der Maurer sie „zur Hand" hat, also mit der linken Hand leicht greifen kann (**7**.42). Das Werkzeug (Kelle, Hammer, Wasserwaage, Lot, Setzlatte und Schnur) legt man so ab, daß sie griffbereit, jedoch beim Fassen von Steinen und Mörtel sowie beim Gehen und Arbeiten nicht hinderlich sind. (Werkzeuge s. Abschn. 1.5 und 1.6)

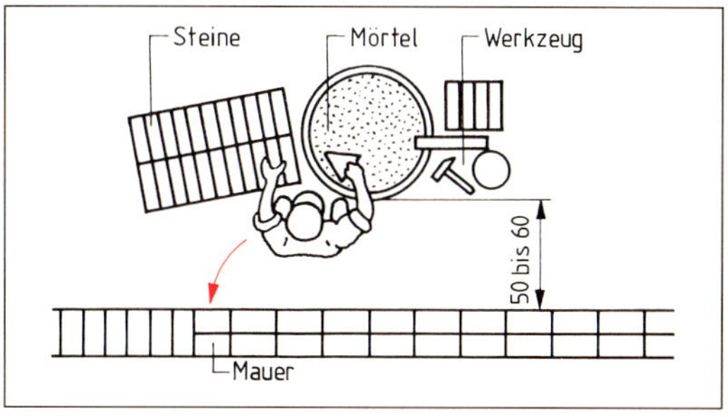

7.42 Arbeitsplatz eines Maurers

Arbeitsgang beim Mauern. Die Arbeitsweise „einmal Mörtel und ein Stein" wird allgemein bevorzugt. Vorteil: Jeder Stein kommt in frisch aufgebrachten Mörtel und kann sich festsaugen. Das Haften des Mörtels ist aber auch von anderen Einflüssen abhängig.

Einflüsse auf die Mörtelhaftung. Rauhe Steinoberflächen begünstigen das Haften, weil sich die Mörtelteilchen gut verankern können. Das gilt besonders für porige Steine und für die Lagerflächen der Maschinenziegel. Bei saugfähigen Steinen dringen infolge der Kapillarität Teile des Bindemittels etwas in die Feinsporen ein und schaffen so eine innige Verbindung mit den Steinen. Bei trockenem, warmem Wetter müssen saugende Steine angefeuchtet werden, weil sie sonst dem Mörtel das zum Abbinden und Erhärten nötige Wasser entziehen. Der Wasserentzug ist an den Steinrändern besonders groß. Weil der Mörtel hier stärker schwindet, läßt sich ein Wackeln der Steine bei dünnen Wänden nicht vermeiden (7.43). Bei tiefnassen Steinen jedoch bildet das Wasser eine störende Trennschicht zwischen Stein und Mörtel: Der Stein saugt sich nicht mehr fest, sondern „schwimmt" auf dem Mörtelbett. Bei Regenwetter müssen die Steine deshalb mit Folien oder Planen abgedeckt werden.

Arbeitstakte. Beim Mauern ergeben sich fünf Arbeitstakte, die wir am Beispiel einer 17,5 cm dicken Wand zeigen:

1. Stein greifen (7.44). Greifen mit der linken Hand. DF-, NF- und 2 DF-Steine faßt die Hand an den Läuferflächen, bei 3 DF-Steinen greifen die Finger in den Griffschlitz. Auswahl so treffen, daß fehlerhafte Steine nicht an Mauerecken oder -enden verlegt werden.

2. Stoßfugenmörtel am Stein angeben (7.45). Mit der Kellenspitze Mörtel an der Steinseite abstreichen, die angeschoben werden soll (hier Kopffläche). Geschmeidiger, nicht zu grobkörniger Mörtel haftet gut am Stein.

3. Lagermörtel aufbringen (7.46). Der Stein bleibt in der linken Hand. Mit der Kelle so viel Mörtel aus dem Mörtelkasten nehmen, wie zur Bettung eines Steins auf der Lagerfuge nötig ist. Mörtel aufziehen und in passender Dicke verteilen. Das Mörtelbett setzen wir gegen einen schon verlegten Stein ab, damit sich der Mörtel beim Andrücken des Steins ausbreiten kann; ein bereits verlegter Läufer wird sonst aus der Flucht gedrückt (7.47). Das Mörtelbett einer halbstein dicken Wand zeigt Bild 7.48. Auch hier können sich die Mörtelhöcker nach beiden Seiten ausbreiten. Ein in der Mitte überhöhtes Mörtelbett läßt den Stein wackeln.

4. Stein in das Mörtelbett drücken (7.49), gleichzeitig anschieben und ausrichten. Kellenschläge auf den Stein vermeiden. Starkes und nachträgliches Beklopfen der Steine lockert die Haftung des Mörtels.

5. Hervorquellenden Mörtel abstreifen (7.50). Dabei bildet die Unterseite der Kelle einen spitzen Winkel mit dem Mauerwerk. Auf diese Weise schneidet man den Mörtelwulst glatt ab, der Mörtel rutscht auf dem schräg gehaltenen Kellenblatt vom Mauerwerk weg und verschmiert die Steine nicht.

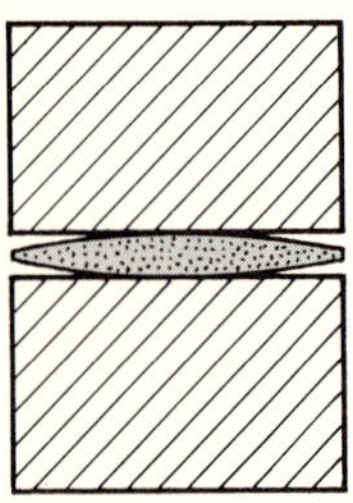

7.43 Schwinden des Lagerfugenmörtels bei stark saugenden Steinen

7.44 Stein greifen

7.45 Stoßfugenmörtel angeben

7.46 Lagerfugenmörtel aufbringen

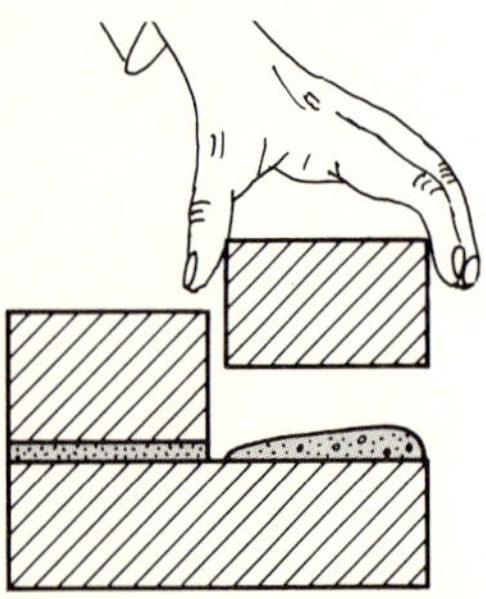

7.47 Mörtelbett eines Läufers (Wanddicke 24 cm)

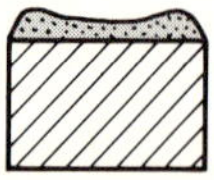

7.48 Mörtelbett einer halbsteindicken Wand

7.49 Stein in das Mörtelbett drücken

7.50 Hervorquellenden Mörtel abstreifen

Schlagen von Teilsteinen. Teilsteine (halbe Steine, Viertel-, und Dreiviertelsteine) schlägt der Maurer mit dem Maurerhammer (Abmessungen s. 7.21). Zum Schlagen von Teilsteinen eignen sich nur Steine mit gleichmäßigem Gefüge, keine rissigen Steine (plärriger Klang beim Anschlagen) und ungleichmäßig gebrannten Steine. Die Länge der Teilsteine bestimmt man nach Augenmaß. Bei besonders sauberer Arbeit (für Sichtmauerwerk) müssen die Längen genau angerissen werden. Hierzu stellen wir uns aus einem Brettstück ein Stichmaß her oder versehen den Stiel des Maurerhammers mit entsprechenden Einkerbungen (**7**.51).

Hochführen der Schichten. Die Mauern werden an den Mauerecken und -enden im Verband lotrecht hochgeführt („Schnurmauern"). Die zur Mauermitte gerichtete Seite wird abgetreppt (**7**.52).

Die lotrechte Richtung der ersten Schichten prüft man mit der Wasserwaage (**7**.53), größere Höhen am zuverlässigsten mit dem Senklot. „Über Hand" müssen wir loten, wenn wir vom Innengerüst arbeiten (**7**.54): Wir nehmen die Schnur auf den Zeigefinger, lassen das angehobene Lot zur Ruhe kommen und fluchten mit einem Auge, indem wir den Blick entlang der Schnur und der Mauerkante wandern lassen.

Die waagerechte Richtung prüft der Maurer mit der Wasserwaage. Reicht ihre Länge nicht, wird sie auf eine Setzlatte (Waagscheit, Richtscheit) gelegt. Bei größeren Entfernungen bestimmen wir die waagerechte Richtung durch mehrmaliges Versetzen der Setzlatte auf markierte Punkte. Da die Ungenauigkeit mit der Zahl der Aufsetzpunkte wächst, verwendet man besser die Schlauchwaage oder das Nivellierinstrument (s. Abschn. 1.6).

Zum Prüfen der Schichthöhen dienen Schichtmaßlatten. Darauf sind die errechneten Schichthöhen für das Geschoß, die Fensterbrüstungen, Sturz- und Deckenauflager markiert (**7**.55). Auch Eck- und Öffnungslehren benutzt man zum Einhalten der Schichthöhen und Mauerfluchten (**7**.56).

Von Mauerecke zu Mauerecke (oder Mauerende) spannt man die Fluchtschnur, um das Zwischenmauerwerk flucht- und waagerecht nachzuholen (**7**.57). Die Schnur wird mit Nägeln an der Oberkante der gleichen Schicht straff gespannt. Die Steine drückt man beim Verlegen im Mörtelbett mit ihrer Oberkannte „in die Schnur", ohne diese zu berühren. Die Steinunterkante verläuft bündig mit der Oberkante der zuletzt gemauerten Schicht – dann liegt der Stein waagerecht.

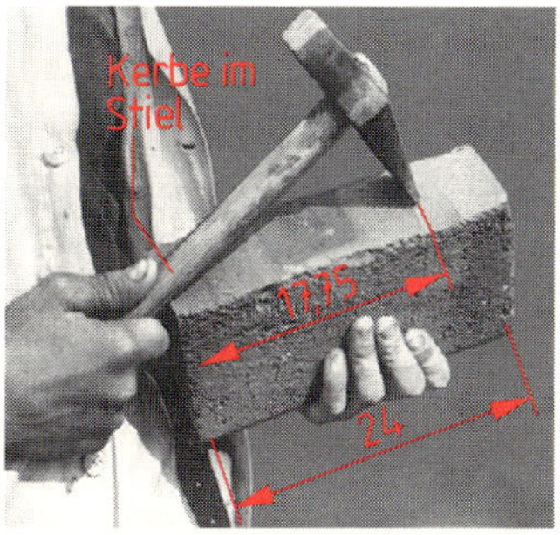

7.51 Anreißen eines Teilsteins

7.52 Rechtwinklige Mauerecke aus verschieden hohen Steinen mit Abtreppung von innen gesehen

7.53 Loten mit der Wasserwaage bei geringer Mauerhöhe

7.54 Loten mit dem Senklot

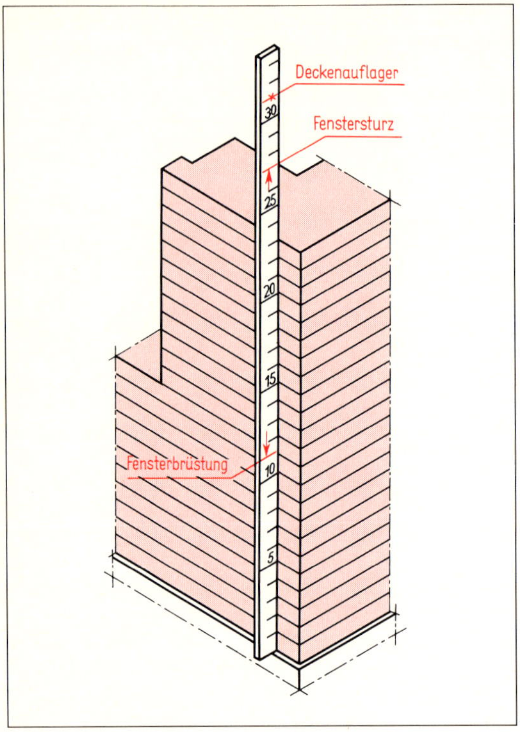

7.55 Schichtmaßlatte an einer Mauerecke

7.56 Arbeiten mit Lehren

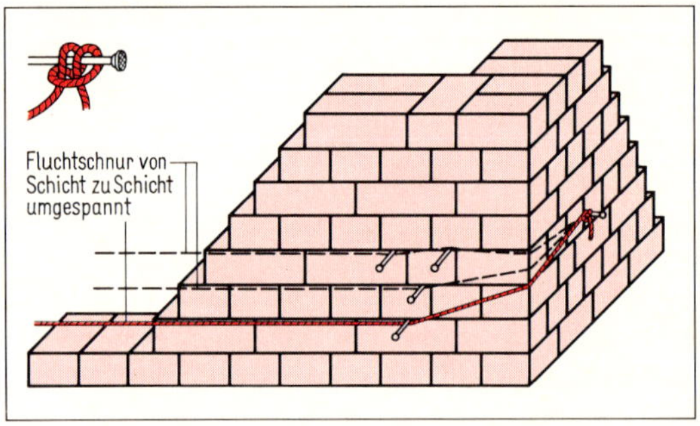

7.57 Mauerecke mit Fluchtschnur

Baustoffbedarf. Mauerwerk wird nach DIN 18330 (Mauerarbeiten) bis 11,5 cm Dicke nach Flächenmaß (m^2), bei mehr als 11,5 cm bis 40 cm Dicke nach Flächenmaß oder nach Raummaß (m^3), bei größerer Dicke stets nach Raummaß abgerechnet. Danach kann man auch den Baustoffbedarf berechnen. Die Zahlen in der Tabelle **7**.58 sind nur Richtwerte.

Tabelle **7**.58 **Stein- und Mörtelbedarf** (Richtzahlen in Stück bzw. Liter)

Steinformat	Bedarf für 1 m² Wand (Wanddicke = Steinbreite)		Bedarf für 1 m³ Wand (Mittelwert)	
	Steine	Mörtel	Steine	Mörtel
DF	66	29	550	290
NF	50	24	410	265
2 DF	33	19	275	215
3 DF	33	29	190	160

Beispiel 6 Berechnen Sie den Stein- und Mörtelbedarf für

a) eine halbstein dicke Wand aus Steinen NF, $A = 9{,}65\ m^2$.

b) $24{,}365\ m^3$ Mauerwerk aus Steinen 2 DF.

Lösung

a) $n = 9{,}65\ m^2 \cdot 50$ Steine/m^2 = **482 Steine**
$V = 9{,}65\ m^2 \cdot 24\ l/m^2$ = **232 l** Mörtel

b) $n = 24{,}365\ m^3 \cdot 275$ Steine/m^3 = **6700 Steine**
$V = 24{,}365\ m^3 \cdot 215\ l/m^3$ = **5240 l** Mörtel

Voraussetzung für den zügigen Arbeitsablauf beim Mauern ist Ordnung am Arbeitsplatz. Baustoffe und Werkzeug müssen leicht erreichbar sein, dürfen aber beim Arbeiten nicht hindern. Ordnung am Arbeitsplatz mindert auch die Unfallgefahr.

Aufgaben zu Abschnitt 7

1. Unterscheiden Sie tragende, nichttragende und aussteifende Wände. Nennen Sie Beispiele.
2. Welche Anforderungen sind an Wände im Wohnungsbau zu stellen?
3. Wozu dient die Maßordnung im Hochbau?
4. Nennen Sie Vorteile, die sich bei der Beachtung der Maßordnung im Hochbau ergeben.
5. Wie werden die Ausgangsmaße der Baunormzahlen nach DIN 4172 errechnet?

6. Erklären Sie die Begriffe Baunormzahl, Baurichtmaß, Nennmaß.
7. Wie kommen die Baurichtmaße $16^2/_3$ cm, $18^3/_4$ cm, $31^1/_4$ cm, $33^1/_3$ cm, $41^2/_3$ cm, $43^3/_4$ cm zustande?
8. Erklären Sie die Bezeichnungen Läufer, Binder, Lagerfuge, Stoßfuge, Schnittfuge, Längsfuge.
9. Welche Bedeutung hat das Achtelmeter bei der Berechnung von Mauerlänge, Mauerdicke, Mauerhöhe?
10. Erklären Sie die Berechnung der Nennmaße aus den Baurichtmaßen.
11. Erklären Sie die Berechnung der Nennmaße von Mauersteinen.
12. Aus welchen Maßen setzt sich ein Schichtmaß zusammen?
13. Welcher Zusammenhang besteht zwischen Schichtmaß und Mauerhöhe?
14. Geben Sie die Abmessungen des DF, NF, 2 DF, 3 DF und der Teilsteine an.
15. Berechnen Sie das Anbaumaß für 7, 15, 43, 17,5 Achtelmeter.
16. Berechnen Sie das Außenmaß für 9, 14, 37, 21,5 am.
17. Berechnen Sie das Innenmaß für 12, 18, 19,5, 28 am.
18. Rechnen Sie die in Bild **7**.59 gegebenen Achtelmetermaße in Nennmaße um und berechnen Sie für die Maße *a* bis *m* die Achtelmeter und die Nennmaße (Maßeinheit m, cm nach DIN 1356).
19. Welche Mauerhöhe ergeben 37, 22, 17, 28 Schichten NF (DF, 2 DF, 3 DF)?

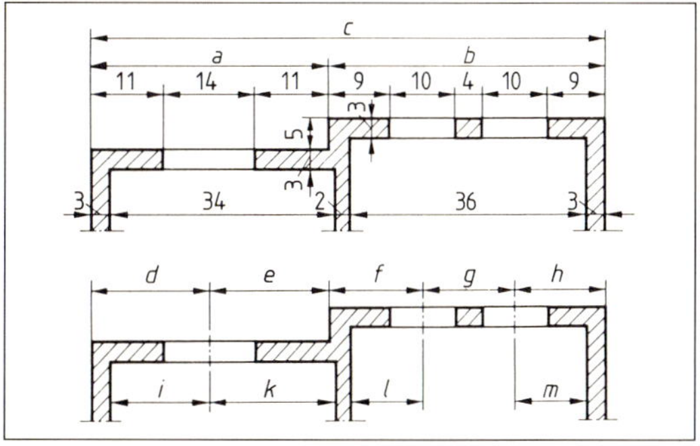

7.59 Teil eines Hausgrundrisses mit Mauermaßen in Achtelmetern (Köpfen)

20. Wieviel Schichten DF (NF, 2 DF) erfordert eine Mauerhöhe von a) 3,00 m, b) 2,75 m, c) 3,25 m?
21. Nennen Sie Geräte und Werkzeuge, die beim Mauern gebraucht werden.
22. Wie ist der Arbeitsplatz des Maurers einzurichten?
23. Was beeinflußt die Mörtelhaftung am Stein?
24. Beschreiben Sie den Arbeitsgang beim Mauern von Einhandsteinen.
25. Beschreiben Sie das Schlagen von Teilsteinen. Welche Steine eignen sich besonders?
26. Weshalb eignet sich zum Loten größerer Höhen das Senklot besser als die Wasserwaage?
27. Wie kann man auf größere Entfernung die waagerechte Richtung prüfen?
28. Wieviel Steine (DF, 2 DF, 3 DF) und wieviel l Mörtel sind für a) 26,765 m^3, b) 5,325 m^3, c) 12,700 m^3, d) 0,568 m^3 Mauerwerk erforderlich?
29. Wieviel Steine NF (DF, 2 DF, 3 DF) und wieviel l Mörtel sind für a) 46,58 m^2, b) 3,45 m^2, c) 108,20 m^2, d) 78,50 m^2 Mauerwerk erforderlich?
30. Was besagt der Ausdruck Mauerverband?
31. Beschreiben Sie die vier Verbandsarten.
32. Geben Sie das Unterscheidungsmerkmal für den Block- und Kreuzverband an.
33. Wie unterscheidet sich der Läuferverband aus DF, NF oder 2 DF vom Läuferverband aus 2 DF und 3 DF?
34. Welche Regel gilt für das gerade Mauerende im Halbläuferverband?
35. Wie ist das gerade Mauerende bei Mauersteinen im DF, NF oder 2 DF auszubilden? Unterscheiden Sie dabei Verbandsarten, Mauerschichten und Mauerdicken.
36. Erklären Sie den umgeworfenen Verband. Wann ist er anzuwenden?
37. Worauf ist beim Verband von Mauerecke, Mauerstoß und Mauerkreuzung zu achten, damit es nicht zur Fugendeckung kommt?
38. Nennen Sie die Verbandsregeln für Mauerecke, Mauerstoß, Mauerkreuzung.
39. Beschreiben Sie die Verbandslösungen für Mauerpfeiler. Berücksichtigen Sie dabei die zulässigen Fugendeckungen.
40. Legen Sie den Verband für eine 24 cm dicke und 1,49 m lange Mauer aus Steinen in NF (DF, 2 DF) im Kreuzverband
    a) nach den Regeln für den Verband mit Dreiviertelsteinen,
    b) für den Verband mit Viertelsteinen.
    Zeichnen Sie 4 Schichten Draufsicht und 6 Schichten Ansicht M 1 : 10 – cm (s. Bild **7**.26).
41. Aufgabenstellung wie in Aufgabe 40, Mauerstück jedoch 1,43 m lang und 36,5 cm dick; zu zeichnen sind 3 Schichten Draufsicht.
42. Legen und zeichnen Sie den Verband für eine 24 cm dicke und 1,365 m lange Mauer aus Steinen NF im Blockverband.
43. Legen und zeichnen Sie den Verband für eine 30 cm dicke und 1,24 m lange Mauer aus mittelformatigen Steinen im Läuferverband.
44. Wieviel Steine 2 DF und wieviel l Mörtel werden für eine 24 cm dicke Mauer, l = 4,24 m, h = 2,50 m, gebraucht?
45. Wieviel Steine 3 DF und wieviel l Mörtel werden für eine Mauer, l = 3,74 m, h = 2,75 m, im Binderverband gebraucht?
46. Legen Sie 5 Schichten zu einer rechtwinkligen Mauerecke mit Abtreppungen aus Steinen NF für Wanddicken von 24 cm und 36,5 cm im Kreuzverband (Verband mit Dreiviertelsteinen).
47. a) Legen Sie 5 Schichten zu einer rechtwinkligen Mauerecke mit Abtreppungen aus Steinen 2 DF und 3 DF, beide Wände 30 cm dick, im Läuferverband mit versetzten Stoßfugen.
    b) Zeichnen Sie die beiden ersten Schichten in der Draufsicht, darüber die Vorder- und Seitenansicht 5 Schichten hoch.
48. Legen Sie und zeichnen Sie 2 Schichten zu einer rechtwinkligen Mauerecke mit Abtreppungen aus Steinen 3 DF, beide Wände 24 cm dick, im Binderverband.

49. a) Legen Sie 5 Schichten zu einer rechtwinkligen Mauerecke mit Abtreppungen aus Steinen 2 DF (Ecksteine 3 DF), beide Wände 36,5 cm dick, im Kreuzverband.

    b) Zeichnen Sie die ersten beiden Schichten in der Draufsicht.

50. a) Legen Sie 5 Schichten zu einem rechtwinkligen Mauerstoß mit Abtreppungen aus Steinen NF für Wanddicken von 24 cm.

    b) Zeichnen Sie die beiden ersten Schichten in der Draufsicht, darüber die Vorder- und Seitenansicht 5 Schichten hoch.

51. Legen Sie 5 Schichten zu einer rechtwinkligen Mauerkreuzung mit Abtreppungen aus Steinen NF für Wanddicken von 24 cm und 36,5 cm.

52. a) Legen Sie 5 Schichten zu einem rechtwinkligen Mauerstoß mit Abtreppungen, die Hauptmauer 30 cm dick aus Steinen 2 DF und 3 DF mit Schnittfugen, die Anschlußmauer 17,5 cm dick aus Steinen 3 DF, beide im Läuferverband.

    b) Zeichnen Sie die ersten beiden Schichten in der Draufsicht.

53. a) Legen Sie 5 Schichten zu einem rechtwinkligen Mauerstoß mit Abtreppungen nach Bild **7**.60, die 36,5 cm dicke Wand aus Steinen 2 DF im Kreuzverband, die 24 cm dicken Wände aus Steinen 3 DF im Binderverband.

    b) Zeichnen Sie die ersten beiden Schichten in der Draufsicht.

54. Legen Sie 5 Schichten zu einer rechtwinkligen Mauerkreuzung mit Abtreppungen nach Bild **7**.61, die 30 cm dicke Wand aus Steinen 2 DF und 3 DF im Läuferverband, die anderen beiden Wände aus Steinen 2 DF.

55. Legen Sie 5 Schichten für ein Mauerstück aus Steinen 3 DF, im Querschnitt 74/24 cm groß, im Binderverband.

56. a) Legen Sie 5 Schichten für einen rechteckigen Mauerpfeiler aus Steinen 2 DF und 3 DF, im Querschnitt 74/30 cm groß, im Läuferverband.

    b) Zeichnen Sie die ersten beiden Schichten in der Draufsicht.

57. Zeichnen Sie nach Bild **7**.62 2 Schichten Draufsicht und 6 Schichten Ansicht im Kreuzverband (Steine NF), M 1:20 – m, cm. Bemaßen Sie die erste Schicht in Nennmaßen.

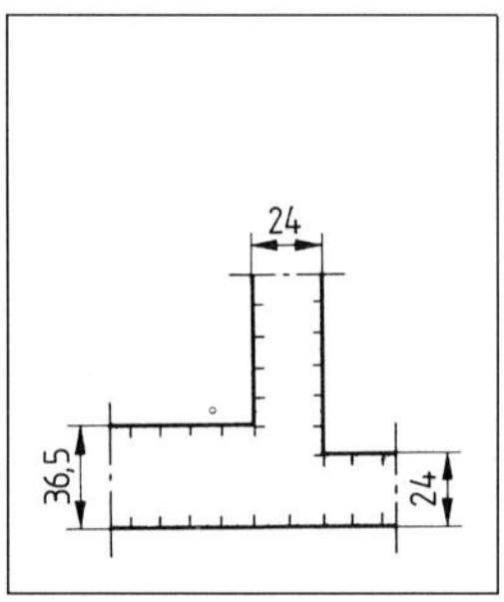

7.60 zu Aufgabe 53

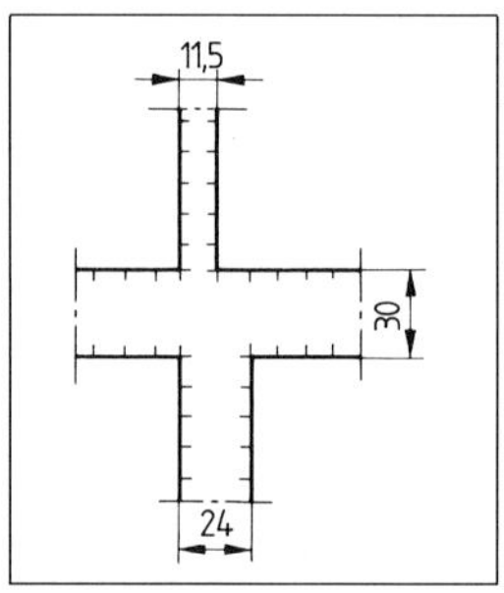

7.61 zu Aufgabe 54

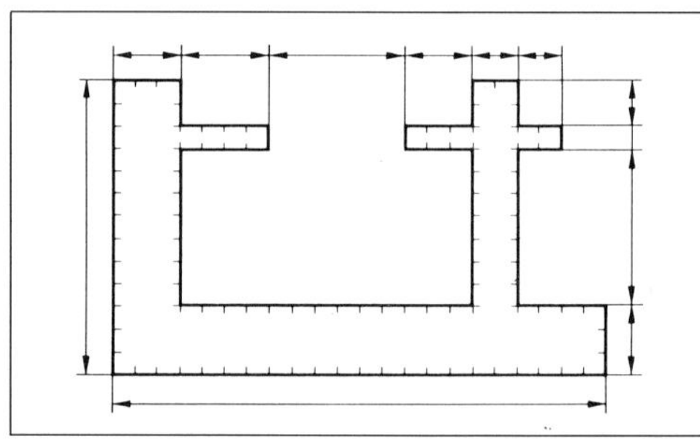

7.62 Teil eines Hausgrundrisses. Die Abstände der Teilstriche entsprechen 1 Achtelmeter (Kopf)

8 Ausbau

8.1 Putzarbeiten

8.1.1 Putzanwendung, Putzgrund und Putzträger

Putzanwendung. Putze werden als Innenputz und Außenputz an Decke und Wand angebracht.

Innenputz dient zum Überdecken von Bauteilen im Innern eines Gebäudes, um einheitliche und glatte Flächen für das Aufbringen von Anstrichen und Tapeten zu erhalten. Putzschichten an Bauteilen aus Stahl und Holz (z. B. Stützen, Treppen, Decken) hemmen die Wirkung des Feuers. Innenputz soll den Feuchtigkeitsgehalt der Raumluft ausgleichen. Zeitweilig hohe Luftfeuchtigkeit nimmt der Putz auf und gibt sie später wieder an die Raumluft ab. Mörtel der Gruppen PI, PIV und PV eignen sich dafür besonders (s. Abschn. 6.4).

Außenputz verleiht dem Bauwerk ein besseres Aussehen und schützt das Mauerwerk vor Witterungseinflüssen, besonders vor Durchfeuchtung. Als wetterbeständige und wasserabweisende Schicht darf der Putz jedoch nicht die Wasserdampfdurchlässigkeit des Mauerwerks unterbinden – sonst wird die Wand allmählich von innen her durchfeuchtet! Der Außenputz muß ausreichend elastisch sein, um bei schwankenden Temperaturen rissefrei zu bleiben. Für Außenputze eignen sich Mörtel der Gruppen PI und PII (s. Abschn. 6.4).

Putzgrund. Sauberer Putzgrund ist Voraussetzung für gutes Haften des Putzes. Verstaubte und verschmutzte Wandflächen sind abzufegen und abzuspülen, lose Stein- und Mörtelteile zu entfernen.

Saugende Baustoffe mit rauher Oberfläche (z. B. Mauerziegel) gelten als guter Putzgrund. Der feine Bindemittelleim des Putzmörtels, von Steinporen angesaugt, wirkt wie eine Verdübelung und verankert den Putz an der rauhen Oberfläche (**8**.1 a).

Glatter, wenig saugender Putzgrund (z. B. glatte Vormauerziegel, Klinker und Beton) erhält einen nicht volldeckenden Spritzbewurf, der den Untergrund noch durchscheinen läßt (**8**.2). Der grobkörnige Bewurf, Mörtelgruppe PII oder PIII, vergrößert die Oberfläche des Putzgrunds und bewirkt eine bessere Verankerung des Putzes (**8**.1 b).

Stark saugender Putzgrund (z. B. Leichtbetonsteine, Hüttensteine) muß vor allem beim Putzen

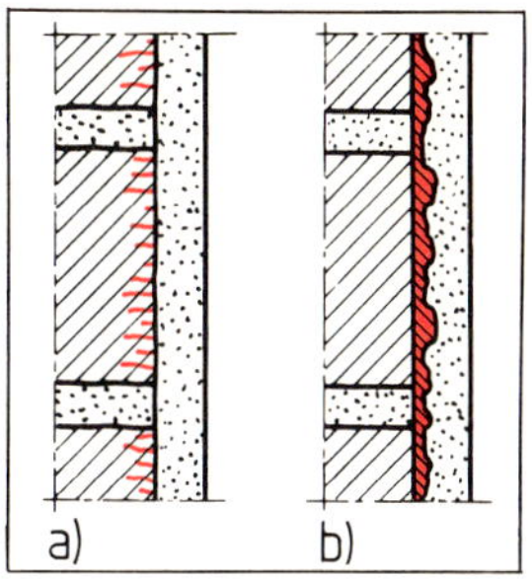

8.1 Mauerwerk als Putzgrund

8.2 Spritzbewurf auf Mauerwerk

an heißen Sommertagen gut angenäßt werden, weil der Putz sonst durch Absaugen des Mörtelwassers austrocknet und nicht mehr haftet. Das Aufbringen eines volldeckenden Spritzbewurfs auf die vorgenäßte Wand mindert die Saugfähigkeit. Holzwolle-Leichtbauplatten erhalten stets einen Spritzbewurf, dürfen jedoch nicht vorgenäßt werden.

Putzträger. Bei ungeeignetem Putzgrund (z. B. Holz, Stahl) und zum Schließen von Schlitzen für Rohrleitungen im Mauerwerk sind Putzträger erforderlich (**8**.3). Dafür eignen sich *Holzwolle-Leichtbauplatten* (s. Abschn. 9.5), *Schilfrohrmatten* (**8**.4) und *Drahtgewebe* (**8**.5).

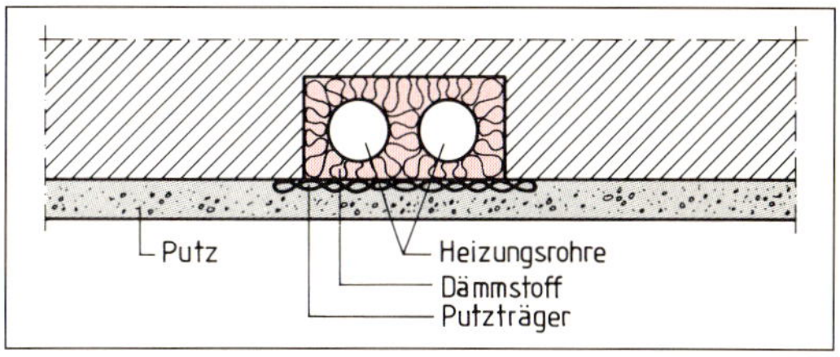

8.3 Überputzter Mauerschlitz

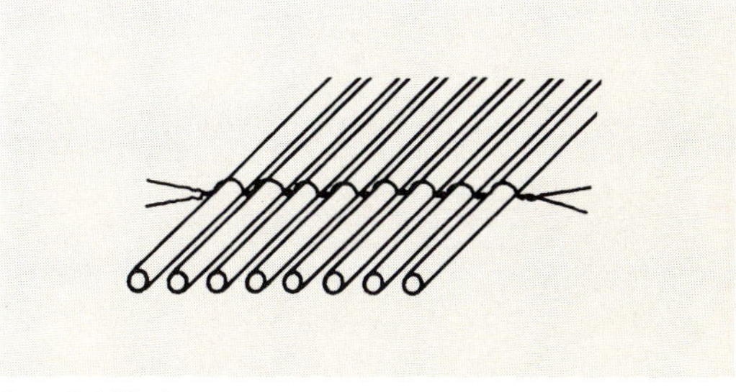

8.4 Schilfrohrmatte

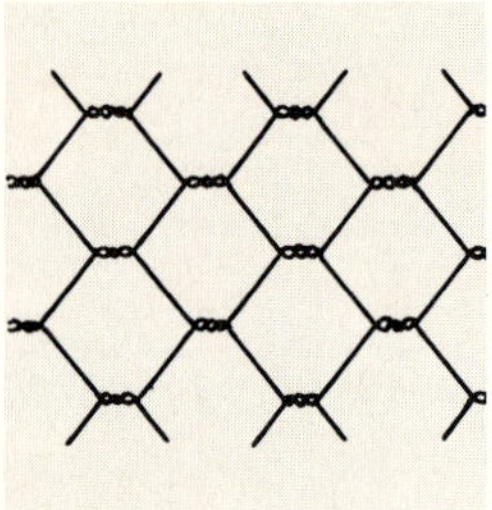

8.5 Maschendraht

8.6 Ziegeldrahtgewebe

Schilfrohrmatten bestehen aus Schilfrohrstengeln, die in Abständen von höchstens 20 cm mit verzinktem Draht zu Matten gebunden sind. Das *Ziegeldrahtgewebe* (**8**.6) besteht aus dünnem Maschendraht mit 20 mm Maschenweite. Die Kreuzungspunkte sind mit gebrannter Ziegelmasse überpreßt. *Rippenstreckmetall* (**8**.7) ist aus Blech gestanzt, fischgrätenartig auseinandergezogen und wegen seiner Aussteifungsrippen so tragfähig, daß es auch breite Schlitze und Stahlteile ohne zusätzliche Verankerung überbrücken kann. Der Rücken der U-förmigen Rippe liegt stets an der Wand. Zum Befestigen sind besondere Krampen zu verwenden.

8.7 Schneiden von Rippenstreckmetall

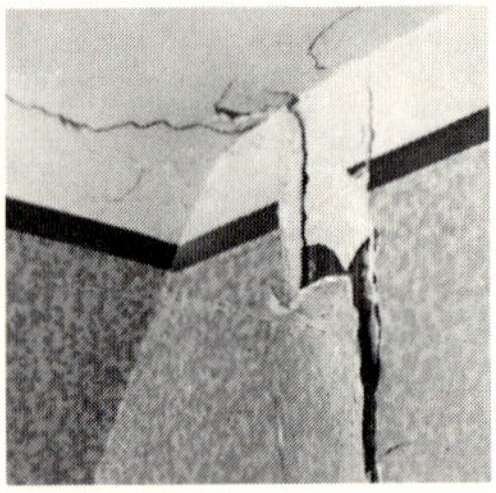

8.8 Putzschaden wegen fehlendem Putzträger auf Holz

Bei Holz sind Schwinden und Quellen zu berücksichtigen. Der Putz reißt an den Übergangsstellen zwischen Holz oder Stahl das Mauerwerk (**8**.8). Der Putzträger muß deshalb mindestens 5 cm auf das Mauerwerk übergreifen und sollte einen Abstand von 0,5 bis 1 cm vom Holz haben, damit das Holz ungehindert arbeiten kann (**8**.9). Durch Aufnageln von Streifen aus Bitumenpappe verhindert man das Eindringen von Feuchtigkeit in das Holz.

Putz als schmückender Belag an Decken und Wänden hat auch bauphysikalische Aufgaben zu erfüllen.

Die Beschaffenheit des Putzgrunds bestimmt wesentlich die Haftung des Putzes.

Unzureichender Putzgrund wird durch Annässen, Spritzbewurf oder Putzträger verbessert.

8.1.2 Herstellen von Wandputz

Wandputz wird meist zweilagig hergestellt: als Unterputz und Oberputz. Der Spritzbewurf zählt nicht als Putzlage. Alle Schichten müssen unlösbar miteinander verbunden sein. Der Oberputz darf nicht fester sein als der Unterputz, um Spannungen, Risse und Abblätterungen zu vermeiden. Jede folgende Lage darf erst aufgebracht werden, wenn die vorhergehende genügend fest ist. In untergeordneten Räumen wie Dachböden und Kellern genügt Rapputz – ein einlagiger, grobsandiger Mörtelanwurf, der mit dem Kellenrand grob abgezogen wird (Werkzeuge s. Abschn. 1.5 und 1.6).

Der Unterputz gleicht alle Unebenheiten der Wand aus und hat im wesentlichen die bauphysikalischen Aufgaben des Putzes zu erfüllen: beim Innenputz die Wasserdampfregulierung, beim Außenputz den Wetterschutz.

Die Flucht der bereits vorbehandelten Wandfläche (s. Abschn. 8.1.1) ist mit Latte, Schnur und Lot zu prüfen und nötigenfalls abzugleichen. Um ebene Putzflächen zu erhalten, wirft man *Putzlehren* an, Breite ≈ 15 mm. Abstand 0,80 bis 1,50 m, d. h. kleiner als die Länge der Kartätsche oder Abziehlatte. Sie werden ausgefluchtet und ausgelo-

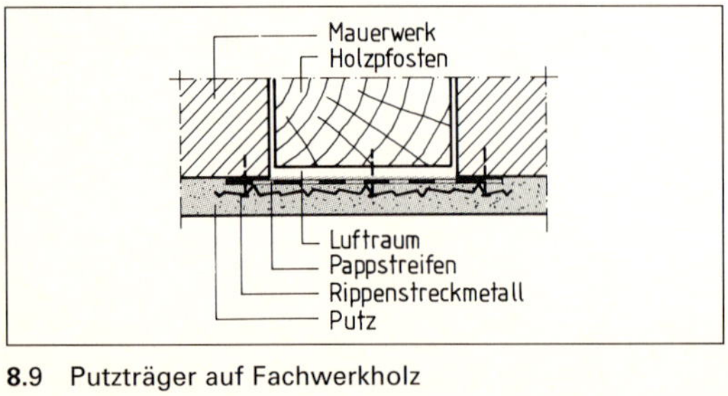

8.9 Putzträger auf Fachwerkholz

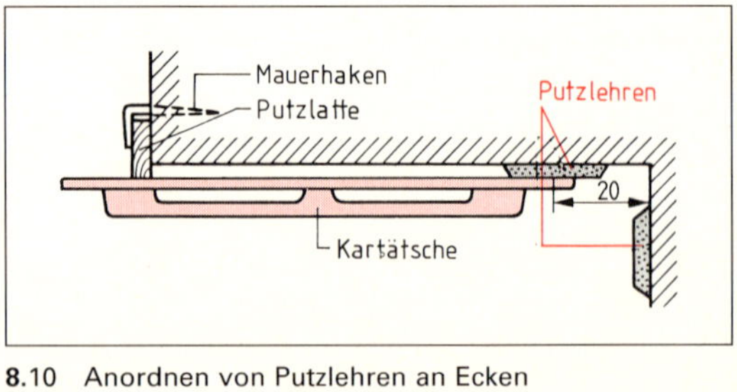

8.10 Anordnen von Putzlehren an Ecken

tet und mit dem Richtscheit abgezogen. An vorspringenden Ecken ist die Putzlehre eine glatt gehobelte Latte (**8**.10). Als Putzlehren auf der Wandfläche verwendet man auch Metall- oder Kunststoffleisten.

Sobald die Putzlehren fest genug sind, werfen wir in den Zwischenfeldern den Mörtel in zügigem Schwung mit der Kelle fest an, damit er sich gut ansaugt. Dann wird er mit der Kartätsche oder Abziehlatte in hin- und herschiebender Bewegung von unten nach oben abgezogen. Mörtel, der nicht angeworfen, sondern mit dem Aufziehbrett nur aufgetragen wird, haftet schlecht, weil beim Andrücken unter der Mörtelschicht kleine Hohlräume verbleiben. Fehlstellen werden nachträglich angeworfen, abgezogen und verrieben. Nach genügendem Erstarren wird der Unterputz, sofern erforderlich, aufgerauht (**8**.11).

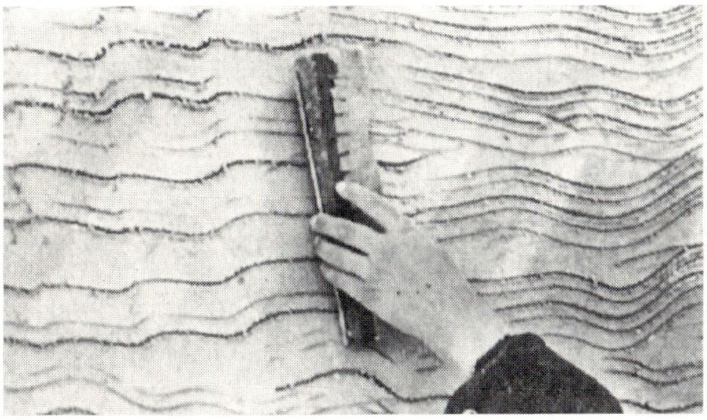

8.11 Aufrauhen des Unterputzes

Für den Oberputz sind Putzanwendung und Putzweisen maßgebend. Der Oberputz als Glattputz an *Innenwänden* wird angeworfen, mit der Kartätsche verteilt und unter ständigem Annässen mit dem Reibebrett in kreisender Bewegung abgerieben (**8**.12). Bei zu langem Bearbeiten reichert sich die Oberfläche mit Wasser und Bindemittel an. Der Putz schwindet und reißt. Den Oberputz kann man auch leicht rauh als gefilzten (gescheibten) Putz mit der Filzscheibe ausführen.

Die Gesamtdicke des Innenputzes beträgt 15 mm, der Unterputz ist etwa so dick wie der Oberputz.

Gipsputz stellt man meist einlagig her, weil mehrere Lagen nicht immer einwandfrei haften. Der Gipsputz wird nach dem Abziehen und einer ausreichenden Versteifungszeit leicht angenäßt, mit der Filzscheibe gerieben und anschließend mit der Kelle geglättet.

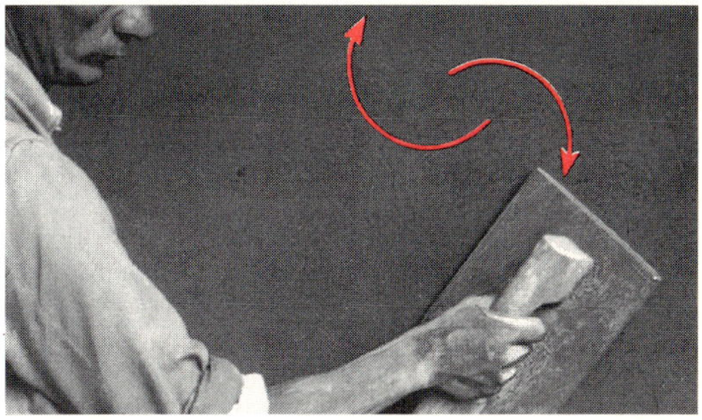

8.12 Abreiben des Oberputzes

Der Außenwandputz soll insgesamt im Mittel 20 mm dick sein; hier ist der Unterputz dicker als der Oberputz. Die Funktion des Oberputzes als schmückender Wandbelag führte zu einer Vielzahl von Putzweisen, von denen nur einige genannt werden: Glattputz (wie Oberputz des Innenputzes), Spritzputz, Kratzputz, Kellenstrichputz, Fächerputz, Scheibenputz, Nesterputz, Waschputz, Steinputz.

Putze dürfen nicht bei Frost oder auf gefrorenes Mauerwerk aufgebracht werden. Frischer Putz ist einige Zeit mittels Blenden vor direkter Sonneneinstrahlung zu schützen.

Wandputz besteht meist aus zwei Putzlagen. Die Putzlagen müssen fest aneinander haften.

Der Unterputz erfüllt vorwiegend bauphysikalische Aufgaben.

Der Oberputz bestimmt das Aussehen der Putzflächen oder ist Untergrund für weitere Wandbeläge (Tapeten, Anstriche).

8.2 Zementestrich

Anwendung. Zementestrich dient als fertige Gehfläche oder als Unterboden für einen anderen Gehbelag (z.B. Linoleum, Gummi, Fliesen, Kunststoff- oder Textilbelag). Als fertiger Belag eignet er sich für Gehflächen, die Feuchtigkeit ausgesetzt sind oder griffig und abriebfest sein müssen und für die aufwendigere Beläge nicht unbedingt erforderlich sind (z.B. Kellerräume, Kellertreppen, Garagen, Waschküchen, Speicher, Werkstätten, Lagerräume).

Verbundestrich und schwimmender Estrich. Estrich, der unmittelbar auf einer massiven Rohdecke liegt, heißt *Verbundestrich* (**8**.13a) und ist

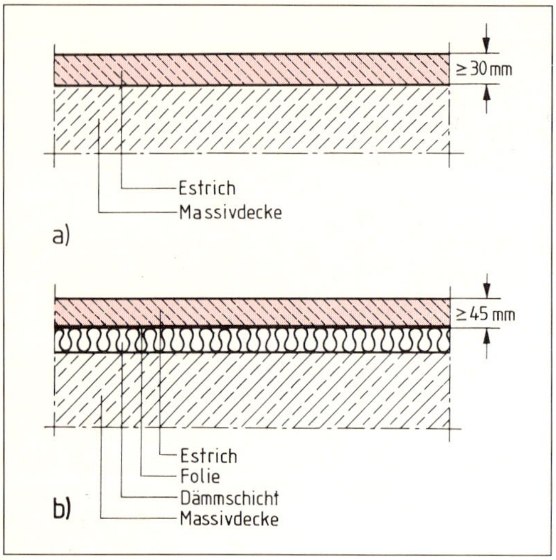

8.13 Estricharten
a) Verbundestrich, b) schwimmender Estrich

mindestens 30 mm dick. Der Estrich auf einer Dämmschicht, die ihn von der Rohdecke trennt, heißt *schwimmender Estrich* (**8.**13b). Seine Dicke hängt von der Zusammendrückbarkeit der Dämmschicht ab und beträgt mindestens 35 mm. Estrich erfordert stets eine tragende Unterlage, z.B. eine massive Geschoßdecke oder auf Erdreich den Unterbeton.

Der Unterbeton, 150 bis 200 kg Zement je m³ fertigem Beton, wird je nach Belastung 8 bis 20 cm dick hergestellt. Bei wenig tragfähigem Baugrund legt man Baustahlgewebe in der Unterbeton. Von ständig durchfeuchtetem Erdreich trennt man ihn durch eine geeignete Filterschicht von 15 bis 25 cm Dicke aus Kies oder Schotter. Die Höhe und das erforderlichen Gefälle des Unterbetons werden eingemessen und an den Wänden (bei größeren Flächen an eingeschlagenen Pflöcken) angezeichnet. Dann verlegt man in Abständen von ≈ 1,50 m Lehren aus Kanthölzern oder Stahlrohren in die vorgesehene Ebene. Der zwischen die Lehren eingebrachte steife Beton wird gestampft (**8.**14) und mit der Abziehlatte in Zickzackbewegung eingeebnet (**8.**15).

8.15 Abziehen des Unterbetons

Die Oberfläche des Unterbetons soll rauh sein. Älterer Unterbeton ist gründlich zu reinigen und wiederholt anzunässen. Zur Verbesserung der Haftung wird fetter, feinkörniger Zementmörtel in die mattfeuchte Oberfläche eingebürstet. Der Estrichmörtel ist vor dem Abtrocknen und Erstarren der Haftschicht aufzubringen.

Der Estrichmörtel wird aus Zement und aus Korngemischen natürlicher oder künstlicher Zuschläge gemischt (s. Abschn. 6.4). Die Dicke von Verbundestrichen soll aus fertigungstechnischen Gründen nicht weniger als das Dreifache des Größtkorns des Zuschlags betragen und bei einschichtiger Ausführung 50 mm nicht überschreiten. Die Mindestdicke ist 10 mm.

Der Zementgehalt liegt je nach Zementfestigkeitsklasse und geforderter Estrichfestigkeit zwischen 300 und 400 kg je m³ verdichtetem Mörtel, was Mischungsverhältnissen in Raumteilen zwischen 1:3 und 1:5 entspricht. Estrich mit zu fettem Mischungsverhältnis schwindet und neigt

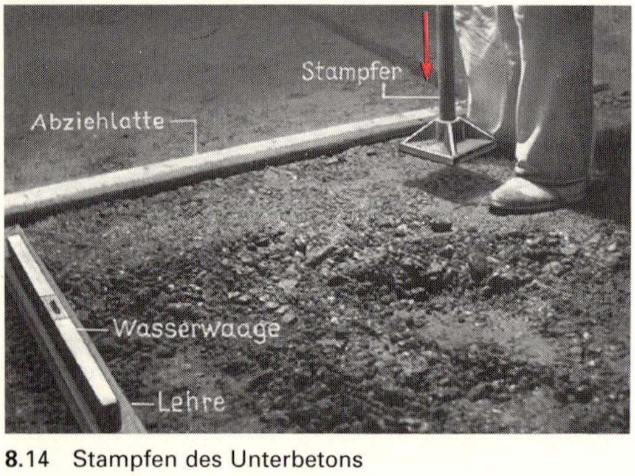

8.14 Stampfen des Unterbetons

8.16 Abziehen des Estrichs

zur Rissebildung. Statt mehr Zement zuzugeben, sollte man die geforderte Estrichfestigkeit vielmehr durch sorgfältiges Auswählen des Zuschlags und eine möglichst geringe Wasserzugabe anstreben.

Auf den Unterbeton legen wir als Lehren Holzleisten oder Stabstähle, verteilen den steif-plastisch angemachten Mörtel, verdichten ihn durch Stampfen und ziehen ihn mit der Abziehlatte im Zickzack ab (**8**.16). Das Abziehen allein reicht als Verdichtung nicht aus. Nach dem Abziehen des Mörtels entfernen wir die Lehren und füllen die Fugen. Die Oberfläche des Estrichs wird dann mit dem Reibebrett abgerieben (**8**.17), anschließend mit der Walze geriffelt oder mit der Kelle geglättet.

Zu langes Glätten führt zur Anreicherung von Wasser oder Feinmörtel an der Oberfläche, die nach der Erhärtung staubt und wenig verschleißfest ist. Dieselben Schäden entstehen durch das Bepudern des Estrichs mit Zement, um einen guten Deckenschluß zu erhalten. Der fertige Estrich ist 8 bis 10 Tage feucht zu halten und vor Zugluft, Sonneneinstrahlung oder Frost zu schützen.

8.17 Reiben des Estrichs

Der Verbundestrich liegt unmittelbar auf einer massiven Rohdecke und dient meist als fertiger Gehbelag. Er muß mit dem Untergrund gut verankert sein.

Die Festigkeit des Estrichs hängt ab von der Beschaffenheit des Zuschlags, dem Mischungsverhältnis des Mörtels, der Menge des Anmachwassers, der Verdichtungsarbeit, der Oberflächenbehandlung und der Nachbehandlung.

8.3 Fliesenarbeiten

8.3.1 Bearbeiten von Fliesen

Beim Verlegen von Fliesen stellt sich dem Handwerker oft die Aufgabe, genaue Paßstücke abzutrennen und Aussparungen auszuarbeiten (Fliesen s. Abschn. 5.1, Werkzeuge s. Abschn. 1.5).

Trennen. Zum *Anzeichnen* der Fliesen benutzt man Meterstab, Bleistift (auch Aluminiumstift) und Anschlagwinkel (**8**.18). Für mehrere Teilstücke gleicher Größe nehmen wir besser die Hauschiene. Das Anzeichnen geschieht auf der Glasurseite der Fliese. Fliesenkante und Anschlagwinkel müssen dabei stramm aufeinanderliegen, damit beim Anriß kein schiefer Winkel entsteht. Für Teilfliesen können wir auch beschädigte Fliesen verwenden, sofern die Schadstelle abfällt.

Das *Schneiden* erfolgt auf einer festen Unterlage. Die Glasur wird mit dem Widiastahl oder dem Glasschneider entlang der Führungsschiene über die ganze Länge der Fliese angeritzt (**8**.19). Steinzeugfliesen müssen wegen ihres dichteren Gefüges mit Meißel und Hammer an der Rißlinie in zwei Gängen vorgehämmert werden (**8**.20 und **8**.21).

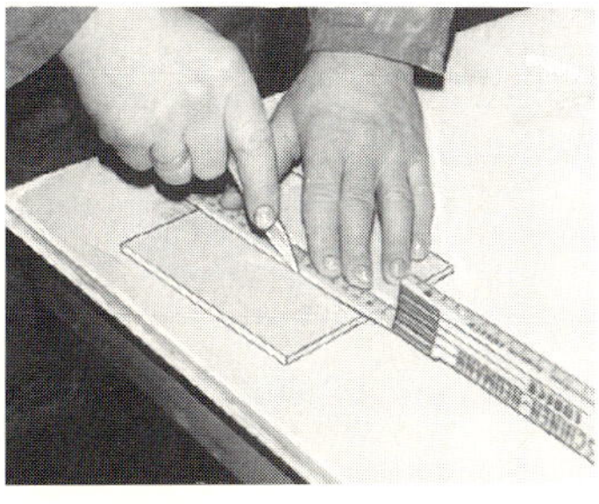

8.18 Anzeichnen einer Fliese mit Meterstab und Alu-Stift

8.19 Schneiden von Fliesen mit Hilfe der Hauschiene

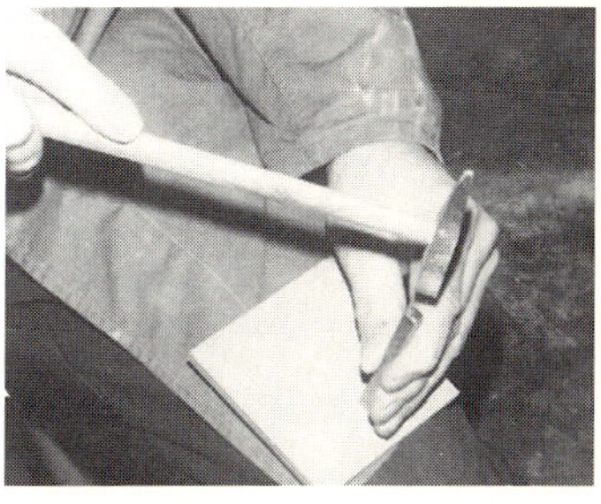

8.20 Vorhauen der Rißlinie bei Bodenfliesen

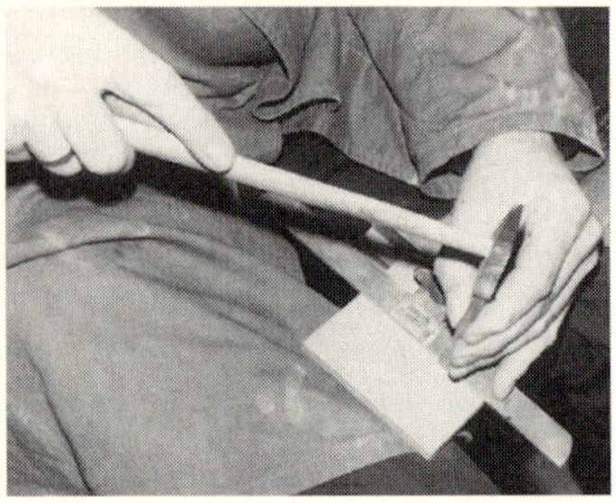

8.21 Trennen von Bodenfliesen mit Hauschiene, Fliesenhammer und Meißel

8.22 Brechen der Fliese

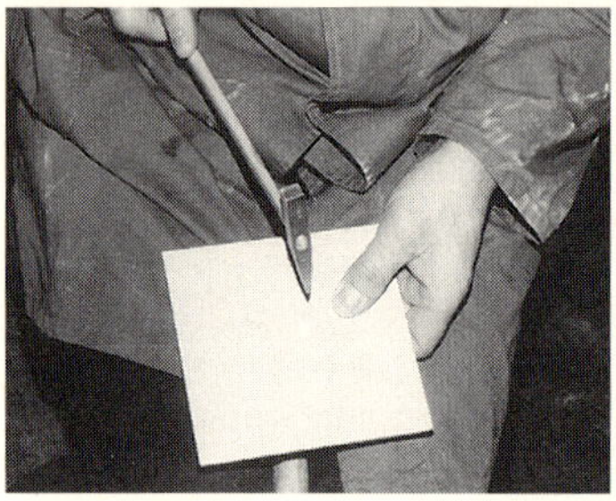

8.23 Vorschlagen eines Lochs mit Hilfe von Fliesenhammer und Fäustel

Beim *Brechen* knicken wir die angeschnittenen Steingutfliesen mit beiden Händen nach rückwärts gegen den Scherben (**8**.22) oder legen die Scherbenseite mit der Rißlinie auf einen 40 bis 50 mm langen Drahtstift auf harter Unterlage und drücken beide Seiten der Fliese leicht nach unten. Auch leichte Schläge mit dem Fliesenhammer auf die Scherbenseite entlang der Trennungslinie teilen die Fliese. Steinzeugfliesen trennt man nur nach dem zuletzt genannten Verfahren. Die Bruchkante wird sauberer, wenn sie an ihren Enden rückseitig leicht anhauen. Unsaubere Bruchränder begradigen wir durch Hinterhauen.

Beim Lochen ist mit besonderer Sorgfalt vorzugehen. Das genau angerissene Loch einer *Steingutfliese* wird mit der spitzen Seite des Fliesenhammers vorgeschlagen (**8**.23). Die Fliese liegt mit der Rückseite vollflächig auf der Hammerbahn eines Fäustels und wird nach jedem Schlag ein wenig gedreht. Mit der Fliesenlochzange arbeiten wir dann die vorgeschlagene Öffnung aus (**8**.24). Vorschlagen können wir das Loch auch mit Dorn und Fliesenhammer. Dabei liegt die Fliese mit der Rückseite auf dem Oberschenkel. Der schräg aufgesetzte Dorn wird unter ständigem Drehen mit leichten Hammerschlägen in die Fliese getrieben. Ausschnitte werden stückweise mit der Zwickzange ausgearbeitet (**8**.25).

Steinzeugfliesen werden zuerst getrennt. Dann arbeitet man an beiden Stücken das Loch von der Trennkante her durch freies Hauen heraus. Dabei wird die Fliese durch schräg geführte Schläge erst hinterhauen und anschließend an der Vorderseite durch leichte Schläge in der gewünschten Form ausgerundet. Ebenso verfährt man beim Abtrennen eines schmalen Streifens (**8**.26).

Das Gleichmaß von Fliese und Fuge erfordert sauberes und genaues Bearbeiten der Fliesen mit geeignetem Werkzeug. Steingutfliesen schneidet man mit dem Widiastahl oder dem Glasschneider, die dicht gesinterten Steinzeugfliesen trennt man mit Meißel und Hammer. Durch Schwächung des Fliesenquerschnitts läßt sich die Fliese leicht brechen. Die Hauschiene erspart wiederholtes Abmessen und Anzeichnen der Rißlinie.

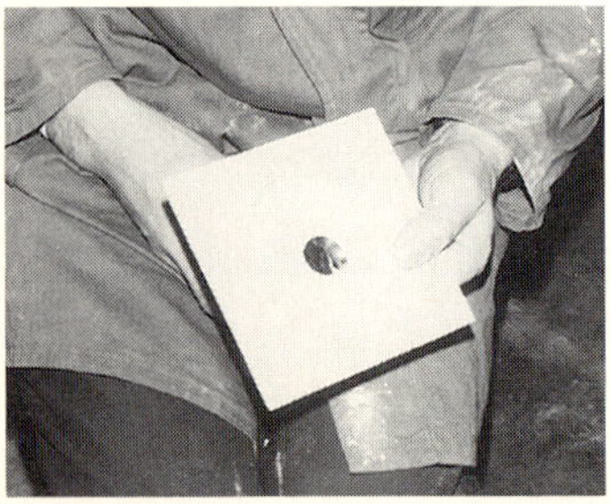

8.24 Ausarbeiten eines vorgeschlagenen Lochs

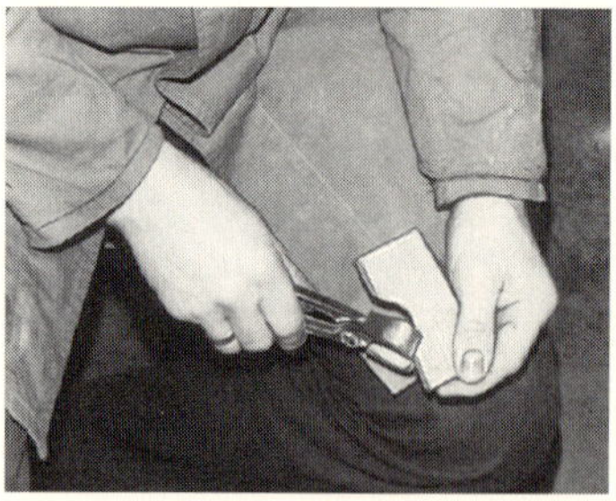

8.25 Herstellen von Ausrundungen mit der Zwickzange

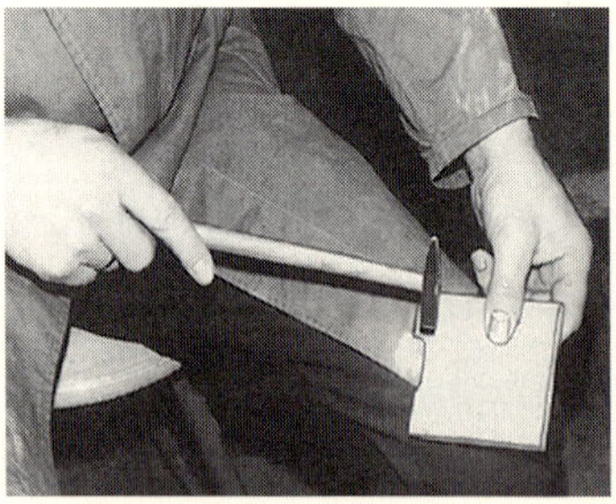

8.26 Abtrennen von kleinen Abschnitten durch freies Hauen

8.3.2 Verlegen von Fliesen als Bodenbelag

Auswinkeln. Zunächst ist zu prüfen, ob die Raumwände genau im rechten Winkel zueinander stehen. Einen rechten Winkel können wir leicht nach dem Seitenverhältnis 3:4:5 eines rechtwinkligen Dreiecks ausmessen (z.B. 1,50 m, 2,00 m, 2,50 m). Bei kleineren Flächen genügt ein Vergleich der Raumdiagonalen (**8**.27). Ungenau eingewinkelte Räume ergeben schiefwinklige Beläge mit unschönen Zwickeln an den Rändern.

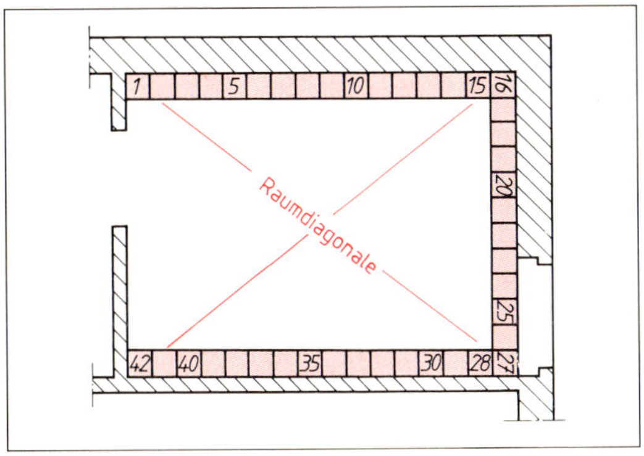

8.27 Anordnen der ersten Fliesenreihen

Ausmitteln. Von der Raummitte aus werden Anzahl und Anordnung der Fliesen festgelegt. Teilfliesen sollen größer als eine Fliesenhälfte sein und liegen stets am Rand (s. Beispiel in Abschn. 8.3.3). Zweckmäßigerweise legt man die erste Reihe jeweils trocken aus.

Die Fußbodenhöhe richtet sich nach bereits vorhandenen Fertighöhen angrenzender Räume oder nach dem Meterriß. Es ist vorteilhaft, den Meterriß auch in die Raumecken zu übertragen, um die geforderte Höhe besser einhalten zu können.

Verlegen. Nach gründlichem Säubern und Annässen des Untergrunds zieht man ein Mörtelbett aus plastischem Zementmörtel, Mischungsverhältnis 1:4 bis 1:6, ab und überpudert es leicht mit Zement. Zu feuchter Verlegemörtel läßt die Fliesen „schwimmen" und beeinträchtigt ihre Haftung.

Nach Durchfeuchtung des Zements verlegen wir die erste Fliesenreihe an der Längswand – mit Fugenabstand von der Wand – entlang der gespannten Fluchtschnur. Dann folgen je eine Reihe an der Quer- und Parallelwand (**8**.28). Die Fugen sind je nach Fliesengröße und Beanspruchung des Belags 2 bis 8 mm breit (s.a. Abschn. 5). Nach Anklopfen der Fliese soll die Mörtelschicht im Mittel noch 1,5 cm dick sein. Alle weiteren

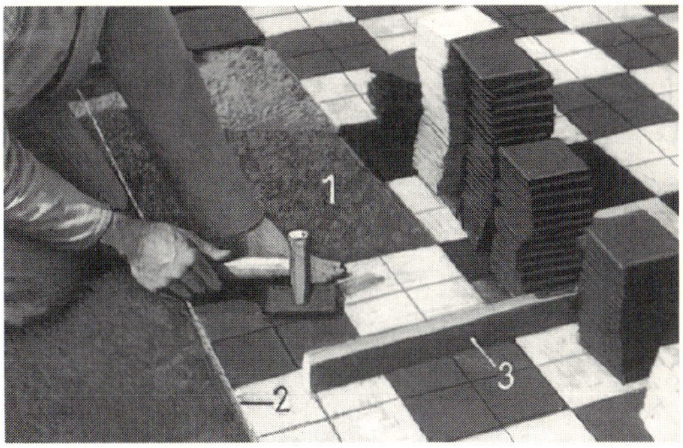

8.28 Verlegen von Bodenfliesen
1 Mörtel, *2* Schnur, *3* Wasserwaage

Fliesen werden mit Hilfe der Fluchtschnur reihenweise verlegt.

Die in Reichweite frisch verlegten Fliesen sind durch mehrmaliges Abwaschen gründlich zu reinigen. Mangelhaft gesäuberte Fliesen hinterlassen einen von Mörtelresten verursachten und nachträglich nur schwer entfernbaren Grauschleier.

Ausfugen. Erst nach genügender Erhärtung des Mörtelbetts darf mit dem Ausfugen begonnen werden. Als Fugenmörtel verwendet man Zementleim, MV 1:3, der mit Besen oder Bürste verteilt wird. Bei Fugenbreiten $>$ 3 mm magert man den Zementleim mit Quarzmehl. Der satt eingeschlämmte Plattenbelag ist vor dem Erhärtungsbeginn des Fugenmörtels gründlich auszufegen, mit trockener Fugenmischung nachzureiben und anschließend mehrfach mit Weichholzsägemehl zu reinigen.

8.3.3 Ansetzen von Fliesen als Wandbelag

Wenn in einem Raum Wand- und Bodenbelag aus Fliesen vorgesehen sind, empfiehlt es sich, zunächst den Wandbelag herzustellen. Man verhindert so die Verschmutzung und Beschädigung des Bodenbelags.

Vorbereitungen. Die Wandflächen sind gründlich abzufegen und von Putzresten, besonders Gipsmörtel, zu befreien. Der Untergrund wird je nach Beschaffenheit angenäßt und erhält einen Spritzbewurf (s. Abschn. 8.1.1). Zuvor überdecken wir Schlitze und Bauteile aus Holz, Metall oder Kunststoff mit geeigneten Mörtelträgern (s. Abschn. 8.1.1). Das Auswinkeln des Raums und Festlegen der Fußbodenhöhe geschieht wie in Abschn. 8.3.2 beschrieben. Mit Senklot oder Wasserwaage prüfen wir dann die lotrechte Richtung der Wand, gleichen größere Unebenheiten mit Mörtel ab und schnüren sie aus. Dazu werden Punktfliesen unter Berücksichtigung der Belagstärke genau eingemessen und angesetzt.

Bei nachträglichem Einbau des Bodenbelags spart man die Sockelfliesen aus. Die erste Fliesenreihe sitzt dann auf einer Latte, deren Oberkante in Höhe der Sockelfliese plus Fugendicke liegt.

Ausmitteln. Wie beim Bodenbelag liegen auch hier die Teilfliesen am Wandende. Sind die Teilfliesen kleiner als eine Fliesenhälfte, so verringert man die Anzahl der ganzen Fliesen um eine Fliese plus Fuge und verteilt die so entstandene Restlänge auf beide Teilfliesen.

Beispiel 1 Für eine Wand, l = 2,18 m ist der Belag mit Fliesen 15/15 cm auszumitteln, Fugenbreite 2 mm.

Lösung Fliesenanzahl = 217,8 cm : 15,2 cm = 14, Rest 5 cm (< 1/2 Fliesenbreite) gewählt: **13 ganze Fliesen**
Ausgleich = (15,2 cm + 5 cm) : 2 = 20,2 cm : 2 = **10,1 cm** (> 1/2 Fliesenbreite)

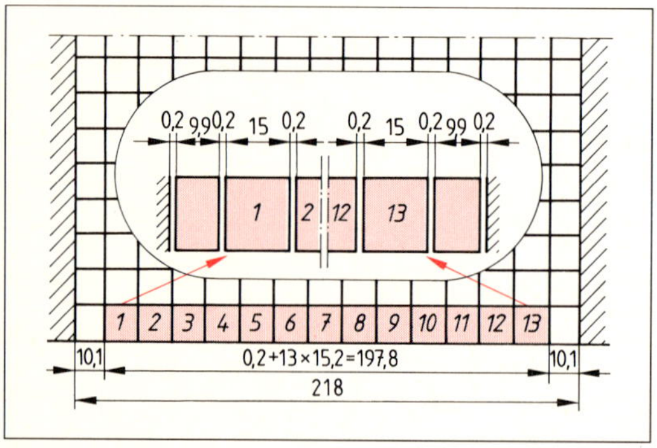

8.29 Bild zum Beispiel (Maße in cm)

Ansetzen. Die Fliesen werden kurz in Wasser getaucht und nach vollflächigem Aufziehen des Mörtels – Zementmörtel, MV 1:4 bis 1:6 – von unten nach oben an die Wand gedrückt, mit dem Kellengriff leicht angeklopft und nach der Schnur und dem lotrechten Fugenverlauf ausgerichtet. Späteres Nachklopfen beeinträchtigt die Haftung der Fliese. Wir beginnen mit den äußeren Wandfliesen und setzen dann die Zwischenfliesen entlang der gespannten Fluchtschnur. Abstandhalter (Kunststoffkeile) sichern die Breite der waagerecht verlaufenden Fugen. Vielfach werden die Fliesen auch auf einer Lagerfuge aus Ansetzmörtel verlegt, der zugleich die Hohlräume im oberen Bereich der zuletzt verlegten Fliesenreihe verfüllt. Die Fugen sind vor Beginn der Mörtelerhärtung auszukratzen, jedoch nicht mit schiefkantigen Metallgegenständen, weil dies leicht zur Beschädigung der Glasur führt. Anschließend waschen wir die geflieste Fläche sorgfältig ab. Beim nachträglichen Entfernen bereits erhärteter Mörtelreste kann die Glasur ebenfalls beschädigt werden.

Im *Dünnbettverfahren* werden die Fliesen mittels Fliesenkleber auf fertig verputzte Wandflächen oder auf Estrich nach deren Erhärten geklebt. Der Belaguntergrund muß unbedingt eben sein.

Ausfugen. Als Bindemittel für den Fugenmörtel nimmt man grauen oder weißen Zement oder Werkmörtel in der passenden Farbe und macht sie mit Wasser klumpenfrei an. Den angemachten Fugenmörtel verteilt man nach der Erhärtung des Belagmörtels mit Pinsel oder Schwamm gleichmäßig auf der Wand und streicht ihn dann mit dem Ausfuggummi in die Fugen ein. Vor dem Erhärten des Fugenmörtels muß der Belag gründlich abgewaschen werden.

Die feste Haftung von Wand- und Bodenbelägen setzt einen gut vorbereiteten Untergrund voraus.

Genaues Auswinkeln und Ausloten des Raumes sowie Ausmitteln des Belags ermöglichen ein gleichmäßiges Fugenbild. Zu enge Fugen lassen sich nicht satt und sicher schließen.

Aufgaben zu Abschnitt 8

1. Unterscheiden Sie Innenputz und Außenputz hinsichtlich:
   a) Aufgabe, b) Anforderungen, c) Bindemittel, d) Putzdicke.
2. Wie muß ein geeigneter Putzgrund beschaffen sein?
3. Erklären Sie die Haftung des Putzes.
4. Was tun Sie bei ungeeignetem Putzgrund?
5. Nennen und beschreiben Sie Putzträger.
6. Was ist beim Anbringen eines Putzträgers vor Holzteilen zu beachten?
7. Wie stellt man Rapputz her?
8. Warum soll Putz möglichst in zwei Schichten hergestellt werden?
9. Welche Aufgaben haben Unter- und Oberputz auf Innen- und Außenwänden?
10. Warum darf der Oberputz nicht fester sein als der Unterputz?
11. Beschreiben Sie den Arbeitsablauf zur Herstellung von Wandputz.
12. Warum ist Putzmörtel anzuwerfen, nicht anzudrücken?
13. Warum darf bei Frost nicht geputzt werden?
14. Warum ist frischer Putz vor Sonneneinstrahlung zu schützen?
15. Unterscheiden Sie Verbundestrich und schwimmenden Estrich.

16. Nennen Sie Anwendungen für Estriche.
17. Beschreiben Sie die Herstellung des Unterbetons.
18. Wie ist alter Unterbeton vor Aufbringen des Estrichs vorzubehandeln? Begründung.
19. Nennen Sie Vorschriften für die Dicke von Verbundestrichen.
20. Welche Anforderungen sind an den Zuschlag zu stellen?
21. Geben Sie Mischungsverhältnisse an. Warum darf das Mischungsverhältnis nicht zu fett sein?
22. Wie dick soll ein Verbundestrich mindestens sein?
23. Beschreiben Sie die Zementestrichherstellung.
24. Wie kann man die Estrichoberfläche behandeln?
25. Warum soll der Estrich nicht mit Zement bepudert werden?
26. Nennen und begründen Sie Maßnahmen zur Nachbehandlung des Estrichs.
27. Beschreiben Sie das Teilen und Lochen von Steingut- und Steinzeugfliesen.
28. Welchen Zweck hat das Schneiden bzw. das Vorhauen?
29. Nennen Sie Werkzeuge zur Fliesenbearbeitung.
30. Wie vermeidet man schiefwinklige Fliesenbeläge?
31. Was versteht man unter dem Ausmitteln eines Fliesenbelags?
32. Beschreiben Sie für Wand- und Bodenbeläge
    a) die vorbereitenden Arbeiten, b) das Ansetzen bzw. Verlegen der Fliesen, c) das Ausfugen.
33. Nennen Sie geeignete Baustoffe zum Ausfugen.
34. Mitteln Sie den Belag für eine rechteckige Bodenfläche aus.
    Boden: 3,48 m · 2,73 m, Fliesen: 15 cm · 15 cm, Fugenbreite: 2 mm.
35. Was versteht man unter dem Dünnbettverfahren?

9 Bauholz

Holz ist seit Jahrtausenden ein wichtiger Baustoff. Im Rohbau benutzt man es für Decken, Dachgerüste, Fachwerkwände, Ställe und Scheunen. Kleinere Brücken wurden ganz aus Holz hergestellt. Auch im Ausbau wird Holz in vielfältiger Weise für Treppen, Türen, Fenster, Fußböden und Vertäfelungen verwendet. Obwohl es heute für viele dieser Bauteile andere, neue Baustoffe gibt, konnten sie das Holz nicht verdrängen. Im Schalungs- und Rüstungsbau des Beton- und Stahlbetonbaues behauptet es sich ebenso wie bei Fertighäusern, Ferienhäusern und Hallenbauten. Durch die Umformung von Holz in Holzwerkstoffe (Furniere, Sperrholz, Spanplatten, Holzfaserplatten u. a.) haben sich die Verwendungsmöglichkeiten des Holzes noch erweitert.

Holz ist leicht, gut zu bearbeiten, wärmedämmend und preiswert. Wenn es sichtbar bleibt, wie bei Wand- und Deckenverkleidungen oder Türen und Fenstern, kommen die Schönheiten der einzelnen Holzarten zur Geltung. Zwei Nachteile des Holzes, die Gefahr des Befalls durch tierische oder pflanzliche Schädlinge und seine Brennbarkeit, werden heute durch vorbeugende und konstruktive Maßnahmen gemildert.

9.1 Aufbau des Holzes

Zellen. Holz ist ein organischer, d.h. ein natürlicher, gewachsener Baustoff. Er besteht aus wenigen chemischen Elementen (**9**.1), die in Form von Kohlenwasserstoffverbindungen die eigentliche Holzsubstanz bilden (**9**.2). Ein Baumstamm ist aus vielen kleinen Zellen verschiedener Art und Größe aufgebaut: Die Leitzellen leiten den Saft, die Speicherzellen speichern die Nährstoffe, die Stütz- und Faserzellen verleihen dem Holz seine Festigkeit. Ein Querschnitt senkrecht zur Faser- oder Wachstumsrichtung zeigt den Aufbau (**9**.3 und **9**.4).

Cellulose ist eine Verbindung von Kohlenstoff, Wasserstoff und Sauerstoff. Bei älteren Zellen verbindet sie sich mit Zucker, Eiweiß und anderen Stoffen zu Lignin.

Tabelle **9**.1 **Chemische Elemente des Holzes** (Mittelwerte)

Kohlenstoff	C	50%
Sauerstoff	O	43%
Wasserstoff	H	6%
Stickstoff	N	1%
und einige Spurenelemente		

Tabelle **9**.2 **Kohlenwasserstoffverbindungen des Holzes**

Cellulose (Zellstoff)	40 bis 60%
Lignin	20 bis 30%
Hemicellulose	etwa 20%
Farb- und Gerbstoffe, Wachse, Harze, Öle	etwa 5%

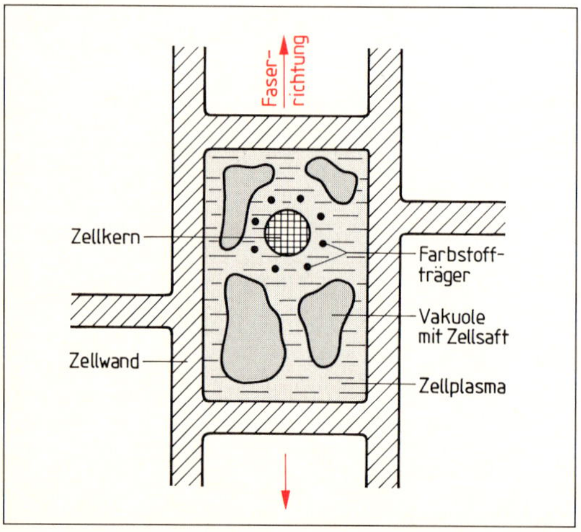

9.3 Schematischer Aufbau der lebenden Zelle

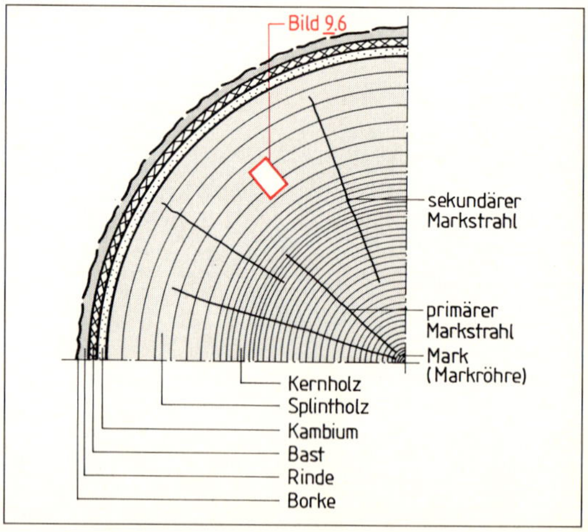

9.4 Querschnitt durch einen Kernholzbaum

Das Mark liegt bei normalem Wachstum in der Mitte des Baumes. Es hat einen Durchmesser von wenigen mm und trocknet bei älteren Bäumen aus, so daß eine Markröhre entsteht.

Die Markstrahlen gehen von der Markröhre strahlenförmig nach außen bis in die Bastschicht. Sie leiten Nährstoffe in waagerechte Richtung. Primäre Markstrahlen beginnen im Mark, sekundäre an einer beliebigen Stelle des Querschnitts.

Das Kernholz ist abgestorbenes, durch Einlagerung von Harzen, Ölen und Mineralstoffen dunkler gefärbtes und festeres Holz.

Das Splintholz besteht aus hellen, weichen Zellen. Sie sind lebend und voller Saft, aber nicht mehr teilungsfähig.

Das Kambium (die Wachstumsschicht) enthält die lebenden und teilungsfähigen Zellen. Der Baum wächst nur in dieser Schicht. Sie bildet zum Stamminneren hin Splintholzzellen, nach außen hin Bast- und Rindenzellen.

Die Bastschicht ist faserig und feinporig. Sie transportiert flüssige und gasförmige Nährstoffe in senkrechter Richtung.

Die Rinde bildet eine dünne, feste Schutzschicht für den Bast.

Die Borke, die äußerste Schicht des Baums, wird von abgestorbenen und abplatzenden Rindenzellen gebildet.

Reifholz. Einige Bäume bilden anstelle von Kernholz oder zusätzlich in einem Ring zwischen Kern und Splint Reifholz. Seine Festigkeit und Dichte entspricht der des Kernholzes. Weil in seinen Zellen aber weniger Farbstoffe eingelagert sind, hat es die helle Farbe von Splintholz. Außerdem gibt es Splintholzbäume, die weder Kern- noch Reifholz bilden, sondern nur Splintholz (**9**.5).

Dickenwachstum (Jahresringe). In jedem Jahr bildet der Baum in der Kambiumschicht einen neuen Jahresring. Bei gleichmäßigem Wachstum während des ganzen Jahres entstünden nur gleichartige, gleichgroße Zellen. Im Frühjahr wächst der Baum schneller und bildet große, dünnwandige Zellen – das Frühholz. Im Sommer und Herbst verlangsamen sich Wachstum und Zellbildung, der Baum bildet nur kleine, dickwandige Zellen – das Spätholz. Im Winter schließlich ruht das Wachstum, der Baum bildet keine Zellen mehr. In einem Jahresring liegen also das weiche Frühholz und das festere Spätholz zusammen (**9**.6). Die Wände der Holzzellen sind dunkler als

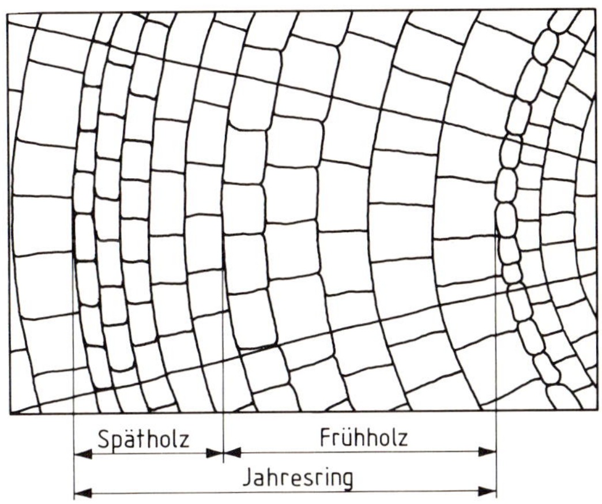

9.6 Entstehung der Jahresringe

die Zellhohlräume, so daß farblich ein Ring erscheint. Aus dem Splintholzring des Vorjahres wird nun ein Kernholz- oder Reifholzring. Durch Abzählen der Jahresringe läßt sich das Alter eines Baumes bestimmen.

Tabelle **9**.5 **Baumarten**

Baumart	Kennzeichen	Baumart	Kennzeichen
Kernholzbaum 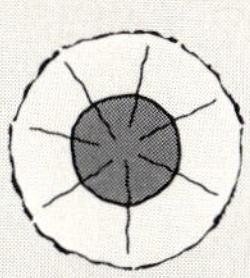	Dunkles, festes Kernholz; helles, weiches Splintholz; Kernholz fester und beständiger als Splintholz z. B. Kiefer, Lärche, Nußbaum, Eiche, Eibe, Douglasie, Robinie, Kirschbaum, Esche	Reifholzbaum 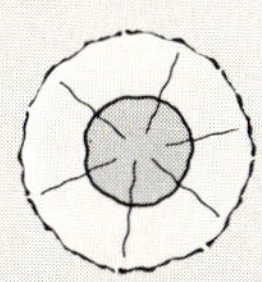	helles, festes Reifholz; Splintholz wie beim Kernholzbaum z. B. Tanne, Fichte, Rotbuche, Birnbaum, Linde
Splintholzbaum 	kein Kernholz; Splintholz gleichmäßig, hell, fest und dicht; enge Jahresringe; weniger widerstandsfähig z. B. Birke, Weißbuche, Hainbuche, Ahorn, Erle	Kernreifholzbaum 	dunkles, festes Kernholz; helles, festes Reifholz; helles, weiches Splintholz z. B. Ulme (Rüster)

Splintholz   Reifholz   Kernholz

Hölzer aus Klimagebieten ohne ausgeprägte Jahreszeiten (Tropen) zeigen keine gleichmäßigen Jahresringe, weil sie über das ganze Jahr wachsen.

An Stelle der Jahresringe sieht man unregelmäßige Zuwachszonen, die durch unterschiedliche Zeitabstände zwischen Trocken- und Regenperioden entstehen.

Längenwachstum. Der Baum wächst nicht nur radial (in Jahresringen), sondern auch vertikal in der Längs- oder Faserrichtung. Schematisch können wir uns den Baum als einen Kegel vorstellen, der jedes Jahr um einen neuen Wachstumskegel größer wird (**9**.7).

Holzfehler entstehen aus Wachstumsfehlern des Baumes, aus Witterungseinflüssen oder aus falscher Behandlung des Baumes beim Fällen, Lagern oder Transportieren (**9**.8).

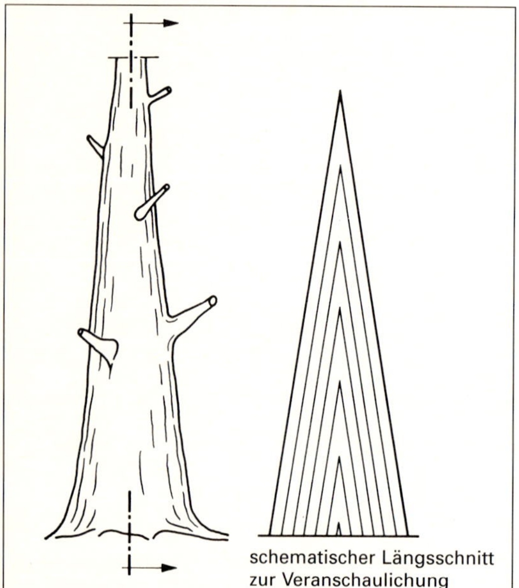

9.7 Längenwachstum des Baumes

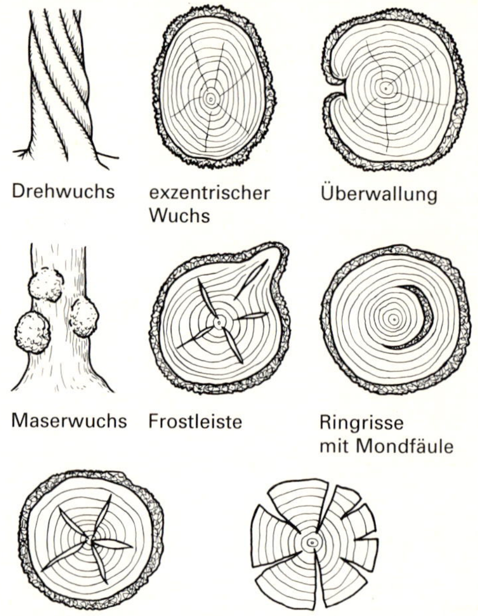

9.8 Wachstumsfehler

Tabelle **9**.9 **Europäische Hölzer**

Holzart	Erkennungsmerkmale	Eigenschaften	Verwendung
Fichte (Rottanne)	rötliche Rinde, gleichmäßig rötlich-weißes Kern- und Splintholz; oft Durchfalläste und Harzgallen; manchmal rotstreifig	weich, langfaserig; gut zu bearbeiten, sehr biegefest, im Trocknen sehr dauerhaft, nicht aber im Wechsel zwischen naß und trocken	Rüstholz, Bohlen, Bretter, Leiterholme, Kantholz für Fachwerk, Balken und Dachverband; Tischlerarbeiten
Tanne (Weißt.)	graue Rinde, weißes Holz; keine Harzgallen	wie Fichte	wie Fichte
Kiefer (Föhre)	Rinde am Stamm borkig, weiter oben gelbrot, schuppig; rötlicher Kern und gelblicher Splint; manchmal blaufleckiges Splintholz (Blaufäule)	ähnlich wie Fichte, doch fein verteilter Harzgehalt; widerstandsfähiger gegen Wechsel zwischen naß und trocken	wie Fichte; ferner Grundpfähle, Grubenholz, Schwellen, Außentüren, Fenster, Fußböden, Treppen
Eiche	graue, borkige Rinde, bräunlicher Kern, gelblich-weißer Splint; sichtbare Poren, im Hirnschnitt als Löcher, im glatten Längsschnitt als geritzte Vertiefungen	Kernholz sehr hart, fest, zäh und infolge Gerbsäure fäulniswidrig; widerstandsfähig im Wasser und im Wechsel zwischen naß und trocken; Splintholz nicht dauerhaft	Wasserbau, Schwellen, Zaunpfähle, Außentüren, Fenster, Trittstufen, Parkett
Rotbuche	graue, meist glatte Rinde; frisches Holz gelblich-weiß, älteres rötlich	hart und fest gegen Stoß, Druck und Abnutzung; leicht wurmstichig und stockig	Treppenstufen, Keile, Werkzeugstiele, Sperrholz

Holzarten. DIN 1052 unterscheidet als Bauholz in Form von Bauschnittholz europäische Nadelhölzer sowie die beiden Laubhölzer Eiche und Buche.

Fällzeit ist in der Regel der Winter, wenn das Holz wegen des ruhenden Wachstums saftarm ist. Es kann dann einige Zeit gelagert werden, ohne daß es schädliche Pilze und Insekten befallen. Meist stehen in waldreichen Gegenden im Winter auch mehr Arbeitskräfte für den Holzeinschlag zur Verfügung, weil sie dann in der Landwirtschaft keine Beschäftigung finden. Grundsätzlich ist auch Sommereinschlag möglich. Doch muß das saftreiche Holz rasch entrindet, eingeschnitten und getrocknet werden, damit es nicht reißt.

Beim Fällen bringt man mit der Motorsäge auf der Fallseite des Baumes die Fallkerbe und auf der gegenüberliegenden Seite etwas höher den Fallschnitt an (**9**.10). Hinter der Säge schlägt man einen Keil ein. Er verhindert, daß die Säge klemmt, und fällt beim weiteren Eintreiben den Baum.

Die Weiterbehandlung des gefällten Holzes im Wald (Entwipfeln, Entasten, Entrinden, Ablängen, Sortieren, Lagern) übernehmen Waldfacharbeiter der Forstverwaltung oder moderne Maschinen nach teils bundeseinheitlichen, teils regionalen Vorschriften.

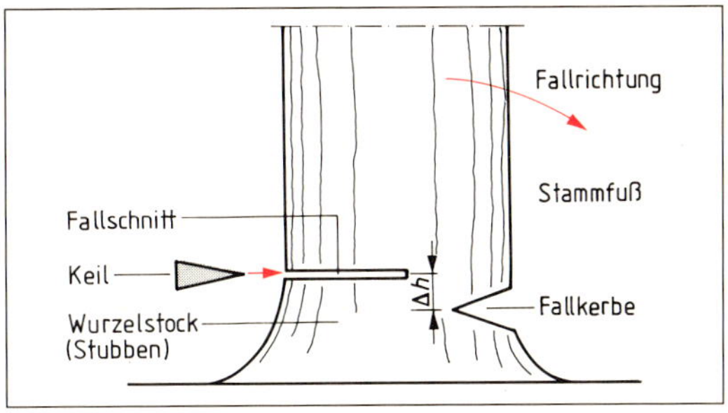

9.10 Fällen eines Baumes

Holz ist ein aus Zellen aufgebauter organischer Baustoff. Es besteht aus Cellulose, Lignin und Zucker. Der Baum bildet jedes Jahr einen Jahresring. Nach Farbe, Dichte und Festigkeit unterscheidet man im Stammquerschnitt Kernholz, Reifholz und Splintholz.

Im Bauwesen werden vorwiegend die europäischen Nadelhölzer Fichte, Tanne und Kiefer sowie die Laubhölzer Eiche und Buche verwendet.

9.2 Eigenschaften von Bauholz

Holzfeuchtigkeit. Holz ist hygroskopisch, d.h. es nimmt aus der Luft Feuchtigkeit auf und gibt sie auch wieder an die Luft ab. Ein bestimmter Feuchtigkeitsgehalt begünstigt die Festigkeit und die Bearbeitbarkeit des Holzes. Der Feuchtigkeitsgehalt des Holzes schwankt. Er ist abhängig von Art und Dauer der Lagerung, von der Feuchtigkeit der umgebenden Luft und den Querschnittsabmessungen. Bei natürlicher Trocknung, also im Freien gestapelt und überdacht, stellt sich je nach Holzart in 1 bis 4 Jahren ein Feuchtigkeitsgehalt u von etwa 15% ein (s. Abschn. 9.4). für die Baupraxis geben DIN-Normen Feuchtigkeitsbezeichnungen und Grenzwerte an (**9**.11). Geringere Holzfeuchtigkeiten kann man nur durch künstliche Trocknung erreichen. Dabei wird in Trockenkammern mit genau einstellbarer Temperatur und Luftfeuchtigkeit der Trocknungsvorgang auf wenige Tage oder sogar Stunden verkürzt.

Verdunstungstrocknung. Bei einer Temperatur von etwa 70 °C und einer relativen Luftfeuchte von 95 bis 100% wird das Trockengut zuerst ganz durchfeuchtet. Dann wird die Luftfeuchtigkeit langsam abgesenkt, das Wasser verdunstet, und die Holzfeuchtigkeit sinkt in 30 bis 40 Stunden auf den gewünschten Wert.

Tabelle **9**.11 **Feuchtigkeitsgehalt *u* des Holzes**

DIN	Bauholz	*u* in %
1052 Holzbauwerke – Berechnung und Ausführung	in geschlossenen Bauwerken mit Heizung in geschlossenen Bauwerken ohne Heizung bei überdachten offenen Bauwerken im Freien	6 bis 12 9 bis 15 12 bis 18 > 18
4074/1 Sortierung von Nadelholz nach der Tragfähgkeit; Nadelschnittholz	frisch, Querschnitt ≤ 200 cm² frisch, Querschnitt > 200 cm² halbtrocken, Querschnitt ≤ 200 cm² halbtrocken, Querschnitt > 200 cm² trocken	> 30 > 35 > 20 bis 30 > 20 bis 35 ≤ 20
18355 Tischlerarbeiten	Holz für Bauteile an der Außenluft Holz für Bauteile in Räumen	10 bis 15 8 bis 12

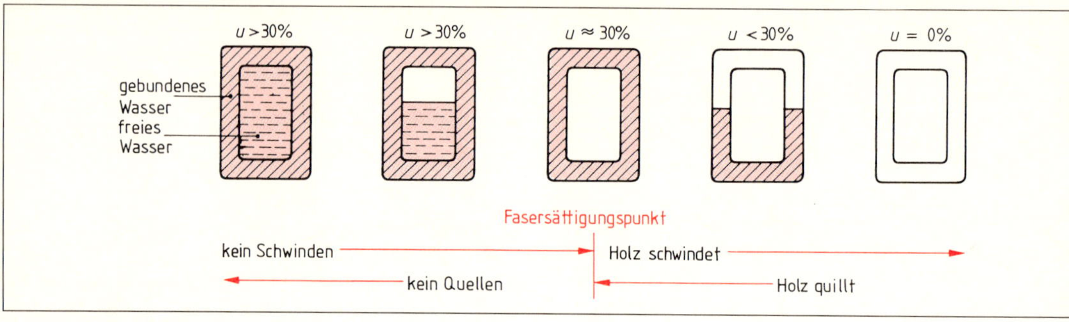

9.12 Wasserabgabe und Wasseraufnahme der Holzzelle

Verdampfungstrocknung. Bei einer Trockenkammertemperatur von 115 °C verdampft das Wasser schneller als beim Verdunstungstrocknen. Genaue Steuerung der Luftfeuchtigkeit bei gleichmäßigem, aber schnellem Absenken der Temperatur verkürzt den Trockenvorgang auf 10 bis 14 Stunden.

Die Feuchtigkeitsgehaltsbestimmung erfolgt an einer Holzprobe durch Wiegen, vollständiges Trocknen und nochmaliges Wiegen. Der Wassergehalt wird in % der trockenen Holzmasse angegeben.

Beispiel 1 Berechnung der Holzfeuchtigkeit für eine Holzprobe, die feucht 216 g (m_u) und trocken 180 g (m_t) wiegt.

Lösung $$u = \frac{m_u - m_t}{m_t} \cdot 100 = \frac{216\text{ g} - 180\text{ g}}{180\text{ g}} \cdot 100 = \mathbf{20\%}$$

Fasersättigungspunkt. Das Wasser befindet sich frei in den Zellhohlräumen des Holzes und gebunden in den Zellwänden. Beim Trocknen verdunstet zuerst das freie Wasser aus den Zellhohlräumen. Den Feuchtigkeitsgehalt, bei dem die Zellhohlräume kein freies Wasser mehr enthalten, bezeichnet man als Fasersättigungspunkt. Er liegt bei etwa $u = 30\%$.

Schwinden und Quellen („Arbeiten"). Wird das Holz über den Fasersättigungspunkt hinaus getrocknet, entweicht auch das in den Zellwänden gebundene Wasser; das Volumen verringert sich, das Holz „schwindet". Nimmt – umgekehrt – Holz mit einem Feuchtigkeitsgehalt unter dem Fasersättigungspunkt wieder Wasser aus der Luft auf, wird dieses zuerst in den Zellwänden gebunden. Dabei vergrößert sich das Volumen des Holzes, es „quillt". Sobald der Fasersättigungspunkt erreicht ist, sammelt sich das aufgenommene Wasser in den Zellhohlräumen, und das Volumen ändert sich nicht mehr (**9**.12).

Die Schwind- und Quellmaße sind abhängig von Art und Dichte des Holzes und von der Richtung der Volumenänderungen. Am stärksten arbeitet Holz in Richtung der Jahresringe (etwa 10%), halb so viel in Richtung der Markstrahlen (etwa 5%), ganz wenig nur in der Faserrichtung (etwa 0,1%). Alle drei Verformungen treten zusammen auf und überlagern sich (**9**.13 und **9**.14).

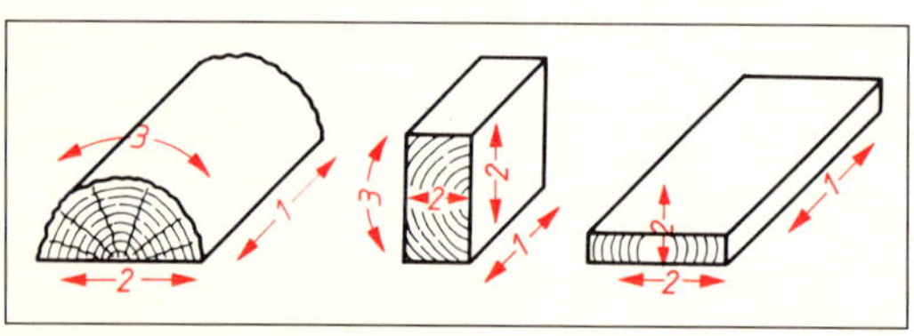

9.13 Schwind- und Quellrichtungen an typischen Querschnitten

1 Faserrichtung
2 Richtung der Markstrahlen
3 Richtung der Jahresringe

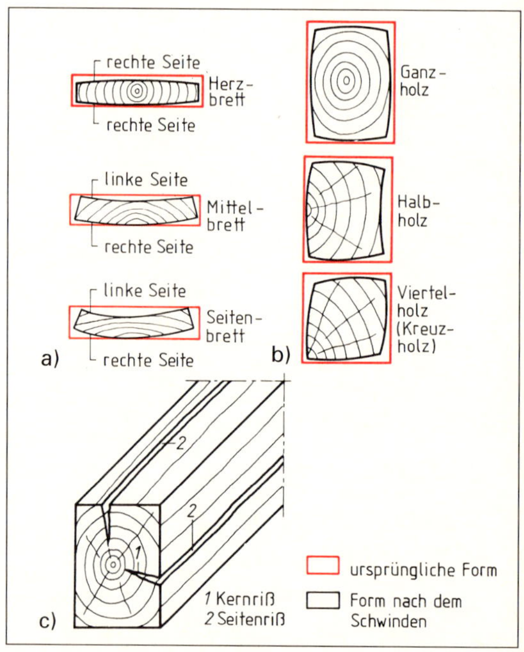

9.14 Typische Verformungen von Schnittholzquerschnitten durch Schwinden

a) Werfen von Brettern und Bohlen
b) Verformung von Kanthölzern
c) Rißbildung an einem Ganzholzquerschnitt

Werfen ist die Verformung des rechteckigen Holzquerschnitts. Die „linke", dem Kern abgewandte Seite schwindet stärker als die „rechte", dem Kern zugewandte Seite; dadurch wölbt sich der Querschnitt. Herzbretter mit zwei rechten Seiten können sich nicht werfen (**9**.13a und b).

Reißen. Die außenliegenden Jahresringe schwinden beim Trocknen stärker und schneller als die innenliegenden. Wenn das Holz die dadurch entstehenden Spannungen nicht aufnehmen kann, reißt es. Im Querschnitt entsteht der Kernriß, an den Längsseiten als Seitenriß. Fachgerechte Trocknung verringert die Rißbildung. Andere Ursachen der Rißbildung können Wachstumsfehler, Fehler beim Fällen, Lagern, Transportieren und Einbau sein (**9**.13c).

Diese unerwünschten, nachteiligen Eigenschaften des Holzes lassen sich grundsätzlich nicht ändern, durch richtiges Verarbeiten und durch konstruktive Maßnahmen aber auffangen und begrenzen. Sie sind mit ein Grund dafür, daß Bauschnittholz (besonders Bretter und Bohlen) in steigendem Maße durch Holzwerkstoffe in Plattenform ersetzt werden.

Holz tauscht infolge seiner porösen Struktur mit der umgebenden Luft Feuchtigkeit aus. An der Außenluft stellt sich bei natürlicher Trocknung ein mittlerer Feuchtigkeitsgehalt von 15% ein. Für die Verwendung in geheizten Räumen muß es künstlich getrocknet werden. Schwinden und Quellen verursachen Volumen- und Formänderungen, in Faserrichtung nur wenig, in Richtung der Markstrahlen etwa 5%, in Richtung der Jahresringe etwa 10%.

Die Rohdichte ϱ_R des Holzes hängt ab von der Holzart, der Zellgröße, dem Anteil von Kern-, Reif- und Splintholz sowie der Breite der Jahresringe. Sie liegt zwischen 0,15 und 1,25, gemessen bei einem Feuchtigkeitsgehalt von 12% ($\varrho_{R,12}$).

Beispiel 2 Berechnen Sie die Rohdichte für einen Holzquader mit den Abmessungen 14 cm · 16 cm · 35 cm und der Masse 4,5 kg.

Lösung

$$\text{Rohdichte } \varrho_R = \frac{\text{Masse}}{\text{Volumen}}$$

$$= \frac{4500\ \text{g}}{14\ \text{cm} \cdot 16\ \text{cm} \cdot 35\ \text{cm}}$$

$$= \frac{4500\ \text{g}}{7840\ \text{cm}^3} = \mathbf{0{,}57\ g/cm^3 = 0{,}57\ kg/dm^3}$$

Die Dichte der porenlosen Holzsubstanz ist für alle Holzarten gleich und liegt bei ≈ 1,50 kg/dm³.

Die Porosität des Holzes kann aus Rohdichte und Dichte berechnet werden mit der Formel

$$\text{Porosität} = \left(\frac{\varrho - \varrho_R}{\varrho}\right) \cdot 100 = \left(1 - \frac{\varrho_R}{\varrho}\right) \cdot 100 \quad \text{in \%.}$$

Beispiel 3 Berechnen Sie die Porosität von Fichtenholz (**9**.15).

Lösung $\text{Porosität} = \left(1 - \frac{0{,}50}{1{,}50}\right) \cdot 100 = \mathbf{66{,}7\%}$

Die Eigenlast von Nadel- und Laubholz wird bei statischen Berechnungen mit gerundeten Grenzwerten angenommen. Wenn die Eigenlast entlastend wirkt, wird der *kleinere* Wert eingesetzt, wirkt sie belastend, muß man den *größeren* Wert nehmen (**9**.15).

Tabelle **9**.15 **Dichte, Rohdichte und Eigenlast von Bauholz**

Holzart	Dichte ϱ kg/dm³	Rohdichte $\varrho_{R,12}$ kg/dm³	Eigenlast (nach DIN 1055) (V ≙ oder) kN/m³
Fichte	1,50	0,50	4 V 6
Tanne	1,50	0,50	4 V 6
Kiefer	1,50	0,55	4 V 6
Eiche	1,50	0,70	6 V 8
Buche	1,50	0,75	6 V 8

Die Druck-, Zug- und Scherfestigkeit sind die für die Verwendung des Bauholzes in Baukonstruktionen wichtigsten Eigenschaften. Die zulässigen Höchstspannungen sind in DIN 1052 festgelegt. Zu berücksichtigen ist dabei, daß für Baukonstruktionen aus Kostengründen meist nur Nadelholz der Güteklasse II verwendet wird. Für Eiche und Buche gibt es nur eine mittlere Güteklasse (**9**.15).

Die Druckfestigkeit des Holzes ist in Faserrichtung (∥) erheblich größer als senkrecht zur Faser (⊥). Wenn bei Druck senkrecht zur Faser größere Eindrückungen unbedenklich sind, dürfen die höheren zulässigen Druckspannungen angenommen werden. Wenn die Druckkraft unter einem Winkel α zwischen 0° und 90° zur Faserrichtung (also zwischen ∥ und ⊥) angreift, gelten abgeminderte, zulässige Druckspannungen zwischen $\sigma_{D\parallel}$ und $\sigma_{D\perp}$ nach DIN 1052 (**9**.16).

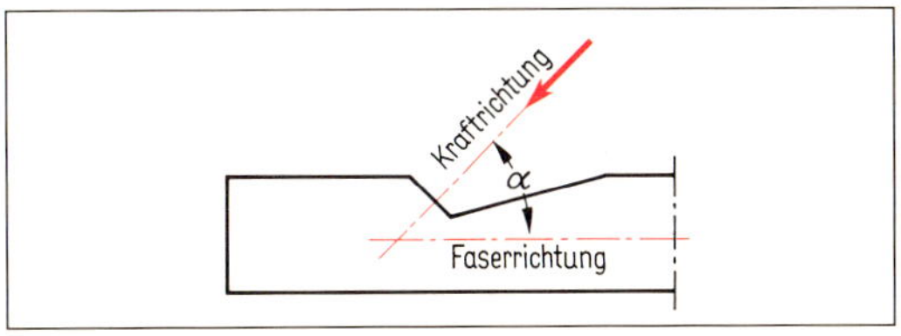

9.16 Druckbeanspruchung bei Kraftangriff schräg zur Faserrichtung

Tabelle **9**.17 **Zulässige Spannungen für Bauholz nach DIN 1052**

Beanspruchung	Kurzzeichen	Zulässige Spannungen in N/mm² für europäische Nadelhölzer Güteklasse I	II	III	Eiche und Buche mittlere Güteklasse
Biegung	zul σ_B	13,0	10,0	7,0	11,0
Zug in Faserrichtung	zul $\sigma_{Z\parallel}$	10,5	8,5	0	10,0
Zug senkrecht zur Faserrichtung	zul $\sigma_{Z\perp}$	0,05	0,05	0	0,05
Druck in Faserrichtung	zul $\sigma_{D\parallel}$	11,0	8,5	6,0	10,0
Druck senkrecht zur Faserrichtung	zul $\sigma_{D\perp}$	2,0	2,0	2,0	3,0
Druck senkrecht zur Faserrichtung, wenn größere Eindrückungen unbedenklich sind	zul $\sigma_{D\perp}$	2,5	2,5	2,5	4,0
Abscheren/Schub	zul $\tau_{\parallel}$	0,9	0,9	0,9	1,0

Für die Berechnung der vorhandenen Druckspannungen σ_D müssen die angreifende Kraft F, ihre Richtung zur Faserrichtung, die Querschnittsfläche A und eine evtl. zulässige geringfügige Eindrückung berücksichtigt werden (**9**.17).

Beispiel 4 Berechnen Sie die vorhandene Druckspannung senkrecht zur Faserrichtung in der Unterlage, Eindrückung nicht erlaubt (**9**.18).

Lösung

$$\text{vorh}\ \sigma_{D\perp} = \frac{F}{A} = \frac{80\,000\ \text{N}}{160\ \text{mm} \cdot 180\ \text{mm}} = \frac{80\,000\ \text{N}}{28\,800\ \text{mm}^2} = \mathbf{2{,}78\ N/mm^2}$$

$$\text{vorh}\ \sigma_{D\perp} < \text{zul}\ \sigma_{D\perp} = 3\ \text{N/mm}^2$$

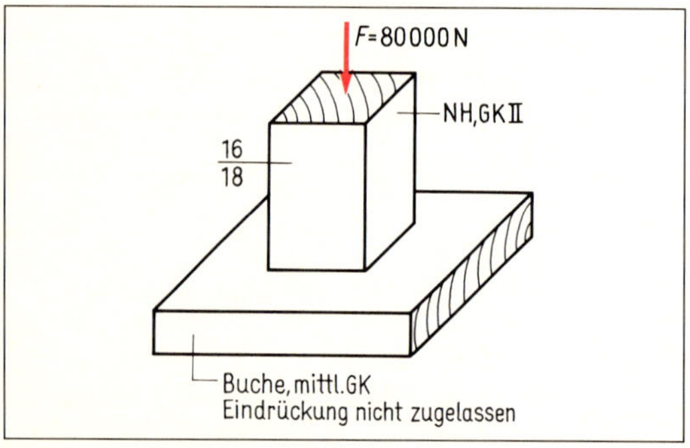

9.18 Beanspruchung auf Druck

Die Zugfestigkeit des Holzes in Faserrichtung (∥) ist bei Güteklasse II genauso groß wie Druckfestigkeit in Faserrichtung. Senkrecht zur Faserrichtung (⊥) darf Bauholz nur geringfügig auf Zug beansprucht werden (**9**.17).

Beispiel 5 Berechnen Sie die vorhandene Zugspannung in Faserrichtung (**9**.19).

Lösung

$$\text{vorh}\ \sigma_{Z\parallel} = \frac{F}{A} = \frac{300\,000\ \text{N}}{160\ \text{mm} \cdot 240\ \text{mm}} = \frac{300\,000\ \text{N}}{38\,400\ \text{mm}^2} = \mathbf{7{,}8\ N/mm^2}$$

$$\text{vorh}\ \sigma_{Z\parallel} < \text{zul}\ \sigma_{Z\parallel} = 8{,}5\ \text{N/mm}^2$$

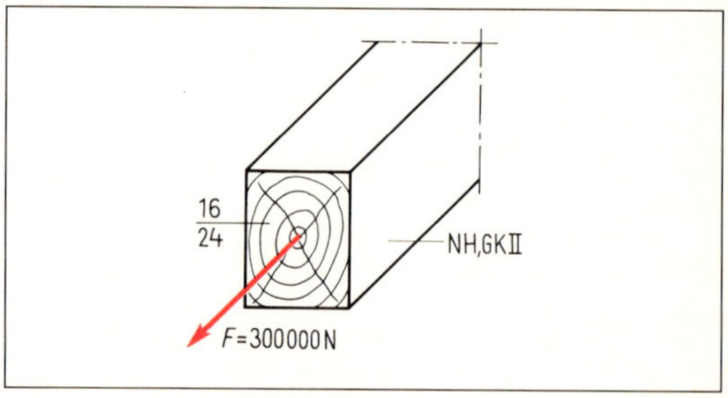

9.19 Beanspruchung auf Zug

Die Scherfestigkeit des Holzes ist bei Versatz- und Hakenverbindungen zu berücksichtigen. Sie wird zum Unterschied von Druck- und Zugspannungen mit τ bezeichnet und *nur* in Faserrichtung berechnet.

Beispiel 6 Berechnen Sie die vorhandene Scherspannung in Faserrichtung (**9**.20).

Lösung

$$\text{vorh}\ \tau = \frac{F}{A} = \frac{24\,000\ \text{N}}{200\ \text{mm} \cdot 140\ \text{mm}}$$

$$\text{vorh}\ \tau = \frac{24\,000\ \text{N}}{28\,000\ \text{mm}^2} = \mathbf{0{,}85\ N/mm^2}$$

$$\text{vorh}\ \tau < \text{zul}\ \tau = 0{,}9\ \text{N/mm}^2$$

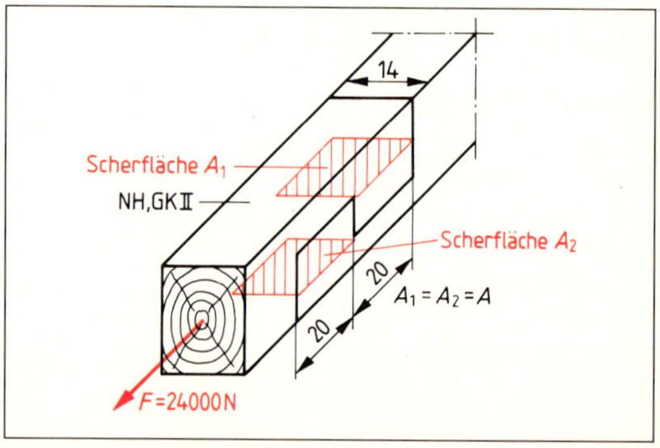

9.20 Beanspruchung auf Abscheren

Die Hakenverbindung reißt entweder in der Scherfläche A_1 oder A_2. In der Berechnung braucht sie nur einmal eingesetzt zu werden.

Die Wärmeleitfähigkeit von Holz ist gering. Holz hat also gute Wärmedämmeigenschaften. Die Wärmeleitfähigkeit nimmt mit der Feuchtigkeit und der Rohdichte zu. In Faserrichtung ist sie doppelt so groß wie quer zur Faserrichtung. Für die Berechnung der Wärmedämmung werden mittlere Werte angenommen.

Die Rohdichte der im Bauwesen verwendeten europäischen Nadelhölzer beträgt 0,50 bis 0,55 kg/dm³, die von Eiche und Buche 0,70 bis 0,75 kg/dm³.

Die Druck-, Zug- und Scherfestigkeit hängen ab von der Holzart, der Güteklasse und der Richtung der angreifenden Kraft zur Faserrichtung.

Holz ist ein schlechter Wärmeleiter und hat deshalb einen guten Wärmedämmwert.

9.3 Holzschutz

Feuer, Feuchtigkeit, tierische und pflanzliche Holzschädlinge zerstören jährlich Bauholz im Wert von vielen Millionen DM, obwohl Mittel und Verfahren des Holzschutzes heute so weit entwikkelt sind, daß bei der richtigen Auswahl und sachgemäßer Anwendung Schäden vermieden oder gering gehalten werden.

Vorbeugende Schutzmaßnahmen sind einfacher, wirkungsvoller und vor allem billiger als nachträgliche Maßnahmen. Aber auch Schutzmaßnahmen nach dem Einbau und Bekämpfungsmaßnahmen nach dem Schädlingsbefall sind erfolgreich, wenn die Schäden noch nicht zu weit fortgeschritten sind. Bei Schutzmaßnahmen unterscheiden wir konstruktive, chemische und physikalische Verfahren. Beispiele:

Eine konstruktive Holzschutzmaßnahme gegen Feuer ist das Einhalten des vorgeschriebenen Mindestabstands eines Holzteils von der Innenfläche eines Schornsteins.

Eine chemische Holzschutzmaßnahme ist das Sprühen von Dachgerüstbalken mit einem chemischen Mittel gegen Pilzbefall.

Eine physikalische Holzschutzmaßnahme ist das Streichen von Holzbauteilen mit Farben, um zerstörende Witterungseinflüsse zu verhindern oder herabzusetzen.

Tabelle **9.21** **Einteilung der Holzschutzmittel**

Nach der Beschaffenheit	wasserlösliche Schutzmittel ölige Schutzmittel Öl-Salz-Gemische Emulsionen Schutzmittel anderer Beschaffenheit
Nach der Anwendung	Streichen Sprühen (Spritzen) Tränken (Tauchen) Begasen Heißluftverfahren

Den chemischen Holzschutz unterteilt DIN 52175 nach der Eindringtiefe des Schutzmittels in das Holz (**9**.22):

- Oberflächenschutz **OS** = kein Eindringen, Schutzmittel nur an der Oberfläche
- Randschutz **RS** = Eindringtiefe von wenigen Millimetern
- Tiefschutz **TS** = Eindringtiefe von mehreren Zentimetern, mindestens 1 cm
- Vollschutz **VS** = Tiefschutz bis in alle zugänglichen Teile des Querschnitts (stark verharztes Kernholz nimmt kein Schutzmittel auf)
- Teilschutz = Tiefschutz an besonders gefährdeten Stellen

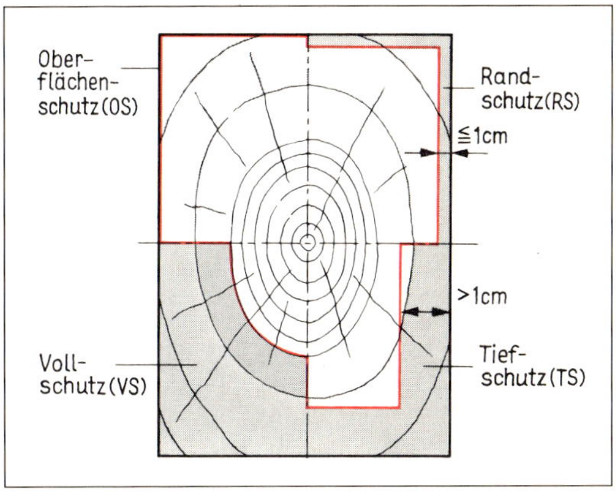

9.22 Eindringtiefe chemischer Holzschutzmittel

Normen. Über Arten, Prüfungen und Wirkungsweisen von Holzschutzmitteln gibt es viele Normen. Zusammenfassend informieren DIN 52175 und DIN 68800. Alle chemischen Holzschutzmittel sind in einem jährlich veröffentlichten „Holzschutzmittel-Verzeichnis" aufgeführt; zur Zeit umfaßt es mehr als 200 Mittel. Nach DIN 68800 muß jedes Holzschutzmittel eine vorgeschriebene Kurzbezeichnung führen, die Hinweise auf Wirksamkeit und Anwendung gibt (**9**.23).

Tabelle **9**.23 **Wirksamkeit und Anwendung der Holzschutzmittel**

Kurzzeichen	Wirksamkeit und Anwendung
P	wirkt gegen **P**ilze
Iv	wirkt **v**orbeugend gegen **I**nsekten
(Iv)	wirkt **v**orbeugend gegen **I**nsekten bei Tiefschutz
Ib	wirkt bei Bekämpfung von **I**nsekten
W	geeignet für der **W**itterung ausgesetztes Holz
E	geeignet für **e**xtremer Beanspruchung ausgesetztes Holz
F	geeignet für **F**euerschutzbehandlung
M	geeignet für Bekämpfung von Schwamm im **M**auerwerk
S	geeignet zum **S**treichen, **S**prühen, **S**pritzen und Tauchen
(S)	geeignet zum **S**pritzen und Tauchen in stationären Anlagen (nicht zum Streichen!)
L	Verträglichkeit mit bestimmten Klebestoffen (**L**eimen) gewährleistet

Das Aufbringen der Schutzmittel muß immer von einem Fachmann, meist sogar in Betrieben mit besonderen technischen Einrichtungen durchgeführt werden.

Das Einbringungsverfahren des Schutzmittels bestimmt, welcher Holzschutz höchstens erreichbar ist (**9**.24).

Der Feuerschutz beginnt beim Rauchverbot im Sägewerk, auf dem Holzlagerplatz und in der Zimmerwerkstatt. Leichtentzündliche Stoffe müssen in der Nähe von Holz sachgemäß gelagert werden, Feuerlöschgeräte in ausreichender Zahl, richtiger Anordnung und ständig funktionsbereit vorhanden sein. Obwohl Holz brennbar ist, zeigt es beim Brand eine beachtliche Widerstandsfähigkeit. Es bildet an der Oberfläche durch Verkohlen eine Schutzschicht, die eine weitere Zerstörung verzögert, weil sie den Sauerstoffzutritt bremst. Außerdem verhindert das schlechte Wärmeleitvermögen des Holzes ein schnelles Ausbreiten des Feuers.

Tabelle **9**.24 **Einbringungsverfahren**

Einbringungsverfahren	erreichbarer Holzschutz
Streichen mit Naturborstenpinsel	OS
Sprühen und Spritzen mit Druckluftgeräten	OS
Kurztauchen (Hölzer mindestens 10 Minuten untergetaucht im Schutzmittel)	OS/RS
Tauchen (Hölzer schwimmen mindestens 30 Minuten im Schutzmittel)	RS/TS
Trogtränken (Hölzer mehrere Stunden, auch Tage untergetaucht im Schutzmittel)	RS/TS
Kesseldrucktränkung (Schutzmittel im evakuierten Tränkkessel ins Holz gepreßt)	TS/VS
Vakuumtränkung (Sonderform der Kesseldrucktränkung)	TS

Konstruktive Feuerschutzmaßnahmen sind glatte Oberflächen, abgerundete oder gebrochene Kanten, zweckmäßige Querschnitte (kleinste Oberfläche) und Verkleidungen mit feuerhemmenden Baustoffen, z.B. Faserzement- und Gipskartonplatten. An besonders gefährdeten Stellen, etwa bei Schornsteinen, muß ein Mindestabstand eingehalten werden. Dachgerüste und Dachbinder werden von außen durch eine nicht brennbare Dachhaut aus Ziegeln, Betondachstein oder Faserzementplatten geschützt. Von innen übernehmen untergehängte Decken aus Gipsplatten, Gipskartonplatten und Platz auf Putzträgern die gleiche Aufgabe. Stützen und Balken werden mit einem Putzträger verkleidet, auf den man normalen Innen- oder Außenputz aufbringt. Angaben und Vorschriften für den baulichen Brandschutz aller Baustoffe enthält DIN 4102.

Chemischer Holzschutz gegen Feuer ist immer vorbeugend; er macht Holz schwer entflammbar nach DIN 4102. Wasserlösliche Feuerschutzmittel werden im Kesseldruckverfahren eingebracht, schaumschichtbildende Mittel (besonders geeignet für eingebautes Holz) gestrichen oder gespritzt. Chemische Feuerschutzmittel erzeugen bei Erhitzung einen Gasschleier oder eine Schaumschicht, die den Zutritt von Sauerstoff unterbindet.

Der Feuchtigkeitsschutz bewahrt den organischen Baustoff Holz vor Fäulnis. Dies erreicht man konstruktiv durch eine zweckmäßige, fachgerechte Ausbildung des Bauteils und/oder physikalisch durch einen Anstrich. Ständig vom Wasser umgebenes Holz, wie Pfahlroste im Wasserbau, widersteht der Fäulnis sehr lange. Bei ständigem Wechsel zwischen naß und trocken fault Holz dagegen schnell. Niederschlagwasser muß deshalb sofort abgeleitet werden. Wasser darf nicht in Fugen, Löcher und Hohlräume eindringen, wo es nur langsam trocknet. Holzverkleidungen müssen durch richtige Falzung, durch schuppenförmige Anordnung (Stülpung) und Tropfnasen wasserableitend ausgebildet werden. Gute Hinterlüftung beschleunigt das Austrocknen bei

Durchfeuchtungen. Stirnholzflächen mit ihren vielen offenen Poren bei Pfosten, Stützen und Balkenköpfen nehmen besonders begierig Wasser auf und müssen entsprechend sorgfältig geschützt werden.

Tierische Holzschädlinge (**9**.26) werden mit chemischen Mitteln bekämpft. Wenn der Befall so weit fortgeschritten ist, daß das Holz nicht mehr gerettet werden kann, muß es ausgebaut und verbrannt werden, damit die Schädlinge nicht auf gesundes Holz überwechseln (**9**.25).

9.25 Schadbild des Hausbockbefalls

Pflanzliche Holzschädlinge sind Pilze, deren dünnes, kaum sichtbares Fadengeflecht (Mycel) auf oder in dem Holz wächst. Je nach Art und Alter bilden die Pilze Fruchtkörper in Form von Schwämmen oder watteartigen Überzügen. Pilze sind primitive Pflanzen, die kein Blattgrün bilden, keine Nährstoffe aus Luft und Wasser aufbauen können und deshalb nur schmarotzend auf organischen Stoffen existieren. Sie ernähren sich aus dem Abbau der Holzsubstanz, ihre Ausscheidungen sind zusätzlich holzzerstörend. Jede Pilzart wächst optimal bei einer bestimmten Temperatur und Holzfeuchtigkeit. Der Einbau trockenen Holzes mit einer Feuchtigkeit unter 18% verhindert in der Regel bereits Pilzschäden. Vorbeugend setzt man chemische Holzschutzmittel ein. Befallenes Holz muß meist ausgebaut und verbrannt werden.

Die wichtigsten Pilzkrankheiten sind Blaufäule und Echter Hausschwamm.

Die Blaufäule ist erkennbar an der Verfärbung. Sie befällt vorwiegend das Splintholz der Kiefer. Der Pilz baut den Zellinhalt ab, die Zellwände bleiben erhalten. Deshalb beeinträchtigt die Blaufäule nicht die Holzfestigkeit. Das Holz wird jedoch poröser, nimmt mehr Feuchtigkeit auf und wird dadurch ungeeignet zum Tränken und Streichen mit Holzschutzmitteln und Farben. Der Bläuepilz wächst unter den Farbschichten weiter und kann mit vielen kleinen Fruchtkörpern Anstriche durchbrechen und zerstören. Blaufäule befällt gelagertes und eingebautes Holz. Zur Vorbeugung und Bekämpfung gibt es besondere „Bläueschutzmittel". Ähnliche Pilzkrankheiten sind Rot- oder Braunfäule und Grausteifigkeit.

Der Echte Hausschwamm ist die gefährlichste Pilzerkrankung des Bauholzes. Er befällt vor allem Nadelholz, gelegentlich auch Laubhölzer (außer Eiche). Sein Mycel wächst sichtbar auf der Oberfläche des Holzes und bildet Fruchtkörper in verschiedenen Formen und Farben. Am

Tabelle **9**.26 **Tierische Holzschädlinge**

Insekt	Vorkommen, Schadensform	Befall
Borkenkäfer	Larvenfraß in der Bast- und Rindenschicht von Laub- und Nadelhölzern, unterbricht die Nährstoffleitung beim lebenden Baum	lebendes und gelagertes Holz
Bockkäfer	Larvenfraß bis in das Kernholz von Laub- und Nadelhölzern	
Holzwespen	Larvenfraß vorwiegend in frischgefälltem feuchten und krankem feuchten Holz	
Waldameisen	nur 2 Arten sind schädlich; sie fressen sich in Eiche und Nadelholz Wohngänge und -kammern	
Hausbockkäfer	meistverbreiteter Gebäudeschädling, Larvenfraß ausschließlich in trockenem Nadelholz, vorwiegend im Dachgebälk und in Holzbalkendecken. Gefährlichster tierischer Schädling	eingebautes Holz
Splintholzkäfer	Larvenfraß in Splintholz einheimischer und ausländischer Hölzer, vorwiegend in trockenen Bauteilen (Parkett, Vetäfelungen, Möbel)	
Pochkäfer (Anobium)	Larvenfraß in feuchtem und halbtrockenem Laub- und Nadelholz, vorwiegend bei hoher Luftfeuchtigkeit und niedrigen Temperaturen in kühlen Keller- und Erdgeschossen	

9.27 Hausschwamm-Befall

besten gedeiht er bei 20 °C und bei 20% Holzfeuchtigkeit. Durch Austrocknen allein kann man ihn nicht vernichten, weil er das nötige Wasser im Mycel selbst produziert und so lange Trockenperioden übersteht. Sein Mycel wächst auf der Suche nach gesundem Holz über Beton und Mauerwerk. Diese beiden Eigenschaften – seine Widerstandsfähigkeit gegen Austrocknung und das Wachstumsvermögen des Mycels – machen den Echten Hausschwamm besonders gefährlich (**9**.27).

Holz muß vor Feuer, Feuchtigkeit, tierischen und pflanzlichen Schädlingen geschützt werden. Die Schutzmaßnahmen sind konstruktiv, chemisch oder physikalisch, und zwar vorbeugend oder (nach Befall) bekämpfend. Durch vorbeugenden Holzschutz lassen sich Holzschäden weitgehend verhindern.

Der gefährlichste tierische Schädling ist der Hausbockkäfer, der gefährlichste pflanzliche der Echte Hausschwamm.

Vorsicht im Umgang mit Holzschutzmitteln!

9.4 Handelsformen von Bauholz

Bauholz wird in die beiden Grundformen Baurundholz und Bauschnittholz eingeteilt.

Baurundholz geht in der Verwendung zugunsten des Stahlrohrs zurück. Die Abmessungen und Gütebedingungen für Baurundholz (Nadelholz) sind in DIN 4074 genormt. Festgelegt sind die höchstzulässige Anzahl der Äste und deren Durchmesser in Abhängigkeit vom Rundholzdurchmesser, bezogen auf eine Meßstrecke. DIN 4074 unterscheidet 3 Sortierklassen. Im Baugewerbe werden in der Regel Rundhölzer mit einem mittleren Durchmesser von 10 bis 15 cm als Streben im Grabenverbau, Steifen oder Stützen bei Schalungen und Rüstungen im Beton- und Stahlbetonbau sowie als Gerüststangen für Montagegerüste verwendet.

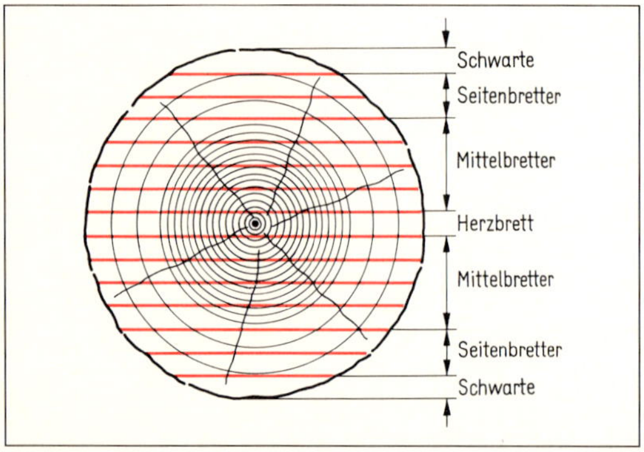

9.28 Einschneiden des Baumes im Vollgatter (Scharfschnitt)

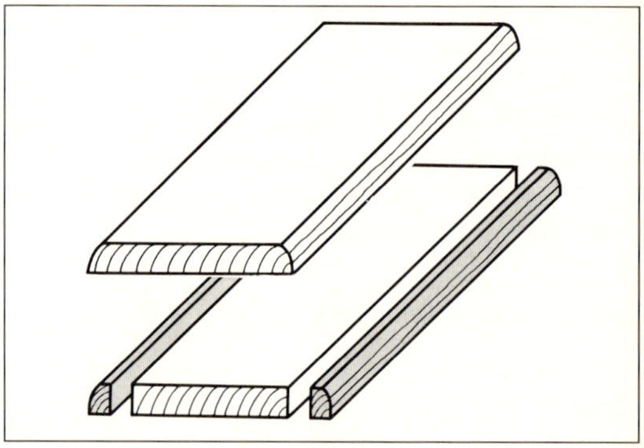

9.29 Besäumen des Brettes

Baurundholz kann im Freien gelagert werden. Bei Stapelung muß man für Luftzutritt nach allen Seiten sorgen. Zweckmäßiger lagert und stapelt man es getrennt nach Länge und Durchmesser.

Bauschnittholz in Form von Kanthölzern, Balken, Brettern, Bohlen und Latten wird im gesamten Bauwesen vielfältig verwendet. Alle aufgeführten Formen entstehen durch das Einschneiden des Baumes im Sägewerk.

Der Stamm geht durch das Vollgatter, wird also in einem Sägedurchgang (Scharfschnitt) sorgfältig aufgeschnitten (**9**.28). Dabei entstehen Herz-, Mittel- und Seitenbretter. Die Schwarten werden nur auf einer Seite von der Säge

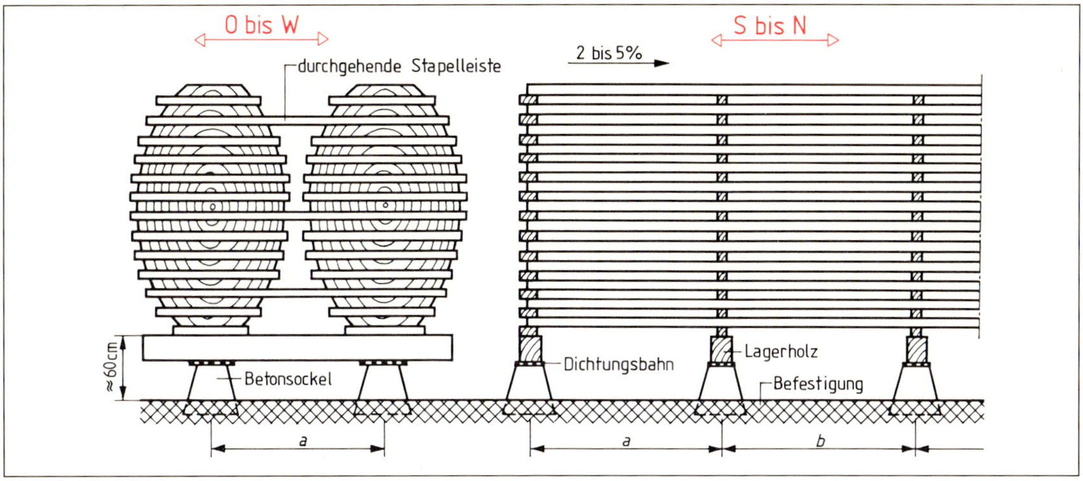

9.30 Blockstapel (Stirn- und Längsseite)

berührt. Die Bretter werden dann besäumt (**9.**29). Im Hinblick auf die Verformung der Schnittholzquerschnitte durch Schwinden und Quellen haben Herzbretter die besten, Seitenbretter die schlechtesten Eigenschaften (**9.**14). Durch andere Einschnittarten erhält man mehr Bretter mit stehenden Jahresringen und damit besseren Eigenschaften (**9.**35).

Lagern und natürliche Trocknung von Bauschnittholz geschieht im Freien auf dem Lagerplatz, gestapelt und abgedeckt, oder in Schuppen ohne Längswände. Anforderungen an den Lagerplatz:

- Rasen und Mutterboden, abgedeckt,
- Befestigung mit Kiessand oder Splitt auf einem Schotter-Unterbau,
- leichtes Gefälle zur besseren Entwässerung,
- Stapelfelder mit Längs- und Querwegen eingeteilt,
- Stapelfelder nach der Hauptwindrichtung ausgerichtet,
- ausreichender Luftzutritt von allen Seiten.

Den Aufbau der Stapel zeigt Bild **9.**30. Dabei ist zu beachten:

- Die Maße *a* und *b* werden nach der Dicke des Stapelguts festgelegt.
- Betonsockel (Stapelsteine, Stapelfüße) auf festem Untergrund.
- Die Lagerhölzer horizontal auf Dichtungsbahnen mit Neigung in Stapellängsrichtung 2 bis 5% verlegen.
- Stapelgut von anhaftendem Sägemehl säubern.
- Quadratische Stapelleisten genau übereinander legen, Stapelleisten mit dreieckigen oder runden Einschnitten verbessern den Luftzutritt (**9.**31).
- Dicke Stapelleisten bei frischem Stapelgut (= weit stapeln), dünne bei älterem (= eng stapeln).
- Stapel zum Schutz gegen Niederschläge und Sonnenbestrahlung mit Schwarten und Dichtungsbahnen abdecken, falls nötig Stirnseiten durch Zeltplanen oder Kunststoffolien zusätzlich schützen.
- Hirnholz schützen durch überstehende rechteckige Stapelleisten, eingeschlagene Wellenbänder und S-Haken, aufgenagelte Leisten oder Schutzanstriche (**9.**32).

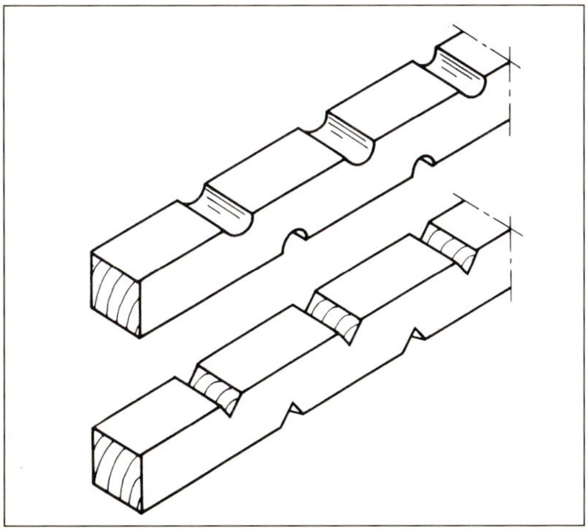

9.31 Quadratische Stapelleisten mit dreieckigen und runden Einschnitten

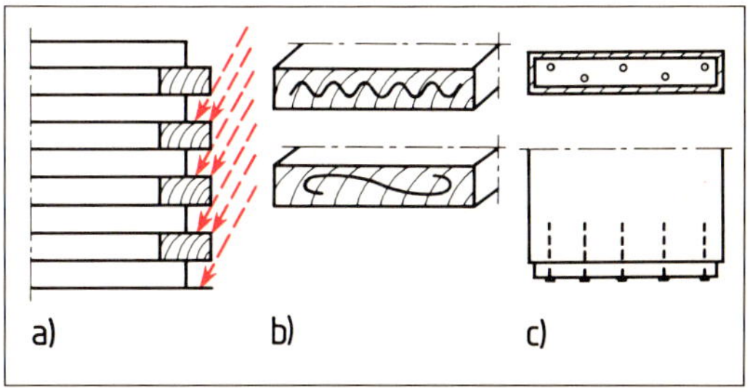

9.32 Schutz des Hirnholzes

a) vorstehende rechteckige Stapelleisten, b) Wellenband und S-Haken, c) aufgenagelte Leisten

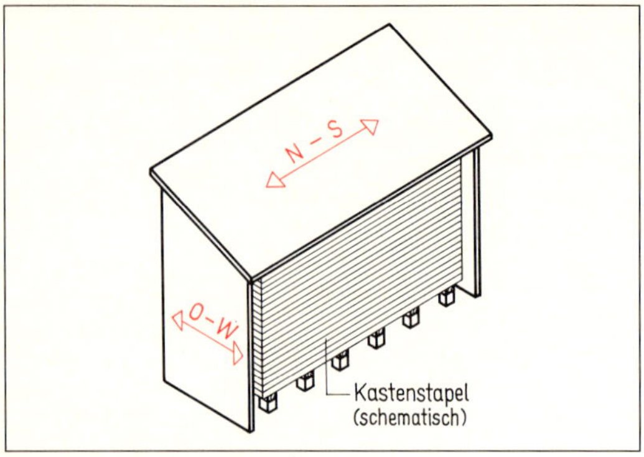

9.33 Trockenschuppen (Schema)

Blockstapel sind im Scharfschnitt aufgeschnittene Stämme, die unbesäumt gestapelt werden. Durchgehende Stapelleisten verbinden mehrere Stämme miteinander und gewährleisten sicheren Stand (**9**.30).

Kastenstapel baut man mit Lot und Wasserwaage aus Bohlen, Brettern und Kanthölzern auf.

Tabelle **9**.34 **Einteilung von Schnittholz nach DIN 4074/1**

Form	Dicke *d* Höhe *h*	Breite *b*
Latte	≤ 40 mm	< 80 mm
Brett	≤ 40 mm	≥ 80 mm
Bohle	> 40 mm	> 3 *d*
Kantholz Balken	$b \leq h \leq 3\,b$	> 40 mm

Trockenschuppen bestehen nur aus Stirnwänden und Dach (**9**.33). Schuppen und Stapel stehen in Längsrichtung (Nord-Süd) und damit rechtwinklig zur Hauptwindrichtung (Ost-West, West-Ost). In Trockenschuppen lagert man meist bessere Schnittware im 2. bis 4. Jahr in Kastenstapeln.

Bauschnittholz nach DIN 4074 Teil 1. Diese DIN-Norm regelt die Sortierung von Nadelschnittholz für die Verwendung im Bauwesen. Tabelle **9**.34 zeigt die Grenzwerte der Abmessungen von Latten, Brettern, Bohlen und Kanthölzern/Balken. Balken sind Kanthölzer mit einer Höhe $h > 18$ cm

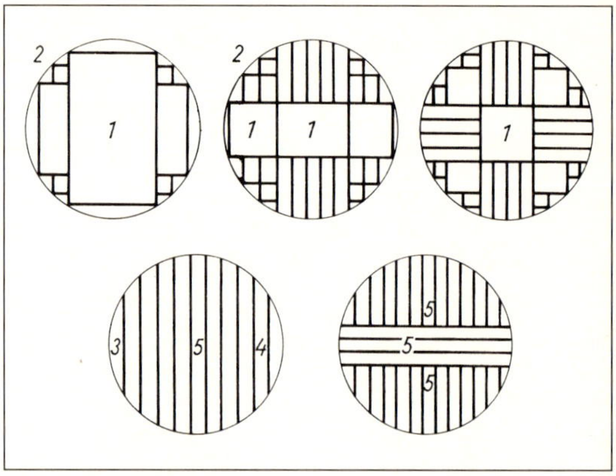

9.36 Einschnittarten
1 Kanthölzer, Balken *2* Latten *3* Schwarten
4 Seitenbretter *5* Herzbretter

(**9**.35). Unter Einhaltung dieser Grenzwerte wird Bauschnittholz (Nadelholz) mit gebräuchlichen Abmessungen nach DIN 4070 und DIN 4071 ein-

Tabelle **9**.35 **Bauschnittholz nach DIN 4070 und 4071**

Art	Abmessungen	Verwendung
Kantholz	A_{min} = 36 cm², A_{max} = 288 cm² 6/6, 6/8, 6/12, 8/8, 8/10, 8/12, 8/16, 10/10, 10/12, 12/12, 12/14, 12/16, 14/14, 14/16, 16/16, 16/18 cm	Dachgerüste, Fertighausbau, Formenbau, Fachwerkbau, Schalungen für Beton- und Stahlbetonbau, Gerüstbau
Balken	A_{min} = 200 cm², A_{max} = 480 cm² 10/20, 10,22, 12/20, 12/24, 16/20, 18/22, 20/20, 20/24 cm	Dachgerüste, Gerüste, Fachwerkbau, Holzbalkendecken, Flachdächer, Aussteifungen, Unterfangungen
Bohlen (ungehobelt)	Dicke: 44, 48, 50, 63, 70, 75 mm Breite: 75 bis 300 mm Länge: 1,50 bis 6,00 m mit Stufen von 25 oder 30 cm	Gerüstbau, Abdeckungen, Absperrungen, Verbau im Kanalbau, Schalungen im Straßenbau, Treppenbau
Bretter (ungehobelt)	Dicke: 16, 18, 22, 24, 28, 38 mm Breite: 75 bis 300 mm Länge: 1,50 bis 6,00 m mit Stufen von 25 oder 30 cm	Brettschalungen, Schalttafeln, Verkleidungen, Zäune, Dachdeckungen, Verschwertungen, Brettbinder
Latten (ungehobelt)	24/48, 30/50, 40/60 mm	Dachlatten, Zäune, Schalungs- und Formenbau

geschnitten. Kanthölzer und Balken können als Ganzholz, Halbholz und Viertelholz (Kreuzholz) eingeschnitten werden (**9**.36). Bei Kanthölzern/Balken wird stets Breite × Höhe in cm, bei Bohlen, Brettern und Latten wird die Dicke in mm, die Breite in mm oder cm angegeben (**9**.35). Bauschnittholz aus Laubhölzern ist fast ohne Bedeutung für den allgemeinen Baubetrieb.

In Bild **9**.37 werden 4 Maßbeispiele gezeigt und mit den Grenzwerten der Tabelle **9**.34 verglichen.

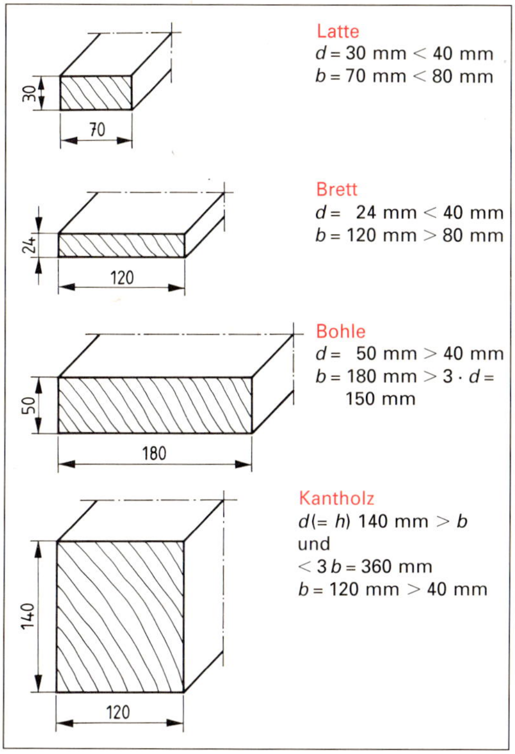

9.37 Maßbeispiele für Schnittholzquerschnitte

DIN 4074 Teil 1 legt außer den **Querschnittsformen** und **-abmessungen** und der **Feuchtigkeitswerten** (**9**.11) insbesondere die **Sortiermerkmale** fest, nach denen Nadelholzschnitt in die Sortierklassen eingeteilt wird. Es wird nach 11 Sortiermerkmalen geprüft und eingeteilt.

1 Baumkante
2 Äste
3 Jahrringbreite
4 Faserneigung
5 Risse
6 Verfärbungen
7 Druckholz
8 Insektenfraß
9 Mistelbefall
10 Krümmung
11 Markröhre

Die Sortierung erfolgt visuell (nach Augenschein) oder – in seltenen Fällen – maschinell mit einer

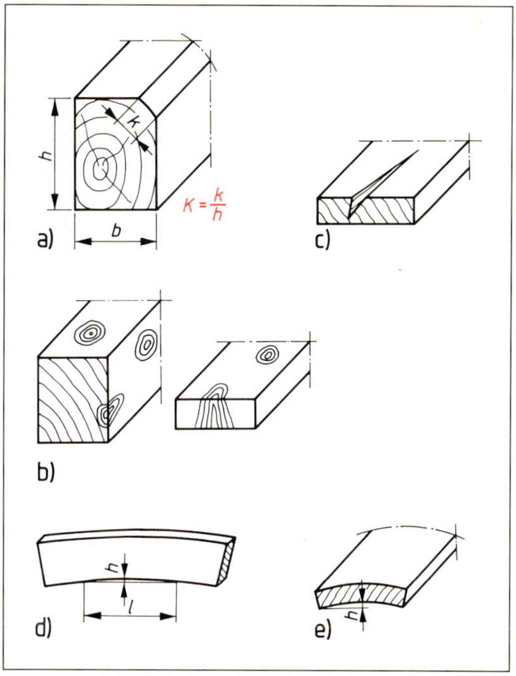

9.38 Einige Sortiermerkmale
a) Baumkante
b) Äste in Kantholz und Bohlen
c) Risse
d) Längskrümmung
e) Querkrümmung

Sortiermaschine. Nach Anzahl und Art der vorliegenden Sortiermerkmale wird das Nadelschnittholz (bei visueller Sortierung) in die Sortierklassen S 7, S 10 und S 13 und (bei maschineller Sortierung) in die Sortierklassen M 7, M 10, M 13 und M 17 eingeteilt (**9**.39). Bild **9**.40 zeigt als Beispiel das 1. Sortiermerkmal „Baumkante" bei der Querschnittsform Kantholz/Balken für die Sortierklassen S 7/M 7, S 10/M 10 uns S 13/M 13. Die Sortierung erfolgt im Sägewerk oder im Holzfachhandel. Sie wird von Fachkräften durchgeführt, und die Käufer können sich auf die richtige Einteilung verlassen.

Tabelle **9**.39 **Sortierklassen und technische Eigenschaften**

Sortierklasse	Eigenschaften
S 7/MS 7	Schnittholz mit geringer Tragfähigkeit
S 10/MS 10	Schnittholz mit üblicher Tragfähigkeit
S 13/MS 13	Schnittholz mit überdurchschnittlicher Tragfähigkeit
–/MS 17	Schnittholz mit besonders hoher Tragfähigkeit

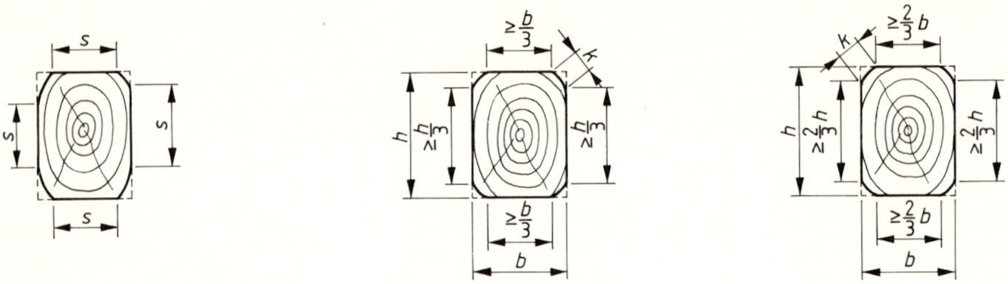

S 7
Alle 4 Querschnittsseiten müssen durchlaufend (in jedem Querschnitt) von der Säge gestreift sein (*s*)

S 10
Durchlaufend (in jedem Querschnitt) muß mindestens $^1/_3$ jeder Querschnittsseite von Baumkante frei sein. Außerdem darf die Baumkante *k* höchstens $^1/_3$ der größten Querschnittsseite sein: $k = \frac{k}{h} \leq \frac{h}{3}$.

S 13
Durchlaufend (in jedem Querschnitt) muß mindestens $^2/_3$ jeder Querschnittsseite von Baumkante frei sein. Außerdem darf die Baumkante *k* höchstens $^1/_8$ der größten Querschnittsseite sein: $k = \frac{k}{h} \leq \frac{h}{8}$.

9.40 Sortiermerkmal (Baumkante für S 7, S 10 und S 13)

Beispiel 7 Normgemäße Bezeichnung von Fichtenbohlen auf den Begleitpapieren (Lieferschein, Rechnung):
Bohlen DIN 4074 – S 10 – Fl

Für Berechnungen im Holzbau nach DIN 1052 (**9**.17) gilt für europäische Nadelhölzer folgende Entsprechung:

Sortierklasse nach DIN 4074/1	Güteklasse nach DIN 1052
S 7/M 7 ≙	GK III
S 10/M 10 ≙	GK II
S 13/M 13 ≙	GK I

Für Sortierklasse M 17 gelten besondere Regelungen.

Vorratskantholz, Dimensions- und Listenware. Vorratskantholz sind Querschnitte, die im Sägewerk und im Holzhandel vorrätig sind und bevorzugt verwendet werden sollen (kurze Lieferzeiten, Kosteneinsparungen). Dimensionsware ist Schnittholz in nicht handelsüblichen Abmessungen, Listenware in normalerweise nicht vorrätigen Abmessungen.

Halbfertigprodukte werden außer den gängigen Bauschnitthölzern für besondere Zwecke hergestellt und angeboten. Ihre Abmessungen und Qualitäten sind weitgehend genormt.

Wichtige Halbfertigprodukte sind gehobelte und gespundete Bretter, Stülpschalungsbretter, Fußleisten, Akustikbretter, Rauhspundbretter, Parkett, Fensterprofile, Türzargen, Bauschwellen, Holzpflaster, Leisten.

Vollholz wird im Bauwesen in Form von Baurundholz und Bauschnittholz verwendet. Der Verbrauch von Baurundholz geht zurück. Bauschnittholz dagegen wird als Kantholz, Balken, Bohlen, Bretter und Latten vielfältig verwendet. Kantholz soll möglichst als Vorratskantholz verarbeitet werden.

9.5 Holzwerkstoffe

Um die Nachteile des Bauholzes zu vermeiden und die guten Eigenschaften besser zu nutzen, stellt man Holzwerkstoffe her (**9**.45). Dabei wird die natürliche Struktur des gewachsenen Holzes (Vollholzes) zerstört. Es wird in dünne Scheiben geschnitten oder zu Spänen und Fasern zerkleinert und mit Bindemitteln zu neuen Formen – den Holzwerkstoffen – aufgebaut (**9**.41).

Tabelle **9**.41 **Herstellung von Holzwerkstoffen**

Produktionsvorgang	Produkt
Vollholz in dünne Scheiben oder Platten schneiden oder schälen	Furniere
Dünne Scheiben oder Platten um 90° verdreht zusammenkleben	Sperrholz
Vollholz zu Spänen zerkleinern, mit einem Bindemittel zu Platten formen und pressen	Holzspan-platten
Vollholz zu Fasern zerkleinern, mit einem Bindemittel zu Platten formen und pressen	Holzfaser-platten
Vollholz zu Holzwolle zerkleinern, mit einem Bindemittel zu Platten formen, leicht pressen und erhärten lassen	Holzwolle-Leichtbau-platten

Furniere sind dünne Holzblätter. Sie werden durch Sägen, Schälen oder Messern vom Stamm(teil) getrennt und sind genormt in DIN 4079 und DIN 68330.

Je nach Herstellungsverfahren unterscheiden sich die Furniere geringfügig in Eigenschaften und Aussehen. Dies ist jedoch nur für den Innenausbau und die Mörtelherstellung von Bedeutung. DIN 4079 schreibt handelsübliche Dicken von 0,55 bis 1 mm vor. Dicken zwischen 1 und 8 mm sind nicht genormt. Sägefurniere lassen sich nur bis zu einer Mindestdicke von 1 mm anfertigen. Länge und Breite der Furniere richten sich nach den Stamm abmessungen und dem Herstellungsverfahren. Im Roh- und Ausbau werden Furniere kaum verwendet; sie sind aber eine wichtige Vorstufe für die Herstellung von Sperrholz.

Als Sperrholz werden alle Platten aus mindestens drei übereinanderliegenden Holzlagen bezeichnet, deren Faserrichtung zueinander jeweils um 90° verdreht ist (**9**.42). Wir unterscheiden Furnierplatten und Tischlerplatten; beide sind nach DIN 4078 genormt. Für die besonderen Bedürfnisse des Beton- und Stahlbetonbaues werden Großflächen-Schalungsplatten aus Sperrholz hergestellt, die in DIN 68791 genormt sind.

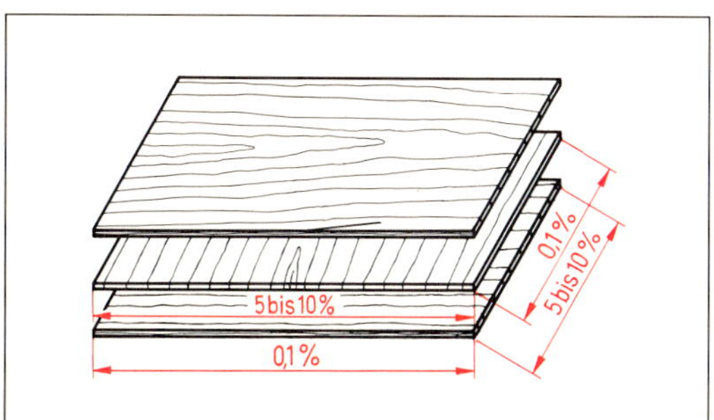

9.9.42 Aufbau und Herstellung von Sperrholz

Bei Furnierplatten bestehen alle Lagen aus Furnieren. Durch die kreuzweise Anordnung schränken die Lagen gegenseitig das Schwinden und Quellen ein – sie „sperren" diese unerwünschten Bewegungen (deshalb der Name „Sperrholz"). Die Mindestzahl von 3 Lagen sichert, daß sich die Platten nicht werfen (**9**.42). Dickere Platten erhält man durch dickere Furniere und/oder mehr Lagen, wobei die Lagenzahl immer ungerade sein muß: 3-5-7 usw. Lagen. Die Eigenschaften der Furnierplatten lassen sich durch die Holzart und die Verleimung in Aussehen, Festigkeit und Wetterbeständigkeit beeinflussen.

Furnierplatten nach DIN 4078 haben Dicken von 4 bis 50 mm, Breiten von 1220 bis 3050 mm und Längen von 1220 bis 3050 mm, Baufurnierplatten nach DIN 68705 sind 8 bis 29 mm dick, wobei für bestimmte Dicken jeweils eine Mindestlagenzahl vorgeschrieben ist.

Bei Tischlerplatten sind die beiden Außenlagen Furniere, die erheblich dickere Mittellage besteht dagegen aus Holzleisten verschiedener Form und Anordnung (**9**.43)

Je nach Ausbildung der Mittellage heißen die Platten Stabplatte (ST), Stäbchenplatte (STAE) oder Streifenplatte (SR). Bei Streifenplatten sind die Streifen der Mittellage nicht miteinander verleimt. Die Kurzzeichen legt DIN 4076 fest. Für die Verwendung am Bau werden Baufurnierplat-

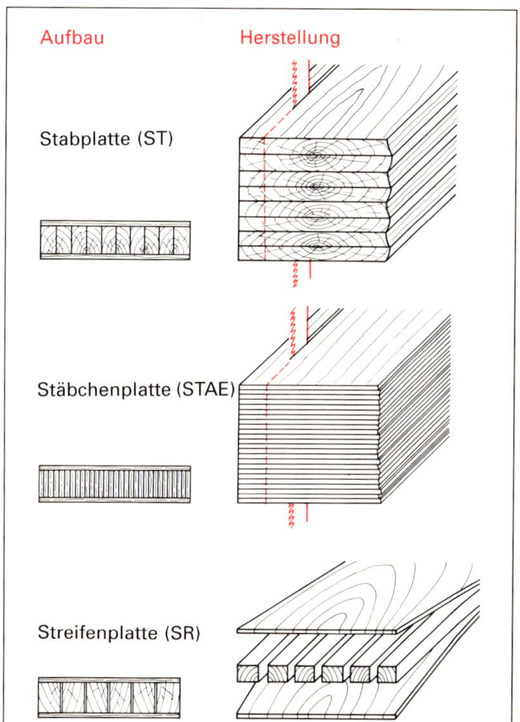

9.43 Aufbau der Tischlerplatten

ten (BFU) und Bautischlerplatten (BTI) hergestellt. Ausgewählte Holzarten und wetterbeständige Verleimung machen diese Platten widerstandsfähig gegen hohe Temperaturen und Feuchtigkeit; sie verleihen ihnen auch höhere Festigkeit. Tischlerplatten nach DIN 4078 sind 13 bis 44 mm dick, 1220 bis 4100 mm lang und 2440 bis 5400 mm breit.

Holzspanplatten ersetzen in zunehmendem Maße Furnier- und Tischlerplatten. Sie werden in ähnlichen Abmessungen und mit etwa gleichen Eigenschaften und Qualitäten, aber billiger hergestellt.

Vollholz meist minderer Qualität wird mechanisch auf Spangröße zerkleinert und mit Leim in Plattenform gepreßt. Nach dem Herstellungsverfahren gibt es Flachpreßplatten (FPY) und Strangpreßplatten (SV). Vor allem dikkere Holzspanplatten mit Hohlräumen werden als SV gefertigt. Für Vollplatten steht das Zeichen SV, für Röhrenplatten SR, Strangpreßplatten sind einschichtig, Flachpreßplatten ein-, vorwiegend drei- oder fünfschichtig (**9**.44). Bei mehrschichtigen Platten liegen die feineren Späne in den äußeren Schichten (Deckschichten). Die Oberflächen können ungeschliffen bleiben (preßblank), geschliffen, furniert oder kunststoffbeschichtet werden. Geeignete Leime machen die Platten widerstandsfähig gegen Feuchtigkeit und Witterung. Geringer Pressendruck ergibt poröse Platten mit guten Wärmedämmeigenschaften. Stark gepreßte, dichte und schwere Platten haben bessere Festigkeiten und lassen sich gut bearbeiten; Nägel und Schrauben halten besser als in porösen Platten. Dennoch erreichen die Holzspanplatten nicht die Festigkeitswerte des Sperrholzes.

Holzspanplatten sind genormt in DIN 68760 bis 68765. Nach Gewichtsklassen unterscheiden wir leichte ($\varrho_R <$ 0,45), halbschwere ($\varrho_R >$ 0,45 bis 0,75) und schwere ($\varrho_R >$ 0,75 bis 1,0) Holzspanplatten. Holzspanplatten sind 1300 bis 2070 mm breit, 2050 bis 5200 mm lang und 6 bis 70 mm dick.

Holzfaserplatten. Zur Herstellung werden minderwertige Nadelholzabfälle und billiges Fichtenrundholz mechanisch unter Wasserdampfeinwirkung zerfasert. Den Faserbrei formt man unter Zugabe von Kunstharzen zu großflächigen Platten und entwässert sie durch leichten Druck auf einem engmaschigen Sieb. Der Eigenharzgehalt des Holzes wirkt mit als Bindemittel. Die Oberseite der Platte wird mit einem hochglanzpolierten Blech abgedeckt. In hydraulischen Pressen werden die Platten unter hohem Druck gepreßt. So erhalten die Platten ihr typisches Aussehen: eine sehr glatte Oberfläche und eine Unterseite mit gewebeähnlichem Siebabdruck. Die Oberfläche kann mit Wachs, Öl oder Kunstharz vergütet werden. Wenn die Platten nur entwässert und leicht gepreßt werden, erhält man poröse Holzfaserplatten für die Wärmedämmung.

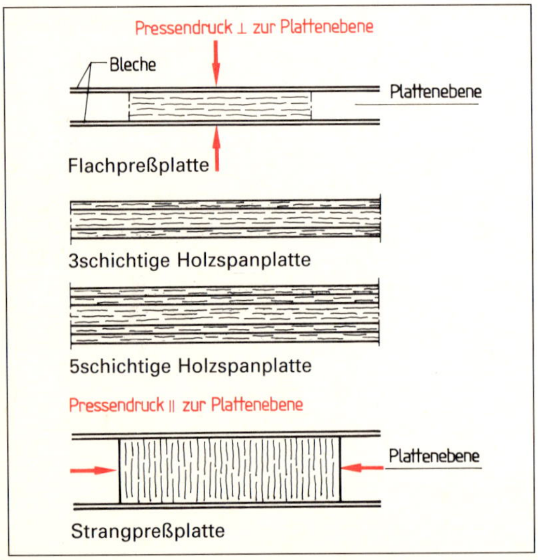

9.44 Herstellung von Holzspanplatten

Die Farbe der Holzfaserplatten ist gelblich- bis mittelbraun. Durch Bitumenzusatz erhält man wetterbeständige Platten in etwas dunklerer Farbe. Hergestellt werden mittelharte (HFM), harte (HFH) und extraharte (HFE) Holzfaserplatten von 1,6 bis 6 mm Dicke sowie poröse (HFD) Holzfaserdämmplatten von 6 bis 50 mm Dicke. Die Rohdichten liegen je nach Plattenart bei 0,20 bis > 0,90 kg/dm³.

Holzfaserhartplatten lassen sich wie Sperrholz und Holzspanplatten furnieren, streichen und kunststoffbeschichten. Man verwendet sie im Formenbau, für Schalungen (besonders für Sichtbeton und gekrümmte Bauteile), für Schalttafeln, als Bodenbelag, für Verkleidungen und Vertäfelungen, leichte Trennwände und Fertighäuser. Sie sind genormt in DIN 52350 bis 52352, 68750 bis 68754.

Holzwolle-Leichtbauplatten (L) bestehen aus langfaseriger, längsgehobelter Holzwolle und einem mineralischen Bindemittel (Normzement, Baugips oder Magnesit).

Magnesit ist ein sonst nur noch wenig verwendetes Bindemittel. Magnesiumcarbonat wird zu Magnesia gebrannt ($MgCO_3 \rightarrow MgO + CO_2$), dieses mit einer Magnesiumsulfat-

Tabelle **9**.45 **Zusammenstellung von Kurzzeichen für Holzwerkstoffe**

Kurzz.	Platte
FU	Furnierplatte
BFU	Baufurnierplatte
ST	Tischlerplatte (Stabplatte)
STAE	Tischlerplatte (Stäbchenplatte)
SR	Tischlerplatte (Streifenplatte)
BTI	Bau-Tischlerplatte
FPY	Holzspanplatte (Flachpreßplatte)
SV	Holzspanplatte (Strangpreß-, Vollplatte)
SR	Holzspanplatte (Strangpreß-, Röhrenplatte)
HFM	Mittelharte Holzfaserplatte
HFH	Harte Holzfaserplatte
HFE	Extraharte Holzfaserplatte
HFD	Poröse Holzfaserplatte
BPH	Bitumengetränkte poröse Holzfaserplatte
L	Holzwolle-Leichtbauplatte
M	Mehrschicht-Leichtbauplatte aus Schaumkunststoffen und Holzwolle

lösung angerührt ($MgO + MgSO_4$). Diese Mischung erhärtet und verbindet sich dabei gut mit der Holzwolle.

Nägel, Unterlagscheiben, Draht und andere Stahlteile zur Verarbeitung der Holzwolle-Leichtbauplatten müssen verzinkt sein, da sie sonst rosten. Holzwolle-Leichtbauplatten sind porös und haben deshalb gute Wärmedämmeigenschaften. Die rauhe Oberfläche macht sie zu ausgezeichneten Putzträgern. Verwendet werden sie als verlorene Schalung im Mantelbetonbau, außerdem im Flachdachbau, für schwimmende Estriche, leichte Trennwände, Rollladenkästen sowie allgemein als wärmedämmende Schale und als Putzträger. Fertigung in der Vorzugsbreite 500 mm, der Vorzugslänge 2000 mm und den 6 Dicken 15 – 25 – 35 – 50 – 75 – 100 mm.

Zunehmend werden Holzwolle-Leichtbauplatten mit Schaumkunststoffen zu Mehrschicht-Leichtbauplatten (M) kombiniert. Diese Platten vereinigen die guten Eigenschaften beider Baustoffe. Holzwolle-Leichtbauplatten sind in DIN 1101, Mehrschicht-Leichtbauplatten in DIN 1104 genormt.

Die wichtigsten Holzwerkstoffe sind Furniere, Sperrholz, Holzspanplatten, Holzfaserplatten und Holzwolle-Leichtbauplatten.

Holzwerkstoffe haben bessere Eigenschaften als Vollholz in Hinsicht auf Schwinden und Quellen, Gleichmäßigkeit und Maßhaltigkeit. Sie werden als Platten in verschiedenen Abmessungen hergestellt, sind vielseitig verwendbar, können Vollholz weitgehend ersetzen und lassen sich gut verarbeiten. Dazu sind sie oft preiswerter.

Furniere braucht man für die Herstellung von Sperrholz oder beklebt (furniert) mit ihnen andere Holzwerkstoffe.

Aufgaben zu Abschnitt 9

1. Beschreiben sie den Aufbau der lebenden Holzzelle.
2. Aus welchen Grundstoffen ist Holz aufgebaut?
3. Wie entstehen die Jahresringe des Baumes?
4. Unterscheiden Sie Splint- und Kernholz.
5. Was versteht man unter dem Wachstumskegel?
6. Beschreiben Sie das Reifholz.
7. Welche Holzarten werden im Bauwesen bevorzugt verwendet?
8. Beschreiben Sie einige Wachstumsfehler des Holzes.
9. Warum nimmt Holz Feuchtigkeit auf?
10. Was versteht man unter dem Darrgewicht des Holzes?
11. Welche Holzfeuchtigkeit stellt sich durch natürliche Trocknung ein?
12. Was verstehen Sie unter Fasersättigungspunkt?
13. Worauf beruht die gute Wärmedämmfähigkeit des Holzes?
14. Was versteht man unter dem „Arbeiten" des Holzes?
15. Welche typische Verformungen ergeben sich an Bauschnittholzquerschnitten durch das Schwinden?
16. Was versteht man unter der Schnittklasse?
17. Unterscheiden Sie zwischen zul $\varrho_{D\parallel}$ und zul $\sigma_{D\perp}$.
18. Warum gibt es keinen Wert für zul $\varrho_{Z\perp}$?
19. Berechnen Sie die vorhandene Zugspannung $\varrho_{Z\parallel}$ für $F = 125\,000$ N und einen Querschnitt von 8 cm · 20 cm, NH, GK II.
20. Berechnen Sie die vorhandene Druckspannung $\varrho_{D\parallel}$ für $F = 200\,000$ N bei einem Rundholzquerschnitt NH, GK II und $d = 18$ cm.
21. Berechnen Sie die vorhandene Druckspannung ϱ_D für $F = 85\,000$ N und $A = 16$ cm · 18 cm, Holzart Buche, mittlere Güteklasse.
22. Beschreiben Sie konstruktive Holzschutzmaßnahmen.
23. Wie werden chemische Holzschutzmittel verarbeitet?
24. Wie wirken Schutzmittel, die Holz schwer entflammbar machen?
25. Erläutern Sie die Begriffe „vorbeugend" und „bekämpfend" beim Holzschutz.
26. Warum ist der Echte Hausschwamm der gefährlichste pflanzliche Holzschädling?
27. Wie verändert die Blaufäule das Holz?
28. Erläutern Sie die Begriffe Vorratskantholz, Dimensionsware und Listenware.
29. Was sind Voll-, Halb- und Kreuzhölzer?
30. Welche Masse hat ein Rüstbrett von 4,00 m Länge, 24 cm Breite und 35 mm Dicke, wenn die Rohdichte 0,50 beträgt?
31. Wieviel m^3 Fichtenholz ($\varrho_R = 0{,}50$) kann ein Lkw mit 35 KN Ladefähigkeit transportieren?
32. Wieviel m^2 Schalbretter von 24 mm Dicke können bei 35% Verschnitt aus einem m^3 Rundholz geschnitten werden?
33. Nennen Sie einige Holz-Halbfertigerzeugnisse.
34. Warum werden Holzwerkstoffe hergestellt?
35. Was sind Furniere, und wie werden sie hergestellt?
36. Erläutern Sie Aufbau und Eigenschaften des Sperrholzes.
37. Wie unterscheiden sich die einzelnen Arten der Tischlerplatten?
38. Beschreiben Sie die Herstellung von Holzspanplatten.
39. Nennen Sie einige Verwendungsmöglichkeiten für Holzspanplatten.
40. Berechnen Sie die Rohdichte einer Holzspanplatte mit den Abmessungen 1100 mm × 800 mm × 8 mm und einer Masse 4,2 kg.
41. Bei welchen Schalarbeiten werden Holzfaserplatten verwendet?
42. Wie entstehen die typischen Oberflächen der Holzfaserplatte?
43. Was sind poröse Holzfaserplatten, und wo werden sie verwendet?
44. Beschreiben Sie wichtige Eigenschaften und Verwendungsmöglichkeiten der Holzwolle-Leichtbauplatte.
45. Welche besonderen Vorzüge hat die Mehrschicht-Leichtbauplatte?

10 Holzbau

Der einfache Holzbau umfaßt die Verarbeitung von Schnittholz (Bretter, Bohlen, Kantholz, Balken) und Holzwerkstoffen zu Holzbalkendecken, Gerüsten, Dachkonstruktionen, Hallenbindern, Treppen und anderen Holzkonstruktionen.

10.1 Messen und Anreißen

Voraussetzung für den Holzbau ist genaues Messen und Anreißen. Die Maße werden in m, cm oder mm angegeben. Bauzeichnungen nennen hinter dem Maßstab die Maßeinheiten (z. B. M 1 : 100 – m, cm). Tischlerzeichnungen nach DIN 919 enthalten die Maße in mm.

Meßgeräte (Meßzeug) sind Gliedermaßstab, Stahlbandmaß, Lot und Wasserwaage. Daneben werden im Holzbau benutzt:

- dünne, biegsame Stahlmaße aus nichtrostendem Stahl für sehr genaues Messen und Anreißen;
- kleine, handliche Rollmaße vor allem für Innenmaße (**10**.1);
- Holz- und Metallwinkel oder der größere Zimmermannswinkel aus Stahl für rechteckige Risse (**10**.2 und **10**.3);
- verstellbare Metall- oder Holzschmiegen zum Antragen spitzer oder stumpfer Winkel (**10**.4);
- das Streichmaß für Risse parallel zu Kanten (**10**.5);
- das Richtscheit (dünnes, gerade und sauber gehobeltes Brett mit zwei parallelen Kanten) für gerade Linien;
- der Stechzirkel für das Ab- und Übertragen von Maßen;
- die Streich- oder Anreißlehre für Verzapfungen und Verkämmungen (**10**.6);
- Schablonen aus Pappe, Blech oder Holzfaserplatten für schwierige Arbeiten.

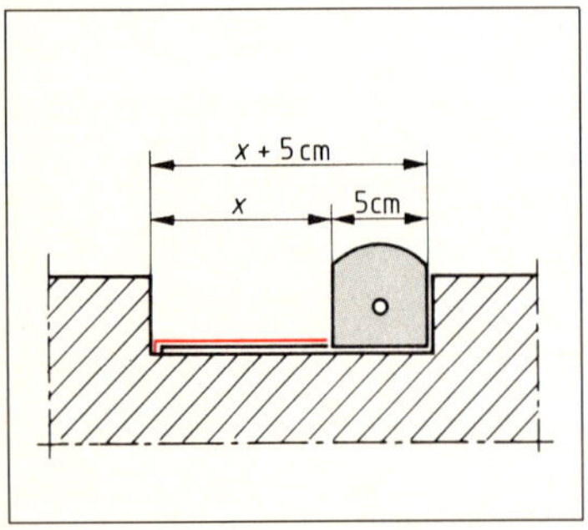

10.1 Messen von Innenmaßen mit dem Rollmaß

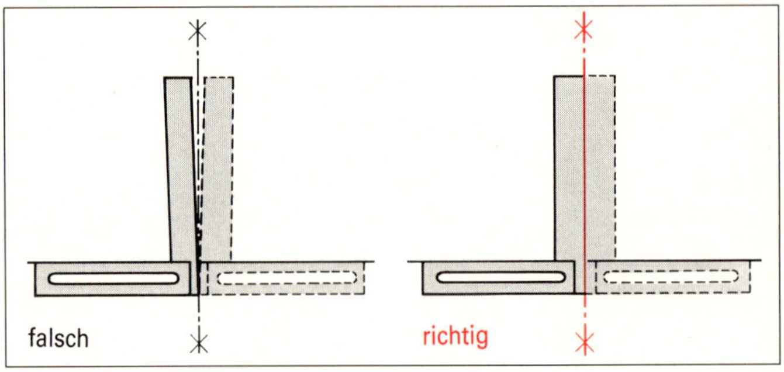

10.2 Prüfen eines Holzwinkels

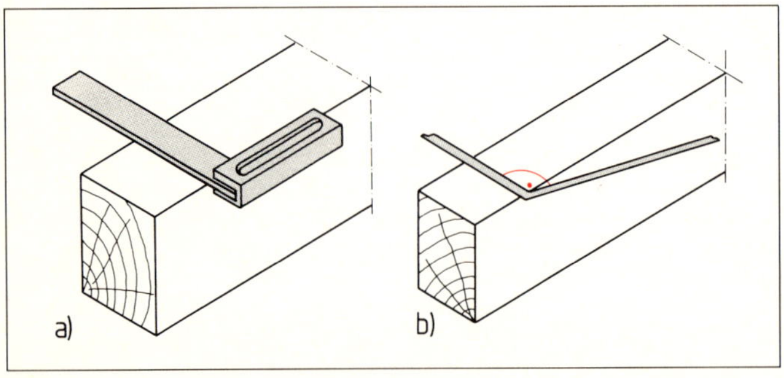

10.3 Anreißen eines rechten Winkels a) mit dem Holzwinkel, b) mit dem Zimmermannswinkel

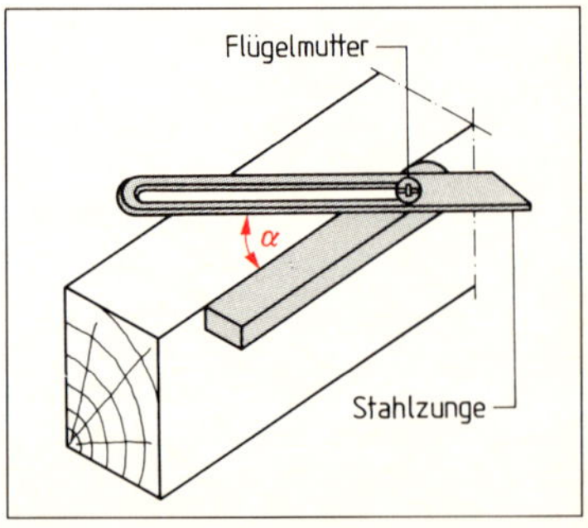

10.4 Anreißen eines Winkels mit der Schmiege

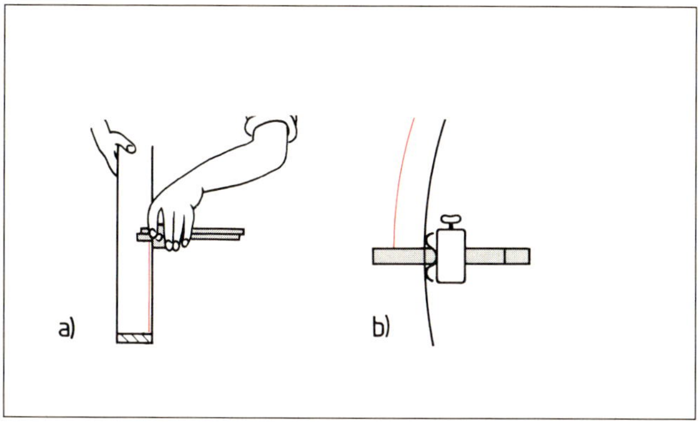

10.5 Anreißen mit dem Streichmaß parallel
a) zu einer geraden Kante, zu einer gekrümmten Kante

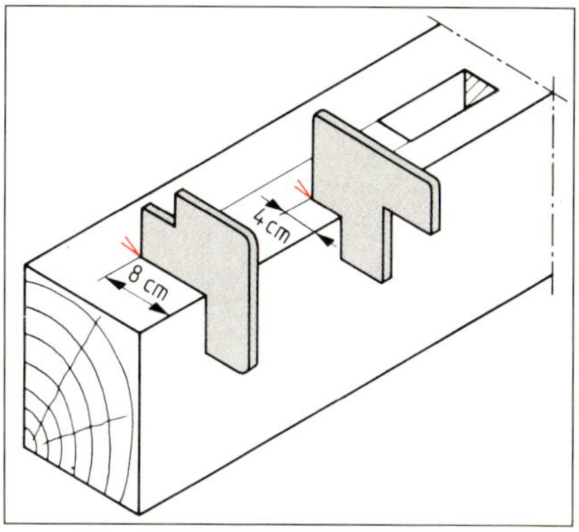

10.6 Anreißen eines Zapfenloches mit Anreißlehre

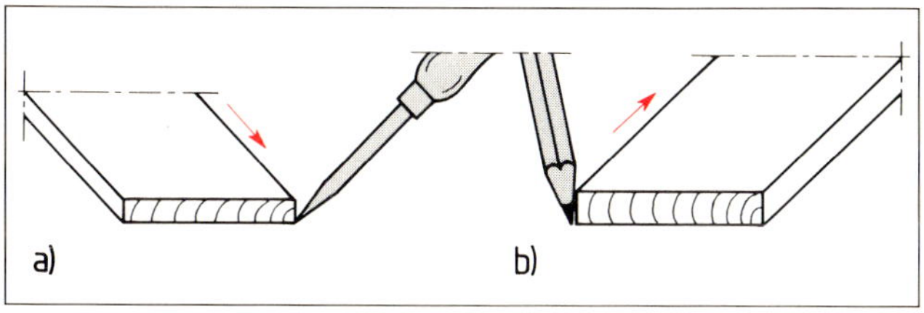

10.7 Anreißen
a) mit dem Spitzbohrer, b) mit dem Zimmermannsbleistift

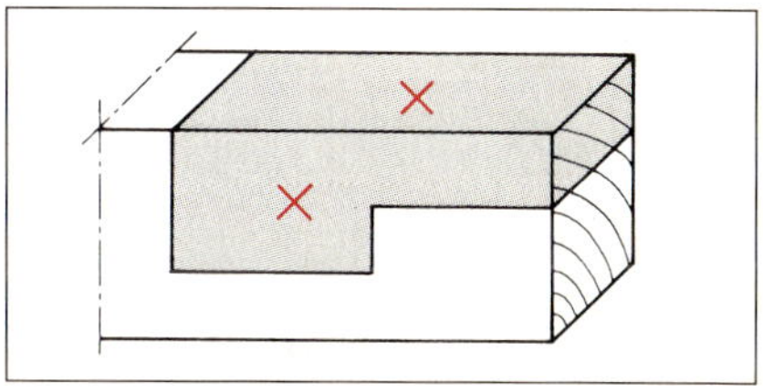

10.8 Kennzeichnen wegfallender Teile

Die Risse werden mit dem Spitzbohrer in die Holzoberfläche geritzt (daher: Riß) oder mit dem Bleistift gezogen (**10**.7).

Auf rauhem Holz nehmen wir dazu einen weichen, auf gehobeltem Holz einen harten Zimmermannsbleistift. Der Abschnitt- oder Verschnittriß, der Mittelriß und wegfallende Teile werden gekennzeichnet (**10**.8).

Maße werden im Holzbau in m, cm und mm angegeben.
Meßgeräte: Gliedermaßstab, Stahlbandmaß, Lot, Wasserwaage, Holz- und Metallwinkel, Streichmaß und Richtscheit.
Risse werden mit dem Spitzbohrer oder dem Zimmermannsbleistift gezogen.
Anreißlehren und Schablonen erleichtern das Anreißen.
Risse und abfallende Teile werden unverwechselbar gekennzeichnet.

10.2 Grundlegende Arbeiten mit Werkzeugen

Zum Sägen werden gespannte und ungespannte Sägen verwendet. Die Gestellsäge ist eine gespannte, die Schrotsäge (Trummsäge, Zugsäge), der Fuchsschwanz und die Lochsäge sind ungespannte Sägen (**10**.9 auf S. 168). Die Schrotsäge ist eine Zweimannsäge. Gespannte Sägen haben dünne, die ungespannten Sägen dicke Blätter. Daraus folgt, daß man mit gespannten Sägen schneller arbeitet, weil sie weniger Holz zerkleinern und entfernen müssen.

Bezeichnungen am Sägeblatt (**10**.10): Blattbreite und -dicke, Zahn, Zahnlänge, -brust-, -rücken, -grund und -spitze. Keil- und Schnittwinkel bestimmen, ob die Säge auf Stoß oder auf Stoß und Zug bezahnt ist (**10**.11).

Durch Schränken werden die Zähne abwechselnd nach rechts und links aus der Ebene des Sägeblatts herausgebogen. Sie verbreitern damit den Sägeschnitt über die Blattdicke hinaus, so daß das Sägeblatt nicht klemmen kann (**10**.12). Nach dem Schränken werden die Zähne mit einer Dreikantfeile geschärft. Das Maß des Schränkens und die Art des Schärfens sind abhängig von der Säge und dem Holz.

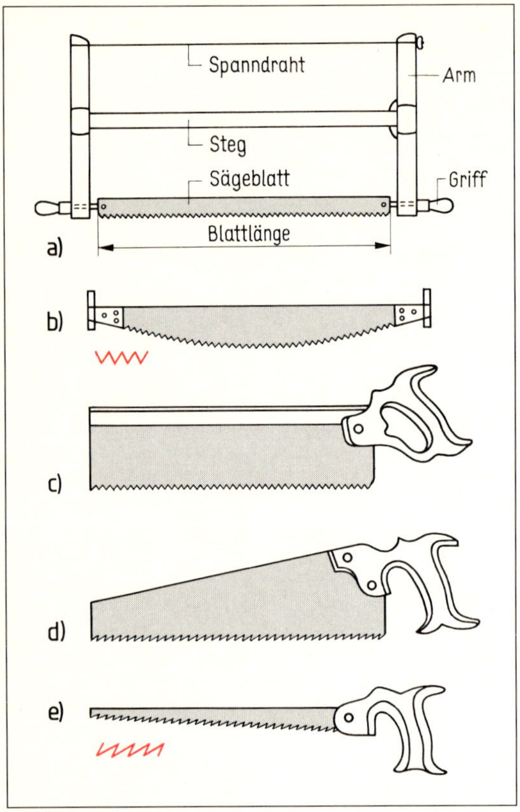

10.9 Sägen und Bezahnung

a) Gestellsäge
b) Schrotsäge (bezahnt auf Stoß und Zug)
c) Fuchsschwanz mit Rücken (bezahnt auf Stoß)
d) Fuchsschwanz (bezahnt auf Stoß)
e) Lochsäge (Stichsäge bezahnt stark auf Stoß)

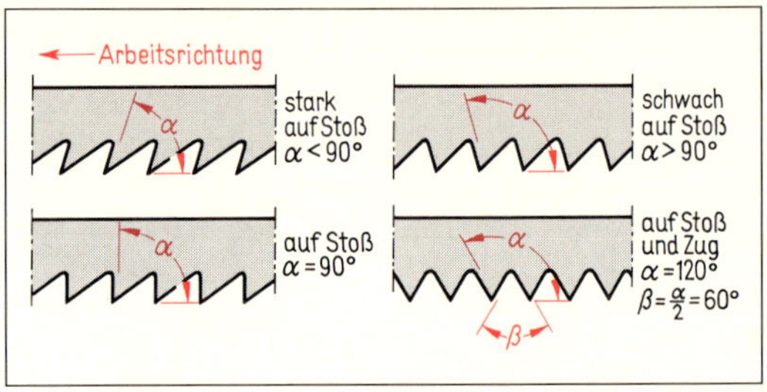

10.11 Bezahnung des Sägeblatts

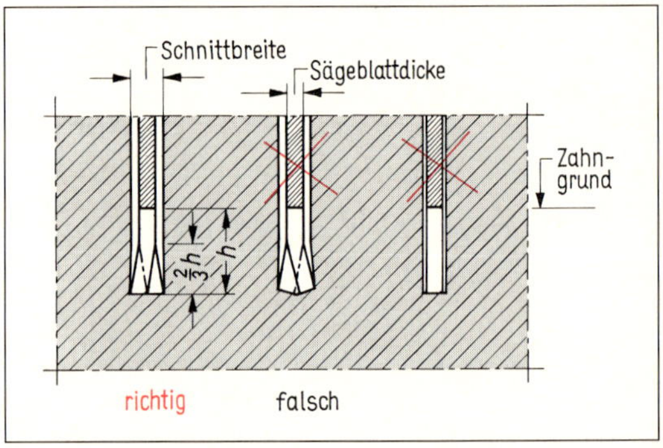

10.12 Schränken des Sägeblatts

Feuchtes und halbtrockenes Bauholz (Rund- und Kantholz) werden mit der Schrotsäge abgelängt. Mit der Gestellsäge oder dem Fuschsschwanz werden trockenes Holz und plattenförmige Holzwerkstoffe geschnitten. Das Holz muß beim Sägen fest eingespannt oder angelegt werden. Der Riß soll halb stehenbleiben, damit man erkennen kann, ob die Säge richtig läuft. Beim Ansetzen muß sie Säge gezogen und mit dem Daumen geführt werden, bis der Sägeschnitt genau auf dem Riß sitzt.

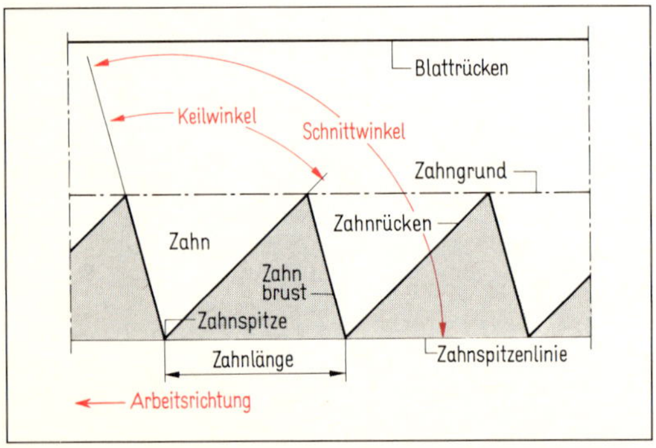

10.10 Bezeichnung am Sägeblatt

Die Gestellsäge ist eine gespannte Säge, Schrotsäge und Fuchsschwanz sind ungespannte Sägen. Einmannsägen sind auf Stoß, Zweimannsägen auf Stoff und Zug bezahnt.

Sägen werden geschränkt und geschärft. Schränken verhindert das Festklemmen des Blattes im Sägeschnitt.

Beim Ansetzen wird die Säge gezogen und mit dem Daumen auf dem Riß geführt.

Für Stemmarbeiten benutzt man den Holzklüpfel (Klöpfel, Klopfholz, Stemmknüppel, Holzhammer) und das Stemmeisen (**10**.13 und **10**.14). Bei den Stemmeisen unterscheiden wir Stemm- und Stechbeitel mit 10 bis 40 mm Schneidenbreite und Lochbeitel mit 4 bis 16 mm Schneidenbreite. Die Lochbeitel haben kräftigere Klingen. Die Stoß- oder Stichaxt ist ein langes Stemmeisen, das nicht mit dem Holzklüpfel, sondern nur mit

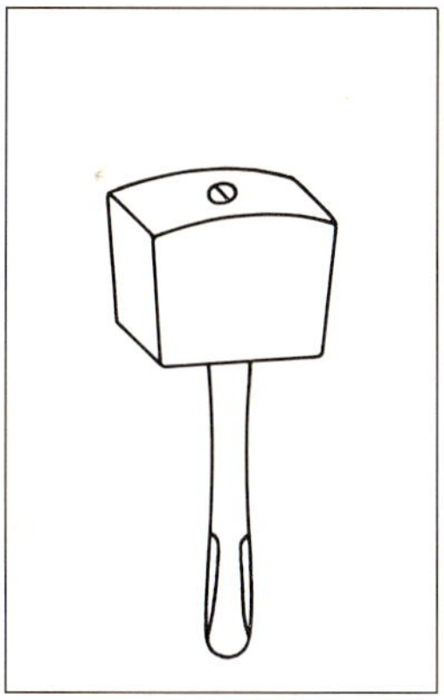

10.13 Holzklüpfel

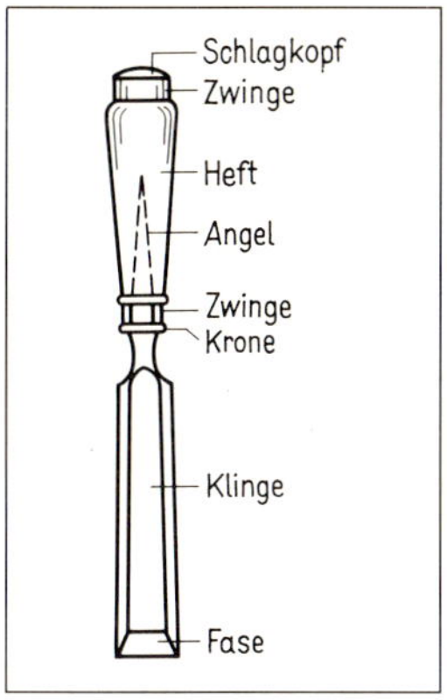

10.14 Stemmeisen

der Hand gestoßen wird (**10**.15). Stemmeisen braucht man für beliebige Stemmarbeiten, Lochbeitel für die Herstellung von Zapfenlöchern. Mit der Stoßaxt werden Abfallstücke abgestoßen, gestemmte Flächen glattgeputzt und Fasen angestoßen.

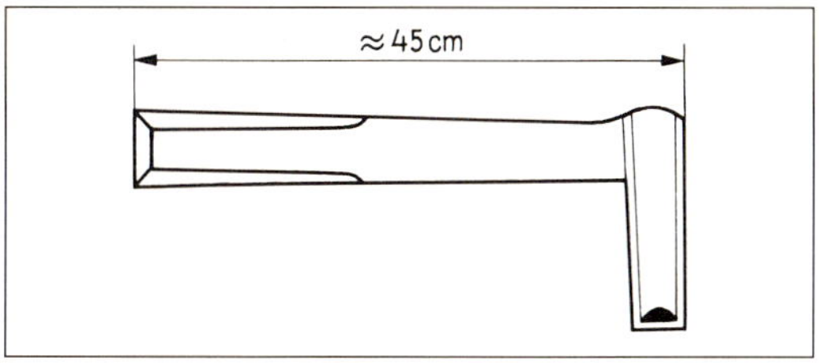

10.15 Stoßaxt

Beim Stemmen wird scharf neben dem Riß – Fase des Stemmeisens zum Loch oder Abfallstück – vorgestemmt. Bei Zapfenlöchern wird abwechselnd gestemmt und der Span herausgewuchtet. Dabei arbeitet man in Längsrichtung des Zapfenloches von der Mitte zu den Stirnseiten hin.

Stemmarbeiten werden mit dem Stemmeisen oder dem Lochbeitel und dem Holzklüpfel ausgeführt. Mit der Stoßaxt werden Flächen feingeputzt und Fasen angestoßen.

Für das Bohren von Löchern stehen in der Werkstatt stationäre Bohrmaschinen und auf der Baustelle in zunehmendem Maß elektrische Handbohrmaschinen zur Verfügung. Für einfache Arbeiten ist jedoch nach wie vor der Handbohrer unentbehrlich.

Der Spitzbohrer wird außer zum Anreißen auch zum Vorbohren (eigentlich Vorstechen) kleiner Löcher für Nägel und Holzschrauben sowie zum Zentrieren größerer Bohrer benutzt. Dem gleichen Zweck dienen Nagel- oder Schneckenbohrer mit Durchmessern von 2 bis 6 mm. Für größere Bohrungen nimmt man Spiral- oder Schlangenbohrer (**10**.16).

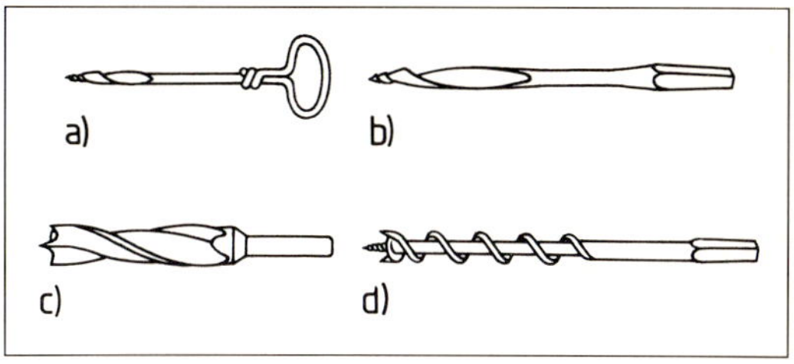

10.16 Bohrer
a) Nagel- oder Schneckenbohrer, b) Schneckenbohrer für Bohrgewinde, c) Holz-Spiralbohrer, d) Schlangenbohrer für Bohrwinde

Brustbohrmaschinen und Bohrknarre. Die Bohrer werden im Bohrfutter der Bohrwinde befestigt. Die Brustbohrmaschine (**10**.17) hat ein Getriebe und erreicht dadurch eine besonders für Spiralbohrer geeignete Umdrehungszahl. Durch Umsetzen der Handkurbel wählt man die Umdrehungszahl. Die Bohrknarre (**10**.19) ähnelt der Bohrwinde. Sie wird bei Platzmangel eingesetzt, weil sie Teilumdrehungen ermöglicht. Schlangenbohrer (**10**.18) für größere Bohrlöcher sind in der Regel Stangenbohrer mit einem Holzgriff quer zur Bohrachse.

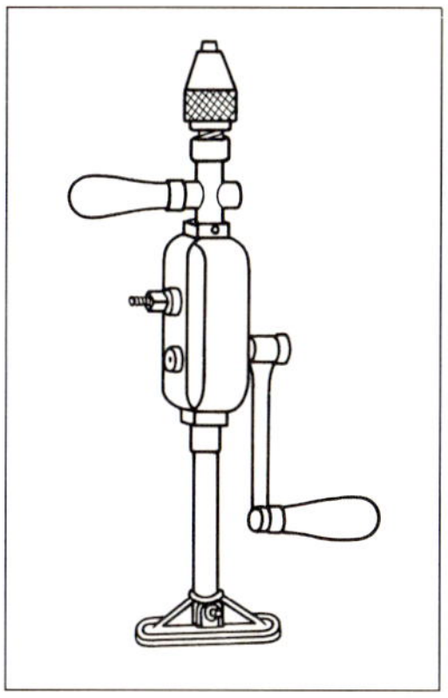

10.17 Brustbohrmaschine

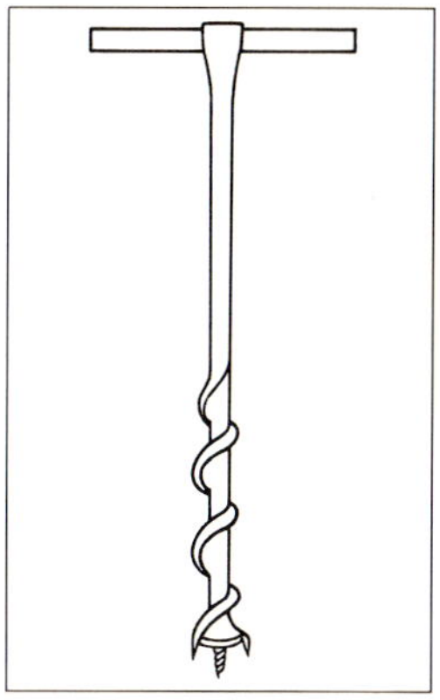

10.18 Schlangenbohrer als Stangenbohrer mit Holzgriff

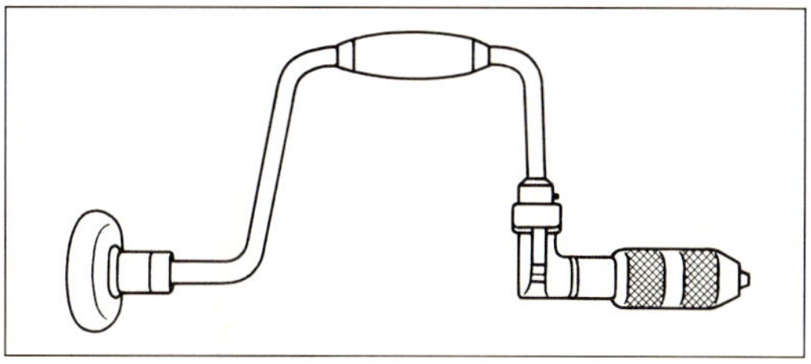

10.19 Bohrknarre

Die Wahl des Bohrers hängt ab vom Durchmesser der Bohrlöcher, von Art und Feuchtigkeitsgehalt des Holzes, der Bohrrichtung in bezug auf die Faserrichtung, der gewünschten Genauigkeit und der Holzverbindung.

> Die Holzart sowie Größe und Art der Bohrungen bestimmen die Wahl des Bohrers.
> Bohren von Hand mit Nagel-, Spiral- und Schlangenbohrern.
> Bohren kleinerer Löcher mit Bohrwinden, Bohrknarren und Brustbohrmaschinen.
> Bohren mittlerer und größerer Durchmesser mit Schlangenbohrern.

Durch Hobeln schaffen wir ebene und glatte Flächen und gerade Kanten. Größere Flächen hobelt man aus Kostengründen mit Maschinen. In der Werkstatt und am Bau muß aber nach wie vor von Hand gehobelt werden.

Wir kennen Schropp-, Schlicht-, Doppel- und Putzhobel sowie die Rauhbank (**10**.20). Die Hobel unterscheiden sich nach Länge und Form des Hobelkastens und des Hobeleisens sowie nach dem Schneidwinkel (**10**.21). Das Hobeleisen trennt Späne ab. Dabei bestimmen die Arbeitsrichtung zum Faserverlauf, die Form des Hobeleisens und dessen Schneidwinkel die Größe der Späne und die aufzuwendende Kraft beim Hobeln. Schropp- und Schlichthobel haben Einfach-Hobeleisen; Putz-, Doppelhobel und Rauhbank haben Doppel-Hobeleisen (**10**.22). Beim Doppel-Hobeleisen wird der abgetrennte Span durch die aufgeschraubte Klappe sofort gebrochen und so besser durch das Spanloch nach oben befördert.

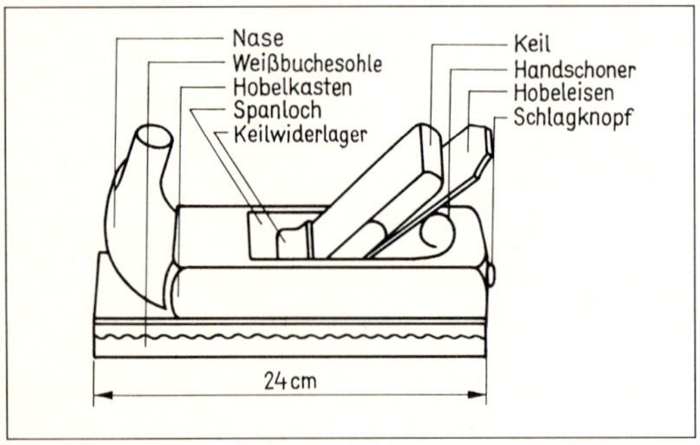

10.20 Hobel (Doppelhobel)

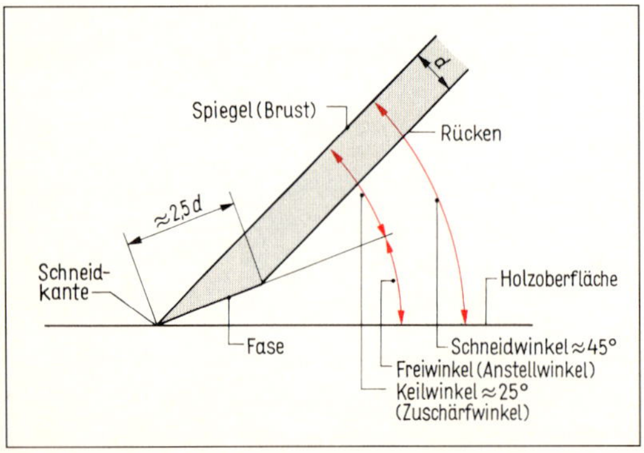

10.21 Bezeichnungen und Größen am Hobeleisen

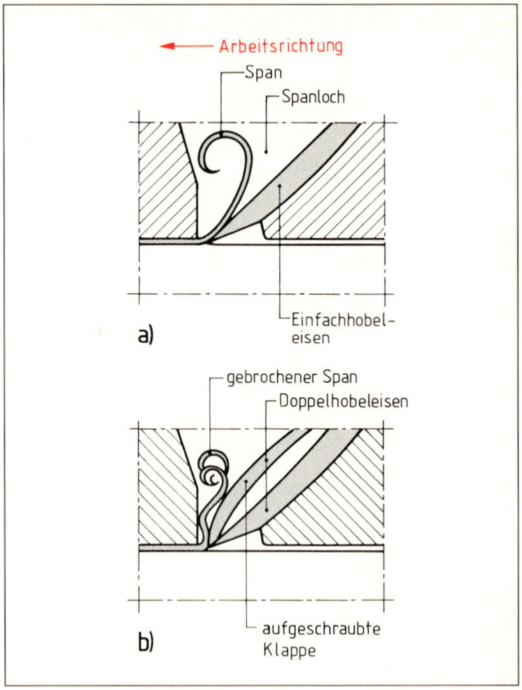

10.22 Wirkungsweise a) des Einfachhobeleisens, b) des Doppelhobeleisens

Hobel sind sorgsam zu behandeln; sie werden nur auf die Seite abgelegt. Geschärft werden sie mit Spezialwerkzeugen: Schleifscheiben und natürlichen oder künstlichen Abziehsteinen.

> Durch Hobeln von Hand werden kleinere Flächen geglättet und gerade Kanten hergestellt.
> Die Hobelarten unterscheiden sich hauptsächlich durch Form, Größe, Art und Schneidwinkel des Hobeleisens. Daraus ergeben sich Spangröße und -dicke und damit die Verwendung des jeweils richtigen Hobels.

Weitere Werkzeuge im Holzbau sind Bankhammer, Zimmermannshammer (Spitz- oder Latthammer), Nageleisen und Schraubzwingen (**10**.23).

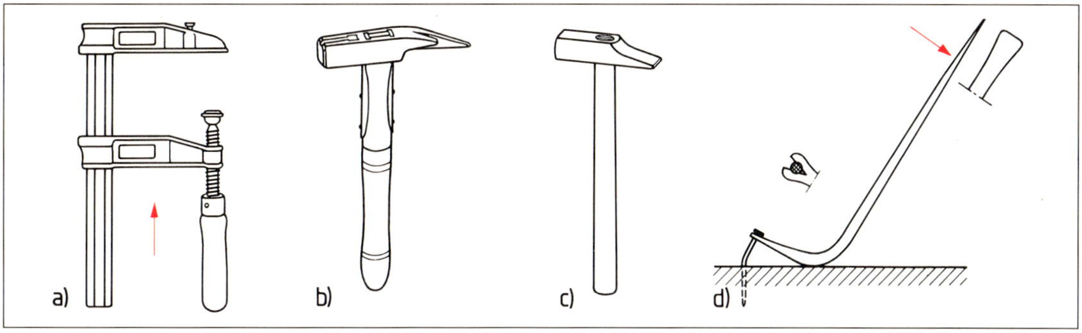

10.23 a) Schraubzwinge, b) Zimmermanns-(Latt-)Hammer, c) Bankhammer, d) Nageleisen

10.3 Holzbearbeitungsmaschinen

Vorschrift für Auszubildende. Für Arbeiten an und mit Holzbearbeitungsmaschinen gelten für jugendliche Auszubildende strenge Vorschriften, die in den Unfallverhütungsvorschriften (UVV) festgelegt sind. An den meisten Maschinen dürfen nur Jugendliche arbeiten, die älter als 17 Jahre sind. Auszubildende über 16 Jahre dürfen im letzten Ausbildungsjahr unter Aufsicht zum Zweck ihrer Ausbildung an den Maschinen arbeiten. Auszubildende unter 16 Jahren dürfen an Maschinen nur zu Hilfeleistungen wie Zureichen, Abnehmen und beim Bearbeiten großer, sperriger Werkstücke herangezogen werden. Neben der „Unfallverhütungsvorschrift Be- und Verarbeitung von Holz und ähnlichen Stoffen" gelten Sicherheitsvorschriften für einzelne Maschinen. Außerdem sind die Unfallverhütungsvorschriften für elektrische Anlagen zu beachten.

Die wichtigsten ortsfesten Maschinen sind Bandsäge, Hobelmaschine, Fräsmaschine und Kreissäge (Baukreissäge).

Die Baukreissäge (**10**.24) wird auf fast jeder Baustelle eingesetzt. An ihrem Beispiel soll gezeigt werden, welche Sicherheitspunkte an einer Holzbearbeitungsmaschine zu beachten sind.

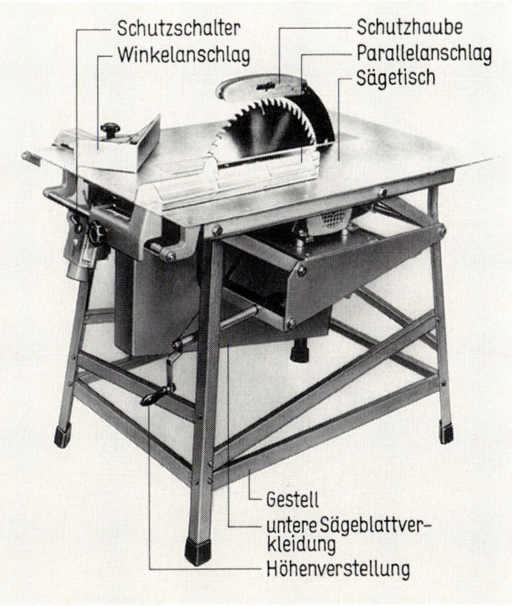

10.24 Baukreissäge

Vorschriften für Holzbearbeitungsmaschinen

Der Sägetisch muß glatt und eben sein.

Das Sägeblatt muß von der Schutzhaube bis auf die Schnittstelle und unter dem Tisch vollständig abgedeckt sein.

Der Spaltkeil muß waagerecht und senkrecht leicht und sicher verstellbar und darf höchstens 1 cm vom Zahnkranz entfernt sein. Er muß mindestens ein Viertel dicker sein als das Sägeblatt und höchstens so dick wie die Schränkweite.

Die Schnitthöhe des Sägeblattes muß verstellbar sein.

Die Säge muß Parallel- und Winkelanschlag haben.

Schmale Werkstücke müssen mit Hilfe einer Schiebestange geschnitten werden.

Vor der Arbeit an der Baukreissäge muß eine sorgfältige Einweisung erfolgen.

Handmaschinen. Im modernen Baubetrieb werden immer häufiger kleine, tragbare (ortsveränderliche) Handmaschinen eingesetzt. Sie sind vielseitig verwendbar und ersparen den zeitraubenden und umständlichen Transport schwerer und sperriger Hölzer zu stationären (ortsfesten) Maschinen. Bauholz und Holzwerkstoffe fast jeder Art und Abmessung können sofort auf der Baustelle verarbeitet werden.

Die wichtigsten Handmaschinen sind Handkreissäge, Handbohrmaschine, Balkenhobel und Kettenfräsmaschine.

Für Handmaschinen gelten im Prinzip dieselben Unfallverhütungsvorschriften wie für die ortsfesten Holzbearbeitungsmaschinen.

Holzbearbeitungsmaschinen im Bauwesen sind stationär (ortsfest) oder tragbar (ortsveränderlich, Handmaschinen). Wichtige stationäre Maschinen sind Bandsäge, Hobelmaschine, Fräsmaschine und Baukreissäge. Handmaschinen sind Handkreissäge, Handbohrmaschine, Balkenhobel und Kettenfräsmaschine.

Bei Arbeiten an und mit Holzbearbeitungsmaschinen müssen die Unfallverhütungsvorschriften und das Schutzalter für jugendliche Auszubildende unbedingt eingehalten werden.

10.4 Einfache Holzverbindungen

Bauhölzer können durch die in Jahrhunderten bewährten zimmermannsmäßigen oder durch moderne ingenieurmäßige Techniken verbunden werden.

Tabelle **10.25** **Holzverbindungen**

Zimmermannsmäßige Holzverbindungen (Unterteilung nach der Anordnung der verbundenen Hölzer)
a) Breitenverbindungen für Bretter, Bohlen und Platten b) Längenverbindungen für Kanthölzer und Balken c) Recht- und schiefwinklige Winkelverbände für Kanthölzer und Balken
Ingenieurmäßige Holzverbindungen (Unterteilung nach dem Verbindungsmittel)
a) Schraubenbolzenverbindungen b) Dübelverbindungen c) Nagelverbindungen d) Holzverbinder e) Leimverbindungen

Zimmermannsmäßige Holzverbindungen erfordern sorgfältige Hand- oder Maschinenarbeit. Die Holzquerschnitte werden in der Regel an der Verbindungsstelle geschwächt und müssen deshalb entsprechend groß gewählt werden. Die Festigkeit der Verbindungspunkte (Knotenpunkte) wird meist nicht berechnet. Lohn- und Materialkosten sind darum verhältnismäßig hoch.

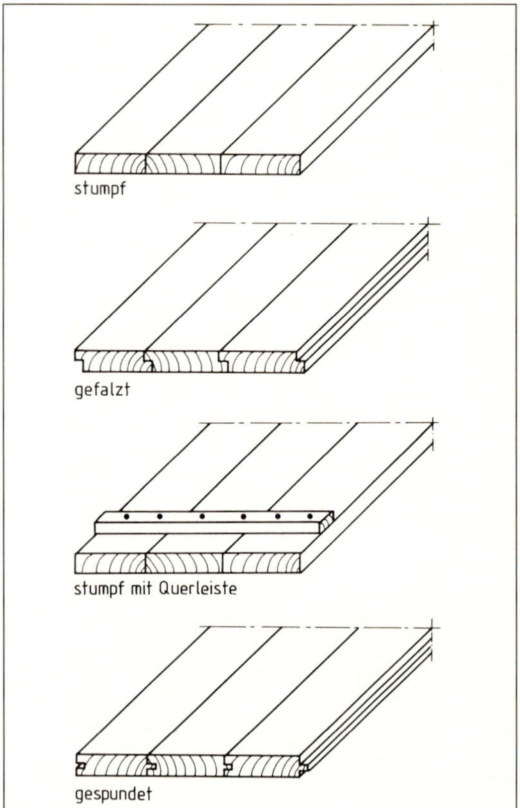

10.26 Breitenverbindungen

Breitenverbindungen für Bretter, Bohlen, und Platten werden mit rechteckigen, gefalzten oder genuteten Querschnitten hergestellt. So ergeben sich große ebene Flächen für Fußböden, Wand- und Deckenverkleidungen, Dächer und Schalungen. Die Einzelquerschnitte fügt man durch Nägel und zusätzliche Querleisten und Rahmen zusammen. Bei besseren Ausführungen nimmt man Bretter mit Falz oder mit Nut und Feder (**10.26**).

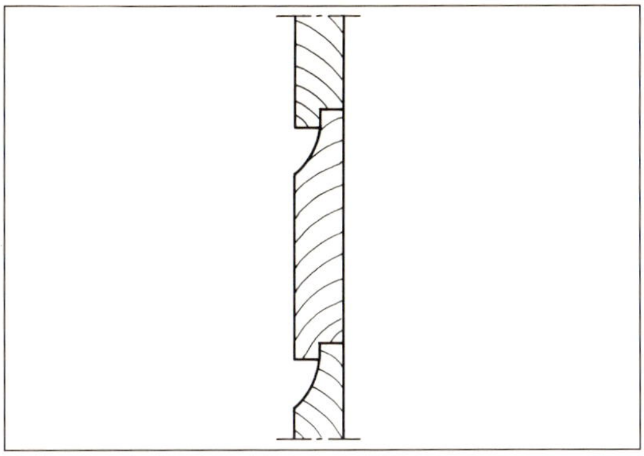

10.27 Stülpschalung

Bei Stülpschalungen sind rauhe, gefalzte oder genutete Bretter schuppenförmig angeordnet (**10**.27). Dadurch wird Regenwasser schnell und sicher abgeleitet.

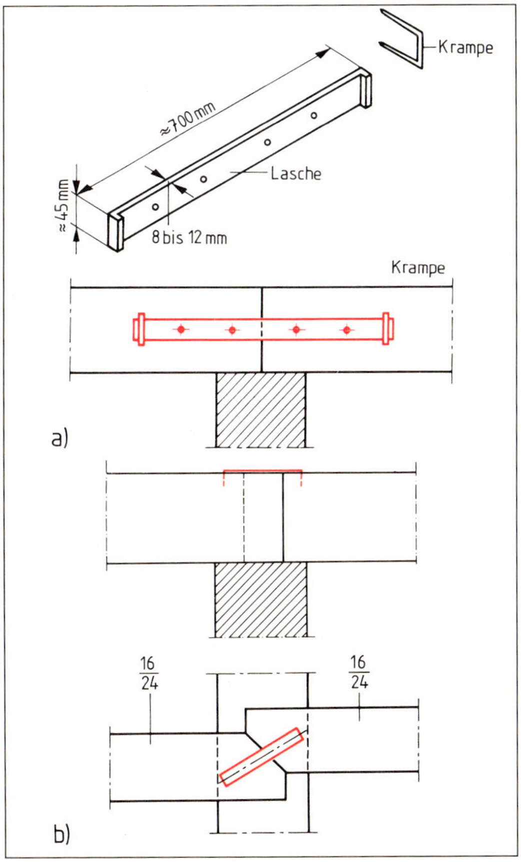

10.28 Balkenstöße

a) stumpfer zugfester Balkenstoß mit Flachstahllaschen, b) versetzter Balkenstoß mit Flachstahlklammer

Längenverbindungen sind nötig, wenn die handelsüblichen Kantholz- und Balkenlängen nicht den konstruktiven Anforderungen entsprechen (vor allem bei Holzbalkenlagen, Gerüsten und Dachkonstruktionen). Gebräuchlich sind der stumpfe und versetzte Stoß, die durch Flachstahllaschen oder Bauklammern gesichert werden (**10**.28), außerdem das gerade Blatt, das Hakenblatt und der Zapfenstoß, die durch Holznägel, Drahtstifte oder Schraubenbolzen gesichert werden (**10**.29).

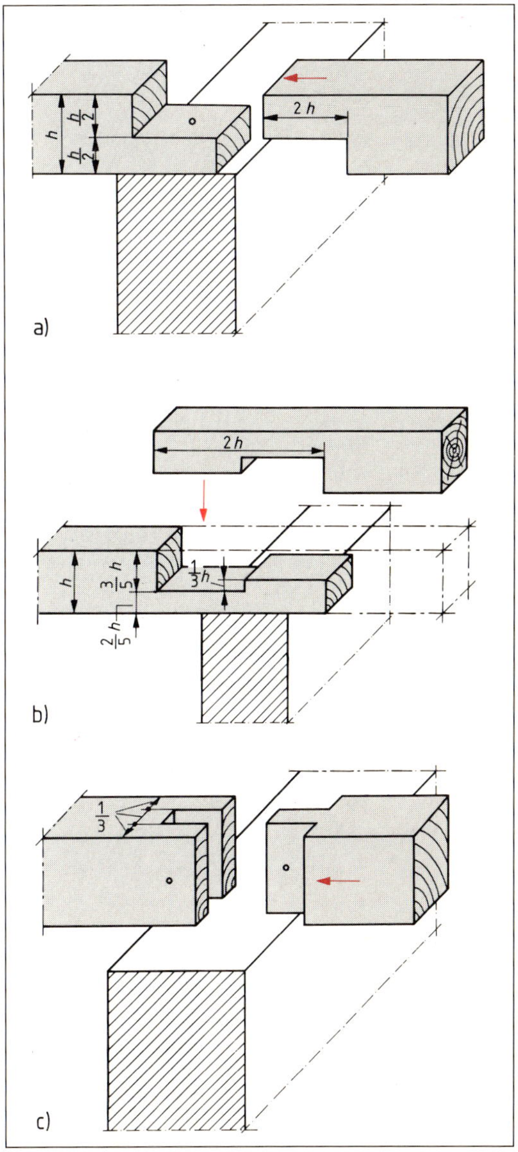

10.29 Balkenstöße

a) gerades Blatt, b) Hakenblatt, c) Zapfenstoß

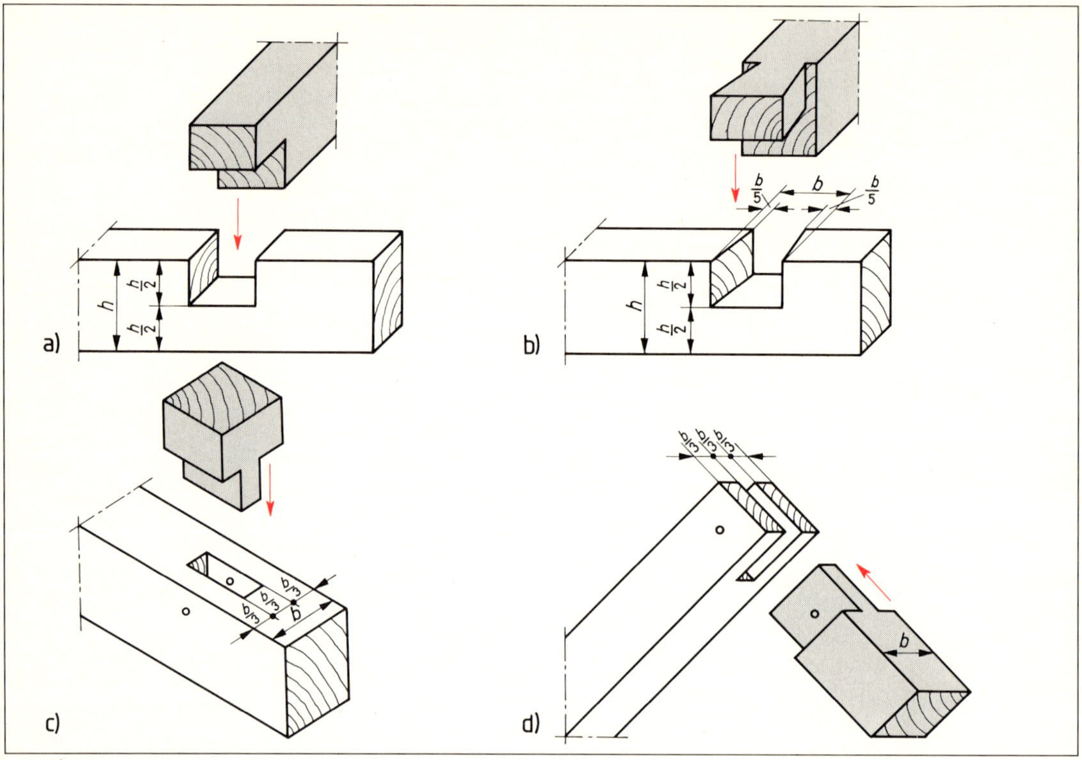

10.30 Winkelverbände
a) Überblattung (gerades Blatt), b) Schwalbenschwanzblatt, c) gerader Zapfen, d) Scherzapfen

Recht- und schiefwinklige Winkelverbände werden für Fachwerk- und Dachkonstruktionen sowie für Gerüste angeordnet.

Bei Überblattungen und Verzapfungen stoßen die Kanthölzer meist rechtwinklig aufeinander; Ober- und Unterseite oder Vorder- und Rückseite der verbundenen Hölzer sind bündig (**10.**30).

Bei Verkämmungen wird ein oberes Kantholz nur wenige cm in ein unteres eingelassen und dadurch unverschieblich festgehalten. Die Hölzer liegen meist rechtwinklig zueinander (**10.**31).

Bei Versatzungen stößt ein Kantholz unter einem Winkel zwischen 0° und 90° auf ein anderes (**10.**32). Die Kraft F wird dadurch zerlegt in eine horizontale Kraft F_H und eine

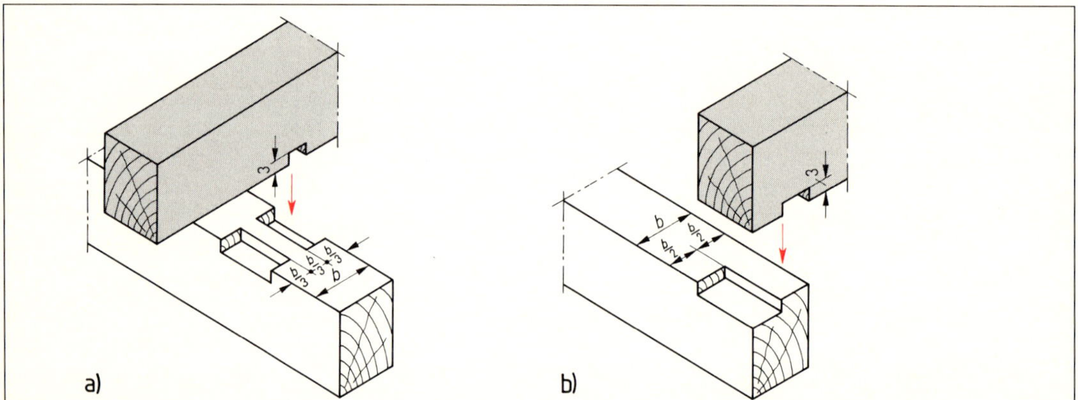

10.31 Verkämmungen
a) Mittelkamm, (Doppelkamm), b) Eckkamm

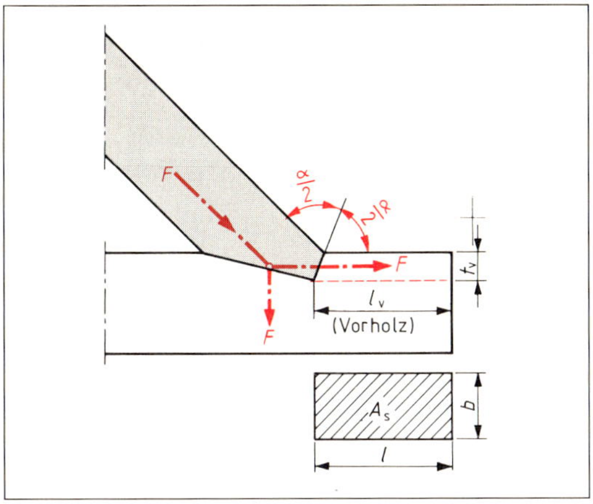

10.32 Winkelhalbierender Stirnversatz

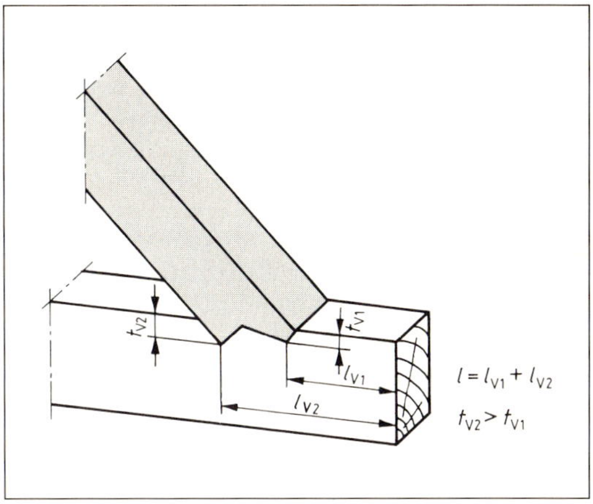

10.33 Doppelter Versatz

vertikale Kraft F_V. Die Horizontalkraft F_H wird von der Scherfläche A_S aufgenommen.

Die üblichen Versatzarten unterscheiden sich durch die Neigung der Stirnfläche, durch einfachen oder doppelten Versatz (**10**.33) und durch die Sicherung (Zapfen, Nägel, Schraubenbolzen, Brettlaschen).

Bei zimmermannsmäßigen Holzverbindungen kann man die gleichen Nägel und Schraubenbolzen verwenden wie im Ingenieurbau. Sie übertragen aber dabei keine Kräfte, sondern sichern nur den Zusammenhalt der Hölzer. Dasselbe gilt für Holznägel, Bauklammern und Flachstahllaschen.

Zimmermannsmäßige Holzverbindungen in handwerklicher Tradition werden bei Holzbalkendecken, Fachwerken, Gerüsten und Dachkonstruktionen ausgeführt. Man unterscheidet Breiten, Längen- und Winkelverbindungen.

Die Verbindungspunkte (Knotenpunkte) werden in der Regel nicht berechnet. Die Holzquerschnitte müssen wegen der Schwächung groß gewählt werden. Zusätzliche Verbindungsmittel wie Nägel, Schraubenbolzen, Bauklammern, Flachstahl- und Brettlaschen sichern die Knotenpunkte.

Ingenieurmäßige Holzverbindungen werden normalerweise berechnet, nutzen die Holzfestigkeit besser aus und kommen so mit kleineren Holzquerschnitten aus. Trotz der zusätzlichen Verbindungsmittel (Schraubenbolzen, Dübel und Nägel) liegen die Gesamtkosten oft niedriger als bei zimmermannsmäßigen Verbindungen. Bestimmte Holzbauweisen – z.B. genagelte Brettbinder – sind nur in ingenieurmäßiger Bauweise möglich.

Schraubenbolzenverbindungen werden nach DIN 1052 berechnet und müssen aus mindestens zwei Schraubenbolzen bestehen. Sie sind als tragende Verbindung nur bei untergeordneten Bauten und Gerüsten zulässig. Der Bolzendurchmesser muß $\geqq$ 12 mm betragen.

Verwendet werden Sechskantschrauben M 12, M 16, M 20, M 22 und M 24 nach DIN 601 mit Sechskantmuttern nach DIN 555, gelegentlich auch Schloßschrauben mit einem flachen Halbrundkopf. Auf Kopf- und Mutterseite sind Unterlagscheiben nach DIN 436 (Vierkantscheiben) oder DIN 440 (Rundscheiben) Vorschrift. DIN 1052 legt die Abstände der Bolzen in Kraftrichtung untereinander und zum belasteten Rand fest. Je nachdem, ob eine oder zwei Querschnittflächen des Bolzens auf Abscheren beansprucht werden, spricht man von einer ein- oder zweischnittigen Verbindung (**10**.34).

Dübelverbindungen gewinnen im Holzbau zunehmend an Bedeutung. Dabei verdrängen Metalldübel die handwerklich hergestellten Holzdübel.

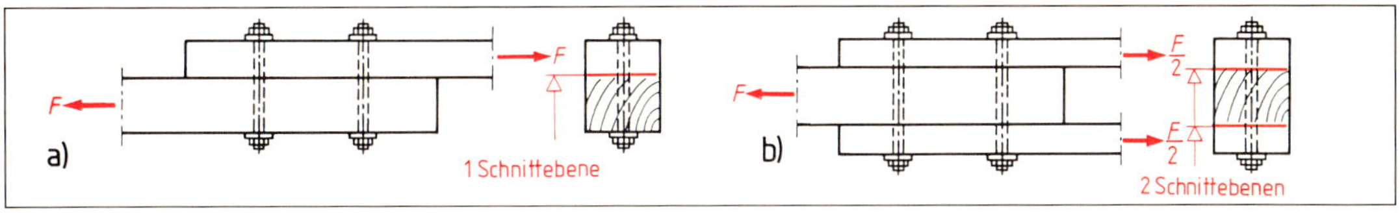

10.34 a) Einschnittige und b) zweischnittige Schraubenbolzenverbindung

DIN 1052 T2 nennt 14 Dübeltypen(-systeme) mit insgesamt 63 Dübelgrößen.

Dübel verbinden zwei oder mehrere Balken so miteinander, daß sie wie ein Balken wirken (**10**.35). Aus handelsüblichen, preiswerten Balkenquerschnitten (Vorratskantholz) stellt man auf diese Weise große tragfähige Balkenquerschnitte mit geringen Durchbiegungsmaßen her. Die Metalldübel werden eingelassen oder eingepreßt, die Hölzer mit nachspannbaren Schraubenbolzen zusammengepreßt.

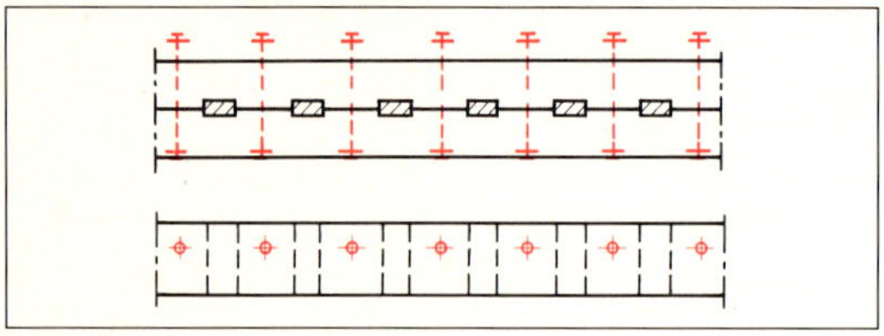

10.35 Balken mit Holzdübeln

Nagelverbindungen werden mit Drahtnägeln nach DIN 1151 (rund, blank) ausgeführt. Nach DIN 1052 gibt es 19 Größen von 22×45 bis 90×130. Die erste Zahl nennt den Nageldurchmesser d_N in $^1/_{10}$ mm, die zweite Nagellänge l_N in mm (**10**.36). Eine Nagelverbindung besteht aus mindestens 4 Nägeln. DIN 1052 legt die Abstände der Nägel in Kraftrichtung und senkrecht dazu untereinander und zum Rand fest.

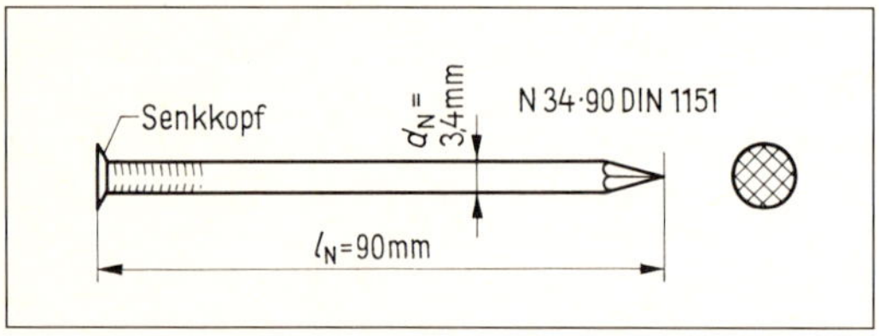

10.36 Drahtnagel nach DIN 1151 für Nagelverbindungen

Wie bei den Schraubenbolzenverbindungen unterscheidet man ein- und zweischnittige Verbindungen (**10**.37). Bei Eichen- oder Buchenholz müssen die Nagellöcher vorgebohrt werden. Die vorgezeichneten Linien, in deren Kreuzungspunkt die Nägel eingeschlagen werden, heißen Nagelrißlinien. Für die Nagelgrößen gelten jeweils Mindestholzdicken, die nicht unterschritten werden dürfen. Andernfalls besteht die Gefahr, daß das Holz in Faserrichtung reißt (spaltet).

Holzverbinder verwendet man, wenn zimmermannsmäßige Verbindungen nicht ausreichen und ingenieurmäßige aus konstruktiven Gründen nicht möglich sind. Holzverbinder kann man bei Holzbalkendecken, Dachgerüsten und Fachwerkkonstruktionen verwenden. Es sind verzinkte, gelochte Metallteile (Bleche, Winkel, Laschen, Knaggen u.ä.), die Kanthölzer und Balken verbinden, ohne ihre Querschnitte zu schwächen (**10**.38). Befestigt werden sie mit Ankernägeln (**10**.39), deren besondere Riffelung einen festen Sitz garantiert. Die Tragkraft eines Holzverbinders wird einer Typentabelle entnommen.

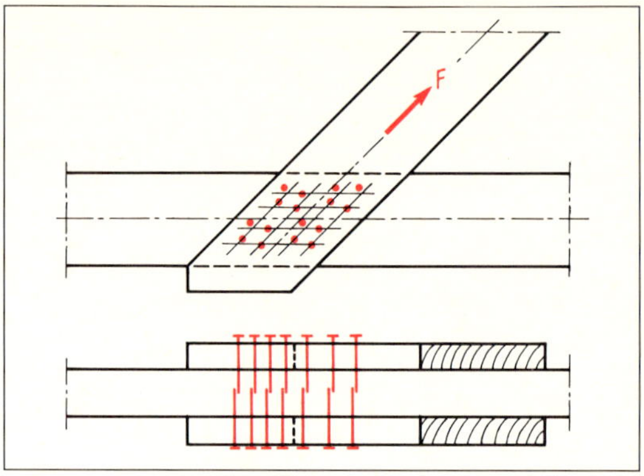

10.37 Einschnittige Nagelverbindung

Leimverbindungen nach DIN 1052 unterliegen sehr hohen Qualitätsanforderungen und dürfen nur von Betrieben mit entsprechenden Maschi-

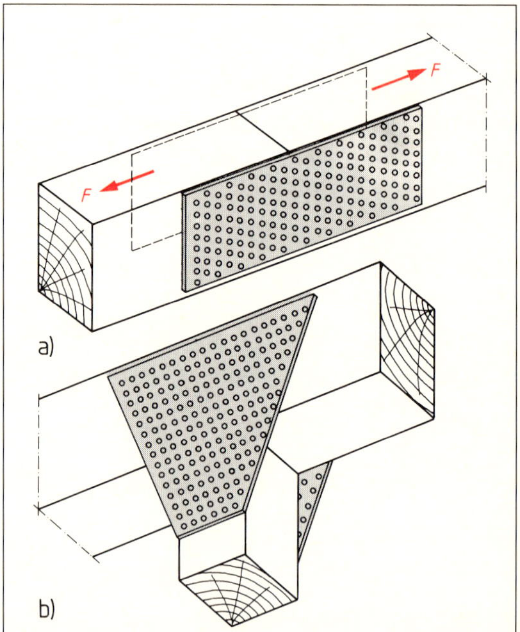

10.38 Lochplatten a) als Verbindungselemente für einen Untergurtstoß, b) zur Verbindung von Pfette und Stiel

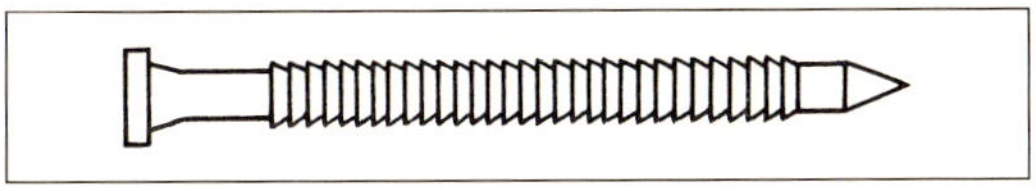

10.39 HVV-Spezialnagel (Ankernagel)

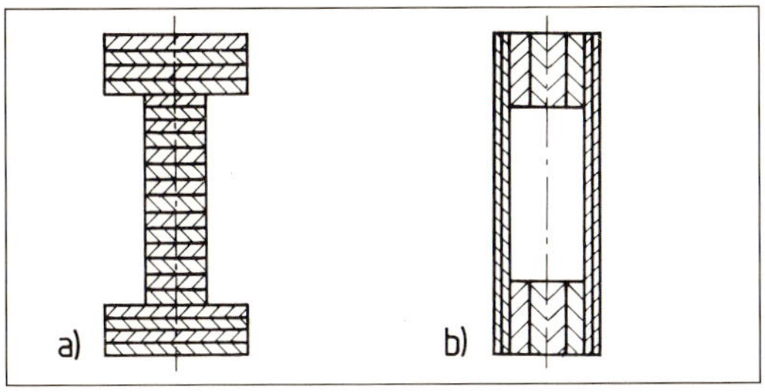

10.40 Leimbinder
a) verleimter Brettlamellenträger aus Vollholzbrettern I-Querschnitt, b) verleimter Träger aus Vollholzbrettern und Furnierplatten mit Hohlkastenquerschnitt

nen (Pressen) hergestellt werden. Einrichtung und Personal werden von der obersten Bauaufsichtsbehörde überwacht. Hauptsächlich fertigt man Träger und Binder mit verschiedenen Querschnitten, die am Bau nur montiert (verlegt) werden: Wellstegträger, I- und Hohlkastenprofile, Brettlamellenträger (**10**.40).

Die ingenieurmäßigen Holzverbindungen mit Schraubenbolzen, Dübeln, Nägeln und Holzverbindern gewinnen zunehmend an Bedeutung. Sie sind einfach herzustellen, darum preiswert, schwächen den Holzquerschnitt nur wenig, nutzen dagegen die Holzfestigkeit weitgehend aus, weil sie normalerweise berechnet werden (nach DIN 1052).

Geleimte Holzverbindungen werden nur werkseitig hergestellt und unterliegen strenger bauaufsichtlicher Kontrolle.

Aufgaben zu Abschnitt 10.1 bis 10.4

1. Welche Schnittholzformen werden im Holzbau vorwiegend verwendet?
2. Welche Bauteile werden häufig als Holzkonstruktionen ausgeführt.
3. Welche Maßeinheiten verwendet man in Bauzeichnungen, und wie gibt man sie an?
4. Mit welchen Meßgeräten mißt man Längen?
5. Mit welchen Meßgeräten werden Winkel gemessen und abgetragen?
6. Wie arbeitet man mit dem Streichmaß?
7. Warum muß ein Richtscheit gerade und parallele Kanten haben?
8. Beschreiben Sie die Anwendung einer Anreißlehre (Schablone).
9. Wie zieht man Risse (Linien) auf dem Holz?
10. Wie kennzeichnet man beim Anreißen abfallende Teile?
11. Beschreiben Sie den Unterschied zwischen gespannten und ungespannten Sägen.
12. Was versteht man unter dem Schnittwinkel eines Sägeblatts?
13. Beschreiben Sie die Bezahnungen „auf Stoß" und „auf Stoß und Zug".
14. Warum wird das Sägeblatt geschränkt?
15. Wie setzt man die Säge auf dem Riß an?
16. Was unterscheidet Stemmeisen und Lochbeitel?
17. Welche Arbeiten führt man mit der Stoßaxt aus?
18. Welche Vorteile hat die Brustbohrmaschine gegenüber der Bohrwinde?
19. Nennen Sie einige Hobelarten.
20. Erläutern Sie die Wirkungsweisen von Einfach- und Doppelhobeleisen.
21. Nennen Sie einige wichtige stationäre Holzbearbeitungsmaschinen.
22. Was schreibt die „Unfallverhütungsvorschrift für die Be- und Verarbeitung von Holz" für Auszubildende vor?
23. Was verstehen Sie unter dem „Schutzalter"?
24. Welche Vorteile bieten Handmaschinen gegenüber ortsfesten Holzbearbeitungsmaschinen?
25. Welche Arbeiten werden mit der Kettenfräsmaschine ausgeführt?
26. Beschreiben Sie Vor- und Nachteile der handwerklich-zimmermannsmäßigen Holzverbindungen gegenüber den ingenieurmäßigen.
27. Beschreiben und skizzieren Sie einige Breitenverbindungen für Bretter.
28. Für welche Arbeiten sind Breitenverbindungen erforderlich?
29. Welche Aufgaben haben Längsverbindungen von Kanthölzern?
30. Wie sichert man Balkenstöße?
31. Wie unterscheiden sich Verzapfungen, Überblattungen und Verkämmungen?
32. Skizzieren Sie einige zimmermannsmäßige Holzverbindungen.
33. Beschreiben Sie die Wirkung des Versatzes.
34. Erläutern Sie die Übertragung der Kräfte beim Versatz.
35. Welche Vorteile bringt der doppelte Versatz?
36. Wo sind Schraubbolzenverbindungen zugelassen?
37. Welche Schraubenbolzen werden für Schraubenbolzenverbindungen benutzt?
38. Was versteht man unter einschnittigen und zweischnittigen Verbindungen?
39. Welche Vorteile bieten Holzverbinder im Vergleich zu Nägeln, Dübeln und Schraubenbolzen?
40. Wozu verwendet man Leimverbindungen?

10.5 Dächer

Dachkonstruktionen stellt der Zimmermann her. Da sie aber wichtiger Bestandteil des Gebäudes sind, müssen alle Bauhandwerker grundlegende Kenntnisse von einfachen Dächern haben.

10.5.1 Aufgabe, Aufbau und Formen

Aufgabe. Das Dach ist der obere Abschluß des Gebäudes, schützt es vor Witterungseinflüssen (Regen, Schnee, Wind, Wärme, Kälte) und bestimmt weitgehend seinen äußeren Gesamteindruck.

Aufbau. Jedes Dach besteht aus dem Dachtragwerk oder Dachgerüst und der Dachhaut. Beim Flachdach dient eine Stahlbeton- oder Holzbalkendecke als Dachtragwerk (**10**.41), bei flachgeneigten oder Steildächern ist ein Dachgerüst (Dachstuhl, **10**.42) auf der Dachgrundfläche erforderlich. Es besteht meist aus Holz, seltener aus Stahl. Die Dachhaut ist je nach Konstruktion wasserdampfdurchlässig oder -undurchlässig, aber immer wasserdicht. Bei geringerer Dachneigung muß sie stets wasserabdichtend sein, bei größerer Neigung genügt es, wenn sie wasserableitend ist (**10**.43).

Dachabdichtung heißt die *wasserabdichtende* Dachhaut aus Bitumendachbahnen, -dichtungsbahnen, -schweißbahnen oder Kunststoffbahnen (s. Abschn. 15.2.3). Dachabdichtungen sind absolut wasserdicht und neigungsunabhängig. Man ordnet sie daher vorwiegend bei flachen und flachgeneigten Dächern an.

Dachdeckung heißt die *wasserableitende* Dachhaut aus sich schuppenförmig überdeckenden Elementen, die Niederschläge in Neigungsrich-

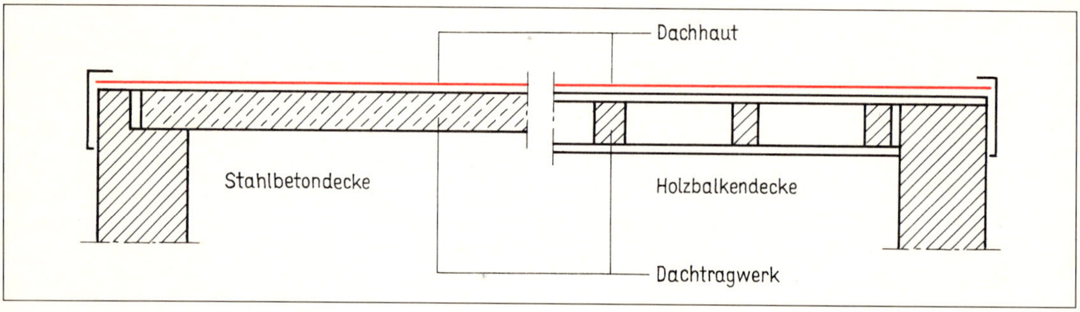

10.41 Dachkonstruktion bei Flachdächern

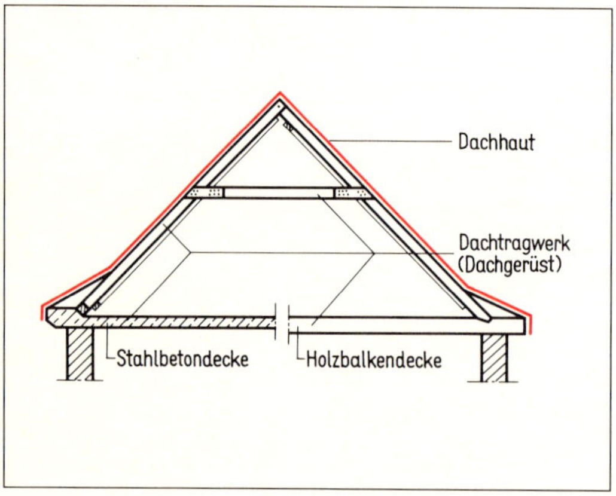

10.42 Dachkonstruktion des Steildachs (Kehlbalkendach)

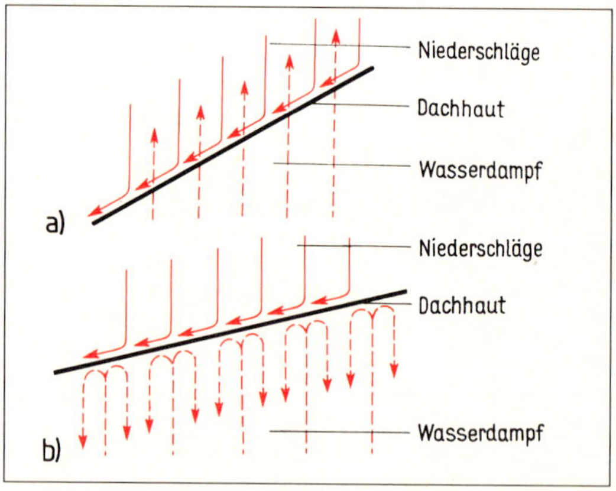

10.43 Schema der Dachhaut

a) wasserableitend und wasserdampfdurchlässig

b) wasserabdichtend und wasserdampfundurchlässig

Tabelle **10.44** **Dachneigung**

Dachneigungsgruppe	Dachneigung in Grad	Dachneigung in Prozent	Bezeichnung	Bevorzugte Dachhaut	Baustoffe für die Dachhaut
I	≤ 3	≤ 5,2	Flachdach ↓	Dachabdichtung ↓	Bitumendachbahnen, -dichtungsbahnen, -schweißbahnen, Kunststoffbahnen
II	> 3 bis ≤ 5	> 5,2 bis ≤ 8,7	flachgeneigtes Dach ↓		
III	> 5 bis ≤ 20	> 8,7 bis ≤ 36			
IV	> 20	> 36	Steildach	Dachdeckung	flache Metallblech- und Wellblechtafeln, Faserzementplatten, Dachziegel, -schiefer, Betondachsteine

tung ableiten. Großformatige Dachdeckstoffe für flachgeneigte Dächer sind flache Metallblech-, Wellblechtafeln und Faserzementwellplatten. Kleinformatige Dachdeckstoffe für Steildächer sind Dachziegel, Dachschiefer und Faserzementplatten. Dachdeckungen aus Stroh, Rohr (Reet) oder Holzschindeln kommen nur noch gelegentlich in landschaftlich gebundenen Bauweisen vor.

Die Dachneigung ist nicht genormt. Eine zweckmäßige Einteilung zeigt Tabelle **10**.44.

Die Dachform bestimmt wesentlich das Aussehen des Gebäudes. Sie ist abhängig von örtlichen Bauvorschriften, der Gebäudeart, dem Wunsch des Bauherrn und dem Dachtragwerk. Die wichtigsten Dachformen zeigt Bild **10**.45.

Dächer
- schließen, schützen und gestalten das Gebäude,
- bestehen aus Dachtragwerk und Dachhaut,
- haben eine Dachabdichtung oder eine Dachdeckung,
- sind Flachdächer, flachgeneigte Dächer oder Steildächer.

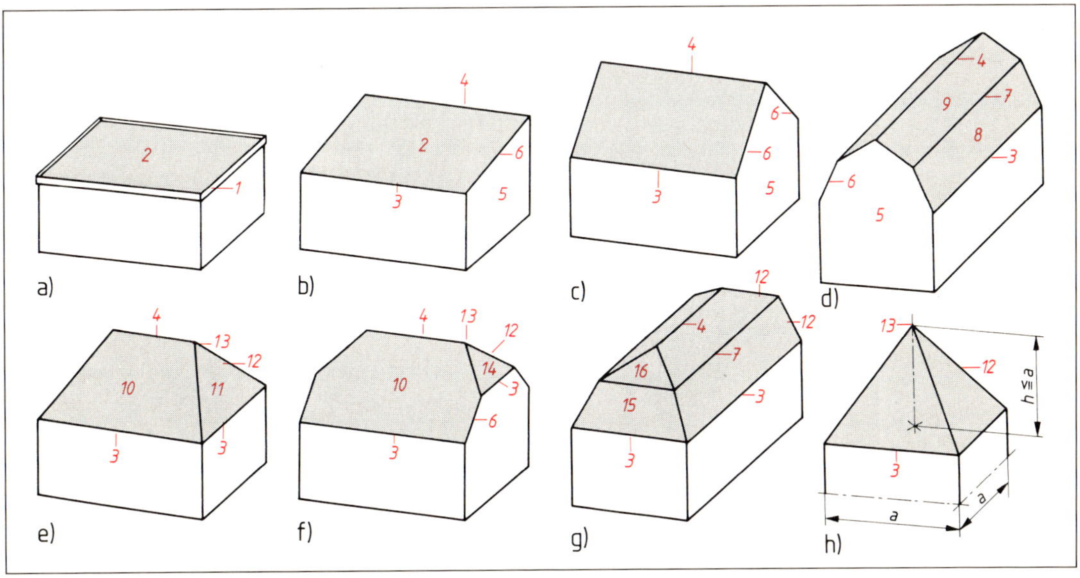

10.45 Dachformen und -bezeichnungen

a) Flachdach, b) Pultdach, c) Satteldach, d) Mansarddach, e) Walmdach, f) Krüppelwalmdach, g) Mansardwalmdach, h) Zeltdach

1 Gesims
2 Dachfläche
3 Traufe
4 First
5 Giebel
6 Ortgang
7 Mansardlinie
8 Unterdach
9 Oberdach
10 Hauptdachfläche
11 Walmfläche
12 Grat
13 Anfallpunkt
14 Krüppelwalm
15 untere Walmfläche
16 obere Walmfläche

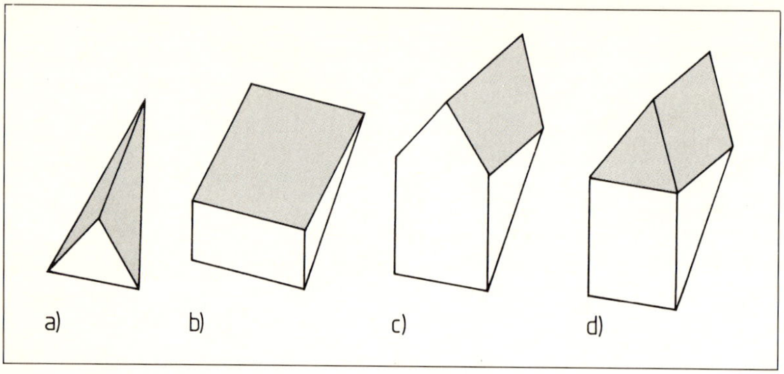

10.46 Dachgauben
a) Spitzgaube, b) Schleppgaube, c) Satteldachgaube, d) Walmdachgaube

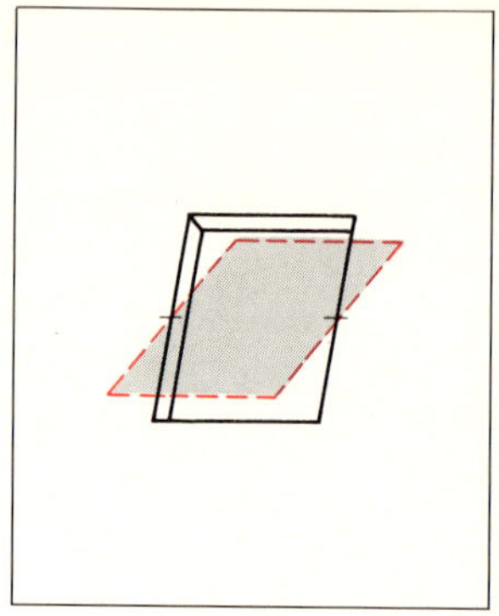

10.47 Dachflächenfenster

Dachaufbauten (Gauben oder Gaupen) belichten und belüften den Dachraum von Steildächern. Sie unterbrechen die Dachhaut, oft auch das Dachtragwerk (**10.46**). Die Anschlüsse können deshalb im Laufe der Jahre undicht werden. Häufig baut man darum Dachflächenfenster ein. Sie liegen in der Ebene der Dachfläche und beeinträchtigen das Aussehen des Daches nicht (**10.47**).

10.5.2 Dachkonstruktionen

Dachgerüste für Steildächer werden als Sparren- oder Pfettendächer hergestellt. Beide eignen sich für Sattel- und Walmdächer und damit für die meist üblichen Dachformen.

Sparrendächer bestehen aus unverschieblichen Dreieckgebinden (Gespärren). Sie sind im Abstand von 60 bis 90 cm hintereinander angeordnet und durch schräg verlaufende Windrispen (Bretter) ausgesteift (**10.42**, **10.48**). Die Sparren nehmen die Dachlasten auf (Eigen-, Wind- und Schneelast) und leiten sie ab in den Deckenbalken (bzw. in Stahlbetondecke) und die Außenmauer. Dabei werden die Sparren auf Biegung und Druck beansprucht.

Bei Sparrenlängen > 4,50 m unterstützt ein Kehlbalken die beiden Sparren. Bei ausgebauten Dachräumen muß er mindestens 2,50 m hoch liegen. In nicht ausgebauten Dachräumen wird der Sparren aus statischen Gründen in der Mitte unterstützt (**10.49**). Ein zweiter Kehlbalken (Hahnenbalken) ist nötig, wenn die obere Sparrenlänge > 3,50 m ist. Den unteren Kehlbalken kann man durch zwei kurze Stiele ersetzen, wenn er zu lang wird. So gewinnt man viel Raum (**10.50**). Die Längsaussteifung erfolgt durch Windrispen (**10.48** b).

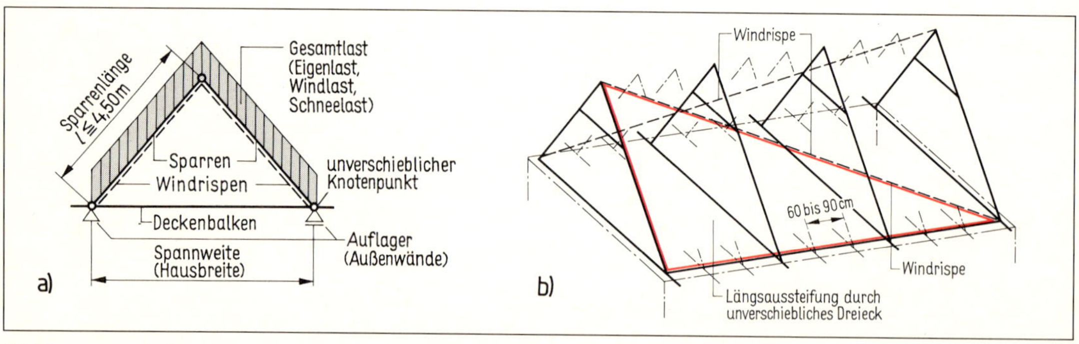

10.48 Sparrendach
a) statisches System, b) Längsaussteifung durch Windrispen

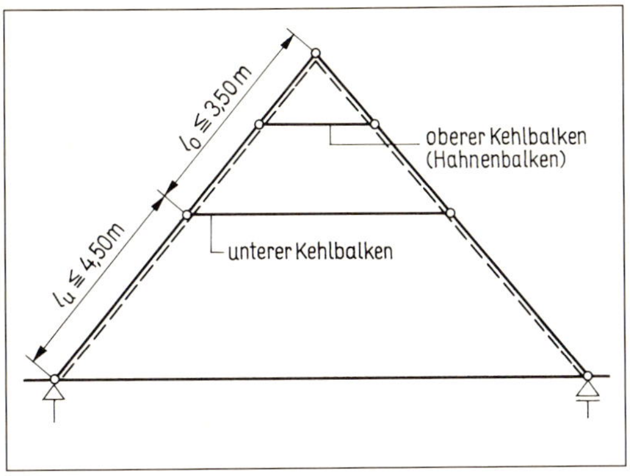

10.49 Sparrendach mit zwei Kehlbalken (Hahnenbalkendach)

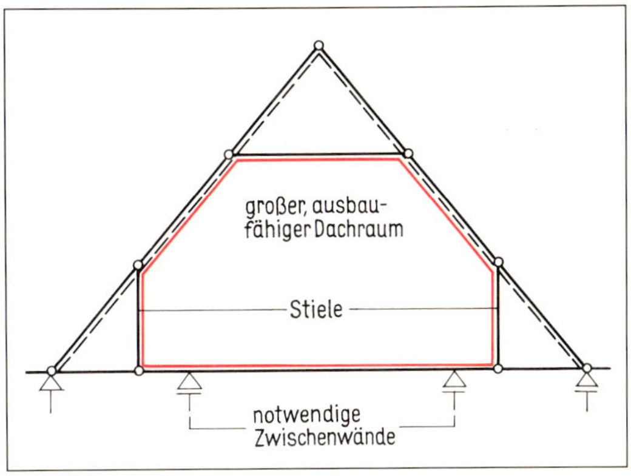

10.50 Sparrendach mit einem Kehlbalken und zwei Stielen

Sparrendächer eignen sich besonders für Dachneigungen über 35°. Bei flacheren Neigungen entstehen am Fußpunkt große Horizontalkräfte, die Deckenbalken oder Stahlbetondecke zusätzlich beanspruchen (**10**.51).

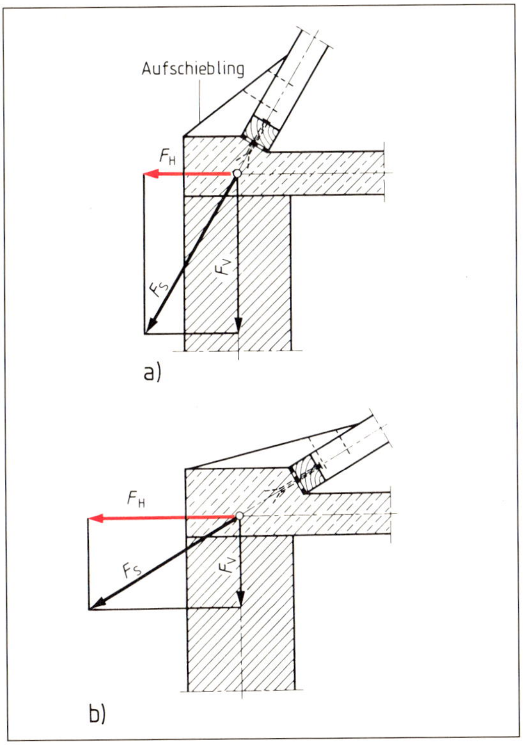

10.51 Druckkraftzerlegung des Sparrens am Fußpunkt des Sparrendachs

a) kleine Horizontalkraft F_H bei steilerer Dachneigung

b) größere Horizontalkraft F_H bei flacherer Dachneigung

Pfettendächer leiten die Gesamtlasten über die Sparren in Pfetten, Stiele und Windstreben ab in Außen- und Zwischenwände (**10**.52). Sie brauchen mehr Holz als Sparrendächer und erreichen die nötige Stabilität nur durch zusätzliche Konstruktionen (wodurch der Dachraumausbau behindert wird). Andererseits eignet sich das Pfettendach auch für stark gegliederte Gebäudegrundrisse und kennt keine Probleme bei Dachaufbauten. Die Sparren werden vorwiegend auf Biegung beansprucht. Ihre größte Spannweite ist 4,50 m.

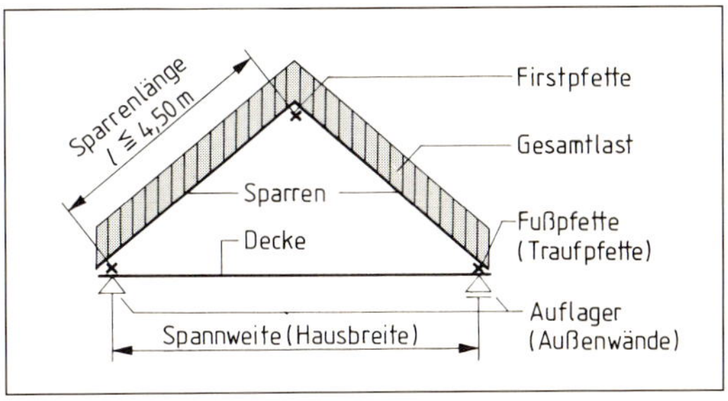

10.52 Statisches System des Pfettendachs

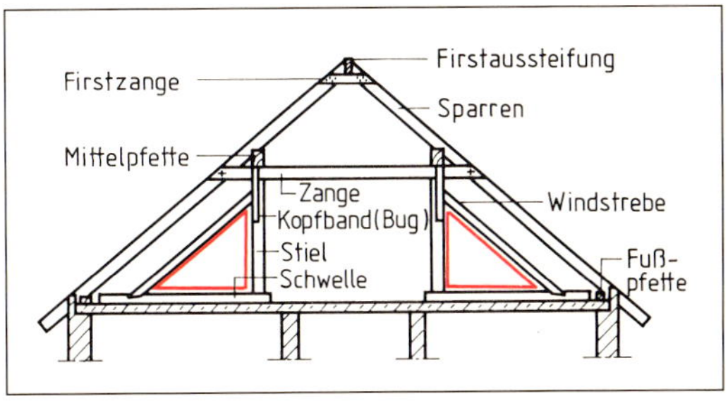

10.53 Pfettendach mit doppelt stehendem Stuhl und Windstreben

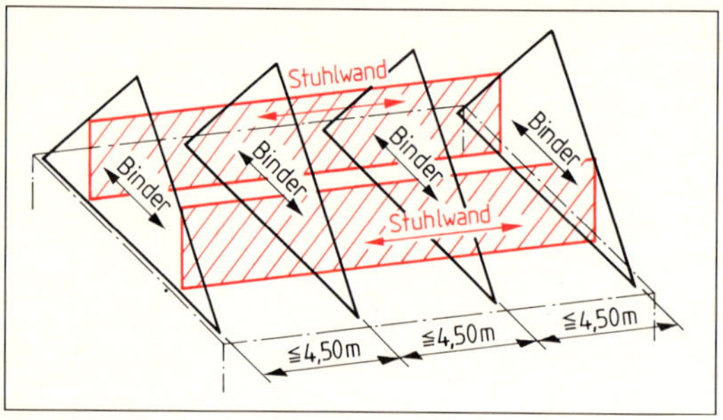

10.54 Schema der Stuhlwand

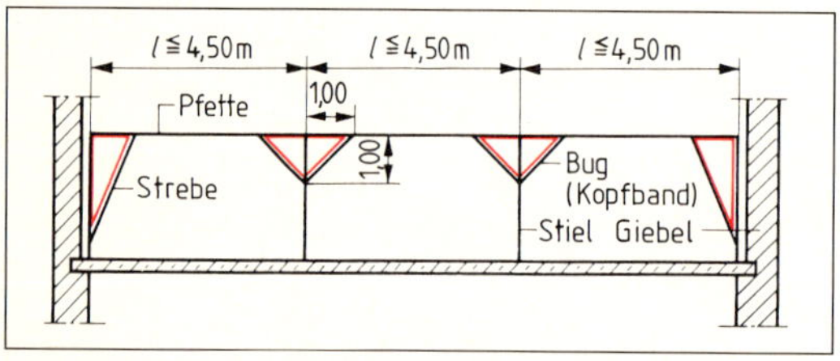

10.55 Schema der Längsaussteifung eines Pfettendachs durch Binder und Stuhlwand

Die Länge einfacher Pfettendächer ist durch die Tragkraft der Pfetten auf etwa 4,50 m begrenzt. Bei längeren Gebäuden unterstützt man deshalb die Pfette im Abstand von $< 4{,}50$ m durch Stiele und Kopfbänder (Stuhlwand, **10**.53 und **10**.54). Binder und Stuhlwände sorgen für die erforderliche Queraussteifung (**10**.55).

Dachkonstruktionen werden als zimmermanns- oder ingenieurgemäße Holzkonstruktionen ausgeführt.

- Sparrendach: geringer Holzverbrauch, einfache Statik, stabil, geeignet für rechteckige Grundrisse und Dachneigungen über 35°,
- Pfettendach: hoher Holzverbrauch, Quer- und Längsaussteifung durch Binder und Stuhlwände erforderlich, geeignet für alle Grundrisse und Dachneigungen unter 45°.

Aufgaben zu Abschnitt 10.5

1. Welche Aufgaben erfüllt das Dach?
2. Erläutern Sie den Dachausbau.
3. Welche Baustoffe nimmt man für Dachabdichtungen und für Dachdeckungen?
4. Wie erfolgt die Einteilung nach der Dachneigung?
5. Skizzieren Sie einige wichtige Dachformen über rechteckigen Grundrissen.
6. Tragen Sie in die Skizzen die Lage von Firsten, Traufen, Ortgängen und Anfallpunkten ein.
7. Wozu dienen Dachgauben?
8. Beschreiben Sie den statischen Aufbau des einfachen Sparrendachs.
9. Erläutern Sie die Bauweisen des Sparrendachs.
10. Beschreiben Sie den statischen und konstruktiven Aufbau des Pfettendachs.
11. Was ist und bezweckt eine Stuhlwand?
12. Vergleichen Sie Sparren- und Pfettendächer miteinander.

11 Beton und Stahlbeton

Beton ist ein künstliches Gestein. Es wird aus Zement und Zuschlägen unter Zugabe von Wasser hergestellt und erreicht durch Erhärten des Zementleims hohe Druckfestigkeit. Entgegen anderer Bauweisen sind Betonbauteile mit Hilfe geeigneter Schalungen in beliebiger Form herstellbar.

Stahlbeton ist ein mit Rundstahl bewehrter Beton (Verbundbaustoff). Er ist druck- und zugfest, deshalb geeignet für biege- und knickbeanspruchte Bauteile (z.B. Balken, Decken, Stützen, Wände).

DIN 1045 gilt für die Herstellung von Beton und Stahlbeton, DIN 1048 für Betonprüfungen.

11.1 Betonarten

Arten und Bezeichnungen des Betons richten sich nach verschiedenen Gesichtspunkten (Tab. **11.1**).

Entwicklung und Verbreitung des Betons begannen erst um 1850. Der Franzose Monier baute 1845 erstmals Kübel und Bänke aus Stahlbeton, später auch Decken und Brükken. Er gilt als Erfinder des Stahlbetons. Inzwischen hat der Beton- und Stahlbetonbau einen hohen technischen Stand erreicht und Architektur und Baukonstruktionen unserer Zeit nachhaltig geprägt.

Beton ist ein künstliches, druckfestes Gestein. Die Ausgangsstoffe sind Zuschlag, Zement und Wasser. Stahlbeton ist mit Betonstahl bewehrt, deshalb druck- und zugfest.

Betonarten unterscheidet man im wesentlichen nach Rohdichte, Herstellungsort, Erhärtungszustand, Einbringungsort und Druckfestigkeit.

Tabelle **11.1** **Gliederung der Betonarten**

Gesichtspunkte	Betonarten und -bezeichnungen
Rohdichte	**Schwerbeton** $\varrho_{Rb} \geqq 2{,}8$ kg/dm^3, dichte Zuschläge mit Beimischungen aus Schwerspat, Stahlsand, Stahlschrot u.a. **(Normal-)Beton** $\varrho_{Rb} < 2{,}8$ bis > 2 kg/dm^3, dichte Zuschläge aus Sand, Kies, Splitt, Hochofenschlacke u.a. **Leichtbeton** $\varrho_{Rb} \leqq 2$ kg/dm^3, porige Zuschläge aus Blähschiefer, Blähton, Hütten-, Naturbims u.a.
Festigkeit und Herstellungsart	**Beton B I** mit Festigkeitsklassen B 5 bis B 25, Herstellung nach vorgegebenen Rezepten, von spezialisierten Betrieben auch wie B-II-Beton herstellbar. **Beton B II** mit Festigkeitsklassen B 35 bis B 55, ferner Beton mit besonderen Eigenschaften. Herstellung und Verarbeitung nach besonderen Bedingungen
Herstellungsort	**Transportbeton,** werk- bzw. fahrzeuggemischter Beton, der vom Werk aus als einbaufertiger Frischbeton an die Baustelle transportiert wird **Baustellenbeton,** auf der Baustelle hergestellt. Transport auf drei bis zu 5 km entfernte Nachbarbaustellen möglich
Erhärtungszustand	**Frischbeton,** einbau- und verarbeitungsfähiger Beton in noch breiigem Zustand **Festbeton,** erhärteter Beton (festes Gefüge) **Grüner Beton,** noch junger, nicht ausgehärteter Beton
Einbringungsort	**Ortbeton** nimmt bereits beim Einbringen seine planmäßige Lage innerhalb des Baukörpers ein. **Betonfertigteile** (auch Betonwaren und -werksteine) werden als Festbeton zur Einbaustelle transportiert und dort eingebaut
Bewehrung	**Schlaff bewehrter Beton** (Stahlbeton) enthält Betonstähle, vorwiegend zur Aufnahme von Zug-Spannungen **Spannbeton** enthält vorgespannte hochfeste Stähle, die Druckkräfte in den Beton einleiten und damit dem Entstehen von Biege-Zug-Spannungen entgegenwirken.
Verarbeitung und Eigenschaften	**Betonkonsistenz** (steifer, plastischer, weicher Beton, Fließbeton) **Einbauverfahren** (Schütt-, Pump-, Ausguß-, Spritzbeton) **Verdichtung** (Stampf-, Stocher-, Rüttel-, Schock-, Schleuderbeton) **Beständigkeit** (wasserundurchlässiger, frost- und tausalzbeständiger Beton, Beton mit höherem Widerstand gegen chemische Angriffe, mechanische Abnutzung und Hitze) **Oberflächenbeschaffenheit** (Sicht-, Wasch-, Strukturbeton)

11.2 Betonzuschläge

11.2.1 Arten und Zusammensetzung

Zuschläge bilden das vom Zementstein verbundene, tragende Gerüst innerhalb des Betongefüges. DIN 4226 unterscheidet Betonzuschläge mit dichtem und porigem Gefüge sowie natürliche und künstliche Zuschläge. Betonzuschläge mit dichtem Gefüge eignen sich für Normal- und Schwerbeton, solche mit porigem Gefüge überwiegend für Leichtbeton.

Natürliche Zuschläge mit dichtem Gefüge (ungebrochen) findet man in geeigneten Korngrößen als Sand und Kies in Flüssen, Seen oder Gruben (abgelagertes Trümmergestein). Gebrochenes Zuschlagmaterial (Brechsand, Splitt, Schotter) wird in Steinbrüchen gewonnen und in die gewünschten Korngrößen zerkleinert (Tabelle **11**.2). Kiessand nennen wir Gemenge aus Sand und Kies. Sand und Splitt bezeichnen wir als Splitt-Sand-Gemisch.

Werkgemischter Betonzuschlag (WBZ) ist ein Gemisch aus ungebrochenem und/oder gebrochenem Korn. Im Sortenverzeichnis WBZ stehen verschiedene Kornzusammensetzungen bis zum Größtkorn 32 mm zur Auswahl. Sie müssen den Bereichen A bis C bzw. U der Normsieblinien entsprechen (**11**.5a bis c). Ihr Anwendungsbereich ist auf Betonfestigkeitsklassen bis B 25 begrenzt.

Natürliche Zuschläge mit porigem Gefüge sind als Erguß- oder Auswurfgestein entstanden. Sie sind leicht und wärmedämmend, aber wenig druckfest. Ungebrochenes Material gewinnt man in Gruben, gebrochenes in Steinbrüchen.

Künstliche Zuschläge mit dichtem Gefüge gewinnt man aus Hochofen- und Kesselschlacken. Als porige Zuschläge gelten u.a. poröse Hochofenschlacke, Hüttenbims, poröse Kesselschlacke, Blähton und Ziegelsplitt. Für den Beton- und Stahlbetonbau haben die natürlichen Zuschläge mit dichtem Gefüge die größte Bedeutung. Sie werden im folgenden näher behandelt.

Tabelle **11**.2 **Bezeichnung der Zuschläge nach Korngrößen**

Zuschlag mit		Zusätzliche Bezeichnung für	
Kleinstkorn	Größtkorn	ungebrochenen Zuschlag	gebrochenen Zuschlag
	0,125 mm	Mehlkorn	Mehlkorn
–	0,25 mm	Feinst- } Sand	Feinst- } Brechsand
–	1 mm	Fein- } Sand	Fein- } Brechsand
1 mm	4 mm	Grob- } Sand	Grob- } Brechsand
4 mm	32 mm	Kies } Rundkorn	Splitt
32 mm	63 mm	Grobkies } Rundkorn	Schotter

Die Kornklasse umfaßt Korngrößen zwischen zwei benachbarten Prüfkorngrößen (**11**.5), z.B. zwischen 1 und 2, 2 und 4 oder 0,25 und 0,5.

Die Korngruppe/Lieferkörnung umfaßt Korngrößen zwischen zwei Prüfkorngrößen. Sie kann aus einer oder mehreren Kornklassen bestehen, z.B. 4/8 oder 0/16 (**11**.6) und ist in der angegebenen Zusammensetzung lieferbar. Streuungen in der Kornzusammensetzung sind durch Grenzwerte für Siebdurchgänge beim Siebversuch eingeschränkt (s. Versuch 75 und Tab. **11**.7).

Wie Tabelle **11**.7 zeigt, gliedern sich die Korngruppen 0/2 und 0/4 zusätzlich nach a und b. Dabei steht a für normale, b für verminderte Anforderungen an die Kornzusammensetzung. Bei 0/2a und 0/2b gelten abweichende Angaben zum Siebdurchgang (≙ Kornanteil, s. Siebversuch) am 0,25-mm- und 0,5-mm-Sieb. Für 0/4a und 0/4b finden wir unterschiedliche Anforderungen beim 2-mm-Prüfsieb.

Kornzusammensetzung. Aus wirtschaftlichen und technologischen Gründen streben wir für Beton möglichst hohen Zuschlag- und möglichst geringen Zementanteil an. Dies verringert die Materialkosten, mindert das Schwindmaß des Betons und damit die Gefahr der Schwindrißbildung.

Die Kornzusammensetzung der Zuschläge beeinflußt weitgehend den Zementleimanspruch des Betons, denn der Zementleim soll jedes Zuschlagkorn vollflächig umhüllen und die im Zuschlaggefüge verbliebenen Hohlräume dicht ausfüllen. Bei Feinkorn erfordert die große Gesamtoberfläche der Körner mehr Zementleim, bei Grobkorn bedingen die größeren Hohlräume mehr Zementleim.

Beispiel 1 Ein Würfel mit 2 cm Kantenlänge hat den gleichen Rauminhalt wie 8 Würfel von je 1 cm Kantenlänge (**11**.3). Wieviel mal größer ist die Gesamtfläche der kleinen Würfel?

Lösung Die Gesamtfläche der kleinen Würfel ist mit 48 cm^2 doppelt so groß wie die Fläche des großen Würfels (je feinkörniger der Zuschlag, desto höher der Zementbedarf).

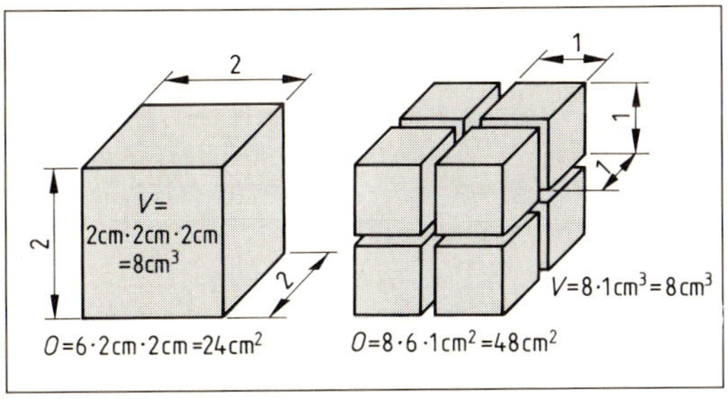

11.3 Die Oberfläche eines Würfels verdoppelt sich, wenn man ihn in 8 Einzelwürfel zerteilt

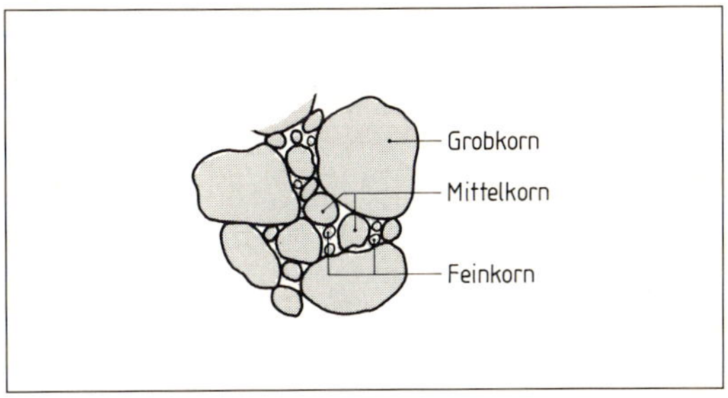

11.4 Günstige Kornverteilung

Zuschläge mit geringer Hohlräumigkeit und kleiner Gesamtoberfläche bestehen daher aus gemischtkörnigem Material. Die Korngrößen sind mengenmäßig so aufeinander abgestimmt, daß beim Verdichten des Frischbetons das feinere Korn (Schlüpf- und Schließkorn) die vom gröberen Korn gebildeten Hohlräume ausfüllt (**11**.4).

Mit der gleichen Zementleimmenge erreicht man deshalb bei günstiger Kornverteilung höhere Festigkeiten als bei ungünstigem Kornaufbau.

Sieblinien. Die Kornverteilung jedes Zuschlags kann man durch den Siebdversuch ermitteln, als „Ist"-Sieblinie darstellen und durch Vergleich mit

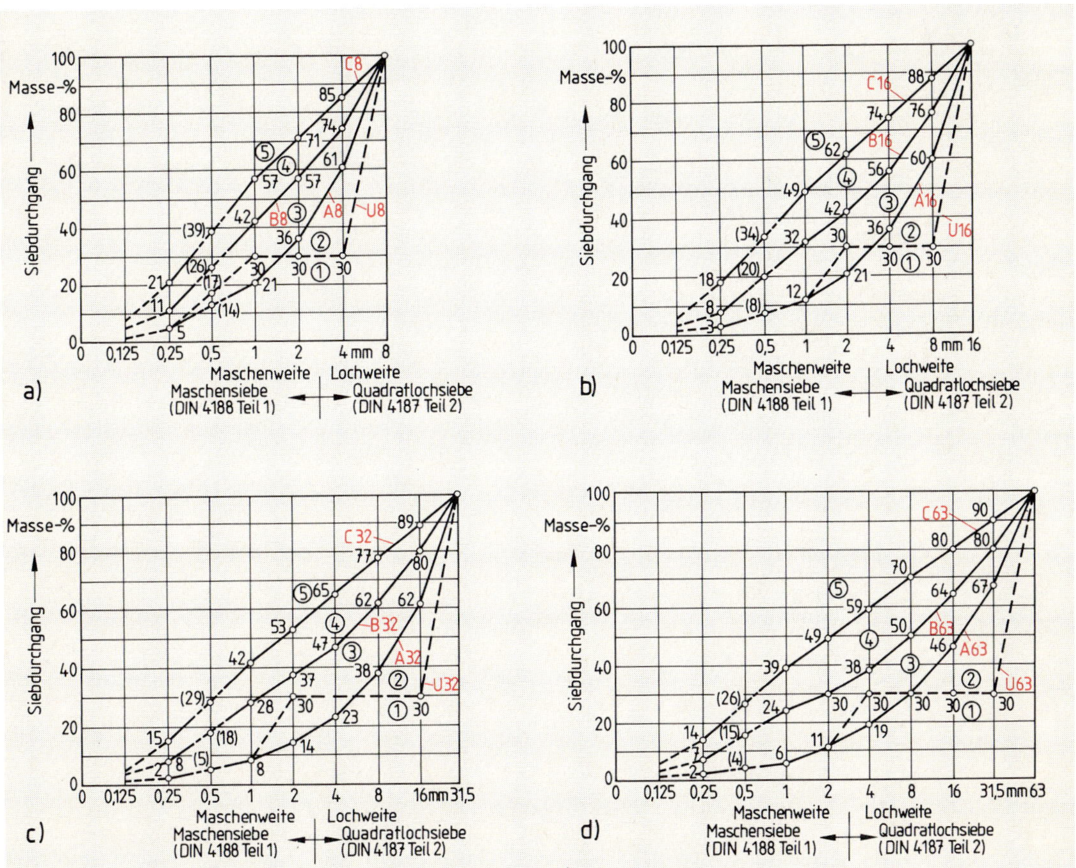

11.5 Sieblinienbereiche für Zuschlaggemische nach DIN 1045
a) für 0/8, b) für 0/16, c) für 0/32, d) für 0/63

den genormten Sieblinien beurteilen. Sieblinien nach DIN 1045 begrenzen 5 Sieblinienbereiche. Die 4 genormten Siebliniendiagramme unterscheiden nach dem Größtkorn Zuschläge von 0/8 mm, 0/16 mm, 0/32 mm und 0/63 mm (**11**.5).

Die Sieblinien A, B und C begrenzen den Bereich ③ (günstig) und den Bereich ④ (brauchbar) stetig aufgebauter Zuschläge (**11**.5 u. **11**.6). Ungünstige Kornverteilungen liegen im Bereich ① (zu grob) und im Bereich ⑤ (zu sandreich).

11.6 Nach Korngruppen getrennte Zuschläge der Sieblinien A 32, B 32 und C 32. Der Sandanteil nimmt von A nach C zu.

U-Sieblinien zeigen die untere Begrenzung geeigneter Zuschläge mit unstetigem Kornaufbau (Bereich ②). Der Sieblinienverlauf zeigt deutlich den Ausfall einer oder mehrerer Korngruppen im mittleren Bereich (Ausfallkörnungen). Von den 2 vorhandenen Korngruppen soll eine im Bereich 0/2 mm liegen.

Zuschläge mit Ausfallkörnungen sind zweckmäßig, wenn fehlende Korngruppen nur unter hohem Aufwand zu beschaffen sind. Für Baustellenbeton ist zu bedenken, daß sich Beton aus Zuschlägen mit Ausfallkörnungen leichter entmischt. Veränderungen im Sand- und Wassergehalt dieses Frischbetons wirken sich stark auf seine Verarbeitbarkeit aus. Für Beton B I als Rezeptbeton ist Zuschlag mit Ausfallkörnung unzulässig.

Anforderungen. Korngruppen und Lieferkörnungen erfüllen die Anforderungen der Tabelle **11**.7 an Grenzwerte für den Durchgang an einzelnen Sieben bzw. an Anteile von Unter- und Überkorn.

Unterkorn ist der Anteil, der bei der Prüfsiebung durch das untere Prüfsieb der jeweiligen Korngruppe/Lieferkörnung hindurchfällt.

Überkorn ist der Anteil, der auf dem entsprechenden oberen Sieb liegen bleibt.

Werkgemischter Zuschlag (WBZ) darf beim Siebdurchgang durch das 0,25-mm-Sieb um ≦ 3%, bei anderen Siebgrößen um ≦ 5% der Gesamtmenge von der festgelegten Sieblinie abweichen.

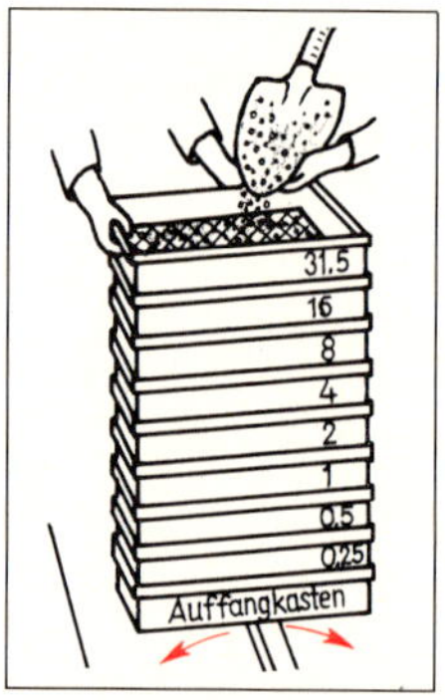

11.8 Siebsatz[1])

[1]) Für Siebversuche im Rahmen der Eigenüberwachung darf man das 0,125-mm-Sieb auslassen.

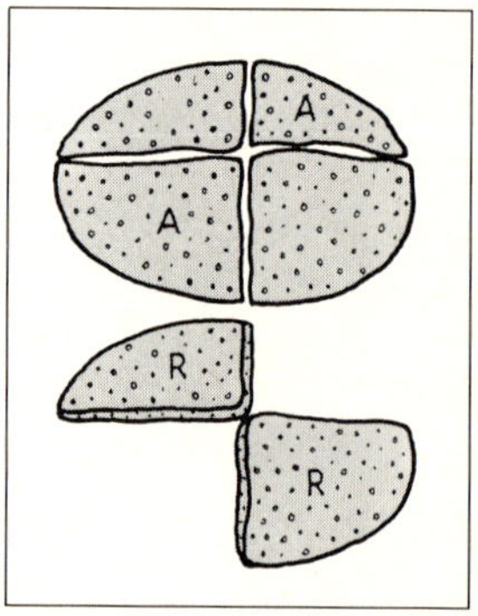

11.9 Probenteilung für den Siebversuch

Prüfen der Kornzusammensetzung. Zur Prüfung dient ein genormter Siebsatz aus Maschensieben von 0,125, 0,25, 0,5, 1 und 2 mm Lochgröße und Quadratloch-Sieben von 4, 8, 16, 31,5 und 63 mm (**11**.8). Probe- und Prüfmengen richten sich nach

Tabelle **11**.7 **Korngruppe/Lieferkörnung und Kornzusammensetzung** (Auswahl)

Korngruppe/ Lieferkörnung	Durchgang in Masse-% durch das Prüfsieb in mm								
	0,25	0,5	1	2	4	8	16	31,5	63
0/1			≧85	100					
0/2 a	≦25	≦60		≧90	100				
0/2 b		≦75		≧90	100				
0/4 a		≦60		55 bis 85	≧90	100			
0/4 b		≦60			≧90	100			
0/8					61 bis 85	≧90	100		
0/16					36 bis 74		≧90	100	
0/32					23 bis 65			≧90	100
8/16	≦3					≦15	≧90	100	
16/32	≦3						≦15	≧90	100

dem Größtkorn. Die Probemenge nehmen wir zu gleichen Teilen vom Fuß, von der Oberfläche und vom Innern des Zuschlaghaufens, trocknen sie bei etwa 105 °C, breiten sie dann kreisförmig aus, trennen 2 gegenüberliegende Viertel ab (**11**.9), mischen und trennen den Rest R erneut, bis die in Tabelle **11**.10 genannte Prüfgutmenge verbleibt.

Tabelle **11**.10 **Prüf- und Probemenge**

Größtkorn ≦ mm	4	8	16	32	63
Prüfgut-menge je Siebung ≧ kg	0,5	2	3,5	5	10
Probenmenge ≧ kg	5	20		35	65

[1]) Für Siebversuche im Rahmen der Eigenüberwachung darf man das 0,125-mm-Sieb auslassen.

■ **Versuch 1** Siebversuch am Beispiel eines Zuschlags 0/32 (0,125-mm-Sieb bei der Eigenüberwachung nicht erforderlich).

a) Wir teilen die Prüfgutmenge vorschriftsmäßig ab und geben 5 kg trockenen Zuschlag auf das obere Sieb (**11**.8). Gründlich sieben, bis kein Siebgut mehr durch die Siebe fällt. Jedes einzelne Sieb über heller Unterlage nachsieben. Hierbei noch durchgefallenes Siebgut dem Sieb mit der nächstkleineren Lochweite aufgeben.

b) Den Rückstand auf dem 16-mm-Sieb wiegen wir ab, einschließlich des in noch zulässiger Menge vorhandenen Überkorns. Die weiteren Korngrößen wiegen wir der Reihe nach dazu (additives Wiegen).

c) Die Wiegeergebnisse aus mindestens 2 Siebversuchen tragen wir in eine Tabelle ein (**11**.11), errechnen die Summe der Rückstände und die Gesamtdurchgänge in % (100% ≙ 5000 g).

d) Die Gesamtdurchgänge setzen wir in das Diagramm ein, zeichnen die Sieblinie und beurteilen sie. Die Soll-Sieblinie gilt noch als eingehalten, wenn die Durchgänge nicht mehr als 5 Masse-% von der Gesamtmenge abweichen. (Bei der Korngruppe 0/0,25 mm jedoch nur ≦ 3 Masse-%.) Der Siebverlust darf nicht mehr als 1% der Gesamtmasse betragen (**11**.12)!

Ergebnis Die aus dem Versuch ermittelte Sieblinie liegt im Bereich 3 (günstiger Bereich) (**11**.12)

Die Körnungsziffer *k* erlaubt das Abschätzen der erforderlichen Wassermenge für 1 m³ Beton mit bestimmter Konsistenz (Bild **11**.13). Wir berechnen sie nach der Formel

$$k = \frac{\textbf{Summe der Gesamtrückstände in \%.}}{\textbf{100}}$$

Tabelle **11**.11 **Rechnerische Auswertung des Siebversuchs (ohne 0,125-mm-Sieb)**

Siebweite	Gesamt-rückstand	Rückstände 0,25	0,5	1	2	4	8	16	31,5
Versuch 1	5000	4770	4450	4050	3600	3200	2400	1400	–
Versuch 2	5000	4830	4400	4000	3600	3400	2500	1450	–
Rückstandsumme	10 000	9600	8850	8050	7200	6600	4900	2850	–
Rückstand in %	100	96	89	81	72	66	49	29	–
Durchgang in %	0	4	11	19	28	34	51	71	100

Körnungsziffer $k = \frac{96 + 89 + 81 + 72 + 66 + 49 + 29}{100} = \frac{482}{100} = 4{,}8$

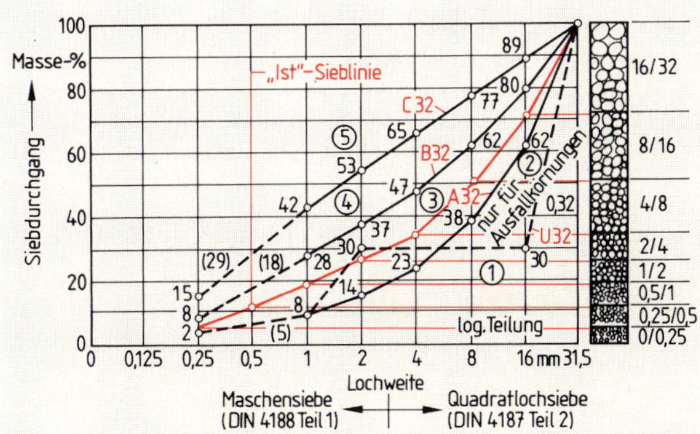

11.12 „Ist-Sieblinie" im Bereich ③

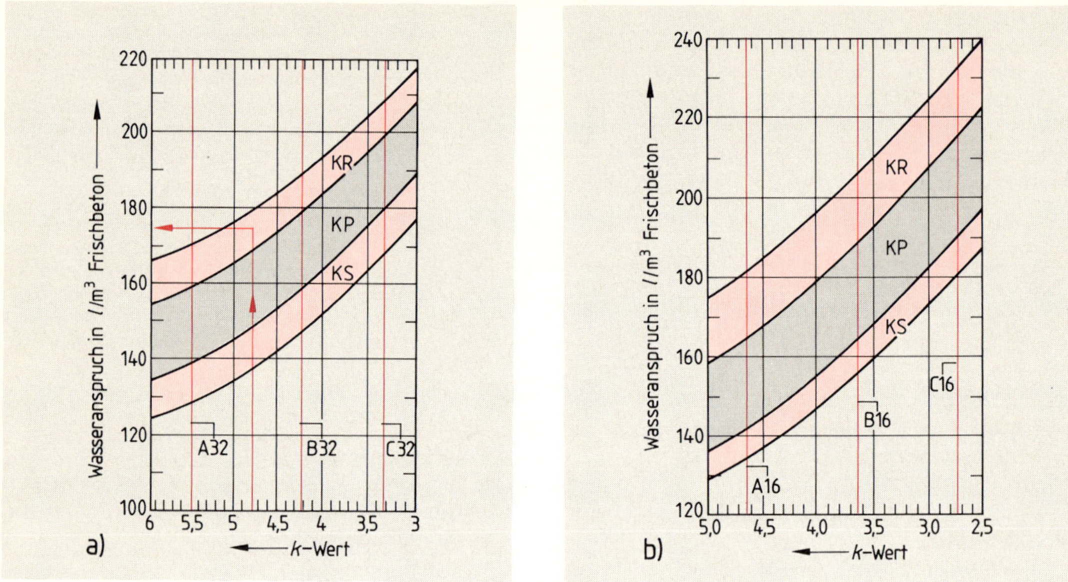

11.13 Gesamtwassergehalt je m³ Frischbeton a) für Zuschläge 0/32, b) für Zuschläge 0/16

Der Wert 100% und der Wert des 0,125-mm-Siebs zählen grundsätzlich nicht mit (s. Beispiel in Tab. **11**.11). Wählt man für unser Beispiel eine mittelweiche Betonkonsistenz KR, ergibt sich nach Bild **11**.13 ein Gesamtwassergehalt von 175 l/m³ Frischbeton (Betonkonsistenz s. Abschn. 11.5). Der Wasseranspruch hängt zusätzlich von Mehlkorngehalt, Kornform und Rauhigkeit der Kornoberfläche ab. Er kann in ungünstigen Fällen bis zu 20 kg/m³ Frischbeton höher liegen.

Ein ausreichender Mehlkorn- und Feinstsandgehalt ist bei Beton, der besonders dicht sein muß (Sichtbeton, Pumpbeton) und bei engliegender Bewehrung zu beachten.

Mehlkorn. Summe aus Kornanteil ≦ 0,125 mm des Zuschlags, Zement und Betonzusatzstoff (z.B. Traß).

Feinstsand. Kornanteil 0,125 bis 0,25 mm des Zuschlags.

Für Zuschlaggemische mit dem Größtkorn 16 bis 63 mm gilt Tabelle **11**.14.

Tabelle **11**.14 **Mehlkorn- und Mehlkorn-/Feinstsandgehalt für Beton mit Größtkorn 16 bis 63 mm**
(höchstzulässige Werte in kg/m³)

Zementgehalt in kg/m³	Mehlkorn	Mehlkorn und Feinstsand
≦300	350	450
350	400	500

Die Werte dürfen unter bestimmten Bedingungen insgesamt um max. 50 kg/m³ erhöht werden.

11.2.2 Anforderungen

Korntrennung. Um bei der Betonherstellung die Streuungen in der Kornzusammensetzung möglichst klein zu halten, ist für die höheren Betonfestigkeitsklassen eine 2- bis 3fache Korntrennung für Anlieferung und Zugabe der Zuschläge vorgeschrieben (Tabelle **11**.15). Werkgemischte Betonzuschläge sind für B II-Beton nicht zugelassen.

Gedrungene Kornformen (rund bis würfelig) sind günstiger als platte und splitterförmige. Sie erfordern weniger Zement (infolge geringerer Hohlräumigkeit und Gesamtoberfläche) und lassen sich besser verarbeiten (bessere Verdichtungswilligkeit und günstigeres Wasserrückhaltevermögen). Ungünstige Kornformen haben ein Verhältnis von Länge zu Dicke > 3:1. Ihr Anteil für Korngrößen > 8 mm soll 50% nicht übersteigen.

Zuschläge mit mäßig rauher Oberfläche verkitten sich inniger mit dem Zementstein als glattflächige Körner.

Frostbeständige Zuschläge sind vornehmlich für Außenbauteile im Wasser- und im Straßenbau erforderlich. Besonders gefährdet sind Bauteile in der Wasserwechselzone. Stark saugende und verwitterte Zuschläge erweisen sich häufig als nicht frostbeständig. Sie entziehen dem Beton u.U. auch einen Teil des Abbindewassers. Mit Hilfe eines auf die Kornoberfläche aufgebrachten Wassertropfen läßt sich das Wassersaugvermögen der Zuschläge grob einschätzen.

Tabelle **11.15** **Anforderungen an das Zuschlaggemisch**

	Beton B I				Beton B II
	ohne Eignungsprüfung		mit Eignungsprüfung		
	B 5 B 10	B 15 B 25	B 5 B 10	B 15 B 25	
Sieblinienbereich nach DIN 1045	A/B oder B/C	A/B oder B/C			
werkgemischter Betonzuschlag bis 32 mm	+	+	+	+	–
ungetrennter Betonzuschlag	+	–	+	–	–
Ausfallkörnungen	–	–	+	+	+
Zuschlag mit verminderten Anforderungen (**11.16**)	–	–	+	+	+
Mindestzahl der Korngruppen bei Größtkorn 8 und 16 mm 32 mm		2 2		2 2	2 3
Ausfallkörnungen	–	–		2	2
Korngruppe im Bereich		0/4		0/4	0/2 0/4

(grau) keine Anforderungen + möglich – nicht möglich

Unterschiedliche Vorschriften und Prüfungen beziehen sich auf Zuschläge für frostbeständigen Beton bei mäßiger Durchfeuchtung, starker Durchfeuchtung sowie bei besonderen Anwendungsgebieten und starker Durchfeuchtung.

Ausreichend feste Zuschläge gewährleisten erst das Erreichen der gewünschten Betonfestigkeit. Natürlich entstandene Zuschläge genügen den gestellten Anforderungen fast immer (vgl. Tabelle **11**.2). Künstlich zerkleinerte Zuschläge gelten als ausreichend fest, wenn sie im durchfeuchteten Zustand eine Druckfestigkeit von $\geq$ 100 N/mm^2 erreichen.

Lassen sich die Zuschlagkörner mit der Messerspitze einritzen oder ohne besondere Mühe mit einem kleinen Hammer zerschlagen, sind genauere Untersuchungen über Festigkeit und Verwitterungszustand der Zuschläge zu veranlassen.

Verunreinigungen der Zuschläge stören die Betonerhärtung, mindern die Betonfestigkeit, verursachen Risse und Aussprengungen oder beeinträchtigen den Korrosionsschutz der Bewehrung. Dazu zählen vor allem größere Mengen Gesteinstaub, Ton und Lehm, organische (humusartige und faulige) Stoffe, Kohle (besonders Braunkohle), zuckerhaltige Stoffe, Schwefelverbindungen (z.B. Gips), alkalilösliche Kieselsäure (z.B. bei einigen Flint- und Opalarten im norddeutschen Raum) und bestimmte Salze (z.B. Nitrate).

Abschlämmbare Bestandteile (z.B. tonige und sehr feine Gesteinsmehle) erhöhen Wasserverbrauch und Schwindneigung des Betons. Als festhaftende Kruste verhindern sie die Verbindung zwischen Kornoberfläche und Zementstein. In Knollenform auftretende tonige Stoffteilchen erzeugen quellende und treibende Wirkungen, wenn sie bei der Betonaufbereitung nicht restlos zerrieben werden.

Abschlämmbare Bestandteile dürfen je nach Kornklasse/Lieferkörnung bestimmte Höchstwerte nicht überschreiten (z.B. für Lieferkörnungen 0/1, 0/2 und 0/4 $\leq$ 4 Masse-% des geprüften Zuschlags). Werden beim Verreiben von Zuschlagproben größere Verunreinigungen zwischen den Handflächen festgestellt und toniger Geruch, so ist sicherheitshalber eine Prüfung auf abschlämmbare Bestandteile vorzunehmen (s. Versuch 22, Abschn. 6.4.2).

Stoffe organischen Ursprungs in feiner Verteilung stören den Erhärtungsvorgang. In körniger Form (besonders die kohleartigen Stoffe) führen sie zu Verfleckungen oder Absprengungen an der Betonoberfläche. Das Vorhandensein feinverteilter organischer Stoffe prüft man nach Versuch 23, Abschn. 6.4.2 (Natronlaugen-Versuch).

Zuckerhaltige Stoffe mindern oder verhindern sogar die Entwicklung der Betonfestigkeit, alkalilösliche Kieselsäure führt bei ständiger Durchfeuchtung des Betons zu Rissen und Absprengungen, bestimmte Salze fördern die Rostbildung der Betonbewehrung.

Genauere und weiterführende Untersuchungen für Betonzuschläge richten sich nach DIN 4226 T3.

Regelanforderungen an Kornzusammensetzung, Kornform, Festigkeit, Frostwiderstand bei mäßiger Betondurchfeuchtung und schädliche Bestandteile gelten für alle Zuschläge ohne zusätzliche oder einschränkende Eigenschaften.

Erhöhte Anforderungen (e) für Zuschläge werden an Beton für extreme Beanspruchungen gestellt und durch Buchstaben bezeichnet (**11**.16).

Tabelle **11.16** **Erhöhte und verminderte Anforderungen an Zuschläge**

Eigenschaft	Regel	Anforderungen (Kurzzeichen) erhöht (e)	vermindert (v)	nur für Kornklassen/ Lieferkörnungen 0/2, 0/4
Kornform	K	eK	vK	zusätzliche Kennbuchstaben: a ≙ Anforderungen nach Tab. **11**.7 erfüllt; b ≙ erfüllt verminderte Anforderungen an die Kornzusammensetzung
Chloridgehalt	Cl	eCl	vCl	
Frostwiderstand	F	eF	vF	
Frost- und Taumittelwiderstand	–	eFT	–	
Druckfestigkeit	D	–	vD	
Gehalt				
– quellfähiger Bestandteil	Q	eQ	–	
– abschlämmbarer Bestandteile	A	–	vA	
– organischer Bestandteile	O	–	vO	
– Sulfat	S	–	vS	

Erhöhte bzw. verminderte Anforderungen an bestimmte Eigenschaften müssen im Sortenverzeichnis der Lieferfirma gekennzeichnet sein.

Verminderte Anforderungen (v) dürfen an Zuschläge für weniger beanspruchten Beton gestellt werden, wenn die Unbedenklichkeit durch Eignungsprüfung bewiesen ist.

Die Benennung geschieht in dieser Reihenfolge: Zuschlag, DIN-Nr., Kornklasse/Lieferkörnung durch Angabe der unteren und oberen Prüfkorngröße, bei erhöhten oder verminderten Anforderungen entsprechendes Kurzzeichen nach Tab. **11**.16.

Beispiele 2 a) Zuschlag mit dichtem Gefüge der Kornklasse/Lieferkörnung 0/4a, der die Regelanforderungen erfüllt:
Zuschlag DIN 4226-0/4a

b) Zuschlag mit dichtem Gefüge der Kornklasse/Lieferkörnung 8/16, der erhöhte Anforderungen an den Frostwiderstand erfüllt:
Zuschlag DIN 4226-8/16-eF

Gütegesicherte Zuschläge unterliegen strengen Vorschriften hinsichtlich Ausstattung, Personal und Eigen- und Fremdüberwachung der Betriebe. Bestellung und Anlieferung der Zuschläge erfolgen nach Masse (Gewicht, **11**.17). Werkgemischter Betonzuschlag (ungetrennt) darf nicht zwischengelagert werden.

11.17 Gütezeichen Bundesüberwachungsverband Kies und Sand e.V.

Zuschläge bilden das tragende Gerüst des Betons. Man unterscheidet sie nach der Korngröße in Sand (bis 4 mm) und Kies bzw. Splitt, Schotter (über 4 mm), nach der Entstehung in natürliche und künstlich zerkleinerte, ferner in dichte und porige Zuschläge.

Gemischtkörnige Zuschläge mit günstiger Korngrößen-Verteilung erfordern vergleichsweise geringe Zementleimmengen. Sie mindern Kosten und Schwindneigung des Betons.

Norm-Sieblinien erlauben die Beurteilung der Kornzusammensetzung, die durch den Siebversuch geprüft wird.

Regelanforderungen für Zuschläge beziehen sich auf Kornzusammensetzung und -form, Festigkeit, Frostwiderstand und schädliche Bestandteile. In Sonderfällen können erhöhte Anforderungen gestellt oder verminderte Anforderungen zugelassen werden. Güteüberwachte Zuschläge gewährleisten normgerechte Eigenschaften.

11.3 Betongruppen und Festigkeitsklassen

Die Druckfestigkeit ist die wichtigste Eigenschaft des Betons. Sie entspricht der Druckspannung in N/mm² eines 28 Tage alten feuchtgelagerten Betonprobewürfels von 20 cm Kantenlänge (**11**.18).

11.18 Probewürfel im Druckversuch

DIN 1045 gliedert den Beton in die Gruppen B I und B II und in Festigkeitsklassen B 5 bis 55 (**11**.19). Die Wahl der Festigkeitsklasse richtet sich vorwiegend nach der Beanspruchung des Betonbauteils. Für Stahlbeton ist mindestens B 15 zu wählen, bei Außenbauteilen aus Stahlbeton mindestens B 25.

Beton B I (B 5 bis 25) darf ohne Eignungsprüfungen rezeptmäßig (daher auch „Rezeptbeton") nach Vorschriften der DIN 1045 von jedem Baubetrieb hergestellt und verarbeitet werden. Für B I-Beton nach Eignungsprüfung oder mit besonderen Eigenschaften gelten einschränkende Vorschriften.

Beton B II (B 35 bis 55) wird stets auf Grund von Eignungsprüfungen und nach bestimmten Mindestanforderungen zusammengesetzt. Dies gilt in der Regel auch für Beton mit besonderen Eigenschaften. B II-Baustellen dürfen nur von Betrieben mit eigener Betonprüfstelle (Prüfstelle E) und speziell ausgebildeten Fachkräften geführt werden. Sie dürfen auch B I-Beton nach Eignungsprüfung herstellen, der dann meist preiswerter ist als Rezeptbeton.

Die Festigkeitsklassen nach DIN 1045 stellen Anforderungen an die Nenn- und Serienfestigkeit des Betons (Tabelle **11**.19).

Die Nennfestigkeit β_{WN} (gesprochen beta-W-N) muß jeder Würfel einer Prüfserie (≥ 3 Prüfwürfel) erreichen. Jeder Prüfwürfel B 25 muß also nach der vorgeschriebenen Lagerungszeit von 28 Tagen eine Festigkeit von ≥ 25 N/mm² erbringen. Damit wird sichergestellt, daß ein Bauteil in seiner Gesamtheit der geforderten Festigkeitsklasse entspricht und seine Standsicherheit nicht durch Schwachstellen gefährdet ist.

Tabelle **11**.19 **Festigkeitsklassen des Betons und ihre Anwendung nach DIN 1045**

Betongruppe	Betonfestigkeitsklasse	Nennfestigkeit β_{WN} in N/mm² (Mindestwert für die Druckfestigkeit β_{W28} jedes Würfels)¹)	Serienfestigkeit β_{WS} in N/mm² (Mindestwert für die mittlere Druckfestigkeit β_{W28} jeder Würfelserie)	Herstellung nach	Anwendung
Beton B I	B 5	5	8	Rezept oder nach Eignungsprüfung s. DIN 1045 Abs. 6.5.5	nur für unbewehrten Beton
	B 10	10	15		
	B 15	15	20		für unbewehrten und für bewehrten Beton, Außenbauteile jedoch mind. in B 25
	B 25	25	30		
Beton B II	B 35	35	40	Eignungsprüfung s. DIN 1045 Abs. 6.5.6	
	B 45	45	50		
	B 55	55	60		

¹) Werden für Beton gleicher Zusammensetzung und Herstellung zahlreiche Würfel geprüft, so darf einer von 9 aufeinanderfolgenden Würfeln die Nennfestigkeit um höchstens 20% unterschreiten. Dabei muß jeder mögliche Mittelwert von 3 aufeinanderfolgenden Würfeln mindestens die Serienfestigkeit haben.

Die Serienfestigkeit β_{WS} (gesprochen beta-W-S) ist eine Mindestgröße für die mittlere Druckfestigkeit (Durchschnittswert) einer Würfelserie. Sie soll für B5 um 3 N/mm², für die weiteren Festigkeitsklassen um 5 N/mm² über der geforderten Nennfestigkeit liegen. Damit will man Festigkeitsverlusten entgegenwirken, die durch Streuungen in der Materialgüte oder durch Fehler beim Verarbeiten und Nachbehandeln des Betons entstehen.

Beispiel 3 3 Prüfwürfel ergeben Druckfestigkeiten von 26 N/mm², 32 N/mm² und 34 N/mm².

Lösung Serienfestigkeit β_{WS} =

$$\frac{26 + 32 + 34}{3} = \mathbf{30{,}66\ N/mm^2}$$

In diesem Beispiel hat der Beton die Anforderungen an einen B25 erfüllt; denn jeder Prüfwürfel hat eine Festigkeit von ≧ 25 N/mm², und die geforderte Serienfestigkeit von 30 N/mm² ist überschritten.

DIN 1045 gliedert den Beton in die Betongruppen BI und BII und in die Festigkeitsklassen B5 bis B55. Diese müssen bestimmte Anforderungen hinsichtlich der Nenn- und der Serienfestigkeit erfüllen.

Beton BI wird meist nach Rezept, Beton BII stets nach Eignungsprüfung zusammengesetzt.

Festigkeitsprüfungen. Eignungs-, Güte- und Erhärtungsprüfungen dienen dem Nachweis bestimmter Betoneigenschaften, besonders der Druckfestigkeit.

Die Eignungsprüfung soll an Hand von 3 Probekörpern zeigen, daß die gewünschten Betoneigenschaften mit Hilfe der berechneten Betonrezeptur und unter Einhaltung der gewählten Betonkonsistenz sicher erreicht werden. Der Nachweis ist rechtzeitig vor Beginn der Betonierarbeiten zu erbringen.

Güteprüfungen sollen nachweisen, daß der Beton auf der Baustelle den Forderungen nach Zusammensetzung und Eigenschaften entspricht. Die Probemischung ist deshalb an der Einbaustelle zu entnehmen, und zwar jeweils aus verschiedenen Mischungen bzw. Transportbeton-Lieferungen. Anzahl und Umfang der Güteprüfungen sind vorgeschrieben, für die Druckfestigkeit gilt Tabelle **11**.20.

Zu den Güteprüfungen gehören u.a. die Prüfung der Konsistenz, des Zementgehalts, des w/z-Werts und der Kornzusammensetzung des Zuschlags.

Erhärtungsprüfungen geben Auskunft über den Erhärtungszustand der Bauteile selbst. Die Probemischungen müssen daher während des Betoniervorgangs der jeweiligen Bauteile entnommen und den gleichen Erhärtungsbedingungen ausgesetzt werden. Es empfiehlt sich, 2 bis 3 Serien von Prüfwürfeln anzufertigen, um bei unbefriedigenden Prüfergebnissen nach weiterer Erhärtungszeit erneut Prüfungen vornehmen zu können. Erhärtungsprüfungen dienen in der Regel der Bestimmung der Ausschalungsfrist und der Belastbarkeit der noch jungen Bauteile.

Beton-Prüfkörper werden als Würfel mit 10, 15, 20 und 30 cm Kantenlänge hergestellt oder als Zylinder mit 10, 15, 20 und 30 cm Durchmesser und dem doppelten Durchmesser als Höhe. Die Abmessungen sollen mindestens das Vierfache des Zuschlag-Größtkorns betragen. Maßgebend ist allein der Würfel mit 20 cm Kantenlänge. Andere Formen oder Abmessungen ergeben abweichende Ergebnisse und müssen deshalb mit entsprechenden Korrekturfaktoren multipliziert werden. Es gilt der Mittelwert aus 6 Vergleichsprüfungen.

Beispiel 4 Die mittlere Druckfestigkeit aus 6 Prüfwürfeln von 10 cm Kantenlänge ergab eine Festigkeit von 35,2 N/mm². Würfel aus der gleichen Mischung, jedoch mit 20 cm Kantenlänge, erreichten im Mittel 31,68 N/mm². Gesucht: Umrechnungsfaktor.

Lösung $\text{Umrechnungsfaktor} = \frac{31{,}68}{35{,}2} = \mathbf{0{,}9}$

Zur Bestimmung der Normfestigkeit müssen die Ergebnisse der 10-cm-Würfel mit dem Faktor 0,9 multipliziert werden.

Würfelformen bestehen aus verschraubbaren Stahlplatten. Einfacher und zeitsparender in der Handhabung sind Formteile aus Kunststoff mit Springformmantel aus rostfreiem Stahl (**11**.21). Stahlspatel und Stahllineal dienen dem sorgfältigen Einbau, Rüttler, Stampfer und Stocherstab der Verdichtung des Prüfbetons.

Verdichtung. Stets ist das auf der Baustelle vorgesehene Verfahren zu wählen. (Ausnahme: Beton mit Luftporenbildner nicht mit Rüttelflasche verdichten.)

Tabelle **11**.20 **Vorgeschriebene Druckfestigkeitsprüfungen im Rahmen der Eigenüberwachung**

Druckfestigkeit	B I	tragende Wände und Stützen aus B 5, B 10	1 Serie zu 3 Würfeln	je 500 m³ Beton oder je Geschoß oder je 7 aufeinanderfolgende Betoniertage
		B 15, B 25		
	B II	B 35, B 45, B 55	2 Serien zu je 3 Würfeln[1])	

[1]) Die Hälfte der geforderten Würfelprüfungen kann durch die doppelte Zahl von zusätzlichen w/z-Wert-Bestimmungen ersetzt werden (w/z-Wert s. Abschn. 11.4).

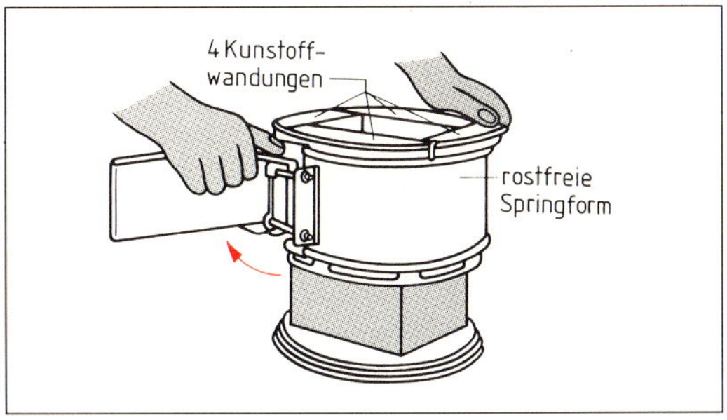

11.21 Fünfteilige Kunststoff-Würfelform mit Metall-„Springverschluß"

Rüttelflaschen (∅ ≦ 24 mm) sind mittig je einmal bis 2 cm über die Grundplatte einzutauchen, bei Würfeln mit ≧ 20 cm Kantenlänge zusätzlich noch einmal in den Eckbereichen (**11**.22). Beim Verdichten durch *Stampfer* oder *Stockerstab* wird der Beton in der halbgefüllten Form zunächst mit dem Spatel an den Seiten kräftig heruntergestoßen, dann verdichtet und an der Oberfläche aufgerauht. Nach dem Auffüllen der Form verdichtet man in gleicher Weise.

Der überstehende Beton ist nach Abnahme des Aufsatzrahmens abzustreifen und die Fläche mit dem Stahllineal bündig und eben abzugleichen. Anschließend erfolgt die Kennzeichnung (Datum, Würfel-Nr.).

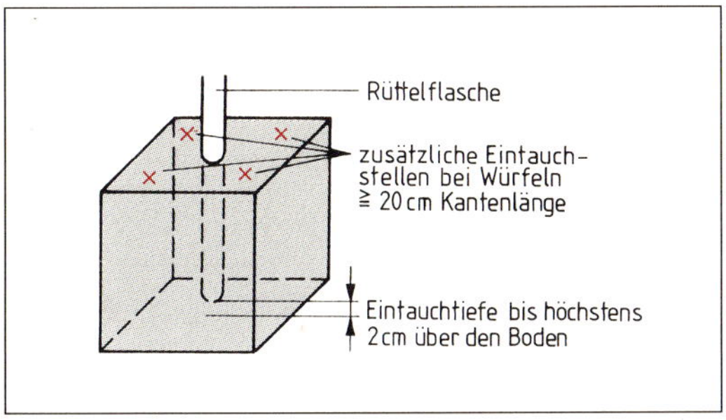

11.22 Verdichten der Frischbetonwürfel (ohne Würfelform); zusätzliche Eintauchstellen der Rüttelflasche für Würfel ≧ 20 cm angekreuzt

Lagerung. Würfel für Eignungs- und Güteprüfungen lagern zugfrei und vor Austrocknung geschützt in Räumen mit 15 bis 22 °C. Nach frühestens 24 Stunden werden sie entschalt. Bis zum 7. Tag lagern sie feucht (z.B. Wasserbad), bis zum 28. Tag trocken auf Lagerrosten. Sehr günstige Lagerungsbedingungen bieten Klimaschränke. Würfel für Erhärtungsprüfungen lagern unter Baustellenbedingungen.

Die Druckfestigkeitsprüfung wird normgemäß nach 28 Tagen durchgeführt. Unter Beachtung der verwendeten Zementfestigkeitsklassen erlauben die Umrechnungsfaktoren nach Tabelle **11**.23 bereits Rückschlüsse von der 7- auf die 28-Tage-Festigkeit.

Tabelle **11**.23 **Umrechnung von der 7-Tage- auf die 28-Tage-Würfeldruckfestigkeit**

Festigkeitsklasse des Zements	28-Tage-Würfeldruckfestigkeit β_{W28}
32,5	$1{,}3 \cdot \beta_{W7}$
32,5R und Z 42,5	$1{,}2 \cdot \beta_{W7}$
42,5R, 52,5 und Z 52,5R	$1{,}1 \cdot \beta_{W7}$

Beispiel 5 Ein Betonwürfel mit PZ 35F erreicht eine 7-Tage-Festigkeit von 25 N/mm². Wie groß ist die zu erwartende 28-Tage-Festigkeit?

Lösung $\beta_{W28} = \beta_{W7} \cdot 1{,}2 = 25\ \text{N/mm}^2 \cdot 1{,}2 = \mathbf{30\ N/mm^2}$

Prüfwürfel erfordern absolut planparallele Druckflächen. Abweichungen aus der Ebenflächigkeit von ≧ 0,1 mm müssen naß geschliffen oder mindestens 3 Tage vor der Prüfung mit dünner Schicht aus Zementmörtel eben abgeglichen werden (Zementfestigkeitsklasse 42,5: Natursand = 1:1).

Die Krafteinleitung geschieht bei Würfeln senkrecht zur Einfüllrichtung, bei Zylindern in Körperlängsrichtung. Dabei soll die Laststeigerung je Sekunde etwa 0,5 N/mm² betragen. Die Abmessungen für die Druckfläche sind auf halber Höhe und auf 0,1 cm genau festzustellen. Man ermittelt die Festigkeit nach der Formel

$$\beta_D = \frac{F}{A}.$$

β_D = Druckfestigkeit in N/mm² (≙ Bruchspannung)
F = Kraft in N
A = Fläche in mm²

Beispiel 6 Die festgestellte Kraft an einem Prüfwürfel mit 20 cm Kantenlänge beträgt bis zum Bruch 1000 kN. Wie hoch ist die Festigkeit?

Lösung Um die gewünschte Einheit N/mm² im Ergebnis zu erhalten, wandeln wir 1000 kN in 1000000 N und 20 cm in 200 mm um.

Druckfestigkeit

$$\beta_D = \frac{1\,000\,000\ \text{N}}{200\ \text{mm} \cdot 200\ \text{mm}} = \mathbf{25\ N/mm^2}.$$

Die Betondruckfestigkeit wird durch Prüfungen nachgewiesen und stets auf 28 Tage alte Prüfwürfel mit 20 cm Kantenlänge bezogen. Herstellen, Lagern und Abdrücken der Würfel richten sich nach DIN 1048.

Eignungsprüfungen dienen der Bestätigung betontechnischer Berechnungen. *Güteprüfungen* sollen nachweisen, daß der verarbeitete Beton den gestellten Anforderungen entspricht. *Erhärtungsprüfungen* geben Auskunft über die jeweils erreichte Festigkeit der Bauteile.

11.4 Zement, Wasser, Wasserzementwert

Geeignete Zemente für Beton und Stahlbeton behandelt Abschn. 6. Bestimmte Zementeigenschaften wie z.B. Anfangserhärtung, Normfestigkeit, Hydratationswärme und chemische Widerstandsfestigkeit beeinflussen die Güte des Betons entsprechend.

Das Anmachwasser erleichtert den Mischvorgang des Betons, bestimmt maßgebend seine Verarbeitungseigenschaften und leitet den Erhärtungsvorgang ein. Für die Betonbereitung eignet sich jedes Wasser, auch Meerwasser (jedoch nicht für Stahlbeton!). Verunreinigungen – z.B. durch Humusstoffe, fett- und säurehaltige Fabrikabwässer und faulende Substanzen – können die Betonerhärtung ungünstig beeinflussen. Im Zweifelsfall sind Eignungsprüfungen bzw. chemische Untersuchungen zu veranlassen.

Wassergehalt = Oberflächenfeuchte + Zugabewasser

Gesamtwassermenge = Wassergehalt + Kern-(Poren-)feuchte

Eigenfeuchte = Oberflächenfeuchte + Kernfeuchte

Der Wasserzementwert ω (w/z-Wert ω) ist eine Kenngröße für die Zementleim-Qualität. Er entspricht dem Masseverhältnis von Wassergehalt zu Zementgehalt. Dabei ist die Zuschlag-Oberflächenfeuchte mitgerechnet.

Wasserzementwert

$$\omega = \frac{\text{Wassergehalt (kg)}}{\text{Zementgehalt (kg)}} = \frac{w}{z}$$

Beispiel 7 1 m³ Frischbeton enthält 280 kg Zement und 154 l (= 154 kg) Wasser. Wie groß ist der w/z-Wert?

Lösung $\omega = \frac{w}{z} = \frac{154\ \text{kg}}{280\ \text{kg}} = \mathbf{0{,}55}$

w/z = 0,55 bedeutet, daß auf 1 kg Zement 0,55 l Wasser entfallen. Weniger Wasser ergibt kleinere, mehr Wasser größere w/z-Werte.

Wichtige Frisch- und Festbetoneigenschaften (z.B. Festigkeit, Saugfähgkeit, Schwindverhalten, Wasserrückhaltevermögen und Rostschutz der Bewehrung bei Stahlbeton) werden entscheidend vom w/z-Wert beeinflußt (**11**.24).

Ansteigender w/z-Wert infolge erhöhter Wasserzugabe mindert grundsätzlich die Betonqualität. Der w/z-Wert ist deshalb für das Herstellen und Verarbeiten des Betons von größter Wichtigkeit.

w/z-Wert und Betonfestigkeit stehen in einer gesetzmäßigen Beziehung zueinander, wie das w/z-Diagramm **11**.25 zeigt. Daraus geht hervor, daß die Betonfestigkeit allein vom w/z-Wert und von der Zementfestigkeitsklasse abhängt.

(Vorausgesetzt sind vollständige Frischbeton-Verdichtung, dichtes Verfüllen aller Hohlräume durch Zementleim, vollständige Umhüllung aller Zuschlagkörner durch Zementleim. Die Kornzu-

Wasser-Zement-Wert	„Bluten" Absondern von Anmachwasser	Kapillar-porengänge	Schwind-neigung	Wassersaug-kraft	Druck-festigkeit	Rostschutz-wirkung
klein z. B. ω = 0,4	schwach Zementleim	wenige	schwach	gering	hoch	gut Stahlstab
groß z. B. ω = 0,8	stark Zementleim	viele	stark Risse durchfeuchteter Kern	groß	niedrig	mangelhaft Rost

sammensetzung hat dann keinen besonderen Einfluß auf die Betonfestigkeit.)

Beispiel 8 Ermitteln Sie an Hand des w/z-Wert-Diagramms **11**.25 die zu erwartende Betonfestigkeit bei Verwendung eines Zements 42,5 für die w/z-Werte 0,5 und 0,8.

Lösung Mit w/z = 0,5 erreicht man eine Festigkeit von **52 N/mm²**, mit w/z = 0,8 nur **26 N/mm²**.

Das Beispiel zeigt deutlich den Abfall der Betondruckfestigkeit (hier 50%), wenn der w/z-Wert infolge größeren Wassergehalts ansteigt (Verdünnungsabfall).

Begründung. Um vollständig erhärten zu können, bindet der Zement eine Wassermenge von etwa 40% seiner Masse (davon etwa 25% chemisch und bis zu 15% physikalisch). Dies entspricht einem w/z-Wert von 0,4 (idealer w/z-Wert). Jeder Beton mit größerem w/z-Wert als 0,4 enthält somit einen Wasserüberschuß, der vom Zement nicht mehr gebunden werden kann und daher für die Zementsteinbildung ohne Bedeutung ist (**11**.26).

Obwohl jedes Zementkorn nach vollständiger Hydratation (= Wasserbindung) sein Volumen um etwa das Doppelte vergrößert – es wächst in den Wasserraum –, hinterläßt das Überschußwasser vielfach verzweigte kapillare Porengänge (∅ ca. 1/100 bis 1/1000 mm), deren Anzahl sich mit steigendem w/z-Wert vergrößert (bei w/z = 0,6 auf etwa 20 Vol.-%, bei w/z = 0,7 bereits auf rund 45 Vol.-% des Zementsteins). Es vermehren sich auch die Wasserlinsen (**11**.27), die als Folge des „Blutens" unterhalb der Zuschlagkörner entstehen und die Zementleimhülle unterbrechen.

Poren und auch Wasserlinsen schwächen Gefüge und Haftfähigkeit des Zementsteins und mindern in gleichem Maß die Betonfestigkeit.

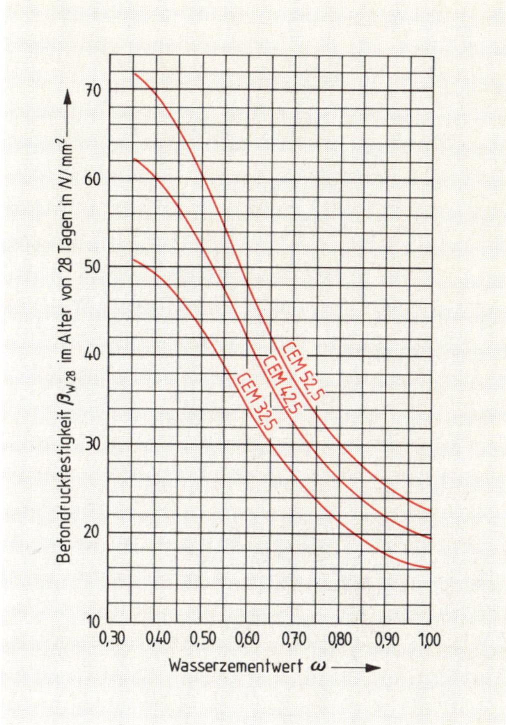

11.25 Abhängigkeit der Würfelfestigkeit β_{W28} des Betons vom Wasserzementwert und von der Zementfestigkeitsklasse nach DIN 1164

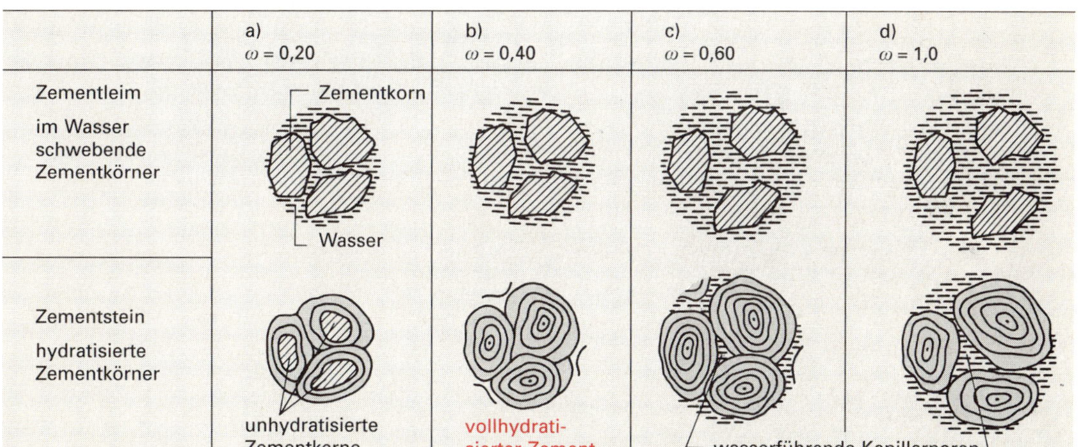

11.26 Einfluß des w/z-Werts auf Beschaffenheit und Dichte des Zementsteins

a) w/z = 0,2: zu wenig Abbindewasser, keine Hydratation im Kernteil der Zementkörner
b) w/z = 0,4: idealer w/z-Wert; Wasser fast vollständig für Hydratation verbraucht, dichtes Zementsteingefüge
c) w/z = 0,6: Überschußwasser hinterläßt Kapillarporen
d) w/z = 1,0: sehr hoher Gehalt an Überschußwasser ergibt sehr porigen, saugfähigen Zementstein

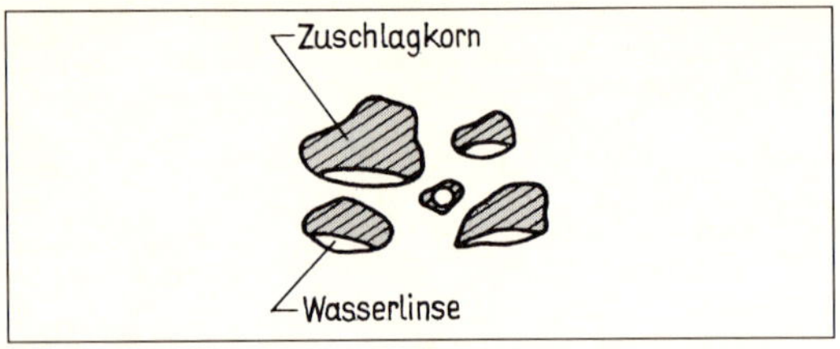

11.27 Hoher w/z-Wert fördert das Entstehen von Wasserlinsen

Das „Bluten" des Frischbetons (Absondern von Wasser) entsteht meist als Folge eines zu hohen w/z-Werts (**11**.24).

■ **Versuch 2** Füllen Sie in ein Glas Zementleim mit w/z = 0,5, in ein anderes Glas Zementleim mit w/z = 0,8. Stellen Sie beide Gläser ab.

Ergebnis Die Zementkörnchen bleiben zunächst in der Schwebe. Da sie etwa 3mal so schwer sind wie Wasser, sinken sie allmählich ab (Sedimentation). Dieser Vorgang vollzieht sich im wasserreichen Zementleim viel schneller, während der zähe Zementleim mit w/z = 0,5 die Zementteilchen länger in der Schwebe hält.

Im wasserreichen Frischbeton entmischen sich Zement und Wasser in gleicher Weise, was die Verarbeitbarkeit des Betons sehr ungünstig beeinflußt und oft sandige Oberflächen an entschalten Betonteilen zur Folge hat.

Kapillarporen, die nach dem Verdunsten des Überschußwassers in zahlreichen Verästelungen das Betongefüge durchziehen, fördern Saugfähigkeit, Wasserdurchlässigkeit und das Schwinden des Betons (**11**.24).

■ **Versuch 3** Stellen Sie 2 Zementstein-Prismen aus w/z = 0,5 und w/z = 0,8 in ein Wasserbad.

Ergebnis Das Prisma mit w/z = 0,8 saugt schneller und erheblich mehr Wasser auf.

Aufgesaugte Feuchtigkeit mindert die *Frostbeständigkeit* des Betons und macht ihn anfälliger gegen *betonzersetzende Schadstoffe,* die auf dem Kapillarweg mit dem Wasser zusammen eindringen können.

Porenreicher Beton trocknet schnell aus, weil das Wasser in den Kapillarwegen schnell nach außen gelangen kann. Dabei zieht sich der Beton zunächst an den Außenseiten geringfügig zusammen. Er *schwindet.* Der Widerstand des noch durchfeuchteten Kerns erzeugt Zugspannungen, die zu Schwindrissen führen können (**11**.24).

Ansteigender w/z-Wert vermindert ferner die Rostschutzwirkung des Zementsteins und gefährdet so die Brauchbarkeit von Stahlbeton-Bauteilen.

Für die Baupraxis ist zu merken, daß der w/z-Wert niemals größer gewählt werden sollte, als es für einen gut verarbeitbaren Frischbeton erforderlich ist. Wird aus bestimmten Gründen (z.B. engliegende Bewehrung) ein weicherer Beton gewünscht, sollte niemals Wasser allein, sondern stets ein Zementleim entsprechender Zusammensetzung zum Verdünnen des Frischbetons verwendet werden.

Der w/z-Wert wird von der Oberflächenfeuchte der Zuschläge wesentlich mitbestimmt. Die Menge des Zugabewassers ist deshalb stets unter Abzug der Oberflächenfeuchte der Zuschläge (vor allem beim Sandanteil) festzustellen.

Normen. Die Beziehungen zwischen w/z-Wert und Betoneigenschaften sind in vielen Vorschriften der Betonnormen berücksichtigt. Grenzwerte für den w/z-Wert richten sich zunächst nach der geforderten Betonfestigkeit (s. w/z-Wert-Diagramm **11**.25), ferner nach der Tabelle **11**.28. Maßgebend ist immer der jeweils kleinste w/z-Wert. Der Zielwert soll aus Sicherheitsgründen um 0,05 kleiner eingestellt werden.

Prüfungen des w/z-Werts sind für jeden B II-Beton durchzuführen: beim ersten Einbringen und einmal je Betoniertag (s. DIN 1048 T 1 Abs. 3.41 und 3.42).

Tabelle **11**.28 **Grenzwerte für den w/z-Wert von Beton**

	Festigkeitsklasse		Zementgehalt	w/z-Wert	
	des Zements	des Betons	in kg/m³	Grenzwert	Zielwert
Unbewehrter Beton	–	–	≧ 100	–	–
Stahlbeton allgemein	–	≧ B 15	≧ 240	≦ 0,75	≦ 0,70
Stahlbeton für Außenbauteile	≦ 32,5 R	≧ B 25	≧ 300	≦ 0,65	≦ 0,60
	≧ 42,5		≧ 270		

11.5 Betonkonsistenz

Die Konsistenz (Frischbetonsteife, Steifegrad) kennzeichnet Verformbarkeit, Zusammenhaltevermögen und Fließfähigkeit des Frischbetons. Sie bestimmt in hohem Maße die Möglichkeiten seiner Verarbeitung.

Die Wahl der Betonkonsistenz richtet sich deshalb nach den Verarbeitungsbedingungen auf der Baustelle (z. B. Transportmittel, Bauteilabmessungen, Fallhöhen, Bewehrungsführung, Verdichtungsmöglichkeiten).

Die *Regelkonsistenz KR* (weich) soll für einen auf der Baustelle einzubauenden Beton bevorzugt werden, weil mit dem weichen Beton mögliche Hohlstellen im eingebauten Beton am sichersten zu vermeiden sind, vor allem bei engliegender sperriger Bewehrung in Stahlbetonbauteilen (**11**.29).

Konsistenzprüfungen richten sich nach DIN 1048. Dazu bestimmt man durch Versuch das Ausbreitmaß *a* oder das Verdichtungsmaß *v*. Die zulässigen Grenzwerte enthält Tabelle **11**.29. Mit dem Verdichtungsversuch mißt man die Konsistenzbereiche KS (steif), KP (plastisch) und KR (weich), mit dem Ausbreitmaß die Bereiche KP, KR und KF (fließfähig). Das Verdichtungsmaß wird bei Splittbeton und sehr mehlkornreichem Beton, ferner für Leicht- und Schwerbeton bevorzugt.

■ **Versuch 4** **Bestimmung des Ausbreitmaßes *a*.** Ausbreittisch und Trichter feucht abwischen, Trichter mittig auf den waagerecht und kippsicher stehenden Ausbreittisch stellen. Beton in zwei gleichhohen Schichten einfüllen und jeweils durch 10 Stampfstöße mit einem Holzstab leicht verdichten. Oberfläche eben abziehen.

Tischplatte von Betonresten reinigen, nach etwa einer halben Minute Setztrichter senkrecht nach oben ziehen, Tischplatte 15mal bis zum Anschlag anheben und fallen lassen. Nun aus 2 rechtwinklig zueinanderstehenden Durchmesserlängen den Mittelwert bilden (**11**.30).

Zu beachten: An auseinandergefallenen Proben darf das Ausbreitmaß nicht bestimmt werden.

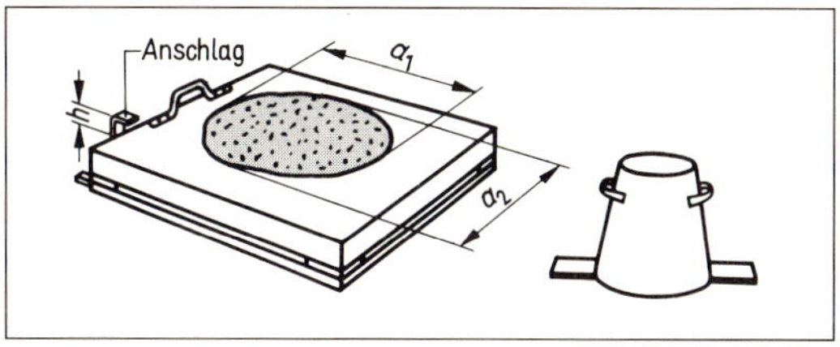

11.30 Ausbreittisch und Trichter für Ausbreitversuch

Beispiel 9 Bei einem Ausbreitversuch werden gemessen für a_1 = 36 cm, für a_2 = 38 cm. Wie groß ist das Ausbreitmaß *a*?

Lösung $a = (36\,\text{cm} + 38\,\text{cm}) : 2 = \mathbf{37\,cm}$
Nach Tabelle **11**.29 gehört der Beton zum Konsistenzbereich KP.

Tabelle **11**.29 **Konsistenzbereiche des Frischbetons**

Konsistenzbereich	KS: steif	KP: plastisch	KR: weich	KF: fließfähig
Ausbreitmaß *a* in cm	–	35 bis 41	42 bis 48	49 bis 60
Verdichtungsmaß *v* [–]	≧ 1,20	1,19 bis 1,08	1,07 bis 1,02	–
Verdichtungsversuch[1]) mittlerer Abstrich *s* in cm	≧ 6,6	6,5 bis 2,8	2,7 bis 0,8	–
Anwendung	steifer Beton		Regelkonsistenz für Ortbeton B I	Nur als Fließbeton unter Zugabe eines FM (= Fließmittel)
		auch als Beton mit Fließmittel		
Eigenschaften des Frischbetons beim Schütten	noch lose	schollig bis knapp zusammenhängend	schwach fließend	fließend
Verdichtungsart	kräftig wirkende Rüttler und/oder kräftiges Stampfen bei dünner Schüttlage	Rütteln und/oder Stochern oder Stampfen	Stochern und/oder leichtes Rütteln	„Entlüften" durch Stochern und/oder leichtes Rütteln

[1]) zweckmäßig für Splittbeton, sehr mehlkornreichen Beton, Leicht- und Schwerbeton

■ **Versuch 5 Bestimmung des Verdichtungsmaßes *v*.** Behälter mit 20 cm×20 cm Grundfläche, 40 cm Höhe feucht auswischen, bis zum Rand mit Beton füllen. Betonoberfläche mit Stahllineal eben abstreichen. Prüfmischung durch Rüttelflasche vollständig verdichten.

An den 4 Ecken des Behälters das Maß für den Abstich s bestimmen und daraus den Mittelwert berechnen (**11**.31). Nun das Maß $h = 40\text{-}s$ ermitteln und Verdichtungsmaß v nach Formel $v = 40/h$ berechnen.

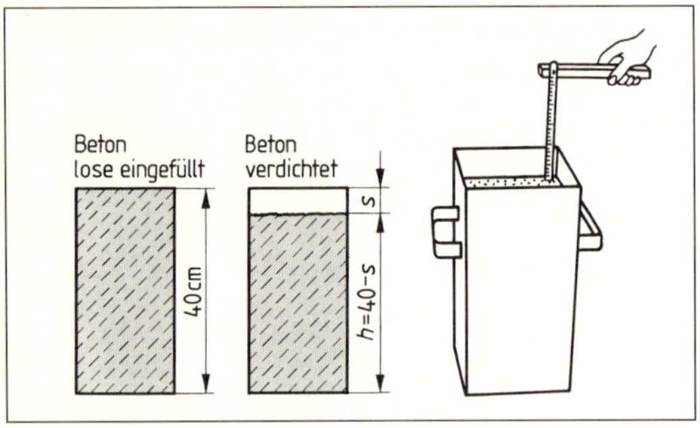

11.31 Bestimmung des Verdichtungsmaßes *v*

Beispiel 10 Die gemessenen Abstiche betragen:
$s_1 = 2{,}6$ cm, $s_2 = 2{,}5$ cm, $s_3 = 2{,}1$ cm, $s_4 = 2{,}0$ cm.
Wie groß ist das Verdichtungsmaß v?

Lösung $s = (2{,}6+2{,}5+2{,}1+2{,}0):4 = 2{,}3$ cm
$h = 40-2{,}3 = 37{,}7$ cm
$v = 40:h = 40:37{,}7 = \mathbf{1{,}06}$
Nach Tabelle **11**.29 gehört dieser Beton zum Bereich KR.

Die Ergebnisse des Ausbreit- und des Verdichtungsversuchs sind nicht immer vergleichbar, weil mit dem Ausbreitmaß die Verformungswilligkeit des Betons, mit dem Verdichtungsmaß dagegen seine Verdichtungswilligkeit gemessen werden. Um Mißverständnisse zu vermeiden, sollte man bei der Wahl der Betonkonsistenz gleichzeitig auch das Prüfungsverfahren festlegen, z.B. Konsistenz KP nach Verdichtungsmaß.

Beton-Zusatzmittel. Konsistenzprüfungen des Frischbetons erlauben nicht immer zuverlässige Rückschlüsse auf seine Verarbeitungseigenschaften; denn Einflüsse aus Zementleimmenge, Kornzusammensetzung und Kornform des Zuschlags wirken sich oft erst beim Einbau des Betons aus. Sie verlieren an Bedeutung, wenn man Fließmittel als Zusatzmittel verwendet. Sie verleihen selbst sperrigen Mischungen beachtliche Plastizität ohne zusätzlichen Wasserbedarf.

Fließmittel (FM) vermindern die Oberflächenspannung des Wassers (so wie z.B. Waschmittel). Zement und Zuschlag werden dadurch intensiver benetzt, „verklebte" Zementkörner voneinander gelöst. Der Frischbeton wird plastischer, geschmeidiger, besser formbar, verdichtungswilliger und weniger anfällig gegen Entmischen und „Bluten" (Wasserabsondern). Auch die Festbetoneigenschaften werden günstig beeinflußt.

Beton mit Fließmittel erreicht die Konsistenz KP oder KR durch (nachträgliches!) Zumischen eines Fließmittels ohne weitere Wasserzugabe.

Fließbeton erreicht die Konsistenz KF nur durch (meist nachträgliches) Zumischen des Fließmittels. Er zeichnet sich durch gutes Fließ- und Zusammenhaltevermögen aus.

Die Richtlinie für Beton mit Fließmittel und Fließbeton von 1986 regelt Herstellung, Verarbeitung und Prüfung.

Konsistenzüberwachung auf der Baustelle. Jede Veränderung der Konsistenz während des Betonierens deutet auf Veränderungen in der Betonzusammensetzung hin – besonders beim Wassergehalt. Auf der Baustelle ist die Konsistenz deshalb stets nach Augenschein zu überwachen. Vorgeschrieben sind Konsistenzprüfungen

- für jede Betonsorte beim ersten Einbringen,
- beim Herstellen von Betonprüfkörpern,
- zusätzlich in angemessenen Abständen.

Die Betonproben sind stets an der Einbaustelle (nicht am Mischer!) zu entnehmen.

Die Konsistenz kennzeichnet den Grad der Verformungs- und Verdichtungswilligkeit des Frischbetons. Sie beeinflußt entscheidend seine Verarbeitungseigenschaften. Konsistenzmaße sind das Ausbreitmaß a und das Verdichtungsmaß v (beide durch Versuch festgestellt).

DIN 1045 begrenzt die Konsistenz KS (steif), KP (plastisch) und KR (weich). Die Regelkonsistenz KR ($a = 45 \pm 3$) gilt vorzugsweise für den auf der Baustelle zu verarbeitenden Beton B I, ferner die Konsistenz F.

11.6 Betonzusammensetzung

Das Mischungsverhältnis MV enthält die Zusammensetzung des Betons nach Masseteilen in der Reihenfolge Zement, Zuschlag und Wasser durch Verhältniszahlen oder unmittelbar in kg.

DIN 1045 regelt die Zusammensetzung des Betons für die verschiedenen Betongruppen und für Beton mit besonderen Eigenschaften. Mindestanforderungen für Zuschläge enthält Tabelle **11**.15, Mindestzementmengen Tabelle **11**.32.

Tabelle **11.32** **Mindestzementmengen je m³ Beton für B I und B II**

Beton aller Festigkeitsklassen	Festigkeitsklasse des Zements	Mindestzementgehalt in kg/m³
unbewehrter Beton	32,5 bis 52,5	100
Stahlbeton allgemein	32,5 bis 52,5	240
Stahlbeton für Außenbauteile	32,5, 32,5	300 (unter bes. Bedingungen 270)
	42,5, 52,5/2,5R	270

Beispiel 11 Eine Betonmischung nach dem MV 1:6:0,6 enthält 300 kg Zement je m³ verdichteten Betons. Wie groß sind die Massenanteile für Wasser und Zuschlag?

Lösung Zement z = 1 · 300 kg = **300 kg/m³**
Zuschlag g = 6 · 300 kg = **1800 kg/m³**
Wasser w = 0,6 · 300 kg = **180 kg/m³**

B I-Beton nach Rezept muß die Forderung der Tabelle **11.33** hinsichtlich Mindestzementgehalt, Kornzusammensetzung und Korntrennung erfüllen.

Verringern darf man den Zementgehalt (abweichend von Tabelle **11.33**) bei Zement 42,5 um ≦ 10% und bei Zuschlägen mit einem Größtkorn von 63 mm ebenfalls um ≦ 10%.

Erhöhen muß man den Zementgehalt bei Zuschlägen mit einem Größtkorn von 16 mm um 10% und mit einem Größtkorn von 8 mm um 20%.

Betonrezepte nach Tabelle **11.34** wurden auf der Grundlage der Tabelle **11.33** entwickelt und eignen sich für die praktische Anwendung auf der Baustelle besonders gut. Weichen Rohdichte und Oberflächenfeuchtigkeit der Zuschläge von den Bedingungen der Tabelle **11.34** ab, sind entsprechende Änderungen für die Wasser- und Zuschlagmengen erforderlich.

B I-Beton mit besonderen Eigenschaften als Rezeptbeton der Festigkeitsklasse B 25 ist nach den Bedingungen der Tabelle **11.35** zulässig.

Die Wasserzugabe ist zweckmäßigerweise über die Konsistenzprüfung zu kontrollieren.

Tabelle **11.33** **Beton B I ohne Eignungsprüfung** (Bedingung: Zement 32,5, Zuschläge 0/32, kein Zusatzmittel)

Beton B I	Zuschläge			Konsistenz und Mindestzementmenge in kg/m³		
Festigkeitsklasse	Korntrennung	Korngruppe	Sieblinienbereich	KS	KP	KR
B 5	nicht festgelegt		A/B B/C	140 160	160 180	– –
B 10			A/B B/C	190 210	210 230	230 260
B 15	≧ 2fach	0/4 und > 4	A/B B/C	240 270	270 300	300 330
B 25			A/B B/C	280 310	310 340	340 380
B 25 für Außenbauteile			A/B B/C	300 320	320 350	350 380

Die rot umrahmten Werte gelten für Stahlbeton. Für Stahlbeton-Außenbauteile ist mindestens die Betonfestigkeitsklasse B 25 zu verwenden.

Tabelle **11.34** **Rezept für Beton B 25** (Bedingungen: Rohdichte ϱ_g = 2,6 kg/dm³; Zuschlag-Oberflächenfeuchte: 3,5% für den Sieblinienbereich A/B, für B/C 4,5%)

Betonfestigkeitsklasse B 25 bei Verwendung von Zement 32,5/32,5R												
Größtkorn des Zuschlags	16 mm						32 mm					
Sieblinienbereich	A/B			B/C			A/B			B/C		
Konsistenz	KS	KP	KR	KS	KP	KR	KS	KP	KR	KS	KP	KR
Zement kg	308	341	374	341	374	418	280	310	340	310	340	380
Zugabewasser l	95	118	140	111	135	159	83	106	128	87	111	135
Zuschläge feucht kg	1929	1846	1763	1837	1752	1660	1983	1902	1822	1921	1839	1747

Tabelle **11**.35 **Rezepte für 1 m³ B I-Beton mit besonderen Eigenschaften** (geeignet als wasserundurchlässiger Beton, Beton mit hohem Frostwiderstand[1]) und Beton mit hohem Widerstand gegen schwachen chemischen Angriff)

Sieblinienbereich	Konsistenz	Zement	Zuschläge feucht	Zugabewasser
A 16/B 16	KP	400 kg	920 kg 0/4 mm 920 kg 4/16 mm	110 l
	KR	400 kg	900 kg 0/4 mm 900 kg 4/16 mm	130 l
A 32/B 32	KP	350 kg	760 kg 0/4 mm 1130 kg 4/32 mm	100 l
	KR	350 kg	750 kg 0/4 mm 1110 kg 4/32 mm	120 l

Bedingungen:
Rohdichte des Zuschlags $\varrho_g \approx 2{,}60$ kg/dm³ Oberflächenfeuchte des Zuschlags $h_{g,o} \approx 3{,}5$ Masse-%

[1]) Für Beton mit hohem Frostwiderstand sind Zuschläge mit der Anforderung eF zu verwenden.

Tabelle **11**.36 **Vorhaltemaß und Mindestfestigkeit für B I-Beton nach Eignungsprüfung**

Betonfestigkeitsklasse	Serienfestigkeit in N/mm²	Vorhaltemaß[1]) in N/mm²	Anzustrebende Druckfestigkeit in N/mm²	Konsistenzbereich	Empfohlene Werte bei Eignungsprüfung: Verdichtungsmaß v	Ausbreitmaß a (cm)
B 5	8	≧ 3	≧ **11**			
B 10	15	≧ 5	≧ **20**	KS	1,24 bis 1,20	
B 15	20	≧ 5	≧ **25**	KP	1,12 bis 1,08	39 bis 41
B 25	30	≧ 5	≧ **35**	KR	1,04 bis 1,02	46 bis 58

[1]) gegenüber Serienfestigkeit β_{WS}

Beton BI nach Eignungsprüfung wird nach den Regeln für BII zusammengesetzt. Dabei dürfen die für Rezeptbeton geforderten Mindestzementmengen der Tabelle **11**.33 unterschritten werden, jedoch nicht unterhalb der Mindestwerte von Tabelle **11**.32. Ferner müssen die Ergebnisse der Eignungsprüfung die geforderte Serienfestigkeit um das Vorhaltemaß überschreiten (Tab. **11**.36).

BII-Beton erfordert stets betontechnologische Berechnungen und entsprechende Eignungsprüfungen. Die angestrebten Zielfestigkeiten sind um ein Vorhaltemaß von 3 bis 5 N/mm² über der jeweils geforderten Serienfestigkeit festzulegen.

Die Zusammensetzung des Betons richtet sich nach den gewünschten Eigenschaften gemäß DIN 1045 und den Richtlinien des Deutschen Ausschusses für Stahlbeton.

Beton BI wird zusammengesetzt als Rezeptbeton nach Mindestzementgehalt und vorgeschriebenen Sieblinienbereichen (z.T. auch als Beton mit besonderen Eigenschaften) oder als Beton nach Eignungsprüfung (wie BII-Beton).

11.7 Betonstähle

11.7.1 Arten, Eigenschaften und Unterscheidungsmerkmale

Betonstähle nach DIN 488 sind schweißgeeignete Stahlstäbe und -drähte mit nahezu kreisförmigem Querschnitt für die Betonbewehrung. Wir unterscheiden sie nach Herstellungsform und -verfahren, Oberflächenbeschaffenheit und Festigkeit (**11**.37 und **11**.39).

Herstellungsverfahren. *Warmgewalzte Stähle* ohne Nachbehandlung erfüllen die technischen Anforderungen durch ihre chemische Zusammensetzung oder durch zusätzliches Wärmebehandeln aus der Walzhitze, *kaltverformte Stähle* erst durch nachträgliches Recken oder Verwinden. Dabei setzen Gefügeveränderungen die Proportionalitätsgrenze R_p und in gleichem Maß auch die ausnutzbaren Spannungen herauf (**11**.38).

Tabelle **11.37** **Betonstähle nach DIN 488**

Lieferform	Betonstabstahl (S)		Betonstahlmatte (M)	Bewehrungsdraht	
Herstellung	unbehandelt, wärmebehandelt oder kaltverformt		kaltverformt		
Oberfläche	gerippt in 2 Reihen mit oder ohne Längsrippen		gerippt in 3 Reihen	glatt (G)	profiliert (P)
Kurzname	BSt 420 S	BSt 500 S	BSt 500 M	BSt 500 G	BSt 500 P
Kurzzeichen	III S	IV S	IV M	IV G	IV P
Streckgrenze R_e in N/mm²	420	500	500	500	
Zugfestigkeit R_m in N/mm²	500	550	550	550	

Wir unterscheiden:

- **Betonstabstahl (S)** in Längen von 12 bis 15 m für Einzelstabbewehrung,
- **Betonstahlmatten (M)** aus sich kreuzenden Stäben mit werkseitig scherfest verschweißten Knoten,
- **Bewehrungsdraht,** ringförmig als Bund geliefert, nicht für die Herstellung von Bewehrung auf der Baustelle geeignet. Die daraus werkmäßig gefertigte Bewehrung wird unmittelbar an den Verarbeiter geliefert. Hersteller sind die Werke für Betonstahlmatten.

Festigkeit. BSt 420 und BSt 500. BSt steht für Betonstahl. Die Zahlen 420 und 500 kennzeichnen die Mindestspannung in N/mm² an der Streckgrenze des zugbeanspruchten Stahls.

Streckgrenze. Nach Überschreiten dieser, für Stahl typischen Grenzspannung beginnt eine zunehmende Lockerung des Materialgefüges. Der Stab dehnt sich ohne merklichen Zugkraftanstieg sehr stark aus – der Stahl „streckt" sich oder „fließt". Spannungen und Dehnungen verlaufen dann nicht mehr proportional (verhältnisgleich). Verlust an Elastizität und bleibende Formänderungen (Plastizität) sind die Folgen. An Stahlbetonbauteilen zeigen sich dann

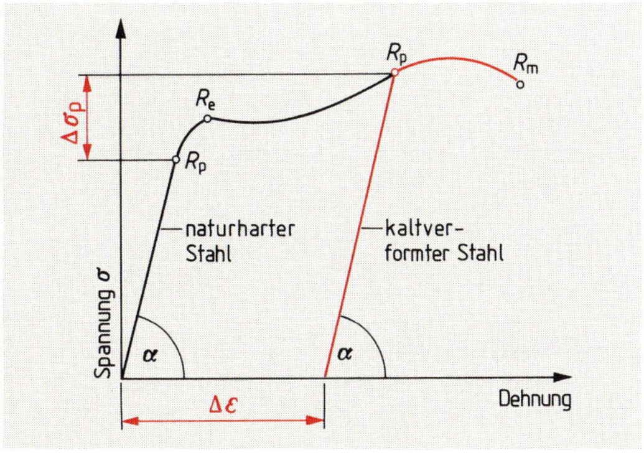

11.38 Spannungs-Dehnungs-Diagramme für naturharte und kaltverformte Betonstähle
$\Delta\varepsilon$ (delta epsilon) ≙ Maß der Vordehnung
$\Delta\varrho_p$ ≙ Anstieg der Proportionalitätsgrenze
R_p ≙ Proportionalitätsgrenze
R_m ≙ Zugfestigkeit
R_e ≙ Streckgrenze

unzulässig große Risse und Durchbiegungen. Die Streckgrenze R_e (nicht die Zerreiß- bzw. Zugfestigkeit!) ist deshalb der kritische Spannungszustand des Betonstahls. Sie ist maßgebend für die Stabilität und Gebrauchstauglichkeit der Stahlbetonbauteile. Bei den Betonstählen darf der Stahl dabei nicht mehr als 0,2% Zugdehnung zulassen. Die Streckgrenze R_e gleicht daher der 0,2%-Dehngrenze $R_{p\,0,2}$.

Lieferbare Betonstahlsorten

- **BSt 420 S und BSt 500 S** für Stabstahl (Kurzzeichen III S und IV S) in Nenndurchmessern d_s von 6, 8, 10, 12, 14, 16, 20, 25 und 28 mm,
- **BSt 500 M** für Betonstahlmatten (Kurzzeichen IV M) mit Nenndurchmessern 4 bis 12 mm,
- **BSt 500 G und 500 P** für Bewehrungsdraht (G = glatte Oberfläche, P = profilierte Oberfläche)

Oberflächenbeschaffenheit. Stabstahl und Betonstahlmatten, die wir vorwiegend im Stahlbetonbau verwenden, werden wegen besseren Haftverbunds (vergrößerte Oberfläche!) nur noch mit schräggerippter Oberfläche gefertigt (**11**.39).

BSt 420 S hat zwei gegenüberliegende Reihen paralleler Schrägrippen mit unterschiedlichem Rippenabstand je Seite. Dazwischen können zwei gegenüberliegende Längsrippen angeordnet sein. Ausnahme: der kaltverwundene Stahl hat immer zwei Längsrippen und gleiche Rippenabstände.

BSt 500 S hat ebenfalls zwei gegenüberliegende Reihen parallel angeordneter Schrägrippen, eine davon mit wechselnder Rippenneigung (alternierend zur Stabachse geneigte Rippen): Bei den warmgewalzten Stählen können die Längsrippen entfallen, bei den kaltverwundenen nicht.

BSt 500 M darf ebenfalls nur noch mit schräggerippter Oberfläche gefertigt werden, im Vergleich zum Stabstahl jedoch mit drei gleichen Rippenreihen und ohne Längsrippen.

Glatte (G) und profilierte (P) Stahloberflächen finden wir, wie oben erwähnt, nur noch beim Bewehrungsdraht BSt 500 G und 500 P, der speziellen Bauteilen aus Stahlbeton (z. B. Masten) vorbehalten ist.

Tabelle **11.39** **Betonstähle nach DIN 488**

Lieferform	Kurzzeichen	Kurzname	Kennzeichen	Bild	d_s in mm
Betonstahlstab (S)	III S	BSt 420 S	Parallele Schrägrippen in 2 Reihen, ungleicher Rippenabstand je Seite bei nicht kaltverwundenem Stahl, für den auch Längsrippen entfallen dürfen	nicht verwunden mit Längsrippen 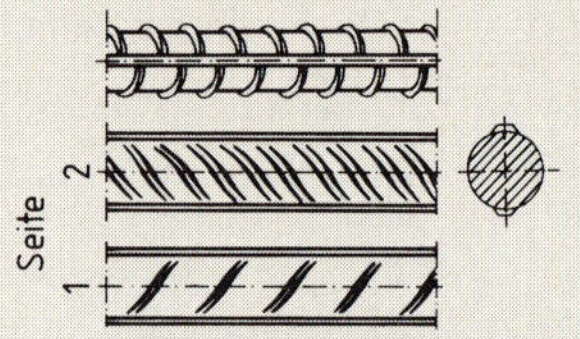 ohne Längsrippen 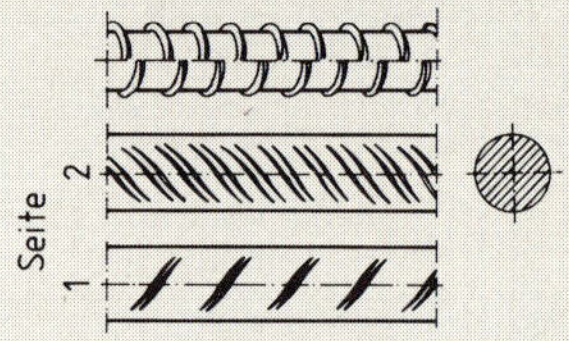 kaltverwunden 	6 8 10 12 14 16 20 25 28
	IV S	BSt 500 S	Parallele Schrägrippen in 2 Reihen, eine davon mit 2 unterschiedlichen Rippenneigungen Kaltverwundene Stähle müssen, nicht verwundene können Längsrippen erhalten	nicht verwunden mit Längsrippen  ohne Längsrippen  kalt verwunden 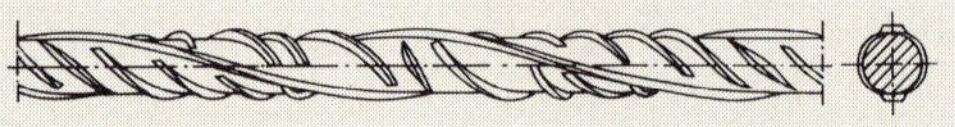	
Betonstahlmatte (M)	IV M	BSt 500 M	Mattenform, Längs- und Querstäbe mit geschweißten Knoten	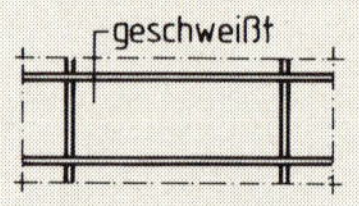 	4 bis 12
Bewehrungsdraht	IV G	BSt 500 G	glatte Oberfläche	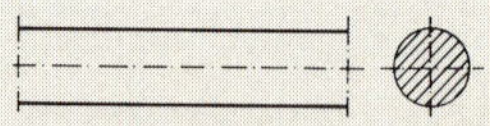 i. a. ringförmige Fertigung als Bund	
	IV P	BSt 500 P	profilierte Oberfläche		

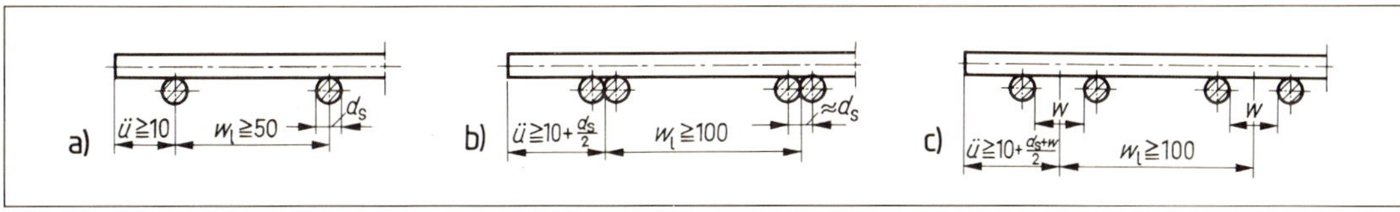

11.40 Mittenabstände w_1 und lichte Abstände w der Längs- bzw. Querstäbe sowie Überstände $ü$ in mm von Betonstahlmatten

a) bei Einfachstäben, b) bei Doppelstäben, c) bei Stabpaaren

Werkskennzeichen (Land und Herstellerwerk) finden wir in etwa 1 m Abstand, bei Stabstahl in Form verbreiterter Schrägrippen, bei Betonstahlmatten auch durch Rippenlücken. Land und Herstellerwerk unterscheiden sich jeweils nach der festgelegten Anzahl normaler Zwischenrippen.

Betonstahlmatten. Längs- und Querstäbe der Betonstahlmatten haben Abstände von 5 und 7,5 cm oder einem Vielfachen davon. Sie können ausgebildet sein als Einfachstäbe, Doppelstäbe oder Stabpaare (**11**.40).

Mattenarten. Man unterscheidet Lager-, Listen- und Zeichnungsmatten.

Lagermatten sind nach Größe, Maschenweite und Querschnitt vom Hersteller festgelegt. Sie werden serienmäßig hergestellt und im Fachhandel auf Lager bereitgehalten. Die Längen betragen 5 und 6 m, die Breite 2,15 m.

Listenmatten werden passend für das jeweilige Bauteil hergestellt.

Stababstände, Stabdurchmesser und Mattenabmessungen sind unter Beachtung genormter Grenzwerte frei wählbar. Die Mattenbreite reicht bis 2,65 m, die Länge bis 12 m. Listenmatten mit Vorzugsquerschnitten haben festliegende Stahlquerschnitte in Längs- und Querrichtung. Ihre Randausbildung ist nach 4 Seiten frei wählbar.

Zeichnungsmatten sind so unregelmäßig gegliedert, daß ihr Aufbau nicht mehr nach dem üblichen Benennungsschema bestimmbar ist. Sie können deshalb nur an Hand einer vollständig bemaßten Zeichnung (Skizze) bestellt und angefertigt werden.

11.7.2 Bezeichnung und Lieferung

Stabstähle. Die normgerechte Bezeichnung zeigt unser Beispiel eines Beton-Stabstahls mit 20 mm Durchmesser aus BSt 500:

Beispiel 12 Betonstabstahl DIN 488 – BSt 500 S – 20.

Betonstahl-Lagermatten. Lagermatten werden nach der Mattenart bezeichnet.

Beispiel 13 Q 377, R 433, K 770

Die Zahlen entsprechen dem Querschnitt der Tragstäbe in mm^2/m. Im Randbereich (Randeinsparung) erhalten die stärkeren Matten bis zu 50% geringere Querschnitte (**11**.41).

Q-Matten haben Tragstäbe in Längs- und in Querrichtung mit jeweils gleichem Querschnitt. Randeinsparungen beidseitig an je 4 Längsstäben.

R-Matten haben Tragstäbe nur in Längsrichtung. Der Querschnitt der Verteiler (Querstäbe) beträgt etwa $^1/_5$ von dem der Längsstäbe. Randeinsparungen beidseitig an je 2 Längsstäben.

K-Matten entsprechen im Aufbau den R-Matten, haben jedoch ausnahmslos Längen von 6 m (statt 5 m) und Randeinsparungen an je 4 Längsstäben.

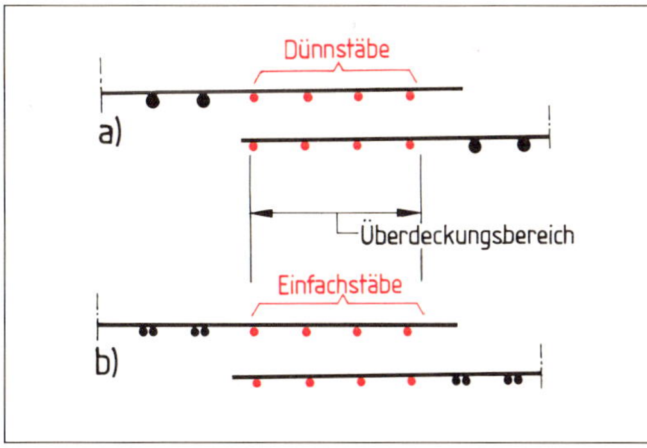

11.41 Randsparmatten vermeiden Stahlverschwendung im Überdeckungsbereich

a) Dünnstäbe, b) Einfachstäbe

Zeichnungsmatten werden nach der Nummer der zugrundeliegenden Zeichnung (Zeichnungs-Nr.) benannt.

Ihre Herstellung zum Zweck der Stahlersparnis lohnt nur (wie auch die der Listenmatten) bei einer größeren Zahl gleicher Matten.

Listenmatten bieten eine Vielzahl von Auswahlmöglichkeiten unterschiedlicher Stabdurchmesser in Längs- und Querrichtung, Doppelstäbe nur in Längsrichtung. Die Anzahl abweichender Randstäbe ist frei wählbar, ferner das Maß der Stabüberstände sowie die Mattenlänge bis 12 m und die -breite bis 2,65 m.

Die „achsengetrennte Schreibweise" für Listenmatten erleichtert die Verständigung über den Mattenaufbau erheblich. Alle Kenndaten für die Längs- und für die Querstäbe stehen jeweils in einer Zeile – Längsstäbe über, Querstäbe unter der „Achse". Sind auch kurze Stäbe vorgesehen, stehen die ergänzenden Zusatzbemerkungen links vom Mattenaufbau (**11**.42).

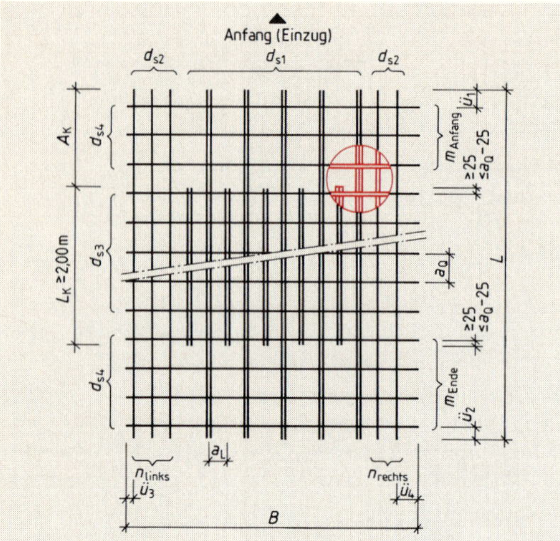

11.42 Aufbau einer Listenmatte nach achsengetrennter Schreibweise. Bei der Kennzeichnung gilt stets: Längsstäbe unten, Querstäbe oben

A_K = Abstand der kurzen Stäbe vom Mattenanfang in m

L_K = Länge der kurzen Stäbe in m

Matten mit regelmäßigem Aufbau, d.h. gleichbleibende Stababstände, können zahlenmäßig durch die achsengetrennte Schreibweise erfaßt werden.

Neben achsengetrennter Schreibweise wird zunehmend die Zeichnungsdarstellung per Computer verwendet.

Bemerkungen		Mattenaufbau	Länge	Überstände Anfang	Überstände Ende
A_K =	Längs-richtung	$a_L \cdot d_{s1}/d_{s2} - n_{links}/n_{rechts}$	L	$ü_1$	$ü_2$
L_K =	Quer-richtung	$a_Q \cdot d_{s3}/d_{s4} - m_{Anf.}/m_{Ende}$	B Breite	$ü_3$ links	$ü_4$ rechts

Die abgebildete Matte zeigt die erfaßbaren Möglichkeiten der Schreibweise, ist kein Praxisbeispiel.

a_L = Abstand der Längsstäbe in mm
a_Q = Abstand der Querstäbe in mm
d_{s1}/d_{s2} = Durchmesser der Längsstäbe im Innenbereich/Randbereich in mm
d_{s3}/d_{s4} = Durchmesser der Querstäbe im Innenbereich/Randbereich in mm

d = Doppelstäbe (nur in Längsrichtung)
n_{links}, n_{rechts} = Anzahl der Längs-Randstäbe d_{s2}. links/rechts in Fertigungsrichtung
m_{Anfang}, m_{Ende} = Anzahl der Quer-Randstäbe d_{s4}. am Anf./Ende der Fertigungsrichtung
L = Mattenlänge in m
B = Mattenbreite in m
$ü_1/ü_2$ = Längsstab-Überstände am Mattenanfang/-ende
$ü_3/ü_4$ = Querstab-Überstände am Mattenrand links/rechts

Beispiel 15

$$\frac{377 - 2/2}{73 - 4/4} \hat{=} \frac{\text{Längsstabquerschnitt in mm}^2\text{/m} - n_{links}/n_{rechts}}{\text{Querstabquerschnitt in mm}^2\text{/m} - m_{Anfang}/m_{Ende}}$$

Lieferart. Die Matten werden eben, gekrümmt oder fertig gebogen (z.B. Bügelkörbe) angeliefert. Ihre witterungsbeständigen Kennschilder enthalten die genaue Mattenbezeichnung und das Herstellerwerk.

Betonstähle nach DIN 488 sind als Stabstahl (S) und als Betonstahlmatten (M) im Handel, ferner als Bewehrungsdraht. Man unterscheidet:

- nach der Festigkeit die Stahlgruppen III und IV,
- nach der Oberflächenbeschaffenheit nur noch schräggerippte Stähle, beim Bewehrungsdraht jedoch glatte (G) und profilierte (P),
- nach der Herstellung warmgewalzte und kaltverformte Stähle.

Mattengrößen, Stababstände und Stabdurchmesser sind für Lagermatten festgelegt, für Listen- und Zeichnungsmatten sind sie in bestimmten Grenzen frei wählbar.

Arten der Lagermatten:

- Q-Matten mit Tragstäben und gleichen Gesamtquerschnitten in Längs- und Querrichtung.
- R- und K-Matten mit tragenden Längsstäben und Querstäben als Verteiler.

Beispiel 14

Bemerkungen	Pos. im Mattenplan	Mattenanzahl	Mattenaufbau: Längsrichtung / Querrichtung — Stababstand a_L / a_Q mm	Stabdurchmesser innen d_{s1} / d_{s3} mm	Stabdurchmesser Rand d_{s2} / d_{s4} mm	Stabanzahl Rand n_{links} / m_{Anfang}	Stabanzahl Rand n_{rechts} / m_{Ende}	Länge / Breite in m	Überstände Anfang $ü_1$ / $ü_3$ links in mm	Überstände Ende $ü_2$ / $ü_4$ rechts in mm	Gewicht kg/Matte	Gesamtgewicht in kg
A_K=0,85	1		150 ·	6,0d /	6,0 –	3 /	2	4,50	150	100		
L_K=2,85			250 ·	7,0 /	5,0 –	3 /	4	2,30	25	175		
A_K=0	2		150 ·	7,5d /	7,5 –	4 /	4	7,80				
L_K=6,0			150 ·	7,5 /	–	/		2,45				
	3		100 ·	8,0 /	–	/		6,20	100	100		
			200 ·	6,5 /	–	/		2,60	25	375		

Werden bei der Bestellung keine besonderen Überstände genannt, so werden die Matten mit den kleinstmöglichen Überständen $ü_1 = ü_2$ und $ü_3 = ü_4$ gefertigt.

11.8 Verbundbaustoff Stahlbeton

11.8.1 Stahlbetonbalken

Der Balken überspannt Wandöffnungen und Räume. Als geeignetes Baumaterial bot sich zunächst Holz, später Stahl. Künstliche und natürliche Steine haben sich hierfür als zu schwer und zu wenig tragfähig erwiesen. Im Steinbau verwendete man deshalb lange Zeit Bögen und Gewölbe, die erst mit der Entwicklung des Stahlbetons durch Balken und Platten ersetzt wurden. Wirkungsweise und Tragverhalten von Stahlbetonbalken und -platten versteht man, wenn bekannt ist,

a) wie Balken und Platten bei Belastung beansprucht werden und

b) unter welchen Bedingungen eine Verbundwirkung von Stahl und Beton möglich ist.

Spannungen und Formänderungen bei Biegung verdeutlicht unser Versuch.

■ **Versuch 6** In einer Biegezug-Prüfmaschine wird ein Holzbalken ($b/d \approx 10/10$, Stützweite ≈ 60 cm) mit einer mittig aufgebrachten Kraft bis zum Bruch belastet (**11**.43).

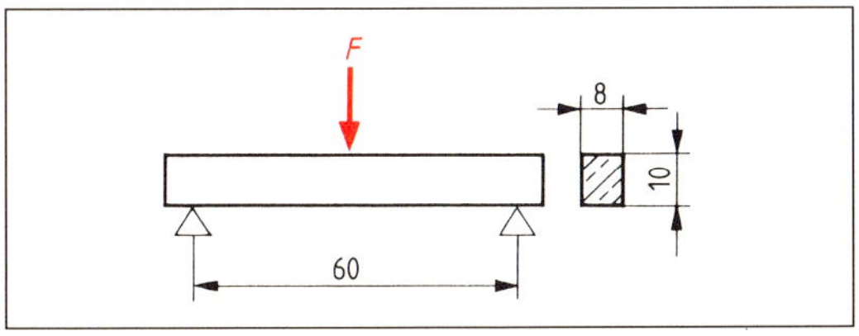

11.43 Systemskizze eines Balken auf zwei Stützen mit Einzellast

Ergebnis Der Balken biegt sich mit steigender Belastung durch. Die Bruchstelle liegt im Bereich der größten Durchbiegung. Die Holzfasern werden (vor allem an der Bruchstelle) im oberen Bereich gestaucht, im unteren Bereich gedehnt und auseinandergerissen. Stauchungen treten am oberen, Risse am unteren Rand besonders stark hervor und werden zur Mitte hin schwächer (**11**.44).

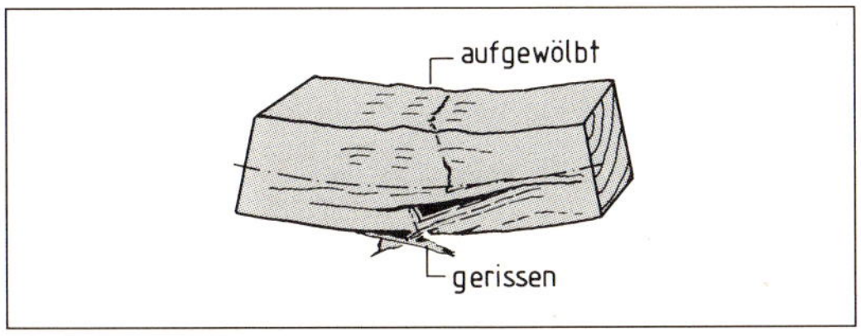

11.44 Bruchstelle in Balkenmitte

Folgerungen Balken werden auf Biegezug beansprucht. Die äußeren Kräfte (Lasten) erzeugen Druckspannungen im oberen, Zugspannungen im unteren Teil der Balkenquerschnitte. Die Spannungen verringern sich in vertikaler Richtung vom äußeren Rand zur Querschnittsmitte (neutrale Schicht) und in Längsrichtung vom Ort der größten Durchbiegung zu den Auflagern (**11**.45).

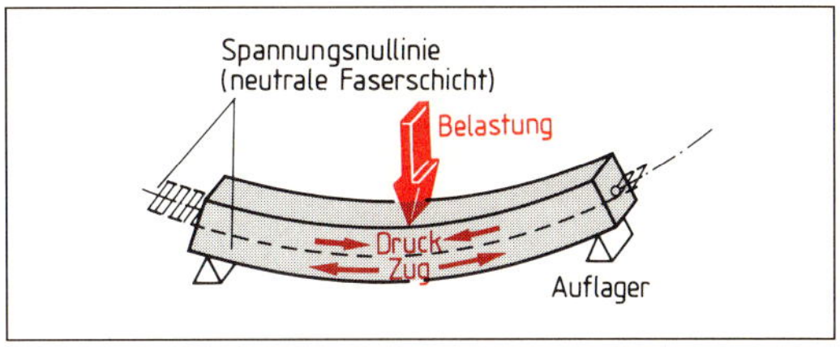

11.45 Druck- und Zugspannungen am Balken auf zwei Stützen

Biegeverhalten unbewehrter Betonbalken. Das Verhalten des unbewehrten Betons bei Biegung und entsprechende Werkstoffeigenschaften verdeutlicht dieser Versuch:

■ **Versuch 7** Mit einem Betonbalken ($b/d/l$ = 15/15/70 cm) aus B25 wird der vorige Versuch wiederholt. Dazu eignen sich Schalungsformen zur Herstellung von Betonprismen für die Biegezugprüfung. Kontrolle der Betondruckfestigkeit durch 1 bis 2 Probewürfel aus der gleichen Mischung.

Ergebnis Die Bruchlast ist im Vergleich zu der des Holzbalkens gering. Bis zum Bruch der Balken keine sichtbaren Veränderungen. Nach schwachem Anriß an der Unterseite bricht der Balken sofort stumpf ab (**11**.46).

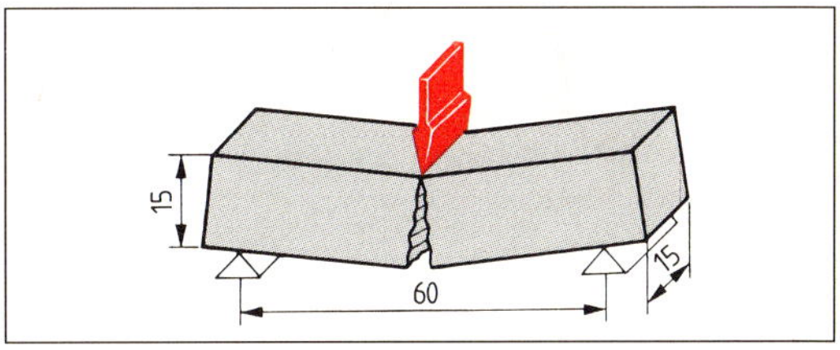

11.46

Folgerungen

a) Die *Zugdehnung* des Betons ist sehr gering (≈ 0,2 mm/m). Beton ist *spröde,* deshalb auch empfindlich gegen Schlag und Stoß. Zähe Stoffe wie Stahl und Holz sind dehn- und verformbarer als spröde.

b) Die *Betonzugfestigkeit* erreicht nur geringe Werte (1 bis 10 N/mm²). Bruchverhalten und geringe Bruchlast beim Biegeversuch beweisen, daß die Spannungen im Zugbereich nicht mehr vom Beton aufgenommen werden konnten.

c) die *Betondruckfestigkeit* ist bis 55 N/mm² genormt und kann in der Praxis noch deutlich höher ausfallen. Diese hohe Druckfestigkeit kann jedoch bei Biegung nicht annähernd ausgenutzt werden, weil die Zugzone infolge mangelnder Betonzugfestigkeit sehr früh versagt.

Biegeverhalten bewehrter Betonbalken. Tragfähige Betonbalken erfordern eine verstärkte (bewehrte) Zugzone. Dazu eignen sich zugfeste Stahleinlagen nach Tabelle **11**.37. Das Biegeverhalten zeigt der nächste Versuch.

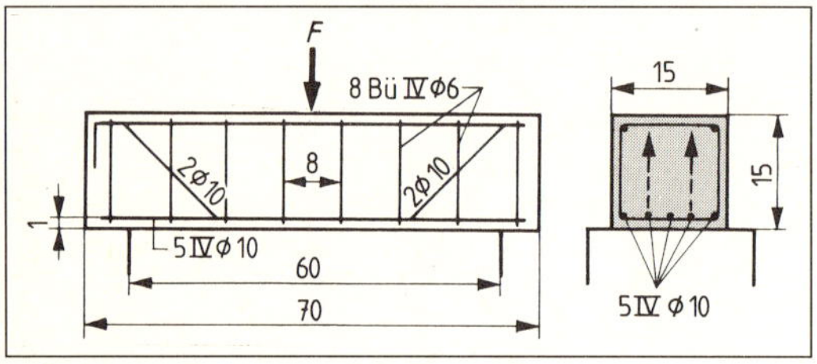

11.47 Skizze zur Herstellung eines bewehrten Versuchsbalkens

■ **Versuch 8** Der vorige Versuch wird mit einem bewehrten Balken nach Bild **11**.47 durchgeführt.

Ergebnis Der bewehrte Balken zeigt gegenüber dem unbewehrten erheblich höhere Tragfähigkeit. Erste Risse zeigen sich erwartungsgemäß an der Unterseite des mittleren Balkenteils. Ansteigende Belastung erzeugt weitere Risse, die schräg zu den Auflagern hin verlaufen (**11**.48).

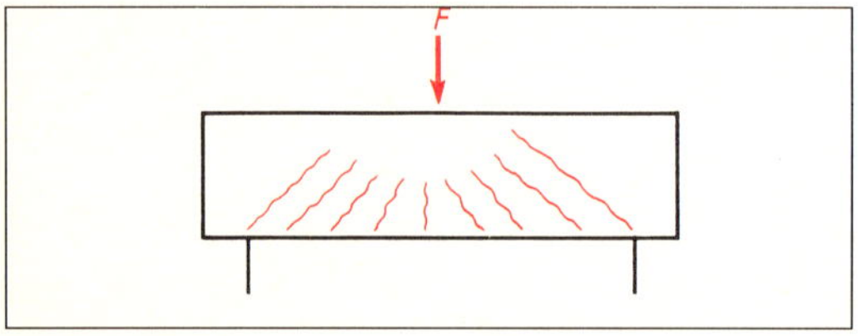

11.48 Zug- und Schubrisse an einem überlasteten Stahlbetonbalken

Folgerungen Beton kann Biegezugkräfte auf Stahleinlagen (Tragstäbe) übertragen. Feine Betonzugrisse beeinträchtigen Tragkraft und Brauchbarkeit des Balkens kaum. Schrägrisse am Balkenende zeigen „schräge Hauptzugspannungen“ (Schubspannungen) an.

Schubkräfte können die Tragfähigkeit von Balken ebenfalls gefährden. Sie wirken senkrecht und waagerecht zur Balkenachse (**11**.49).

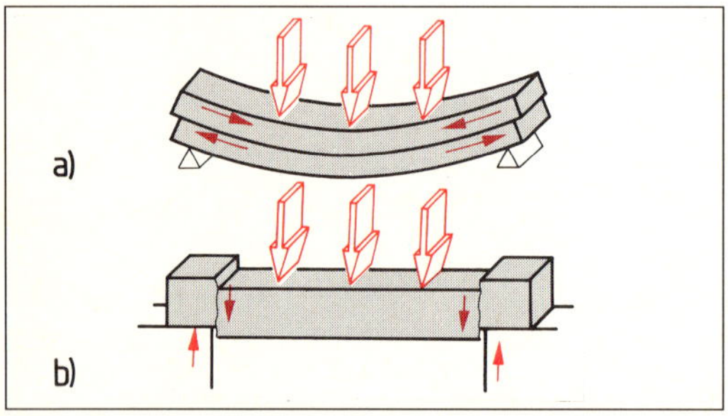

11.49 a) Schubspannungen in Längsrichtung des Balkens sind im Auflagerbereich am größten
b) Schubspannungen in der Querrichtung des Balkens

Waagerechte Schubkräfte verdeutlicht ein belasteter Balken aus aufgeschichteten Holzbrettern, an dem die in Längsrichtung ausgelösten Schubspannungen keine Widerstand finden (**11**.49 a). Zuvor aufgetragene Lotrisse zeigen, daß die Schubspannungen zu den Auflagern hin anwachsen. Verbolzte „Brett-Balken“ bleiben formstabil, weil die Schubspannungen in den Bolzenquerschnitten aufgenommen werden.

Senkrechte Schubkräfte ergeben sich durch Gegenwirkung von Auflast und Auflagerkraft (**11**.49 b).

Beim Zusammenwirken der senkrechten und waagerechten Schubspannungen entsteht ein schräger Kraftverlauf, der die schrägen Zugrisse (Schubrisse) aus unserem Versuch erklärt (**11**.50).

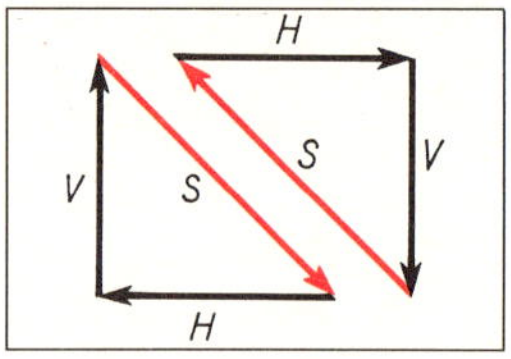

11.50 Schrägrisse entstehen durch Zusammenwirken waagerecht und senkrecht wirkender Schubkräfte (*H* und *V*)

Schubbewehrung sichert Betonbalken gegen Schubrisse. Sie besteht meist aus Stahlbügeln, seltener aus zusätzlichen Aufbiegungen aus der Feldbewehrung unter 45° oder 60°, die in Auflagernähe angeordnet und in der Druckzone verankert werden. Stahlbügel ordnet man senkrecht oder, dem Spannungsverlauf entsprechend, auch schräg an. In der Auflagernähe werden Aufbiegungen aus Gründen der Arbeitsvereinfachung meist durch enger angeordnete Bügel ersetzt (**11**.51).

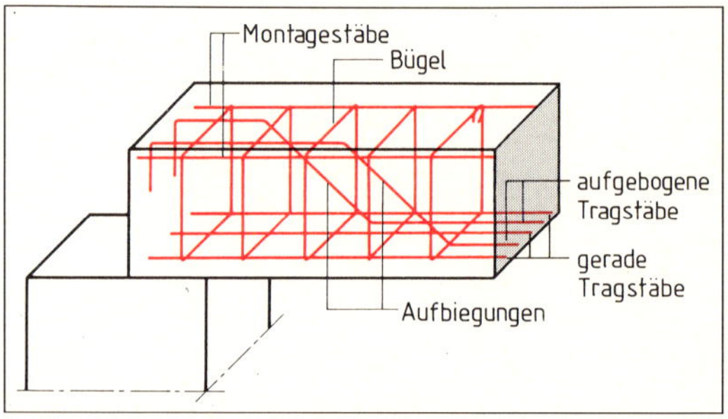

11.51 Aufbiegungen und Bügel

Bei Balken auf 2 Stützen entstehen durch Belastung Zugspannungen im unteren und Druckspannungen im oberen Querschnittsteil. Diese Biegespannungen nehmen zur Querschnittsmitte und zu den Auflagern hin ab.

Unbewehrte Betonbalken brechen infolge mangelnder Betonzugfestigkeit sehr früh. Hohe Tragfähigkeit zeigen bewehrte Betonbalken, bei denen die Druckkräfte vom Beton, die Zug- und Schubkräfte dagegen von den Stahleinlagen übernommen werden.

11.8.2 Voraussetzungen für die Verbundwirkung im Stahlbeton

Die Bewehrung der Bauteile aus Stahlbeton ist nur wirksam durch den festen und dauerhaften Verbund von Stahl und Beton. Dazu müssen 3 Voraussetzungen erfüllt sein:

Die feste Haftung (Adhäsion) des Betons an der Stahloberfläche ermöglicht das Übertragen der Biegezugkräfte vom Beton auf die Stahlstäbe. Dies erfordert ausreichende Zementleimmengen und günstige w/z-Werte ($\leqq$ 0,75). Gerippte oder profilierte Stäbe begünstigen, loser Rost und Verschmutzungen beeinträchtigen die Betonhaftung und müssen deshalb rechtzeitig beseitigt werden.

Ähnliche Wärmeausdehnungszahlen[1]) von Stahl und Beton gewährleisten den Haftverbund von Stahl und Beton auch bei größeren Temperaturschwankungen. Wärmedämmende und wärmespeichernde Eigenschaften des Betons verhindern ferner, daß sich der Stahl infolge seiner sehr viel höheren Wärmeleitfähigkeit[2]) schneller ausdehnt als der Beton. Damit ist eine etwa gleichmäßig schnelle und weitgehend spannungsfreie Wärmedehnung von Stahl und Beton gegeben.

Den Rostschutz für die Stahlstäbe ermöglicht der Beton selbst, vorausgesetzt, daß Zementgehalt, w/z-Wert und Betonüberdeckung den Vorschriften entsprechen. Ferner muß die Betonkonsistenz (mindestens KP) eine satte Umhüllung der Stähle mit Zementleim ermöglichen. Die Rostbildung ist mit einer etwa 2,5fachen Volumenvergrößerung verbunden. Folgen sind Rißbildungen, Gefügelockerungen und Absprengungen der Betondekkung. Die Rostbildung wird gefördert durch

- Minderung bzw. Ende der Carbonatisierung: $CaCO_3$-Bildung aus den $Ca(OH)_2$-Anteilen des Zements
- Chlorideinwirkung (Salze),
- Sauerstoffzutritt und Feuchtigkeit.

Die zugelassenen Zugdehnungen der Betonstähle liegen über der Betonbruchdehnung. Dabei werden Zugrisse des Betons am äußersten Rand der Zugzone in Kauf genommen (gerissene Zugzone): 0,3 mm Rißbreite in trockenen Räumen, 0,2 mm bei Bauwerken im Freien, 0,1 mm in stark korrosionsfördernder Umwelt. Sie haben in dieser Größe noch keinen nachteiligen Einfluß auf den Gebrauchswert der Bauteile. Gerippte Betonstähle verteilen die Gesamtrißbreite auf viele Stellen und mindern so die Einzelrißbreite.

Die Verbundwirkung von Stahl und Beton wird ermöglicht
- durch feste Haftung zwischen Stahloberfläche und Beton,
- durch Rostschutz der Bewehrung bei genügend Zementleim mit günstigem w/z-Wert,
- durch ähnliche Wärmeausdehnung von Stahl und Beton.

11.8.3 Grundlagen der Bewehrungsführung

Nach Art und Anzahl der Unterstützungen unterteilt man Balken und Platten nach statischen Systemen

- als Einfeld-Balken (-platte), an beiden Enden unterstützt,
- als Durchlaufbalken (-platte), mit Zwischenunterstützungen,
- als Kragbalken (-platte), einseitig unterstützt und eingespannt.

Endauflager können frei drehbar oder mit Einspannwirkung ausgebildet sein. Belastungen ergeben sich als Streckenlasten mit gleichmäßiger bzw. ungleichmäßiger Verteilung sowie als Einzellasten.

Spannungsverlauf und Spannungsverteilung innerhalb der Balkenquerschnitte werden vom statischen System, von der Auflagerausbildung und von der Art und Größe der Belastungen bestimmt. Typische Beispiele für unterschiedliche Tragsysteme und Auflagerausbildungen zeigen die Bilder **11**.52 bis **11**.55 (Montagestäbe, Bügel und Verteilerstäbe nicht dargestellt). Bei Annahme gleichmäßig verteilter Streckenlast entstehen hier unterschiedliche Spannungszonen. Dabei können Biegezug- und Biegedruckkräfte – je nach Tragsystem – aus dem unteren Querschnittsteil in den oberen wechseln und umgekehrt.

Die Tragstäbe der Bewehrung folgen grundsätzlich dem Verlauf der Zugspannungen, im Balkenfeld als untere Bewehrung (Feldbewehrung), an Einspannstellen, Zwischenauflagen und auskragenden Balkenteilen als obere Bewehrung (Stützen-Bewehrung bzw. Bewehrung gegen obere Randeinsparung).

---

[1]) Wärmeausdehnungszahl = Längenänderung infolge Erwärmung um 1 K Temperaturdifferenz; bei Stahl das $12 \cdot 10^{-6}$fache = das 0,000012fache, bei Beton das 10^{-6}fache = das 0,000010fache

[2]) Wärmeleitfähigkeit für Beton = 2 W/mK, für Stahl = 60 W/mK

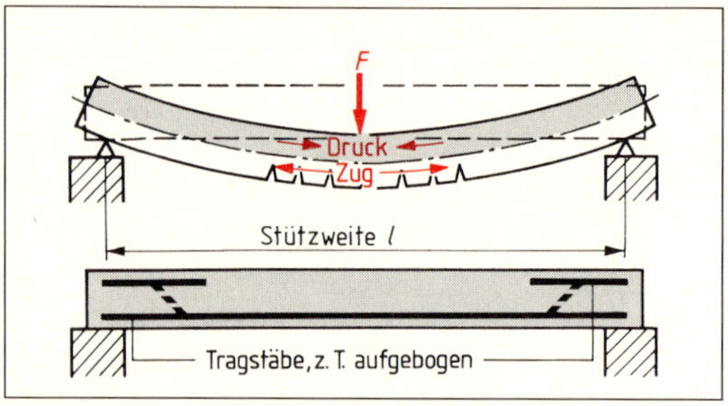

11.52 Frei aufliegender Balken (Platte) mit Lage der Tragstäbe, z. T. mit Aufbiegungen

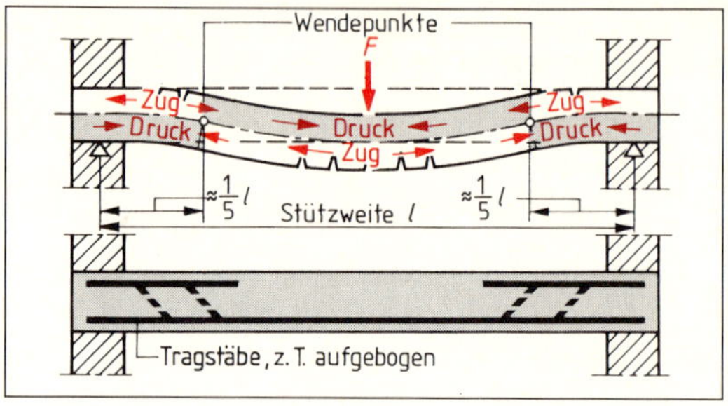

11.53 Eingespannter Balken (Platte) mit Lage der unteren und oberen Tragstäbe, z. T. mit Aufbiegungen

Beiderseits frei aufliegende Balken. Hier treten über die ganze Balkenlänge im oberen Teil nur Druck-, im unteren Teil nur Zugspannungen auf. Bewehrungsstäbe sind somit lediglich am unteren Rand anzuordnen. Zur Aufnahme von Schubkräften kann ein Teil der Stäbe vor den Auflagern unter 30, 45 oder 60° aufgebogen werden (**11**.52).

Beidseitig eingespannter Balken. Die unterseitig anfallenden Zugspannungen im mittleren Balkenteil bauen sich zu den Wendepunkten hin auf 0 ab. Sie wechseln hier in den oberen Balkenquerschnitt und wachsen zu den Einspannstellen erneut an. Die Druckspannungen verteilen sich entsprechend dazu (**11**.53). Eingespannte Balken erfordern deshalb obere Bewehrung im Bereich der Einspannstellen. Sie kann zu einem wesentlichen Teil aus der unteren Zugbewehrung aufgebogen werden. Aufbiegungen dienen auch hier der Aufnahme von Schubspannungen.

Durchlaufbalken sind über zwei oder mehrere Felder geführt. Die Endauflager können frei aufliegend oder eingespannt sein. Sie werden entsprechend bewehrt. Im Bereich der Zwischenauflager entstehen, wie beim eingespannten Balken, oben Zug- und unten Druckspannungen, die sich ebenfalls zu den Wendepunkten hin abbauen. Die obere Bewehrung kann auch hier aus der Feldbewehrung aufgebogen und – falls erforderlich – zusätzlich durch gerade Tragstäbe verstärkt werden (**11**.54).

Kragbalken (-platten) sind einseitig in Wänden eingespannt oder bilden den überstehenden Teil von Balken oder Decken. Zugspannungen treten hier nur im oberen Querschnittsteil auf. Die Bewehrung liegt deshalb am oberen Rand. Die volle Bewehrung ist immer an der Einspannstelle erforderlich (**11**.55). Eine konstruktive untere Bewehrung wird oft auch am unteren Rand gefordert.

Nach Art der Auflagerung unterscheidet man Einfeld-, Durchlauf- und Kragbalken.

Zugspannungen treten auf: bei freien Endauflagern nur an der Balkenunterseite, bei Mittelstützungen von Durchlaufbalken, eingespannten Endauflagern und bei Kragbalken auch im oberen Teil des Balkenquerschnitts.

Obere und untere Bewehrung folgen stets dem Verlauf der Zugspannungen und werden unter Berücksichtigung der Betondekkung an den äußeren Rand der Zugzone verlegt.

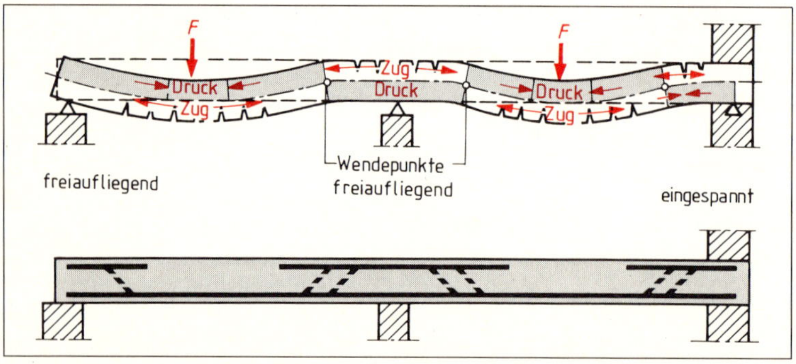

11.54 Durchlaufender Balken (-platte) mit einseitiger Einspannung und Lage der unteren und oberen Tragstäbe

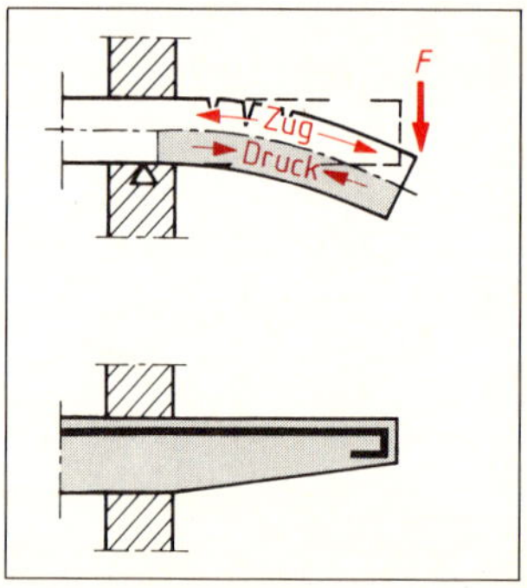

11.55 Kragbalken (-platte) und Lage der Tragstäbe

Aufgaben zu Abschnitt 11

1. Welche Grenzwerte gelten für die Rohdichte von Schwer-, Normal- und Leichtbeton?
2. Erläutern Sie die Begriffe Frischbeton, Festbeton, Transportbeton, Baustellenbeton und Ortbeton.
3. Unterscheiden Sie natürliche und künstliche, dichte und porige Zuschläge.
4. Welche Aufgabe erfüllen Zuschläge im Beton?
5. Welcher Zusammenhang besteht zwischen der Kornzusammensetzung der Zuschläge, der Betonfestigkeit und dem Zementleimverbrauch?
6. Unterscheiden Sie die Normsieblinien A, B, C und U nach Kornzusammensetzung und Größtkorn.
7. Wozu dienen die Norm-Sieblinien?
8. Wodurch unterscheiden sich Sand und Kies?
9. Beschreiben Sie den Siebversuch und die Berechnung einer Sieblinie.
10. Wie errechnet man den Wasser-Anspruchswert *k* eines Zuschlags?
11. Welche Anforderungen erfüllen gute Zuschläge in der Regel (Regelanforderungen)?
12. Erklären Sie die Kurzzeichen eF, eFT, eQ, eCl, eK, vK, vD, vF, vA, vO, vS für Zuschläge.
13. Was versteht man unter Mehlkorn und Feinstsand?
14. Worauf ist beim Lagern der Zuschläge auf der Baustelle zu achten?
15. Welche Vorschriften bestehen für die Korntrennung der Zuschläge?
16. Wie ermittelt man die Betondruckfestigkeit?
17. Welche Festigkeitsklassen gehören zur Betongruppe B I, welche zur Gruppe B II?
18. Welche Betriebe sind berechtigt, B II-Beton herzustellen und zu verarbeiten?
19. Wodurch unterscheidet sich die Nennfestigkeit β_{WN} von der Serienfestigkeit β_{WS}?
20. Welche Beton-Druckfestigkeits-Klassen sind für Stahlbeton zugelassen, welche davon für Außenbauteile?
21. Unterscheiden Sie Eignungs-, Güte- und Erhärtungsprüfungen.
22. Beschreiben Sie das normgerechte Herstellen und Lagern von Beton-Probewürfeln.
23. Welche Zementeigenschaften beeinflussen die Eigenschaften des Betons?
24. Was besagt der Wasserzementwert?
25. Welche Bedeutung hat der w/z-Wert für Verarbeitung, Schwindverhalten, Festigkeit und Rostschutz-Wirkung des Betons? Begründen Sie Ihre Aussagen.
26. Welche Grenzwerte gelten für den w/z-Wert bei Stahlbeton (auch für Stahlbeton-Außenbauteile)?
27. Welche Beziehung besteht zwischen Wassergehalt und Oberflächenfeuchte?
28. Welche Mindest-Zementmengen gelten für Beton, welche für Stahlbeton-Innen- und -Außenbauteile?
29. Was versteht man unter der Beton-Konsistenz? Beschreiben Sie die Konsistenzbereiche KS, KP, KR und KF.
30. Welche Bedeutung hat die Konsistenz für die Betonverarbeitung?
31. Warum soll die Konsistenz regelmäßig überprüft werden?
32. Beschreiben Sie a) den Ausbreitversuch, b) den Verdichtungsversuch.
33. Welche Konsistenzbereiche sind für Stahlbeton zugelassen, welche für Transportbeton bevorzugt?
34. Warum sind Ausbreitmaß und Verdichtungsmaß nicht immer vergleichbar?
35. Welchen Einfluß haben Fließmittel auf die Betonkonsistenz?
36. Was besagt ein Betonmischungsverhältnis von 1:6:0,5 in Masseteilen?
37. Unterscheiden Sie Betonstabstahl und Betonstahlmatten.
38. Erläutern Sie die Kennbuchstaben S und M für Betonstahl.
39. Beschreiben Sie die Rippung der Betonstähle III S, IV S und IV M.
40. Wodurch unterscheiden sich Streckgrenze und Zugfestigkeit von Betonstahl?
41. Woran erkennen wir Bewehrungsdraht?
42. In welchem Stabdurchmesser ist Stabstahl im Handel?
43. Erläutern Sie den Kurznamen für Betonstahl BSt 420 S.
44. Beschreiben Sie Lager-, Listen- und Zeichnungsmatten.
45. Wodurch unterscheiden sich R-, Q-, und K-Matten?
46. Erklären Sie die achsengetrennte Kennzeichnung der Betonstahlmatten.
47. Welche Vorteile bietet die achsengetrennte Bezeichnung der Betonstahlmatten?
48. Beschreiben Sie die Lagermatte Q 377.
49. Nennen Sie Beispiele für die Begriffe Kräfte, Spannungen und Formänderungen?
50. Wie werden Balken und Decken beansprucht?
51. Beschreiben Sie Art und Verteilung der Spannungen bei belasteten Balken und Platten.
52. Warum haben unbewehrte Betonbalken eine geringere Tragkraft als bewehrte?
53. Erklären Sie die Begriffe spröde, zähe und elastisch.
54. Auf welchen Voraussetzungen beruht die Verbundwirkung von Stahl und Beton?
55. Erläutern Sie Entstehung und Verlauf der „schrägen Hauptzugspannungen" (Schubspannungen).
56. Welche Grundsätze gelten für Lage und Verlauf der Betonbewehrung?
57. Erklären Sie die Bewehrungsführung der Tragstäbe a) am Einfeldbalken, b) am Zweifeldbalken, c) am Kragbalken.
58. Welchen Zweck erfüllen Aufbiegungen und Bügel und Balkenbewehrung?
59. Warum und in welche Grenzen ist im Stahlbeton die „gerissene Zugzone" erlaubt?

12 Beton- und Stahlbetonbau

12.1 Betonschalungen

Betonschalungen sollen den noch frischen Beton während des Einbringens und Erhärtens in maßgerechter Form halten und die Belastungen aus Betondruck (Schalungsdruck), Eigenlast, Baustellentransport, Wind und Betonverdichtung sicher aufnehmen. Fehlerhafte Betonschalungen führen zu Mängeln, die nachträglich meist nur schwer und unzureichend beseitigt werden können. Deshalb sind höchste Ansprüche an Maßtreue, Oberflächenbeschaffenheit, Stabilität (Unverschiebbarkeit) und Tragfähigkeit der Schalungskonstruktion zu stellen.

Der Schalungsdruck des Frischbetons ist bei Wänden und Säulen besonders groß (0,03 bis 0,4 MN/m²). Er nimmt, ähnlich wie der hydrostatische Druck des Wassers, nach unten hin zu (**12**.1).

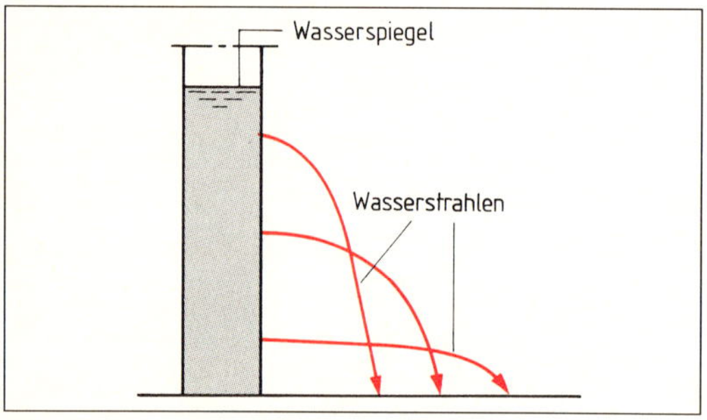

12.1 Die Reichweite des Wasserstrahls entspricht dem hochhydrostatischen Druck

■ **Versuch 1** Ein Blechgefäß mit seitlichen Löchern wird mit Wasser gefüllt

Ergebnis Mit ansteigender Wassersäule spritzt das Wasser weiter heraus. Die Reichweite des Wasserstrahls nimmt von oben nach unten zu. Der Wasserdruck (hydrostatischer Druck) steigt mit zunehmender Tiefe gleichmäßig an.

Größe und Verlauf des Schalungsdrucks sind, im Gegensatz zum Wasserdruck, nur annäherungsweise bestimmbar. Sie werden beeinflußt durch Frischbeton-Rohdichte und -Steiggeschwindigkeit beim Betonieren, Feinstkorn- und Wassergehalt, Betonkonsistenz, Art der Betonverdichtung und Porenwasserdruck. Zunehmende Bauteildicke mit größerer Bewehrungsanteil mindern den Schalungsdruck. Unterhalb der Druckverteilungshöhe *h* bleibt der maximale Schalungsdruck (p_{max}) konstant (**12**.2).

Wahl des Schalverfahrens. Die Schalung versucht verhältnismäßig hohe Material- und Lohnkosten. Bei der Wahl des Schalverfahrens sind daher anzustreben: einfacher und arbeitszeitsparender Auf- und Abbau, Wiederverwendbarkeit, vielseitige Anwendungsmöglichkeit, geringes Gewicht sowie geringer Wartungs- und Pflegeaufwand.

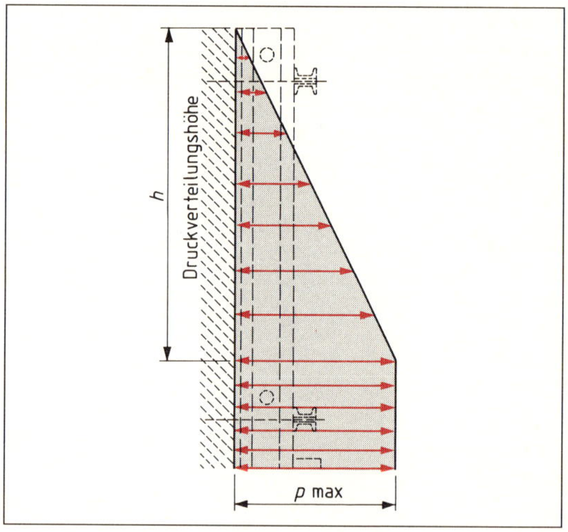

12.2 Schalungsdruck des Frischbetons

> Einwandfreie Oberflächen sowie Form- und Maßtreue der Betonteile werden wesentlich von entsprechender Beschaffenheit, Genauigkeit und Stabilität der Betonschalung bestimmt.

12.1.1 Schalungselemente

Bestandteile der Betonschalung sind Schalhaut, Verbindungsmittel sowie Aussteifungs- und Unterstützungselemente (**12.3**).

Tabelle **12**.3 **Betonschalung**

Bestandteile	Schalhaut (Bretter, Platten)	Unterkonstruktion (Aussteifungs- und Unterstützungselemente, Verbindungsmittel
Funktion	Oberflächengestaltung	Lastaufnahme aus Schalungsdruck, -konstruktion und Baustellenverkehr

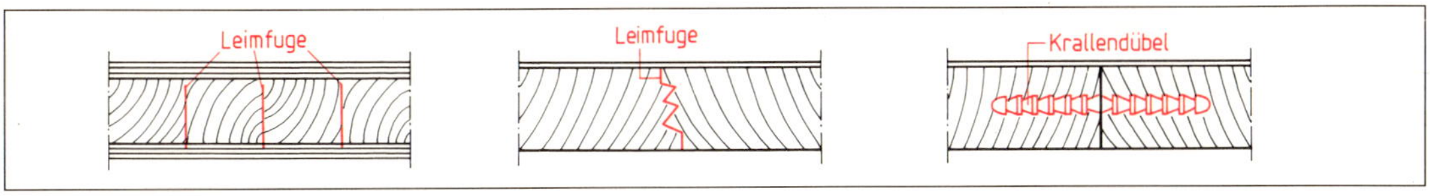

12.4 Leim- und Dübelverbindung der Schalungsplatten

Die Schalhaut bestimmt Form und Oberflächenbeschaffenheit der Betonbauteile. Sie besteht aus Brettern, Holz- und Holzwerkstoff-, Metall- oder Kunststoffplatten. Da sie durch den Schalungsdruck des frischen Betons leicht durchbiegt, muß man sie in angemessenen Abständen stützen und aussteifen. Bei undichten Schalungsfugen und -stößen läuft der Feinmörtel aus. Die Folge sind wulstige und sandige Oberflächen sowie Kies-„Nester“ im Betongefüge.

Vorsatzschalungen geringer Dicke brauchen eine 2. Schalhaut, *selbsttragende Schalungen* nicht.

Schalbretter bestehen aus Tanne oder Fichte. Sie sind parallel besäumt, scharfkantig und werden meist stumpf zusammengesetzt. Für Sichtbeton und zum Herstellen von Schalungstafeln sind auch Bretter mit Nut- und Federverbindungen gebräuchlich.

Handelsübliche Bretter sind 2,4 cm dick (gehobelt 2,2 cm), 10,5 cm breit und bis zu 6 m lang. Breitere Bretter verziehen sich leicht und reißen oft in Längsrichtung auf. Sägerauhe Bretter sind infolge festerer Betonhaftung größerer Oberflächenbeanspruchung ausgesetzt und deshalb verschleißanfälliger als Bretter mit gehobelter oder vergüteter Oberfläche.

Schalbretter lassen sich leicht verarbeiten und den meisten Betonformen gut anpassen. Sie eignen sich besonders für gegliederte und schlanke Bauteile (Säulen, Balken), deren Schalung z.T. noch neu anzufertigen ist. In anderen Fällen ergeben sich Nachteile durch höheren Arbeitsaufwand für Ein- und Ausschalen. Reinigen und Entnageln, ferner durch mehr Verschleiß und Verschnitt.

Schalungsplatten aus Voll- und Sperrholz nach DIN 18215 sind industriell gefertigt, haben festliegende Abmessungen sowie Kanten- und Eckschutzprofile aus Metall. Sie ermöglichen verkürzte Einschalzeiten, vermindern den Fugenanteil, ergeben einwandfreie Sichtbetonflächen und sind beidseitig verwendbar.

Schalungsplatten nach DIN 18215

Vollholzschalungsplatten
mehrlagige Schalungsplatten } Dreischichten-Schalungsplatten, Vierschichten-Schalungsplatten
Mehrstoffschalungsplatten

Die Platten können mit unterschiedlicher Oberflächenbeschaffenheit geliefert werden: gehobelt, mit Trennmittel behandelt, in der Mehrzahl jedoch mit einer Oberflächenbeschichtung dauerhaft vergütet (z.B. durch Beharzung, Film oder Folie, z.T. auch in Verbindung mit Glasfaser).

Abmessungen. Die Holzschalungsplatten sind 2,1 cm dick, 150 cm lang, 50 cm breit. Abweichende Größen sind im 25-cm-Raster möglich.

Vollholz-Schalungsplatten bestehen aus beidseitig gehobelten durchgehenden Brettern, Latten oder Leisten. Querverbindungen nach Bild **12.4**. Die Kantenschutzprofile aus Metall gewährleisten Formstabilität und hohe Einsatzzahlen (30- bis 50mal, **12.5**).

Mehrlagige Schalungsplatten bestehen aus mindestens 3 kreuzweise verleimten Holzschichten. Ein Kantenschutz ist üblich. Dreischichten-Schalungsplatten haben 3 gleichdicke Bretterlagen, Vielschichten-Schalungsplatten sind aus mindestens 5 Furnierlagen verleimt.

Mehrstoff-Schalungsplatten bestehen aus Holz in Verbindung mit anderen tragenden Werkstoffen, z.B. Kunststoff oder Metall.

Großflächen-Schalungsplatten aus Sperrholz nach DIN 68791 (auch Sperrholz-Schalungsplatten) gibt es als Furnierplatten (FU) und als Tischlerplatten (TI) in Abmessungen von 250 cm × 120 cm und größer (z.B. 183 cm × 530 bis 630 cm). Die WISA-Form Super z.B. hat Maxi-Abmessungen von 265 × 1230 cm. Sie ermöglichen

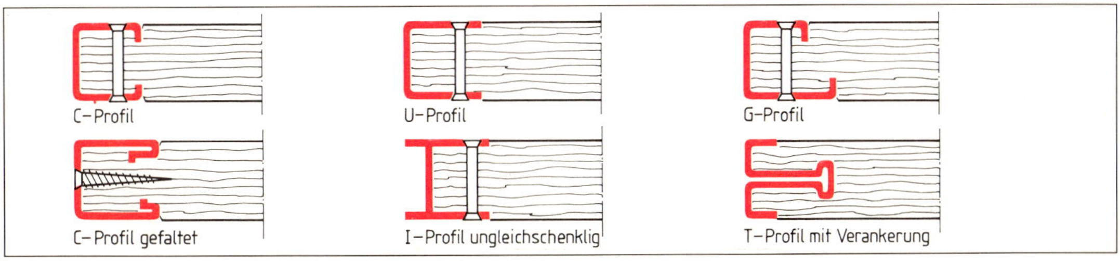

12.5 Kantenschutzprofil

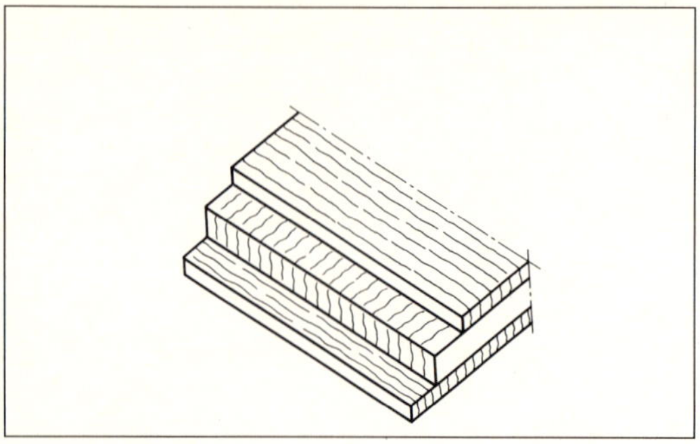

12.6 Furnierplatte

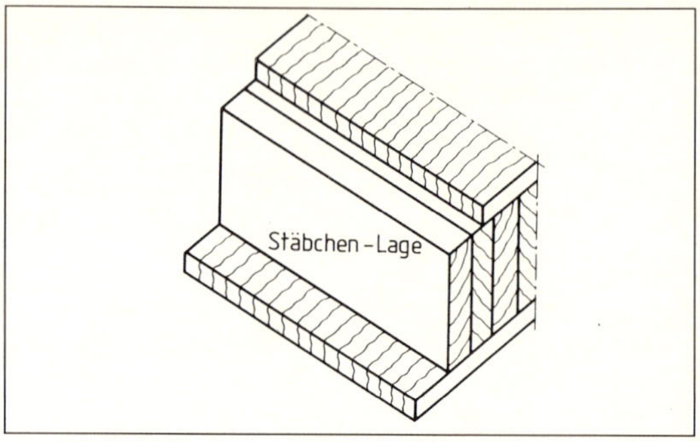

12.7 Tischlerplatte

bauteilgroße, fugenlose Sichtflächen. Besonders glatte, tapezierfähige Betonteile mit hoher Oberflächendichte erreicht man mit den oberflächenvergüteten Platten, Sperrholz-Schalungsplatten sind auch nach allen Richtungen belastbar und weniger risseanfällig. Jedoch splittern Ecken und Kanten leicht ab. Die Kantenflächen sind in der Regel werkseitig gegen Feuchtigkeit geschützt. Nach dem Zuschneiden sollte man die Schnittkantenflächen in gleicher Weise schützen.

Furnierplatten für Sperrholz-Schalungsplatten bestehen aus mindestens 4 kreuzweise verleimten Lagen (**12.6**). Dünne Platten (ab 4 mm) verwenden wir überwiegend als Vorsatzschalung und für gekrümmte Bauteile. Dickere Platten (etwa ab 15 mm) eignen sich für Großflächen-Schalungen, deren Längsaussteifung durch die Größe der Platten günstig beeinflußt wird.

Tischlerplatten für Sperrholz-Schalungsplatten bestehen aus äußeren Deckfurnieren und einer Mittellage aus nebeneinanderliegenden Holzstäben oder -stäbchen (**12.7**). Es gibt unterschiedliche Plattendicken von 13 bis 30 mm.

Hartfaserplatten sind dünn (4 mm), leicht, elastisch und sehr biegefest (40 bis 50 N/mm²). Sie lassen sich gekrümmten Bauteilen sehr gut anpassen. Einseitig beschichtete Platten für Sichtbeton werden meist als Vorsatzschalungen aufgenagelt und brauchen keine Behandlung durch

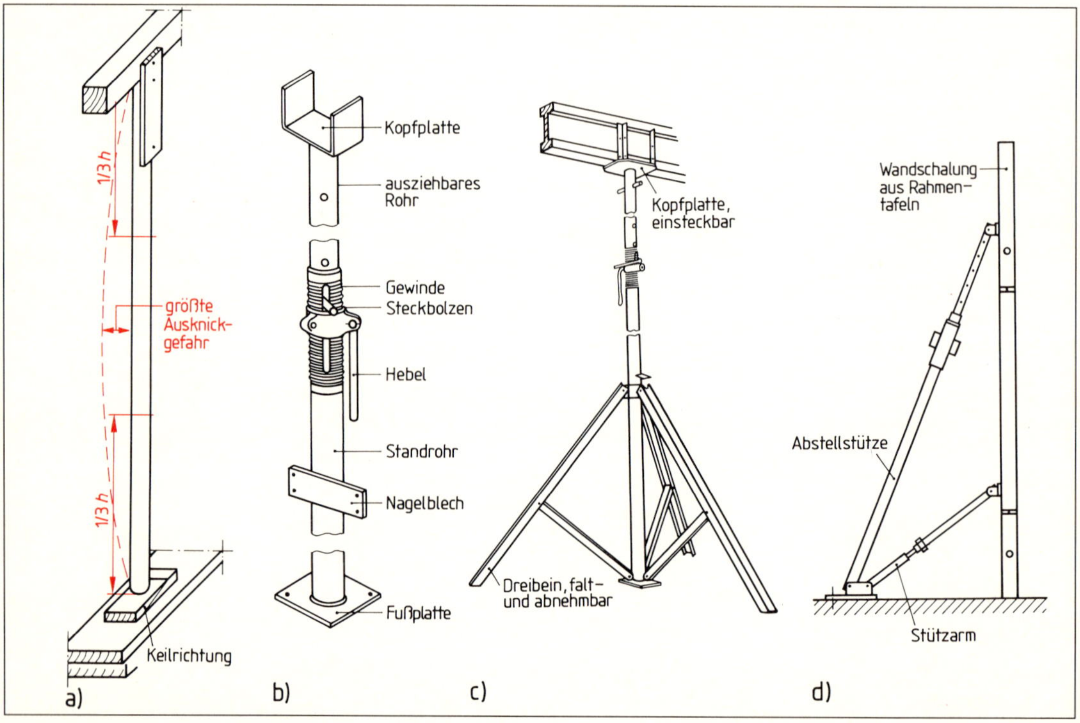

12.8 a) Holzstützen, b) Stahlrohrstützen, c) selbststehende Faltstützen für Deckenschalungen, d) zweiarmige Stützen für Wand- und Säulenschalungen

Trennmittel. Jedoch werden sie bei Durchfeuchtung leicht wellig, was entsprechende Vorsichtsmaßnahmen erfordert.

Unterstützungselemente bilden das tragende Gerüst der Schalungskonstruktion. Dazu zählen Stützen und Schalungsträger.

Holzstützen werden als Rundholz mit ≧ 7 cm Zopfdicke oder auch als Kantholz ab 8 cm × 8 cm Querschnitt verwendet, infolge mangelnder Wirtschaftlichkeit jedoch immer weniger. Unter Deckenschalungen darf jede 2., unter Balkenschalungen jede 3. Stütze gestoßen werden – wegen erhöhter Knickgefahr jedoch nur im oberen oder unteren Drittel. Abmessungen und Anordnungen der erforderlichen Laschen zeigt Bild **12**.8a. Holzstützen werden am Fußende durch Holzkeile angetrieben und erforderlichenfalls durch kippsichere Unterklotzungen auf Höhe gebracht. Mit Joch- oder Bogenbalken werden sie durch je eine Holzlasche verbunden.

Stahlrohrstützen haben höhenverstellbare Mittelrohre. Gewindeschrauben ermöglichen genaueste Feineinstellung und erschütterungsfreies Ausschalen (**12**.8b). Zeitraubende Paßarbeiten und Verschnitt entfallen. Faltstützen mit einklappbarem Dreibeingestell, alleinstehend und kippsicher, erleichtern das Aufstellen von Deckenschalungen erheblich. Die zweiarmigen Abstellstützen mit Stützarm erleichtern das stufenlose Ausrichten von Wand- und Stützenschalungen (**12**.8c, d).

Schalungsträger stützen die Schalhaut, übernehmen die anfallenden Lasten und übertragen sie auf tragfähige Bauteile.

Kanthölzer (8/8 bis 12/12) dienen vor allem als Stand- und Verbindungshölzer bei Wandschalungen, als Joche und

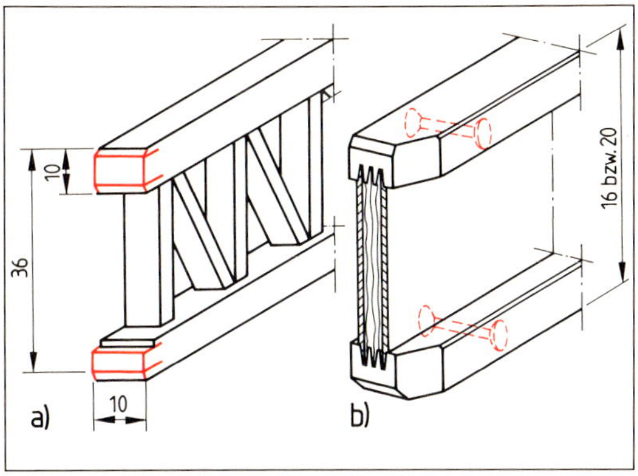

12.10 a) Gitter, b) Stegträger aus Vollholz

Bogenbalken bei Deckenschalungen sowie als Kopfhölzer bei Balkenschalungen (**12**.9). Verzogene Balken sind nur begrenzt verwendbar.

Holzträger mit Gitter- oder Vollholzstegen sind trotz geringer Eigenlast besonders biegefest (**12**.10) und widerstehen daher größeren Belastungen. Als Joche oder Bogenbalken erfordern sie weniger Unterstützungen, als Standhölzer weniger Spannstellen. Ihre nagelbaren Gurte erleichtern das Anbringen von Schalungsplatten. Die dem Beton zugewandte Seite ist z.T. leicht überhöht und gleicht Durchbiegungen aus. Die Vollholz-Schalungsträger H 16 (16 cm hoch) ersetzen weitgehend das Kantholz bei den Decken-

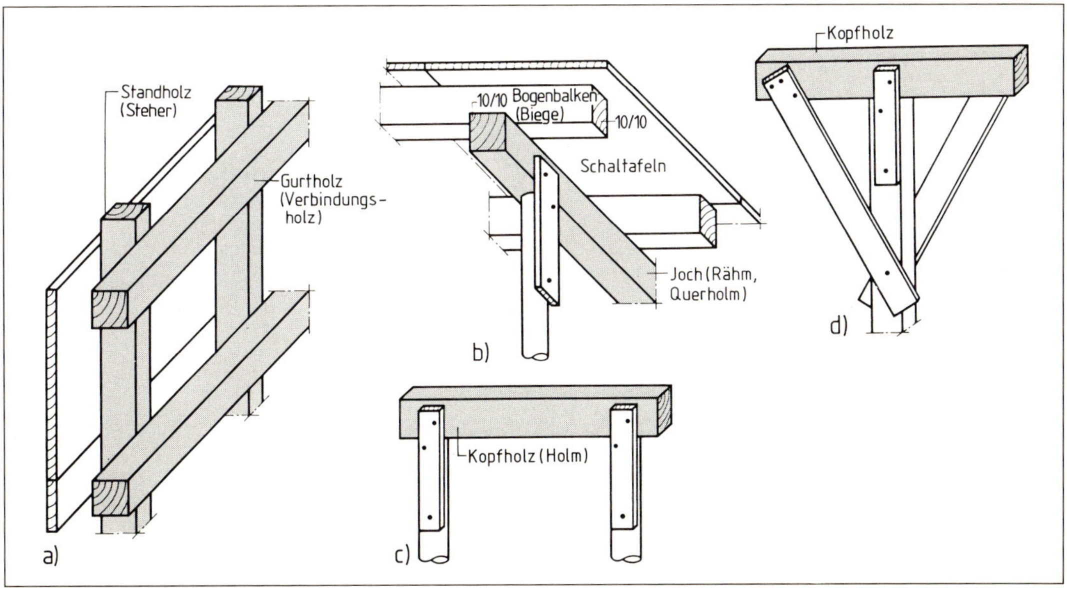

12.9 Kanthölzer im Schalungsbau
a) als Gurt- und Standholz, b) als Joch- und Bogenbalken, c) und d) als Kopfholz

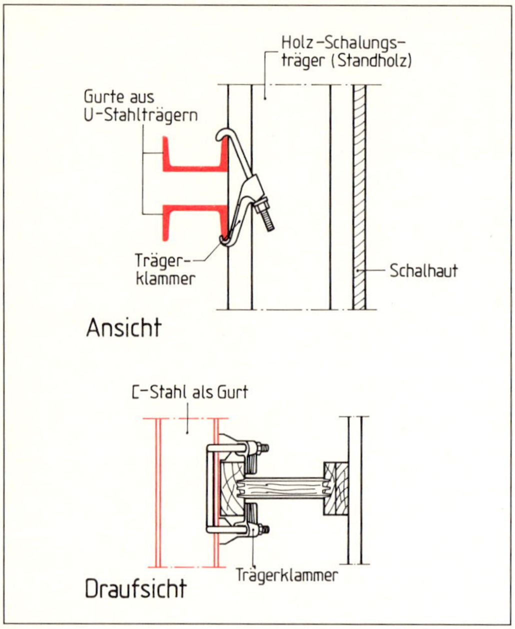

12.11 Verbindung des stählernen Schalungsträgers mit den Standhölzern durch Trägerklammer

schalungen als Joch und Bogenbalken, die Träger H20 (20 cm hoch) das herkömmliche Standholz bei den Wandschalungen (**12.**10 und **12.**11).

Stählerne Schalungsträger haben sich als [-Profile für die Gurtung von System-Wandschalungen (z.T. auch für Stützenschalungen) durchgesetzt. Die Verbindung mit den Standhölzern durch die Trägerklammer zeigt Bild **12.**11 am Beispiel einer vorgefertigten Wandschalung.

Rahmentafeln für Wand- und Stützenschalungen sind industriell gefertigte Systemschalungen aus Stahl- oder leichten Alu-Rahmen mit aussteifenden Querprofilen und aufgeschraubter (auswechselbarer) Schalungsplatte. Schalhaut und Unterstützungskonstruktion sind hier in einem Bauteil vereint. Bei geringem Montageaufwand ermöglichen sie stabile Schalungskonstruktionen mit anpassungsfähigen Längen und Höhen (**12.**12).

Aussteifungskonstruktionen sichern die Betonschalung vor Kippen, Verziehen oder Verschieben. Wände und Säulen werden durch Streben, Ketten und Seile gehalten, Schalungen für Dekken und Balken durch Verschwertungen. Meist wirken Sie als unverschiebliches Dreieck (**12.**13).

Verbindungsmittel dienen dem Zusammenhalt der Schalungsteile und der sicheren Ableitung aller auftretenden Kräfte.

Als Nägel verwenden wir runde Drahtstifte mit 1, seltener mit 2 Senkköpfen (**12.**14). Die Nagelgröße richtet sich nach Holzdicke und Belastung. Die Dicke des Nagelschafts wird in $^1/_{10}$ mm, seine Länge in mm gekennzeichnet (z.B. 20×40 ≙ Drahtstift von 2 mm Dicke und 40 mm Länge).

Im Schalungsbau verwenden wir unterschiedliche Nagelgrößen:

- zum Heften von Dreikantleisten 22×45
- zum Befestigen von Schalbrettern, -tafeln und Laschen 22×50 und 25×55,
- zum Befestigen von Drängbrettern, Verschwertungen, Knaggen und Laschen 28×60 und 31×65.

Ankerelemente dienen der kraftschlüssigen Verbindung gegenüberliegender Teile von Wand-, Balken- und Säulenschalungen. In Verbindung mit Abstandhaltern gewährleisten sie das Einhalten der geforderten Bauteildicken (**12.**15).

Für leichte Bauteile eignen sich Spanndrähte mit Keilschloß, für schwere Konstruktionen verschraubbare Schalungsanker.

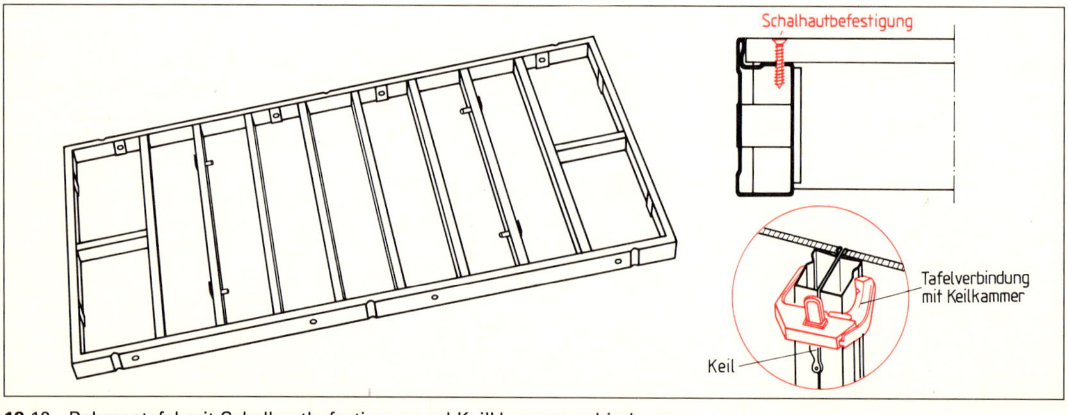

12.12 Rahmentafel mit Schalhautbefestigung und Keilklammerverbindung

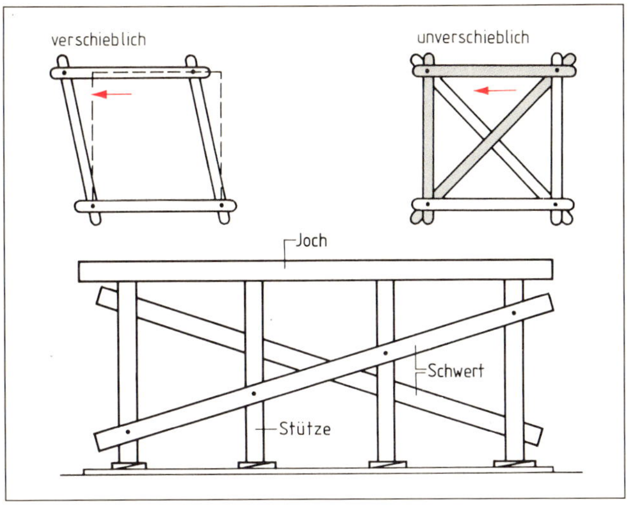

12.13 Verschwertungen

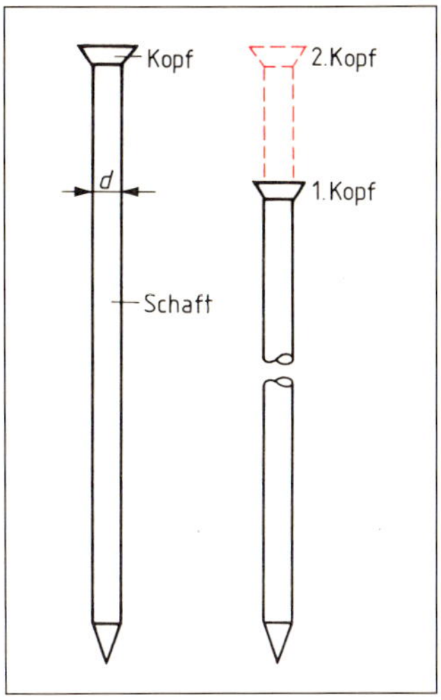

12.14 Nagel und Doppelkopfnagel

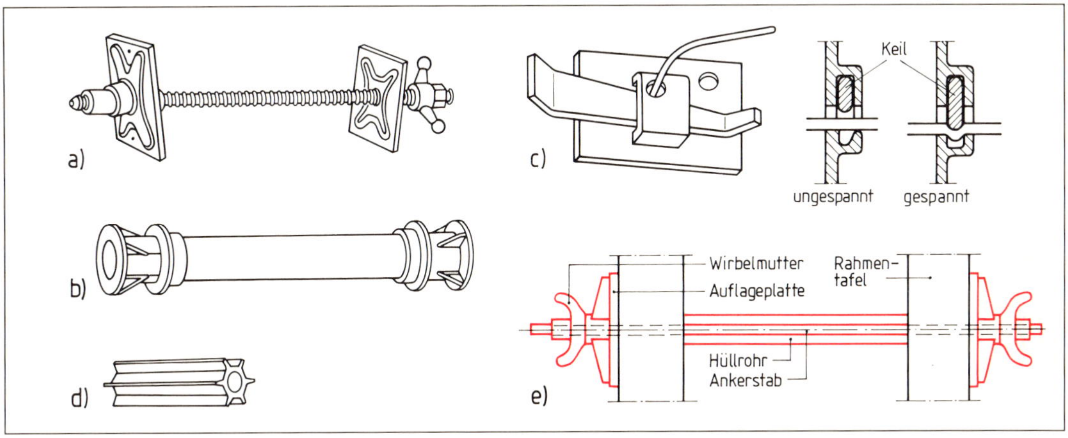

12.15 Schalungsanker und Abstandhalter

a) Schraubverbindung Typ Uni (zul. Zugkraft bis 320 kN)
b) Kunststoff-Kegelabstandhalter für höheren Schalungsdruck
c) Keilklemme für Spanndrähte bis 8 mm Durchmesser
d) Kunststoff-Sternspreize; Verschlußstopfen können nachträglich eingesetzt werden
e) Ankerung einer Rahmentafel-Wandschalung

Bestandteile von Betonschalungen sind Schalhaut und Unterstützungskonstruktion.

Für die Schalhaut verwendet man überwiegend industriell gefertigte Schalungsplatten. Aussteifungselemente (Strebe, Kette, Seil, Schwert) sichern die Unverschieblichkeit der Schalungskonstruktion. Unterstützungselemente (Joch, Bogenbalken, Stützen, Steifen, Standhölzer, Gurtträger) übernehmen die auftretenden Lasten und übertragen sie auf tragfähige Bauteile (bzw. auf den Baugrund). Verbindungsmittel sichern Zusammenhalt und Verankerung aller Schalungsteile (Nägel, Anker, Abstandhalter).

12.1.2 Schalungsarbeiten

Stückliste			
lfd. Nr.	Material	Stck	
1	Schaltafel 2,2 m × 0,5 m	203	—
2	Schaltafel 2,2 m × 0,25 m	10	—
3	Kantholz 10 cm × 12 cm	80	5,0 m
4	Kantholz 10 cm × 12 cm	30	2,0 m
5	Rundholz 0,5 m + 2,0 m	40	—
6	65er Nägel	400	—
7	Schalbretter 2,0 m	—	5 m²
8	Fensterschalung	9	—
9	Türschalung	1	—
10	Spannschlösser	50	—
11	Rundstähle 8 mm	70	0,95 m

12.16 Stückliste für eine Wandschalung

Angemessene Arbeitsvorbereitung ist unerläßlich für einen zügigen, störungsfreien Fortschritt der Schalarbeiten bei sparsamem Materialeinsatz.

Schalungspläne geben Auskunft über die Abmessungen der einzuschalenden Bauteile (Betonmaße) und deren Oberflächengestaltung. Oft ist auch die Lage vorbereiteter Schalungselemente eingetragen.

Stücklisten enthalten den gesamten Materialbedarf. Sie erleichtern die mengengerechte Bereitstellung und die Kontrolle der Schalungsteile (**12**.16).

Schalungsauszüge helfen beim Vorfertigen von Schalungstafeln, die in der Außenansicht als bemaßte Skizze dargestellt sind und zusätzlich Angaben über Pos.-Nr., Verwendungszweck und evtl. Materialart aufweisen (**12**.17).

Zum Herstellen von Schalungstafeln benutzen wir einen Schalungstisch nach Bild **12**.18, dessen Anschlagleiste das rechtwinklige Zulegen und Anreißen der Platten erleichtert. Nach Angabe der Schalungsauszüge wählen wir geeignete Brettlängen. Beim Zulegen kommt stets die „rechte" Seite (Kernseite) nach unten (**12**.19). Mögliche Baumkanten liegen so immer auf der betonabgewandten Seite. Mit Maßstab und Zimmermannsstift markieren wir die Plattenlänge und übertragen sie durch einen winkelgerechten Linienriß auf jedes Brett. Bei Brettstapeln kennzeichnet man erst das obere Brett und führt dann einen Lotriß am Stapel.

Leichter, für das Sägeblatt besser ist es, die Bretter vor dem Nageln auf Länge zu schneiden. Nasse Bretter treiben wir mit Knagge und Keil fest zusammen, trockene legen wir mit Rücksicht auf das Quellmaß im Abstand von etwa 2 mm auf. Ein Aufspalten des Holzes beim Aufnageln der Laschen verhindern wir durch versetzte Nagelreihen.

Brettstöße schwächen die Biegefestigkeit der Schalungsplatte. Sie sind nur einmal je Lasche erlaubt und stets mit 4 Nägeln zu sichern (**12**.20). Endlaschen setzen wir mind. um Brettdicke zurück. Sie erfordern 2 Nägel, Mittellaschen nur 1 je Brett. Der Laschenabstand beträgt 50 bis 70 cm. Vorstehende Nagelspitzen müssen nach Bild

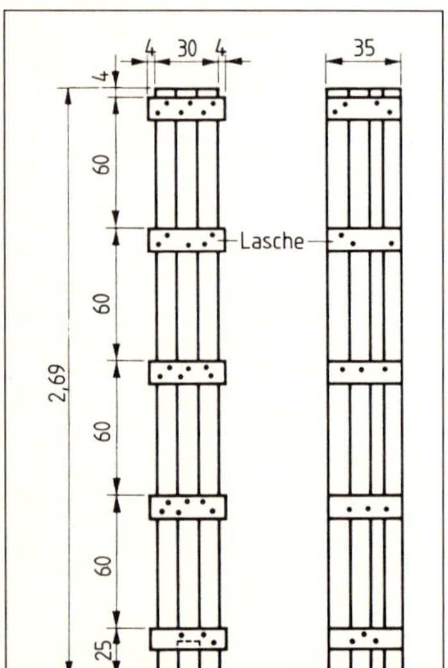

12.17 Schalungsauszug (Säulentafel mit Materialbedarf)

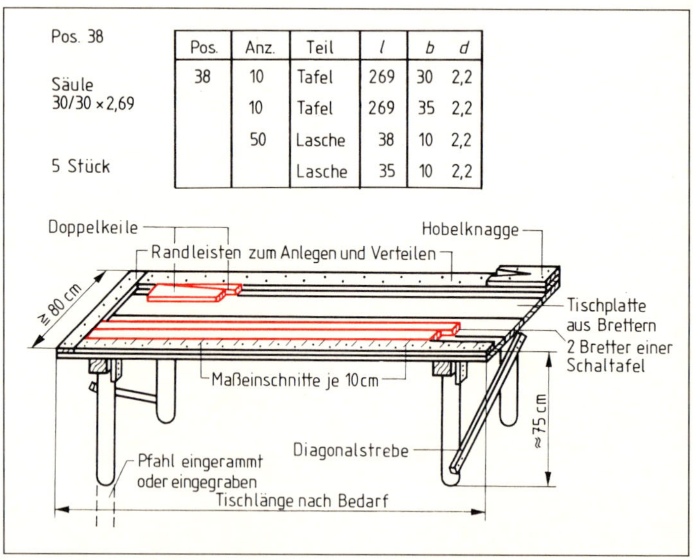

12.18 Zulegen einer Schaltafel auf dem Schalungstisch

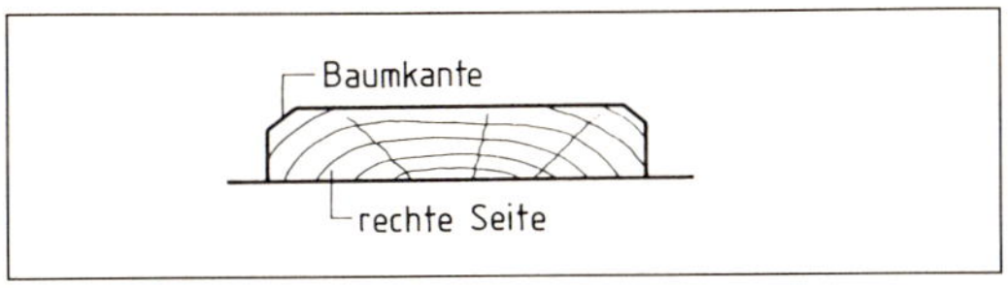

12.19 Die rechte Brettseite ist ohne Baumkanten

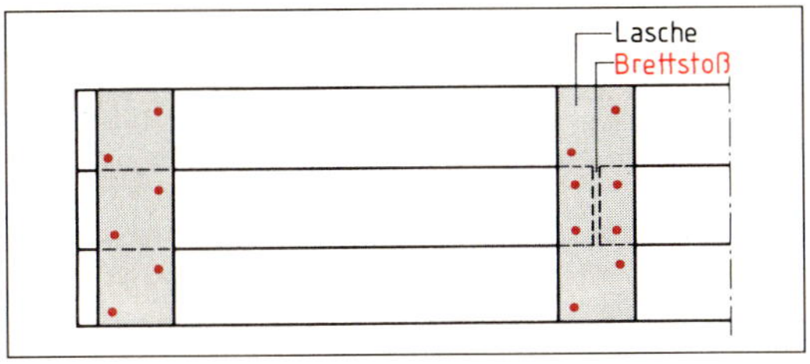

12.20 Je Lasche darf ein Brett gestoßen sein

12.21 umgeschlagen werden. Bei Nagelgröße 22×50 entfällt das Umschlagen; man schont das Holz und spart Zeit. Zugeschnitten werden Bretter und Tafeln meist mit der Baukreissäge, z. T. auch mit der Handsäge. Handsägen mit gerade eingestelltem Sägeblatt und mit schwach auf Stoß geschärften Zähnen erleichtern die genaue Schnittführung.

Als Meß- und Arbeitsgerät benutzen wir außer Maßstab, Bleistift und Wasserwaage vorwiegend betriebseigenes Werkzeug, z. B. Zimmermannswinkel, Hand- und Schrotsäge, Zimmermannshammer, Beil, Holzbohrer, Zange, Hobel, Stecheisen und Nagelklaue.

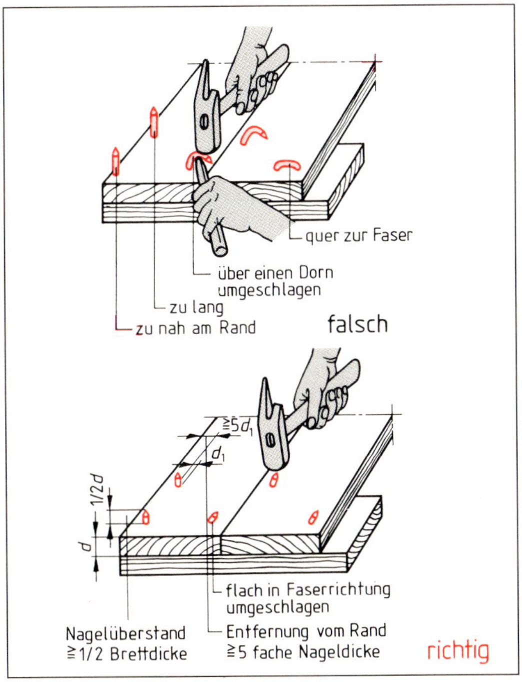

12.21 Falsches und richtiges Umschlagen überstehender Nagelspitzen

Fundamentschalungen sind erforderlich, wenn örtliche Gegebenheiten (z. B. Hanglage) oder wenig stabiler Baugrund (z. B. loser Füll- oder Sandboden) keine Fundamentgräben zulassen.

Für Fundamentschalungen von geringer Höhe (bis etwa 30 cm) genügen einfache Konstruktionen nach Bild **12.22**. Dazu werden in Abständen von etwa 1 m Holzpflöcke ins Erdreich geschlagen. Die gegenüberstehenden Pflöcke erhalten waagerechte Querlaschen. Anschließend werden die Bohlen eingelegt und mittels passender Spreizen festgestellt. Bohlenstöße erhalten Verbindungslaschen oder gemeinsame Spreizen.

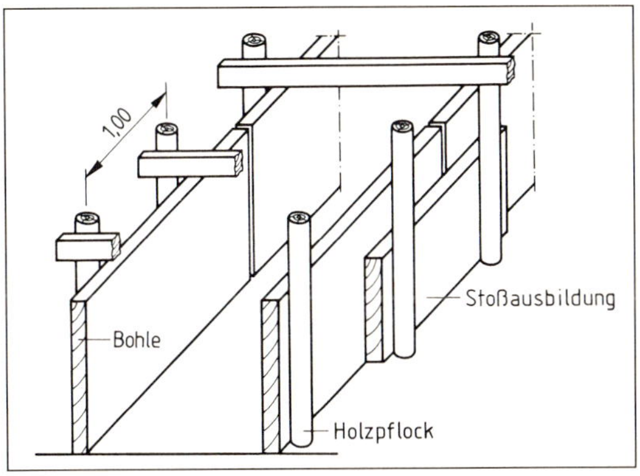

12.22 Schalung für niedrige Streifenfundamente

Abgestrebte Fundamentschalungen zeigt Bild **12.23**a. Der Schalungsdruck wird hier über Standholz, Schwert und Strebe voll auf den Pflock übertragen, den wir deshalb tief und fest in den Boden treiben müssen. Dann stellen wir in Abständen von etwa 75 cm je ein Standholz. Querlaschen sichern den Abstand gegenüberstehender Hölzer. Mit einer unverschieblichen Dreiecksverbindung aus Brettstreben richten wir die Standhölzer genau aus und befestigen schließlich die Schalhaut.

Abgespannte Fundamentschalungen ohne Standhölzer stellt man einfach und schnell nach Bild **12.23**b auf. Die Brettstreben dienen hier überwiegend der Querversteifung, Spanndrähte und -schlösser übernehmen den größten Teil des Schalungsdrucks. Man beginnt wieder mit dem Einschlagen der Pflöcke. Die eingekämmte waagerechte Strebe gibt dem Drängbrett festen Halt und dient dem unteren Gurtholz als Auflage. Das obere Gurtholz legen wir zunächst auf Knaggen, die die Schalungstafel mit der schrägen Strebe verbinden. Damit ist eine ausreichende Standfestigkeit für die weitere Montage gegeben. Durch Bohrlöcher eingeführte Spanndrähte (d_s = 6 bis 8 mm) werden zunächst einseitig mit Spann-

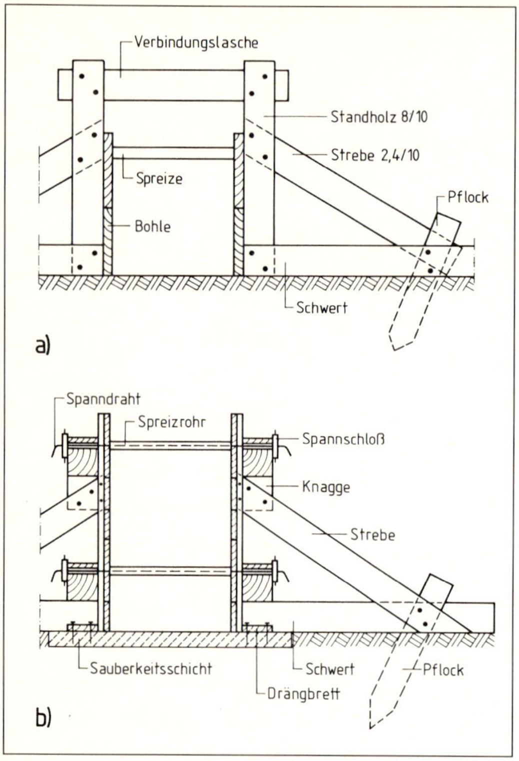

12.23 a) abgestrebte Fundamentschalung, b) abgespannte Fundamentschalung

schlössern (z.B. Keilklemmen) festgesetzt. Nach Einbau der Wandabstandhalter (z.B. Sternspreizen) spannen wir den Draht mit Spindel oder Spannzange und setzen dabei das 2. Schloß fest.

Nach den Regeln für Wandschalungen werden Fundamente mit höheren Anforderungen an Maß- und Formtreue ausgeführt. Stand- und Gurthölzer in Verbindung mit Spanndrähten oder -ankern geben der Konstruktion eine besonders feste Aussteifung. Die Arbeitsfolge gleicht der eben beschriebenen. Es wird zunächst eine Wandseite

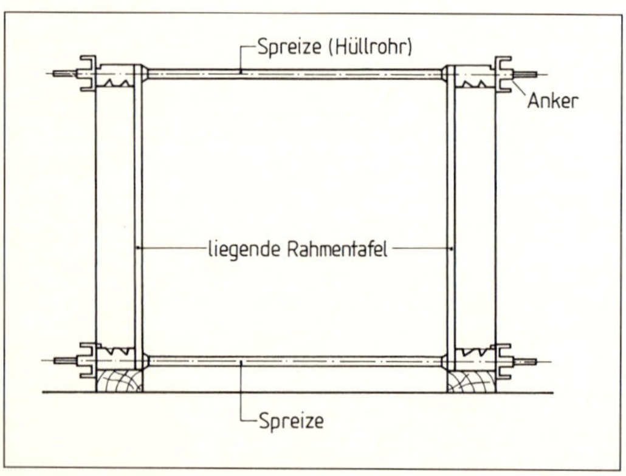

12.24 Rahmentafel als Fundamentschalung

aufgestellt, ausgesteift und fest verstrebt. Die zweite Seite wird dann gegen die Abstandhalter mit der ersten fest verspannt.

Rahmentafeln, waagerecht aufgestellt und nach den Regeln für Wandschalungen gegeneinander verankert, setzen sich als besonders wirtschaftliche Lösung für Fundamentschalungen immer mehr durch (**12.24**).

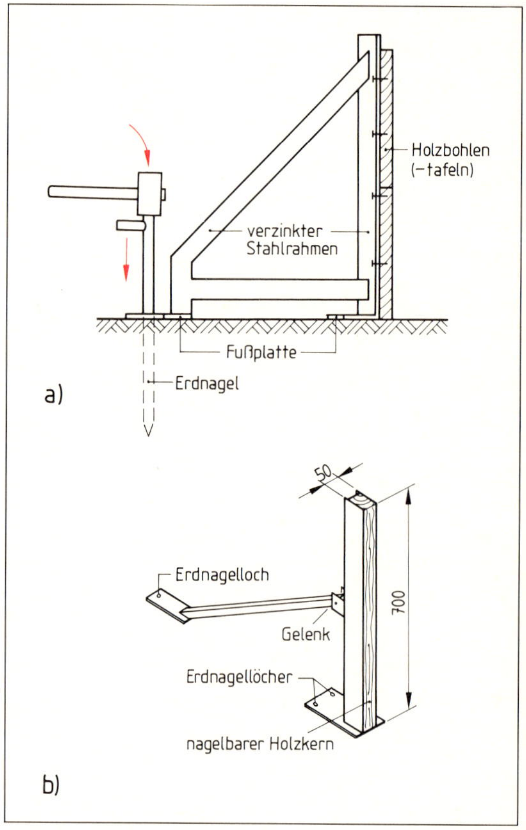

12.25 Stählerner Schalungszargen für Fundamentschalungen

a) mit starrem Rahmen, b) mit Gelenkarm und Holzkernstütze

Fundamentzargen sparen Arbeitszeit. Sie bestehen aus verschweißten kräftigen Stahlprofilen mit verschieblichem „Erdnagel" (**12.25**).

Nagellöcher am senkrechten Winkelstahl ermöglichen das Befestigen hölzerner Schalungsplatten oder Bohlen. Den Erdnagel schlägt man fest in den Boden. Vorteile: weniger Schalungsteile, kaum Verschnitt und erheblich kürzere Einschalungszeiten.

Tabelle **12.26** **Eignung von Trennmitteln bei Schalungen** (nach Richtlinien „Trennmittel für Betonschalungen")

Schalungsart	Holz			Metall	Kunststoff	
Schalungsoberfläche	sägerauh	gehobelt glatt	kunstharz-vergütet	sehr glatt	sehr glatt	strukturiert
Saugverhalten der Schalung	saugend		nicht saugend			
Mineralöl-Lack Emulsion	gut geeignet		ungeeignet			
Mineralöl mit Trenn-zusätzen (physikalisch-chemisch)	mäßig geeignet		gut geeignet			
Schalwachs flüssig	mäßig geeignet		gut geeignet	mäßig geeignet	gut geeignet	mäßig geeignet
Schalpaste	ungeeignet	mäßig geeignet	gut geeignet	mäßig bis gut geeignet		ungeeignet

Geeignete Oberflächenbehandlungen mit Trennmitteln mindern die Haftung (Adhäsion) von Beton und Schalhaut, so daß saubere, glatte Betonflächen entstehen. Sie erleichtern das Ablösen der Schalung und ermöglichen mehr Einsätze der Schalhaut.

Physikalisch wirkende Trennmittel verschließen die Holzporen und verringern die Oberflächenhaftung zwischen Schalhaut und Beton.

Chemisch wirkende Trennmittel reagieren mit dem Zement der Betonoberfläche oder überziehen die Schalhaut mit einem hauchdünnen Trennfilm. In jedem Fall sind die Verarbeitungsrichtlinien der Hersteller genau einzuhalten. Falsch gewählte oder fehlerhaft verarbeitete Trennmittel (z.B. zu dick oder nicht richtig verdünnt) können Verfleckungen der Betonflächen verursachen. Bei Sichtbeton ist daher besondere Vorsicht geboten.

Trennmittel an Bewehrungsstählen vermindern den Haftverbund von Stahl und Beton, was zu weitgehender Wirkungslosigkeit der Bewehrung führen kann.

Bewehrungsarbeiten müssen deshalb stets nach Auftrag der Trennmittel erfolgen.

Gründliches Annässen ist die einfachste Form der Oberflächenbehandlung. Sie eignet sich jedoch nur für Schalholz ohne Oberflächenvergütung. Dabei quillt das Holz leicht auf und dichtet Schalungsfugen von selbst ab.

Trennmittel von unterschiedlicher Zusammensetzung und Wirkungsweise sind unter verschiedenen Markennamen im Handel. Die Wahl richtet sich nach der Oberflächenbeschaffenheit und Saugfähigkeit der Schalung (**12**.26). Ungeeignete Trennmittel verunreinigen die Betonoberflächen, mindern ihre Festigkeit sowie die Haftung von Putzen und Beschichtungen.

Ausschalen. Den Zeitpunkt bestimmt der Bauleiter nach gründlicher Prüfung der Betonfestigkeit. Die Ausschalfristen richten sich nach der Zementfestigkeitsklasse, der Bauteilart und den Erhärtungstemperaturen. Anhaltswerte dazu bietet Tabelle **12**.27, jedoch nur für Erhärtungstemperaturen von $> 5\,°C$.

In allen anderen Fällen, besonders bei Frost, ist die Ausschalfrist angemessen zu verlängern. Aus Sicherheitsgründen empfiehlt es sich, die zum Ausschalen nötige Festigkeit durch Prüfwürfel oder Prüfhämmer nachzuweisen.

Tabelle **12**.27 **Ausschalfristen** (Anhaltswerte)

Zement-festigkeits-klasse	Ausschaltfristen in Tagen für die seitliche Schalung der Balken, Schalung der Wände und Stützen	Schalung der Deckenplatten	Rüstung (Stützung) der Balken, Rahmen und weitgespannten Platten
32,5	3	8	20
32,5 R und 42,5	2	5	10
42,5 R und 52,5/52,5 R	1	3	6

Hilfsstützen (Notstützen) für Decken und Balken mindern die Statische Beanspruchung des noch jungen Betons und seine Neigung zum „Kriechen" (z.B. Durchbiegen). Notstützen dürfen deshalb während des Ausschalens nicht gelöst und sollen möglichst lange am Standort belassen werden (**12**.28). Bei mehreren Geschossen sollen sie jeweils senkrecht übereinander stehen. Anhaltswerte gibt Tabelle **12**.29.

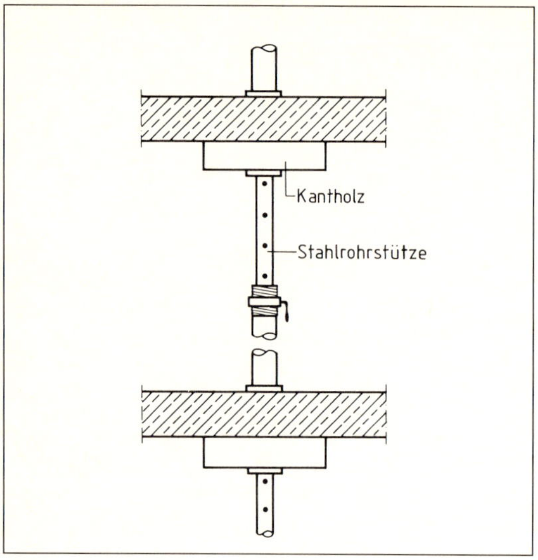

12.28 Hilfsstützen stehen senkrecht übereinander

Tabelle **12.29** **Erforderliche Anzahl der Hilfsstützen**

Tragwerk	Stützweite	Anzahl der Stützen
Platten und Balken	≦8 m >8 m	1 Stütze in Feldmitte mehrere Stützen
Platten	≧2 m	Stütze im allgemeinen entbehrlich

Schäden. Ruckartige Erschütterungen während des Ausschalens, z. B. durch Wegschlagen der Stützen, führen leicht zu Betonrissen. Deshalb sind zunächst die festgesetzten Keile zu lockern bzw. die Gewindeschrauben an Stahlstützen, Ketten oder Seilen zu lösen. Unzulässige Belastungen und entsprechende Schäden an den frisch entschalten Bauteilen entstehen auch durch Abkippen oder Lagern größerer Materialmengen (z. B. Steine, Mörtel, Bindemittel).

Grundregel für die Arbeitsfolge: Stützen und Pfeiler vor Decken und Balken ausschalen.

Sorgfältige Pflege (Entnageln, Reinigen, evtl. Ölen) der Schalungsteile unmittelbar nach dem Ausschalen beugt Unfallgefahren vor und steigert die Einsatzfähigkeit des Schalgeräts. Ordnung und Übersicht beim Lagern erleichtern die Auswahl der Schalungsteile beim Wiederverwenden.

Mängel in der Praxis sind oft die Folge von Nachlässigkeit, Gleichgültigkeit und Unwissenheit:

- falsch aufgebrachte Trennmittel,
- unzulässige Beschriftungen auf Sichtbetonschalungsflächen,
- undichte Schalungsfugen,
- fehlende Dreikantleisten in den Innenecken der Schalung,
- fehlende Abschalung an Arbeitsfugen und Betonierabschnitten,
- fehlende Betonieröffnungen bei enger Bewehrung oder großen Fallhöhen,
- zu schwache Verankerung oder Abstützung,
- zu frühes Ausschalen,
- fehlende Hilfsstützen,
- zu frühe und schwere Belastung frisch entschalter Bauteile.

Kostensparende Schalarbeiten erfordern sorgfältige Planung und Arbeitsvorbereitung (Schalpläne, Materialbedarf und -bereitstellung).

Trennmittel schützen Schalhaut und Betonfläche vor zu großer Oberflächenbeanspruchung während des Ausschalens.

Der ausreichend erhärtete Beton ist erst auf Anordnung des Bauleiters und möglichst erschütterungsfrei auszuschalen.

12.2 Bewehrungen

Bewehrungen sind die ingenieurmäßig ermittelten Stahleinlagen der Stahlbetonteile. Ihre Tragwirkung hängt in hohem Maße von der fehlerfreien Berechnung und Ausführung der Stahlbetonbauteile ab.

Bewehrungszeichnungen im Maßstab 1:20 oder 1:50 enthalten alle nötigen Angaben zum Herstellen und Einbauen der einzelnen Bewehrungsteile (**12.30**).

Der Bewehrungsplan zeigt in der Regel eine Ansicht oder Draufsicht sowie einen Querschnitt des Stahlbetonteils einschließlich der eingebauten Stahlstäbe. Die Ansicht enthält ferner Angaben über Anzahl, Abstände, Stahlsorte und Durchmesser der vorgesehenen Stähle, der Schnitt zeigt Lage und Abstand der Stahlstäbe sowie ihre Stab-Nr. Die Stablängen sind maßstäblich, die Stabdicken als Voll-Linie dargestellt.

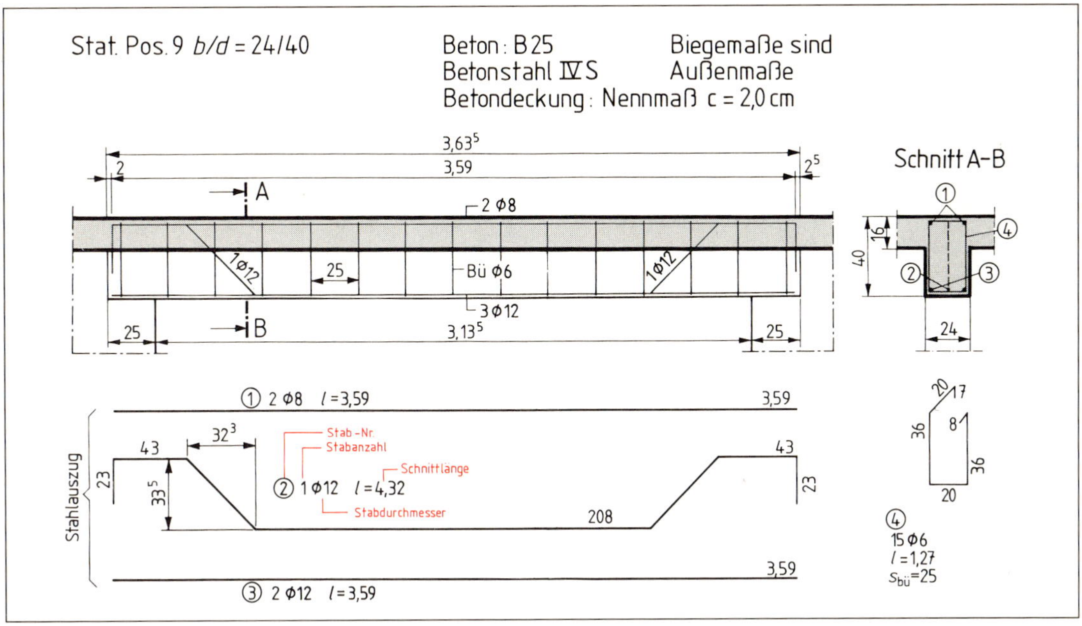

12.30 Bewehrungszeichnung eines Balkens mit Stahlauszug. Die aufgebogene Stahlform ② wird wenig angewandt

Der Stahlauszug liefert die zum Ablängen (Schneiden) und Biegen erforderlichen Angaben. Jeder Stab ist hier in der gewünschten Biegeform dargestellt, vollständig bemaßt und gekennzeichnet durch Stab-Nr., -anzahl, -durchmesser, Lieferform, Schnittlänge und Verlegeabstand.

Die Bewehrungszeichnung enthält weitere wichtige Hinweise, z. B. das Nennmaß *c* der Betondeckung, den Biegerollen-Durchmesser für Endhaken, Schlaufen und Aufbiegungen, die Verteilungsdichte der Abstandhalter, die Übergreifungslängen an Bewehrungsstößen und die erforderlichen Verankerungslängen (z. B. an Auflagern).

Stahllisten erleichtern Bereitstellung, Kontrolle und Gewichtsermittlung der vorgesehenen Stähle. Ein Beispiel zeigt Tabelle **12.31**.

Die in Spezialbetrieben fertig gebogene Bewehrung wird nach Positions- und Stab-Nr. gebündelt und mit Kennschildern versehen (**12.32**). Auf der Baustelle wird sie übersichtlich und vor Verschmutzung geschützt gelagert (z. B. auf Kanthölzern).

Bau : Schmidt/Alfstr.
Bauteil : Balken Stat. Pos. 9
Stahlsorte : IV s

Betonstahlliste Nr. 5
zu Bewehrungsplan KG/1

Stab Nr.	Φ mm	Stück-zahl	Schnitt-länge	Gesamtlänge Φ 6	Φ 8	Φ 12	Φ	Φ	Φ		Bemerkungen
1	8	2	3,59		7,18						ME
2	12	1	4,30			4,30					
3	12	2	3,59			7,18					
4	6	15	1,25	18,75							Bü

		Φ 6	Φ 8	Φ 12	Φ	Φ	Φ		
Gesamtlängen	m	18,75	7,18	11,48					
Masse je m	kg/m	0,22	0,40	0,89					
Masse	kg	4,13	2,87	10,22					
Gesamtmasse	kg	17,22							

12.31 Stahlliste zu Bild **12.30**

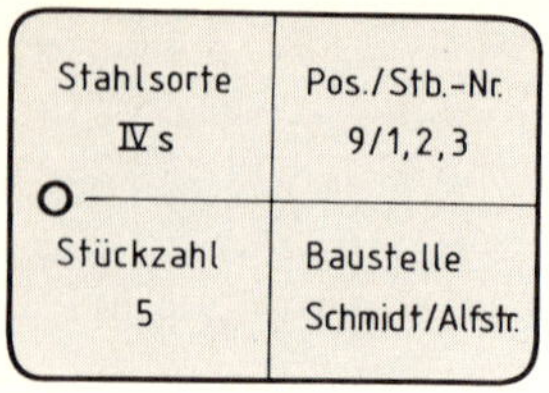

12.32 Kennschild für fertiggebogene und gebündelte Bewehrungsstähle

Beim Einbau der Bewehrung ist auf die planmäßige Lage jeder Stabform zu achten. Abstandhalter – vorzugsweise aus Kunststoff, Faserzement oder Zementmörtel – gewährleisten die jeweils geforderte Betondeckung der Stähle und ermöglichen dadurch sicheren Rostschutz sowie einwandfreien Haftverbund (**12**.33 und **12**.34).

Das Nennmaß *c* der Betondeckung entspricht dem lichten Abstand zwischen der Schalhaut und den ihr nächstgelegenen Stäben (z.B. Bügel, untere Deckentragstäbe). Es darf an keiner Stelle kleiner als das geforderte Maß ausfallen.

Die Bewehrung darf auch während der Betonierarbeiten ihre vorgeschriebene Lage nicht verändern und muß deshalb zu einem festen Gerippe verbunden werden. Aus Abschn. 11 wissen wir, daß eine veränderte Höhenlage der Stäbe die Wirksamkeit der Bewehrung erheblich vermindern und Risse oder gar Einsturzgefahr zur Folge haben kann. Die obere Bewehrung von Decken und Kragplatten (Stützenbewehrung) ist hier besonders gefährdet. Abstandhalter nach Bild **12**.35 und Laufbohlen bzw. Karrbahnen verhindern, daß die obere Bewehrung durchhängt oder heruntergetreten wird.

Zum Ausbinden verwenden wir Flechterzangen und Bindedraht von 1 bis 1,2 mm Durchmesser. Je nach Stab-Durchmesser und Bewehrungsteil wählen wir geeignete Verbindungen nach Bild **12**.36. Eine feste Verbindung sich kreuzender Stäbe entsteht erst durch straffes Anziehen der Bindedrähte. Auch die in Bild **12**.37 gezeigte Spannklammer eignet sich, besonders für Deckenbewehrung.

Einbau einer Balkenbewehrung. Sie läßt sich einfach und zeitsparend auf Montageböcken vorfertigen, bei Kranbaustellen bereits auf dem Biegeplatz, sonst auch auf der Dekkenschalung in Einbaunähe. Zunächst legen wir die Tragstäbe auf Montageböcke und markieren die Bügelabstände mit Fettkreide (**12**.39). Dann verteilen wir Bügel und Tragstäbe, ziehen die (hier unten liegenden) Montagestäbe ein und knüpfen den Bewehrungskorb zu einem unverschiebbaren Gerippe. Zuletzt montieren wir die Abstandhalter und setzen den Korb in die vorbereitete Schalung.

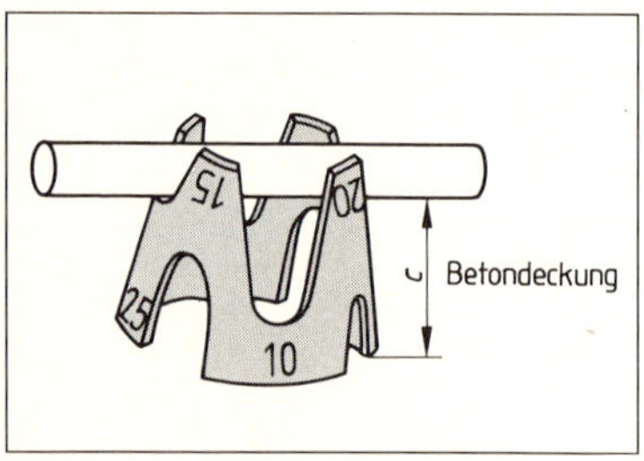

12.33 Abstandhalter für „untere" Bewehrung

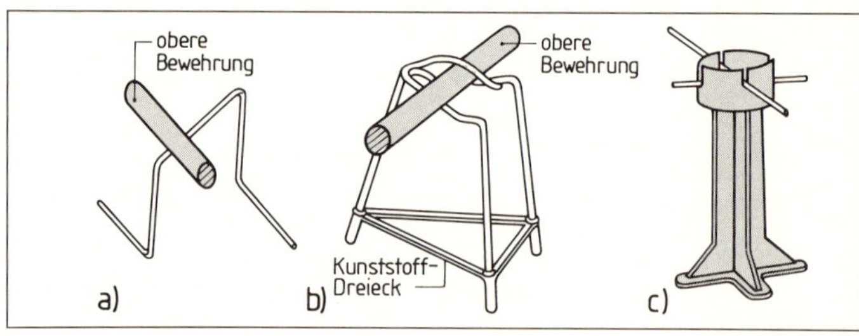

12.35 Abstandhalter für „obere" Bewehrung
a) aus Stabresten, b) aus Stahl und Kunststoff, c) aus Kunststoff

12.34 Abstandhalter für senkrechte Bewehrung

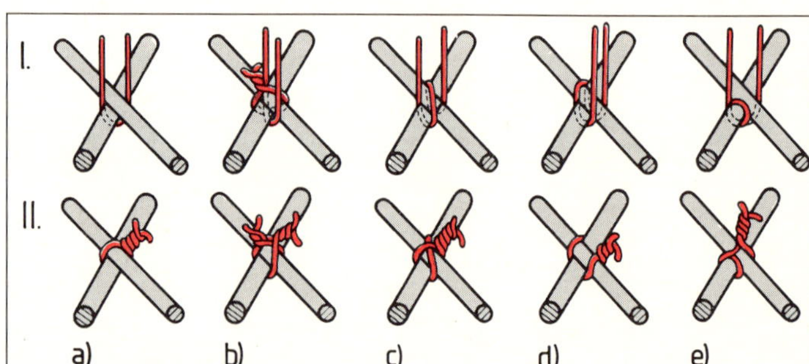

12.36 Knotenverbindungen mit Bindedraht
a) Heftmasche (einfache Bindung, Eckschlag)
b) doppelte Heftmasche (doppelter Eckschlag)
c) Kreuzmasche (Kreuzschlag)
d) Heranholmasche (Nackenschlag)
e) Hängemasche (Zugmasche)

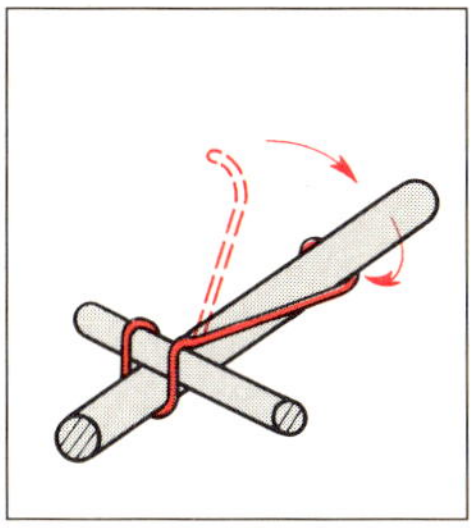

12.37 Betonstahlverbinder Typ Rapid

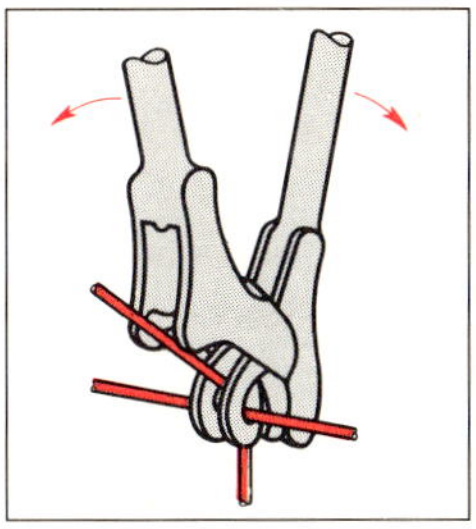

12.38 Kröpfzange

Ist die Vormontage von Bewehrungskörben nicht möglich, legt man die Eckstäbe der unteren Bewehrung auf Abstandhalter und verteilt die noch offenen und mit seitlichen Abstandhaltern versehenen Bügel. Wir verbinden nun Bügel und Tragstäbe, befestigen den ersten Montagestab und verlegen die restlichen Tragstäbe. Dann legen wir den zweiten Montagestab ein, kröpfen alle Bügel mittels Kröpfzange ab (**12**.38) und verbinden Bügel und obere Bewehrung.

Bewehrungen müssen aus Gründen der statischen Sicherheit genau nach Plan hergestellt und verlegt werden. Die entprechenden Angaben liefern Bewehrungszeichnungen. Abstandhalter sichern die Betondeckung, Ausbindungen die Unverschieblichkeit der Bewehrung.

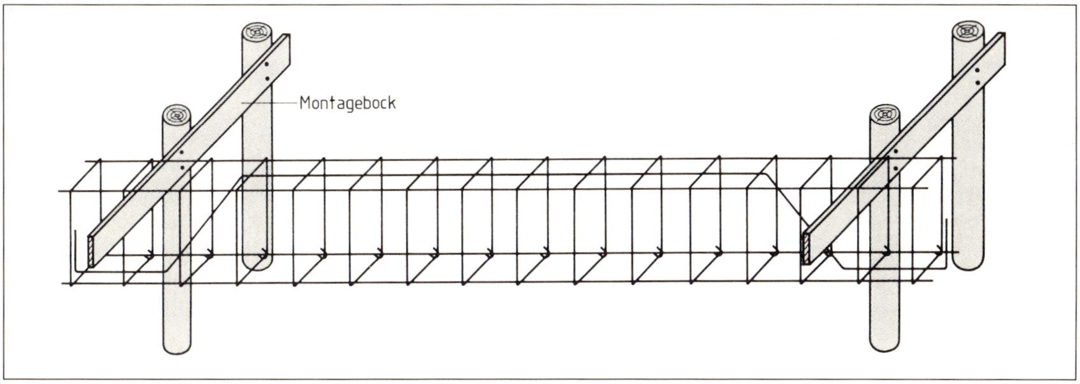

12.39 Flechten von Balkenbewehrungen auf Montageböcken

12.3 Betonverarbeitung

Baustellenbeton ist trotz weiterer Verbreitung des Transportbetons noch nicht völlig verdrängt. Die geforderten Betoneigenschaften erzielt man nur bei sorgfältigem Herstellen und Verarbeiten. Planung und Einrichtung der Mischanlage (Auswahl und Zuordnung der nötigen Maschinen und Geräte sowie Vorbereitung von Lagerräumen für Zement und Zuschlag) richten sich weitgehend nach wirtschaftlichen Erwägungen. Grundsätzlich ist jedoch folgendes zu beachten.

- Zum Mischen Maschinen mit guter Mischwirkung verwenden (Ausnahme: B5 und B10 in kleinen Mengen dürfen von Hand gemischt werden).
- Für Zement und Wasser ist die Zugabe nach Masseteilen vorgeschrieben, für Zuschläge wird sie empfohlen. Daher sind Wiege- und Wasserabmeßvorrichtungen bereitzustellen. Sackzement muß vor Bodenfeuchtigkeit und Regen, Zuschlag vor Verschmutzung geschützt werden.

12.3.1 Betonbereitung

Die Zusammensetzung (Mischungsverhältnis) des Betons entnimmt der Maschinist einer Mischtafel (**12**.40). Bei den Zugabestoffen (Zement, Zuschlag, Wasser) ist eine Genauigkeit von 3 Masse-% einzuhalten.

Bei der Wasserzugabe ist die Zuschlag-Oberflächenfeuchtigkeit abzuziehen. Starke Niederschläge und trockene Witterung können den Feuchtigkeitsgehalt rasch verändern, vor allem bei Sand. Aus Abschn. 11 wissen wir um die schädlichen Auswirkungen größerer Mengen Überschußwassers. Bedenkt man, daß ein Zuschlag bei Feuchtigkeitsmengen von 3 Masse-% bereits 50 bis 60 l Wasser je m^3 Beton liefert und dies etwa $^1/_3$ des vorgesehenen Wassergehalts

Tabelle **12**.40 **Mischtafel**

Betonfestigkeitsklasse	B 25
Konsistenzbereich	KR
Ausbreitmaß *a*	45 cm
Zementart und -festigkeitsklasse	CEMI 42,5 R
Zementgehalt z	310 kg/m³
Wassergehalt w	185 kg/m³
Wasserzementwert w/z	0,60
Mengen je Mischung	250 l
Zement	78 kg
Zugabewasser	30 kg
Zuschlag (feucht) Sand 0/4a mm	190 kg
Kies 4/8 mm	45 kg
Kies 8/32 mm	225 kg
________ mm	
________ mm	
Zusatzstoff ________ mm	– kg
Zusatzmittel BV ________ mm	150 cm³

ausmacht, wird die Forderung nach äußerster Sorgfalt bei der Wasserzugabe klar.

Die Sandfeuchte ist mit dem CM-Gerät feststellbar, die Gesamt-Zuschlagfeuchte durch Trocknen oder Abflammen (oder AM-Gerät).

■ **Versuch 2** Eine Durchschnittsprobe von mindestens 3000 g Zuschlag wird unter ständigem Rühren so lange erhitzt, bis die Körner nicht mehr aneinanderhaften.

Ergebnis Masse der Probe vor dem Trocknen $m_{g,h}$ = 3180 g, nach dem Trocknen $m_{g,d}$ = 3087 g.

$$\text{Oberflächenfeuchte } h_{g,o} = 100 \cdot \frac{m_{g,h} - m_{g,d}}{m_{g,d}} = 100 \cdot \frac{3180 - 3087}{3087} = \mathbf{3\ Masse\text{-}\%}$$

Beim Bemessen des Zuschlags ist die Eigenfeuchtigkeit dem Berechnungswert aufzuschlagen.

Werden Zuschläge nach Raumteilen zugemessen, muß man dazu geeignete Behälter verwenden. Mit Schaufeln ist die geforderte Genauigkeit von 3% nicht zu erreichen.

Wassersaugende Zuschläge sollen zuvor so weit angefeuchtet sein, daß sie beim Herstellen und Verarbeiten des Betons kein Wasser mehr aufnehmen.

Das Mischen ist der wichtigste Vorgang bei der Betonherstellung. Dabei sollen Zementleim und Zuschlag gleichmäßig verteilt und alle Körner vollflächig mit Zementleim umhüllt werden. Der Mischeffekt ist um so größer, je schneller und häufiger die Ausgangsstoffe aneinander vorbeibewegt werden („Relativ-"-Bewegung). Mischer sind nach Gebrauch gründlich zu reinigen.

Im Trommelmischer wird das Mischgut von Mitnehmerblechen angehoben und durch freien Fall vermischt (**12**.41). Mischer dieser Art (Kipptrommel-, Umkehr- und Gleichlaufmischer) erfordern mindestens 1 Minute Mischzeit nach Zugabe der Ausgangsstoffe.

In Trog- und Tellermischern wird das Mischgut durch umlaufende Rührwerkzeuge schneller durchgearbeitet, so daß Mischzeiten bis zu ½ Minute erlaubt sind (**12**.42). Untersuchungen haben jedoch ergeben, daß erst Mischzeiten von 1 bis 1,5 Minuten gleichmäßig und gründlich durchgemischten Frischbeton gewährleisten. Schlechte Verarbeitungseigenschaften und mangelnde Güte des Betons sind häufig die Folge zu kurzer Mischzeiten.

> Beton soll durch Mischmaschinen unter Einhalten ausreichender Mischzeiten (≧ ½ min) gründlich durchgemischt werden. Die Zugabestoffe sind mit 3 Masse-% genau abzumessen, wobei die Zuschlag-Eigenfeuchtigkeit für das Wasser und den Zuschlag berücksichtigt werden muß.

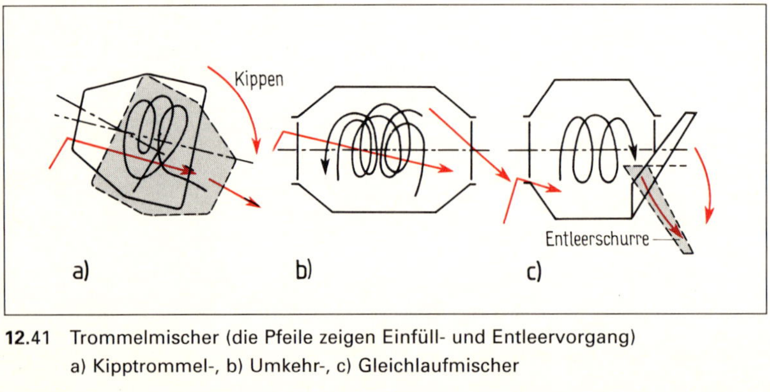

12.41 Trommelmischer (die Pfeile zeigen Einfüll- und Entleervorgang)
a) Kipptrommel-, b) Umkehr-, c) Gleichlaufmischer

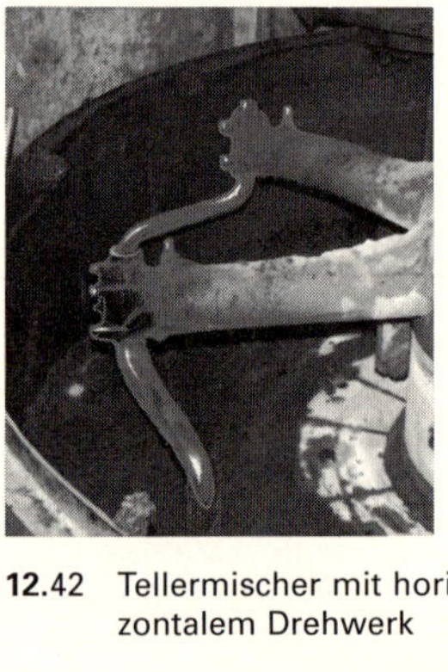

12.42 Tellermischer mit horizontalem Drehwerk

12.3.2 Fördern, Einbringen und Verdichten

Die Verarbeitungsfähigkeit des Frischbetons ist durch den Erstarrungsbeginn des Zements begrenzt (≧ 1 Stunde). Baustellenbeton ist deshalb unmittelbar nach dem Mischen, Transportbeton unmittelbar nach Anlieferung zügig und ohne längere Unterbrechungen einzubauen. Die Verarbeitung soll nach $^1/_2$ Stunde, bei kühler und feuchter Witterung nach 1 Stunde abgeschlossen sein. Bei Unterbrechungen schützen Abdeckfolien den Beton vor Regen und Hitze. Bei längeren Verarbeitungszeiten oder heißem Wetter empfiehlt sich die Zugabe von Zusatzmitteln mit erstarrungsverzögernder Wirkung (Erstarrungsverzögerer = VZ-Mittel): Kühle Witterung erfordert besondere Vorkehrungen, um die Mindesttemperaturen des Frischbetons einzuhalten (z. B. Anwärmen der Zuschläge und des Zugabewassers).

Das Fördern des Betons von der Mischanlage zum Einbauort geschieht in Gefäßen (Japaner, Kübel, Karren), in Rohrleitungen oder auf Bändern. Dabei müssen sowohl die Betonzusammensetzung als auch die gleichmäßige Verteilung der Fein- und Grobstoffe gewahrt bleiben. Undichte Fördergefäße führten oft zu folgenschweren Verlusten von Zementleim und Feinkorn, größere Fallhöhen begünstigen das Entmischen, wodurch sich unerwünschte Kiesnester und ungleichmäßige Festigkeiten ergeben. Deshalb darf die Fallhöhe 1 m, bei sandreichem Beton 2 m nicht überschreiten. Größere Fallhöhen sind durch Fallrohre (Hosenrohre) oder Schüttrinnen zu überbrücken (z. B. bei Wänden und Stützen, **12**.43). Sonst muß man durch seitliche Schalungsklappen betonieren.

Förderbänder eignen sich nur zum Transport von steifem Beton (K 1). Beim Verlassen des Bandes schleudern feine und grobe Zuschläge unterschiedlich weit, was zu Entmischungen größerer Ausmaße führt. Prall- und Abstreifblech nach Bild **12**.44 sind daher unerläßlich.

Betonpumpen mit 8 bis 20 cm Rohrdurchmesser überwinden in Verbindung mit Rohrleitungen Transportwege bis 400 m und Bauhöhen bis 100 m. Sie eignen sich vornehmlich für plastischen Beton (KP). Leistungsfähige Geräte fördern bis zu 120 m^3 Beton/Std. Enge und scharfe Knickstellen in der Leitung können Störungen verursachen.

Einbringen und Verdichten. Vor dem Einbringen sollte die Schalung noch einmal gewissenhaft auf ihre Standfestigkeit geprüft und von Materialresten gereinigt werden. Die Steiggeschwindigkeit des Betons in der Schalung soll mit Rücksicht auf den Schalungsdruck 2 m/Std. nicht überschreiten.

Verdichtungsgeräte treiben die im Beton eingeschlossenen Luftblasen aus – erst dadurch wird der Beton ausreichend dicht, fest, wasserundurchlässig, frost- und aggressionsbeständig.

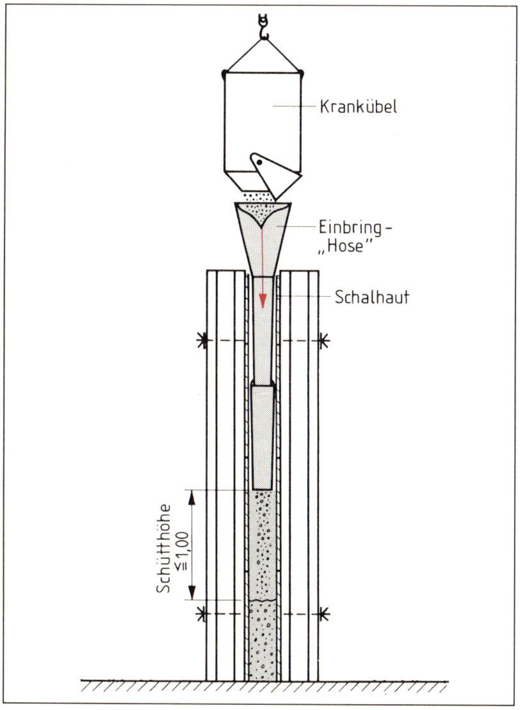

12.43 Schütt-Trichter (Hosenrohr)

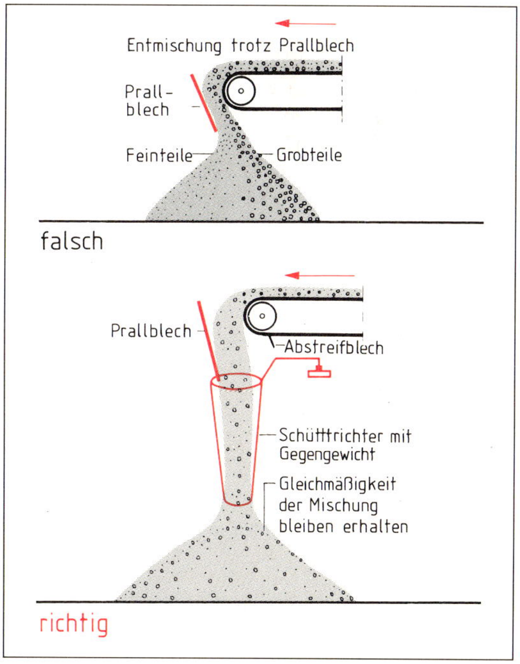

12.44 Nur Schütt-Trichter, Prall- und Abstreifblech zusammen gewährleisten entmischungsfreien Betontransport mit dem Förderband

Gebräuchliche Verfahren sind Stampfen, Rütteln oder Stochern. Sie richten sich nach der Betonkonsistenz.

Steifer Beton (KS) läßt sich durch Handstampfer oder maschinelle Oberflächenrüttler (Rüttelplatte Rüttelbohle verdichten **12**.45). Dazu wird er in 15 bis 20 cm dicken Schichten eingebracht. Die Verdichtung reicht aus, wenn die Betonoberfläche geschlossen ist und feucht glänzt („schwitzt"). Sie wird vor dem Einbringen der nächsten Schicht aufgerauht. Längs der Schalungskanten und in den Ecken soll zuerst und besonders sorgfältig verdichtet werden. Für mäßig steifen Beton kann man auch Innenrüttler verwenden.

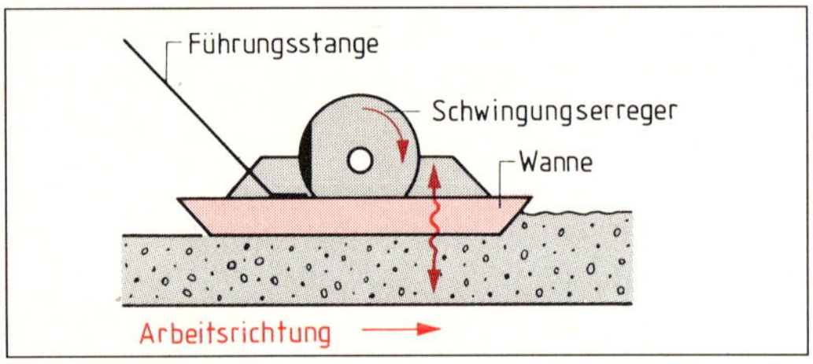

12.45 Rüttelplatte

Plastischer Beton (KP) wird überwiegend gerüttelt. Elektrisch betriebene Rüttler übertragen Schwingungen (8000 bis 9000/min), die die Zuschlagkörner dicht zusammenrutschen lassen und die eingeschlossene Luft verdrängen. Rüttelbeton soll in Lagen von mindestens 30 cm Dicke eingebracht werden.

Innenrüttler (Tauch- oder Flaschenrüttler) taucht man unter Beachtung der in Bild **12**.46 gezeigten Abstände mit ca. 8 cm/s in den Beton ein und führt die Flasche noch 10 bis 20 cm in die untere, bereits verdichtete Schüttung. So ergeben sich einwandfreie Verbindungen zwischen beiden Schichten. Der Verdichtungsvorgang ist abgeschlossen, wenn sich Feinmörtel an der Eintauchstelle absondert. Unter diesen Bedingungen läßt sich auch steifer Beton mit der Rüttelflasche verdichten. Man zieht die Flasche langsam heraus (ca. 4 cm/s), wobei der Beton in der Eintauchöffnung von selbst zusammenfließen soll. Besonders sorgfältig ist im Bereich von Wandaussparungen und engliegender Bewehrung zu verdichten (**12**.47).

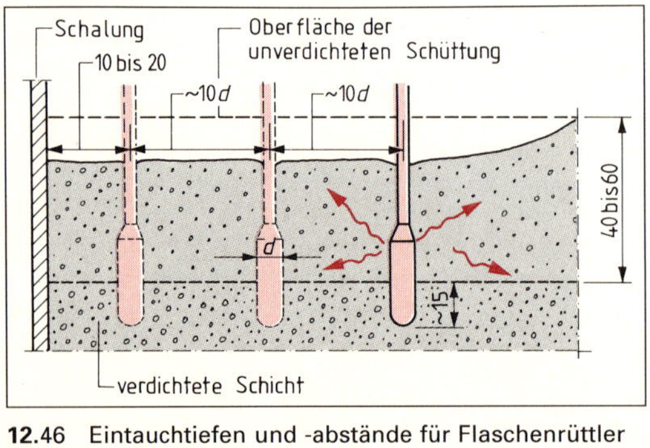

12.46 Eintauchtiefen und -abstände für Flaschenrüttler

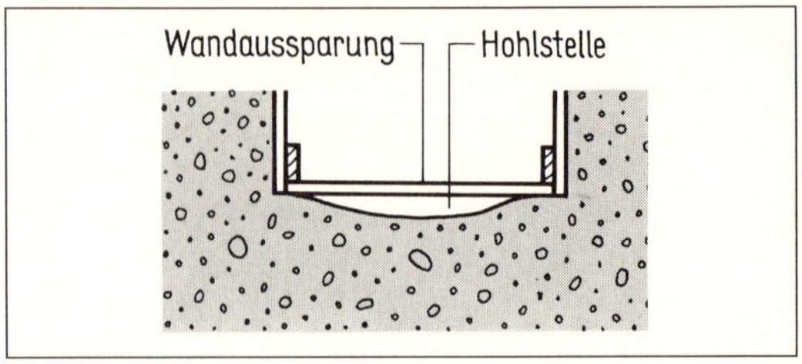

12.47 Hohlstellen infolge mangelhafter Betonverarbeitung

Außenrüttler (Schalungsrüttler) übertragen ihre Schwingungen über die Schalung an den Beton (**12**.48). Sie wirken bis zu 30 cm Tiefe und ergeben besonders glatte und dichte Oberflächen an Wänden und Säulen.

Beim Arbeiten mit Rüttlern, besonders Tauchrüttlern, besteht erhöhte Unfallgefahr durch elektrischen Strom. Beschädigungen der Oberflächen und Wälzlager gibt es beim Berühren der angestellten Rüttelflasche mit festen Gegenständen, z.B. Festbeton, starre Bewehrung und Schalung. Sorgfältige Handhabung und Wartung (säubern, trocknen, geschützt lagern) sowie regelmäßige Kontrolle der elektrischen Schutzeinrichtungen durch sachkundiges Personal schonen die Geräte und helfen Unfälle vermeiden.

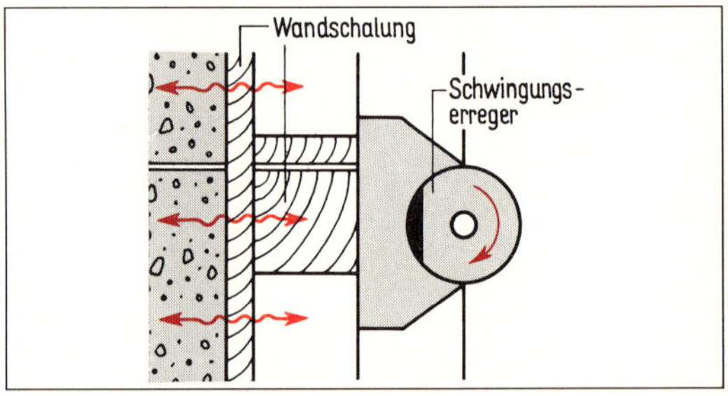

12.48 Schalungsrüttler

Weicher Beton (KR) und Fließbeton (KF) entmischen leicht und können deshalb nur durch Stochern mit 3 bis 5 cm dicken Stangen oder durch Abklopfen der Schalung verdichtet werden. Entlang der Schalung und zwischen Schalung und Bewehrung ist besonders sorgfältig zu stochern.

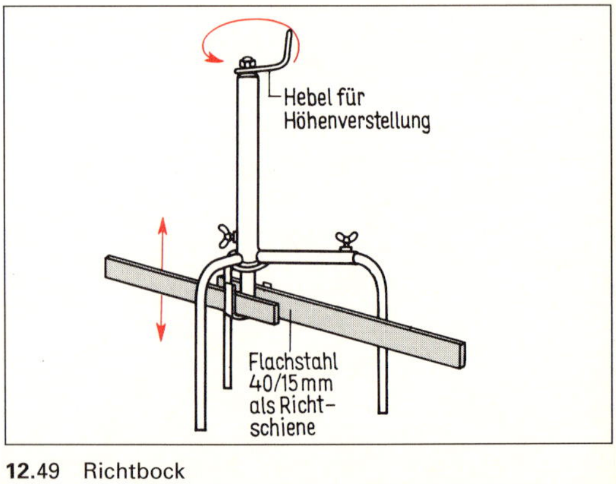

12.49 Richtbock

Platten und Decken müssen häufig eben abgeglichen werden. Dazu eignen sich höhenverstellbare Richtböcke in Verbindung mit passenden Stahllehren besonders gut (**12**.49).

Arbeitsfugen entstehen dort, wo der Betoniervorgang unterbrochen wurde. Sie sind bei großräumigen Bauausführungen unvermeidbar und sollen möglichst im Bereich geplanter Trennfugen oder an weniger beanspruchten Stellen liegen. Vor dem Weiterbetonieren sind Verunreinigungen, Zementschlamm und nicht einwandfreier Beton zu entfernen. Trockener älterer Beton ist vor dem Anbetonieren mehrere Tage lang feucht zu halten, um das Schwindgefälle zwischen jungem und altem Beton zu verringern. Außerdem verhindert man so, daß dem frischen Beton Abbindewasser entzogen wird. Damit der junge Beton gut abbindet, soll zum Zeitpunkt des Anbetonierens die Oberfläche des alten Betons schwach angefeuchtet sein. Bleibt die Arbeitsfuge nur einige Stunden offen, kann man den Beton durch Erstarrungsverzögerer (VZ-Mittel) längere Zeit verarbeitungsfähig halten. Er wird mit dem frisch eingebrachten Beton gemeinsam verdichtet.

Bei kühler Witterung erfordert das Betonieren besondere Aufmerksamkeit und u.U. wirksame Maßnahmen zum Schutz des Betons. Nur Beton, der schon eine Festigkeit von $\approx$ 5 N/mm² erreicht hat, kann dem Frost unbeschadet widerstehen. Mehrere Frost- und Tauwechsel können jedoch auch hier noch eine Lockerung des Betongefüges und somit bleibende Schäden hervorrufen. Da Beton bei niedriger Temperatur wesentlich langsamer erhärtet, sollten alle Möglichkeiten zur Erlangung einer hohen Frühfestigkeit ausgeschöpft werden. Dazu zählen: hochwertige Zemente, kleiner w/z-Wert, Zugabe von Betonverflüssiger (BV-Mittel). Gefrorene Zuschläge dürfen nicht verarbeitet werden. Durch Frost geschädigter Beton ist vor dem Weiterbetonieren zu entfernen.

Um Erhärtungsverzögerungen und Betonschäden infolge kühler Witterung zu vermeiden, muß Beton in bestimmten Mindesttemperaturen eingebaut werden. DIN 1045 schreibt vor:

Lufttemperatur	Einbautemperatur des Frischbetons
+ 5 °C bis – 3 °C	$\geqq$ + 5 °C $\geqq$ + 10 °C, wenn NW-Zemente verwendet wurden oder der Beton < 240 kg Zement je Kubikmeter enthält
kälter als – 3 °C	+ 10 °C, diese Temperatur muß über 3 Tage erhalten bleiben

Frischbeton mit höheren Temperaturen erhält man durch Zugabe erwärmter Zuschläge oder erwärmten Wassers. Beim Mischen mit Wasser $\geqq$ +70 °C gibt man die Zuschläge und erst etwas später Zement zu, um den Erstarrungsbeginn des Zementleims nicht übermäßig zu beschleunigen.

Beton wird in Gefäßen, Rohrleitungen und auf Bändern gefördert, wobei sich Gleichmaß und Zusammensetzung nicht verändern dürfen. Die Betonverarbeitung soll nach $^1/_2$ Std., bei kühler Witterung nach 1 Std. abgeschlossen sein.

Die Verdichtungsverfahren richten sich nach der Betonkonsistenz. Steifer Beton wird durch Stampfen oder Flächenrüttler, plastischer durch Flaschenrüttler, weicher und Fließbeton durch Stochern verdichtet.

12.3.3 Nachbehandeln

Nach dem Einbringen und in der ersten Erhärtungsphase ist der Beton noch sehr empfindlich gegen starkes Abkühlen und Erwärmen, gegen Austrocknen, heftigen Regen, strömendes Wasser, betonzersetzende Substanzen und Erschütterungen. Um störungsfrei auszuhärten, muß er nachbehandelt werden.

Warme und trockene Luft, vor allem Zugluft (Wind), entzieht dem jungen Beton das nötige Abbindewasser. Folgen: unterbrochener Erhärtungsvorgang, sandige Oberflächen, Verminderung der Festigkeit, Wasserundurchlässigkeit und Frostbeständigkeit.

Das Feuchthalten ist deshalb die wichtigste Schutzmaßnahme gegen vorzeitiges Austrocknen des Betons. Auch ein Wechsel von Trocknung und Befeuchtung vergrößert Schwindspannungen und Schwindrißgefahr. Deshalb soll der Beton über einen Zeitraum von $\geqq$ 7 Tagen ohne Unterbrechung feucht gehalten werden. Erst nach ausreichender Erhärtung und nur langsam darf die Trocknung beginnen.

Flächige Betonteile kann man durch regelmäßiges Besprühen mit Wasser feucht halten oder durch Bedecken mit feuchten Matten, feuchtem Sand oder Sägemehl. Wirksam ist auch das Feuchthalten der Schalung.

Frisch eingebrachter Beton mit noch hoher Eigenfeuchtigkeit läßt sich durch Abdecken mit Kunststoff-Folien oder Aufsprühen von Nachbehandlungsfilmen vor Austrocknung schützen (**12**.50a). Jedoch muß man die Folien ausreichend überlappen und befestigen (z.B. durch beschwerte Bretter). Folien schützen auch gegen starken Re-

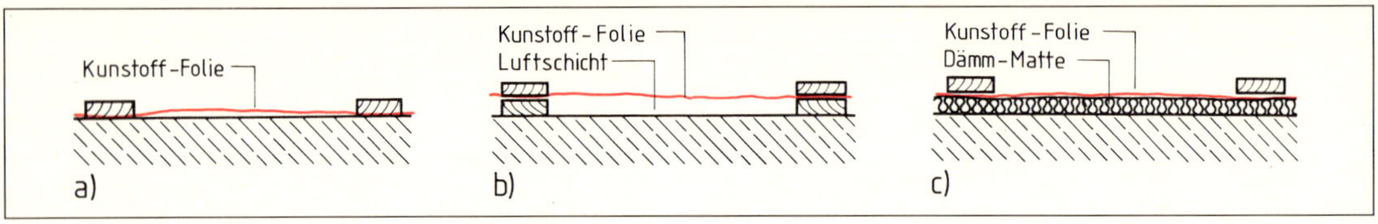

12.50 Schutz des Frischbetons

a) Kunststoff-Folien schützen vor Austrocknung
b) auf Abstand verlegte Kunststoff-Folien schützen vor Austrocknung und Frost
c) Abdeckungen aus Dämm-Matten und Kunststoff-Folien schützen vor Frost

gen. Aufsprühmittel bilden einen dichten Schutzfilm und sollen erst beim Mattwerden der anfangs glänzenden Betonfläche aufgebracht werden. Farbzusätze erleichtern das gleichmäßige Auftragen. Auch frisch entschalter Beton kann auf diese Weise geschützt werden.

Kühle Witterung (unter +5 °C) unterbindet die Erhärtungsreaktionen. Frost- und Tauwechsel führen zu Abblätterungen der Betonoberfläche. Durch Abdecken gefährdeter Betonteile mit wärmedämmenden Matten oder Platten (z.B. Hartschaum, Strohmatten) kann man den Erhärtungsprozeß aufrechterhalten. Da nur trockene Dämmstoffe wirken, deckt man bei Regen zusätzlich mit Folien (**12**.50c). Auch eine Luftschicht zwischen Betonoberfläche und Abdeckung schützt vor Auskühlung (**12**.50b). Dazu eignen sich Distanzhölzer (Bretter, Bohlen).

Dichte Folien mindern den Dampfdurchgang des verdunsteten Wassers. Darunter entsteht bald eine wasserdampfreiche Luftschicht mit günstigem Einfluß auf den Erhärtungsverlauf. Abdeckungen aus Kunststoff-Folien sind deshalb bei jeder Witterung zu empfehlen.

Erschütterungen, strömendes Wasser oder betonangreifenden Stoffen kann man nicht durch Nachbehandlung begegnen. Man muß sie möglichst vom jungen Beton fernhalten.

Durch Nachbehandlung sollen betonschädigende Einflüsse (z.B. Frost, Hitze, Zugluft) während der Betonhärtung abgehalten werden. Die Erhaltung der nötigen Abbindefeuchtigkeit erreicht man durch Abdeckfolien, Aufsprühfilme, Wassersprühung, befeuchtete Matten und Planen. Abdeckungen mit wärmedämmenden Matten oder Platten schützen vor Frostschäden und erhalten die Abbindetemperaturen.

Aufgaben zu Abschnitt 12

1. Nennen Sie Hauptbestandteile, Zweck und Beanspruchungen der Betonschalung.
2. An welchen Bauteilen ist während des Betonierens mit höherem Schalungsdruck zu rechnen? Warum?
3. Wodurch wird der Schalungsdruck beeinflußt, und wie verteilt sich der Schalungsdruck über die Bauteilhöhe?
4. Welche Nachteile ergeben sich durch undichte Fugen und unzureichende Aussteifung der Schalhaut?
5. Für welche Bauteile eignen sich Schalbretter als Schalbaumaterial? Warum?
6. Wo empfiehlt sich die Verwendung von Schalungsplatten? Warum?
7. Beschreiben Sie den Aufbau einer Vollholz-Schalungsplatte (Material, Abmessungen, Querverbindung, Schutzmaßnahmen).
8. Beschreiben Sie Vor- und Nachteile der Sperrholzplatten.
9. Wie kann man zu starke Haftung zwischen Beton- und Schalhautfläche beim Ausschalen unterbinden?
10. Nennen Sie Mindestabmessungen für Holzstützen.
11. Welche Vorschriften gelten für das Stoßen von Holzstützen?
12. Nennen Sie Arten, Anwendungen und Vorteile von Stahlrohrstützen?
13. Welchen Zweck erfüllen Schalungsträger?
14. Welche Vorteile bieten Gitter- und Stegträger aus Holz?
15. Nennen Sie Elemente und Zweck des Aussteifungskonstruktionen.
16. Nennen Sie die im Schalungsbau üblichen Nagelgrößen und ihre Verwendung.
17. Wozu dienen Schalungspläne und Schalungsauszüge? Welche Angaben enthalten sie?
18. Beschreiben Sie das Herstellen gelaschter Schalungstafeln.
19. Welche Arbeitsregeln gelten

    a) beim Zulegen von nassen und trockenen Schalbrettern, b) beim Einschlagen der Nägel und beim Umschlagen der Nagelspitzen, c) beim Herstellen von Brettstößen, d) beim Festlegen der Laschenabstände?
20. Beschreiben Sie die Herstellung einer abgestrebten Fundamentschalung.
21. Beschreiben Sie Bestandteile und Aufbau moderner (zeitsparender) Fundamentschalungen.
22. Welchen Zweck haben das Annässen des Schalholzes und das Auftragen von Trennmitteln vor Beginn der Betonierarbeiten?
23. Wovon hängt die Art der Oberflächenbehandlung von Schalungen ab?
24. Warum müssen Trennmittel von Bewehrungsstählen freigehalten werden?

25. Wovon hängt die Dauer der Ausschalfristen ab?
26. Welche Regeln gelten für den Einbau und die Anordnung von Notstützen?
27. In welcher Reihenfolge sollen Stützen, Pfeiler, Decken und Balken ausgeschalt werden?
28. Welche Angaben muß eine Bewehrungszeichnung enthalten?
29. Warum sind Betondeckung und Einbauhöhe der Bewehrungsstäbe genau einzuhalten?
30. Beschreiben Sie das Einbauen einer Balkenbewehrung.
31. Welche Vorschriften gelten für das Abmessen und Mischen von Zement, Zuschlag und Wasser?
32. Eine Zuschlagprobe wiegt vor dem Trocknen 3270 g, nach dem Trocknen 3090 g. Bestimmen Sie die Eigenfeuchte in Masse-%.
33. Wodurch unterscheiden sich Trommelmischer von Trog- und Tellermischern?
34. Nach welcher Zeit sollen Einbau und Verdichtung des Betons abgeschlossen sein?
35. Wie kann man das Entmischen beim Fördern und Einbauen des Betons verhindern?
36. Warum muß der eingebrachte Beton verdichtet werden? Wonach richtet sich die Auswahl des Verdichtungsverfahrens?
37. Welche Arbeitsregeln sind beim Verdichten durch Rüttelflaschen zu beachten?
38. Wie können steifer und weicher Beton wirkungsvoll verdichtet werden?
39. Welche Einflüsse können den Erhärtungsverlauf und die Betonqualität beeinträchtigen?
40. Warum und wie wird der junge Beton vor frühzeitlichem Austrocknen geschützt?
41. Nennen Sie Wirkungsweise und Anwendungsmöglichkeiten von Aufsprühmitteln.
42. Welche Vorteile bieten auf Abstand verlegte Abdeckfolien aus Kunststoff für die Betonerhärtung?
43. Welche Betonschäden können durch Frost verursacht werden?
44. Wie kann der frische Beton vor Frostschäden geschützt werden?

13 Tiefbau

13.1 Baugrund

13.1.1 Bodenuntersuchungen

Entscheidend für den Bestand eines Bauwerks ist die Tragfähigkeit des Baugrunds. Wenn über die Bodenbeschaffenheit aus der Ausführung benachbarter Bauwerke keine Kenntnisse vorliegen, muß der Baugrund vor der Planung des Bauwerks untersucht werden. Von der Beschaffenheit des Baugrunds hängen seine Belastbarkeit und die Gründungsart des Bauwerks ab.

Sondieren, Schürfen. Beim Sondieren (Tiefe bis 25 m) wird ein Stahlstab mit einem stets gleichbleibenden Gewicht aus gleicher Fallhöhe in den Boden eingetrieben (Rammsonde, **13**.1). Aus der Anzahl der Schläge für eine bestimmte Eindringtiefe wird auf die Lagerungsdichte geschlossen. Rillen in der Wandung des Stabs halten Erdreich zurück, das nach oben gefördert wird. Die Schürfgrube läßt die natürliche Lagerung des Bodens im Anschnitt am besten erkennen (Tiefe ca. 5 m, **13**.2). Die Grundfläche der Schürfgrube soll mindestens 2 m² betragen. Mit zunehmender Ausschachttiefe steift man die Grubenwände ab, um das Nachrutschen des Bodens zu verhindern.

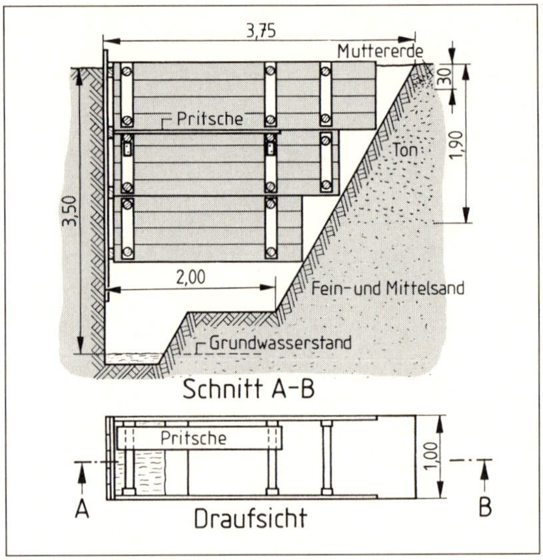

13.2 Schürfgrube mit Aussteifung

Bohrungen (**13**.3). In wasserführenden und sandigen Schichten verwendet man den *Ventilbohrer* (**13**.4). Er hängt an einem Seil und wird auf und

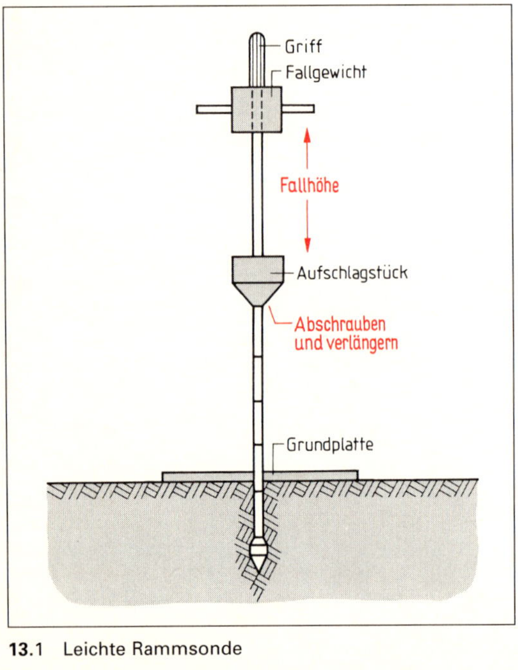

13.1 Leichte Rammsonde

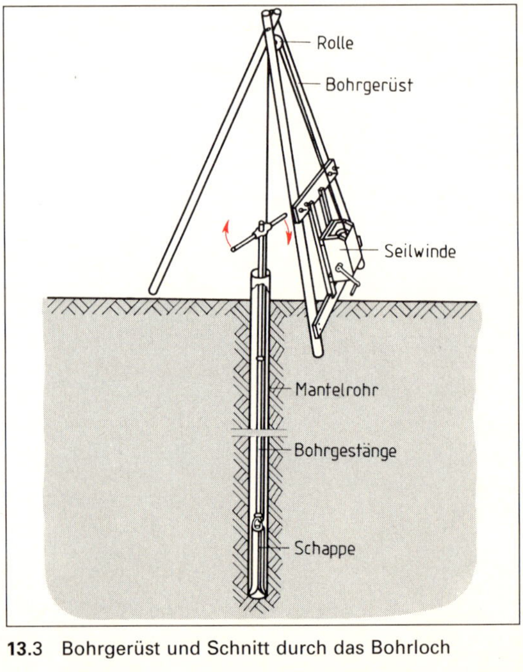

13.3 Bohrgerüst und Schnitt durch das Bohrloch

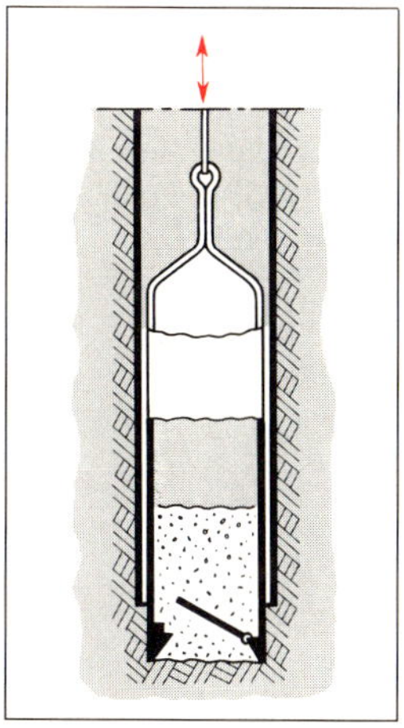

13.4 Ventilbohrer

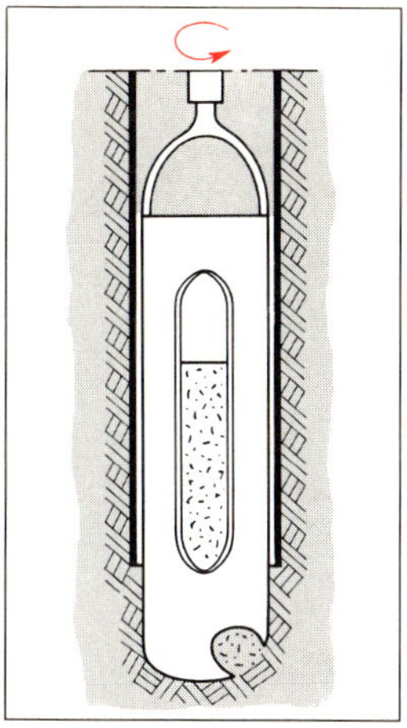

13.5 Schappe

ab bewegt. Eine Klappe am Ende des Bohrers hält das in den Bohrer eingedrungene Erdreich zurück. In lehmigen Schichten arbeitet man mit der *Schappe* (**13**.5), ein an der Seite zum Teil aufgeschlitztes Rohr mit schraubengangförmiger Schneide. Die Schappe bohrt sich durch Drehen des Gestänges in den Boden. Schappe und Ventilbohrer fördern nur gestörte Bodenproben. Ungestörte Proben, die die Bodenstruktur unverändert zeigen, gewinnt man mit dem *Entnahmezylinder* (**13**.6). Ein 20 bis 25 cm hoher Zylinder wird in den Boden eingerammt. Die im Zylinder eingeschlossene Luft oder das Wasser entweichen durch eine Öffnung in der Kopfplatte.

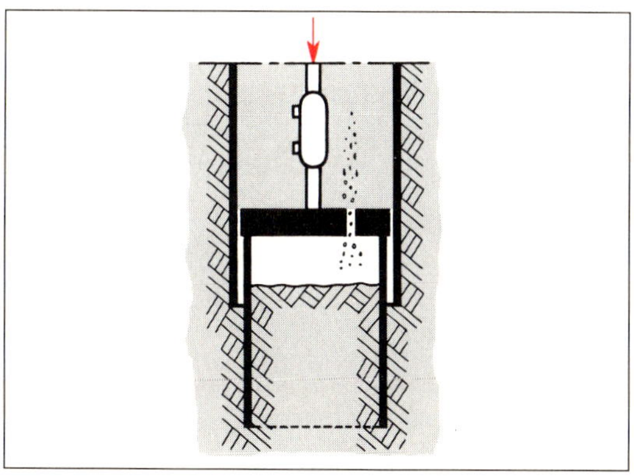

13.6 Entnahmezylinder

Schichtenplan. Die Ergebnisse der Baugrunduntersuchung trägt der Bohrmeister in ein Schichtenverzeichnis ein. Die Bodenproben werden im bodenmechanischen Labor überprüft und genauer untersucht. Der Schichtenplan, eine zeichnerische Darstellung der Baugrundverhältnisse, zeigt anschaulich die endgültigen Untersuchungsergebnisse.

Unbekannter Baugrund muß spätestens vor der Planung des Bauwerks auf seine Tragfähigkeit hin untersucht werden. Die Untersuchung geschieht durch Sondierung, Bohrung oder Anlegen einer Schürfgrube. Die Schürfgrube gibt den sichersten Aufschluß über die Bodenbeschaffenheit. Sie ist jedoch aus wirtschaftlichen Gründen in der Tiefe begrenzt.

13.1.2 Bodenarten und Bodenklassen

Bodenarten. Boden ist Baugrund und Baustoff. Bei Böden als Baugrund, d.h. beim *Grundbau,* kommt es auf die Tragfähigkeit an. Sie hängt von Art, Beschaffenheit, Ausdehnung, Lagerung und Mächtigkeit der Bodenschichten ab.

Tabelle **13**.7 **Bodenarten** nach DIN 1054 „Baugrund; zulässige Belastung des Baugrunds"

Gewachsener Boden	
Nichtbindige Böden (Sand, Kies, Steine und ihre Mischungen)	σ = 0,2 MN/m² bis 0,7 MN/m²
Bindige Böden (Ton, Schluff, Lehm, Mergel)	σ = 0,13 MN/m² bis 0,5 MN/m²
Organische Böden (Torf, Faulschlamm und bindige und nichtbindige Böden mit organischen Beimengungen)	
Fels (Felsgesteine)	ρ = 1,0 MN/m² bis 4,0 MN/m²
Geschütteter Boden	
Unverdichtete Schüttungen beliebiger Zusammensetzung	
Verdichtete Schüttungen aus nichtbindigen oder bindigen Bodenarten, auch aus Bauschutt, Schlacke, Erzrückständen. Die zulässige Belastung hängt vom Verdichtungsgrad ab.	

13.8 Nichtbindiger Boden

13.9 Bindiger Boden

Nichtbindige Böden (nbB, **13**.8) haften nicht aneinander und bilden ein loses, rolliges Haufwerk. Sie enthalten viele Einzelporen und sind je nach Korngröße und Lagerungsdichte unterschiedlich tragfähig. Als guter Baugrund gelten festgelagerter Grobsand und Kies. Wasserführende Schichten aus Feinsand (Fließsand) dagegen nicht, weil der Sand durch den Wasserfluß abgeschwemmt wird, also in Bewegung und nachgiebig ist. Auch völlig trockener Sand ist nicht standfest.

Bindige Böden (bB, **13**.9) bestehen aus feinsten schuppenförmigen Teilchen. Sie bilden eine zusammenhängende Masse, deren Zustand sich je nach Wassergehalt verändert (breiig, weich, halbfest, fest). Bindige Böden können sehr viel Wasser speichern. Der Wassergehalt ist maßgeblich für die Tragfähigkeit. Harter, trockener Lehm oder Ton sind ein guter Baugrund.

Setzungsverhalten. Setzung nennt man die vertikale Bewegung eines Bauwerks. Verursacht wird sie durch Zusammendrücken des Baugrunds unter der Bauwerkslast. Gleichmäßige Setzungen gefährden nicht die Standfestigkeit eines Bauwerks, sofern sie in Grenzen bleiben. Sie führen auch nicht zu Setzungsschäden. Das unterschiedliche Setzungsverhalten von bindigen und nichtbindigen Bodenarten zeigt Bild **13**.10.

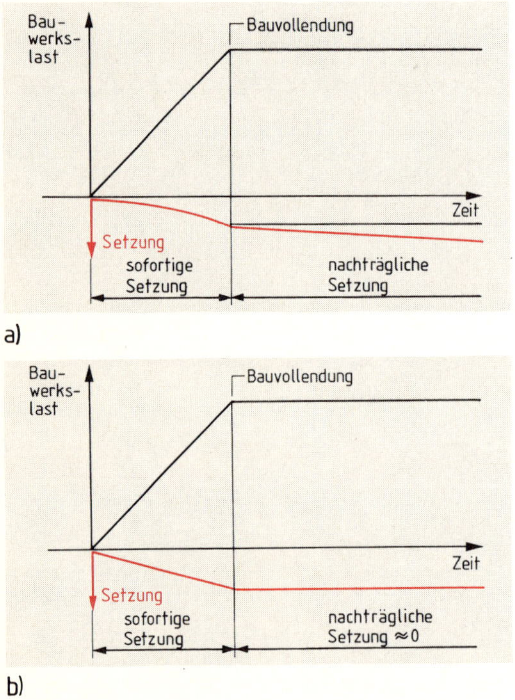

13.10 Setzung eines Bauwerks a) in bindigen Bodenarten, b) in nichtbindigen Bodenarten

Frostverhalten. Vom Wassergehalt des Bodens hängt sein Frostverhalten ab. Gefrierendes Wasser nimmt ein um etwa 10% größeres Volumen ein. Findet das Eis keinen freien Porenraum, z.B. in durchfeuchtetem bindigen Boden, wird der Boden nach oben gedrückt (Frosthebung). Straßendecken und Pflasterbeläge wölben sich auf, an Mauern zeigen sich Risse. Da bindige Böden Wasser aus dem Untergrund infolge Kapillarität in die Frostzone saugen, bilden sich in diesem Bereich vermehrt Eislinsen (**13**.11), was die Hebungen noch verstärkt. Die zerstörenden Schäden an Fahrbahnen z.B. treten jedoch erst nach dem Auftauen des Untergrunds auf: Die oberen Schichten weichen auf, das Wasser kann nicht in

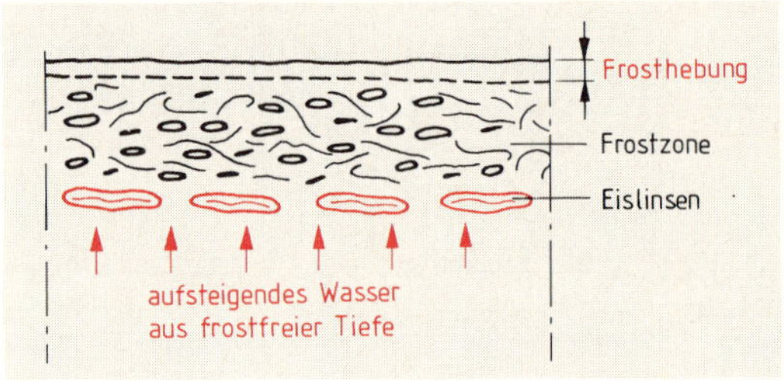

13.11 Frosthebung und Eislinsenbildung bei bindigem Boden

den noch gefrorenen Untergrund absickern; der Belag bricht unter der Verkehrslast durch (Frostaufbruch). Kiese und grobsandige Böden sind wasserdurchlässig und saugen wegen ihrer größeren Einzelporen kein Wasser kapillar an. Hier besteht keine Gefahr durch Frosthebung.

Bodenklassen. Für Böden als Baustoff, d.h. beim Erdbau, ist das Lösen, Laden, Fördern, Einbauen und Verdichten von Bedeutung.

Tabelle **13**.12 **Boden- und Felsklassen** nach DIN 18300 „Erdarbeiten"

Klasse 1	**Oberboden (Mutterboden)** = oberste Schicht des Bodens, der auch Humus und Bodenlebewesen enthält
Klasse 2	**Fließende Bodenarten** = Bodenarten in flüssiger bis breiiger Beschaffenheit
Klasse 3	**Leicht lösbare Bodenarten** = Sand und/oder Kies mit höchstens 15 Masse-% bindigen Beimengungen und höchstens 30 Masse-% Steinen über 63 mm Korngröße, organische Bodenarten mit geringem Wassergehalt (z.B. feste Torfe), *Böschungswinkel 40°*
Klasse 4	**Mittelschwer lösbare Bodenarten** = Bodenarten wie in Klasse 3, jedoch nicht mehr als 15 Masse-% bindigen Bestandteilen. *Böschungswinkel 40°*
Klasse 5	**Schwer lösbare Bodenarten** = Bodenart wie in den Klassen 3 und 4, jedoch mit mehr als 30 Masse-% Steinen über 63 mm, außerdem weiche bis feste Tone, *Böschungswinkel 60°*
Klasse 6	**Leicht lösbarer Fels und vergleichbare Bodenarten** = brüchiger, verwitterter Fels sowie verfestigte bindige und nichtbindige Bodenarten, *Böschungswinkel 80°*
Klasse 7	**Schwer lösbarer Fels** = Fels mit hoher Gefügefestigkeit, *Böschungswinkel 80°*

Böden unterscheidet man nach
- der Tragfähigkeit (Bodenarten nach DIN 1054),
- dem Arbeitsaufwand bei der Be- und Verarbeitung (Bodenklassen nach DIN 18300).

13.1.3 Erdarbeiten

Baugruben. Für unterkellerte Gebäude ist eine zusammenhängende Baugrube bis Unterkante Kellerfußboden auszuheben. Die Baugrubenwände werden je nach Baugrundverhältnissen ab 1,25 m Tiefe abgeböscht oder verbaut. Die Böschungswinkel sind in DIN 4124 „Baugruben und Gräben; Böschungen, Arbeitsraumbreiten, Verbau" festgelegt (**13**.13). Für die Abrechnung von Erdarbeiten gelten die Böschungswinkel der DIN 18300 (s. Tabelle **13**.12). Aus Böschungswinkel und Baugrubentiefe errechnet man die Böschungsbreite. Die Sohle der Baugrube muß so groß sein, daß zwischen den Kellermauern bzw. der Wandschalung und dem Böschungsfuß ein noch betretbarer *Arbeitsraum* von mindestens 50 cm Breite

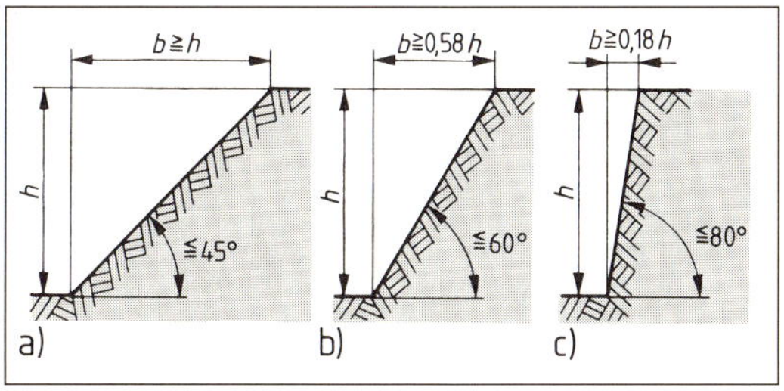

13.13 Böschungswinkel β nach DIN 4124 und Böschungsbreite *b*

a) nichtbindiger oder weicher bindiger Boden,
b) steifer oder halbfester bindiger Boden,
c) Fels

zum Ein- und Ausschalen sowie zur Ausführung der üblichen Abdichtung verbleibt. Die Maße der Baugrube an der Erdoberfläche, also am Böschungskopf, sind um die Böschungsbreite größer (**13**.14).

Beispiel 1 In mittelschwer lösbarem Boden (steifer oder halbfester bindiger Boden) soll die Baugrube für ein Gebäude mit rechteckigem Grundriß (11,99 m×9,49 m) ausgeschachtet werden. Arbeitsraum 50 cm, Baugrubentiefe nach Abhub des Mutterbodens 1,75 m.

Berechnen Sie a) die Böschungsbreite, b) die Abmessungen der Baugrubensohle, c) die Abmessungen der Baugrube am Böschungskopf, d) den Erdaushub.

Lösung

a) $b_{60°} = 0{,}58 \cdot 1{,}75 = 1{,}02 \approx \mathbf{1{,}05\ m}$

b) $l_u = 11{,}99 + 2 \cdot 0{,}50 \approx \mathbf{13{,}00\ m}$
$b_u = 9{,}49 + 2 \cdot 0{,}50 \approx \mathbf{10{,}50\ m}$

c) $l_o = 13{,}00 + 2 \cdot 1{,}05 = \mathbf{15{,}10\ m}$
$b_o = 10{,}50 + 2 \cdot 1{,}05 = \mathbf{12{,}60\ m}$

d) Erdaushub ≈ mittlere Grundfläche mal Baugrubentiefe. Die Maße der Baugrube zuzüglich einer Böschungsbreite ergeben die Maße der mittleren Grundfläche.

$V \approx (13{,}00 + 1{,}05) \cdot (10{,}50 + 1{,}05) \cdot 1{,}75$
$\approx 14{,}05 \cdot 11{,}55 \cdot 1{,}75 = \mathbf{283{,}986\ m^3}$

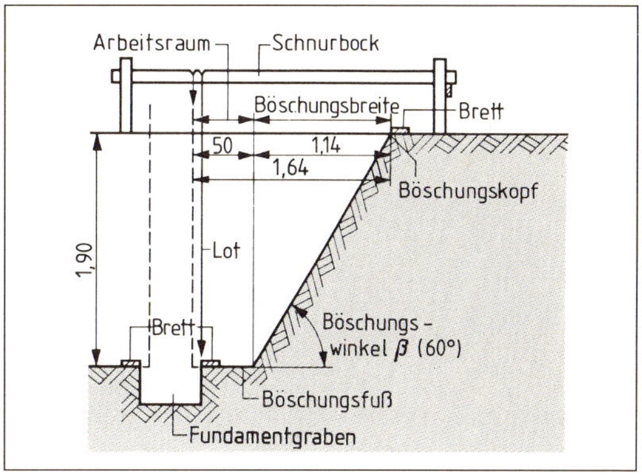

13.14 Schnitt durch eine Baugrube mit Fundamentgraben

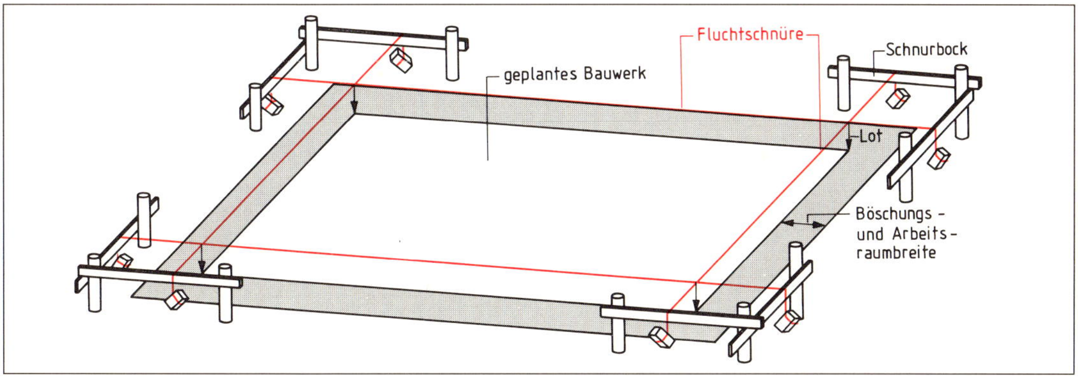

13.15 Schnurgerüst mit Fluchtschnüren

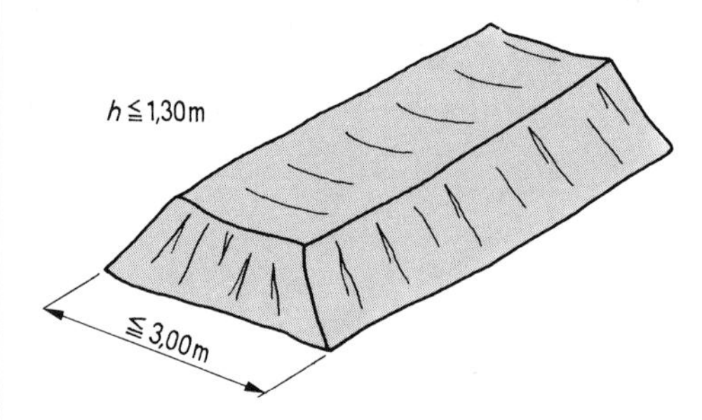

13.16 Mutterbodenmiete

Vor dem Ausheben der Baugrube stellt man in ausreichendem Abstand vom Böschungskopf der Baugrube ein Schnurgerüst auf, das die Gebäudeecken und -fluchten sichert (**13**.15). Dann hebt man den Mutterboden ab und setzt ihn zur Wiederverwendung als Gartenerde in Mieten auf (**13**.16). Das Ausheben der Baugrube geschieht bei geringer Tiefe meist mit der Laderaupe oder dem Radlader, bei größerer Tiefe mit dem *Bagger.* Bagger gibt es mit verschiedenen Grabeinrichtungen: z. B. Hochlöffel, Tieflöffel und Greifer. Sie fahren entweder auf Raupen (Raupenbagger) oder auf gummibereiften Rädern (Mobilbagger) (**13**.17).

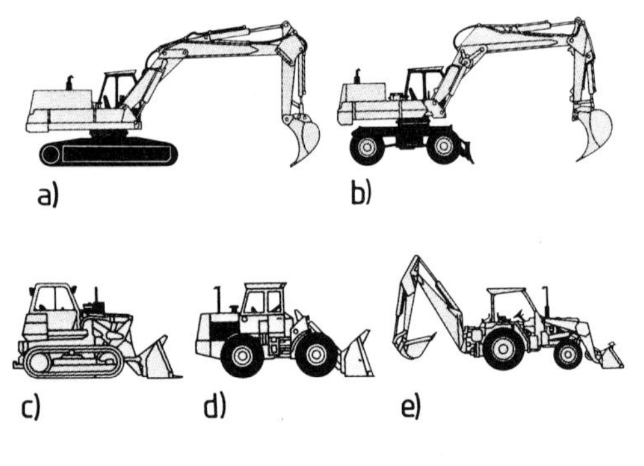

13.17 Erdbaumaschinen

a) Hydraulik-Raupenbagger mit Tieflöffel-Einrichtung, b) Hydraulik-Mobilbagger, c) Laderaupe, d) Radlader, c) Mehrzweckmaschine

Die Gründungssohle darf nicht durch Befahren aufgelockert werden, weil dies später zu Setzungsschäden führt. Hier eignen sich Bagger mit Greifer, die von außerhalb der Baugrube arbeiten können. Aufgelockerter nichtbindiger Boden kann nachträglich verdichtet, aufgeweichter bindiger Boden muß jedoch abgetragen werden. Der

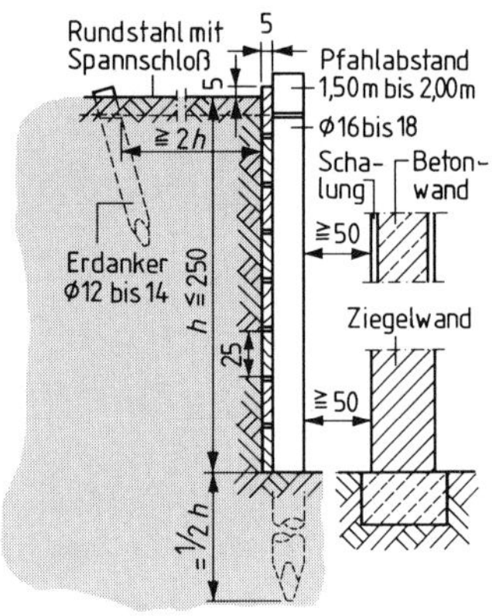

13.18 Abstützen einer Baugrube durch rückwärtige Verankerung

Aushub, der später zum Verfüllen gebraucht wird, und auch Baustoffe sind mindestens 60 cm vom Böschungskopf entfernt zu lagern, damit die Böschung nicht unter der Last abrutscht.

Müssen Baugruben senkrecht oder steiler als im zulässigen Böschungswinkel ausgeschachtet werden (z. B. fehlender Platz), sind sie sicher zu verbauen (**13**.18 und **13**.19). Die Arbeitsraumbreite ist das lichte Maß zwischen dem Verbau und der Wand bzw. der Wandschalung.

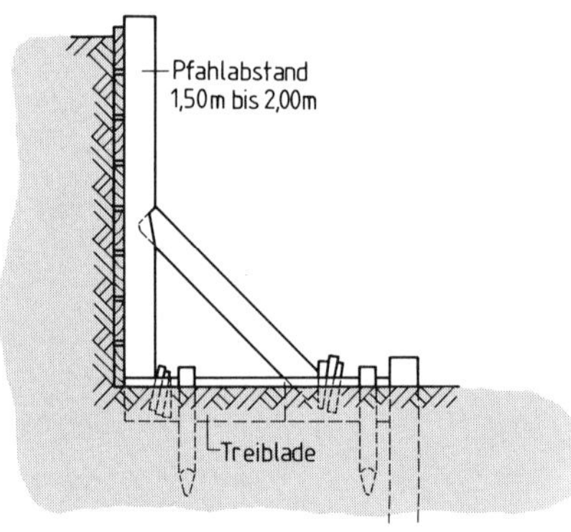

13.19 Schrägabsteifung einer Baugrube

Die Fundamentgräben werden meist von Hand ausgehoben. Die äußere Seite der Gräben für die Außenwandfundamente lotet man vom Schnurgerüst herab und kennzeichnet sie durch Bretter auf der Baugrubensohle (s. **13**.14). Den Aushub transportiert man mit gummibereiften Schubkarren, die etwa $^1/_{13}\,m^3$ fassen. Eine auf weichem Untergrund verlegte Bohlenbahn verhindert das Einsinken der beladenen Karren. Die Bohlenenden liegen im stumpfen Stoß ohne Absatz auf Brettstücken aneinander (**13**.20a) oder überdecken sich in genügender Länge in Fahrtrichtung (**13**.20b).

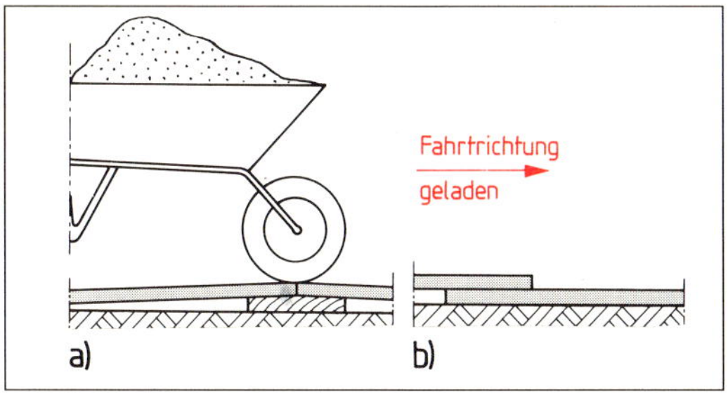

13.20 Karrbahn
a) ebener, b) überdeckter Bohlenstoß

Das Hinterfüllen des Raums zwischen Bauwerk und Baugrubenböschung geschieht erst, wenn die Kellerwände durch Kellerdecke und Innenwände ausgesteift und die Abdichtung auf den erdberührten Mauerflächen fest sind. Zuvor wird aller Unrat (z.B. Baustoffreste, Zementtüten, Dosen) aus dem Arbeitsraum entfernt. Die Verfüllung ist schichtweise einzubringen und zu verdichten.

Rohrgräben. Nach den Unfallverhütungsvorschriften erfordern Gräben in der Regel bis 1,25 m Tiefe keinen Verbau. Für 1,25 bis 1,75 m tiefe Gräben in mindestens steifem bindigen Boden oder bei Fels ist der über 1,25 m liegende Grabenteil unter einem Winkel von $\beta \leqq 45°$ abzuböschen (**13**.21a) oder durch Aussteifung zu sichern (**13**.21b). Bei einem festen Straßenoberbau ist eine Sicherung mit mindestens 20 cm breiten Saumbohlen zulässig (**13**.21c). Gräben über 1,75 m Tiefe erfordern einen auf der ganzen Gra-

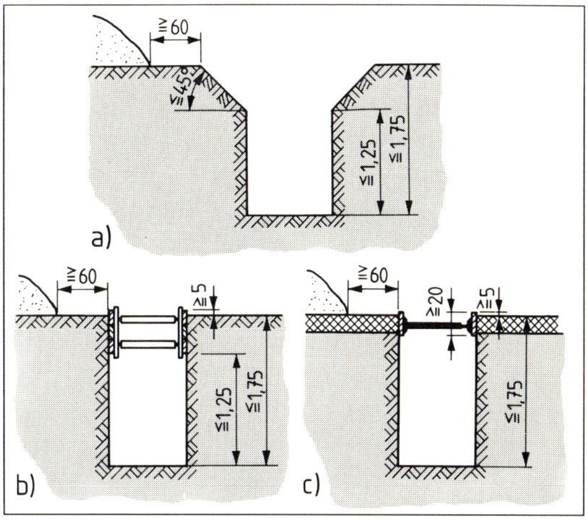

13.21 Rohrgraben mit
a) abgeböschten Kanten, b) teilweiser Sicherung, c) Saumbohlen

bentiefe durchgehenden Verbau mit waagerecht liegenden oder lotrecht stehenden Bohlen, die gegeneinander abgestützt werden. Der Verbau ist sehr sorgfältig herzustellen, um Unfälle durch Einsturz zu verhüten.

Der waagerechte Verbau (**13**.22) ist nur in Böden zulässig, die auf mindestens einer Bohlenbreite frei stehen bleiben. Er besteht aus einer vollen, an den Grabenwänden waagerecht versetzten Bohlenschalung und der Aussteifung. Je nach Standfestigkeit des Bodens schachtet man den Graben mit glatt abgestochenen Wänden zunächst so tief aus, daß man bis zu fünf Bohlen ansetzen kann. Die oberste Bohle ragt 5 cm über den Grabenrand, damit später beim Verlegen der Rohre keine Steine in den Graben rollen. Die Bohlenwand steift man an den Enden der Einbaufelder (= Bohlenlänge) mit Brusthölzern und Spreizen aus. Spreizen dürfen nicht unmittelbar auf die Bohlen gesetzt werden. Bohlen mit mehr als 2,50 m Länge erhalten eine zusätzliche Aussteifung in Feldmitte. Die Brusthölzer fassen drei bis

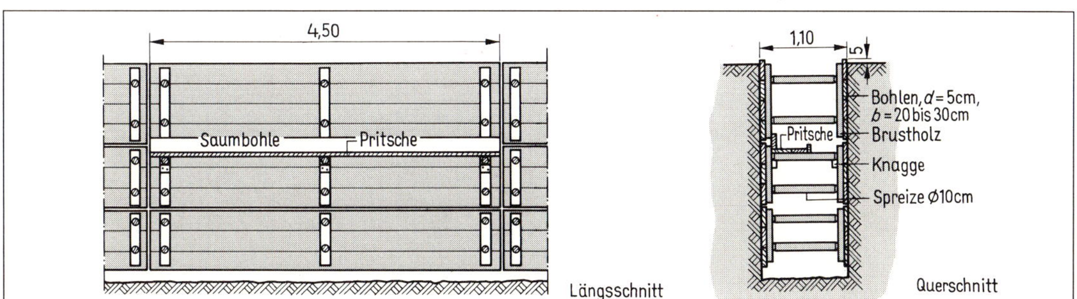

13.22 Waagerechter Grabenverbau

vier Bohlen. Längere Brusthölzer erfordern mehr Umsteifungsarbeit beim Abbau. Stahlspindeln erleichtern das Aussteifen. Mit zunehmender Ausschachtungstiefe setzt man von unten her weitere Bohlen an, die alle zwei Bohlenbreiten zu verspreizen sind.

Der senkrechte Verbau (**13**.23) wird bei losem, leicht nachrutschendem Boden angewendet. Die Bohlen lassen sich mit fortschreitendem Aushub nachtreiben oder werden vor dem Aushub bis auf Grabentiefe abgerammt. Statt der Bohlen nimmt

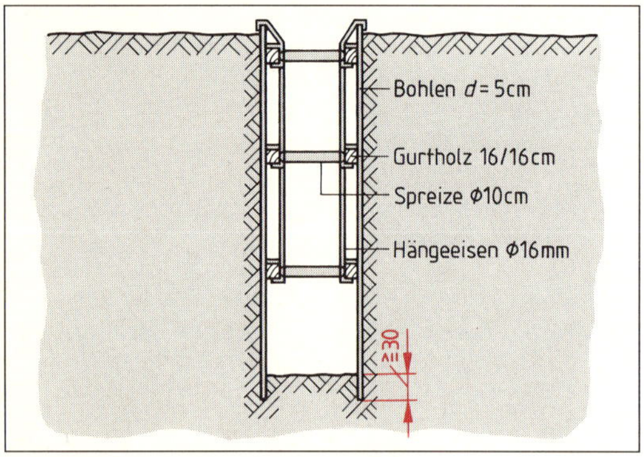

13.23 Senkrechter Grabenverbau

man vielfach stählerne Kanaldielen (**13**.24). Die Bohlen müssen nach jedem Aushub noch mindestens 30 cm im Boden stecken. Die Schalwand wird durch waagerechte Gurthölzer und Spreizen verspannt. Hängeeisen, U-Haken, Ketten oder Drahtseile sichern die Gurthölzer gegen Herabfallen.

13.24 Senkrechter Verbau mit stählernen Kanaldielen

Das Ausschachten geschieht mit Tieflöffel- oder Greiferbagger (**13**.25). Auf jeder Seite des Grabens muß wie bei den Baugruben ein mindestens 60 cm breiter Streifen freigehalten werden, um den Grabenrand nicht zu belasten und die im

13.25 Mobilbagger mit Greifer beim Ausheben eines Rohrgrabens

Graben beschäftigten Arbeiter nicht durch abrutschende Massen zu gefährden. Zum Besteigen der Gräben sind Leitern (nicht die Spreizen!) zu benutzen. Gräben mit über 80 cm Breite erhalten als Übergänge Laufbrücken oder Laufstege.

Das Verfüllen des Grabens erfolgt durch lagenweises Einbringen und Verdichten des Bodens. Die Absteifungen sind erst zu entfernen, wenn sie durch das Verfüllen entbehrlich geworden sind. Bohlen im waagerechten Verbau baut man von unten nach oben mit steigender Verfüllhöhe nacheinander aus. Aussteifungen sind gegebenenfalls umzusetzen. Beim lotrechten Verbau werden die Bohlen entsprechend der Auffüllung des Grabens mit einer Winde oder dem Bagger Stück für Stück hochgezogen.

In vorübergehend standfestem Boden sind bei Baugruben und Gräben bis zu einer Tiefe von 1,25 m Böschungen oder Verbau in der Regel nicht erforderlich. Bis 1,75 m Tiefe verbaut man den über 1,25 m liegenden Bereich (bei Gräben) oder legt eine Böschung an. Bei Tiefen über 1,75 m muß stets abgeböscht oder verbaut werden.

Der Böschungswinkel hängt vom Baugrund, den Grundwasserverhältnissen und den Auflasten ab.

Am Gruben- bzw. Grabenrand muß ein mindestens 60 cm breiter Schutzstreifen freigehalten werden.

Verfüllungen von Gräben und Hinterfüllungen bei Baugruben sind lagenweise einzubringen und zu verdichten.

13.1.4 Gründungen

Unter Gründungen versteht man das Herstellen von Fundamenten als Bindeglied zwischen Bauwerk und Baugrund, auch Grundbauwerke genannt. Sie haben die Aufgabe, die Bauwerkslast sicher und gleichmäßig auf den Baugrund zu übertragen, so daß höchstens geringfügige Setzungen, keinesfalls jedoch ungleichmäßige Setzungen auftreten.

Setzungen eines Bauwerks sind wegen der Zusammendrückung des Baugrunds meist unvermeidbar (s. Abschn. 13.1.2). Ungleichmäßige Setzungen führen zu Bauschäden (Rissebildung) und beeinträchtigen die Standsicherheit eines Bauwerks (Schiefstellung).

Flachgründung. Reicht tragfähiger Baugrund bis in die Baugrubensohle, gründet man unmittelbar unter dem Bauwerk mit *Streifenfundamenten.* Der prismatische Gründungskörper (meist aus unbewehrtem Beton, seltener aus Mauerwerk) liegt als lastverteilender Streifen unter allen tragenden Wänden des ersten Geschosses (**13**.26).

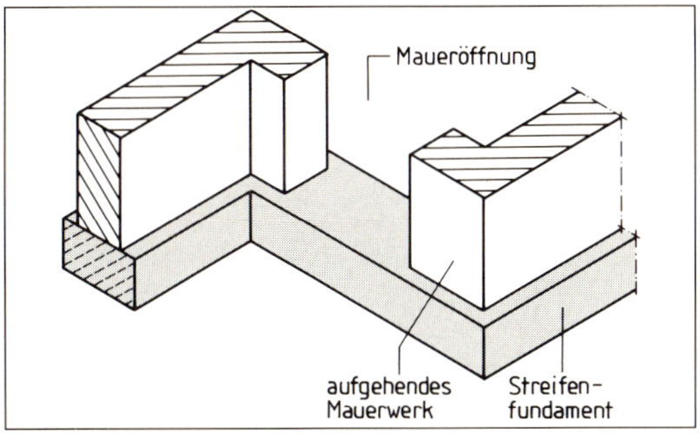

13.26 Streifenfundament

Unter Stützen, d.h. unter Einzellasten, ordnet man *Einzelfundamente* an mit quadratischer oder rechteckiger Grundfläche (**13**.27). Streifen- und Einzelfundamente verteilen die Bauwerkslast auf eine größere Fläche, so daß der Baugrund geringer beansprucht wird. Wegen der größeren Aufstandsfläche nennt man sie Flächengründung.

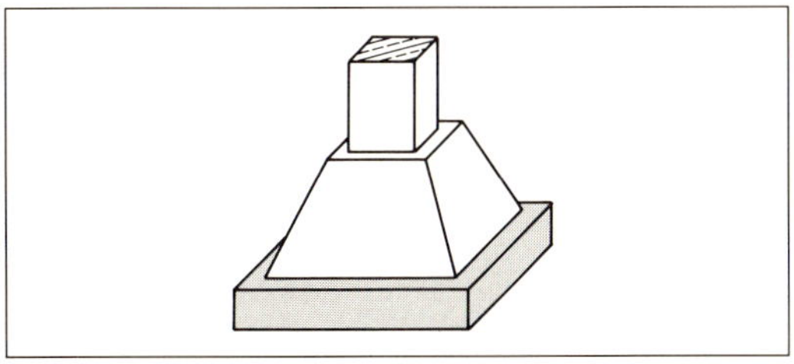

13.27 Einzelfundament mit quadratischer Grundfläche

Die Fundament*grundfläche A* muß um so größer sein, je größer die Bauwerkslast F und je niedriger die Tragfähigkeit des Baugrunds σ_D ist. Die Fundament*höhe h* hängt vom Fundamentüberstand $ü$ und dem Lastausbreitungswinkel α ab (**13**.28). Bei zu niedrig bemessener Fundamenthöhe h_1 reißen die seitlichen Teile ab (**13**.28). Beton außerhalb der Lastausbreitungslinie ist statisch unwirksam. Durch Abtreppen und Abschrägen ist Materialeinsparung möglich (**13**.27 und **13**.29).

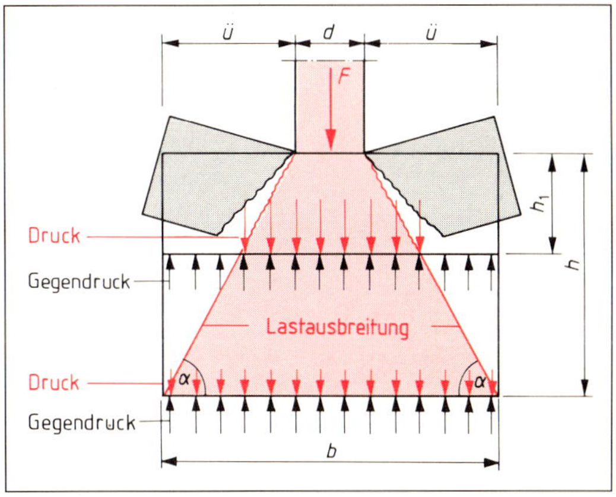

13.28 Bemessung der Fundamenthöhe

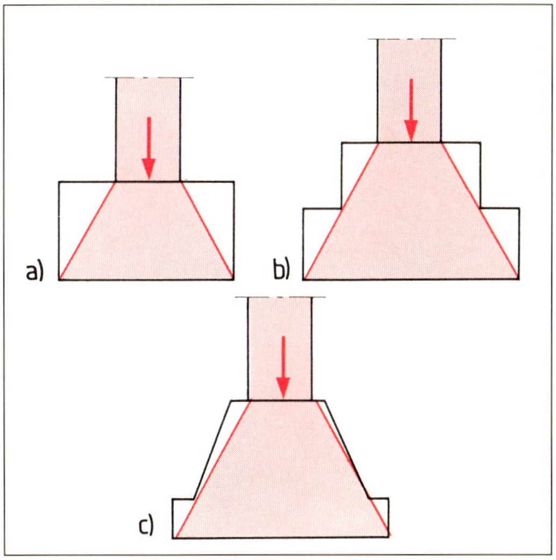

13.29 Querschnitte durch Streifen-/Einzelfundamente
a) rechteckig, b) abgetreppt, c) abgetreppt und abgeschrägt

Niedrige Fundamente mit großem Fundamentüberstand sind nur mit Stahlbeton möglich. Die zugfeste Bewehrung am unteren Fundamentrand verhindert das Abreißen (**13**.30).

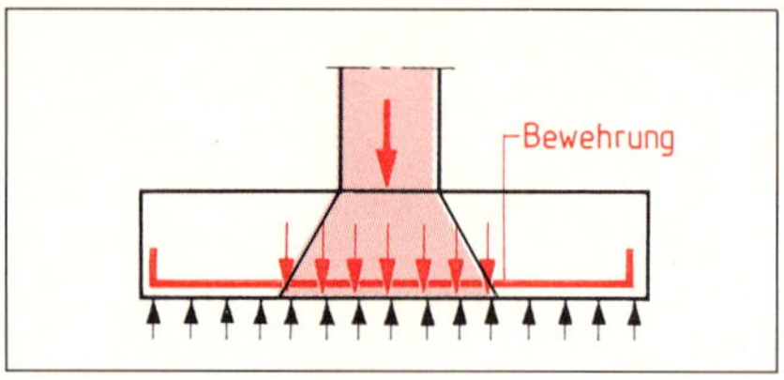

13.30 Querschnitt durch ein bewehrtes Streifenfundament

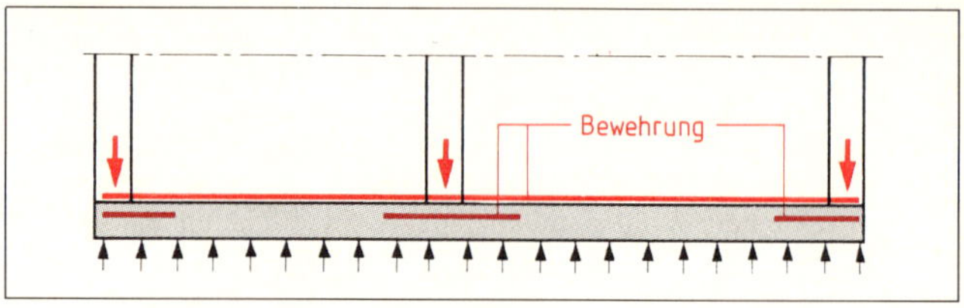

13.31 Gründungsplatte aus Stahlbeton

Reicht die Aufstandsfläche von Streifenfundamenten nicht aus, muß die Bauwerkslast auf die gesamte Grundfläche des Bauwerks abgetragen werden (**13.**31).

Die Gründungssohle liegt mindestens 80 cm unter der Erdoberfläche, damit sie selbst im härtesten Winter nicht unterfroren wird (frostfreie Tiefe). Frosthebungen verursachen Risse am Gebäude (s. Abschn. 13.1.2). Die Gründungssohle muß, falls sie aufgeweicht, aufgefroren oder aufgelockert ist, vor Einbringen des Betons abgetragen oder verdichtet werden, um unnötige Setzungen zu vermeiden.

Tiefgründung. Wenn die Tragfähigkeit des Baugrunds unmittelbar unter dem Bauwerk so gering ist, daß eine Flachgründung nicht mehr möglich ist, überträgt man die Bauwerkslast mittels Pfeiler, Brunnen oder Pfählen auf tieferliegende tragfähige Schichten (**13.**32). Die Gründung mit Pfeiler und Brunnen zählt zur Flächengründung wegen der vergrößerten Aufstandsfläche.

Grundbauwerke übertragen die Bauwerkslast auf den Baugrund. Wir unterscheiden:
nach der Lage der tragfähigen Schicht zum Bauwerk:
- Flachgründung (Streifen-, Einzelfundament, Gründungsplatte)
- Tiefgründung (Pfeiler-, Brunnen-, Pfahlgründung)

nach der Art der Lastabtragung:
- Flächengründung (Streifen-, Einzelfundament, Gründungsplatte, Pfeiler-, Brunnengründung)
- Pfahlgründung

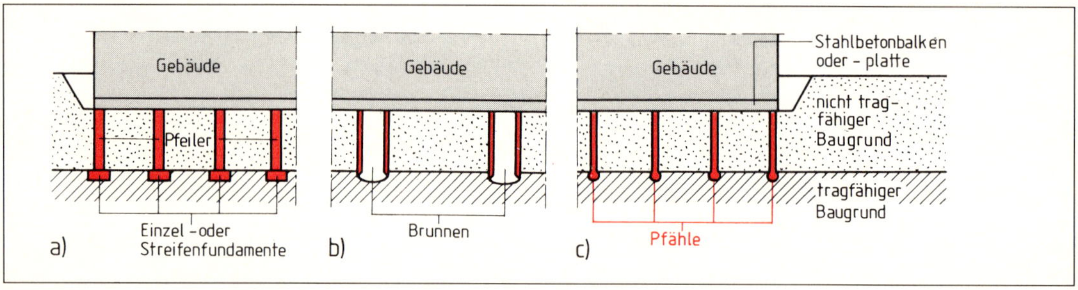

13.32 Tiefgründungen a) Pfeilergründung, b) Brunnengründung, c) Pfahlgründung

13.2 Grundstücksentwässerung

13.2.1 Grundlagen der Haustechnik

Als Haustechnik bezeichnet man alle Maßnahmen und Einrichtungen, die der *Versorgung* eines Hauses mit Trinkwasser, mit Energie zum Heizen, Lüften, Kühlen, zur Warmwasserversorgung, zum Betrieb von Licht- und Fernmeldeanlagen (auch Rundfunk und Fernsehen) sowie der *Entsorgung*, d. h. der Entwässerung des Gebäudes und der Beseitigung des Hausmülls dienen. Auch Blitzschutz- und Aufzugsanlagen zählen zu haustechnischen Anlagen.

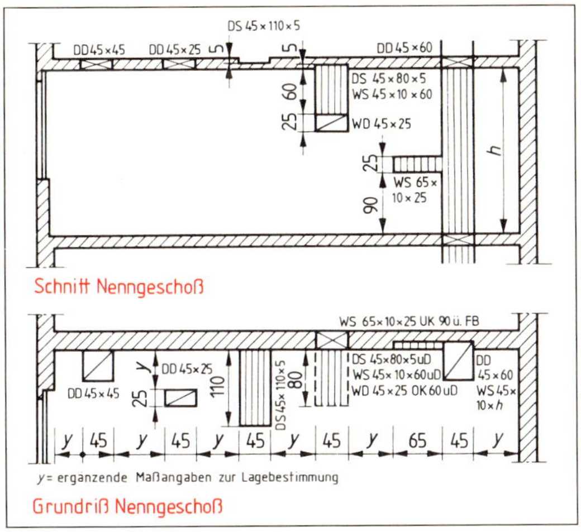

13.33 Aussparungsplan

Die technische Ausstattung bestimmt entscheidend den Gebrauchswert eines Gebäudes. Die zur Versorgung und Entsorgung nötigen verzweigten und umfangreichen Leitungsnetze können ihre vielfältigen Aufgaben nur dann erfüllen, wenn bei Planung und Einbau größte Sorgfalt waltet.

Das Installieren solcher Anlagen gehört – abgesehen von Entwässerungsleitungen – nicht zum Aufgabenbereich der Bauberufe, jedoch bereiten sie mittels Schlitzen, Durchbrüchen, Bodenkanälen das „Leitungsbett" vor. Schlitze und Durchbrüche, die wegen schlechter Planung erst vor Beginn der Leitungsmontage gestemmt werden müssen, erfordern Mehrkosten. Sie schwächen häufig auch unzulässig tragende Bauteile oder machen unzweckmäßige Umgehungen nötig.

Aussparungen werden von den Installationsfirmen im Einvernehmen mit dem Statiker in der Aussparungszeichnung festgelegt, die der Architekt dann in die Ausführungszeichnung für den Rohbau einzeichnet (**13**.33 und **13**.34). Dem Ausbaufacharbeiter obliegt es nach Installation aller Leitungssysteme, die Schlitze und Durchbrüche fachgerecht zu schließen (s. Abschn. 8.1.1).

Haustechnische Anlagen dienen
- der Versorgung (Wasser, Elektrizität, Gas, Heizung, Lüftung, Fernmeldeanlagen),
- der Entsorgung (Entwässerung, Müllbeseitigung) eines Hauses.

13.2.2 Grundleitungen

Umweltschutz. Grundleitungen bilden einen Teil der Grundstücksentwässerung. Sie leiten Abwasser aus Gebäuden und von Grundstücken in das öffentliche Kanalnetz. Bei Abwässern unterscheidet man *Schmutzwasser* und *Regenwasser*.

Schmutzwasser entsteht als Hausabwasser in Küche, Bad und Toilette, als Abwasser in gewerblichen und industriellen Betrieben. Schmutzwasser ist bakteriologisch und oft auch chemisch so stark verunreinigt, daß es nur nach Aufbereitung in Kläranlagen wieder dem natürlichen Wasserkreislauf zugeführt werden darf. Unkontrolliert abfließende Abwässer belasten wie die Abgase in hohem Maß unsere Umwelt.

Tabelle **13**.34 **Sinnbilder in Aussparungszeichnungen**

Bauteil	Art der Aussparung	Kennzeichen	Grundriß	Aufriß (Schnitt)
Decken	Deckendurchbruch	DD	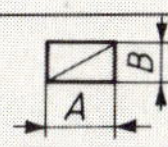	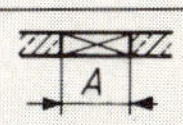
	Deckenschlitz (oberhalb Decke)	DS		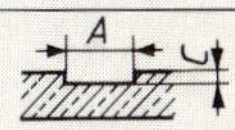
	Deckenschlitz (unterhalb Decke)	DS		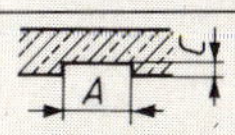
Böden	Bodenkanal, Bodenschlitz	BK, BS		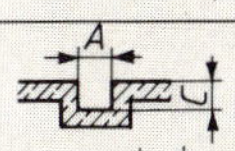
Wände	Wanddurchbruch	WD	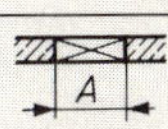	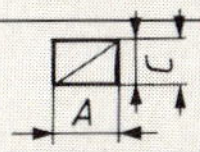
	Wandschlitz (waagerecht)	WS	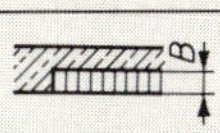	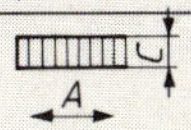
	Wandschlitz (senkrecht)	WS	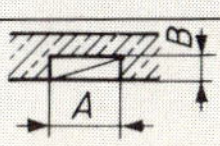	

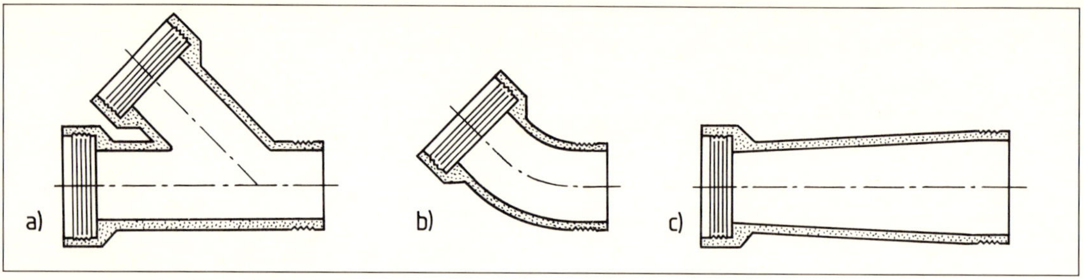

13.35 Formstücke bei Steinzeugrohren a) Abzweigstück 45°, b) Bogen 45°, c) Übergangsstück

Entwässerungsverfahren. Die örtliche Kanalisation kann nach zwei Verfahren ausgelegt sein: Beim *Mischverfahren* (**13**.38) werden Schmutzwasser und Regenwasser in demselben Kanal, beim *Trennverfahren* in zwei verschiedenen Kanälen geführt. Das Regenwasser wird hier unmittelbar dem nächsten Vorfluter (Fluß, See) zugeleitet. Beide Verfahren haben Vor- und Nachteile.

Leitungsarten. Die Rohrleitungen der Grundstücksentwässerung bestehen aus *Falleitungen* und *Grundleitungen.* Zur Falleitung gehören die vom Klempner und Installateur hergestellten lotrechten Rohrleitungen für Schmutz- und Niederschlagswasser. Die Falleitungen münden in die unter der Kellersohle im Erdreich liegenden Grundleitungen. Für alle Grundstücksentwässerungsanlagen gilt die DIN 1986 „Entwässerungsanlagen für Gebäude und Grundstücke; Technische Bestimmungen für den Bau". Sie befaßt sich mit Bau- und Werkstoffen und deren Einbau.

Rohrarten, Formstücke. Für die Grundleitung wählt man glasierte Steinzeugrohre nach DIN 1230 oder Kunststoffrohre. Steinzeugrohre haben Nennweiten DN (engl. Diametre Nominal = Nenndurchmesser) von 100, 125, 150, 200 mm bis 1200 mm lichter Rohrweite und Rohrlängen von 0,50, 0,75, 1,00, 1,25, 1,50 und 2,00 m. An Formstücken gibt es *Abzweige* (45° und 90°), *Bögen* (15°, 30°, 45°, 90°) und *Übergangsstücke* von einer Nennweite zur nächstgrößeren (**13**.35).

Dichtungen. Rohrmuffen dichtet man mit Rollring oder Steckverbindungen ab. Den *Rollring* (**13**.36), der aus Gummi und im Querschnitt kreisrund

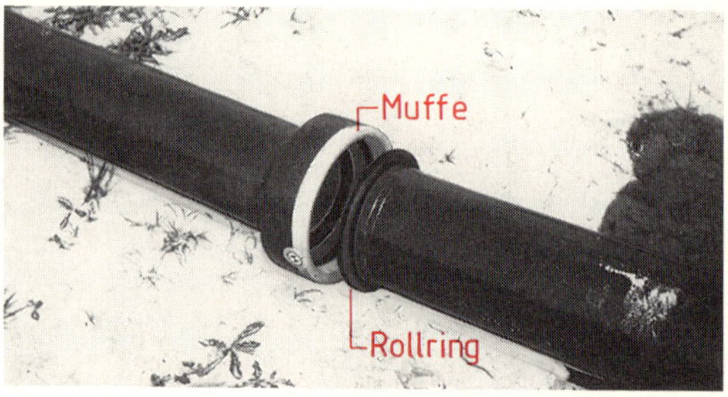

13.36 Rohrschaftende mit aufgezogenem Rollring

hergestellt ist, zieht man drallfrei und möglichst nah am Schaftende des Rohrs auf, schiebt das Rohr fluchtrecht in den Grund des anderen Rohrs und richtet es aus. Dabei rollt der Ring bis etwa in die Mitte der Muffe (**13**.37 a).

In *Steinzeugrohren mit Steckmuffen* sind Dichtungen bereits in die Muffe eingebaut. Gummiring und Ende des Rohrschafts streicht man mit einem Gleitmittel ein und schiebt das Rohr in die

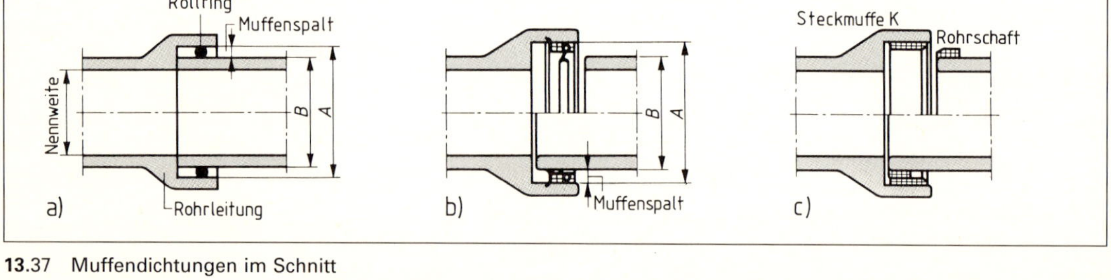

13.37 Muffendichtungen im Schnitt

a) Rollring, b) Steckmuffe L (Lippendichtung), c) Steckmuffe K (Kunststoffdichtung), zu b) und c): Über der Achse sind die Muffen offen, unter ihr abgedichtet gezeichnet

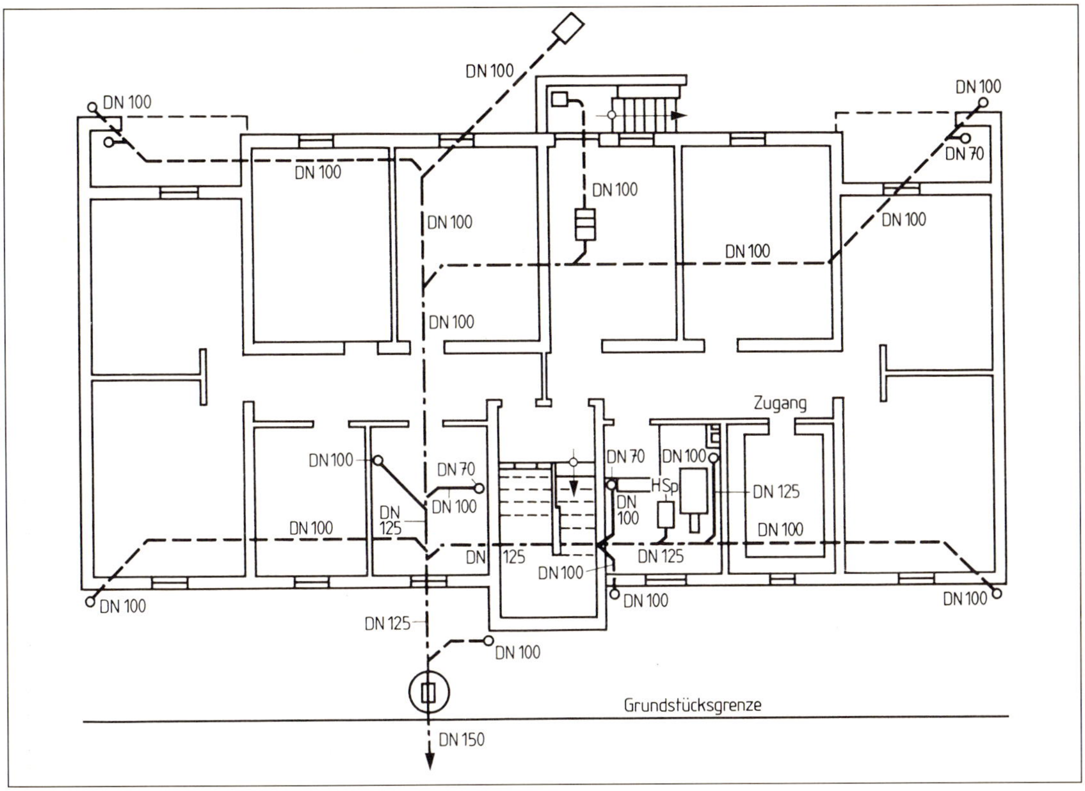

13.38 Kellergeschoßgrundriß mit Grundleitungen für Mischverfahren

Muffe. Mit *Steckmuffe* L (**13**.37 b) sind Steinzeugrohre der Nennweiten 100 bis 200 mm ausgerüstet. Die Dichtung besteht aus einem elastischen Lippen-Dichtring aus Spezialgummi und einer Zentrierfassung. Die *Steckmuffe* K (**13**.37 c) haben Steinzeugrohre mit mehr als 200 mm Nennweite.

Verlegen. Die Grundleitungen sind in der Zeichnung des untersten Geschosses (Kellergeschoß) eingetragen (**13**.38; Symbole s. Tabelle **13**.39).

Die Grundleitungen verlegt man am zweckmäßigsten in der offenen Baugrube vor Beginn der Gründungsarbeiten, um später zeitraubende Durchbrüche durch Fundamente zu vermeiden. Unter dem Kellerfußboden muß die Deckung mit Erdreich über der Muffe mindestens 20 cm betragen.

Die Rohrgräben sind 40 bis 70 cm breiter als der Rohraußendurchmesser und im Gefälle so auszuheben, daß die Rohre in ganzer Länge satt aufliegen. Eine abgestampfte Sandschicht mit Aussparung für die Muffe erleichtert die Bettung der Rohre (**13**.40). Das Gefälle soll möglichst nicht unter 1:50 sein, das heißt 2 cm je m. Steinzeugrohre dürfen keine Risse, Sprünge oder Blasen aufweisen. Einwandfreie Rohre klingen beim Anschlagen hell und klar.

Tabelle **13**.39 **Sinnbilder und Zeichen für Entwässerungsanlagen nach DIN 1986** (Auszug)

Benennung	Darstellung im Grundriß
Schmutzwasserleitung	————————
Regenwasserleitung	– – – – – – – –
Mischwasserleitung	—·—·—·—
Werkstoffwechsel	———)———
Nennweitenänderung	100 —/— 125
Fallrohr	○
Reinigungsrohr	——[ ]——
Ablauf oder Entwässerungsrinne ohne/mit Geruchsverschluß	[ ]———— / [–]————
Ablauf mit Rückstauverschluß für fäkalienfreies Abwasser	——[‖]——
Schlammfang	——(S)——
Heizölsperre	[ ]———— HSp
Schacht mit geschlossenem Durchfluß	——(⊟)——

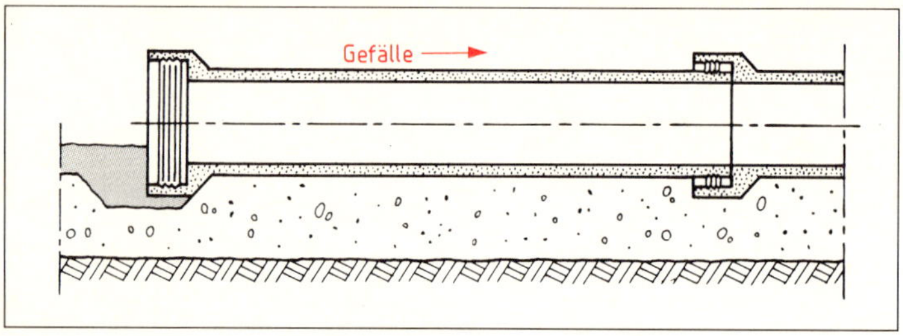

13.40 Sandbett für die Rohrleitung

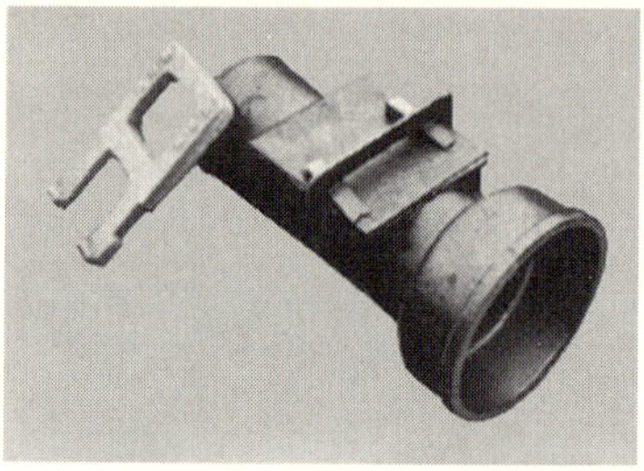

13.41 Reinigungsstück mit Steigeisen zum Einmauern in Schachtwänden

Mit dem Verlegen der Rohre beginnt man an der tiefsten Stelle. Die Muffen liegen entgegengesetzt der Fließrichtung des Wassers. Die Rohrleitungen sollen möglichst geradlinig verlaufen. Richtungsänderungen – höchstens 45° – und das Zusammenführen von Leitungen – höchstens 45° zur Abflußrichtung – sind nur mit Formstücken vorzunehmen (s. **13**.35). Der Rohrquerschnitt darf sich in Fließrichtung erweitern – nur mit Übergangsstück! – niemals aber verengen.

Das Gefälle läßt sich mit Richtscheit und Wasserwaage prüfen, wenn man an einem Ende der Wasserwaage ein Holzklötzchen befestigt, dessen Höhe dem Gefälle entspricht. Geeignet ist auch eine Gefällewasserwaage, die mit einem verstellbaren Fuß auf das gewünschte Gefälle eingestellt werden kann.

Reinigungsstücke (**13**.41) sind in der Hauptleitung mindestens alle 20 m und vor Richtungsänderungen einzubauen. Stets ist ein Reinigungsstück in unmittelbarer Nähe der Grundstücksgrenze, nicht mehr als 15 m vom Straßenkanal entfernt, vorzusehen. Die Rohrgräben werden mit Kiessand verfüllt und verdichtet.

Die Grundleitungen führen die Abwässer (Schmutzwasser, Regenwasser) in die öffentliche Kanalisation (Mischverfahren, Trennverfahren). Die Grundleitungen sind sorgfältig und unter Verwendung von Formstücken im Gefälle zu verlegen. Die Beseitigung undichter Stellen verursacht später unverhältnismäßig hohe Kosten.

13.3 Pflasterarbeiten

13.3.1 Beläge und Bordsteine aus Beton

Gehwegplatten nach DIN 485 sind in Abschn. 5.2 behandelt. Fries- und Eckplatten (**13**.42a) ermöglichen einen sauberen Randabschluß.

Rechteckige Betonpflastersteine in einfacher prismatischer Form (**13**.42b) sind in DIN 18501 genormt. Die Längen betragen 10, 16, 20 und 24 cm, die Breiten 10 und 16 cm, die Dicken 8, 10, 12 und 14 cm. Sie können ein- und zweischichtig hergestellt und vollkantig oder abgefast sein.

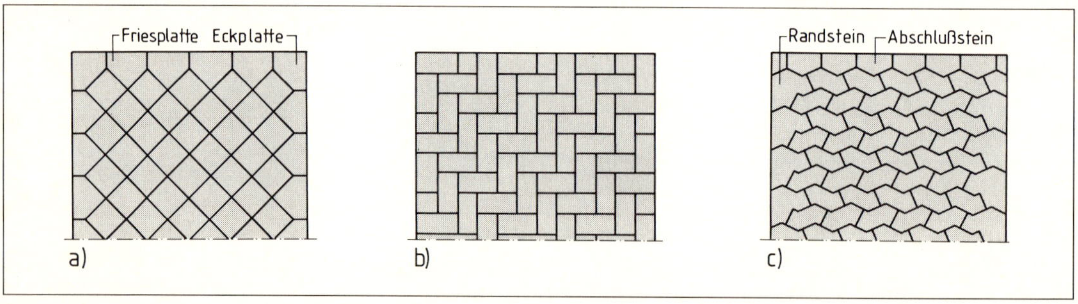

13.42 Belag aus
a) Gehwegplatten, b) rechteckigen Betonpflastersteinen, c) Verbundpflastersteinen

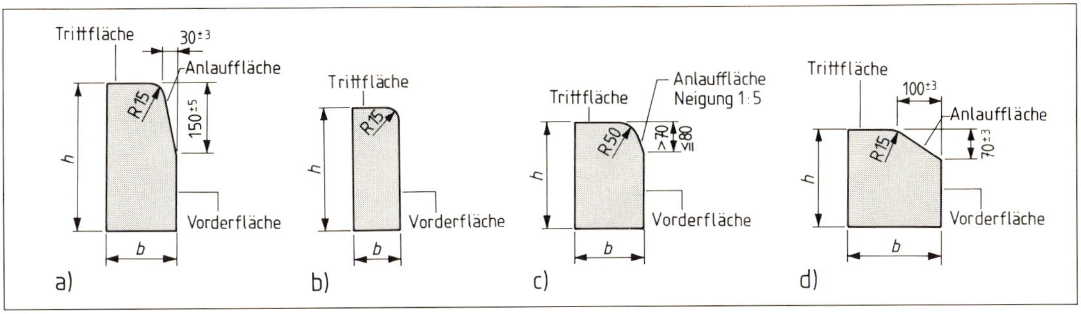

13.43 Bordsteinarten und Bezeichnungen (Maße in mm)
a) Form H Hochbordstein, b) Form T Tiefbordstein, c) Form R Rundbordstein, d) Form F Flachbordstein

Beim zweischichtigen Aufbau wird die Nutzschicht meist eingefärbt.

Verbundpflastersteine gibt es in den unterschiedlichsten Formen mit Rand- und Abschlußsteinen (**13.**42c). Durch das verzahnende Ineinandergreifen stützen sie sich gegenseitig ab und bieten deshalb einen größeren Widerstand gegen horizontale Beanspruchung durch Brems- und Antriebskräfte von Fahrzeugen.

Je nach Verkehrsbelastung stehen Steine in Dikken von 6, 8 und 10 cm zur Verfügung. Für die Herstellung und Güteeigenschaften gilt ebenfalls DIN 18501.

Bordsteine nach DIN 483 dienen der Trennung verschiedener Verkehrsbereiche und der Standfestigkeit (Unverschieblichkeit) der Verkehrsflächen. Sie erfüllen Aufgaben der Straßenentwässerung und der Verkehrssicherheit (**13.**43).

Hochbordsteine (Breiten 15 und 18 cm, Höhen 25 und 30 cm) trennen Straße und Bürgersteig. Sie erschweren bzw. verhindern das Überfahren durch Kraftfahrzeuge.

Tiefbordsteine (Breiten 8 und 10 cm, Höhen 20, 25 und 30 cm) trennen Verkehrsflächen ohne bzw. mit geringem Höhenunterschied (bis 8 cm) z.B. in Wohnstraßen voneinander. Sie dienen auch der Bordrinnengestaltung.

Rundbordsteine (Breiten 15 und 18 cm, Höhe 22 cm) baut man im Bereich von Einfahrten und Parkstreifen ein. Sie gestatten ein leichtes Überfahren des Höhensprungs von maximal 5 cm.

Flachbordsteine (Breite 20 cm, Höhe 20 cm), z.B. an Verkehrsinseln, ermöglichen das Überfahren. Sie zeigen jedoch dem Fahrer das Verlassen der Fahrbahn durch einen ungefährlichen Stoß deutlich an.

13.3.2 Herstellen eines Betonsteinpflasters

Voraussetzung für die Dauerhaftigkeit einer Pflasterdecke ist die Herstellung eines geeigneten Unterbaus (**13.**44). Zunächst hebt man den Boden bis zur erforderlichen Tiefe aus und verdichtet das entstandene *Erdplanum* mit der Rüttelwalze oder Rüttelplatte. Dabei ist auf eine einwandfreie Entwässerung zu achten. Dann versetzt man, falls erforderlich, die Bordsteine in Beton (Rückenbeton). Die Oberkante der Bordsteine liegt auf der Höhe der fertigen Oberfläche des Belags. Auf das Erdplanum bringt man als *Tragschicht* Splitt, Schotter oder Kiessand in abgestufter Kornzusammensetzung ein. Die Dicke (5 bis 25 cm) hängt von der Belastung des Pflasters und der Beschaffenheit des Untergrunds ab. Der Unterbau ist mit einem Verdichtungsgerät bis zur völligen Standfestigkeit zu verdichten. Das Einschlämmen von Feinsand schließt den Unterbau ab, damit später nicht Feinteile des Pflasterbetts nachrieseln. Dann wird scharfer Sand als Pflasterbett in ca. 5 cm Stärke eingebracht und sauber im Profil abgezogen. In den 5 cm ist der „Rammsatz" von 1,5 bis 2,0 cm enthalten, um den das Pflasterbett nach Verlegen der Steine je nach Sandart verdichtet wird. Das Sandplanum darf nicht mehr betreten werden. Die Steine ver-

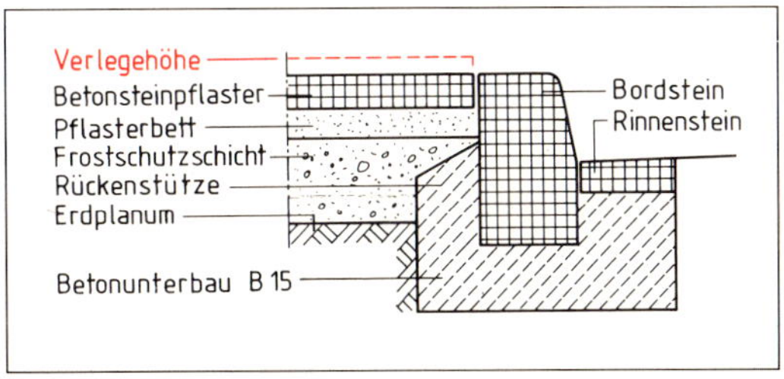

13.44 Betonsteinpflaster mit Bordsteinanschluß

legt man im Gegensatz zum Natursteinpflaster von der fertigen Decke aus nach „vorwärts“, und zwar rechtwinklig zur Straßenachse. Die Steine müssen gut ineinandergreifen, die Fugen zur bereits verlegten Reihe sind möglichst eng zu halten. Der Belag wird anschließend mit einem Verdichtungsgerät (Rüttelplatte) auf die erforderliche Höhe abgerüttelt. Die Fugen schließt man durch Einkehren oder Einschlämmen von Feinsand, was den Verbund der Steine noch begünstigt.

Im Wegebau finden zunehmend Betonsteinerzeugnisse Verwendung. Betonsteinbeläge haben im Vergleich zum Natursteinpflaster eine griffigere Oberfläche. Sie ergeben ebene Verkehrsflächen und lassen sich schnell und einfach verlegen. Aufbrüche für Unterflurarbeiten sind leicht durchzuführen und unter Wiederverwendung des Belags zu schließen.

Aufgaben zu Abschnitt 13

1. Begründen Sie die Notwendigkeit von Baugrunduntersuchungen.
2. Nennen Sie Arten der Baugrunduntersuchung.
3. Wie gewinnt man ungestörte Bodenproben?
4. Beschreiben Sie Geräte, die bei Bohrungen verwendet werden.
5. Wie unterscheiden sich Bodenarten nach DIN 1054 und Boden- und Felsklassen nach DIN 18300?
6. Nennen und beschreiben Sie bindige und nichtbindige Böden.
7. Wovon hängt die Tragfähigkeit bei bindigen und nichtbindigen Böden ab?
8. Begründen Sie das unterschiedliche Setzen von Gebäuden in bindigen und nichtbindigen Bodenarten.
9. Warum sind bindige Böden frostgefährdete Böden?
10. Wovon hängt der Böschungswinkel bei Baugruben und Gräben ab?
11. Wie berechnet man die Böschungsbreite?
12. Was versteht man unter dem Arbeitsraum bei Baugruben?
13. Nennen Sie Maschinen, die man beim Ausheben von Gruben und Gräben einsetzt.
14. Warum muß bei Gruben und Gräben ein mindestens 60 cm breiter Streifen am oberen Rand freigehalten werden?
15. In ebenem Gelände mit leichtem Fels soll für ein Gebäude von 10,24 m Länge und 8,74 m Breite die Baugrube 1,80 m tief ausgehoben werden.
    a) Berechnen Sie die Abmessungen der Baugrube (auf 5 cm runden) an der Sohle und am Böschungskopf.
    b) Wieviel m^3 Boden sind auszuheben?
16. Beschreiben Sie das Anlegen und Ausheben der Fundamentgräben.
17. Welche Unfallverhütungsvorschriften sind beim Verbau von Gruben und Gräben zu beachten?
18. Beschreiben Sie die Herstellung des waagerechten und senkrechten Verbaus.
19. Was ist beim Verfüllen von Gruben und Gräben zu beachten?
20. Was versteht man unter Gründungen?
21. Welche Aufgaben haben Grundbauwerke?
22. Weshalb sind Bauwerkssetzungen meist unvermeidbar?
23. Nennen Sie Schäden bei ungleichmäßigem Setzen.
24. Unterscheiden Sie a) Flach- und Tiefgründung, b) Flächen- und Pfahlgründung, c) Flach- und Flächengründung.
25. Nennen Sie Arten a) von Flächengründungen, b) von Tiefgründungen.
26. Warum muß die Sohle von Grundbauwerken in frostfreier Tiefe liegen?
27. Warum darf man nicht auf eine aufgelockerte oder aufgeweichte Sohle gründen?
28. Was versteht man unter Haustechnik?
29. Nennen Sie haustechnische Anlagen.
30. Welche Arbeiten führen Bauberufe bei der Herstellung haustechnischer Anlagen aus?
31. Erläutern Sie den Zweck einer Aussparungszeichnung.
32. Warum dürfen Schlitze und Durchbrüche nicht beliebig in Wänden und Decken zugeordnet werden?
33. Nennen Sie Abwasserarten und begründen Sie die Notwendigkeit der sicheren und hygienisch einwandfreien Ableitung in Kläranlagen.
34. Unterscheiden Sie Entwässerungssysteme und Leitungsarten bei der Grundstücksentwässerung.
35. Nennen Sie Formstücke und Muffendichtungen bei Steinzeugrohren.
36. Beschreiben Sie das Verlegen von Grundleitungen.
37. Berechnen Sie den Höhenunterschied einer Grundleitung für eine waagerechte Länge von 12,60 m (18,20 m, 24,45 m), wenn das Gefälle a) 1:50, b) 2,5% sein soll.
38. Wie groß ist das Gefälle in a) $1:n$, b) $x\%$ bei einem Höhenunterschied von 50 cm (1,26 cm) auf einer waagerechten Länge von 21,30 m (17,10 m, 36,80 m)?
39. Beschreiben Sie Formen von Bordsteinen aus Beton.
40. Warum eignen sich Verbundpflastersteine besser als Naturpflastersteine für Verkehrswege?
41. Wie lassen sich Frosthebungen bei Belägen im Freien vermeiden?
42. Was versteht man unter Rohplanum?
43. Wie wird der Unterbau für ein Betonpflaster hergestellt?
44. Beschreiben Sie das Verlegen der Verbundsteine.
45. Warum verlegt man die Verbundpflastersteine ca. 1,5 bis 2,0 cm höher als die Bordsteine?

14 Baumetalle

14.1 Roheisengewinnung

Roheisen wird im Hochofen unter Zusatz von Koks und Zuschlägen aus Eisenerzen erschmolzen (verhüttet). Eisenerze sind Verbindungen und Gemenge von eisenhaltigen Mineralien und nichtmetallischen Gesteinen. Wirtschaftlich verhüttbare Eisenerze haben einen Eisengehalt von 20 bis 70%.

Aufbereitung und Zuschläge. Die Eisenerze werden vor der Eingabe in den Hochofen aufbereitet. Darunter versteht man das Entfernen des tauben (erzlosen) Gesteins, das Rösten (Umwandeln unerwünschter Verbindungen) und das Zerkleinern auf die geeignete Steingröße. Feinkörnige und pulverförmige Erze werden brikettiert. Die Zuschläge sind Kalkstein ($CaCO_3$) oder Dolomit ($CaCO_3 \cdot MgCO_3$).

Ein Hochofen hat die Form zweier Kegelstümpfe, die mit den großen Grundflächen gegeneinander auf einem zylindrischen Unterteil stehen. Er ist innen feuerfest ausgemauert, 40 bis 70 m hoch, hat einen inneren Durchmesser von 7 bis 14 m und bleibt in der Regel 2 bis 3 Jahre ununterbrochen in Betrieb. Dabei liefert er täglich bis zu 1000 t Roheisen, 800 t Hochofenschlacke und etwa 4 Millionen m^3 Gichtgas (**14**.2).

Verhütten. Aufbereitetes Erz, Koks und Zuschläge werden sichtweise eingebracht. Koks bildet den Brennstoff des Hochofenprozesses, liefert beim Verbrennen Kohlenmonoxid zur Reduktion (Sauerstoffentzug) des Eisenerzes und senkt den

Tabelle **14**.1 **Eisenerze**

Erzart	Chemische Formel	Eisengehalt in %	Fundorte
Magneteisenstein	Fe_3O_4	60 bis 70	Schweden, Norwegen, UdSSR
Roteisenstein	Fe_2O_3	40 bis 60	Lahn und Sieg, Spanien, USA
Brauneisenstein	$Fe_2O_3 \cdot 3\,H_2O$	30 bis 35	Lahn, Dill, Salzgitter, Thüringen, Lothringen
Spateisenstein	$FeCO_3$	20 bis 40	Sieg, Harz, Steiermark, Ungarn
Eisenkies	FeS_2	40 bis 50	Spanien, UdSSR

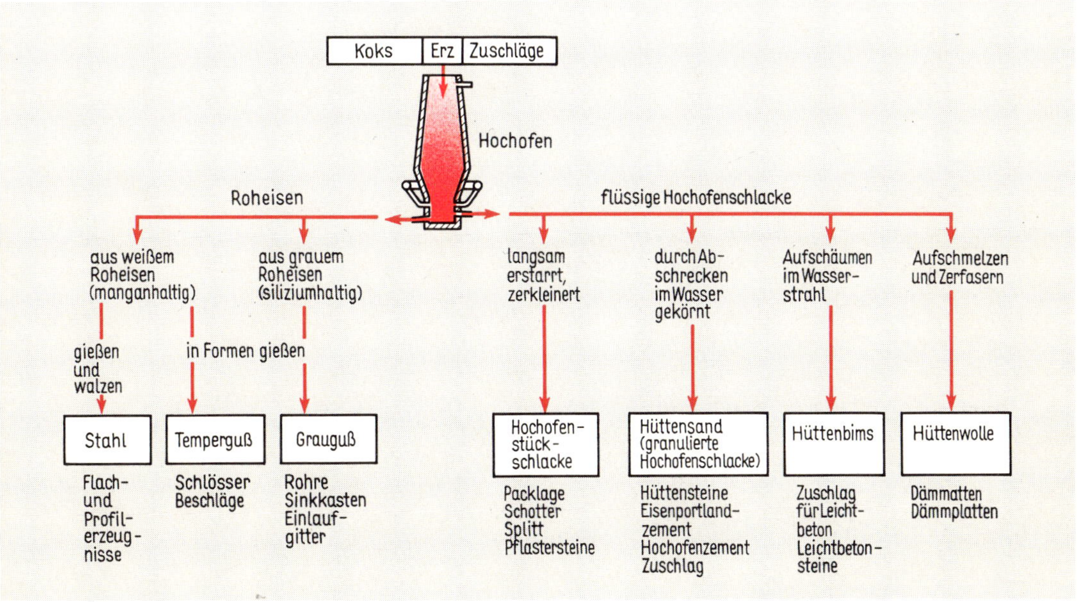

14.2 Gewinnung von Roheisen und Schlacke im Hochofen

Schmelzpunkt des Eisens auf etwa 1150 °C. Durch Einblasen von Heißluft wird der Verbrennungsprozeß gesteuert. Die Zuschläge bilden bei 700 bis 900 °C Calciumoxid, das sich mit den Gesteinsbestandteilen des Erzes zu der leichtflüssigen *Hochofenschlacke* verbindet. Das Roheisen hat einen Kohlenstoffgehalt von 3 bis 5%.

Je nach Beschickung des Hochofens kann siliziumhaltiges graues oder manganhaltiges weißes Roheisen erzeugt werden.

Roheisen wird im Hochofen aus Eisenerzen unter Zugabe von Koks und Zuschlägen als graues oder weißes Roheisen mit einem Kohlenstoffgehalt von 3 bis 5% erschmolzen.

Koks ist Brennstoff, Reduktionsmittel und Flußmittel. Die Zuschläge verbinden sich mit den Gesteinsbestandteilen des Erzes zur Hochofenschlacke.

14.2 Gußeisenerzeugnisse

Grauguß. Gußeisenerzeugnisse für das Bauwesen sind Rohre, Sinkkästen, Einlaufgitter, Abdeckplatten, Heizkörper und Walzen für Lagerkörper. Grauguß wird aus grauem Roheisen unter Zugabe von Schmelzzusätzen (Gußbruch, Stahlabfälle) in Gießereischachtöfen erschmolzen und in Formen gegossen. Der Kohlenstoffgehalt von Grauguß liegt bei 3 bis 5%. Grauguß hat eine hohe Druck-, jedoch eine geringe Zugfestigkeit. Er ist spröde, läßt sich nicht biegen und nicht schmieden, ist aber wenig rostanfällig.

Aus Temperguß (aus weißem Roheisen) **und Stahlguß** werden Schlösser, Schlüssel, Beschläge, Fittings, Ventilgehäuse u. ä. hergestellt.

Gußerzeugnisse für das Bauwesen – Rohre, Sinkkästen, Abdeckplatten, Beschläge – werden aus Grauguß (aus grauem Roheisen), Temperguß (aus weißem Roheisen) und Stahlguß hergestellt.

14.3 Hochofenschlacke

Hochofenschlacke – eigentlich ein Abfallprodukt des Hochofenprozesses – wird heute im Bauwesen vielseitig verwendet.

Hochofenstückschlacke nach DIN 4301 kühlt langsam ab und erstarrt blasenfrei zu großen Blöcken. Im Schotterwerk (Steinbrecher) wird sie zu Packlage, Schotter und Splitt für den Straßen- und Gleisbau zerkleinert. Durch Mischen mit Bitumen erhält man je nach Korngröße Bitumenschotter, Bitumensplitt oder Bitumengrus für den Schwarzdeckenbau. Mischen mit Teer ergibt die entsprechenden Teerprodukte.

In geringem Maße wird Hochofenschlacke zerkleinert unter den Bezeichnungen Schotter, Splitt und Brechsand (je nach Korngröße) als Betonzuschlag verwendet.

Pflastersteine werden hergestellt, indem man flüssige Hochofenschlacke in Formen gießt und erstarren läßt. Sie sind sehr widerstandsfähig und maßhaltig. Wir verwenden sie deshalb für Rinnen, hochbeanspruchte Beläge, zum Einfassen von Straßenbahnschienen und zum Pflastern des Schienenzwischenraums.

Hüttensand oder granulierte (gekörnte) Hochofenschlacke entsteht, wenn glutflüssige Hochofenschlacke – direkt vom Schlackenabstich am Hochofen in Wasser geleitet – zu Sand zerspringt. Hüttensand hat latente (schlafende, verborgene) hydraulische Eigenschaften und wird deshalb zur Herstellung der Zemente CEM III und Zementen CEM II verwendet (s. Abschn. 6.2). Hüttensand zerspringt durch das Abschrecken (plötzliche Abkühlen) in Wasser zu einer Korngröße von einigen Millimetern und kann darum ohne zusätzliche Aufbereitung zur Herstellung von Hüttensteinen und als Zuschlag für Mörtel und Beton benutzt werden. Große Mengen Hüttensand werden im Winter als Streusand verbraucht.

Hüttensteine nach DIN 398 werden in mehreren Formaten aus Hüttensand unter Zugabe von Kalk oder Zement als Bindemittel hergestellt (s. Abschn. 4.2.4).

Hüttenbims erzeugt man durch Aufschäumen der glutflüssigen Hochofenschlacke im abkühlenden Wasserstrahl. Das porige Gestein wird aufbereitet und für die Herstellung von Voll- und Hohlblocksteinen sowie als Zuschlag für Leichtbeton genommen.

Hüttenwolle (Schlackenwolle) nach DIN 18165 wird durch nochmaliges Aufschmelzen langsam erstarrter Hochofenschlacke und anschließendes Zerfasern im Schleuderverfahren (Zerteilen) oder Düsenverfahren (Verspinnen) hergestellt. Die so entstandene Mineralfaser verwendet man in Form von Matten, Platten oder Schnüren bei Wärme- und Schalldämmarbeiten.

Hochofenschlacke ist ein Nebenprodukt bei der Roheisengewinnung. Sie wird im Bauwesen in Form erstarrter Hochofen-Stückschlacke (Packlage, Schotter, Splitt, Pflastersteine) und als Hüttensand (Zuschlag, Hüttensteine, Zement) vielfältig verwendet. Sie läßt sich auch zu Hüttenbims und Hüttenwolle weiterverarbeiten.

14.4 Baustahl

Stahl ist nach den Normen jeder Eisenwerkstoff, der sich für Warmverformung eignet und einen Kohlenstoffgehalt unter 1,9% hat. Wir unterscheiden:

nach der Zusammensetzung

- unlegierte Stähle (Massenstähle, Baustähle)
- legierte Stähle

nach den Verwendungsmerkmalen

- Grundstähle
- Qualitätsstähle
- Edelstähle

Baustahl ist ein unlegierter Stahl (Massenstahl, Flußstahl) vorwiegend nach DIN 17100 mit Mindestzugfestigkeiten von 290 bis 900 N/mm² (**14**.3).

Tabelle **14**.3 **Allgemeine Baustähle nach DIN 17100 (Auszug)**

Stahlsorte Kurzname	Werkstoffnummer	Zugfestigkeitsbereich in N/mm²	Streckgrenzenbereich in N/mm²
St 33	1.0035	290 bis 540	175 bis 185
St 37-2	1.0037	340 bis 510	195 bis 235
St 44-2	1.0044	410 bis 580	235 bis 275
St 52-3	1.0570	490 bis 680	315 bis 355

Die beiden ersten Ziffern im Kurznamen weisen auf die Mindestzugfestigkeit hin. Vor- und nachgestellte Kennbuchstaben (U, R, N) bezeichnen besondere Herstellungs- und Nachbehandlungsverfahren.

Die angehängte Kennziffer gibt die Gütegruppe an:

- 1 Baustahl für allgemeine Anforderungen (entfällt künftig)
- 2 Baustahl für höhere Anforderungen
- 3 Baustahl für Sonderanforderungen

Die Spannen der Zugfestigkeiten und Streckgrenzen ergeben sich aus den unterschiedlichen Probendicken, an denen die Werte ermittelt werden. (Streckgrenze s. Abschn. 11.7.1)

Beispiel 1 Bezeichnung von Baustahl R St 37-2 N

R St 37 – 2 N

- N: normalgeglüht (Nachbehandlungsverfahren bei der Herstellung)
- 2: für höhere Anforderung
- 37: Mindestzugfestigkeit 370 N/mm²
- St: Baustahl
- R: beruhigt vergossen (Verfahren beim Gießen des Stahlblocks)

Eigenschaften der Baustähle (s. Abschn. 2.2.6)

- *Festigkeit:* Widerstand gegen Zug-, Druck-, Scher-, Biege-, Verdrehungs- und Knickkräfte.
- *Härte:* Widerstand gegen Eindringen (Ritzen oder Eindrücken) eines anderen Stoffes.
- *Elastizität:* Fähigkeit, nach einer zeitlich und größenmäßig begrenzten Belastung die ursprüngliche Form wieder anzunehmen.
- *Warm- und Kaltverformbarkeit:* Unter/ohne Wärmeeinwirkung und unter äußerer Beanspruchung (Druck und Zug) bleibend verformbar.
- *Zerspanbarkeit:* Formgebung durch Drehen, Fräsen, Hobeln, Feilen, Bohren, Sägen und Schleifen.
- *Korrosionsbeständigkeit:* Widerstandsfähigkeit der Oberfläche gegen chemischen und elektrochemischen Angriff durch Luft, Wasser, Säuren und Laugen.

Hergestellt wird Baustahl aus weißem Roheisen im Blasstahlverfahren oder durch Herdschmelzfrischen (**14**.4).

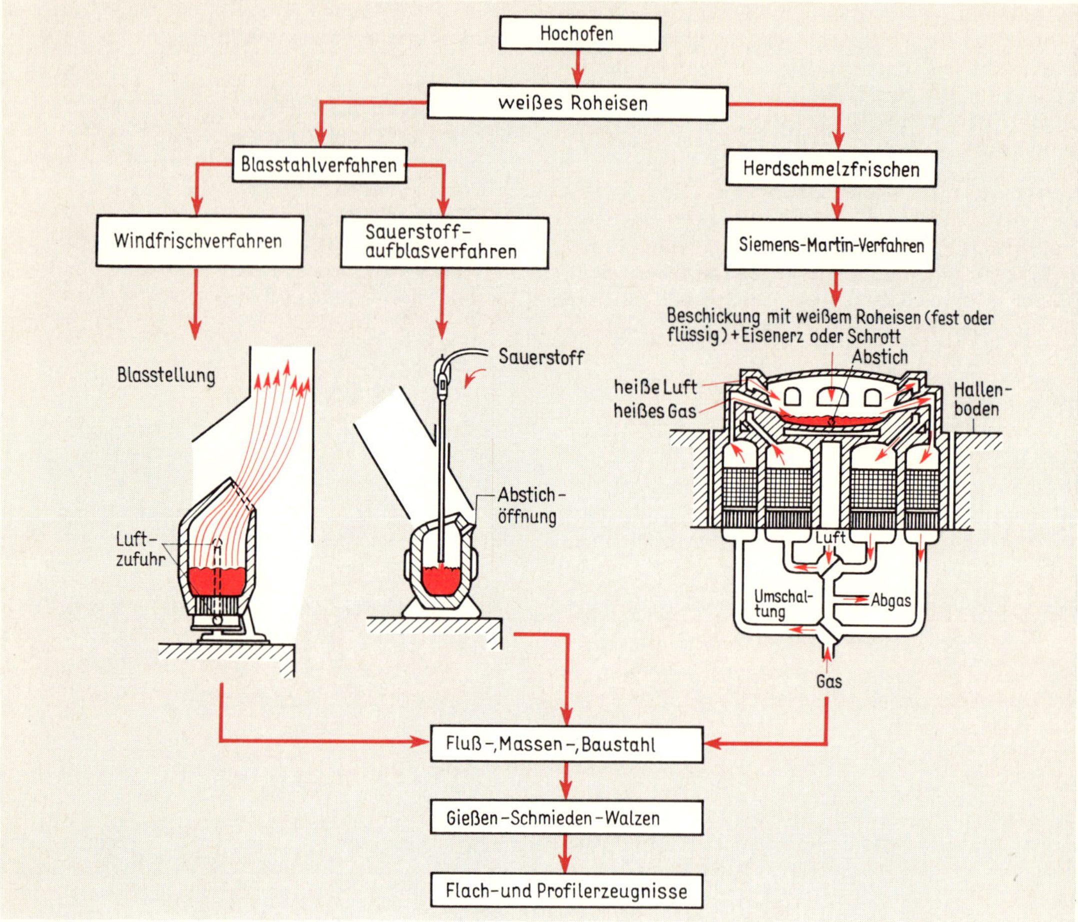

14.4 Erzeugung von Baustahl

Beim Blasstahlverfahren unterscheiden wir Windfrisch- und Sauerstoffaufblasverfahren. Beim Windfrischen wird in der Thomasbirne Luft durch das glutflüssige Roheisen geblasen; beim Sauerstoffblasverfahren bläst man reinen Sauerstoff auf die Roheisenschmelze. In beiden Fällen verbrennt der Sauerstoff unerwünscht hohe Anteile an Kohlenstoff, Phosphor, Mangan, Silizium und Schwefel.

Beim Herdschmelzfrischen nach dem Siemens-Martin-Verfahren oder dem Elektroverfahren wird außer Sauerstoff zusätzliche Wärmeenergie (Gas, Öl, El.-Energie) zum Schmelzen zugeführt. Beim Siemens-Martin-Verfahren wird Schrott mitverarbeitet, im Elektroverfahren stellt man hauptsächlich legierte Stähle (Edelstähle, Werkzeugstähle) her. Für die Herstellung von Baustählen sind beide Verfahren unbedeutend.

Tabelle **14.5** **Walzstahlerzeugnisse**

Flacherzeugnisse			
Feinstblech	$d < 0{,}5$ mm	Mittelblech	$d > 3{,}0$ bis 4,75 mm
Feinblech	$d = 0{,}5$ bis 3,0 mm	Grobblech	$d > 4{,}75$ mm
Breitflachstahl	$d \geqq 4{,}76$ mm, $b > 151$ mm (bis 1250 mm)		
Bandstahl	$d = 0{,}8$ bis 8 mm, $b = 9{,}5$ bis < 600 mm, sofort nach dem Walzen zu Rollen aufgewickelt		
Profilerzeugnisse			
Formstahl	alle warmgewalzten Halbzeuge mit I-, U-, T-, Z- und L-Profil und einer Höhe $h \geqq 80$ mm		
Stabstahl	alle warmgewalzten Halbzeuge mit Profilform und $h < 80$ mm; kreisförmige, rechteckige, sechseckige, achteckige und halbrunde Querschnitte, Betonstahl (s. Abschn. 11.8).		
Walzdraht	dünne Rund-, Rechteck- und Vieleckquerschnitte, sofort nach dem Walzen zu Rollen aufgewickelt		
Rohre und Hohlprofile	Hohlkörper mit geringer Wanddicke im Verhältnis zum Außendurchmesser (**14.6**).		

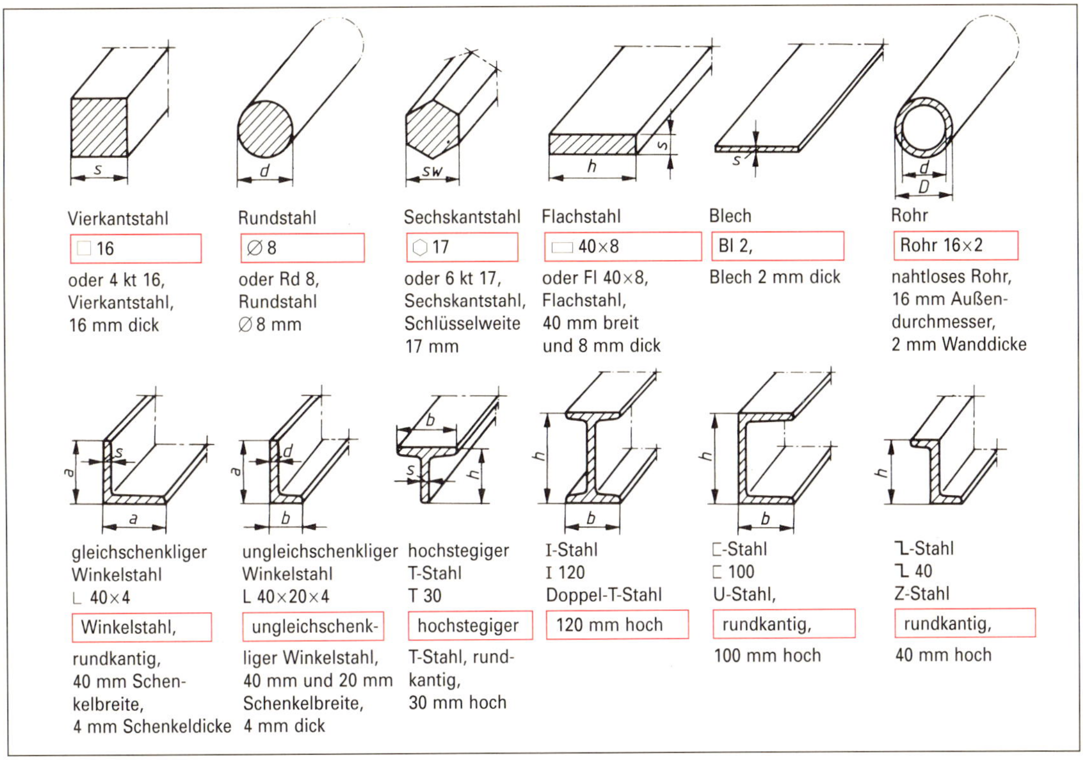

14.6 Die wichtigsten Halbzeugformen (Kurzzeichen, Beispiele und ihre Bedeutung nach DIN 1353)

Seine Form erhält der Baustahl durch Gießen in Blockform und anschließendes Walzen.

Flach- und Profilerzeugnisse. Die Walzerzeugnisse werden unterteilt in Flach- und Profilerzeugnisse. Die genauen Bezeichnungen, Abmessungen und Gewichte entnimmt man einem Tabellenbuch oder der entsprechenden DIN-Norm.

Spannstähle (Spanndrähte) sind Spezialerzeugnisse für die besonderen Anforderungen des Spannbetonbaus. Sie haben glatte, profilierte oder gerippte Oberflächen oder sind aus dünnen Drähten zu Litzen gedreht.

Stahl hat einen Kohlenstoffgehalt unter 1,9%, läßt sich kalt und warm verformen und bearbeiten, ist widerstandsfähig gegen Zug-, Druck-, Biege- und Scherbeanspruchung. Er wird im Blasstahlverfahren oder Herdschmelzfrischen aus weißem Roheisen hergestellt. Im Bauwesen verwendet man vorwiegend unlegierten Massenstahl (Flußstahl) in Form von Blechen und Profilen. Profilstähle unterteilt man in Stabstähle mit einer größten Querschnittsabmessung von $h < 80$ mm und in Formstähle mit $h \geqq 80$ mm.

14.5 Werkzeugstahl

Für besondere Zwecke werden im Bauwesen legierte und unlegierte Werkzeugstähle benutzt.

Unlegierten Werkzeugstahl stellt man her durch nochmaliges Einschmelzen im Elektroofen. Dabei werden unerwünschte Bestandteile entzogen und der Kohlenstoffgehalt auf 0,5 bis 1,7% begrenzt. Dieser Werkzeugstahl ist härtbar; man kann aus ihm Werkzeuge (Hämmer, Zangen, Meißel, Bohrer, Feilen u. a.) zum Bearbeiten von Holz, Steinen, Beton und Kunststoff herstellen.

Legierter Werkzeugstahl wird ebenfalls im Elektroofen durch Umschmelzen von Flußstahl unter Zugabe wertvoller Metalle (Chrom, Nickel, Wolfram, Vanadium u. a.) hergestellt. Niedrig legierter Werkzeugstahl enthält < 5%, hochlegierter > 5% Legierungsmetalle. Legierte Werkzeugstähle sind noch zäher, härter, warm-, schneid- und verschleißfester als unlegierte. Sie dienen zur Herstellung Von Kreissägeblättern, Bohrern und Hobelmessern – Werkzeugen, die bei hohen Schnittgeschwindigkeiten sehr heiß werden.

Unlegierte und legierte Werkzeugstähle sind härtbar, besonders zäh, warm- und verschleißfest. Sie werden zur Herstellung hochbeanspruchter Werkzeuge verwendet.

14.6 Korrosion und Schutz des Baustahls

Korrosion ist die Zerstörung (Abtragung) des Stahls durch chemische oder elektrochemische Reaktion mit seiner Umgebung. Der genaue Ablauf der Korrosion ist kompliziert; in der Praxis überlagern sich chemische und elektrochemische Reaktionen (s. Abschn. 3.3.4). Die gefährlichste und die häufigste (chemische) Korrosionsform ist das *Rosten.* Dabei bilden sich auf der Stahloberfläche Eisenoxide, die den weiteren Zutritt von Luftsauerstoff und Feuchtigkeit zulassen und so das Rosten bis zur vollständigen Zerstörung des Stahls ermöglichen. Eine elektrochemische Korrosion findet statt, wenn Stahl mit einem edleren Metall in einem Elektrolyt (stromleitende Flüssigkeit) reagiert. Eisen zersetzt sich dann, das heißt es wandelt sich in elektrische Energie um. Als Elektrolyt wirkt die Luftfeuchtigkeit.

Der Schutz des Baustahls hängt ab von der Art des Bauwerks, des Bauteils und der speziellen Verarbeitung.

Konstruktiven Schutz erzielt man bereits durch fachgerechte Ausbildung von Knotenpunkten, sichere und schnelle Ableitung des Schwitzwassers und der Niederschläge, ausreichende Überdeckung, Verkleidung und Ummantelung sowie Vermeidung elektrochemischer Potentialunterschiede.

Schutzbeschichtungen auf den von losem Rost und Schmutz gereinigten Baustahl (drahtbürsten, sandstrahlen) erfolgen mit dickflüssigen Zementschlämmen, bitumen- und teerhaltigen Schutzfarben oder durch mehrlagige Beschichtungen mit Farben und Lacken auf Öl- und Kunststoffbasis (**14**.7). Rost kann auch durch besondere einlagige Schutzbeschichtungen (Rostumwandler) in beständige, festhaftende Eisenphosphatschichten umgewandelt werden.

Metallische Schutzschichten verhindern durch luft- und wasserdichten Abschluß jegliche Korrosion. Das wichtigste Verfahren ist das Feuerverzinken, unbedeutend sind Verbleien und Feueraluminieren. Sowohl fertige Bauteile als auch Halbzeug wie Bleche, Stab- und Formstähle können nach verschiedenen Verfahren mit Zinkauflagen von 150 bis etwa 600 g/m² überzogen werden. Für geringe Beanspruchungen werden durch Galvanisieren dünne Zinkschichten (≈ 2,5 µm) aufgebracht. Beim Spritzverzinken – einem Verfahren zwischen Verzinken und Anstrich – wird geschmolzenes Zink mit Spritzpistolen auf die Stahlfläche gespritzt.

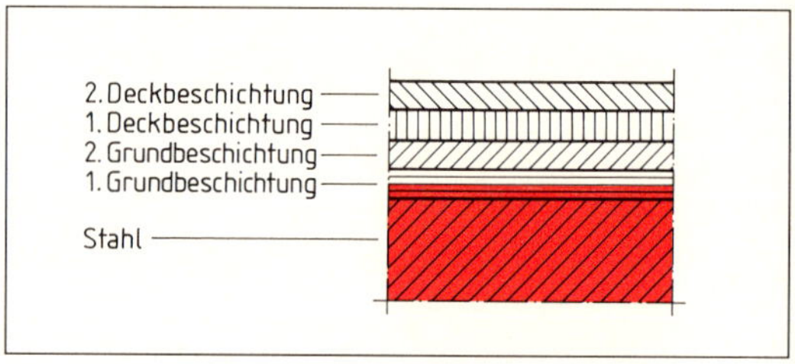

14.7 Aufbau einer vierlagigen Schutzbeschichtung

Die Kunststoffbeschichtung für Stahlbleche und bereits verzinkte Stahlbleche gewinnt immer mehr an Bedeutung. Duro- und Thermoplaste werden plastisch aufgewalzt, Thermoplaste anschließend eingebrannt (**14**.8). Ferner werden fertige Folien (PVC, Acryl, Polivinylfluorid) auf Bleche und Bandstahl kaschiert (aufgeklebt). Die Beschichtung ist, unabhängig vom Verfahren, so widerstandsfähig und so fest mit der Metalloberfläche verbunden, daß sie beim Verformen und Bearbeiten der Bleche und Bänder nicht beschädigt oder abgelöst wird.

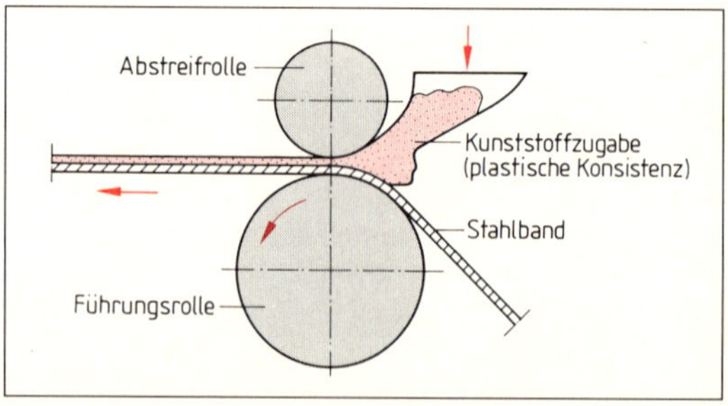

14.8 Beschichtung von Stahlblech mit Kunststoff

14.9 Brandschutz bei Stahlbauteilen

a) Stahlträger nach einem Brand, b) ausgemauerte und verputzte Stahlträger nach einem Brand: Die verkleideten Träger sind nicht ausgeglüht

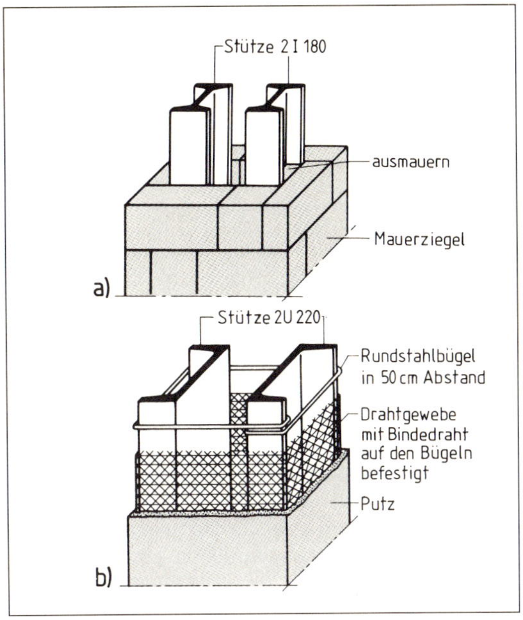

14.10 Brandschutz bei Stahlbauteilen

a) ummauerte Stütze aus 2 I-Trägern

b) ummantelte (verputzte) Stütze aus 2 U-Trägern

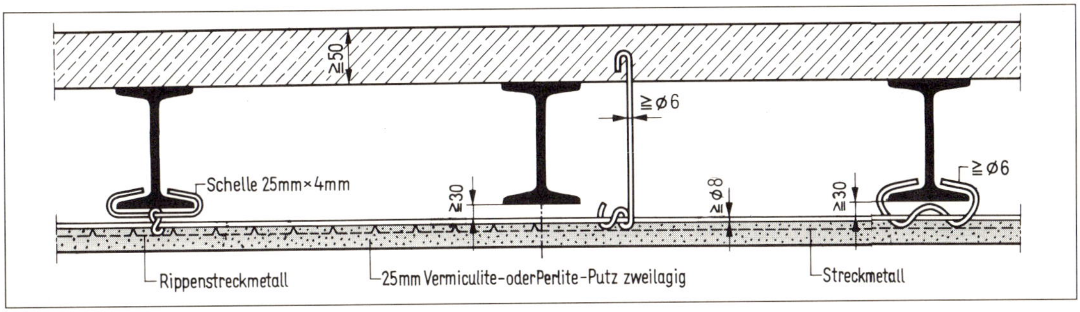

14.11 Stahlträgerdecke mit Stahlbeton-Deckenplatte und untergehängter Decke (Vermiculit = Blähglimmer, Perlite = künstlich geblähtes vulkanisches Gestein)

Der Brandschutz ist bei Stahlbauteilen wichtig, weil Baustahl – obwohl nicht brennbar – bei Temperaturen zwischen 450° und 650 °C seine Festigkeit und Stabilität und damit seine Tragfähigkeit verliert. Stützen knicken ein, Träger biegen sich durch, wobei Wände und Decken mit einstürzen (**14.9**). Schon bei niedrigen Temperaturen können durch die Wärmedehnung des Stahls schwere Schäden an Wänden, Decken, Treppen und Stützen entstehen. Je nach Feuerwiderstandsklasse werden deshalb Stahlbauteile durch Putz auf Putzträger, Estrich, Ummauerung (**14.10**), Einbetonieren und untergehängte Decken (**14.11**) geschützt. Einzelheiten sind in DIN 4102 festgelegt.

Baustahl muß gegen Korrosion und gegen Feuer geschützt werden.

Die größten Schäden entstehen durch die chemische Korrosion: Das Rosten, die Verbindung des Eisens mit Luftsauerstoff zu Eisenoxiden. Schutzmaßnahmen gegen die Korrosion sind die fachgerechte konstruktive Durchbildung und Verwendung von Stahlbauteilen, Schutzanstriche, metallische Überzüge und Kunststoffbeschichtungen.

Vor Feuer schützt man Stahlbauteile durch Putz, Verkleidungen verschiedener Art, untergehängte Decken u. ä. konstruktive Maßnahmen.

14.7 Stahlbauteile

Im Massivbau, worunter man Mauerwerks-, Beton- und Stahlbetonbau und den Fertigteilbau in diesen drei Bereichen verstehen kann, werden einzelne Stahlbauteile als Stützen, Absteifungen, Deckenträger, Stürze, Unterzüge und Gerüst- und Schalungsteile eingebaut. Dabei werden vorwiegend I-, U- und L-Profile als Stab- und Formstahl verwendet. Deshalb müssen alle Bauberufe über grundlegende Kenntnisse und Fertigkeiten in der Verarbeitung von Stahlbauteilen verfügen.

Stahlträger nimmt man für Stahlträgerdecken mit gemauerten und betonierten Kappen (**14.**12), Hourdisdecken (**14.**13) und zum Überdecken von Maueröffnungen, wenn die aufzunehmenden Kräfte groß sind und gemauerte Bögen und Stahlbetonbalken nicht angeordnet werden können, weil die Bauhöhe nicht ausreicht oder Ausschalungsfristen den Baufortschritt hemmen würden. Meist werden schmale und breite I-Profile mit geneigten und parallelen Flanschen und U-Profilen verwendet. Die Abmessungen und die Tragfähigkeit der Profile entnimmt man der Profiltabelle.

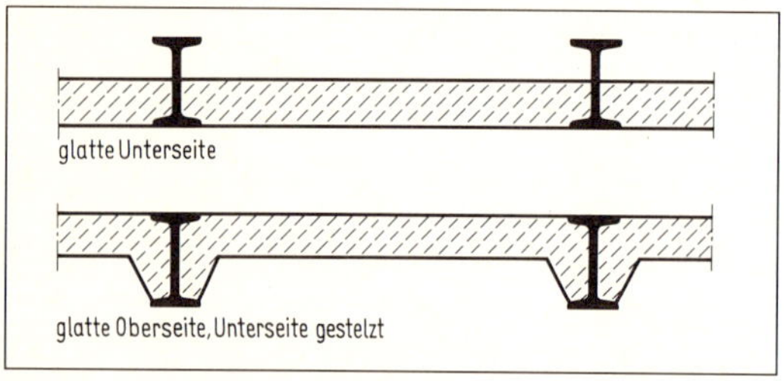

14.12 Stahlträgerdecken mit scheitrechten Kappen aus Normal- oder Leichtbeton

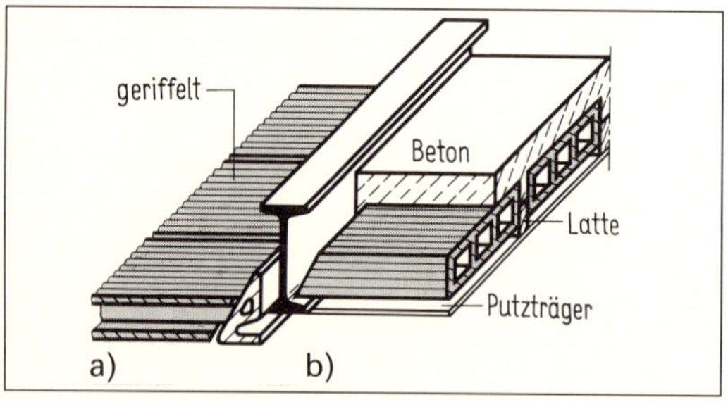

14.13 I-Trägerdecke mit Hourdisplatten (Tonhohlplatten)

Die Träger werden vorwiegend auf Biegung beansprucht. Die Spannungen treten als Biegezugspannungen am unteren und als Biegedruckspannungen am oberen Rand auf (**14.**14). Bei den Profilen liegt der größere Teil der Querschnittsfläche im Bereich der Spannungen am oberen und unteren Rand in den Flanschen. Die Querschnittsfläche ist also anteilig dort am größten, wo auch die aufzunehmenden Spannungen den größten Wert annehmen.

Das Trägerauflager bei Deckenträgern und Fenster- und Türstürzen wird wenig beansprucht und

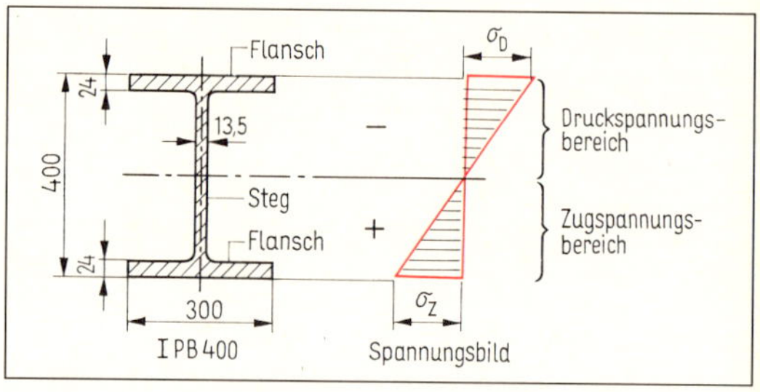

14.14 Spannungsverteilung mit I-Querschnitt

bedarf keiner besonderen Ausbildung. Bei Stürzen über großen Öffnungen und Unterzügen wird das Mauerwerk aber hoch belastet, weil eine kleine Auflagerfläche große Druckkräfte aufnehmen muß.

Die Auflagerlänge wird berechnet nach der Formel

$$a = \frac{h}{3} + 10 \text{ cm.}$$

a = Auflagerlänge in cm
h = Trägerhöhe in cm

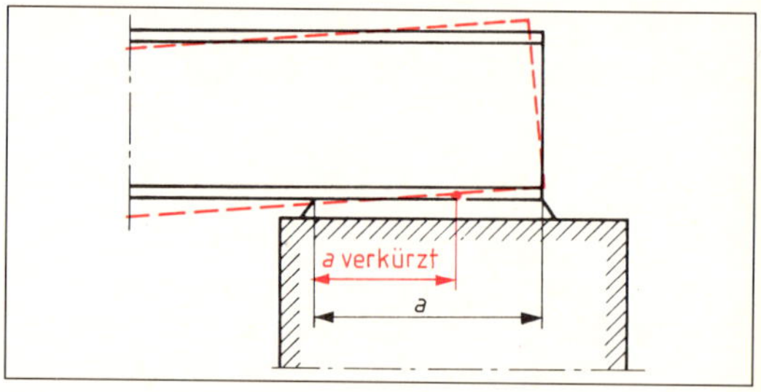

14.15 Verkürzung der Auflagerlänge infolge Durchbiegung

Die Begrenzung der Auflagerlänge auf dieses Maß ist nötig, damit sich das Trägerende nicht infolge der Durchbiegung abhebt und dadurch die Auflagerfäche verkleinert (**14.**15). Mit der so ermittelten Auflagerlänge wird die vorhandene Druckspannung ϱ_D auf der Mauer errechnet nach der Formel

$$\text{vorh } \sigma_D = \frac{A}{a \cdot b}.$$

A = Auflagerkraft in N oder MN
a = Auflagerlänge in mm oder m
h = Flanschbreite in mm oder m, vorh σ_D in N/mm² oder MN/m²

Der Zahlenwert von σ_D bleibt bei beiden Einheiten gleich. Wenn vorh $\sigma_D >$ zul σ_D ist, müssen die obersten 2 bis 4 Schichten der Mauer aus Steinen und/oder Mörtel höherer Festigkeit gemauert werden. Hochbeanspruchte Träger verlegen wir in ein 2 cm dickes Zementmörtelbett, um eine vollflächige Auflagerung zu gewährleisten. Damit die Mauerkante nicht abplatzt, läßt man den Zementmörtel 3 bis 5 cm zurückstehen (**14.**16).

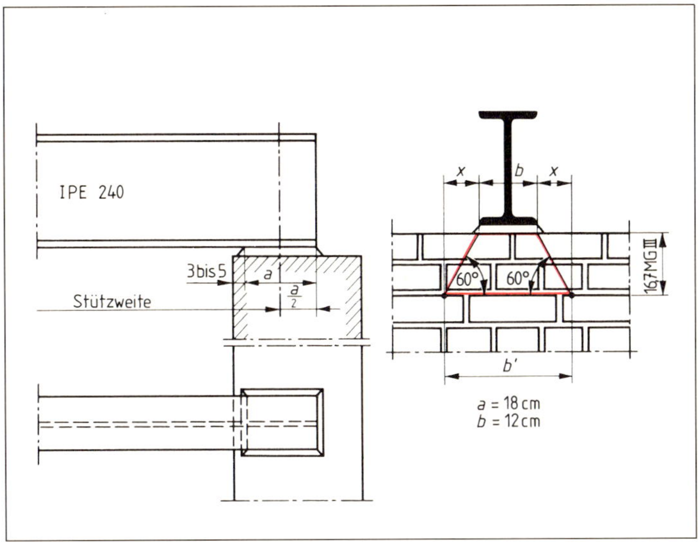

14.16 Auflagerausbildung für hochbelastete I-Träger (Unterzüge)

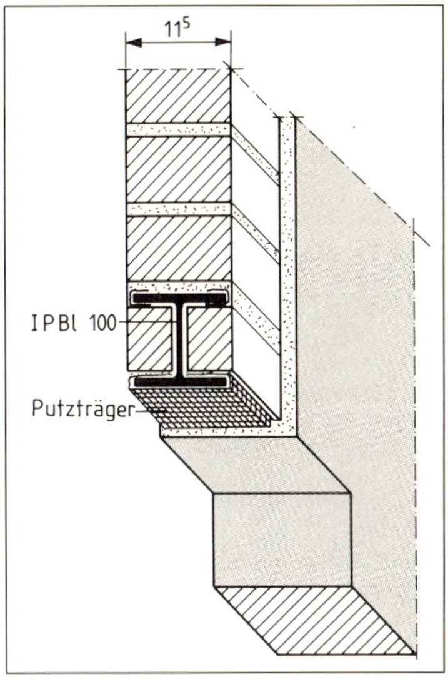

14.17 Stahlträgersturz für eine 11,5 cm dicke Wand

Beispiel 2 Ein IPE 240 überträgt eine Auflagerkraft A = 31500 N auf Mauerwerk aus Steinen der Steinfestigkeitsklasse 15 und der Mörtelgruppe II.

Lösung Berechnen der Auflagerlänge:

$$a = \frac{24\ \text{cm}}{3} + 10\ \text{cm} = \mathbf{18\ cm}$$

Berechnen der vorhandenen Druckspannung:

$$\text{vorh}\ \sigma_D = \frac{31500\ \text{N}}{180\ \text{mm} \cdot 120\ \text{mm}} = 1{,}46\ \text{N/mm}^2 = \mathbf{1{,}46\ MN/m^2}$$

$$\text{vorh}\ \sigma_D > \text{zul}\ \sigma_D = 1{,}2\ \text{N/mm}^2$$

Demnach kann man das Trägerauflager in dieser Form nicht ausführen, sondern muß Mörtelgruppe III nehmen. Die zulässige Druckspannung bei gleicher Steinfestigkeitsklasse zul σ_D beträgt dann 1,6 N/mm² > vorh σ_D. Wenn bei normalformatigen Steinen die beiden letzten Schichten mit Mörtel der MG III gemauert werden, ergibt dies bei einem Lastverteilungswinkel von 60° die neue Belastungsbreite b':

$$b' = b + 2 \cdot x \quad \tan 60° = \frac{16{,}7\ \text{cm}}{x};$$

$$x = \frac{16{,}7\ \text{cm}}{\tan 60°} = 9{,}6\ \text{cm}$$

$$b' = 12\ \text{cm} + 2 \cdot 9{,}6\ \text{cm} = 31{,}2\ \text{cm}$$

$$\text{vorh}\ \sigma_D = \frac{31500\ \text{N}}{180\ \text{mm} \cdot 312\ \text{mm}} = \mathbf{0{,}56\ N/mm^2}$$

$$\text{vorh}\ \sigma_D < \text{zul}\ \sigma_D = 1{,}2\ \text{N/mm}^2$$

Stahlträgerstürze über Fenster- und Türöffnungen fertigen wir in der Breite passend zur Wanddicke. Für einen Achtelmeter Wanddicke wird ein Träger angeordnet (**14.**17). Nebeneinanderliegende Träger verbindet man durch Schraubenbolzen mit Rohrstücken, um den Abstand einzuhalten und die Last zu verteilen. Der Zwischenraum wird ausgemauert oder ausbetoniert. Einen Anschlag kann man durch die Träger selbst oder durch einen gemauerten scheitrechten Bogen herstellen (**14.**18). Werden Trägerflansche verputzt, ummantelt man sie mit einem Putzträger (Ziegeldrahtgewebe, Rippenstreckmetall).

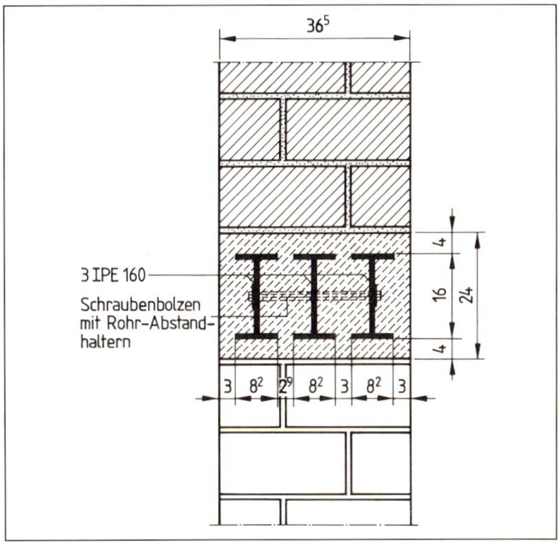

14.18 Einbetonierter Stahlträgersturz für große Belastungen und Spannweiten (Unterfangungen)

Stahlstützen aus I- und U-Profilen und aus Rohren können große Nutzlasten aufnehmen und ermöglichen einen schnellen Baufortschritt im Vergleich zu gemauerten Pfeilern und Beton- oder Stahlbetonstützen (**14.**19). Stahlstützen werden vom Stahlbauschlosser hergestellt und am Bau

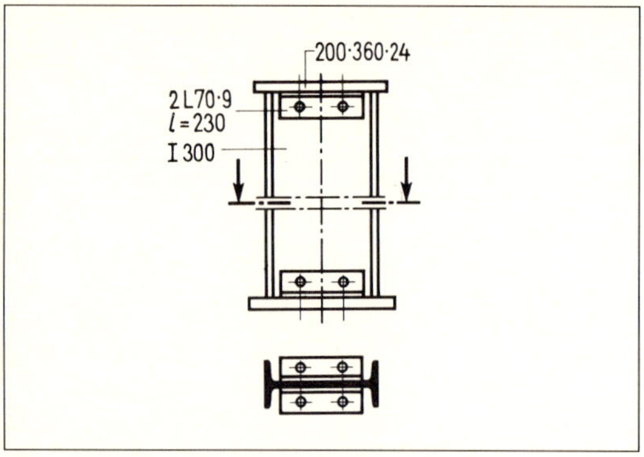

14.19 Einfache Stahlträgerstütze aus einem I-Träger mit Boden- und Kopfplatte

fachgerecht versetzt. Berechnung und bauliche Durchbildung erfolgen nach DIN 1050 (**14**.20 und **14**.21). Besonders Stützen müssen sorgfältig vor Korrosion und Feuer geschützt werden.

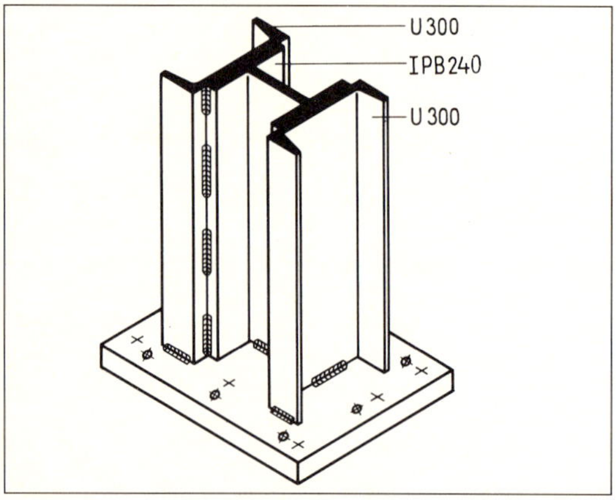

14.20 Fuß einer schweren geschweißten Stahlstütze

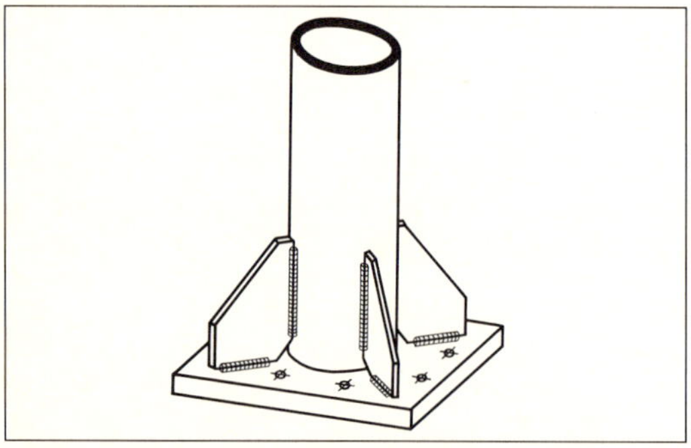

14.21 Fuß einer geschweißten Stahlrohrstütze

Für Stahlfachwerk im Industrie- und Sporthallenbau werden I- und U-Profile verwendet, die eine $^1/_8$ Meter dicke Ausmauerung ermöglichen (**14**.22). Die Steine passen je nach Profil mit ihrer ganzen Breite zwischen die Flansche oder wer-

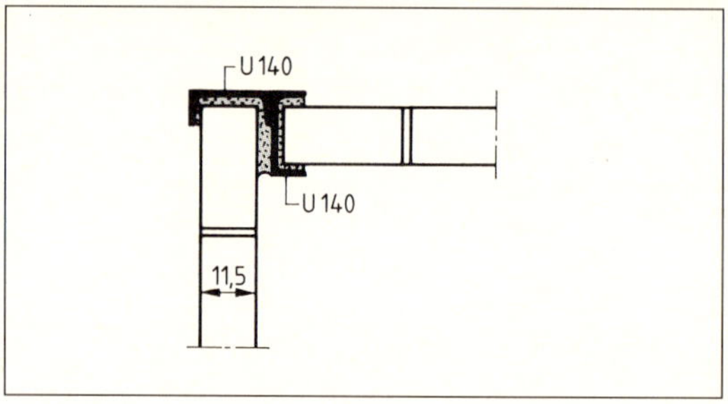

14.22 Ecklösung einer Stahlfachwerkausmauerung

den entsprechend behauen. Besonders IPB- und IPE-Profile eignen sich mit ihren parallelen Flanschen für auszumauerndes Stahlfachwerk. Für Schwellen wählt man U-Profile (**14**.24). Die beiden letzten Schichten der Gefache werden gemeinsam gemauert, damit der obere Stein mit Mörtel schräg von unten eingeschoben werden

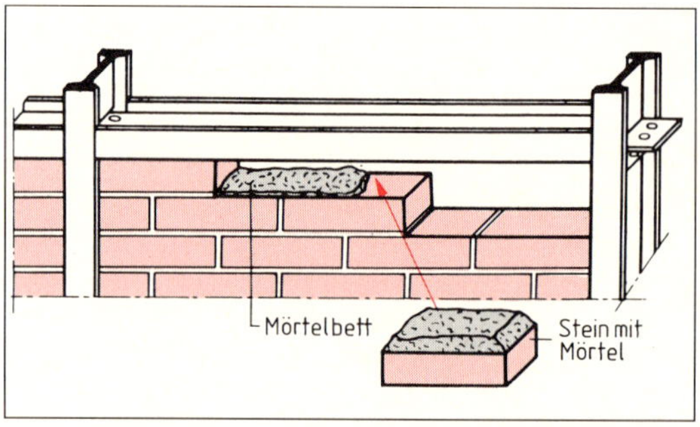

14.23 Vermauern der beiden letzten Schichten im Stahlfachwerk

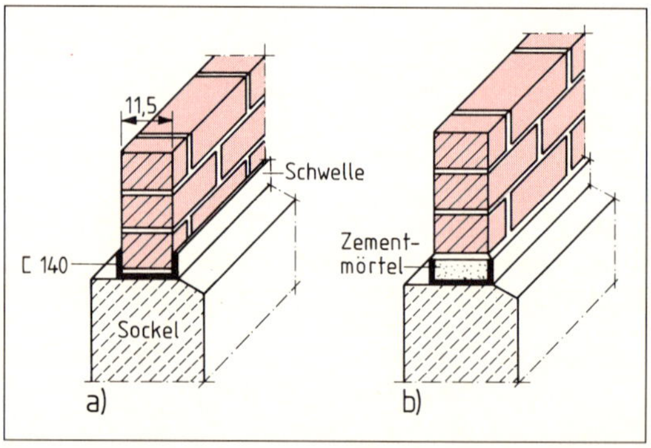

14.24 Stahlfachwerk: Ausbildung der Schwelle mit U-Profilen

kann (**14**.23). Im Putzbau werden die Träger mit Zementmilch gestrichen (geschlämmt) und an den Flanschen mit einem Putzträger ummantelt, bei verfugtem Mauerwerk rostschützend gestrichen (**14**.25).

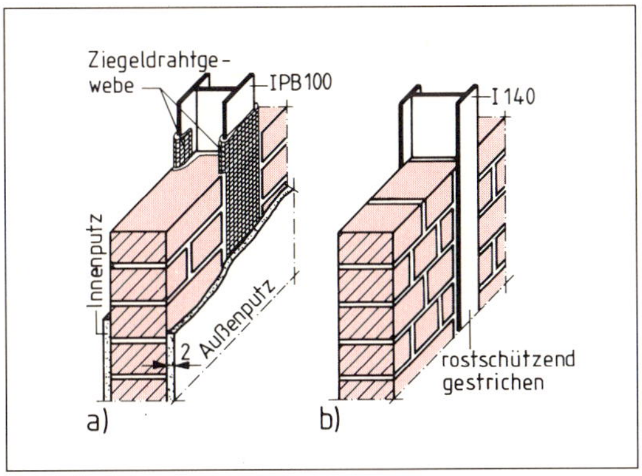

14.25 Stahlfachwerk: Ausmauern von I-Trägern

I- und U-Profile werden im Massivbau als Deckenträger, Fenster- und Türstürze, Unterzüge und Stützen, Rohre nur für Stützen verwendet. Alle Profile lassen sich für Gerüstbauten verwenden. Die Stahlbauteile können große Kräfte aufnehmen, lassen sich einfach einbauen und versetzen und ermöglichen einen raschen Baufortschritt. Die Auflager stark belasteter Unterzüge müssen besonders sorgfältig ausgeführt werden.

Stahlbauteile erhalten rostschützende Anstriche, metallische Schutzüberzüge oder müssen verputzt oder ummantelt werden. Sie werden in der Werkstatt nach den konstruktiven Regeln des Stahlbaus hergestellt und vorbereitet. Bauhandwerker montieren auf der Baustelle meist nur Schraubverbindungen.

14.8 Bauwichtige Nichteisenmetalle und Legierungen

Kupfer (Dichte 8,9) ist rotfarbig, zäh, dehnbar, witterungs- und korrosionsbeständig. Es leitet Wärme und elektrischen Strom besonders gut. Auf Kupferdächern bildet sich im Lauf vieler Jahrzehnte *Patina* als dünne, hellgrüne, ungiftige und beständig schützende Schicht. Essigsäure hingegen verursacht auf Kupfer den ebenfalls hellgrünen, jedoch sehr giftigen *Grünspan.* Im Baufach wird Kupfer für Lötkolben, Elektroleitungen, Heiz- und Kühlrohre, Folien in Dichtungsbahnen. Dachdeckungen und als Bestandteil von Kupferlegierungen verwendet.

Zink (Dichte 7,14) dehnt sich bei Erwärmung stark aus, ist an der Luft beständig, wird jedoch durch Säuren und Salze sowie frischen Mörtel angegriffen. Im Baufach werden vor allem Zinkbleche für flach geneigte Dächer, zum wasserdichten Anschluß von Dachflächen an Schornsteinköpfe, für Rinnen, Abfallrohre und Abdeckungen gemauerter Fensterbänke verwendet. Auch zum Verzinken als Rostschutz von Stahlblechen, Nägeln u.a. ist Zink geeignet.

Zinn, Nickel und Chrom haben für den Bau nur als beständig schützender Überzug von Stahl und anderen Metallen Bedeutung.

Blei (Dichte 11,3) wird verwendet in Form von Blechen (Dachdeckung), Rohren (Leitungen), Bleiwolle (Verstemmen von Muffenrohren) und als Bestandteil von Loten (s. Abschn. 14.9). Bleimennige (Pb_3O_4) ist ein Rostschutzanstrich für Stahlbauteile.

Aluminium (Dichte 2,7) ist im Gegensatz zu den bisher genannten Schwermetallen ein Leichtmetall ($\approx$ $^1/_3$ des Stahlgewichts). Es ist weiß oder weißgrau, weich, dehnbar, leicht formbar und sehr korrosionsbeständig. Ferner leitet es gut elektrischen Strom und läßt sich mit verschiedenen anderen Metallen legieren. Als Reinaluminium wird es für Dachdeckungen, Wandverkleidungen, Elektroleitungen, Dichtungsbahnen u.a. gebraucht. *Aluminiumlegierungen* bestehen überwiegend aus Reinaluminium, dem im glühenden Zustand Kupfer, Zink, Magnesium, Mangan bzw. Silizium in unterschiedlichen Mengen zugesetzt werden, um z.B. eine größere Härte und geringere Dehnung zu erzielen, die bei Tür- und Fensterrahmen, Rolläden, Geländer und Beschlägen erwünscht sind.

Magnesium (Dichte 1,74) ist besonders leicht, aber wenig fest und nicht beständig. *Magnesiumlegierungen* mit Zusätzen von Aluminium, Zink, Mangan bzw. Silizium können jedoch ebenso wie Aluminium-Legierungen im Baufach verwendet werden.

Schwermetalle: Kupfer, Zink, Zinn, Blei; Kupfer-Zink-Legierungen (früher Messing); Kupfer-Zinn-Legierungen (früher Bronze)

Leichtmetalle: Aluminium, Magnesium; Legierungen beider Metalle mit Schwer- und Leichtmetallen sind möglich.

14.9 Metallverbindungen

Metallbau-, Stahlbau-, Bauklempner- und Rohrinstallationsarbeiten werden am Bau vom Bauschlosser, Blechschlosser, Stahlbauschlosser, Klempner, Rohrinstallateur und Dachdecker ausgeführt. Für Auszubildende der Ausbildungsordnung Bau und verwandte Berufe sind trotzdem einige Grundkenntnisse der Verbindungstechniken notwendig.

Falzverbindungen sind unlösbar und werden bei Metalldachdeckungen mit Stahl-, Zink-, Kupfer-, Blei- und Aluminiumblechen zur Verbindung von ebenen Tafeln und Bändern ausgeführt.

- *Kanten* erfolgt in der Werkstatt mit Maschinen, seltener von Hand und auf der Baustelle (**14**.26).
- *Umschlagen* ist Umbiegen der Blechkante, bis sie das Blech wieder berührt (**14**.27).
- *Falzen* ist die Herstellung einfacher und doppelter liegender und stehender Falze (**14**.28).

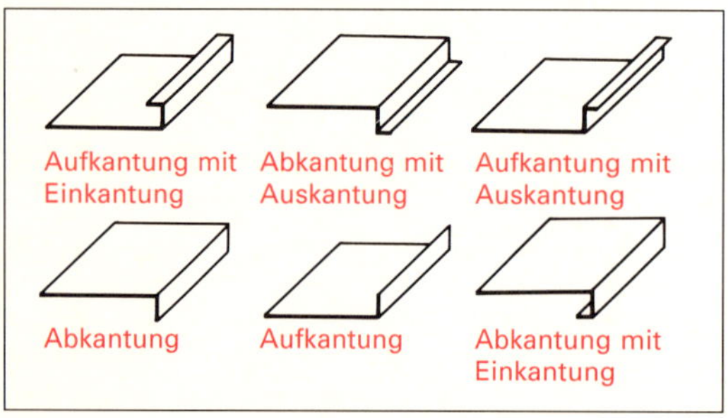

14.26 Kantenausbildung durch Kanten

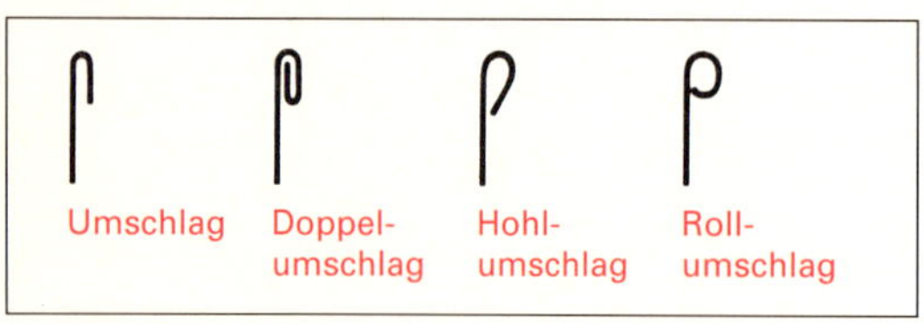

14.27 Kantenausbildung durch Umschlagen

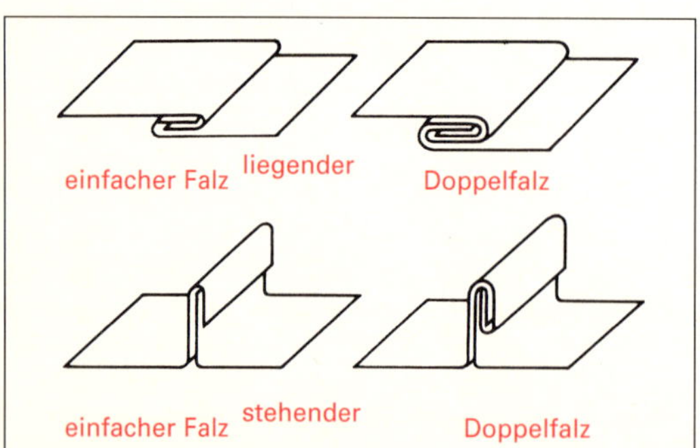

14.28 Ausbildung von Falzen

Nietverbindungen sind unlösbar und verbinden Bleche, Stab- und Profilstähle. Je nach Zweck und Art der Nietverbindung wählt man unterschiedliche Nietformen (**14**.29).

- *Kaltnietverbindungen* mit Nietdurchmessern ≦ 10 mm sind im Leichtmetallbau üblich.
- *Warmnietverbindungen* mit Nietdurchmessern > 10 mm werden im Stahlbau ausgeführt.

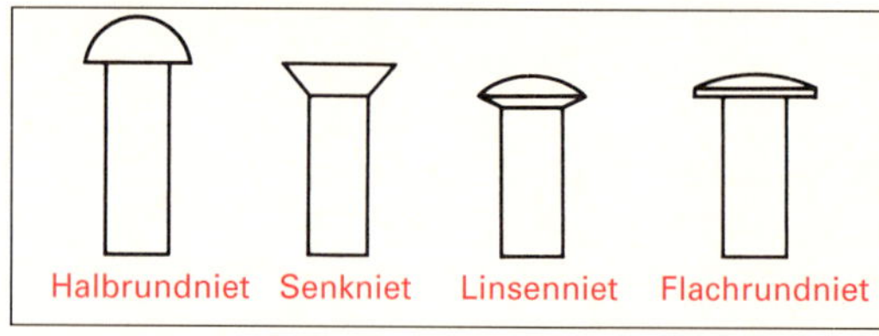

14.29 Nietformen

Nietverbindungen sind ein- oder zweischnittig (**14**.30). Einschnittige Nietverbindungen soll man

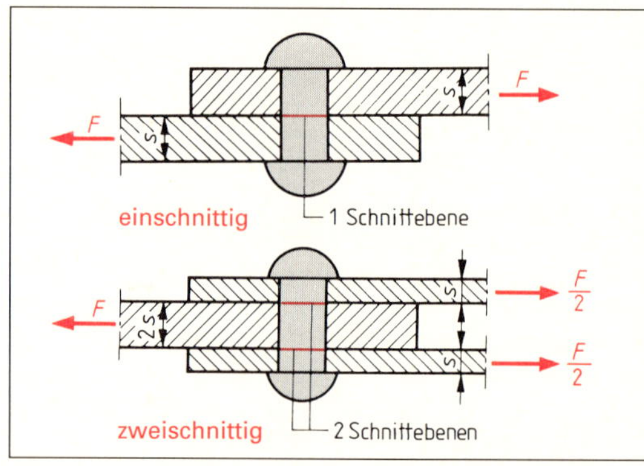

14.30 Ein- und zweischnittige Nietverbindungen

vermeiden, da ein zusätzliches Biegemoment entsteht, das die Verbindung verformen kann (**14**.31). Die Bedeutung der Nietverbindungen ist zugunsten von Schraub- und Schweißverbindungen zurückgegangen.

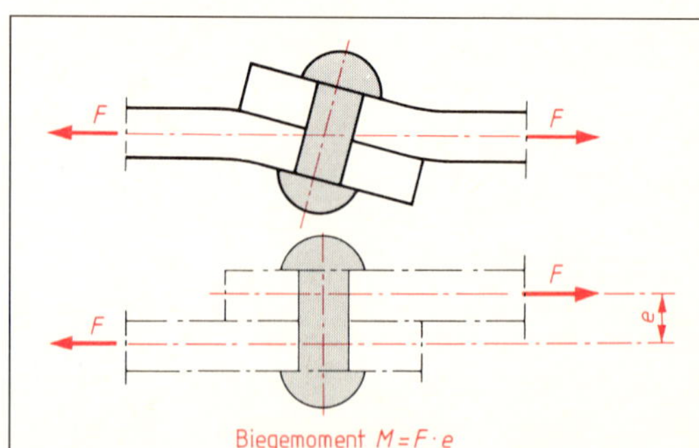

14.31 Verformung einer einschnittigen Nietverbindung

Schraubverbindungen nach DIN 1050 – Stahl im Hochbau – sind im Bauwesen die wichtigste Verbindungsart. Im Gegensatz zu allen anderen sind sie lösbar. Schraubenverbindungen sind üblich bei Schutz-, Arbeits- und Schalungsgerüsten sowie im Graben- und Baugrubenverbau.

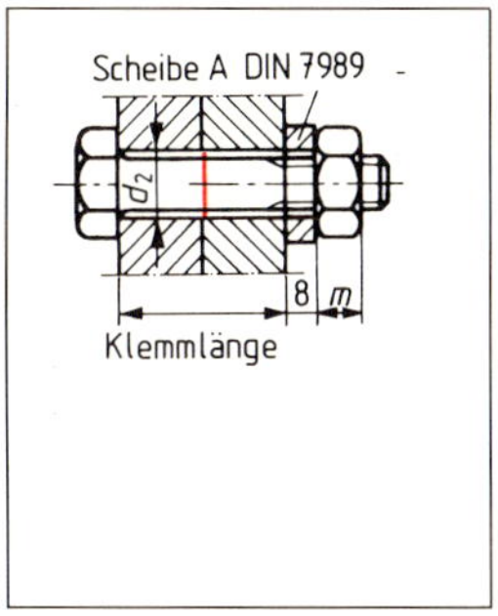

14.32 Einschnittige Schraubverbindung

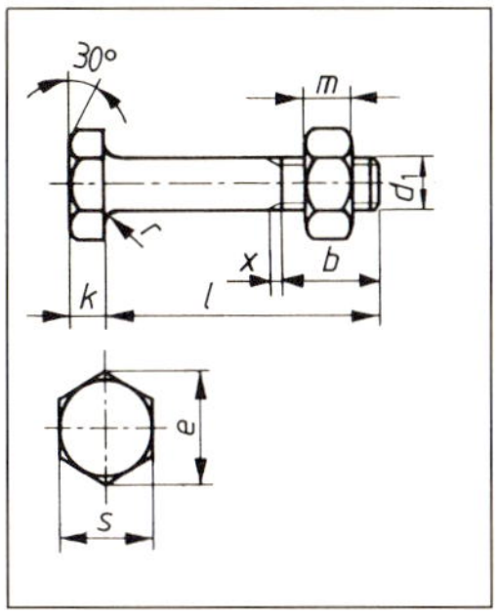

14.33 Sechskantschraube mit Sechskantmutter nach DIN 7990

k = Kopfhöhe
l = Länge
m = Mutterhöhe
b = Gewindelänge
x = Gewindeauslauf
s = Schlüsselweite
e = Eckmaß
r = Ausrundungsradius
d_1 = Schraubendurchmesser
d_2 = Lochdurchmesser

Wie bei Nietverbindungen unterscheidet man ein- und zweischnittige Verbindungen (**14**.32) mit Sechskantschrauben und -muttern verschiedener Art und Größe (**14**.33). Die Anordnung der Schrauben in Stegen und Flanschen von Profilstählen ist durch Anreißmaße (Wurzelmaße) nach DIN 1025 – Formstahl –, die Abstände untereinander und zum Rand sind durch DIN 1050 festgelegt (**14**.34). Die Stahlkonstruktionen werden in der Werkstatt hergestellt und auf der Baustelle montiert (**14**.35, **14**,36).

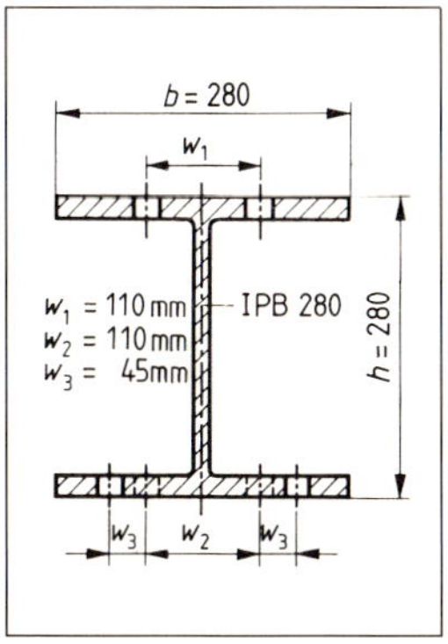

14.34 Anreißmaße (Wurzelmaße) nach DIN 1025 für einen IPB 280

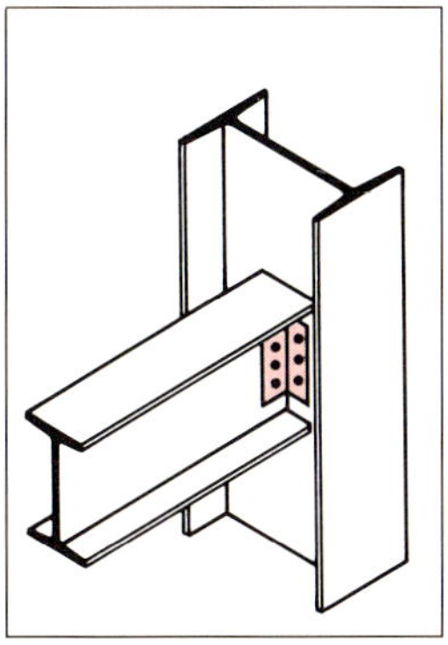

14.35 Schraubabschluß eines I-Trägers an eine I-Stütze

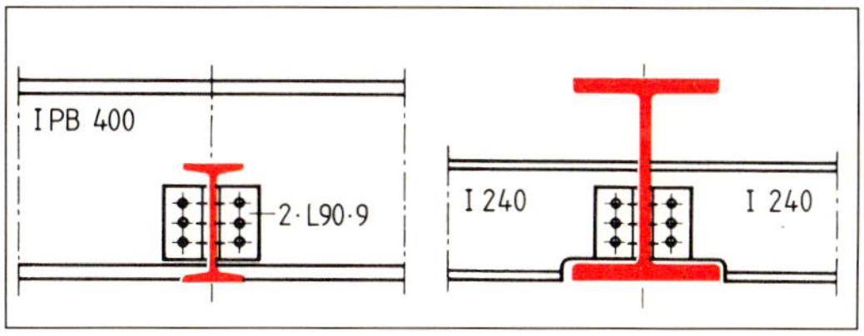

14.36 Schwerer Träger (Überzug) mit unterseitig bündig angeschraubten I-Querträgern

Schweißen ist eine unlösbare Verbindung von Werkstücken aus dem gleichen Metall, meist Stahl. Die Verbindungsstellen werden erwärmt und ohne oder mit Zusatzstoff zusammengefügt (**14**.37). Schweißarbeiten am Bau werden vom Schmelzschweißer durchgeführt.

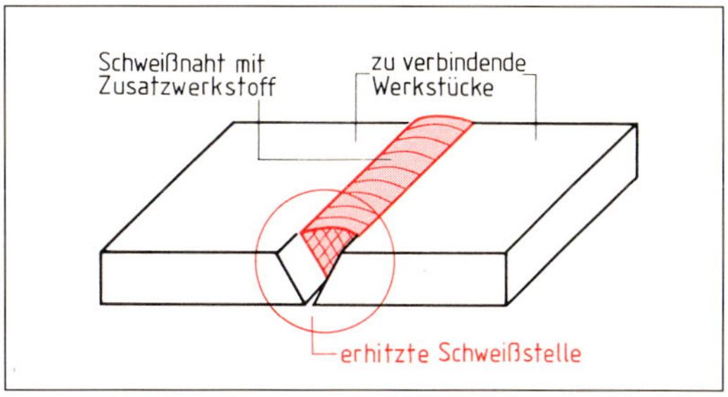

14.37 Schema der Schmelzschweißverbindung

Beim Gasschmelzschweißen wird mit einer Acetylenflamme ($C_2H_2 + O_2$) die Schweißstelle auf etwa 3000 °C erhitzt. Die zu verbindenden Werkstücke schmelzen und werden mit Zusatzwerkstoff (Schweißdraht) zusammengefügt (**14**.38).

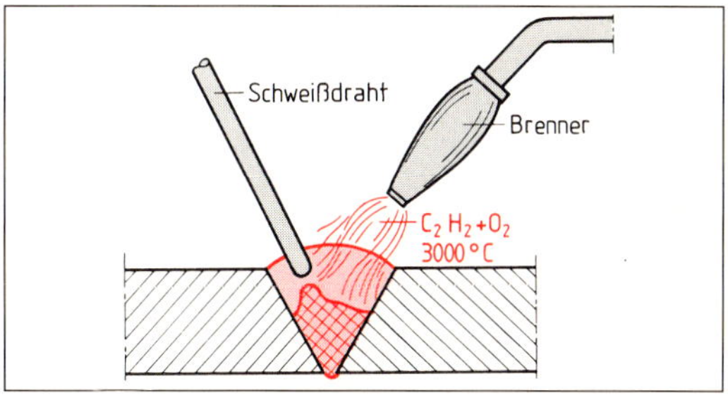

14.38 Schweißnaht beim Gasschmelzschweißen

Unfallverhütung! Das Acetylen befindet sich in gelben, der Sauerstoff in blauen Stahlflaschen. Flaschen und Ventile, Schläuche und Brenner müssen sorgfältig behandelt werden.

Beim Lichtbogenschmelzschweißen wird die Schweißtemperatur durch einen elektrischen Lichtbogen zwischen Werkstück (+) und Elektrode (–) erzeugt. Die Temperatur am Werkstück erreicht 4200 °C. Die Elektrode liefert den Zusatzwerkstoff für die Schweißnaht (**14**.39).

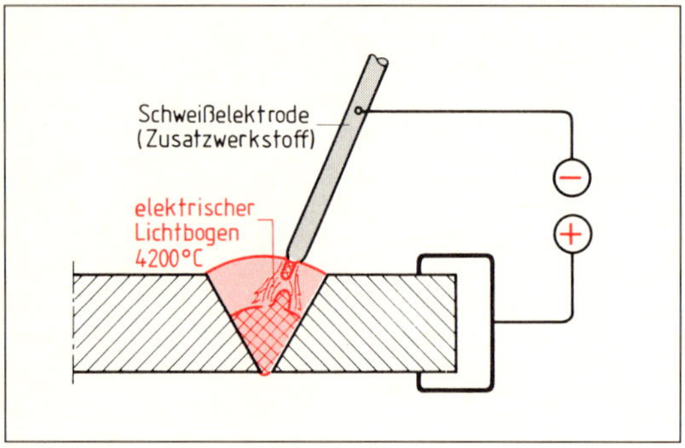

14.39 Aufbau der Schweißnaht beim Lichtbogenschmelzschweißen

Die hohe Temperatur ermöglicht eine größere Schweißgeschwindigkeit als beim Gasschmelzschweißen. Die Elektroden sind mit schlackenbildenden Stoffen ummantelt, die beim Schweißen schmelzen und die glühende Schweißnaht schützen und langsamer abkühlen lassen.

Unfallverhütung! Beim Lichtbogenschmelzschweißen entstehen ultraviolette Strahlen – Verbrennungsgefahr! Vorsichtsmaßnahmen: lange Stulpenhandschuhe tragen, nie in den Lichtbogen schauen, Augenschutzschild benutzen, Arbeitsstelle für Mitarbeiter abschirmen!

Den jeweiligen Anforderungen entsprechend wird die Schweißnaht unterschiedlich vorbereitet. Für die zeichnerische Darstellung gelten vereinfachte Symbole.

Bei Lötverbindungen werden Werkstücke an ihrer Oberfläche durch das Lot, einen Zusatzwerkstoff anderer Art und Zusammensetzung als die zu verbindenden Grundwerkstoffe, miteinander verbunden. Der Schmelzpunkt des Lotes liegt unter dem des Grundwerkstoffs. Dessen Oberfläche wird durch das erhitzte Lot benetzt. In der Verbindungsfläche entstehen Legierungen zwischen Lot und Grundwerkstoff oder beide haften nur durch Adhäsion aneinander (**14**.41). Lötverbindungen werden im Stahlleichtbau-, Behälter- und Rohrleitungsbau ausgeführt.

Tabelle **14**.40 **Ausbildung, Benennung und Zeichensymbole von Schweißnähten**

Ausbildung	Benennung	Symbol
	V-Naht	V
	HV-Naht	|/
	HY-Naht	r
	K-Naht	K
	U-Naht	Y
	Kehlnaht	⊿
	Doppelkehlnaht	▷

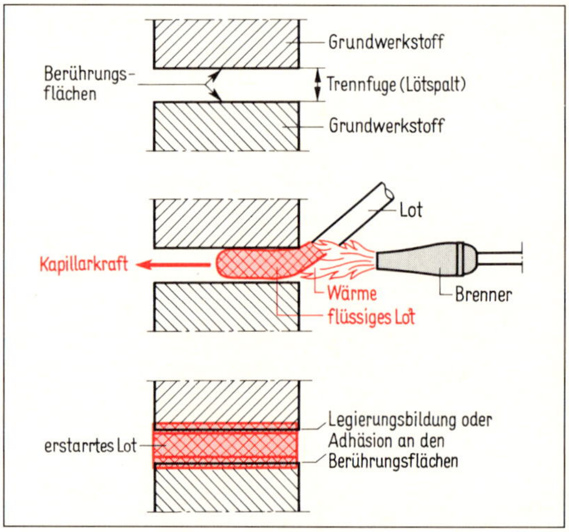

14.41 Schematischer Aufbau der Lötverbindung

Beim Weichlöten schmilzt das Lot unter 450 °C. Weichlote sind Metalle mit niedrigem Schmelzpunkt wie Zinn (Sn), Zink (Zn), Blei (Pb) und Antimon (Sb) sowie deren Legierungen. Weichlotverbindungen sind dünn und können nur geringe Kräfte übertragen.

Beispiel 3 L-SnZn 40, Zinnlot (Lötzinn) nach DIN 8512 – Hart- und Weichlote für Aluminium-Werkstoffe –, Weichlot, 50 bis 70% Zinn (Sn), 30 bis 50% Zink (Zn), Arbeitstemperatur ≈ 260 °C.

Beim Hartlöten werden Messinglote (Kupfer-Zinn-Legierungen) mit Schmelztemperaturen von 450 °C bis 1000 °C verwendet. Hartlötverbindungen sind fest, können gehämmert werden (Schlaglot) und übertragen größere Kräfte.

Beispiel 4 L-CuZn 40, Kupferlot für Schwermetalle nach DIN 8513 – Hartlote für Schwermetalle –, 59 bis 62% Kupfer, 0 bis 1,3% Silicium, Zinn, Mangan und Eisen, Rest Zinn, Arbeitstemperatur ≈ 900 °C, für Lötverbindungen von Stahl, Stahlguß, Kupfer und Kupferlegierungen, Nickel und Nickellegierungen, für Spalt- und Fugenlöten

Flußmittel (Salzsäure, Salmiak, Kolophonium, Borax) in Form von Pulver, Paste und wäßriger Lösung säubern die Verbindungsflächen und entfernten für Oxide, damit nur metallisch reine Stoffe verlötet werden. Zu jedem Lot soll das passende Flußmittel verwendet werden.

Beispiel 5 Flußmittel auf der Basis von Zink- und/oder Ammoniumchlorid in wäßriger Lösung:

F – S W 12
- 12 – Gruppennummer
- W – für Weichlöten
- S – für Schwermetall
- F – Flußmittel

Beispiel 6 Flußmittel auf der Basis von Zink- und/oder Zinnchlorid:

F – L W 1
- 1 – Gruppennummer
- W – für Weichlöten
- L – für Leichtmetall
- F – Flußmittel

Die *Wärmequellen* für Lötverbindungen sind in der Flamme oder elektrisch erhitzte Lötkolben, Lötlampen, Lötpistolen und Schweißbrenner.

Das Lot wird in Form von Pulver, Körnern oder Draht zugeführt. In Drahtform kann das Flußmittel in den Draht eingewalzt werden. Die besten Lötverbindungen ergibt das Spaltlöten. Dabei wird das flüssige Lot durch die Kapillarwirkung in den Spalt gesaugt (**14**.42). Die günstige Spaltbreite beträgt 0,05 bis 0,25 mm. Beim Fugenlöten haben die Verbindungsfläche einen Abstand von > 0,5 mm (**14**.43).

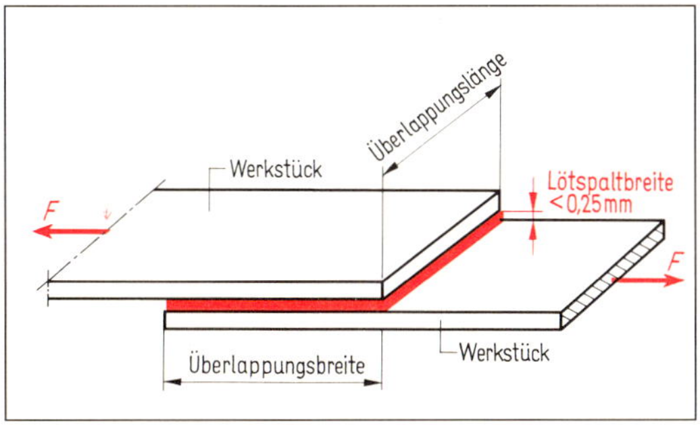

14.42 Schema des Spaltlötens (Überlappungsstoß)

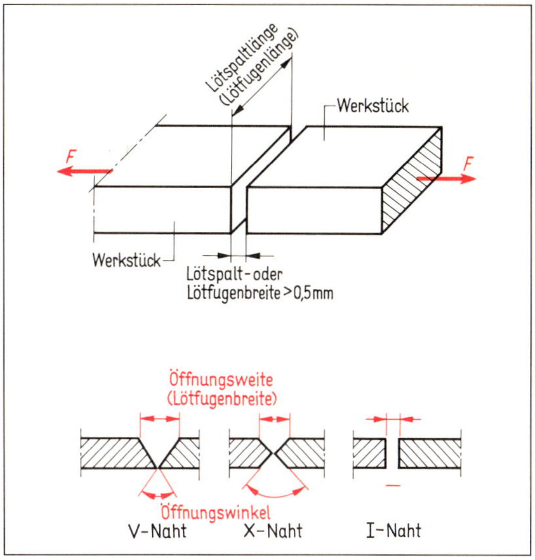

14.43 Lötfugen beim Fugenlöten

Klebverbindungen im Metallbau werden nach den fachlichen Regeln für allgemeine Klebeverbindungen mit Kunststoffklebstoffen ausgeführt (s. Abschn. 15.3.2).

Falzverbindungen werden bei Metalldachdeckungen, Nietverbindungen werden im Leichtmetallbau als Kaltnietverbindungen, im Stahlhochbau als Warmnietverbindungen ausgeführt.

Schraubverbindungen sind lösbar und dadurch die wichtigste Verbindungsart im Gerüstbau und im Baugrubenverbau.

Beim **Gasschmelzschweißen** werden Stahlwerkstücke mit einem Acetylenbrenner bis zum Schmelzen erhitzt und unter Beigabe von Zusatzwerkstoff zusammengefügt.

Beim **Lichtbogenschmelzschweißen** erzeugt ein Lichtbogen zwischen Elektrode und Werkstück die Schmelzwärme.

Bei **Lötverbindungen** werden die Grundwerkstoffe durch ein Weich- oder Hartlot aus anderen Metallen mit niedrigerem Schmelzpunkt an den Berührungsflächen verbunden.

Klebverbindungen werden nach den fachlichen Regeln für allgemeine Klebverbindungen mit Kunststoffklebstoffen ausgeführt.

Aufgaben zu Abschnitt 14

1. Welchen Eisengehalt müssen wirtschaftliche verhüttbare Eisenerze haben?
2. Nennen Sie einige Eisenerzarten und ihre chemische Formeln.
3. Was verstehen Sie unter Aufbereitung der Eisenerze?
4. Welche Aufgaben hat der Koks im Hochofenprozeß?
5. Warum wird der Hochofen mit Zuschlägen beschickt?
6. Welchen Kohlenstoffgehalt hat Roheisen?
7. Geben Sie die technischen Eigenschaften von Grauguß an.
8. Nennen Sie einige Erzeugnisse für das Bauwesen aus Grauguß.
9. Beschreiben Sie die Gewinnung der Hochofenstückschlacke und ihre Verwendung im Bauwesen.
10. Geben Sie einige Verwendungen für Hüttensand im Bauwesen an.
11. Wie unterscheidet sich Stahl von Roheisen?
12. Nennen Sie einige Eigenschaften des Baustahls.
13. Erläutern Sie die verschiedenen Verfahren der Stahlherstellung.
14. Was verstehen Sie unter Flacherzeugnissen aus Stahl?
15. Unterscheiden Sie Form- und Stabstahl.
16. Was versteht man unter legiertem Stahl?
17. Beschreiben Sie die Verwendung von Werkzeugstählen.
18. Erläutern Sie die Begriffe chemische und elektrochemische Korrosion.
19. Was ist konstruktiver Korrosionsschutz?
20. Welche Verfahren sind üblich zum Oberflächenschutz des Stahls?
21. Begründen Sie die Notwendigkeit und Bedeutung eines sorgfältigen Brandschutzes für Stahl.
22. Beschreiben Sie einige Möglichkeiten des Brandschutzes für Stahlbauteile.
23. Erläutern Sie die Vorteile der Verwendung von Stahlbauteilen im Massivbau.
24. Welche Stahlerzeugnisse werden vorwiegend im Bauwesen verwendet?
25. Erläutern Sie die Vorteile des I-Profils.
26. Warum muß die Auflagerlänge von hochbelasteten Stahlträgern berechnet werden?
27. Wie sichert man eine vollflächige Auflagerung des Trägerflansches?
28. Beschreiben Sie die Ausbildung von Stahlträgerstützen.
29. Vergleichen Sie Stahlstützen mit Mauerwerkspfeilern, Beton, und Stahlbetonstützen.
30. Beschreiben Sie das Ausmauern von Stahlfachwerk.
31. Welche Vorkehrungen sind nötig, wenn Stahlprofile verputzt werden?
32. Wie werden Stahlbauprofile auf der Baustelle miteinander verbinden?
33. Beschreiben Sie die bautechnisch wichtigen Eigenschaften von Kupfer.
34. Für welche Arbeiten wird im Bauwesen Zinkblech verwendet?
35. Welche Vorteile haben Aluminiumlegierungen gegenüber Aluminium?
36. Wo werden Falzverbindungen ausgeführt?
37. Unterscheiden Sie Kalt- und Warmnietverbindungen.
38. Warum soll man einschnittige Niet- und Schraubverbindungen vermeiden?
39. Beschreiben Sie die Anordnung von Nieten und Schrauben in Formstählen.
40. Beurteilen Sie lösbare und unlösbare Metallverbindungen.
41. Beschreiben Sie das Gasschmelzschweißen.
42. Beschreiben Sie das Lichtbogenschmelzschweißen.
43. Begründen Sie die Unfallverhütungsvorschriften beim Schweißen.
44. Beschreiben Sie das Löten.
45. Was versteht man unter einem Flußmittel?

15 Kunststoffe, Bitumen, Steinkohlenteerpech, Klebstoffe

15.1 Kunststoffe (Plaste)

15.1.1 Kunststoffe im Bauwesen

Die Verwendung von Kunststoffen als Hilfsstoff, Baustoff und Bauteil nimmt im gesamten Bauwesen (Hoch-, Tief- und Ausbau) immer mehr zu. Der junge Baufacharbeiter muß deshalb über grundlegende Kenntnisse der Kunststoffe verfügen. Die bauwichtigen Eigenschaften, die höchstzulässigen Gebrauchstemperaturen (**15**.1) und die Verträglichkeit der Kunststoffe muß er kennen.

Eigenschaften. Kunststoffe sind zwar (unterschiedlich) brennbar und nur begrenzt wärme- und kältebeständig, haben aber auch viele wünschenswerte Eigenschaften. Sie können flüssig, plastisch oder fest in gleichbleibender Güte geliefert und auf Dauer weich, elastisch oder fest erhalten werden. Kunststoffe haben eine geringe Dichte (**15**.2) und eine vergleichsweise hohe Festigkeit (**15**.3).

Sie sind elektrisch nichtleitend, wasserdicht, wärmedämmend (**15**.4), durchscheinend oder durchgehend eingefärbt, beständig gegen Feuchtigkeit und die meisten chemischen Einwirkungen.

■ **Versuch 1** Halten Sie verschiedene Kunststoffproben von Folien, Fußbodenplatten, Fugenbändern, Fugenkitten und Profilen an die Flamme eines Bunsenbrenners und beobachten Sie die unterschiedlichen Brennvorgänge.

Ergebnis Je nach Kunststoffart schmelzen oder tropfen die Proben oder verbrennen mit gelblicher, bläulicher oder gelbgrüner Flamme; teils starke Geruchsentwicklung.

Tabelle **15**.1 **Maximale Gebrauchstemperaturen bauwichtiger Kunststoffe**

Kunststoff	Kurzzeichen	maximale Gebrauchstemperatur (mittlere Werte)
Polyvinylchlorid weich	PVC weich	55
Polyvinylchlorid hart	PVC hart	65
Polystyrol	PS	75
Polyäthylen weich	PE weich	80
expandiertes Polystyrol	EPS	90
Polyäthylen hart	PE hart	100
Polyurethan-Hartschaum	PU	100
Polypropylen	PP	110
Silicone	SI	200
		0 50 100 150 200 °C ⟶

Tabelle **15**.2 **Dichte/Rohdichte von Kunststoffen im Vergleich mit anderen Baustoffen**

Baustoff	Dichte/Rohdichte
Kupfer	8,9
Baustahl	7,85
Aluminium	2,6
Beton	≈2,5
Polyvinylfluorid (PVF)	≈1,5
Ziegelmauerwerk	≈1,5
Siliconkautschuk	≈1,25
Polyvinylchlorid (PVC)	≈1,25
Polystyrol (PS)	≈1,05
Polyäthylen	≈0,93
Nadelholz	≈0,6
Polystyrol expandiert	≈0,02
Schaumharz (UF)	≈0,01

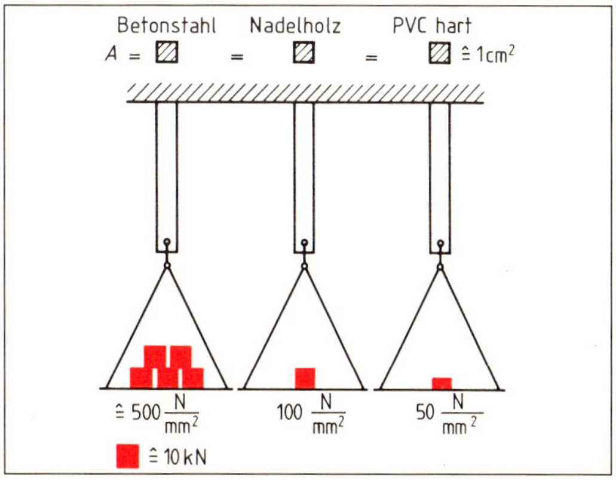

15.3 Mittlere Zugfestigkeit von Betonstahl, Nadelholz und Kunststoff (PVC hart)

Tabelle **15.4** **Wärmedämmung von expandierten Polystyrol EPS im Vergleich mit anderen Baustoffen**

Baustoff	Rohdichte ϱ_R	Wärmeleitzahl λ in $\frac{W}{m \cdot K}$	Wanddicken mit gleichem Wärmedämmwert
Expandiertes Polystyrol	0,02	0,04	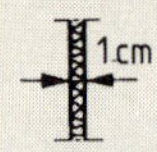 1 cm
Nadelholz	0,6	0,14	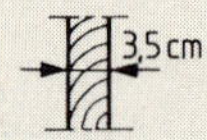 3,5 cm
Ziegelmauerwerk	1,8	0,80	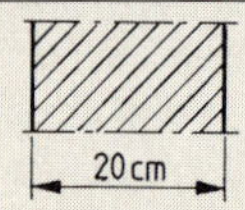 20 cm
Normalbeton	2,4	2,0	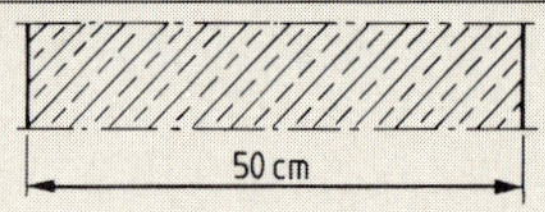 50 cm

Tabelle **15.5** **Einordnung der Kunststoffe innerhalb der Baustoffe**

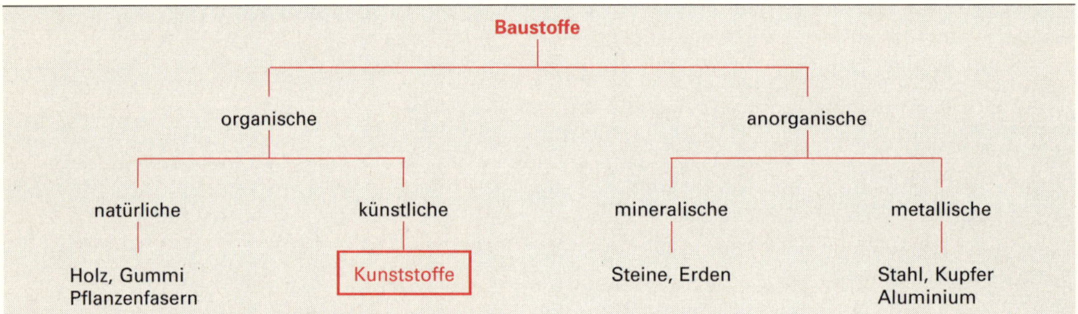

■ **Versuch 2** Erhitzen Sie Proben fester Kunststofferzeugnisse (Becher, Bleistifthülse, Profilstab, Kunstglas, Schichtpreßstoff o.ä.) in kochendem Wasser. Versuchen Sie, die noch heißen Proben zu verformen. Beobachten Sie das unterschiedliche Verhalten.

Ergebnis Die Proben lassen sich mehr oder minder stark verformen; einige federn nach dem Erkalten in die ursprüngliche Form zurück.

■ **Versuch 3** Halten Sie dünnwandige oder stabförmige feste Kunststoffe 2 bis 3 cm entfernt über die Flamme eines Bunsenbrenners und versuchen Sie, sie durch Biegen zu verformen.

Ergebnis Die Proben quellen auf und bilden Blasen; sie lassen sich teils verformen, teils reißen sie ab.

■ **Versuch 4** Füllen Sie kleine Proben
a) verschiedene Kunststoffe, b) von Kalksteinen, Kalkmörtel, Stahl und Zink getrennt in weite Versuchsgläser und gießen Sie verdünnte Salzsäure (1:2) darüber. Beobachten Sie die Wirkung
a) während der nächsten Stunde in der Säure, b) nach dem Herausnehmen und c) nach einer Woche Trokkenlagerung.

Ergebnis Je nach Kunststoffart werden die Proben angeätzt, verfärbt, aufgelöst oder sie quellen auf.

Kunststoffe mit Güteschutzzeichen (**15.6**) gewährleisten die Einhaltung der einschlägigen Normen und gesetzlichen Vorschriften.

Die chemischen und technischen Eigenschaften der Kunststoffe sind in DIN-Normen zusammengestellt.

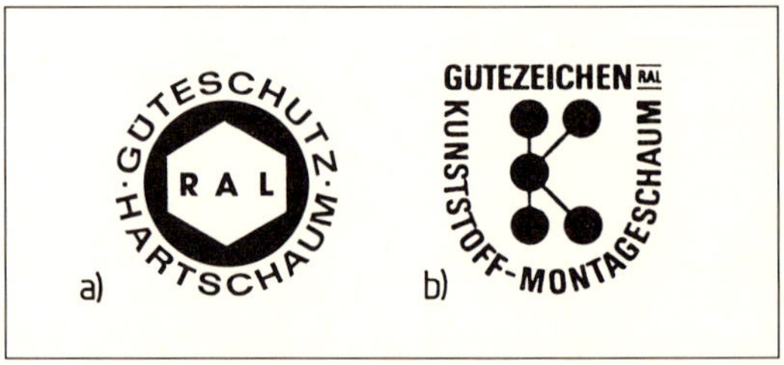

15.6 Güteschutzzeichen
a) der Gütegemeinschaft Hartschaum
b) für Montageschaum

Kunststoffe werden im Bauwesen in zunehmendem Maß in flüssiger, plastischer, oder fester Form für die verschiedensten Arbeiten verwendet. Sie sind von gleichbleibender Güte, je nach Kunststoff auf Dauer weich, elastisch oder fest, dicht oder porös und widerstandsfähig gegen Feuchtigkeit und chemische Einwirkungen.

Bei der Verwendung müssen Güteschutzzeichen und Herstellerhinweise beachtet werden.

15.1.2 Kunststoffchemie

Die Kunststoffchemie ist ein bedeutender Zweig der organischen Chemie. Sie erforscht den Aufbau der Kunststoffe und entwickelt die grundlegenden industriellen Herstellungsverfahren.

Tabelle **15.7** **Gliederung der Chemie**

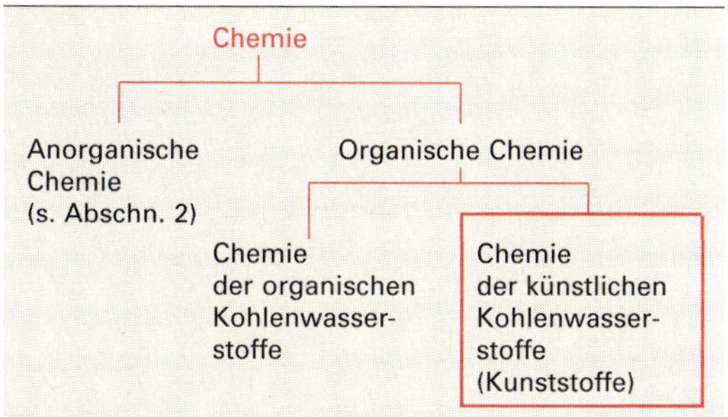

Stoffe und Verbindungen der anorganischen Chemie bestehen aus Molekülen mit einer verhältnismäßig geringen Anzahl von Atomen:

Summenformel	Strukturformel
HCl	H—Cl

1 Molekül Salzsäure enthält 1 Atom Wasserstoff und 1 Atom Chlor

$CaCO_3$

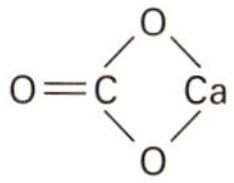

1 Molekül Calciumcarbonat enthält 1 Atom Calcium, 1 Atom Kohlenstoff und 3 Atome Sauerstoff

$CaSO_4$

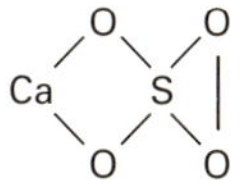

1 Molekül Calciumsulfat enthält 1 Atom Calcium, 1 Atom Schwefel und 4 Atome Sauerstoff

Makromoleküle. Die künstlichen (synthetischen) Kohlenwasserstoffe der organischen Chemie dagegen bestehen aus Molekülen mit einer sehr großen Anzahl von einzelnen Atomen. Diese Moleküle heißen deshalb Groß-, Riesen- oder Makromoleküle; sie können 1000 bis 1000000 Atome enthalten, die fadenförmig aneinandergereiht sind. Wegen dieser Form heißen sie auch Faden- oder Kettenmoleküle. Sie enthalten immer Kohlenstoff (C) und Wasserstoff (H), daneben in geringerem Maße Sauerstoff (O), Stickstoff (N), Chlor (Cl), Fluor (F) und einige anderen Elemente.

Die Bildung von Makromolekülen ist durch die Vierwertigkeit und die Reaktionsbereitschaft der Kohlenstoffatome möglich. Die fadenförmigen Makromoleküle sind in unterschiedlichen Anordnungen verknäult, verfilzt und an Kreuzungspunkten verbunden gelagert. Länge der Moleküle und Art der Lagerung bestimmen die Eigenschaften des jeweiligen Kunststoffs.

Organische Kohlenwasserstoffe wie Holz, Harze und Kautschuk sind auch aus Makromolekülen aufgebaut. Sie können durch chemische Verfahren in Kunststoffe umgewandelt werden. Für das Bauwesen sind diese umgewandelten Naturstoffe von geringer Bedeutung (Vulkanfiber, Celluloid, Kaseinfarben). Hier sind nur die künstlich (synthetisch) hergestellten Kohlenwasserstoffe = Kunststoffe auf der Basis der Rohstoffe Kohle, Erdöl und Erdgas (die alle Kohlenstoff und Wasserstoff enthalten) wichtig.

Die Kunststoffchemie ist ein Teil der organischen Chemie. Sie befaßt sich mit den künstlichen Kohlenwasserstoffverbindungen, den Kunststoffen.

Kunststoffe sind aus fadenförmigen Makromolekülen aufgebaut und enthalten Kohlenstoff und Wasserstoff, dazu in geringem Maß Sauerstoff, Stickstoff, Chlor, Fluor u.a.

Rohstoffe für die Herstellung der Kunststoffe sind Kohle, Erdöl und Erdgas.

15.1.3 Herstellung von Kunststoffen

Gesättigte Kohlenwasserstoffe. Das Kohlenstoffatom verfügt über vier Wertigkeiten (Valenzen). Wenn jede Valenz durch eine Einfachbindung gesättigt ist, sprechen wir von einem gesättigten Kohlenwasserstoff. Einfachbindungen sind stabil, gesättigte Kohlenwasserstoffe folglich reaktionsträge.

Beispiel 1

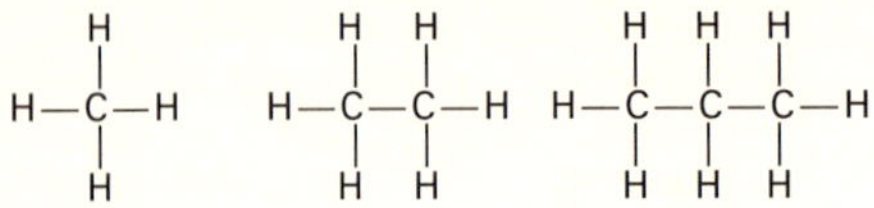

Methan (CH_4) Äthan (C_2H_6) Propan (C_3H_8)

Ungesättigte Kohlenwasserstoffe. Weist eine Kohlenwasserstoffverbindung Doppel- oder Dreifachbindungen auf, sprechen wir von ungesättigten Kohlenwasserstoffen. Doppel- und Dreifachbindungen sind unstabil und lassen sich leicht aufklappen (aufspalten, aufsprengen). Es entstehen dann reaktionsfähige Grundbausteine zur Bildung von Makromolekülen.

Beispiel 2

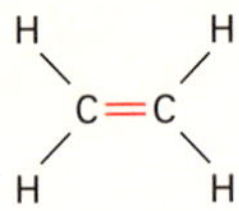

Äthylen (Äthen) C_2H_4

Acetylen (Äthin) C_2H_2

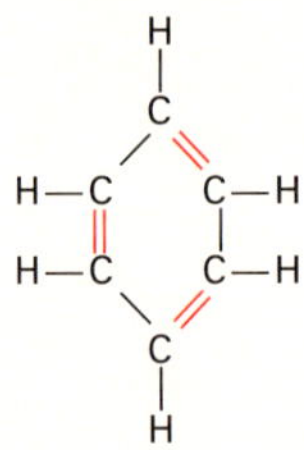

Benzol C_6H_6

Die Strukturformeln zeigen,

- daß Einfachbindungen zwischen gleichen und verschiedenen Atomen möglich sind;
- daß es Doppel- oder Dreifachbindungen nur zwischen den Kohlenstoffatomen gibt;
- daß die Kohlenstoffatome linear aneinandergereiht, aber auch ringförmig (zyklisch) angeordnet sein können.

Polymere (vielteilige) Kohlenwasserstoffe (Polymere) entstehen aus monomeren (einteiligen) Verbindungen (Monomeren) auf drei Arten: durch Polymerisation, Polykondensation und Polyaddition.

Polymerisation bezeichnet das Aufspalten der Doppel- oder Dreifachbindungen *gleichartiger* ungesättigter Kohlenwasserstoffe und die Aneinanderreihung (Verkettung) der so entstandenen reaktionsfähigen Grundbausteine zu einem Makromolekül. Diese Verbindungen heißen *Polymerisate.*

Die chemischen Grundbausteine verbinden sich linear zu dem fadenförmigen Makromolekül des Polyäthylens (PE):

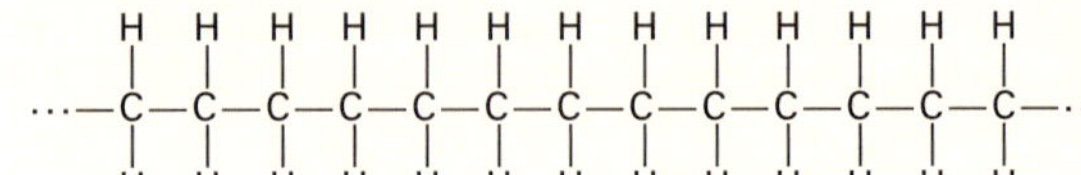

Wenn in regelmäßigen Abständen H-Atome durch andere Nebengruppen ersetzt werden, entstehen neue Kunststoffe mit jeweils unterschiedlichen Eigenschaften.

Beispiel 4 Makromolekül des Polyvinylchlorids (PVC)

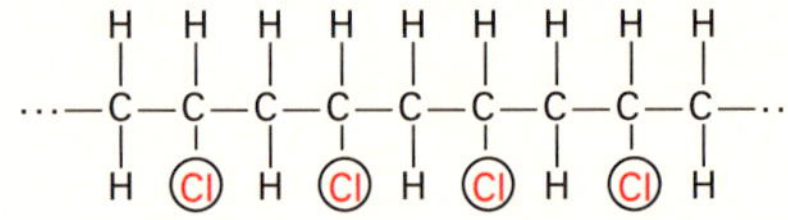

Makromolekül des Polyvinylfluorids (PVF)

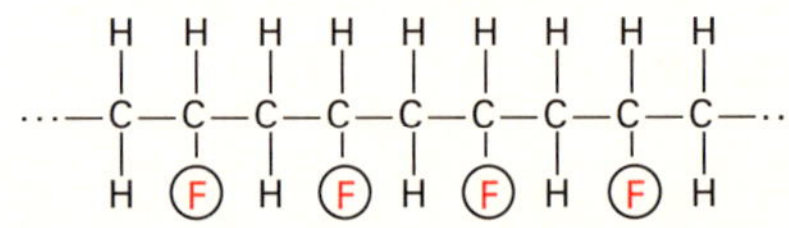

Bei der Polykondensation werden Doppel- oder Dreifachbindungen *ungleichartiger* Moleküle aufgeklappt. Die so entstandenen reaktionsfähigen chemischen Grundbausteine verketten sich unter Abspaltung von Nebenprodukten, meist Wasser. Die Verbindungen heißen *Polykondensate.*

Die Polyaddition verläuft wie die Polymerisation, aber ohne Abspaltung von Nebenprodukten. Doch sind die chemischen Grundbausteine des Makromoleküls selbst bereits relativ große Moleküle; es kommt bei der Verkettung zu Atomumlagerungen zwischen den einzelnen Grundbausteinen. Die entstandenen Produkte heißen *Polyaddukte.*

> Die Synthese von künstlichen Kohlenwasserstoffen = Kunststoffen durch Bildung von Makromolekülen wird möglich durch die faden- oder kettenförmige Aneinanderreihung von Kohlenstoffatomen.
>
> Die drei chemischen Reaktionsweisen (Verfahren) zur Bildung von Kunststoffen heißen Polymerisation, Polykondensation und Polyaddition.

Beispiel 3 Entstehung von Polyäthylen aus Äthylen durch Polymerisation

Äthylenmolekül

reaktionsfähiger Chemischer Grundbaustein des Makromoleküls Polyäthylen

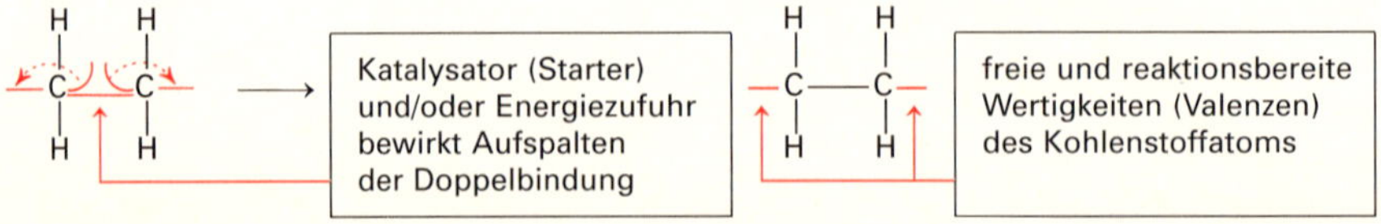

15.1.4 Einteilung der Kunststoffe

Unabhängig von ihrer Entstehung (Herstellung) durch Polymerisation, Polykondensation oder Polyaddition werden die Kunststoffe in drei Gruppen eingeteilt, die sich hauptsächlich durch ihre Eigenschaften unterscheiden.

Thermoplaste (oder Plastomere) bestehen aus fadenförmigen Makromolekülen, die regellos linear, verknäult, verfilzt (amorph) oder streckenweise gebündelt (teilkristallin) gelagert sind (**15**.8).

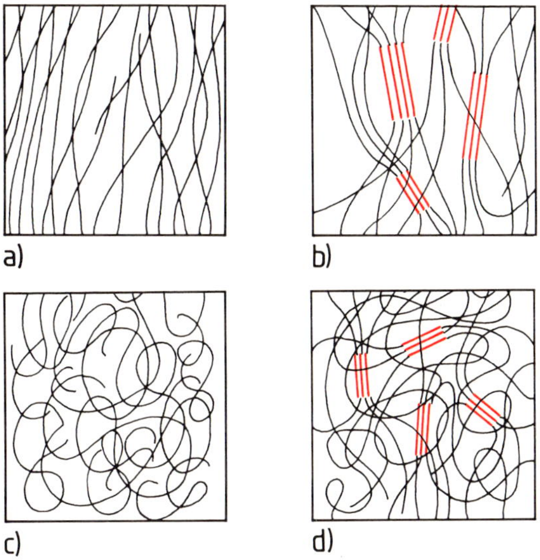

15.8 Anordnung (Lagerung) der Makromoleküle bei Thermoplasten
a) vorwiegend linear, amorph, b) vorwiegend linear, teilkristallin, c) vorwiegend verknäult, amorph, d) vorwiegend verknäult, teilkristallin

Bei der amorphen Lagerung besteht an den Kreuzungs- und Berührungspunkten der Fadenmoleküle keine besondere Bindung. Bei der teilkristallinen Lagerung sind die Fadenmoleküle über Teilstrecken geordnet und miteinander verzahnt. Unabhängig von der Lagerung werden bei Thermoplasten die Makromoleküle vorwiegend durch *physikalische* Kräfte zusammengehalten (Massenanziehungskräfte, klettenartige Verklammerung). Beim Erwärmen verschieben sich die Fadenmoleküle gegeneinander, die Thermoplaste werden weich und spannungsfrei verformbar. Beim Abkühlen nehmen sie die neue Form an, die Lagerungsart der Moleküle bleibt erhalten.

Duroplaste (oder Duromere) bestehen aus räumlich miteinander verbundenen fadenförmigen Makromolekülen, die zwar auch regellos (amorph) verknäult gelagert sind, an den Kreuzungs- und Berührungspunkten aber fest miteinander verbunden sind (**15**.9). Aus den Kreuzungspunkten sind Knotenpunkte geworden. Die Formgebung erfolgt im flüssigen oder hochplastischen Zustand. Beim Abkühlen (Aushärten) bilden sich an den Knotenpunkten feste chemische Bindungen. Dadurch werden die Duroplaste *räumlich engmaschig* vernetzt. Durch Erwärmen werden sie nicht mehr weich und verformbar.

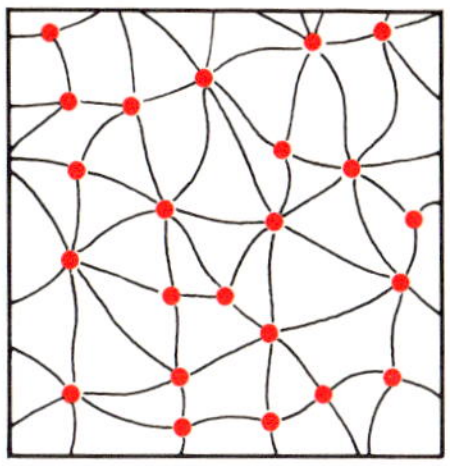

15.9 Anordnung der Makromoleküle bei Duroplasten

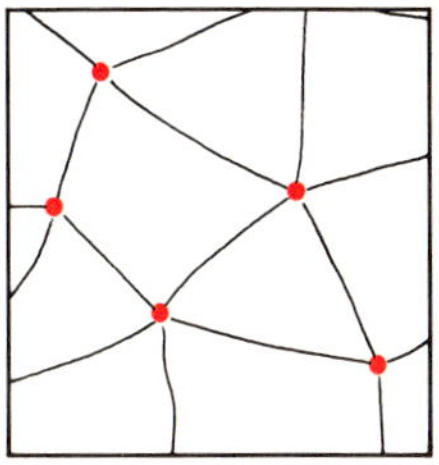

15.10 Anordnung der Makromoleküle bei Elastomeren

Elastomere ähneln den Duroplasten, jedoch haben die Knotenpunkte wesentlich größere Abstände voneinander (**15**.10). Wir sprechen deshalb von einem *räumlich weitmaschig* vernetzten Aufbau. Wärmezufuhr ändert die Eigenschaften der Elastomere nicht. Sie bleiben in einem weiten Temperaturbereich gummielastisch (**15**.11).

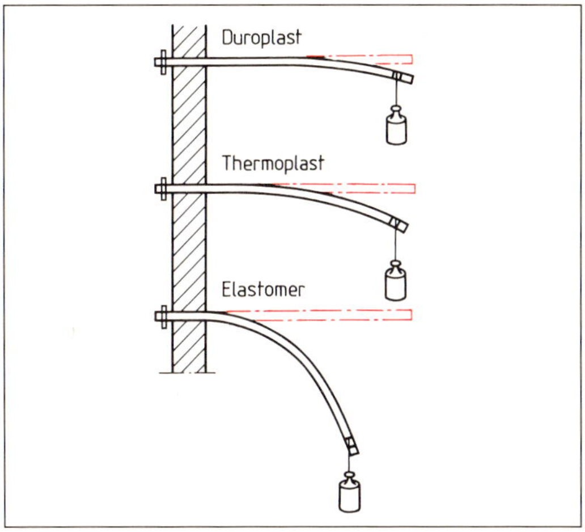

15.11 Steifigkeit (Stabilität der 3 Kunststoffarten)

Silicone nehmen eine Sonderstellung ein, weil anstelle der Kohlenstoffatome in der Hauptkette des Fadenmoleküls Silicium-Atome stehen. Wegen ihrer ähnlichen technischen Eigenschaften werden sie aber auch zu den Kunststoffen gezählt, obwohl sie keine Kohlenwasserstoffverbin-

Tabelle **15**.12 **Übersicht über die Kunststoffe**

	Thermoplaste (Plastomere)	Duroplaste (Duromere)	Elastomere
Molekularer Aufbau	linear oder verknäult, amorph oder teilkristallin	engmaschig räumlich vernetzt	weitmaschig räumlich vernetzt
Eigenschaften	bei Wärmezufuhr plastisch und verformbar, erhärten wieder beim Abkühlen	bleiben auch bei Wärmezufuhr hart und formbeständig	bleiben in einem weiten Temperaturbereich gummielastisch
Beispiele	Polyäthylen (PE), Polystyrol (PS), Polyvinylchlorid (PVC)	Phenoplast (PF), Epoxidharze (EP)	vernetztes Polyurethan (PUR)

dungen sind. Das typische Makromolekül eines Silicons hat diese Strukturformel:

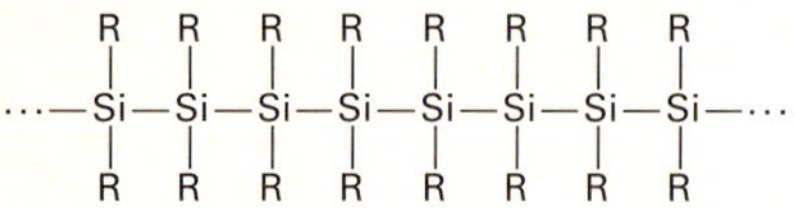

Dabei steht R für Rest, eine organische Seitengruppe, z. B. – CH_3

Je nach dieser Seitengruppe R erhält man Siliconöle, weitmaschig vernetzte Elastomere (Silicongummi) oder engmaschig vernetzte Duroplaste (Siliconharze). Silicone sind wasserabweisend, chemisch beständig, reagieren nicht mit anderen Kunststoffen und behalten in einem weiteren Temperaturbereich als Kohlenwasserstoffe gleichmäßige technische Eigenschaften.

Kunststoffe werden nach ihrem molekularen Aufbau und den sich daraus ergebenden technischen Eigenschaften eingeteilt in Thermoplaste, Duroplaste und Elastomere.

Thermoplaste mit amorpher oder teilkristalliner Lagerung der Moleküle haben weitgehend temperaturabhängige Festigkeitseigenschaften und sind warmverformbar.

Duroplaste mit räumlich engmaschig vernetzter Struktur sind in weiten Temperaturbereichen hart und nicht warmverformbar.

Elastomere sind räumlich weitmaschig vernetzt, dauerelastisch und weitgehend temperaturunabhängig.

Silicone sind kunststoffähnliche Verbindungen, bei denen anstelle des Kohlenstoffatoms Siliconatome die Hauptkette des Makromoleküls bilden.

15.1.5 Verwendung von Kunststoffen im Bauwesen

Körperschutz ist Aufgabe der Unfallverhütung. Schutzhelme aus Kunststoff sind leicht, witterungsbeständig, schwer entflammbar, elektrisch nicht leitend, bruchfest. Aus Kunststoffen bestehen Staubmasken, Schutzhandschuhe, Schutzkleidung und Schnellverbände.

Zeichengeräte aus Kunststoff: Maßstäbe, Winkel, Winkelmesser, Schablonen.

Baugeräte (Eimer, Mörtelkübel, Wasserschläuche u. a.) aus Kunststoff sind leicht, bruchfest, verrottungsbeständig, säurefest und einfach zu reinigen.

Baufolien in Dicken von 0,03 bis 0,2 mm und Breiten bis zu 6 m sind flexibel, dehnfähig, reißfest, transparent, wasserdicht und widerstandsfähig gegen die meisten Chemikalien. Sie sind vor offener Glut und Flammen zu schützen! Verwendung zum Abdecken, Verkleiden von Gerüsten, Schließen von Tür- und Fensteröffnungen im Rohbau, Auskleidungen von Schalungen, Sperrschichten

15.13 Verlegen einer beidseitig bitumierten Kunststoff-Folie als Sperrschicht gegen aufsteigende Feuchtigkeit im Mauerwerk

bei schwimmendem Estrich, Flachdach und Mauerwerksbau gegen Feuchtigkeit (**15**.13) sowie für Hallen und Großzelte beim Winterbau und bei Lagerungen.

Hartschaumstoffe (**15**.14) mit geschlossenen, luftgefüllten Poren für Füllkörper in Stahlbetonrippendecken (**15**.15) und Aussparungen in Schalungen. In Plattenform als Wärmedämmschichten in Flachdächern, bei schwimmendem Estrich, untergehängten Decken, mehrschaligem Mauerwerk (**15**.16), Heizkörpernischen, Rolladenkästen, für leichte Trennwände, mit Holzwolle-Leichtbauplatten kombiniert zu mehrschichtigen Leichtbauplatten sowie für weitere Wärme-, Kälte- und Schallschutzarbeiten (**15**.17).

Weich-elastische Schaumstoffe mit offenen Zellwänden (kapillaren Zellen) sind wassersaugend und nicht belastbar. Sie werden in Rollen geliefert und für Dämmarbeiten ohne Durchfeuchtung oder mechanische Beanspruchung verwendet (abgehängte Decken, zweischalige Flachdächer, Sparrenzwischenräume bei Steildächern).

15.14 Werdegang einer Hartschaumplatte
a) 100 g feste Styroporkörnchen
b) 100 g geschäumtes Styropor
c) 100 g schwere Polystyrol-Hartschaumplatte

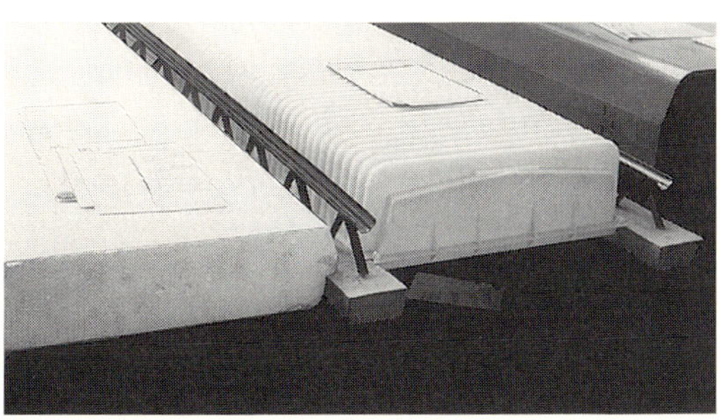

15.15 Kunststoffe bei Stahlbetonrippendecken. Links Füllkörper aus Hartschaum, rechts dünnwandiger Schalkörper aus hartzähem Kunststoff

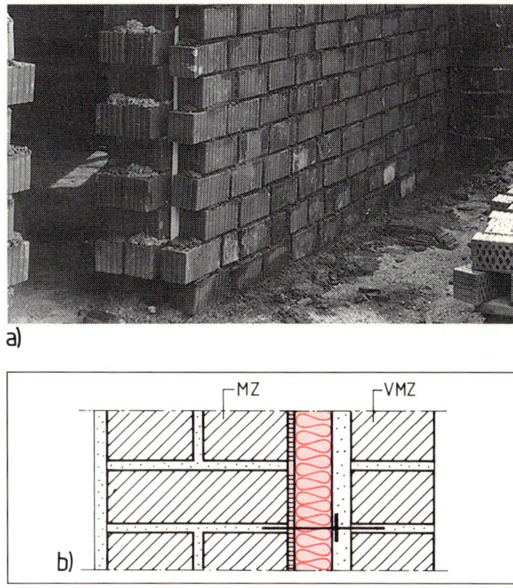

15.16 Hartschaumplatten
a) als Dämmschicht in einer zweischaligen Ziegelwand
b) Schnitt durch eine zweischalige Außenwand mit Vormauerziegeln

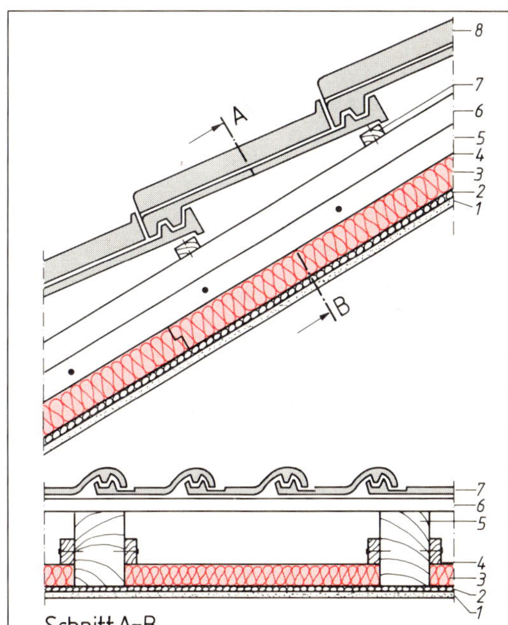

15.17 Hartschaumplatten als Wärmedämmschicht im Sparrenzwischenraum von Steildächern

1 Innenputz
2 Putzträger
3 Styropor-Hartschaumplatte (gefalzt)
4 Andruckfläche, verklebt
5 Dachlatte
6 Sparren
7 Dachlatten
8 Dachziegel

Breiiger Schaumstoff hat ebenfalls Dämmwirkung und wird zum Ausschäumen von Schlitzen, Hohlräumen und Zwischenräumen genommen. Nach dem Verschäumen (Verspritzen) erhärtet er.

Harte, zähe und schlagfeste Kunststoffe werden für Rohre, Schalungen, Abstands- und Montagehalter, Dachrinnen, Lichtschächte und ebene und gewellte Platten verwendet (**15.**18 und **15.**19).

15.18 Kunststoffschalung für eine Stahlbetontreppenstufe

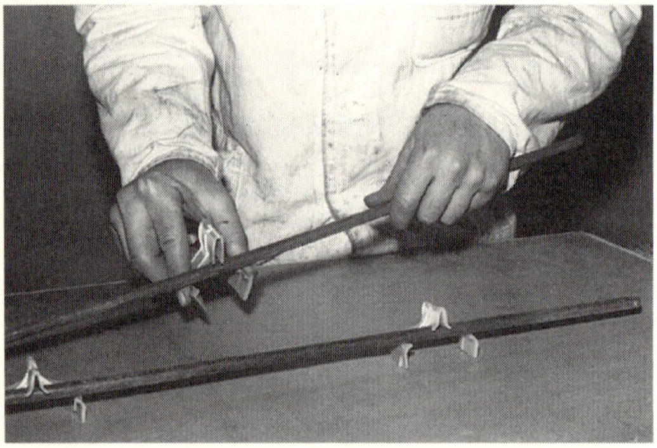

15.19 Kunststoffabstandhalter für Bewehrungsstäbe

Fugenbänder stellt man aus zähelastischen, temperaturbeständigen, dauerelastischen und nicht verrottenden Kunststoffen her (**15.**20).

Schutzanstriche gegen Korrosion, Wasser, Öl und chemische Angriffe mit flüssigen Kunststoffen, Farben und Lacken auf Kunststoffbasis, vor allem mit flüssigen Siliconen (**15.**21).

Kunststoffmörtel verarbeitet man mit oder ohne Zement und Zuschlägen. Geliefert werden sie als Dispersion oder Emulsion (feinverteilt in Flüssigkeit oder Paste), als Pulver oder Paste (gebrauchsfertig zum Anrühren mit Wasser) oder als Zwei-Komponenten-Masse (Grundmasse und Härter), kurz vor Verarbeitung mit Spachtel oder Rührwerk zu mischen.

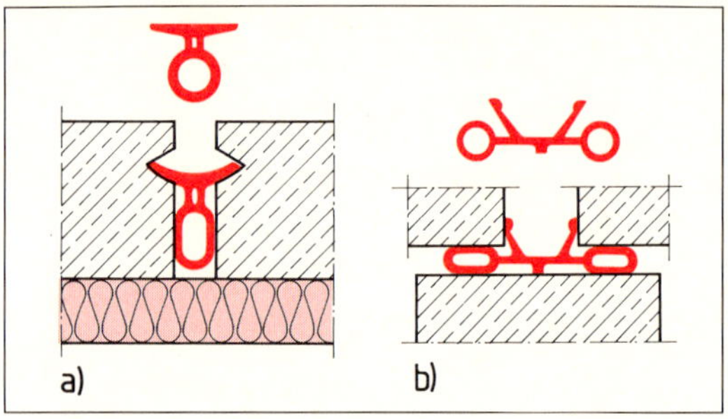

15.20 a) Fugenband als Schlauchprofil mit Pilzkopf
b) vierlippiges Abdichtungsprofil bei Stahlbetonfertigteilen

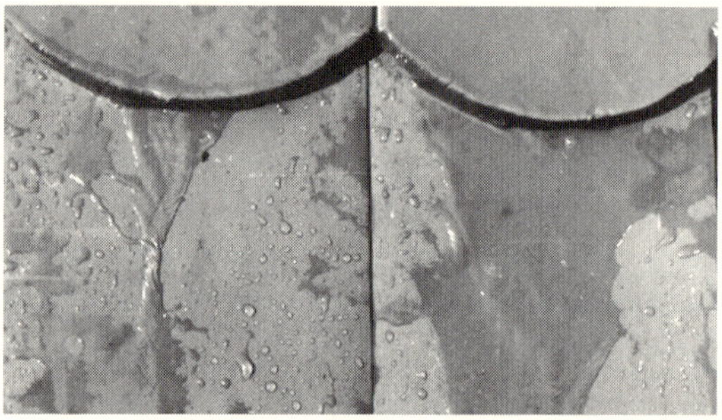

15.21 Wasserabweisende Wirkung eines Siliconanstrichs auf Biberschwanz-Dachziegeln, links: Wasser dringt nicht ein, rechts: Wasser wird aufgesaugt

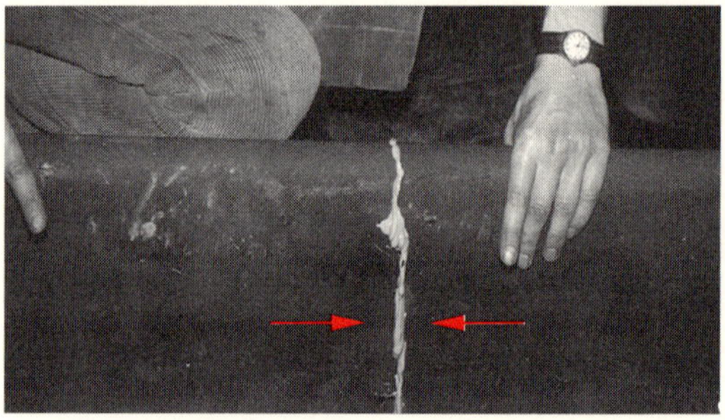

15.22 Kleben eines zerbrochenen Betonwerksteins mit Kunststoffmörtel (Kunststoffkleber)

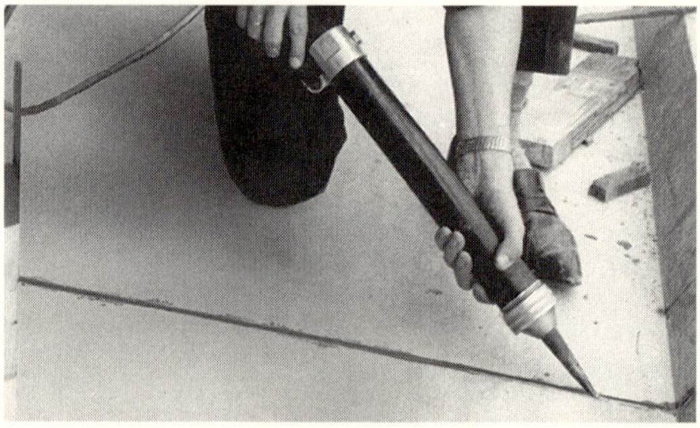

15.23 Einspritzen einer dauerelastischen Dichtungsmasse mit Spritzpistole in eine Dehnungsfuge

Klebemörtel ohne Zusätze, gebrauchsfähig, dienen als Haftbrücken (sichere Verbindung) zwischen altem und neuem Beton, Estrich und Putz, als Dünnbettmörtel auf ebenem Untergrund für Keramik- und Kunststoff-Fliesen, zum Kleben von Leichtbauplatten und zum Zusammenkleben von Betonteilen bei Reparaturen (**15**.22).

Putzmörtel als dünnschichtiger Oberputz wird feinkörnig als Glättputz und grobkörnig als Edelputz (Rauhputz) innen und außen verwendet. Zugabe von Farben und Füllstoffen möglich.

Spachtelmasse zum Glätten und Ausflicken. *Fugenmörtel* drückt man als zäh-breiige, nach dem Verfestigen dauerelastische Dichtung mit Spritzpistolen in Dehnungs- und Anschlußfugen (**15**.23).

Mörtel- und Betonzusätze aus Kunststoff oder auf Kunststoffbasis verbessern die Plastizität, Dichte, Festigkeit und Widerstandsfähigkeit bei gleichbleibendem Wasserzementfaktor.

Außer den Baufacharbeitern verwenden auch andere am Bau tätige Handwerker Kunststoffe, so Tischler, Klempner, Bauschlosser, Heizungsbauer und Elektriker (**15**.24).

Handelsnamen. Erschwerend ist die Vielfalt der Kunststoffarten, aus denen die unterschiedlichsten Erzeugnisse hergestellt und unter einer kaum überschaubaren Zahl von Handelsnamen vertrieben werden. Deshalb müssen die Hinweise und Verarbeitungsrichtlinien der Hersteller genau beachtet werden.

Die Übersicht **15**.25 zeigt die Problematik an einigen ausgewählten Kunststoffen.

Aus Kunststoffen werden für die Verwendung am Bau hergestellt: Schutzkleidung, Behälter, Folien, Hartschaumplatten, Wärme- und Kälteschutzkonstruktionen, Trennwände, breiige Schaumstoffe zum Ausschäumen, Rohre, Schalungselemente, Fugenbänder und Schutzanstriche, Kunststoffmörtel, Klebstoffe sowie Beton- und Mörtelzusatzmittel.

Bei der Verwendung von Kunststoffen müssen Art und Handelsname unterschieden werden (eingetragenes Warenzeichen®), die Herstellerhinweise sind genau zu beachten.

Tabelle **15**.24 **Kunststoffe am Bau**

Anwendung	Handelsformen
Dächer	Bautenschutzfolien als Staub- und Feuchteschutz zwischen Sparren und Dachdeckung, Dachfolien als Deckschicht bei Massivdächern, Lichtkuppeln und glatte oder gewellte Lichtbahnen als Oberlichter, Dichtungskitte oder Fugenbänder für wasserdichte Überdeckung von Wellasbestplatten, Dachrinnen mit Ablaufstutzen, Fallrohren und Verbindungsstücken
Fassadengestaltung	Bahnen, Formteile, Profile, Kunststoff-Fliesen u.a. als wetterbeständige Verkleidung, Schutzdächer über Haustüren und Verkleidung der Balkonbrüstungen aus glattem oder gewelltem Kunstglas, Rolläden und Jalousetten an Fenstern und Außentüren
Treppen	Stufenkanten- und Handlaufprofile, farbige, weich-elastische Schläuche zum Verkleiden von Rundstahl-Geländerstäben, Abdeckrosetten
Wasserversorgung	Elastische oder zäh-harte Rohre für Frischwasserzufuhr und Abwässerleitungen im Gelände und Gebäude, WC- und Badezimmereinrichtungen
Heizungsanlagen	Ummantelung der Heizungsrohre mit Dämmschalen aus Hartschaum in Kellern und Fabrikräumen, Schutzanstriche, Heizkörperverkleidungen
Elektroinstallation	Rohre für elektrische Leitungen, Isolierschicht der Leitungsdrähte, Schalter, Abzweig- und Steckdosen
Bodenbeläge	Bahnen oder Platten: einfarbig oder gemustert, durchgehend oder zweischichtig mit dünner Deckschicht aus elastischem Kunststoff und wärmedämmender Unterschicht aus Schaumstoff oder Filz, farbige Schweißschnüre, Sockelleisten
Wand- und Deckenverkleidung	Kunststoff-Fliesen, Platten aus Schichtpreßstoffen, Täfelungen, Profilstäbe, Dämm- und Akustikplatten
Türen und Fenster	Türzargen, Türblätter, lichtdurchlässige Platten, Falltüren, Garagentore, Fensterrahmen, Fensterbänke, Beschläge
Raumgestaltung	Gardinenleisten, Kunstlederbahnen, farbig gemusterte Bahnen, Leime, Farben, Lacke
Einfriedungen	Maschendraht mit Plastikmantel, Hohlprofil-Zaunstäbe

Tabelle **15**.25 **Übersicht Kunststoff, Handelsname, Erzeugnis**

Technische Bezeichnung	Kurz-zeichen	Beispiele für Rohstoff-Handelsnamen	Anwendungsgebiete, Verwendung
Polypropylen	PP	Hostalen PP, Novolen	hochbeanspruchte Rohre, Armaturen, Bodenbeläge
Polyäthylen	PE	Lupolen, Hostalen	Behälter, Rohre, Gewebe, Folien, Abstandhalter
geschäumtes Polystyrol	EPS	Hostapor, Styropor	Dämmplatten, Schallkörper, Leichtbauplatten, Akustikplatten
Polyvinylchlorid	PVC hart	Vinoflex, Hostalit, Levapren	Rolladenprofile, Bodenbeläge, Rohre, Schläuche, Dachrinnen, Fensterprofile
ungesättigtes Polyesterharz	UP-Harz	Palatal, Hostaset, Leguval	Kellerlichtschächte, Dachentlüfter, Flachdachgulli, Schalungselemente

15.1.6 Verarbeitung der Kunststoffe

Für Baufacharbeiter sind nur einfache trennende (Schneiden-, Sägen, Bohren) und verbindende (Schweißen, Kleben) Verfahren von Bedeutung. Außerdem kommt gelegentlich einfaches Warmverformen vor.

Schneiden. Man schneidet Folien und weiche Profile mit Messern und Scheren, dickere Folien und Hartschaumplatten mit Messer an einer Linealkante. Dünne, harte Platten lassen sich – je nach Kunststoffart – mit einer Messerspitze anritzen und dann nach oben biegen und brechen (**15**.26). Platten und Blöcke aus Hartschaum schneidet man auch mit einem erhitzten Draht.

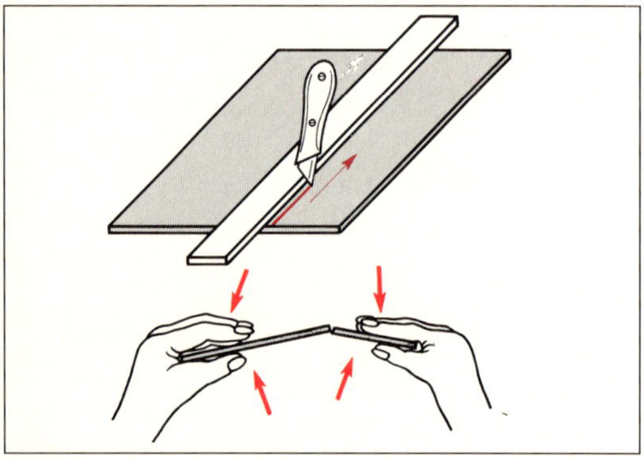

15.26 Anreißen und Brechen einer Kunststoffplatte

Sägen lassen sich fast alle Kunststoffarten (außer Folien). Wir verwenden Kreis- und Bandsägen sowie verschiedene Handsägen. Wichtiger als die Wahl der Säge sind die richtige Blattdicke, Zahnung und Schränkung. Bei Band- und Kreissägen muß die Geschwindigkeit auf den Kunststoff abgestimmt sein. Kreissägen eignen sich für gerade, Bandsägen auch für gekrümmte Schnitte.

Zum Bohren von harten Kunststoffen nehmen wir Metall-Spiralbohrer. In Tafeln aus thermoplastischen Kunststoffen bohrt man auch mit Kegelbohrern, die eine größere Spanmenge abführen. Bei Bohrungen mit Durchmessern über 40 mm werden mit Spezialwerkzeugen (Kreisschneider, Topfbohrer) Scheiben aus der Tafel herausgetrennt (**15**.27).

Kunststoffe sind schlechte Wärmeleiter; deshalb kann beim Sägen und Bohren ein Wärmestau auftreten. Durch Unterbrechen des Sägens oder Herausziehen des Bohrers aus dem Bohrloch und Wegblasen der Späne hält man die Erwärmung niedrig.

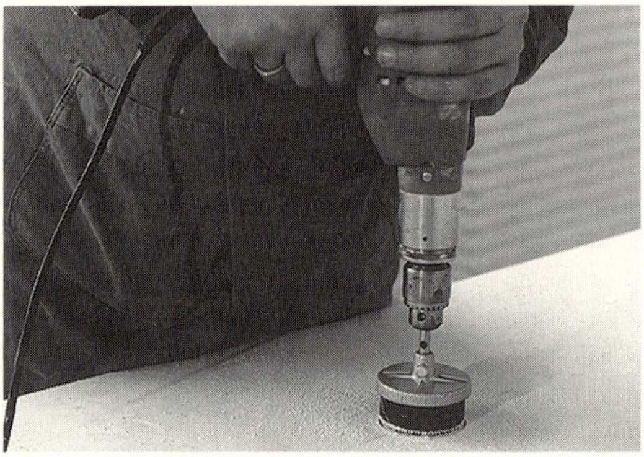

15.27 Ausbohren von kreisrunden Aussparungen aus Hartschaumplatten mit dem Topfbohrer

Beim Warmverformen von Thermoplasten (Tafeln, Profile, Rohre) wird das Kunststoffteil mit Infrarotstrahlern oder Heißluftbrennern auf 120 bis 160 °C gleichmäßig erwärmt und dann von Hand frei oder über eine Schablone gebogen und bis zum Erkalten in der gewünschten Form gehalten (**15**.28). Durch Anblasen mit Druckluft läßt sich die Abkühlungszeit verkürzen. Rohre müssen innen gestützt werden (Sandfüllung).

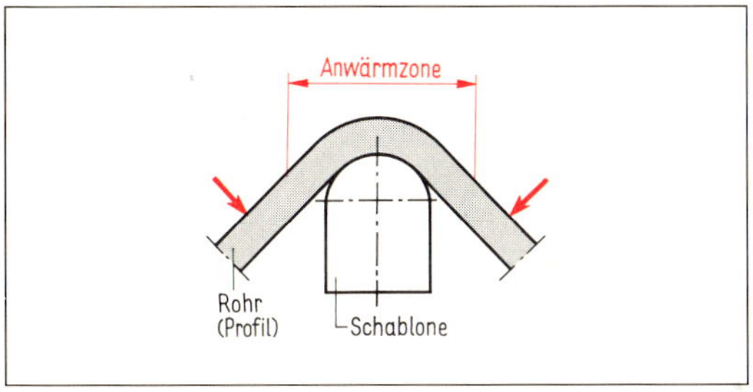

15.28 Warmverformen eines thermoplastischen Profils über einer Schablone

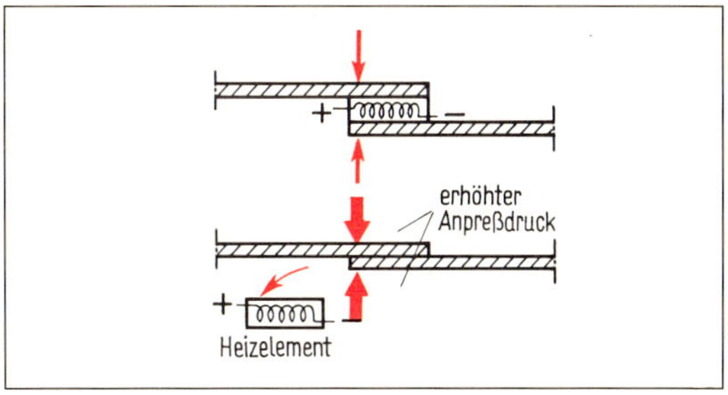

15.29 Stumpfschweißen von Kunststoffprofilen

Schweißen am Bau erfolgt mit einfachen Geräten. Beim *Stumpfschweißen* für Profile und Rohre erwärmt und erweicht ein Heizelement die Verbindungsflächen auf 180 bis 260 °C, die dann schnell und fest zusammengepreßt werden (**15.**29). Das *Überlappschweißen* wird für Tafeln unter 2 mm Dicke bevorzugt (**15.**30). Beim *Wärmeimpulsschweißen* werden dünne Folien aus Polyäthylen weich, Polypropylen oder Polystyrol zusammengelegt (gefalzt) durch einen „Wärmestoß" schnell erhitzt und gleichzeitig zusammengepreßt.

Beim Kleben sind äußerste Sorgfalt und Einhaltung der Verarbeitungsrichtlinien geboten. Dies gilt vor allem für die Auswahl der Kunststoffe und der Klebstoffe, die Vorbehandlung der Klebflächen (Reinigen, Entfetten, Abflammen, Aufrauhen), das Auftragen des Klebstoffs, die offene Zeit, das Zusammenfügen und Anpressen sowie die Nachbehandlung. Grundsätzlich können gleiche und verschiedene Kunststoffe miteinander, aber auch Kunststoffe mit artfremden Werkstoffen (Metall, Holz) verklebt werden.

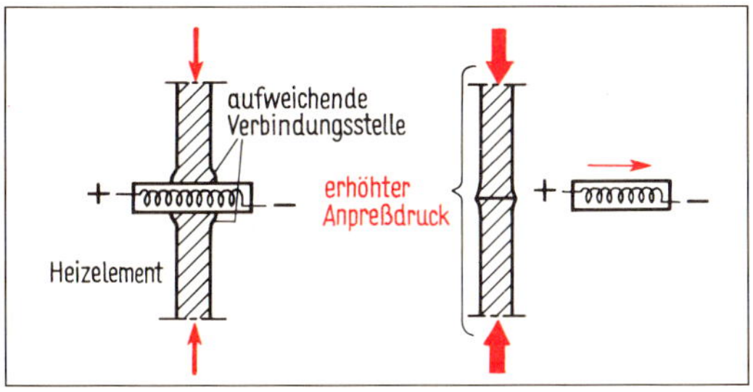

15.30 Überlappschweißen von Kunststofftafeln

Wir unterscheiden Haft-, Kontakt-, Zweikomponenten-, Lösungsmittel- und Schmelz-Klebstoffe.

Unfallverhütung. Beim Umgang mit Kunststoffen, vor allem beim Schweißen und Kleben, sind die Unfallverhütungsvorschriften sorgfältig zu beachten. Schwerpunkte sind der Augenschutz, der Haut- und Atemschutz sowie die Feuer- und Explosionsgefahr.

> Kunststoffe werden am Bau auf Länge und Form von Hand oder mit Maschinen geschnitten und gesägt und für Schraubverbindungen gebohrt. Die Werkzeuge müssen für die jeweilige Kunststoffart geeignet sein (Dichte, Zähigkeit, Härte).
>
> Einfaches Warmverformen geschieht durch Erwärmen und Biegen von Hand frei oder über Schablonen, Verbindung durch Heizelementschweißen oder Kleben.
>
> **Beim Verarbeiten von Kunststoffen sind die Unfallverhütungsvorschriften sorgfältig zu beachten!**

15.2 Bitumen und Steinkohlenteerpech

Bitumen, Teere und Peche bezeichnete man wegen der weitgehend gemeinsamen Anwendungsgebiete im Bauwesen (Straßenbau, Abdichtungen) und einiger gemeinsamer Eigenschaften als bituminöse Stoffe, die wegen ihres weiten Erweichungsbereichs ohne Schmelzpunkt den Thermoplasten ähneln. Sie sind wasserunlöslich, wasserundurchlässig und weitgehend widerstandsfähig gegen chemische Angriffe (anorganische Säuren, Alkalien, salzhaltige Lösungen). Bei organischen Lösungsmitteln verhalten sich Teer und Bitumen jedoch unterschiedlich.
Die Bezeichnung „bituminös" ist nach DIN 55946 Bitumen und Steinkohlenteerpech wegen ihrer unterschiedlichen chemischen Zusammensetzung nicht mehr zweckmäßig.

15.2.1 Bitumen und Zubereitungen aus Bitumen

Bitumen fällt als Rückstand bei der Erdöldestillation an. Es ist eine braun- bis schwarzglänzende Masse, die auch bei niedrigen Temperaturen verformbar ist. Bei Temperaturerhöhung wird Bitumen knetbar, zähflüssig und bei 150 °C schließlich dünnflüssig. In diesem Zustand ist Bitumen streichfähig und sehr benetzungswillig. Bitumen wird von Benzin, Benzol, Fetten und Ölen aufgelöst. Unvermischt ist es biologisch unschädlich, es enthält keinerlei Giftstoffe. Deshalb kann man es auch bei Einrichtungen der Trinkwasserversorgung einsetzen. Pflanzen und Wurzeln jedoch wachsen durch Bitumenschichten.

Nach den Herstellungsverfahren unterscheidet man Destillationsbitumen (Rückstand bei der Erdöldestillation), Oxidationsbitumen (Einblasen von Luft in das heißflüssige Destillationsbitumen) und Fällungsbitumen (durch Fällungsmittel aus Destillationsrückständen gewonnen). Nach Anwendungsgebieten unterscheidet man Straßenbaubitumen (Destillations- und Oxidationsbitumen) und Industriebitumen (meist Oxidationsbitumen außerhalb des Straßenbaus).

Bitumen kommt in den Sorten B300, B200, B80, B65, B45, B25, B15 in den Handel und ist zugleich Ausgangsstoff für weitere Bitumenerzeugnisse bzw. Handelsformen. Die Zahl 300 hinter dem Buchstaben B (für Bitumen) ist ein Maß für die Härte des Bitumens, die mit dem Penetrometer geprüft wird. Dabei wird die Eindringtiefe einer mit 100 g belasteten Prüfnadel in das Bitumen bei 25 °C nach 5 Sekunden gemessen (**15**.31). Die Zahlen 300, 200 usw. bis 15 bezeichnen die Eindringtiefe in Zehntelmillimeter. Je höher die Kennzahl, desto weicher ist folglich das Bitumen.

Das thermoplastische Verhalten bei Erwärmung beurteilt man durch Bestimmen des Erweichungspunkts mit Ring und Kugel (RuK, **15**.32).

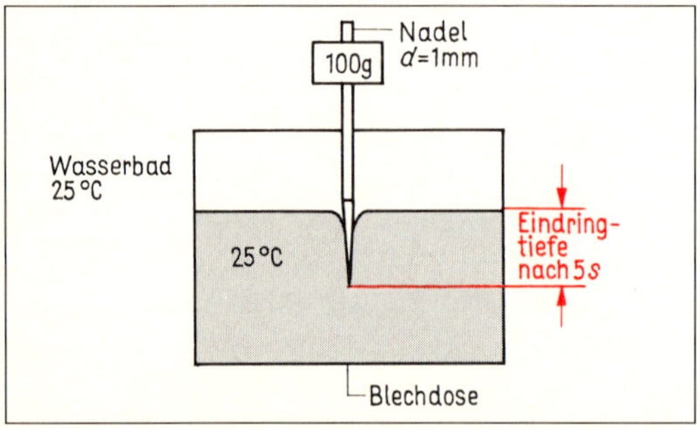

15.31 Prüfung der Penetration (Eindringtiefe)

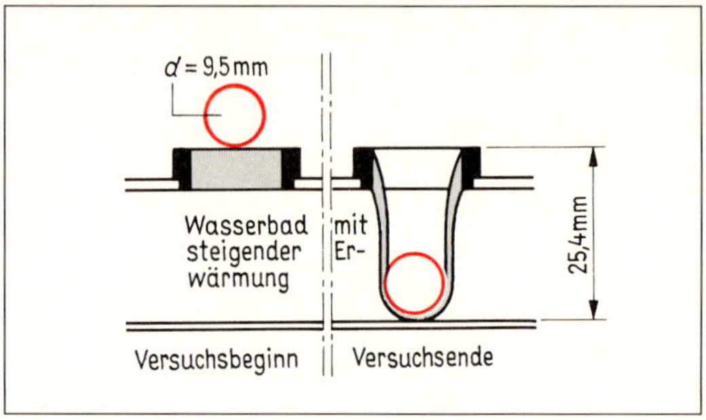

15.32 Prüfung des Erweichungspunkts RuK

Das in einen Messingring eingeschmolzene Bitumen wird mit einer Stahlkugel (∅ 9,5 mm) bei gleichmäßig steigender Erwärmung (5 K/min) im Wasserbad verformt. Die Temperatur, die beim Durchhängen der Kugel bis zur Bodenplatte (h = 25,4 mm) herrscht, bezeichnet den Erweichungspunkt (EP). Für B300 beispielsweise liegt der EP zwischen 27 und 37 °C.

Bitumenhaltige Bindemittel entstehen durch Vermischen von Bitumen mit anderen Stoffen. Wir unterscheiden Bitumenlösungen und Bitumenemulsionen.

Bitumenlösung. Wegen der Lösbarkeit des Bitumens in Benzol und Benzin lassen sich in kaltem Zustand verarbeitbare Erzeugnisse herstellen: Kaltbitumen für den Straßenbau, Bitumenanstrichstoff für den Hoch- und Ingenieurbau. Nach Verarbeiten verdunstet das Lösungsmittel, das Bindemittel bildet eine dichte zusammenhängende Masse. Zu den Bitumenlösungen zählt auch Verschnitt- oder Fluxbitumen, ein Straßenbaubitumen, das durch Vermischen (= Verschneiden, Fluxen) von Erdöldestillaten mit Bitumen entsteht. Die Verschnittmittel setzen die Zähigkeit (Viskosität) des Fluxbitumens herab, so daß es auch bei mäßiger Erhitzung (Mischtemperatur etwa 100 °C, Einbautemperatur etwa 60 °C) verarbeitbar ist. Wegen der langsam verdunstenden Verschnittmittel dauert das Erhärten länger.

Bitumenemulsion. Durch Aufschlämmen (Dispersion) von erwärmtem Bitumen in heißem Wasser unter Zugabe von Emulgatoren entsteht eine ebenfalls in kaltem Zustand verarbeitbare Masse.

Die Emulgatoren umhüllen die im Wasser schwebenden Bitumenteilchen und trennen sie voneinander, so daß sie in der wäßrigen Lösung nicht mehr „zusammenbacken". Erst bei Berührung mit Gestein „bricht" (zerfällt) die Emulsion. Das Bitumen fließt dann unter Verdunsten oder Absikkern des Wassers ineinander. Ein Spezialprodukt der Bitumenemulsion ist der Bitumen-Haftkleber, der häufig im Straßenbau bei längerer Einbau-

Unterbrechung aufeinanderfolgender Schichten verwendet wird.

Asphalt ist eine Mischung aus Bitumen und Mineralien. Ist diese in der Natur entstanden, spricht man von Naturasphalt, z. B. Trinidad-Asphalt (Fundort Insel Trinidad vor der Küste von Venezuela) mit 55 bis 60% Bitumen und deutscher Naturasphalt (Fundort Vorwohle zwischen Kassel und Hannover) mit 6 bis 15% Bitumen. Künstlichen Asphalt erhält man durch Mischen von Steinmehl mit Bitumen.

Bitumenbahnen bestehen aus einer Trägerlage und Bitumen. Die Trägerlage verleiht der Bitumenbahn Stabilität (Reiß- und Zugfestigkeit). Werkstoffe für Trägerlagen sind:

– Rohfilzpappe (R)	saugfähige, ungeleimte Pappe aus Papier- und Textilresten mit einer Masse von 500 g/m^2
– Glasvlies (V)	dünnes, durchscheinendes, mit einem Binder verklebtes Glasfasergewebe mit 60 g/m^2
– Jutegewebe (J)	Naturfasergewebe mit 200 oder 300 g/m^2
– Glasgewebe (G)	aus Glasgarn mit 200 g/m^2
– Polyestervlies (PV)	aus Kunststoffasern mit 200 g/m^2
– Kupferfolien (Cu)	0,1 mm dick
– Aluminiumfolie (Al)	0,2 mm dick
– Kunststoffolie (PETP)	0,03 mm dick

Die Trägerlagen R, V, J, G und PV werden stets mit Bitumen getränkt.

Bitumenbahnen unterscheidet man nach der Art der Trägerlage und der Dicke der Beschichtung mit Bitumen:

Die nackte Bitumenbahn (R 500 N) hat als Trägerlage Rohfilzpappe und ist nur mit Bitumen durchtränkt. Man verwendet sie als Trägerschicht von Klebemassen aus Bitumen für wasserdruckhaltende Abdichtungen, wobei eine mehrschichtige Abdichtungshaut entsteht. Auf diese Weise können größere Bitumenmengen an Wänden aufgebracht werden, die ohne die stabilisierende Bahn im Lauf der Zeit abrutschen würden.

Bitumendachbahnen (R 500, V 13) werden nach Tränkung beidseitig mit Bitumen beschichtet und auf beiden Seiten gleichmäßig mit mineralischen Stoffen bestreut. Die Zahl 13 bei der Bezeichnung V 13 besagt, daß das Vlies mindestens 1300 g/m^2 lösliche Stoffe enthalten muß. Dachbahnen verwendet man für Dachbeläge und Abdichtungsschichten in erdberührten Wänden.

Bitumendichtungsbahnen (J 300 D, G 220 D, Cu 0,1 D, Al 0,2 D, PETP 0,03 D) haben nach der Beschichtung eine Nenndicke von mindestens 3 mm, mit PETP-Einlage von mindestens 2,5 mm. Verwendung wie Dachbahnen. Der Buchstabe D bedeutet Dichtungsbahn.

Bitumen-Dachdichtungsbahnen (J 200 DD, J 300 DD, G 200 DD, PV 200 DD) verwendet man nur für Dachabdichtungen. Sie erhalten oft eine farbliche Besplittung zur Belebung der Oberfläche. DD bedeutet Dachdichtungsbahn.

Bitumenschweißbahnen (J 300 S 4, J 300 S 5, G 200 S 4, G 200 S 5, V 60 S 4, PV 200 S 5) haben nach der Beschichtung eine mittlere Dicke von 4 bzw. 5 mm. Die Oberfläche ist mit Talkumpuder bestreut oder erhält eine leicht ablösbare oder abschmelzbare Trennfolie. Die Oberseite kann auch beschiefert sein. Die Deckschichten werden mit dem Propangasbrenner angeschmolzen, so daß man die Bahnen ohne zusätzliche Klebmasse aufbringen kann (Flamm-Schmelz-Klebverfahren, FSK-Verfahren).

Die Bitumenbahnen werden in Rollen von 10 bis 20 m Länge und 1 m Breite und in Breiten üblicher Wanddicken für waagerechte Abdichtungen in Wänden geliefert. Die Bahnen sind mit Talkum, feinem Quarzsand oder Schiefersplitt abgestreut, um das Verkleben der aufgerollten Bahn zu verhindern bzw. die eingebauten Dachbahnen vor Witterung und UV-Strahlung zu schützen. Die Rollen müssen stehend gelagert werden.

Beispiel 5 Bezeichnung und Beschreibung

R 500 N Nackte Bitumenbahn mit einer Rohfilzpappeinlage von 500 g/m^2

R 500 Bitumendachbahn mit einer Rohfilzpappeinlage von 500 g/m^2

G 220 D Bitumendichtungsbahn mit einer Glasgewebeeinlage von 220 g/m^2

J 300 DD Bitumen-Dachdichtungsbahn mit einer Jutegewebeeinlage von 300 g/m^2

G 200 S 5 Bitumenschweißbahn mit einer Glasgewebeeinlage von 200 g/m^2, Bahndicke 5 mm

Bitumen gewinnt man aus Erdöl. Es ist biologisch unschädlich. Zubereitungen aus Bitumen sind bitumenhaltige Bindemittel, Asphalte und Bitumenbahnen.

15.2.2 Steinkohlenteerpech und Zubereitungen

Steinkohlenteerpech entsteht durch Trockendestillation (Erhitzen unter Luftabschluß, Verkokung) der Steinkohle. Die flüchtigen Gase kondensieren im Wasserbad zu einem Gemenge aus Ölen und Pech. Steinkohlenteerpech ist technisch nicht anwendbar. Durch Veränderung der physikalischen und chemischen Eigenschaften mittels spezieller Verfahren entsteht *Steinkohlenteer-Spezialpech,* das für die Zubereitungen zu Straßenpechen (Lösung in Lösungsmittel zum Einsatz im Straßenbau, früher Straßenteer genannt) dient, ferner zu Steinkohlenteer-Bindepechen (Herstellung von Formkörpern oder Stampfmassen z.B. für die Elektrodenherstellung), Steinkohlenteer-Imprägnierpechen (zum Füllen der Hohlräume poröser Stoffe), präparierten Pechen (für Anstrich- und Tränkmittel sowie Klebe- und Spachtelmassen), Pechsuspensionen (Vermischen mit Wasser mittels Emulgatoren für kalt zu verarbeitende Anstrich- und Beschichtungsstoffe) und Steinkohlenteer-Spezialpechen mit Mineralstoffen (Straßenbau).

Steinkohlenteer-Spezialpech, eine schwarze Masse, ist wie Bitumen in Benzol löslich, nicht jedoch in Benzin und Ölen. Es enthält pflanzenfeindliche Stoffe und wird deshalb von Pflanzen und Wurzeln nicht durchwachsen. Bei jeder Temperatur ist es weicher als Bitumen. Durch Verflüchtigung der Öle versprödet es allmählich.

Da im technischen Regelwerk des Straßenbaus der Begriff Straßenteer noch nicht durch Straßenpech ersetzt ist, bleiben wir im folgenden bei dem Begriff Teer.

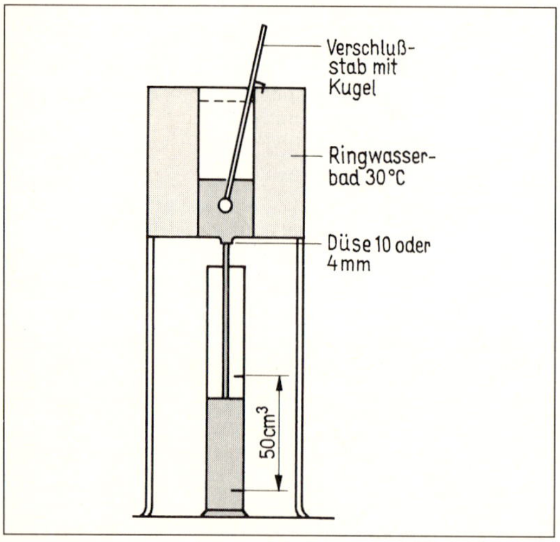

15.33 Prüfung der Viskosität

Straßenteere können als Heißteer, Kaltteer (in Benzol gelöst) oder als Emulsion verarbeitet werden. Die Zähigkeit (Viskosität) prüft man mit dem Straßenteerviskosimeter (**15.33**). Die Prüfmasse wird in einem Glaszylinder mit Auslauf, den ein Kugelverschlußstab schließt, im Wasserbad erwärmt. Die Ausflußzeit in Sekunden von 50 cm³ Teer bei konstanter Temperatur (30 °C) wird festgestellt. Sie wird mit den Kennzahlen in der Sortenbezeichnung für Straßenteere verglichen; T 40/70 bedeutet, daß die Ausflußzeit zwischen 40 und 70 Sekunden beträgt. Straßenteersorten: T 40/70, T 80/125, T 140/240, T 250/500. Teere mit höheren Zahlen sind zäher. Auch Verschnittbitumen und dickflüssige Bitumenemulsionen prüft man mit dem Straßenteerviskosimeter.

Steinkohlenteerpech entsteht aus Steinkohle. Es ist im Gegensatz zu Bitumen nicht lösbar in Benzin und Ölen und wird nicht von Pflanzen und Wurzeln durchwachsen.

15.2.3 Anwendung von Bitumen und Teerpech

Bitumen und Teerpeche werden für Bauwerksabdichtungen, Dachdeckungen und Dachabdichtungen sowie im Straßen- und Wasserbau gebraucht.

Hochbau. Zur Bauwerksabdichtung und Dachabdichtung verwendet man neben kalt und heiß zu verarbeitenden Anstrich- und Klebemassen auch Bitumenbahnen.

Straßenbau. Straßen haben einen mehrschichtigen Aufbau (**15.34**). Der *Untergrund* ist natürlich gewachsener Boden. Den *Unterbau* bildet ein künstlich hergestellter Dammkörper. Der *Oberbau* besteht aus Gemischen von Mineralstoffen und Bitumen oder Straßenpech. Der Oberbau kann auch aus Pflaster (s. Abschn. 13.3.2) oder Beton bestehen.
Die Mineralstoffe setzen sich aus Füller (Feinststoffe bis 0,09 mm), Sand, Kies oder Splitt in gemischtem Kornaufbau (wie Beton!) zusammen. Die Tragschicht verteilt die Verkehrskräfte, das darunterliegende gebrochene oder ungebro-

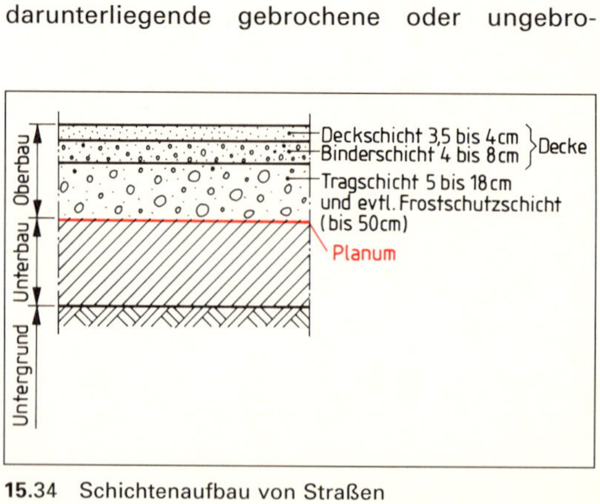

15.34 Schichtenaufbau von Straßen

chene Material dient als Frostschutzschicht (s. Abschn. 13.1.2, Frostverhalten). Die Decke insgesamt muß schubfest, die Deckschicht außerdem verschleißfest, dicht, eben, griffig und farblich hell sein.

Nach der Herstellung unterscheidet man zwei Bauweisen: das Spritz- und das Mischverfahren.

Beim Spritzverfahren werden Mineralstoffe auf das vorher in richtiger Dosierung aufgespritzte Bitumen oder Straßenpech aufgestreut. Es kann jeweils nur eine Lage Splitt gebunden werden. Nach Abwalzen können weitere Lagen mit kleinerer Körnung aufgebracht werden. Schlämmen aus Bitumen oder Straßenpech schließen die Deckschicht.

Beim Mischverfahren werden die Mineralstoffe und Bitumen oder Straßenpech in stationären Anlagen vermischt und in heißem Zustand einbaufertig an die Baustelle geliefert, schichtenweise eingebracht und durch Walzen verdichtet.

Wasserbau. Stoffe aus Bitumen und Steinkohlenteerpech verwendet man für die Abdichtung von Staudämmen im Talsperren- und Speicherbekkenbau, zur Befestigung der Deiche an Küsten und der Ufer von Schiffahrtskanälen. Wegen der biologischen Unschädlichkeit eignet sich Bitumen besonders für die Abdichtung von Trinkwasserspeichern, für Wasserbauten in Grundwasserschutzgebieten und als verdeckter Einbau bei Deichen und Kanälen, der später überschüttet und bepflanzt wird. Im Seewasserbau und gegen Pflanzendurchwuchs verwendet man auch Steinkohlenteerpech-Erzeugnisse.

Bei der Verarbeitung heißer oder gelöster Stoffe aus Bitumen und Steinkohlenteerpech ist wegen erhöhter Unfallgefahr (Verbrennungen, Feuergefahr) und wegen Gesundheitsschäden durch Einatmen von Lösungsmitteldämpfen besondere Vorsicht geboten.

15.3 Klebstoffe

Klebstoffe sind hochmolekulare, fast ausschließlich organische Stoffe, mit denen man Werkstoffe (z.B. Holz, Metall, Kunststoffe) fest miteinander verbinden kann. Für die in vielfältigen Bezeichnungen gehandelten Erzeugnisse (z.B. Leim, Kleber, Kleister, Kleblack) ist Klebstoff der Oberbegriff.

15.3.1 Haftwirkung der Klebstoffe

Die Verbindung zweier Stoffe durch Klebstoffe beruht auf *mechanischer Verankerung* (Verdübelung) des Klebstoffs in Poren und Unebenheiten der zu verklebenden Flächen (**15.35**) sowie auf *Adhäsion* und *Kohäsion* (**15.36**, s.a. Abschn. 2.15). Die Haftung durch Adhäsionskräfte hat größere Bedeutung als die mechanische Verankerung. Adhäsion ist nur bei engster Berührung von Körpern wirksam. Sie nimmt ab, wenn der Abstand größer wird. Deshalb können Stoffe, wenn sie glatt genug bearbeitet sind, schon ohne Klebstoff aufeinander mit großer Festigkeit haften.

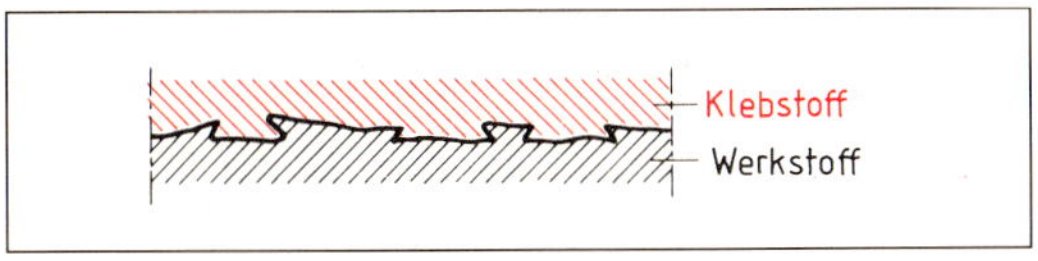

15.35 Mechanische Verankerung des Klebstoffs

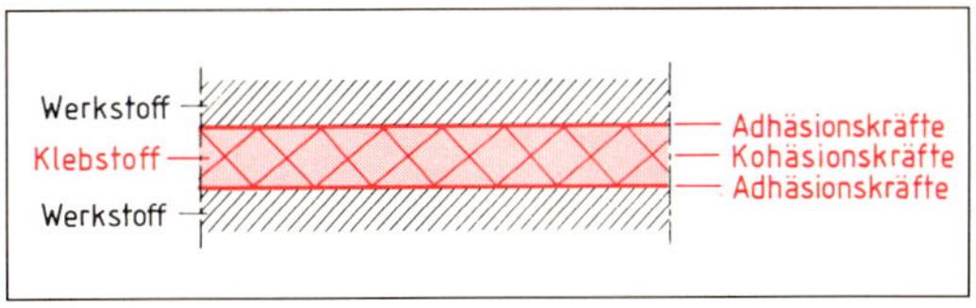

15.36 Klebstoffverbindung durch Adhäsion und Kohäsion

■ **Versuch 5** Legen Sie zwei Glasplatten zuerst trocken, dann mit Wasser benetzt aufeinander und versuchen Sie die Platten voneinander abzuheben.

Ergebnis Die Glasplatten lassen sich nur mit Mühe voneinander trennen. Die angefeuchteten Scheiben haften besonders fest aneinander. Die bessere Haftung bewirkt das Wasser aufgrund seiner großen Adhäsion zu festen Körpern. Es „überbrückt" die Unebenheiten der festen Körper.

Wie beim Wasser setzt die Wirksamkeit der Adhäsionskräfte bei Klebstoff voraus, daß er die Klebflächen intensiv benetzt. Dazu muß er möglichst dünnflüssig sein. Man erreicht dies mit Lösungsmitteln, die den Klebstoff lösen, mit Dispersionen, in denen der Klebstoff ungelöst in Form feinster Tröpfchen schwebt oder durch Erhitzen und Schmelzen des Klebstoffs (*Schmelzkleber*).

Bei plastomeren Kunststoffen lassen sich die Klebflächen mit einem Lösungsmittel anlösen. Nach Anpressen der beiden Kunststoffteile diffundieren die Kunststoffmoleküle ineinander, so daß es keine Grenzschicht mehr zwischen den beiden Teilen gibt. Sie sind zu einem einzigen Teil zusammengewachsen (*Diffusionskleber*). Diese Art der Verklebung beruht nicht auf Adhäsion. Die Kunststoffmoleküle verknäueln sich neu. Man nennt dies *Kaltschweißung*.

Die Klebfläche des Werkstoffs muß frei von Schmutz und Fett sein, damit die Haftung nicht durch eine Trennschicht beeinträchtigt wird.

Das Verfestigen des Klebstoffs geschieht auf physikalischem Weg durch Entweichen des Lösungs- bzw. Dispersionsmittels und/oder Abkühlen des erhitzten bzw. geschmolzenen Klebstoffs und/oder durch chemische Reaktion, die bei synthetischen Klebstoffen stets die Synthese zu einem Kunststoff ist (**15**.37). Bedingung für die physikalische Aushärtung ist, daß das Lösungs- bzw. Dispersionsmittel verdunstet oder in mindestens einen der beiden zu verklebenden Werkstoffe abwandern kann. Dadurch lassen sich poröse Werkstoffe (z.B. Holz) mit dichten Werkstoffen (z.B. Kunststoff, Metall) verbinden. *Kontaktkleber* ermöglichen die Verbindung zweier dichter Werkstoffe miteinander. Hierbei müssen die Lösungsmittel vor dem Anpressen der Werkstoffe völlig abgelüftet (verdunstet) sein.

Tabelle **15**.37 **Abbinden von Klebstoffen**

Klebstoffart	physikalische Reaktion: Abkühlen	physikalische Reaktion: Entweichen der Lösungs-, Dispersionsmittel	chemische Reaktion	Molekülbau
Glutinleim	×	×		natürliche Klebstoffe
Kaseinleim		×	×	
Kondensationsleim		×	×	duromer
Dispersionsleim		×		plastomer
Schmelzkleber	×			plastomer
Diffusionskleber			×	plastomer
Kontaktkleber		×		elastomer

15.3.2 Klebstoffarten

Natürliche Klebstoffe (Glutin- und Kaseinleime) haben in der Praxis ihre frühere Bedeutung fast ganz verloren.

Glutinleim (KG) erhält man durch Auskochen tierischer Abfälle (Häute, Knochen). Sie werden für den Auftrag erhitzt und erhärten durch Abkühlen und Abgabe des Lösungsmittels Wasser. Durch Erwärmen und Durchlüften wird der Leim wieder weich.

Kaseinleim (KC) entsteht durch Mischen von Eiweißstoffen (z.B. Kasein, das im Käsestoff der Magermilch enthalten ist), mit Lösch- oder Branntkalk. Der pulverförmig gelieferte Leim wird in Wasser gelöst und kalt aufgetragen. Er erhärtet durch Wasserabgabe und chemische Verbindung des Kaseins mit dem Kalk. Die chemische Reaktion bringt eine hohe Wasser- und Wärmebeständigkeit.

Synthetische Klebstoffe werden heute fast ausschließlich über die Kunststoff-Synthese-Verfahren Polymerisation, Polykondensation und Polyaddition hergestellt (s. Abschn. 15.1.3). Sie haben plastomeren, duromeren oder elastomeren Molekülaufbau (s. Abschn. 15.1.4). Nach der Art der verwendeten synthetischen Stoffe kann man zwei Gruppen unterscheiden:

Kondensationsleime sind duroplastische Klebstoffe, bei deren Herstellung der chemische Vorgang der Kondensation unterbrochen wird. Bei der Verwendung wird der chemische Prozeß durch Wärmezufuhr und/oder Beimischen eines Härters fortgesetzt und zu Ende gebracht.

Dispersionsleime sind plastomere Klebstoffe, die in Wasser feinst verteilt (dispergiert) einen milchig-weißen Leim ergeben. Das Erhärten geschieht nur durch Entweichen des Dispersionsmittels, da die Polymerisation des Klebstoffs bereits während des Herstellungsvorgangs abgeschlossen ist. Tabelle **15**.37 zeigt eine Zusammenstellung der Abbindevorgänge und Stoffeigenschaften von Klebstoffen.

Die Verbindung zweier Werkstoffe durch Klebstoff wird bewirkt durch
- Adhäsionskräfte (Haftung durch Benetzung),
- Kohäsionskräfte (innerer Zusammenhalt des Klebstoffs).

Das Aushärten des Klebstoffs geschieht
- physikalisch durch Abkühlen oder Abgabe des Lösungsmittels,
- chemisch durch Bildung von Kunststoffverbindungen.

Klebstoffe unterscheiden wir nach ihrer stofflichen Zusammensetzung:
- natürliche Klebstoffe (z.B. Glutinleim, Kaseinleim)
- synthetische Klebstoffe (z.B. Kondensationsleime, Dispersionsleime)

Die Verarbeitungshinweise der Hersteller sind genau zu beachten.

Aufgaben zu Abschnitt 15

1. Nennen Sie einige bauwichtige Eigenschaften der Kunststoffe.
2. Welche maximalen Gebrauchstemperaturen müssen bei den gebräuchlichen Kunststoffen beachtet werden?
3. Beurteilen Sie die Bedeutung der Porosität von Kunststoffen für deren Verwendung.
4. Vergleichen Sie die technischen Eigenschaften von Kunststoffen mit denen von Metallen, Holz und mineralischen Baustoffen.
5. Was verstehen Sie unter „natürlichen organischen" Baustoffen?
6. Welche Bedeutung haben Güteschutzzeichen?
7. Erläutern Sie die Begriffe „gesättigte" und „ungesättigte" Kohlenwasserstoffe.
8. Aus welchen chemischen Elementen sind Kunststoffe aufgebaut?
9. Worin liegt die Bedeutung des Kohlenstoffatoms bei der Synthese von Kunststoffen?
10. Aus welchen Rohstoffen werden Kunststoffe hergestellt?
11. Beschreiben Sie den Unterschied zwischen Summen- und Strukturformeln.
12. Erläutern und vergleichen Sie Polymerisation, Polykondensation und Polyaddition.
13. Was sind Silicone?
14. Beschreiben Sie den molekularen Aufbau der Thermoplaste, Duroplaste und Elastomere.
15. Erläutern Sie die Begriffe „amorph" und „teilkristallin".
16. Nennen Sie Verwendungsmöglichkeiten für Kunststoffe in der Unfallverhütung.
17. Welche Baugeräte werden bevorzugt aus Kunststoffen hergestellt?
18. Geben Sie einen Überblick über die Verwendungsmöglichkeiten
    a) von Kunststoffrohren, b) von Hartschaumplatten.
19. Welche Einschränkungen gelten bei der Verwendung von Weichschaumkunststoffen im Vergleich zu Hartschaumkunststoffen?
20. Für welche Arbeiten werden breiige Kunststoffe verwendet?
21. Nennen Sie einige Verwendungsmöglichkeiten für hart-zähe Kunststoffe.
22. Was sind Fugenbänder?
23. Was verstehen Sie unter einem Zwei-Komponenten-Mörtel?
24. Für welche Arbeiten werden Kunststoffmörtel verwendet?
25. Was können Kunststoffzusätze bei Mörtel und Beton bewirken?
26. Was verstehen Sie unter „Handelsnamen" von Kunststoffen?
27. Geben Sie die genauen technischen Bezeichnungen an für folgende Kunststoffe (Kurzzeichen): PE, EPS, PVC und PP.
28. Worauf achten Sie beim Sägen von Kunststoffen?
29. Was ist ein Topfbohrer?
30. Was verstehen Sie unter dem Warmformen von Kunststoffen?
31. Beschreiben Sie das Stumpfschweißen von Kunststoffprofilen und das Überlappschweißen von Kunststofftafeln.
32. Was ist beim Kunststoffkleben zu beachten?
33. Welche Schwerpunkte der Unfallverhütung sind beim Umgang mit Kunststoffen zu beachten?
34. Nennen Sie Eigenschaften und Verwendungsmöglichkeiten von Bitumen und Steinkohlenteerpech.
35. Unterscheiden Sie Bitumen und Steinkohlenteerpech nach Herkunft und Eigenschaften.
36. Nennen Sie Verarbeitungsmöglichkeiten für Bitumen und Steinkohlenteer-Spezialpech.
37. Unterscheiden Sie Lösungen und Emulsionen.
38. Nennen und beschreiben Sie Prüfverfahren für Bitumen und Straßenpech.
39. Was ist Asphalt?
40. Was sind bitumenhaltige Bindemittel? Nennen Sie Beispiele.
41. Unterscheiden Sie nackte Bitumenbahnen, Dach-, Dichtungs-, Dachdichtungs-, Schweißbahnen. Nennen Sie Trägerstoffe.
42. Erklären Sie die Kurzzeichen: B 200, EP 67-72° (RuK), T 80/125, R 500, V 13, G 200 DD, V 60 S 4, J 300 D.
43. Beschreiben Sie den Aufbau einer Straße.
44. Nennen Sie Fertigungsverfahren für den Straßenoberbau.
45. Nennen Sie Beispiele für den Einsatz von Bitumen im Zubereitungen aus Steinkohlenteer-Spezialpech und Wasserbau.
46. Erklären Sie die physikalischen Zusammenhänge für die Verbindungskraft von Klebstoffen.
47. Wie härten Klebstoffe?
48. Nennen und unterscheiden Sie Klebstoffarten.

16 Grundlagen der Datenverarbeitung

16.1 Begriffe und Einsatzgebiete

Unter Datenverarbeitung versteht man das Erzeugen, Sortieren und Verwalten von Zeichen in einer dem Computer verständlichen Sprache. Computer (lat. = „Berechner") sind Maschinen, die eingegebene Daten nach festgelegten Regeln digital (in Schritten) verarbeiten. Wir unterscheiden nach der Größe, Leistungsfähigkeit und Verarbeitungsgeschwindigkeit den Groß-, Mini- und Mikrocomputer (**16**.1).

Daten sind Informationen durch Zeichen, Zahlen, Symbole oder Texte. Sie dienen dem Informationsaustausch und sind je nach Datenart veränderbar. Daten unterteilt man nach folgenden Gesichtspunkten:

Darstellung

- **Numerische Daten** bestehen aus Ziffern und Zahlen, die dem Empfänger entsprechende Informationen liefern (z.B. 1989, 17, 22.50).
- **Alphabetische Daten** bestehen aus Buchstaben des Alphabets (z.B. Namen, Begriffe, Einheiten, Bezeichnungen).
- **Alphanumerische Daten** bilden eine Kombination von numerischen und alphabetischen Daten (z.B. 16 DM, 500 kN, Bahnhofstr. 17, 70327 Stuttgart).

Veränderung

- **Stammdaten** bleiben über längere Zeit hinweg unverändert oder ändern sich nie (z.B. Wohnort, Bankverbindung, Stundenlohn, Geburtsdatum).
- **Bewegungsdaten** wechseln häufig (z.B. Arbeitszeit, Strom- und Wasserverbrauch, Zeugnisnoten).

Inhalt

- **Ordnungsdaten** sind Zeichen, nach denen Baustoffe, Zeichnungen oder andere Artikel sinnvoll sortiert werden (z.B. Artikelnummer, Positionsnummer im Leistungsverzeichnis, Zeichnungsnummer).
- **Mengendaten** sagen etwas über die vorhandene Stückzahl aus (z.B. Lagerbestand, m^3 umbauter Raum, Anzahl der Schüler in einer Klasse).

Verarbeitungsdaten

- **Eingabedaten (Input)** braucht der Computer, um sinnvoll arbeiten und die gewünschten Ergebnisse liefern zu können.
- **Speicherdaten** werden in internen oder externen Speichern verwaltet und können bei Bedarf abgerufen werden.
- **Ausgabedaten (Output)** sind für Texte, Tabellen oder Zeichnungen aufbereitete Daten und werden durch die Ausgabegeräte ausgegeben.

Dateien enthalten zusammengehörige Daten (z.B. Briefe, Tabellen, Zeichnungen, Kundenanschriften). Sie werden vom Computer unter einem vom Benutzer vergebenen Dateinamen gespeichert. *Programmdateien* enthalten die in einer bestimmten Programmiersprache geschriebene Software, z.B. zum Briefschreiben oder Zeichnungserstellen. Die Ergebnisse werden in Datendateien abgelegt.

Eine Datei läßt sich mit einem Briefumschlag vergleichen, der z.B. in einer Rechnung die verschiedenen Einzeldaten für den Kunden enthält: Anschrift, Rechnungsnummer, Art der Arbeit, Mengenermittlung mit Einheiten, Einzel- und Gesamtpreis.

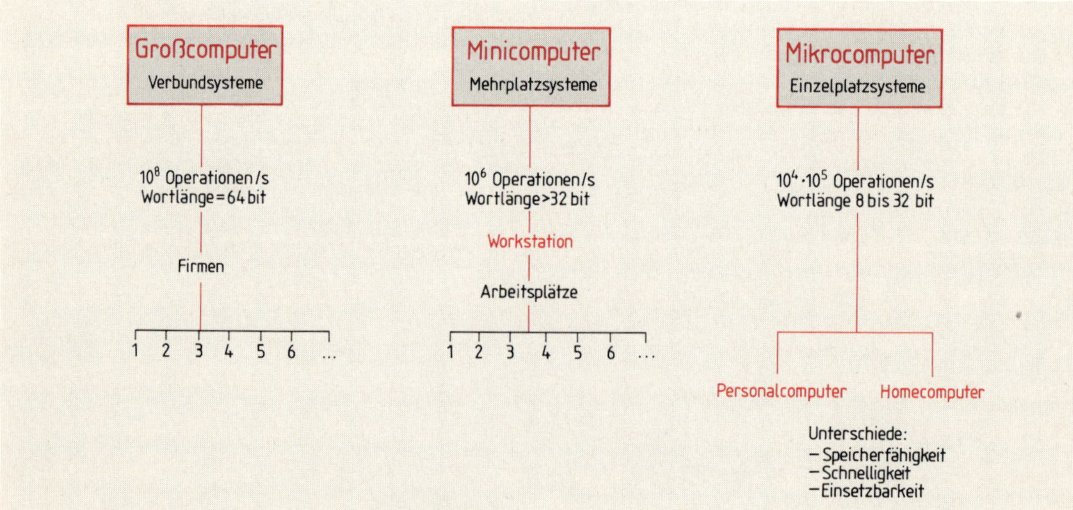

16.1 Computerklassen: Groß-, Mini- und Mikrocomputer

Datenbanken entstehen durch die Verkettung mehrerer logisch geordneter Dateien (z. B. für alle Zeichnungen eines Bauwerks, Ausschreibungstexte für ein bestimmtes Gewerk, Rechnungen).

Der Einsatz des Computers erstreckt sich auf alle Bereiche des täglichen Lebens, wie der Überblick **16**.2 zeigt.

Auch im Bauwesen gewinnt die Technisierung immer mehr an Bedeutung als

- Textsystem und Tabellenkalkulation im kaufmännischen Bereich von Handwerksbetrieben,
- als AVA-Programm für **A**uftrag, **V**ergabe und **A**brechnung,
- als Statikprogramm für das Bauingenieurwesen,
- als CAD-Programm für Architekten und Bauingenieure (**16**.3),
- als Programm für Ausbau und Haustechnik,
- als Straßenbau- und Geodäsieprogramme.

Tabelle **16**.2 **Computereinsatz**

Wissenschaft	Technik	Dienstleistung
Großrechenanlagen Datenverwaltung Datenverarbeitung Datenbanken **Forschung** Medizin Raumfahrt Verkehrswesen Umweltschutz **Voraussagen** Wetter Katastrophen Wahlen **Simulation** Raumfahrt Luftfahrt Verkehr **Neue Technologien** Medizin Energieerzeugung Materialien	**Prozeßsteuerung** Robotik automatische Fertigungsstraßen Lagerhaltung **CIM** (**C**omputer **I**ntegrated **M**anufacturing = Computerintegrierte Fertigung) **CAE** (**C**omputer **A**ided **E**ngineering = Computerunterstützung im Ingenieurwesen) **CAD** (**C**omputer **A**ided **D**rafting/**D**esign = Computerunterstütztes Zeichnen/Entwerfen) **CNC** (**C**omputer **N**umeric **C**ontrol = Computergesteuerte Werkzeugmaschinen) **CAQ** (**C**omputer **A**ided **Q**uality = Computerunterstützte Qualitätssicherung)	**Bürotechnik** Textverarbeitung Datenbanken Verwaltung **Verkehr** Ampelsteuerung Bordcomputer Diagnosezentren Leitsysteme **Haushalt** Haushaltsmaschine Alarmanlagen Heizungen **Kommunikation** Videotext Bildschirmtext Telefon **Hobby** Multimedia Fotoapparat Spiele

Datenverarbeitung ist die automatische Verarbeitung von Daten durch eine Datenverarbeitungsanlage (Computer).
Daten werden durch Zeichen, Zahlen oder Symbole dargestellt und in Dateien gespeichert.

16.3 CAD-Arbeitsplatz

16.2 Funktionsweise des Computers

EVA-Prinzip. Vergleichen wir die Arbeitsweise von Mensch und Computer, stellen wir viele Parallelen fest (**16**.4). Beide erhalten Daten – der Mensch durch seine Sinnesorgane, der Computer durch Dateneingabe. Der Mensch verarbeitet sie mit Hilfe seines Verstands und gibt die Ergebnisse z. B. durch Sprechen oder Schreiben wieder an die Umwelt aus. Der Computer verarbeitet die Daten in der Zentraleinheit und liefert die Ergebnisse über Ausgabegeräte. Dieses Grundverfah-

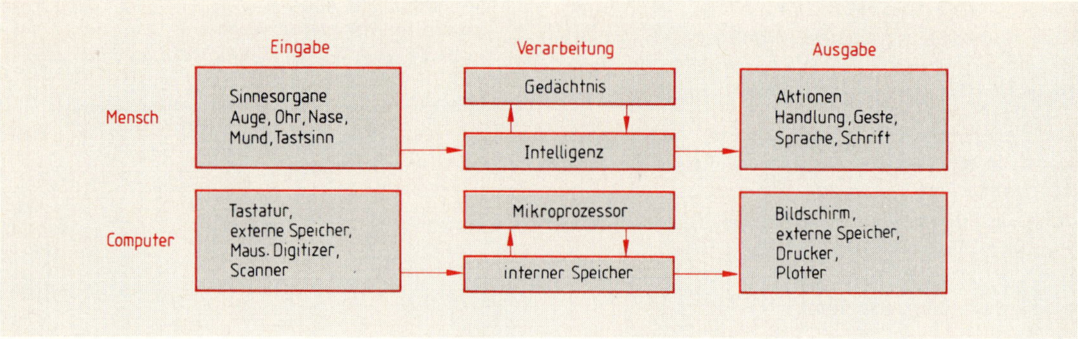

16.4 EVA-Prinzip

ren von **E**ingabe, **V**erarbeitung und **A**usgabe nennt man EVA-Prinzip. Entsprechend unterscheidet man beim Computer die Hardware und die Software.

Hardware (engl. „harte Ware", also Geräte) ist die Bezeichnung für Eingabe-, Verarbeitungs- und Ausgabegeräte. Eingabe- und Ausgabegeräte sind Peripheriegeräte der Zentraleinheit, deren Kernstück der *Mikroprozessor* ist.

Software (engl. „weiche Ware") sind Programme und Daten, die dem Rechner eingegeben werden.

Computer arbeiten nach dem Verfahren Eingabe → Verarbeitung → Ausgabe (EVA-Prinzip).

Hardware besteht aus der Zentraleinheit und den Peripheriegeräten.

Software sind Programme und Daten, mit denen die Hardware arbeitet.

Computersprache. Der Mensch braucht zum Informationsaustausch rund 150 Zeichen (Mitlaute, Selbstlaute, Umlaute, Ziffern sowie mathematische, allgemeine und Sonderzeichen). Sie müssen erst in eine dem Computer verständliche Sprache umgewandelt werden, denn seine elektronischen Schalter kennen nur 2 Schaltzustände:

EIN – Schalter geschlossen – Strom fließt – Symbol 1

AUS – Schalter geöffnet – Strom fließt nicht – Symbol 0

Eine Zeichendarstellung, die nur aus einer Kombination von 2 Zeichen besteht (Dualsystem), nennt man binär (lat. = zweiwertig).

Die kleinste Informationseinheit für einen Computer ist das Bit (engl. **b**inary dig**it** = Zweierschritt).

Um die 150 Symbole unserer Informationen umzuwandeln, brauchen wir 8 Binärstellen:

1 Binärstelle = 2 Zeichen = 2^1
2 Binärstellen = 4 Zeichen = 2^2
3 Binärstellen = 8 Zeichen = 2^3
4 Binärstellen = 16 Zeichen = 2^4
.
.
.
8 Binärstellen = 256 Zeichen = 2^8

Zur Darstellung eines Zeichens sind 8 Bit erforderlich. 8 Bit sind 1 Byte.

Die Speicherkapazität eines Computers wird in Byte gemessen:

8 Bit	= 1 Byte
1024 Byte	= 1 Kilobyte (kB) ca. 0,5 Schreibmaschinenseiten DIN A4
1024 Kilobyte	= 1 Megabyte (MB) ca. 500 Schreibmaschinenseiten DIN A4
1024 Megabyte	= 1 Gigabyte ca. 500 000 Schreibmaschinenseiten DIN A4

Wie rechnet der Computer? Ob Sie mit Computerunterstützung rechnen, Daten sortieren, Briefe schreiben oder Leistungsverzeichnisse zusammenstellen – er erledigt alle Aufgaben durch Addition im Binärsystem.

16.3 Hardware

16.3.1 Zentraleinheit

Bei den meisten Personalcomputern (PC) sind in der Systemeinheit außer Zentraleinheit, internen Speichern, Ein- und Ausgabeeinheit sowie Taktgenerator auch externe Speicher untergebracht (**16**.5). Alle sind an eine gemeinsame Sammelschiene, den Bus, angeschlossen. Je nach Aufgabe sind es Adreß-, Daten- oder Steuerbus.

Die Zentraleinheit (**CPU** = **C**entral **P**rocessing **U**nit) ist ein Siliciumplättchen von etwa 0,2 mm Dicke und 5 mm Kantenlänge. Ihr Mikrocomputer nimmt Hunderttausende von Schaltungen auf, die nach einem gegebenen Programm geöffnet oder geschlossen werden. Der Mikroprozessor enthält das Steuerwerk, Rechenwerk, Register und den Taktgenerator.

Das Steuerwerk bildet die Schalt- und Kommandozentrale. Hier wird festgelegt, in welcher zeitlichen Reihenfolge die Tätigkeiten ablaufen. Die externen Geräte (z.B. Tastatur, Bildschirm, Drucker) werden durch Steuerbefehle angesprochen, die im Arbeitsspeicher als Programm stehen.

Das Rechenwerk führt die logischen und arithmetischen Grundoperationen durch.

Das Register besteht aus Speicherzellen, auf die der Benutzer sehr schnell zurückgreifen kann. Es dient zur kurzfristigen Zwischenspeicherung von Daten.

Der Taktgenerator zwingt die elektronischen Bauelemente, im gleichen Rhythmus zu arbeiten – wie das Quarzkristall in einer Uhr. Die Taktfrequenzen werden in Hertz gemessen (Hz = Anzahl der Schwingungen je Sekunde). Sie liegen beim PC zwischen 6 und 100 Megahertz und sind ein Merkmal für die Rechengeschwindigkeit des Computers.

Kern der Zentraleinheit ist der Mikroprozessor mit Steuer- und Rechenwerk, Register und Taktgenerator.

16.3.2 Speicher

Damit die Zentraleinheit arbeiten kann, braucht sie Befehle, Programme und Daten, die in Speichern – vergleichbar mit Dateikästen – abgelegt

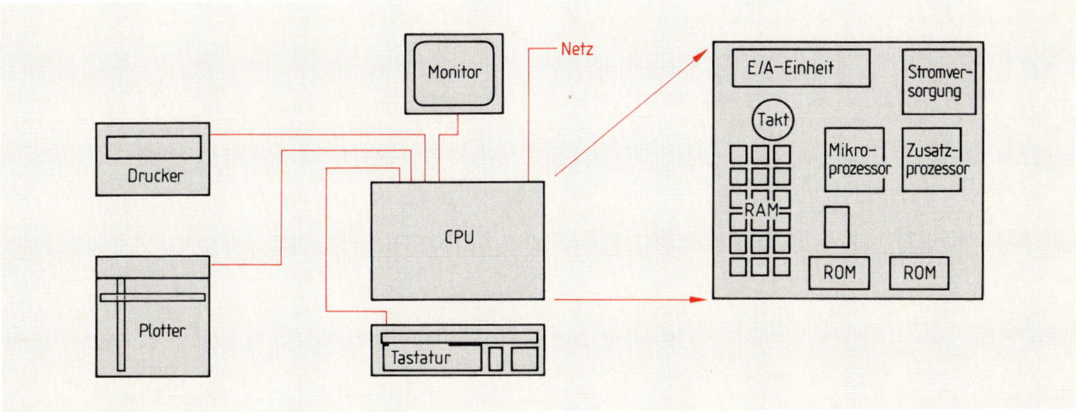

16.5 Systemübersicht

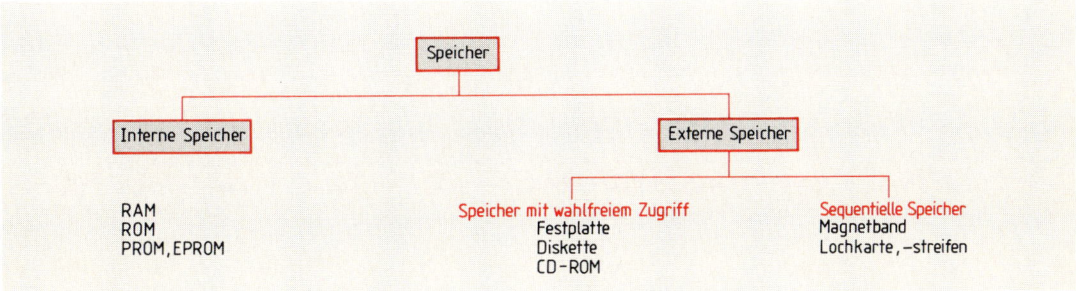

16.6 Speicherarten

sind. Wir unterscheiden Halbleiterspeicher, elektromagnetische und mechanische Speicher (**16.**6). Unterschiede bestehen

- in der Kapazität (Aufnahmefähigkeit, gemessen in Kilo-, Mega- oder Gigabyte),
- in der Zugriffzeit (Zeitspanne, bis der Rechner das Gewünschte am Bildschirm sichtbar macht, gemessen in Nanosekunden),
- in der Zykluszeit (Zeit zwischen zwei Speichervorgängen).

Interne Speicher speichern Daten mittels elektrischer Stromkreise und haben deshalb sehr kurze Zugriffzeiten.

Zu unterscheiden sind:

- **RAM** (**R**andom **A**ccess **M**emory, Primär- oder Arbeitsspeicher) zur Aufnahme von Teilen des Betriebssystems und der aufgerufenen Programme, solange man mit ihnen arbeitet. Der Inhalt kann gelesen und gelöscht werden. Bei Unterbrechung der Stromversorgung geht er verloren. Vor dem Abschalten des Computers müssen deshalb die Daten auf einem externen Speicher gesichert werden.
- **ROM** (**R**ead **O**nly **M**emory, Nur-Lese-Speicher) ist ein Festwertspeicher. Er enthält ein vom Hersteller eingegebenes Programm, das weder geändert noch gelöscht werden kann.
- **PROM** (**P**rogrammable ROM) ist ein Festwertspeicher, speziell programmiert nach Wunsch des Anwenders, weder zu ändern noch zu löschen.
- **EPROM** (**E**rasable PROM, „auswischbares" PROM) ist ein Festwertspeicher, der gelöscht und neu programmiert werden kann.

Externe Speicher speichern Daten elektromagnetisch oder mechanisch. Nach der Speichermethode unterscheidet man Magnetplattenspeicher mit wahlfreiem Zugriff und sequentielle Speicher.

> Interne Speicher speichern Daten mittels elektrischer Schaltkreise, externe Speicher speichern sie elektromagnetisch oder mechanisch.

Festplatten sind Aluminiumscheiben mit einer magnetisierbaren Beschichtung. Sie sind fest im Plattenlaufwerk des Computers installiert und speichern je nach Größe zwischen 20 und 500 Megabyte – etwa zwanzigmal mehr als eine vergleichbare Diskette (**16.**7).

Gelesen werden sie durch Plattenlaufwerke. Die Schreib-/Leseköpfe schweben auf einem Luftkissen etwa $^{1}/_{1000}$ mm über der rotierenden Platte. Dadurch nutzen sich Kopf und Platte nicht ab. Allerdings besteht bei starken Erschütterungen die Gefahr, daß der Kopf die Plattenoberfläche berührt und Festplatte wie Laufwerk zerstört. Dabei sollte man beim Abschalten des Geräts stets die Festplatte sichern.

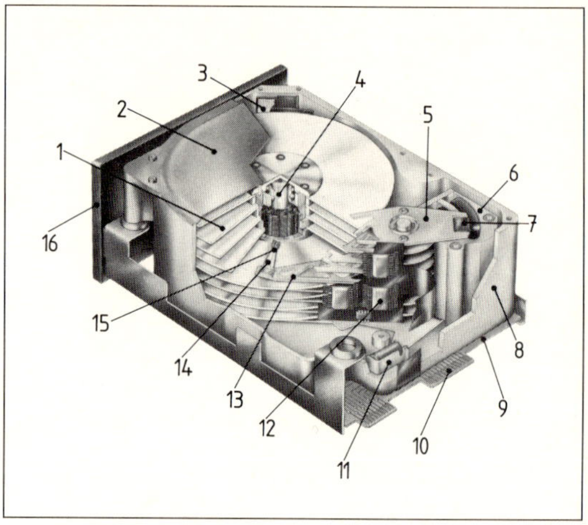

16.7 Festplattenlaufwerk
1 beschichtete Disks
2 Abdeckplatte
3 Luftfilter
4 Spindel mit Motor
5 Aktuatorarm
6 Gehäuse für den Aktuatormagneten
7 Erregerspule
8 Gehäuse
9 gedruckte Schaltung für Driveelektronik
10 Interfaceanschluß
11 Aktuatorverriegelung
12 Vorverstärker-Chips
13 Kopf-Arm
14 Kopfbefestigung
15 Schreib-Lese-Kopf
16 Frontplatte

Disketten, auch floppy disks (engl. „schlappe Scheiben") genannt, sind flexible Scheiben in einer Hülle und speichern die Daten – ähnlich wie das Tonband – elektromagnetisch (**16.**8). Zum Lesen, Schreiben und Löschen der Daten dreht sich die Scheibe mit 300 bis 360 Umdrehungen je Minute und wird vom Schreib-/Lesekopf abgetastet. Vor dem Gebrauch wird die Diskette *formatiert.* Bei diesem Vorgang wird die Oberfläche in Spuren (40 oder 80, je nach Laufwerk) und Sektoren (10, 16 oder 26) eingeteilt.

Wegen des Kontakts von Schreib-/Lesekopf und Diskettenoberfläche sind Disketten relativ hohem Verschleiß ausgesetzt. Bei sachgemäßer Handhabung, sauberen Köpfen und genau justiertem Diskettenlaufwerk ist ihre Lebensdauer jedoch praktisch unbegrenzt. Auf alle Fälle sollte man von jeder Diskette eine Sicherungskopie erstellen und folgende Regeln beachten:

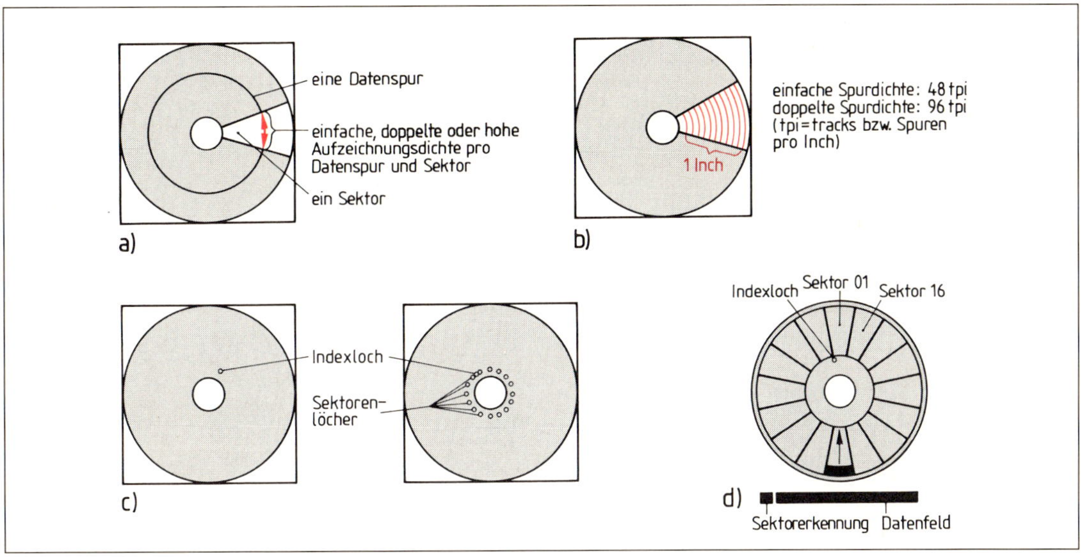

16.8 Diskette

a) Aufzeichnungsdichte, b) Spurdichte, c) Soft- oder Hardsektorierung, d) Spuren- und Sektorenlage bei 5,25" Diskette

- Oberfläche vor Verschmutzung schützen, nicht berühren.
- Nicht falten, knicken oder unter schwere Gegenstände legen.
- Nur mit Filzschreiber beschriften.
- Immer in der zugehörigen Schutzhülle aufbewahren.
- Keinen magnetischen Einflüssen aussetzen.
- Nicht bei Betriebstemperaturen über 50 °C und unter 10 °C verwenden.
- Beim Versand vor mechanischen Beschädigungen sowie vor Temperaturen über 70 °C und unter –40 °C schützen.
- Stets an der Ecken anfassen.

CD-ROM (= **C**ompact **D**isk – **R**ead **O**nly **M**emory) sind aluminiumbedampfte Polycarbonatscheiben, von denen die Daten nur gelesen werden können. Die CD, auf der die Zeichen in digitaler Form eingebrannt sind, kann nicht wie eine Festplatte neu beschrieben werden. Sie ist jedoch unempfindlicher und strapazierfähiger als eine Diskette und hat bei vergleichbarer Größe eine weitaus höhere Speicherkapazität. Einseitig lesbar, kann sie bis zu 640 MByte an Daten aufnehmen. Softwarehersteller nutzen dieses Medium immer häufiger zum Vertrieb ihrer Software, da die CD-ROM wegen ihrer Eigenschaften ein preiswerter und vor Viren sicherer Datenträger ist.

Magnetbänder waren das erste Medium, um Daten auf externe Speicher zu schreiben. Auch heute spielen sie noch eine wichtige Rolle. Der Schreib-/Lesekopf zeichnet die Informationen durch abwechselnde Veränderung der Magnetisierungsrichtung von Metallpartikeln auf, mit denen das Band beschichtet ist. Beim Abruf wandelt der Schreib-/Lesekopf die Magnetisierungsmuster in elektrische Impulse um, die der Computer versteht. Nachteil gegenüber Festplatte und Diskette: Es müssen oft viele Meter Band umgespult werden, um einen bestimmten Datensatz zu erreichen, was die Zugriffzeiten erheblich verlängert. Zum Abarbeiten von Listen eignen sich Magnetbänder jedoch nach wie vor.

Lochkarten und Lochstreifen dienen heute weniger als Datenspeicher, sondern mehr zur Steuerung von Geräten und Maschinen.

16.3.3 Eingabegeräte

Tastaturen sind die häufigsten Eingabegeräte für PC. Ihre 102 Tasten sind zur besseren Übersicht in vier Bereiche unterteilt: Schreibmaschinenblock, Steuerungsblock, Zahlenblock und Funktionsblock (**16.9**). Bedient werden sie wie Schreibmaschinentasten.

Die Maus ist ebenfalls weit verbreitet. Eine gummierte Kugel auf ihrer Unterseite spricht beim Hin- und Herschieben auf ebener Unterlage Sensoren an, die die Bewegungsrichtung in digitale Signale umwandeln. Diese Bewegung stellt der Rechner analog durch Schreibmarkierungen oder Fadenkreuze auf dem Bildschirm dar. Durch Drükken des „Mausohres" löst man Befehle aus, die hinter den angegebenen Bildschirmbereichen abgelegt sind (**16**.10).

16.9 Tastatur

16.10 Maus

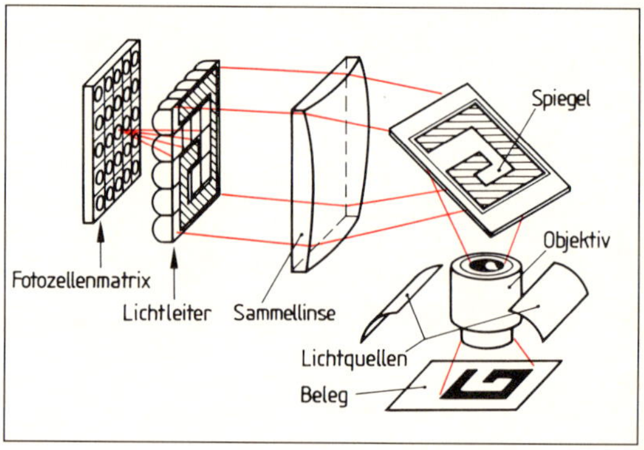

16.11 Scanner

Digitalisiertabletts mit Lupe oder Stift (**16**.3) werden überwiegend beim CAD eingesetzt, wobei das Tablett das Zeichenblatt und die Lupe (Stift) den Zeichenstift ersetzen. In das Tablett sind gitterförmig Leiterbahnen eingearbeitet, denen bestimmte Impulse zugeordnet sind. Bewegt man Lupe oder Stift über die Oberfläche des Tabletts, stellt das CAD-System den jeweiligen Lupen- oder Stiftstandort fest, rechnet ihn in Koordinaten um und stellt ihn am Bildschirm dar. Oft werden bei CAD-Systemen *Tablettmenüs* mitgeliefert. Darin kann der Benutzer den gewünschten Befehl in einem Feld anwählen und ausführen.

Mit Digitalisiertablett und Lupe lassen sich auch herkömmlich gefertigte Zeichnungen digital aufnehmen und mit dem Computer weiterverarbeiten.

Scanner dienen zum Einlesen von Bildern. Hierbei werden die verschiedenen Graustufen des Bildes punktförmig abgetastet und in digitale Signale umgewandelt. Der CAD-Einsatz ist noch problematisch, doch sind Scanner im Desktop-Publishing (Erstellen von Druckerzeugnissen mit Grafiken und Bildern) fast unverzichtbar (**16**.11).

16.3.4 Ausgabegeräte

Bildschirme machen die im Computer oder externen Speicher befindlichen Daten sichtbar. Die Bildschirmgrößen reichen im PC-Bereich von 12 Zoll bis 20 Zoll Bildschirmdiagonale (1 Zoll = 2,54 cm). Die Qualität der Bildschirmdarstellung ist abhängig von der Anzahl der vom Rechner ansteuerbaren Bildpunkte (Pixel) und der Bildwiederholfrequenz (60 bis 80 Hz). Die Bildschirmauflösungen liegen zwischen 320×200 und 680×1024 Punkten. In der Regel lassen sich 25 Zeilen mit 80 Zeichen/Zeile darstellen. Wegen der besseren Bildqualität werden heute überwiegend *Monitore* statt Fernsehbildschirme verwendet. Sie haben eine höhere Auflösung und bringen flimmerfreie Bilder.

Bei CAD-Systemen hat sich die Ausstattung mit zwei Bildschirmen durchgesetzt. Ein kleinerer Bildschirm (14 Zoll) stellt die alphanumerischen Daten oder die Gesamtzeichnung dar, der größere Bildschirm (19 bis 24 Zoll) die Gesamtzeichnung oder einen Ausschnitt.

Drucker dienen zu Ausgabe von Texten (Briefe, Rechnungen, Leistungsverzeichnisse, Materiallisten, Statistiken), einfachen Zeichnungen und aktuellen Bildschirminhalten.

Laserdrucker (**6**.12). arbeiten ähnlich wie Fotokopiergeräte. Sie erzeugen ein hochwertiges Schriftbild, sind geräuschlos, schnell und grafikfähig. Die neuesten farbgrafikfähigen Laserdrucker sind noch sehr teuer.

Nadeldrucker (Matrixdrucker) bewegen den Druckkopf horizontal über das Papier und drücken die entsprechenden Nadeln gegen ein Farbband. So entsteht punktweise das Zeichen. Nadeldrucker sind schnell, billig und grafikfähig, aber recht laut und erzeugen ein minderwertiges Schriftbild.

Typenraddrucker haben ein Rad, an dessen Speichenenden die Schrifttypen erhaben auf Kunststoffplättchen sitzen (**16**.13). Das Zeichen wird in Schreibposition gedreht und mit einem elektromagnetischen Hammer gegen das Farbband geschlagen. Diese Drucker haben ein sehr gutes Schriftbild, sind aber langsam, teuer und nicht grafikfähig.

Kugelkopfdrucker enthalten die Zeichen auf einem Kugelkopf (**16**.14). Er wird in Schreibposition gedreht und gegen das Farbband abgekippt. Vor- und Nachteile ähneln denen des Typenraddruckers.

Tintenstrahldrucker schleudern winzige Tintentröpfchen durch eine Punktmatrix auf das Papier. Sie arbeiten geräuschlos, sind grafikfähig und liefern auch farbige Ausdrucke (**16**.15).

Thermodrucker erfordern schwarzes Spezialpapier, das mit Aluminiumfolie beschichtet ist. Elektroden brennen die Aluminiumhaut weg. An diesen Stellen wird Toner aufgebracht. Neuerdings gibt es Thermotransferdrucker, die ohne teures Spezialpapier auskommen.

Plotter sind das charakteristische Ausgabegerät für ein CAD-System. Sie haben einen eigenen Speicher, werden auch von einem eigenen Prozessor verwaltet und gesteuert. Die Zeichengeschwindigkeit liegt zwischen 20 und 100 cm/s. Beim *Vektor*verfahren wird der Stift in *X*- und *Y*-Richtung gesteuert. Das *Raster*verfahren zerlegt zunächst die Vektoren der Grafik in Punkte, legt sie in einen Zwischenspeicher und gibt sie dann zeilenweise aus.

Stiftplotter sind mechanische Vektorplotter mit Kugelschreiber, Faserstift oder Tuschestift. Sie sind preiswert, aber nur begrenzt einsetzbar. Nach der Papierführung gibt

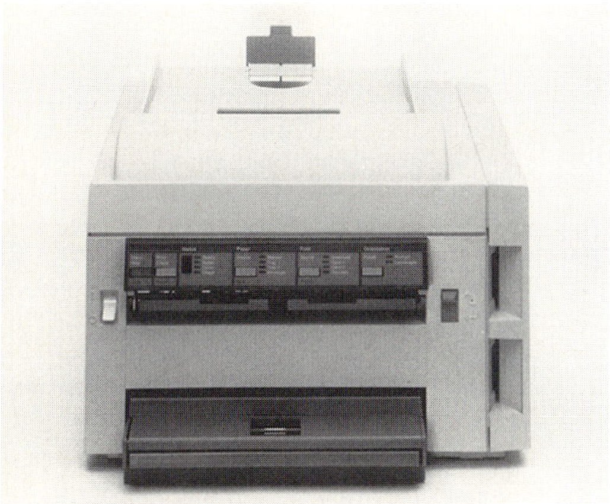

16.12 Laserdrucker

16.14 Kugelkopfdrucker

a)

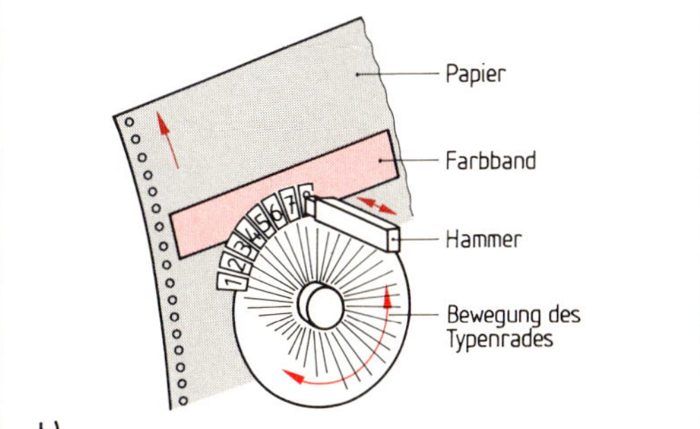

b)

16.13 Typenraddrucker

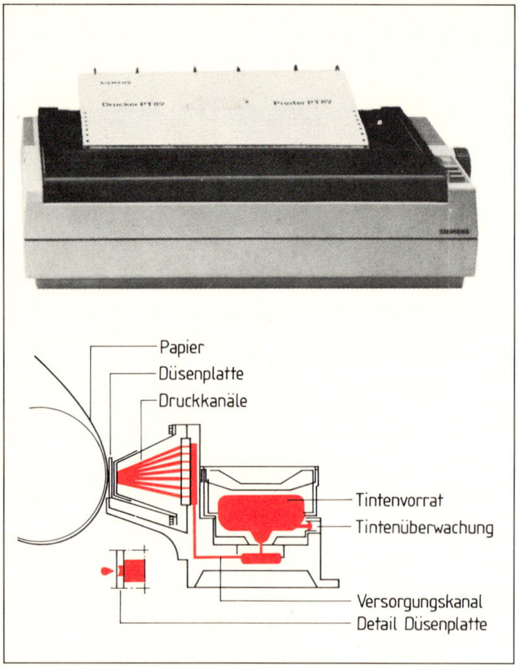

16.15 Tintenstrahldrucker (Druckkopf)

es mehrere Arten (**16.**16). Tisch- oder *Flachbett*plotter fixieren das Papier durch Unterdruck oder elektrostatische Aufladung. Sie erzeugen die Zeichnung wie eine herkömmliche Zeichenmaschine, führen also den Stift horizontal und vertikal über Brücken und Wagen. *Trommel*plotter bewegen das Papier über eine Walze und führen den Stift senkrecht dazu. *Belt*plotter sind eine Mischung aus Tisch- und Trommelplotter. Die Blätter bzw. Folien werden auf ein Kunststoffband geklebt, das über zwei Walzen läuft. So vermeidet man Zeichnungsungenauigkeiten durch Papierveränderungen infolge Temperaturschwankungen oder schlechter Führung.

Fotoplotter arbeiten ebenfalls nach dem Vektorverfahren. Man benutzt sie wegen ihrer Präzision vor allem beim Herstellen von Leiterplatten für Masken und Ätzvorlagen.

Elektrostatische Plotter verwandeln die vom Computer gelieferte vektororientierte Zeichnung erst in ein Punktmuster (Raster). Das elektrostatisch aufgeladene Spezialpapier wird von Metallspitzen an bestimmten Stellen entladen, an denen Toner aufgenommen und unter Druck eingebrannt wird.

Tintenstrahlplotter arbeiten wie Tintenstrahldrucker. Sie ergeben hochwertige Grafiken, haben sich aber bei großflächigen Bauplänen nicht bewährt.

Laserplotter erzeugen scharfe Konturen, neuerdings auch farbige, sind aber sehr teuer. Vorteilhaft ist, daß man sie auch als Drucker einsetzen kann.

Meistverwendete Eingabegeräte: Tastatur, Maus, Digitalisiertablett mit Lupe oder Stift.

Ausgabegeräte: Bildschirm, Drucker und Plotter.

16.3.5 Eingabe-/Ausgabeeinheit, Bussystem

Die Eingabe-/Ausgabeeinheit wickelt den Datenaustausch zwischen Peripheriegeräten und Zentraleinheit ab. Die Verbindung heißt *Schnittstelle* oder *Interface*. Bei parallelen Schnittstellen (z.B. Drucker) werden die Daten gleichzeitig übertragen, bei seriellen Schnittstellen (z.B. Maus, Plotter) nacheinander zum Peripheriegerät abgewickelt. Die Übertragungsgeschwindigkeit (Übertragungseinheiten/Sekunde) heißt *Baud-Rate* (nach dem Franzosen Baudot).

a) b) c)

16.16 Plotter
a) Stiftplotter, b) Flachbettplotter, c) Trommelplotter

Zum Transport der Daten, Steuer- und Adreßsignale dient ein Leitungssystem – das *Bussystem*. Von seiner Bandbreite (8, 16, 32 oder 64 bit bei Personalcomputern) hängen die Rechnergeschwindigkeit und die Einsetzbarkeit des Rechners entscheidend mit ab.

Die Eingabe-/Ausgabeeinheit verbindet die Peripherie mit der Zentraleinheit. Das Bussystem sorgt für den Transport der Daten, Steuer- und Adreßsignale im Computersystem.

16.4 Software

Der Computer denkt nicht und arbeitet nicht „von allein", sondern nur auf Befehl. Die „Befehls"-Daten und -Programme nennt man Software (s. Abschn. 16.1). Ein Programm besteht aus mehreren Arbeitseinheiten oder Jobs, unterteilt in eine logische Reihenfolge von Operationen, die nacheinander abgearbeitet werden. Wir unterscheiden die System- und Anwendungssoftware (**16.**17).

16.4.1 Systemsoftware

Betriebssysteme sind Programme, die der Computer zum Arbeiten braucht. Sie liegen wie eine Schale (shell) um den Mikroprozessor herum und schirmen ihn von der Anwendersoftware ab. So ermöglichen sie den Einsatz von Anwendersoftware auf unterschiedliche Rechnern. Ihre Programme erfüllen folgende Funktionen:

- Erstellen und Entfernen von Prozessen,
- Kontrolle ablaufender Prozesse,
- Reagieren auf Unterbrechungen (Eingabe-/Ausgabesignal, Gerätesignal, Maschinenfehler, unerlaubte Befehle),
- Zugriffmöglichkeit auf Anwendersoftware,
- Zugriffschutz für Daten,
- sichere und korrekte Datenspeicherung.

Betriebssysteme sorgen für eine komfortable Rechnerbedienung. Mit ihnen kann der Anwender Dateien in beliebigen Verzeichnissen verwalten, unterschiedliche Peripheriegeräte anschließen und immer wiederkehrende Aufgaben (wie das Kopieren von Dateien oder Disketten, das Aufrufen von Programmen oder das Formatieren von Disketten) schnell ausführen. Tabelle **16.**18 zeigt die verschiedenen Typen.

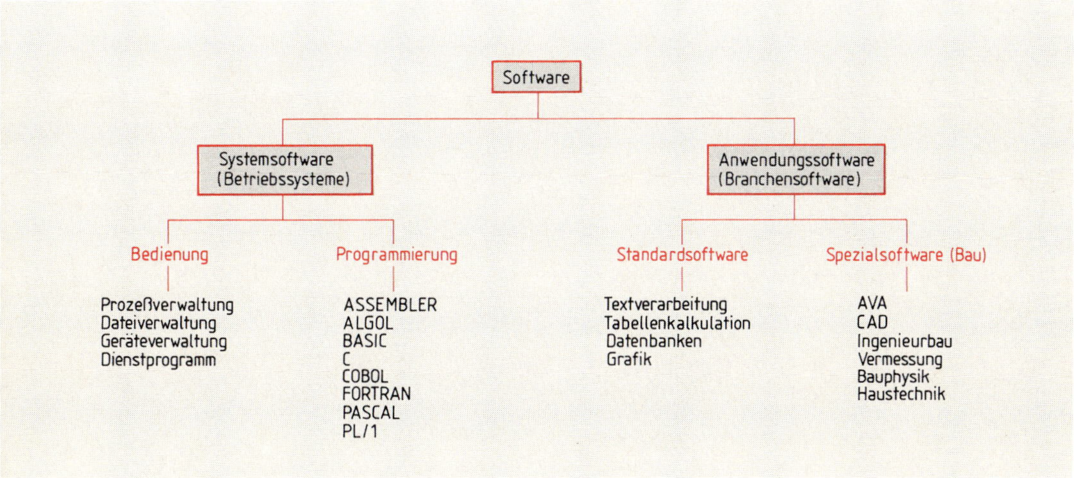

16.17 Programmtypen

Tabelle **16**.18 **Betriebssysteme**

Typ/Einsatz	Beispiele	Vor-/Nachteile
ein Benutzer – ein Prozeß (single user – single task) MIKROCOMPUTER	**CP/M** (**C**ontrol **P**rogram for **M**icrocomputers = Kontrollprogramm für PC) **MS-DOS** (**M**icro**s**oft-**D**isk **O**perating **S**ystem = Disketten-Betriebssystem der amerikanischen Fa. Microsoft) **PC-DOS** (wie MS-DOS, jedoch nur für Rechner der Fa. IBM)	+ einfaches Modell + keine Prozeßsteuerung notwendig – eingeschränkter Funktionsumfang – kein Rechnerverbund möglich
ein Benutzer – mehrere Prozesse (single user – multi tasking) MIKROCOMPUTER MINICOMPUTER	**CCP/M** (**C**oncurrent **C**ontrol **P**rogram for **M**icrocomputers = gleichlaufendes Kontrollprogramm für PC) **OS/2** (**O**rganization **S**ystem **2** = Organisationssystem für die PS/2-Familie der Fa. IBM – in Deutschland BS/2)	+ Hintergrundprozesse + Systemprozesse mit Überwachungsfunktion – nur ein aktiver Benutzer
mehrere Benutzer – mehrere Prozesse (multi user – multi tasking) MINICOMPUTER GROSSCOMPUTER	**UNIX** (Grundlage für die Betriebssysteme CP/M und MS/DOS, entwickelt von AT & T) **SINIX** (wie UNIX, jedoch für Rechner der Fa. Siemens) **BS 2000** (**B**etriebs**s**ystem **2000** der Fa. Siemens) **UCB** (Betrieb**s**system der **U**niversity of **C**alifornia, **B**erkeley)	+ Rechnerverbund (Kommunikation) möglich + Programme brauchen nur einmal vorhanden zu sein – Aufwand für Systembetreuung und Datenschutz

MS-DOS ist das heute am meisten verbreitete Betriebssystem für Personalcomputer. Es besteht aus dem BIOS (**b**asic-**i**nput-**o**utput-**s**ystem = grundlegendes Eingabe- und Ausgabesystem), den Startdateien und dem Kommandoprozessor.

Das BIOS befindet sich in einem Nur-Lese-Speicher des Computers. Es dient zur Kontrolle des internen Speichers und der externen Bestandteile (Laufwerk, Bildschirm, Drucker, Plotter usw.). Es ist das einzige Programm, das *immer* im Rechner vorhanden ist. Das BIOS startet nach dem Einschalten des Rechners das Betriebssystem von der Diskette oder der Festplatte. Dieses vom Hersteller des Rechners installierte Programm sorgt dafür, daß die Systemsoftware auf IBM-kompatiblen Rechnern funktioniert. Es führt einen Geräteselbsttest durch, meldet gegebenenfalls Fehler und sucht nach den Startdateien.

Tabelle **16**.19 **Interne Befehle**

Befehl	Beispiel[1])	Bedeutung
CD	cd text	wechselt in das Verzeichnis mit dem Namen „text" (change directory = Verzeichnis wechseln)
CLS	cls	löscht den Bildschirm (clear screen)
COPY	copy text.bsp a:	kopiert die Datei mit dem Namen „text.bsp" von der Festplatte auf die Diskette (copy = kopieren)
DATE	date	zeigt und erstellt das Systemdatum (date = datieren)
DEL	del a:text.bsp	löscht die Datei mit dem Namen „text.bsp" auf der Diskette (delete = löschen)
DIR	dir a:	zeigt das Inhaltsverzeichnis der Diskette (directory = Verzeichnis)
EXIT	exit	verläßt den Kommandoprozessor und kehrt in das vorher aufgerufene Programm zurück (exit = Ausgang)
MD	md Zeichnen	erstellt ein Unterverzeichnis mit dem Namen „Zeichnen" (make directory = Verzeichnis machen)
RD	rd Zeichnen	löscht das Unterverzeichnis mit dem Namen „Zeichnen"; Voraussetzung: Unterverzeichnis muß leer sein (remake directory = Verzeichnis löschen)
RENAME	rename text.bsp text1.bsp	benennt die Datei „text.bsp" in „text1.bsp" um (rename = umbenennen)
TIME	time	zeigt und setzt die Systemzeit (time = Zeit)
TYPE	type text1.bsp	gibt die Datei mit dem Namen „text1.bsp" auf dem Bildschirm aus
VER	ver	zeigt die geladene DOS-Version an (version)
VOL	vol a:	zeigt den Namen der Diskette an (volume = band)

[1]) Alle Beispiele sind mit der Enter-Taste <cr> abzuschließen.

Die Startdateien heißen IO.SYS und MSDOS.SYS. Sie regeln die Datenübertragung zwischen Mikroprozessor und anderen Geräten, die Datenspeicherung und den logischen Ablauf der Datenverarbeitung. Beide Dateien werden im Standardlaufwerk (Diskettenlaufwerk) gesucht. Werden sie dort nicht gefunden, sucht das Startprogramm sie auf der Festplatte.

Der Kommandoprozessor heißt COMMAND.COM und wird von den Startdateien in den Arbeitsspeicher geladen. Er ermöglicht es dem Benutzer, Befehle oder Daten einzugeben und mit dem Rechner zu arbeiten. Die Datei COMMAND.COM ist ein Programmteil von MS-DOS. Sie nimmt die Befehle entgegen, interpretiert sie, führt sie aus und reagiert gegebenenfalls mit einer Fehlermeldung.

Interne Befehle sind Bestandteile des Kommandoprozessors. Sie befinden sich nach dem Laden des Betriebssystems immer im Arbeitsspeicher, werden häufig gebraucht, sind einfach und jederzeit verfügbar (**16**.19).

Externe Befehle sind umfangreicher als interne und stehen deshalb nicht dauernd im Arbeitsspeicher zur Verfügung. Sie müssen vor der Ausführung von der Diskette oder Festplatte geladen werden (**16**.20).

Das Betriebssystem MS-DOS beinhaltet interne Befehle, die jederzeit zur Verfügung stehen, und externe Befehle, die vor der Ausführung in den Arbeitsspeicher geladen werden müssen.

Programmiersoftware. Um eigene Programme schreiben und abarbeiten zu können, muß die jeweilige Programmiersprache in eine dem Prozessor verständliche (binäre) Schreibweise übersetzt werden.

Programm ist die Bezeichnung für eine Abfolge von Befehlen, die den Rechner in die Lage versetzt, eine bestimmte Aufgabe zu lösen. Einfach gesagt: Ohne Programm arbeitet der Computer nicht.

Programmiersprachen sind künstliche, zum Erstellen von Programmen entwickelte Sprachen. Sie dienen zur Verständigung zwischen Mensch und Computer. Man unterscheidet dabei maschinenorientierte und höhere Programmiersprachen.

Übersetzerprogramme (Assembler, Compiler, Interpreter) sind erforderlich, damit der Mikroprozessor die jeweilige Programmiersprache versteht. Wie ein Dolmetscher übertragen sie die aus Zeichen bestehenden Programme der betreffenden Sprache (Quell-Code) in die Maschinensprache (Ziel-Code). Während also Art und Form des Quell-Codes von der verwendeten Programmiersprache abhängen, wird der Ziel-Code vom Computertyp bestimmt. Ein Übersetzer ist mithin Mittler zwischen Programmiersprache und Mikroprozessor.

Tabelle **16**.20 **Externe Befehle**

Befehl	Beispiel[1])	Bedeutung
ATTRIB	attrib +R text.bsp	setzt das Attribut READ ONLY (nur lesen) für die Datei mit dem Namen „text.bsp"
BACKUP	backup c:*.bsp a:	erstellt Sicherheitskopien aller Dateien mit der Ergänzung bsp und schreibt sie auf die Diskette (backup = Kopie erstellen)
CHKDSK	chkdsk a:	prüft das Inhaltsverzeichnis der Diskette im Hinblick auf Gesamtspeicherplatz, Anzahl und Größe der Dateien, noch verfügbaren Speicherplatz und Arbeitsspeicher (check disk = Diskette prüfen)
DISKCOPY	diskcopy a:a:	erzeugt eine 1:1-Kopie der Ausgangsdiskette auf der Zieldiskette (disk copy = Diskette kopieren)
FORMAT	format a:/4	formatiert die Diskette mit 360 kB (formate = formatieren)
LABEL	label a:	erlaubt eine Namensvergabe für die im Laufwerk befindliche Diskette (label = Etikett, Bezeichnung)
PRINT	print text.bsp	druckt die Datei mit dem Namen „text.bsp" auf dem Drucker aus, ohne die Arbeit am Rechner wesentlich zu behindern (print = drucken)
RESTORE	restore a:c:	schreibt die mit dem BACKUP-Befehl gesicherten Daten von der Diskette auf die Platte zurück (restore = zurückkopieren)
SORT	dir:/sort	sortiert die Dateinamen alphabetisch
SYS	sys a:	kopiert das Betriebssystem auf die Diskette
TREE	tree a:	gibt die gesamte Verzeichnisstruktur der Diskette am Bildschirm aus (tree = Baum)
XCOPY	xcopy c:*.bsp a:/a	kopiert alle Dateien mit der Ergänzung „bsp", die seit dem letzten BACKUP oder Kopieren mit XCOPY geändert bzw. neu erstellt wurden, auf der Diskette

[1]) Alle Beispiele sind mit der Enter-Taste <cr> abzuschließen.

Tabelle 16.21 **Programmiersprachen**

Sprache	Bedeutung	Übersetzer	Einsatzbereich
ASSEMBLER		Assembler	Programmierung von Prozessen
ALGOL	**Algo**rithmic **L**anguage	Compiler	Mathematik – Naturwissenschaften
BASIC	**B**eginners **A**ll-Purpose **S**ystembolic **I**nstruction **C**ode	Interpreter	allgemeine Probleme, Einstieg in die Programmierung
C	Nachfolger der Sprachen A und B	Compiler	Systemsoftware, viele Anwendersoftware
COBOL	**Co**mmon **B**usiness **O**riented **L**anguage	Compiler	kaufmännischer und kommerzieller Bereich
FORTRAN	**For**mular **Tran**slation	Compiler	Mathematik – Naturwissenschaften
PASCAL	benannt nach dem franz. Mathematiker Pascal	Compiler	strukturierte Sprache für allgemeine Probleme
PL/1	**P**rogramming **L**anguage Nr. 1	Compiler	kommerzielle Sprache für den mathematisch-naturwissenschaftlichen Bereich

Die Art der Übersetzung beeinflußt die Schnelligkeit, mit der ein Programm abgearbeitet wird. Da *Assembler* eine sehr maschinennahe Sprache ist, wird ein Assemblerprogramm sehr schnell übersetzt. Während ein *Compiler* das gesamte Programm übersetzt, arbeitet der *Interpreter* die Instruktionen nur zeilenweise ab. BASIC ist eine verhältnismäßig langsame Sprache. Ein BASIC-Interpreter erfüllt drei Aufgaben:

- **Lexikalische Analyse:** Er prüft die Gültigkeit der Befehle, erkennt Variablen, legt Symboltabellen an und speichert Zahlen;
- **Syntaxanalyse:** Er prüft den Satzbau, gibt ggf. Fehlermeldungen mit Angabe der Stelle im Programm;
- **Codegenerierung:** Er übersetzt das Programm in die Maschinensprache.

Die wichtigsten Programmiersprachen und ihre Übersetzer zeigt Tabelle **16**.21.

16.4.2 Anwendungssoftware

Programme, die die Unternehmen einsetzen, um bestimmte Arbeitsabläufe zu erleichtern oder zu vereinfachen, nennt man Anwendungssoftware. Dabei bietet der Rechnereinsatz den Vorteil, daß einmal erfaßte Daten immer wieder auf Abruf zur Verfügung stehen. Unterschieden wird zwischen der Standard- und der Spezialsoftware.

Die Standardsoftware ist branchenunabhängig und daher in allen Bereichen einsetzbar. Gleiche Programme werden in den unterschiedlichsten Wirtschaftszweigen genutzt. Zu unterscheiden sind Textverarbeitungs-, Tabellenkalkulations-, Datenbank- und Grafikprogramme (**16**.17).

Textverarbeitungsprogramme zählen zur wichtigsten Software für Personalcomputer. Sie erfassen, ändern, ergänzen, formatieren und verwalten Texte. Unterstützt wird die Arbeit durch Hilfsmenüs (Pull-Down-Menüs, **16**.22) und Kommunikationszeilen (**16**.23).

Längere Texte werden automatisch auf Seitenlänge gebracht (Seitenumbruch), die Seiten beim Drucken numeriert und ggf. mit den Fußnoten versehen. Zeilen- und Randabstand kann man bestimmen, die Zeilen aber auch links- und rechtsbündig, zentriert oder im Blocksatz ausdrucken.

Worte lassen sich durch **Fettdruck,** *Kursivschrift* oder Unterstreichung hervorheben. Der Anwender kann verschiedene Schriften wählen, sie verkleinern oder vergrößern. Einige Programme erlauben es, Bilder, Tabellen und Grafiken einzufügen.

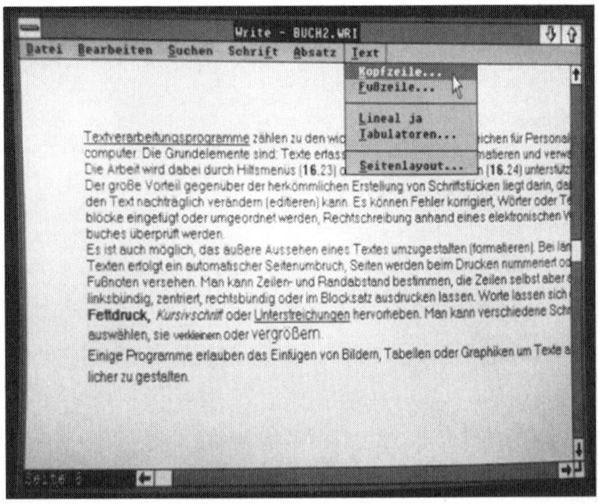

16.22 Pull-Down-Menü (MS-Windows)

Tabellenkalkulationsprogramme dienen zum Lösen kommerzieller oder technisch-wissenschaftlicher Probleme mit den tabellarisch erfaßten Daten. Elektronische Rechenblätter (spreadsheets) stellen dem Benutzer „karierte" Blätter zur Verfü-

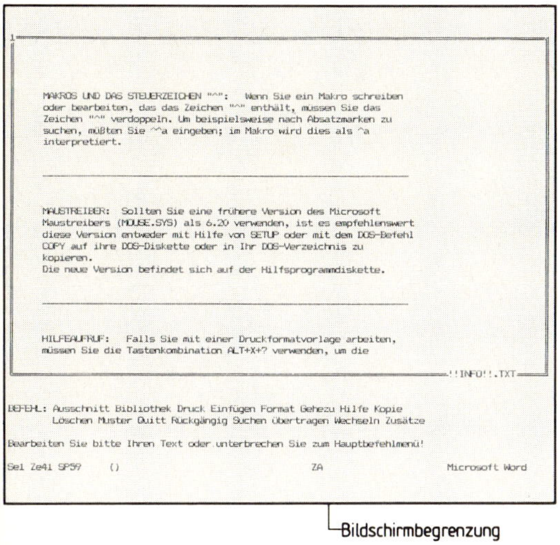

16.23 Textverarbeitung mit Kommunikationszeile (WORD)

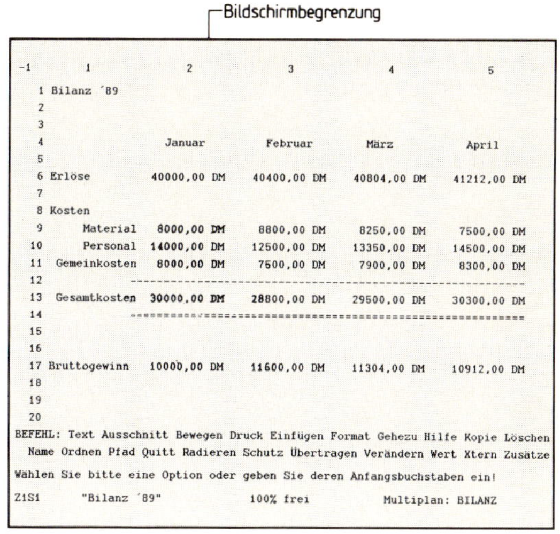

16.24 Tabellenkalkulation (Multiplan)

gung, die in Zeilen und Spalten aufgeteilt sind (**16**.24). In den numerierten Feldern kann man Texte, Zahlen und mathematische Formeln ablegen, Felder durch Rechenoperationen miteinander verknüpfen und die Ergebnisse in anderen Feldern ablegen. Wird der Wert in einem Feld geändert, wird die gesamte Tabelle neu berechnet. Die Übernahme von Daten aus anderen Programmen und die Ausgabe in Grafikform sind möglich. So setzt man diese Programme vor allem für die Darstellung von Statistiken, Auswertungen aller Art und numerische Darstellung von Diagrammen ein.

Datenbankprogramme stellen ein System zur Beschreibung, Speicherung und Wiedergewinnung umfangreicher Datenmengen zur Verfügung, auf die man mit unabhängiger Software zugreifen kann. Datenbanken simulieren umfangreiche Dateikästen im Computer, verwalten sie und geben Auskünfte aus dem Bestand nach ausgewählten Merkmalen. Eingesetzt werden sie zur Kontoführung. Platzbuchung bei Reiseunternehmen sowie in der Auftrags- und Personalverwaltung.

Die Daten werden in Datensätzen abgespeichert, die in Felder unterteilt sind. Ein Feld wird für einen bestimmten Datentyp reserviert (z.B. Personalnummer, Name, Gehalt, Geburtsdatum, Adresse). Erfaßt werden die Daten durch Bildschirmformulare oder Bildschirmmasken. Alle Datensätze (z.B. einer Abteilung) faßt man in einer Datei zusammen, alle Dateien (z.B. eines Unternehmens) bilden den Datenbestand. Die Daten lassen sich nach bestimmten Gesichtspunkten sortieren oder in beliebige Anwenderprogramme einlesen (z.B. für Gehaltsabrechnungen, Statistiken, Rechnungen). Im Bauwesen dienen Datenbanken auch als Bindeglied zwischen den geometrischen Informationen des Bauwerks aus Zeichnungen und den nichtgrafischen Informationen für Mengenermittlung und Ausschreibung.

Grafikprogramme setzt man vor allem für Geschäftsgrafiken ein. Um Zustände, Zusammenhänge und Veränderungen eines Unternehmens darzustellen, um Mitarbeiter und Kunden zu informieren, werden Punkt-, Linien- oder Flächen-, Balken- oder Tortendiagramme erstellt (**16**.25). Grafikprogramme stellen abstrakte Zahlenkolonnen anschaulich dar. Sie sind wie Malprogramme meist pixelorientiert; d. h. jedes gezeichnete Element wird in Bildpunkte (Pixel) aufgelöst, deren Größe von Qualität und Größe des Bildschirms abhängt. Während CAD-Systeme Koordinaten speichern, werden hier die Pixel gespeichert. Dabei registriert das System nur, ob ein Bildschirmpunkt schwarz oder weiß ist. Die meisten Programme zeigen die Zeichen- und Editierelemente (Bearbeitungselemente) am Bildschirm, wo man sie mit einem Zeigegerät (Maus, Lupe, Digitalisierstift mit Tablett) auswählen kann (**16**.26). Soll ein Element gelöscht werden, muß man die Pixel löschen oder markierte Bereiche ausschneiden. Bei vielen Programmen kann man Grafiken und Zeichnungen in Texte einfügen. Dadurch werden Inhalte erläutert und anschaulicher gemacht.

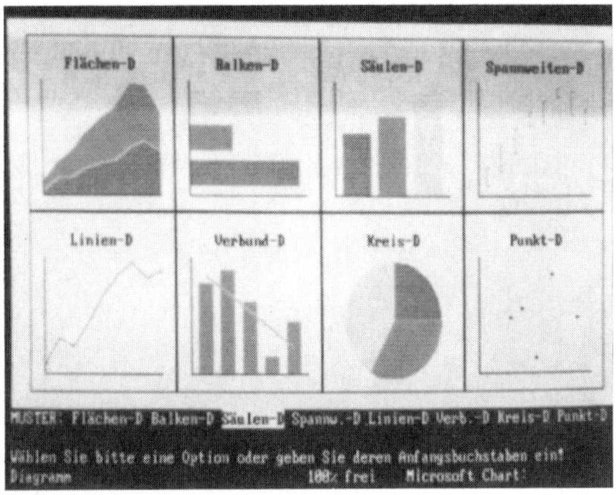

16.25 Grafikoberfläche (MS-Chart)

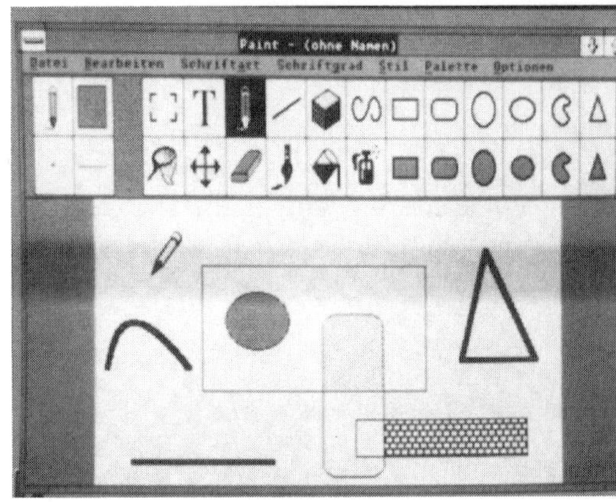

16.26 Malprogramme (Paint, MS-Windows)

Spezialsoftware für das Bauwesen unterstützt Planer und Ausführende bei speziellen Problemen. Sie entlastet von immer wiederkehrenden Routinearbeiten und gibt Freiraum zum Entwerfen von Alternativen und zum Entwickeln neuer Ideen. Dazu stehen AVA-, CAD-, Ingenieurbau-, Vermessungs- sowie bauphysikalisch-haustechnische Programme zur Verfügung (**16**.17).

AVA-Programme dienen zum Erstellen von Leistungsverzeichnissen, zur Auswertung und Abrechnung (AVA = **A**uftrag – **V**ergabe – **A**brechnung, **16**.27). Textbausteine der Standardleistungsbücher werden zusammengefügt und mit den erforderlichen Mengen zur Ausschreibung ergänzt.

Dabei kann man eigene Texte einfügen. Ausgewertet wird anhand des Kalkulationsblatts. Man kann Felder für Schätzkosten, geschätzte und ausgeschriebene Mengen, angebotene Preise und abgerechnete Mengen reservieren. Ingenieur- und Architekturbüros, Handwerker und Verwaltungen können mit AVA-Programmen jederzeit einen Soll-/Istvergleich zwischen Planung und Baufortschritt herstellen, um ggf. den Bauablauf zu steuern oder bei späteren Ausschreibungen Angebotspreise zu korrigieren.

CAD-Programme arbeiten nicht mit Pixeln, sondern mit Koordinatensystemen. Die Datenbank verwaltet für jedes gezeichnete Element die Koordinaten. CAD-Programme unterstützen Architekten und Ingenieure sowohl beim Entwerfen als auch bei der Konstruktions- und Zeichenarbeit (**16**.28). Viele Systeme bieten Zusatzprogramme für die Bereiche Architektur, Tief- und Straßenbau sowie für den konstruktiven Ingenieurbau. Der Architekt kann frei konstruieren, zweidimensionale (2D) Grundrisse erstellen, sich mitgelieferter Bauteilbibliothek (für Fenster, Türen, Treppen usw.) bedienen oder häufiger gebrauchte Symbole bzw. Teile als Makro in eine eigene Bibliothek speichern, um sie bei Bedarf in neue Pläne einzufügen.

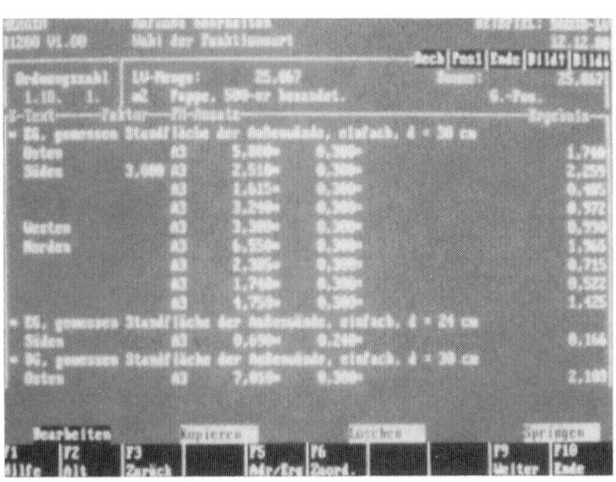

16.27 AVA

16.28 CAD

Tabelle **16.29** **Ingenieurbauprogramme**

Bereich	Beispiele
Grundbau	Standsicherheit von Böschungen, Fundamente, Setzungsberechnung, Pfahlroste, Spundwände, Trägerbohlwände, Stützmauerberechnungen
Holzbau	Sparrendächer, Kehlbalkendächer, Dachverbände, Pfetten, Holzleimbinder, Wechsel, Knotenpunkte
Stahlbau	Berechnung dünnwandiger Querschnitte, Spannungs- und Stabilitätsnachweis, Kranbahnträger
Stahlbetonbau	Bemessung für Biegungen mit Normalkraft, Schub und Torsion; Bewehrungsführung für Decken, Träger und Stützen; Nachweis gegen Durchstanzen; Stahllisten mit Biegeformen, Mattenliste und Mattenkatalogen; Berechnungen für Spannbetonbauteile, Spanngliedführung und Spannkraftverlauf
Statik	Platten, Scheiben und räumliche Stabwerke nach der Finite-Elemente-Methode; Träger für Hoch- und Brückenbau, Windaussteifungen, Treppen
Straßenbau	Volumenberechnungen, Querprofile und Längsschnitte (auch dreidimensional), Schichtenpläne und Geländemodelle
Wasserbau	Berechnung und Bemessung von Kanalnetzen, Rohrleitungsnetzen und Ringnetzen einschließlich grafischer Darstellung von Profilen und Längsschnitten

Aus 2D-Darstellungen kann man dreidimensionale (3D) Objekte erzeugen, die sich auf dem Bildschirm als Draht- oder Flächenmodell aus jeder beliebigen Lage betrachten lassen. Man kann sowohl Zentralprojektionen als auch Parallelprojektionen darstellen und daraus die Ansichten generieren (erzeugen). Große Programme stellen die verschiedenen Materialien durch unterschiedliche Farbgebung dar oder simulieren den Gang einer Person durch ein Gebäude oder um ein Gebäude herum, um dem Bauherrn eine bessere Vorstellung des Objekts zu vermitteln.

Die hier gewonnenen Daten kann der Anwender für die Mengenermittlung in AVA-Programme übergeben.

Ingenieurprogramme sind schon weit verbreitet (**16.**29).

Vermessungsprogramme erlauben das Aufbereiten von Meßwerten aus elektronischen Feldbüchern und die Auswertung durch Flächen-, Kleinpunkt- und Polarberechnungen. Möglich ist die Berechnung von Erdmassen, Trassierung und Klotoiden. Querprofile lassen sich erstellen, Kataster erzeugen und Koordinaten transformieren.

Programme für Bauphysik und Haustechnik berechnen den Wärmedurchgang und die Wasserdampfdiffusion von Bauteilen, ermöglichen Wärme- und Feuchteschutznachweise, Wärmebedarfs- und Heizkörperberechnungen ohne umfangreiche Tabellen.

> Standardsoftware besteht aus branchenunabhängigen Text-, Tabellen-, Datenbank- und Grafikprogrammen.
>
> Spezialprogramme für das Bauwesen sind AVA, CAD sowie viele Ingenieurbau-, Vermessungs-, Bauphysik- und Haustechnikprogramme.

16.5 Datenschutz und Datensicherung

Datenschutz bezieht sich nicht etwa auf den „Schutz von Daten", sondern auf den Schutz von Menschen, deren Daten in vielfältiger Weise gespeichert werden. Nach dem Bundesdatenschutzgesetz (BDSG) ist es Aufgabe des Datenschutzes, „durch den Schutz personenbezogener Daten vor Mißbrauch bei ihrer Speicherung, Übermittlung, Veränderung und Löschung (Datenverarbeitung) bei Beeinträchtigung schutzwürdiger Belange der Betroffenen entgegenzuwirken".

Jedermann hat das Recht, Auskünfte über gespeicherte Daten zu erhalten, die seine Person betreffen. Einfache Auskünfte sind gebührenfrei, für kompliziertere Auskünfte können öffentliche Stellen eine Gebühr erheben. Jeder Bürger hat das Recht auf Berichtigung falsch gespeicherter Daten und auf Löschung unzulässig gespeicherter Daten. Ausnahmen von der Auskunftspflicht bestehen bei Behörden für Verfassungsschutz, Bundes- und Landeskriminalämtern, Behörden der Staatsanwaltschaft und Polizei sowie Bundes- und Landesfinanzbehörden. Auch sie werden jedoch durch die Bundes- und Landesbeauftragten für Datenschutz kontrolliert.

Um Datenbestände vor Mißbrauch zu schützen, kann man ihre Verwendung kontrollieren, Zugangskontrollen für Rechner schaffen und Paßwörter verwenden.

Datensicherung ist die Sammelbezeichnung für alle Maßnahmen, die Daten und Programme vor zufälligen oder beabsichtigten Zugriffen und gegen Zerstörung durch Hardware- oder Benutzerfehler sichern.

Der unbefugte oder unerwünschte Zutritt zum Rechnerraum läßt sich durch Spezialausweise oder -schlüssel verhindern. Kenn- und Paßwörter begrenzen den Zugang zum Rechner, zu Programmen oder Dateien, indem sie nur nach Eingabe des richtigen Codes Eintritt bzw. Zugriff ermöglichen.

Viren sind Programme, die so konstruiert sind, daß sie den eigenen Programmtext oder Teile davon selbständig kopieren, ohne daß ein Anwender oder Programmierer eingreift. Ein infiziertes Programm infiziert beim Aufruf wieder andere, weil bei jedem Start auch das einkopierte Virus durchlaufen wird. Derzeit sind ca. 2800 verschiedene Viren bekannt. Die Schäden, die sie anrichten, machen sich bemerkbar durch Verändern oder Löschen von Daten, sie simulieren oder verursachen Hardwarefehler (Festplatte, Grafikkarte), verändern die Ausgabe an Bildschirm und Drucker oder blockieren das ganze System. Einen besonderen Schutz vor Virenbefall gibt es nicht. Man kann jedoch durch bestimmte technische oder organisatorische Maßnahmen das Risiko verringern:

- nie von unbekannten Disketten booten
- nur lizensierte Software einsetzen
- Originalsoftware mit Schreibschutz versehen und eine Sicherheitskopie anfertigen
- Daten und Programme getrennt und gesichert aufbewahren
- regelmäßige Datensicherung
- Einsatz von Anti-Virenprogrammen bei unbekannter Software
- regelmäßige Kontrolle mit Prüfsummenprogrammen.

Grundsätzlich sollte man von allen Programmen und Dateien Sicherungskopien (Backup-Dateien) erstellen und an einem sicheren Ort aufbewahren. Durch Mißachtung dieser einfachen Regeln entstehen der Volkswirtschaft jährlich Schäden von mehreren Millionen DM!

Datenschutzgesetze schützen den Bürger vor Mißbrauch seiner gespeicherten Daten und sichern ihm das Auskunftsrecht.

Datensicherung bewahrt den Benutzer vor dem Verlust gespeicherter Daten.

Aufgaben zu Abschnitt 16

1. In welche Gruppen werden Computer eingeteilt?
2. Nennen Sie Beispiele für numerische, alphabetische und alphanumerische Daten.
3. Unterscheiden Sie Programm- und Datendateien.
4. Welche Bedeutungen haben die Abkürzungen CAD, CAM und CNC?
5. Nennen Sie Einsatzbereiche der Mikroelektronik aus Ihrer persönlichen Umgebung.
6. In welchen Bereichen des Bauwesens wird EDV eingesetzt?
7. Erklären Sie das EVA-Prinzip.
8. Unterscheiden Sie die Begriffe Hardware und Software.
9. Wie wird ein Zeichen im Computer dargestellt?
10. Übersetzen Sie folgende Dezimalzahlen in das Binärsystem: 20, 32, 50, 92, 130, 240.
11. Führen Sie folgende Additionen im Binärsystem aus: $3+9$, $27+30$, $50+120$.
12. Aus welchen Teilen besteht die Zentraleinheit?
13. Wodurch unterscheiden sich interne und externe Speicher?
14. Was geschieht beim Formatieren einer Diskette?
15. Was ist beim Gebrauch von Disketten zu beachten?
16. Wodurch unterscheiden sich die Eingabegeräte Maus und Lupe?
17. Was ist ein Scanner?
18. Nennen Sie Geräte zur Ausgabe einfacher Zeichnungen und Texte.
19. Unterscheiden Sie die Verfahren, nach denen Plotter arbeiten.
20. Wozu braucht der Computer ein Betriebssystem?
21. Welche Typen von Betriebssystemen gibt es?
22. Aus welchen Teilen besteht das Betriebssystem MS-DOS.
23. Worin besteht der Unterschied zwischen internen und externen Befehlen?
24. Was ist ein Programm?
25. Welche Aufgaben hat der BASIC-Interpreter?
26. Wozu dienen Tabellenkalkulationsprogramme?
27. Welchen Zweck hat eine Datenbank?
28. Unterscheiden Sie Standard- und Spezialsoftware.
29. Welcher grundsätzliche Unterschied besteht zwischen Grafik- und CAD-Programmen?
30. Welche Vorteile hat der Einsatz von AVA-Programmen?
31. Nennen Sie Ingenieurbauprogramme, die in Ihrem Berufszweig eingesetzt werden können.
32. Wozu gibt es ein Datenschutzgesetz?
33. Welche Informationen könnte das Datenverarbeitungssystem Ihres Arbeitgebers über Sie enthalten?
34. Nennen Sie Maßnahmen zur Datensicherung.

Bildquellenverzeichnis

Arbeitsgemeinschaft für zeitgemäßes Bauen e. V., Kiel: Bild **1**.12, **6**.39

Aristo Graphic-Systeme GmbH & Co KG, Hamburg: Bild **16**.16 b

BASF, Ludwigshafen: Bild **16**.8

Bau-Berufsgenossenschaft Stuttgart: Bild **1**.53, **1**.54

Bayer AG, Leverkusen: Bild **15**.20

Bildarchiv-Foto-Marburg: Bild **1**.2, **1**.5 und **1**.6

Bildarchiv Rheinisches Museum, Köln: Bild **1**.3

Dipl.-Ing. Bohnsack, Dortmund: Bild **15**.15

Bundesverband der Deutschen Kalkindustrie e. V., Köln: Bild **8**.2, **8**.10

Bundesverband der Deutschen Ziegelindustrie, Bonn: Bild **4**.19

CalComp GmbH, Düsseldorf: Bild **16**.16 a

Wilhelm Castelli jun., Lübeck: Bild **1**.4

Chem. Fabrik Dr. Koll & Spitz GmbH, Köln-Mülheim: Bild **15**.23

H. Engel, Metallfachkunde 1, 2. Aufl.: Bild **16**.7, **16**.12, **16**.16 c

Frick/Knöll/Neumann, Baukonstruktionslehre 1, 26. Aufl.: Bild **9**.35, **10**.40, **13**.21, **13**.22

Gewerbliche Berufsgenossenschaft, Stuttgart: Bild **1**.52

Güteschutzgemeinschaft Hartschaum e. V., Frankfurt/Main: Bild **15**.6

Carl Hanser Verlag, München: Bild **16**.12

Hauptverband Kalksandsteinindustrie, Hannover: Bild **7**.26

HVV Holzbau-Verbinder-Vertrieb, Kiel: Bild **10**.38, **10**.39

IBM Deutschland Informationssysteme GmbH, Bildarchiv, Stuttgart: Bild **16**.3, **16**.9, **16**.10, **16**.12

IBM, hans paysan, Stuttgart: Bild **1**.7

Informationszentrum Styropor, Ludwigshafen: Bild **15**.27

Kalle AG, Wiesbaden-Biebrich: Bild **15**.18

C. Keller & Co., Laggenbeck: Bild **4**.20

Gebr. Knauf, Iphofen: Bild **6**.21

A. Kohl: Fachkunde für Zimmerer, Ernst Klett Verlag, Stuttgart: Bild **1**.12

Lehrbaustelle Rheinland, Köln-Riehl: Bild **15**.19, **15**.22

Mafell-Maschinenfabrik, Rudolf Mey KG, Aistaig/Neckar: Bild **10**.24

Maurerlob C. Theodor Schlieper, Remscheid: Bild **1**.19 bis **1**.23, **1**.25 bis **1**.27, **1**.30, **1**.38, **1**.41

Johannes Mittag, Delmenhorst: Bild **1**.34, **1**.35

Müller/Elschner: Bild **1**.44, **1**.48 b, **1**.50

Nemetschek Programmsystem GmbH, München: Bild **16**.28

Nestle, Dornstetten: Bild **1**.47

Nobis-Pregler & Co., Hohenbrunn: Bild **15**.16

Carl Dan. Peddinghaus GmbH & Co. KG, Ennepetal: Bild **10**.23 a bis c

RIB/RZB Datenverarbeitung im Bauwesen GmbH, Stuttgart: Bild **16**.27

Rippenstreckmetall-GmbH, Leverkusen: Bild **8**.7

Schöning & Co., Lübeck: Bild **1**.1

Siemens AG, München: Bild **16**.15

Georg Stetter, Baumaschinenfabrik, Memmingen: Bild **12**.44

Wacker-Chemie GmbH, München: Bild **15**.21

Wendehorst/Muth, Bautechnische Zahlentafeln, 19. Aufl.: Bild **14**.32, **14**.33

XYLAMON-Werkfoto (Desowag-Chemie GmbH, Düsseldorf): Bild **9**.25, **9**.27

Alle anderen Bilder stammen von den Herren A. Kohl; E. Neizel; J. Forster, Saarbrücken; H. Meyer, Friedrichsthal; A. Wanner, Bad Schwartau; W. Wettengel, Saarbrücken.

Sachwortverzeichnis

f. = und folgende Seite, ff. = und folgende Seiten